Udo Tietz
Sprache und Verstehen

Udo Tietz

Sprache und Verstehen in analytischer und hermeneutischer Sicht

Akademie Verlag

Für meine Eltern

Die Deutsche Bibliothek – CIP-Einheitsaufnahme

Tietz, Udo:
Sprache und Verstehen in analytischer und hermeneutischer
Sicht / Udo Tietz. – Berlin : Akad. Verl., 1995
ISBN 3-05-002499-2

Der Akademie Verlag ist ein Unternehmen der VCH-Verlagsgruppe.

Gedruckt auf chlorfrei gebleichtem Papier.
Das eingesetzte Papier entspricht der amerikanischen Norm ANSI Z.39.48 – 1984
bzw. der europäischen Norm ISO TC 46.

Druck: GAM Media GmbH, Berlin
Bindung: Dieter Mikolai, Berlin

Printed in the Federal Republic of Germany

Inhalt

Einleitung

Ende der siebziger, Anfang der achtziger Jahre waren wir Zeuge eines Unternehmens, das auf paradoxe Weise jenem glich, das einst „Überwindung der Metaphysik" hieß. Freilich nicht wie im Wiener Kreis durch logische Analyse der Sprache, sondern durch ein Denken, welches sich auf eine privilegierte Erkenntniskompetenz jenseits der Selbstreflexion stützt; ein Denken, welches sich nicht in den festgefahrenen Gegensätzen und Ausschließungen von Subjekt und Objekt, Denken und Sein, Faktischem und Vernünftigem, empirischer Realität und transzendentaler Idealität etc. bewegt, sondern die ontologische Differenz als Leitfaden der Metaphysikkritik benutzt. Gemeint ist die poststrukturalistische Vernunftkritik, die inzwischen zu einem zweifelhaften Ruhm gelangte. Dieses Unternehmen, das im Kontext einer Wende von der Bewußtseinsphilosophie zur Sprachphilosophie steht, sucht vermittels der dekonstruktiven Praktiken nicht nur dem Erbe der Subjektphilosophie und ihren philosophischen Grundbegriffen wie Vernunft, Selbstbewußtsein und Selbstbestimmung den Prozeß zu machen, sondern an Hand der Sprache jenes epochale „Seinsgeschick des Okzidents" einer kritischen Diagnose zu unterziehen, für die niemand anders als Martin Heidegger das Modell geliefert hat.

Dieses Modell bereitete nicht nur den Boden für einen Typ von Vernunftkritik, dem „Vernunft" letztendlich gleichbedeutend ist mit „Metaphysik", sondern auch für eine Form des intersubjektivitätstheoretischen Negativismus, der sich in unterschiedlicher Weise in der Diskursanalyse Jean-Francois Lyotards, in Jacques Derridas Programm der Dekonstruktion oder in der Machttheorie von Michel Foucault nachweisen läßt. Heideggers Sprachauffassung bietet – ob als untergründig fortwirkendes oder direkt in Anspruch genommenes Bezugsmodell – Anknüpfungsmöglichkeiten für all jene poststrukturalistischen Versuche, die die intersubjektive Kommunikation als Pseudokommunikation entlarven wollen. Die zeitgenössische Skepsis gegenüber der Möglichkeit einer intersubjektiven Verständigung findet hier nicht nur ihren philosophischen Vorläufer, sondern auch immer noch ihren exemplarischen Ausdruck.

Dies ist freilich nur die eine Seite der Medaille. Die andere Seite ist die, daß das hermeneutische Bewußtsein von der Situiertheit der Vernunft in geschichtlichen und sozialen Kontexten, Heideggers Einsicht in die Universalität der hermeneutischen Als-Struktur bzw. des Verstehens, die das Rückrad der hermeneutischen Transformation der Phänomenologie und den Bezugspunkt für die philosophische Hermeneutik von Hans-Georg Gadamer ausmacht, eine Reihe frappanter Gemeinsamkeiten mit neueren Entwicklungen innerhalb der analytischen Philosophie aufweist, die es nicht nur erlauben, von einer Annäherung bzw. Konvergenz hinsichtlich bestimmter Problemlagen zu sprechen, sondern ein produktives Gespräch zwischen philosophischer Hermeneutik und Sprachanalyse als möglich erscheinen lassen. Denn im Zuge der von Willard Van Orman Quine initiierten und von Donald Davidson und Richard Rorty weiter radikalisierten Kritik an den Dogmen des Empirismus kommt die moderne Sprachanalyse nicht nur zu einer Radikalisierung der Erkenntniskritik. Gleichzeitig und in diesem Zusammenhang erreicht die Sprachanalyse auf dem Weg einer disziplinierten Selbstkritik ein hermeneutisches Problemniveau. Es ist daher alles andere als verwunderlich, daß mittlerweile selbst der analytisch restringierte Zugriff auf Sprache vermittels ahistorischer Standards zugunsten hermeneutischer Verstehensleistungen aufgegeben wird.

Diese Entwicklung, die es erlaubt von einer Annäherung von philosophischer Hermeneutik und Sprachanalyse zu sprechen, soll im folgenden hinsichtlich ihrer Vorgeschichte, ihrer Voraussetzungen und der sich daraus ergebenden Konsequenzen untersucht werden. Im Zentrum des Interesses steht dabei das Problem „Sprache und Verstehen". Das Ergebnis der Untersuchung besteht in der Formulierung einer Kontexttheorie, die sich gegenüber überzogenen Begründungsanforderungen abwiegelnd verhält, die jedoch gegenüber einem ebenso radikalen wie selbstwidersprüchlichen Kontextualismus die Rolle des Aufwieglers übernehmen kann. Das Stichwort hierfür lautet: Begründung aus dem Kontext.

1. Dasein – Mitsein – Sprache: Martin Heideggers Auffassung über das „Wesen der Sprache“ in *Sein und Zeit*

Heidegger hat die Sprache, trotz der Tatsache, daß diese bei ihm eine privilegierte Stellung besitzt, in seiner Spätphilosophie wird sie geradezu zum „Haus des Seins“,[1] niemals systematisch untersucht.[2] Und doch, so können wir behaupten, gab es bei Heidegger nur wenige Probleme, die mit einer derartigen Kontinuität Gegenstand seines Denkens waren, wie gerade das Problem der Sprache.

Sechzig Jahre nach der Abfassung seiner Habilitation schreibt Heidegger rückblickend, daß schon seine „hilf-losen frühen Versuche“, in denen er noch nicht wußte, was später sein Denken bedrängen sollte, einen ihm „damals noch verschlossenen Wegbeginn (zeigten): in Gestalt des Kategorienproblems die *Seins*frage, die Frage nach der *Sprache* in der Form der Bedeutungslehre. Die Zusammengehörigkeit beider Fragen blieb im Dunkel. Die unvermeidliche Abhängigkeit ihrer Behandlungsart von der herrschenden Methode der Lehre vom *Urteil* für alle Onto-Logik ließ das Dunkel nicht einmal ahnen.“[3] Insofern nun die Bedeutungslehre als „Phänomenologie des Bewußtseins“ und die ontologische Verklammerungseinheit als „Sinn“ verstanden werden, ist ein Weg gewiesen, der über Lask, Husserl und Dilthey zur existenzial-hermeneutischen Daseinsanalyse in *Sein und Zeit* führt.

Nun hat der Begriff des „Sinn“ nur dann den Status eines philosophischen Grundbegriffs, wenn der Nachweis erbracht werden kann, daß mit seiner Hilfe die Struktur eines ganzen Gegenstandsbereiches beschreibbar ist und nicht nur einzelne seiner Momente. Diesen Nachweis tritt Heidegger in *Sein und Zeit* an. Auf die Frage: „An welchem Sein soll der Sinn von Sein abgelesen werden?“ antwortet er: „Am Dasein“.[4] Dem Dasein, das dadurch „ontisch ausgezeichnet ist, (weil) es diesem Seienden in seinem Sein *um* dieses Sein selbst geht“, kommt innerhalb der existenzial-hermeneutischen Daseinsanalyse deshalb eine privilegierte Stellung zu, weil allein das Dasein einen ausgezeichneten Bezug zur Seinsfrage hat. Denn allein diesem „Seienden eignet, daß mit und durch dieses Sein

1 M. Heidegger: Hölderlin und das Wesen der Dichtung, in: Erläuterungen zu Hölderlins Dichtung, Gesamtausgabe (im folgenden zit. als GA), Bd. 4, 1. Abt., Hg. von F.-W. von Herrmann, Frankfurt/M. 1981, S. 42f. sowie ders., Brief über den „Humanismus“, in: Wegmarken, GA, Bd. 9, Hg. von F.-W. von Hermann, Frankfurt/M. 1976, S. 313f.

2 Vgl. J. Habermas: Der philosophische Diskurs der Moderne. Zwölf Vorlesungen, Frankfurt/M. 1985, S. 193

3 M. Heidegger: Vorwort zur ersten Ausgabe der „Frühen Schriften“ (1972), in: Frühe Schriften, GA, Bd. 1, 1. Abt., Hg. von F.-W. von Hermann, Frankfurt/M. 1978, S. 55

4 M. Heidegger: Sein und Zeit, Tübingen 1979, S. 7 (Im folgenden zit. als SuZ)

dieses ihm selbst erschlossen ist" (SuZ 12). Das Dasein – so Heidegger – hat „immer schon" ein „Seinsverständnis".

Heideggers Antwort auf die Frage, an welchem Sein sich der Sinn von Sein ablesen lassen soll, kann also schon deshalb so bündig ausfallen, weil dieses „Seinsverständnis" „immer schon in gewisser Weise verfügbar" sein muß, da sich andernfalls die Frage nach dem Sinn von Sein überhaupt nicht stellen ließe. Denn, wie Heidegger mit Bezug auf ein Zitat von Platon aus dem *Sophistes* sagt: „‚offenbar seid ihr doch schon lange mit dem vertraut, was ihr eigentlich meint, wenn ihr den Ausdruck ‚*seiend*' gebraucht, wir jedoch glauben es einst zwar zu verstehen, jetzt aber sind wir in Verlegenheit gekommen.' Haben wir heute eine Antwort auf die Frage nach dem, was wir mit dem Wort ‚seiend' eigentlich meinen? Keineswegs. Und so gilt es denn, *die Frage nach dem Sinn von Sein erneut zu stellen.*" (SuZ 1)

Selbst wenn wir also nicht in der Lage sind, die Frage „was ‚Sein' besagt", positiv zu beantworten. Allein schon mit der Frage „was *ist* ‚Sein'? halten wir uns in einem Verständnis des ‚ist', ohne daß wir begrifflich fixieren könnten, was das ‚ist' bedeutet." Gemäß der für die Daseinsanalyse konstitutiven Unterscheidung von Sein und Seiendem, die Heidegger später als ontisch-ontologische Differenz bezeichnet,[5] kann demnach das Dasein als ein Seiendes bestimmt werden, „das nicht nur unter anderen Seienden vorkommt". Die wirkliche ontische Auszeichnung des Daseins liegt vielmehr darin, „daß es ontologisch *ist*". (SuZ 12) Denn das „*Seinsverständnis ist selbst eine Seinsbestimmtheit des Daseins*". (SuZ 12)

Dasein bedeutet Offenstehen im und für das Sein. Es ist jene Stätte, die Heidegger die der *Seinseröffnung* nennt. Damit ist die Bedeutungslehre an die Ontologie des Daseins zurückgebunden. Wollte Heidegger im Scotus-Buch noch Sprachphilosophie auf der Grundlage der Bedeutungslehre erneuern, wollte er hier noch die mittelalterliche Idee der „grammatica speculativa" in Gestalt einer allgemeinen Semantik wieder zum Leben erwecken, so sollen nun letzte ontologische Fundamente der Sprache angegeben werden. Die Bedeutungslehre, die die Bedingungen der Möglichkeit einer philosophischen Beschäftigung mit Sprache festlegt, fällt unter die Bedingungen der Existenzialontologie.

Gemäß der von Heidegger ins Auge gefaßten Aufgabe muß diese Ontologie, so sie wirklich *Fundamentalontologie* sein will und nicht positive Wissenschaft (da sie eben die Grundlagen und Voraussetzungen aller positiven Wissenschaften überhaupt erst begründet), die Gestalt einer *existenzialen Analytik* annehmen. An diese existenziale Analytik des Daseins ist auch die *Bedeutungslehre* gebunden. „Die Bedeutungslehre ist in der Ontologie des Daseins *verwurzelt*. Ihr Gedeihen und Verderben hängt am Schicksal dieser." (SuZ 166) Die Sprachphilosophie, die im Scotus-Buch noch auf die Bedeutungslehre gegründet war, muß, so Heidegger mit der Forderung ernst machen will, nun auch „letzte Fundamente" für die Sprache angeben. Diese letzten Fundamente sind nun jedoch

5 In den Marburger Vorlesungen des Sommersemesters 1928 gibt Heidegger erstmalig eine genauere Explikation dieser Unterscheidung: „Im Verstehen von Sein liegt das Vollziehen dieses Unterscheidens von Sein und Seiendem. Dieser Unterschied ist es, der allererst so etwas wie Ontologie ermöglicht. Daher nennen wir diesen so etwas wie Seinsverständnis erst ermöglichenden Unterschied die *ontologische Differenz*." M. Heidegger: Metaphysische Anfangsgründe der Logik im Ausgang von Leibniz, in: GA, Bd. 26, 2. Abt., Hg. von K. Held, Frankfurt/M. 1990, S. 193

nicht mehr von der Bedeutungslehre in Gestalt einer *grammatica speculativa* abhängig, sondern von einer Bedeutungslehre, die Bestandteil einer pragmatischen Zeichentheorie ist und im Rahmen der „Zeuganalyse“ entfaltet wird. Diese Bedeutungslehre bzw. Bedeutungstheorie ist sowohl der Mitseinsanalyse als auch jenen Paragraphen vorgeordnet, in denen Heidegger seine Auffassung über das „Wesen der Sprache“ darlegt. Da bei Heidegger die „Bedeutungen“ das „mögliche Sein von Wort und Sprache fundieren“ sollen, die „Bedeutungen“ durch das „verstehende Dasein als auslegendes“ erschlossen werden (SuZ 87), beginne ich mit der Diskussion der Bedeutungstheorie, wie sie von Heidegger in *Sein und Zeit* vertreten wird.

1.1. Zeichen und Bedeutung

Heidegger entwickelt seine Zeuganalyse im § 14 unter der Überschrift „*Die Idee der Weltlichkeit der Welt überhaupt*“. Hier soll das In-der-Welt-sein hinsichtlich des „Strukturmoments ‚Welt‘ sichtbar gemacht werden“, das nach Heidegger alle bisherige Ontologie durch die Orientierung am „Primat des Theoretischen“ zusammen mit dem Phänomen „Weltlichkeit“ übersprang. Diesen vermeintlichen Primat des „Erkennens“ vor dem „Handeln“ gedenkt Heidegger zu brechen. Mit dem Argument, daß das Erkennen in einem „Schon-sein-bei-der-Welt“ gründet, will Heidegger zeigen, daß allein das „hantierende, gebrauchende Besorgen“, die „*Weltlichkeit von Welt*“ angemessen aufklären kann. Dieses gebrauchende Besorgen wird im § 14 im Hinblick auf das „Zeug“ näher bestimmt. Allein das „Zeug“ – so Heideggers These – welches näherhin als „Zuhandenheit“ bestimmt wird, kann das thematisch machen, was in der theoretischen Einstellung systematisch vergleichgültigt wird: „das Verstehen von so etwas wie ‚Welt‘ und Verstehen des Seins des Seienden, das innerhalb der Welt zugänglich ist“. (SuZ 12f.) Soll nun diese These mehr als eine bloße Versicherung sein, dann muß die Zeuganalyse, die sich am Modell der teleologischen Verweisung und damit an der Zweck-Mittel-Dialektik orientiert, eine Fassung erhalten, die sie nicht nur geeignet macht, den Weltbegriff der Subjektphilosophie aus dem Rennen zu schlagen. Gleichzeitig und in diesem Zusammenhang muß auch das Bedeutungsverstehens im Rahmen des teleologischen Handlungsmodells gelöst werden können. Wie sich jedoch zeigen wird, kann Heidegger diese Zielstellung nicht erreichen. Denn obgleich die pragmatische Zeuganalyse die Subjekt-Objekt-Relation der neuzeitlichen Erkenntnistheorie durch die Freilegung eines ontologischen Vorverständnisses fundamentalontologisch unterlaufen will, bleibt auch sie in den Zwängen der Subjektphilosophie gefangen. Diese These bedarf der Erläuterung.

Gemäß der Zeuganalyse gilt: „*Ein* Zeug ‚ist‘ strenggenommen nie. Zum Sein von Zeug gehört je immer ein Zeugganzes, darin es dieses Zeug sein kann, das es ist. Zeug ist wesenhaft ‚etwas, um zu ...‘. Die verschiedenen Weisen des ‚Um-zu‘ wie Dienlichkeit, Beiträglichkeit, Verwendbarkeit, Handlichkeit konstituieren eine Zeugganzheit. In der Struktur ‚Um-zu‘ liegt eine *Verweisung* von etwas auf etwas.“ (SuZ 68) Diese „Verweisung“, die die „ontologische ‚Voraussetzung‘ des Zuhandenen“ ist und damit „zugleich

Konstituens der Weltlichkeit überhaupt", gilt es im Rahmen einer „Verweisungsmannigfaltigkeit" mit holistischem Zuschnitt phänomenal in den Blick zu bringen. Am Beispiel des Hämmerns mit einem Hammer macht Heidegger deutlich, daß das hantierende Besorgen seine eigene Sicht hat, eine Sicht, die nicht nur die spezifische Handlichkeit des Hammers entdeckt, sondern generell eine „Verweisungsganzheit" – und eben damit auch die Weltlichkeit der Welt.

Aus dieser These nun will Heidegger bedeutungstheoretisches Kapital schlagen. Auch Zeichen-Zeuge, so Heideggers These, sind durch „Verweisung konstituiert", auch für sie gilt, daß sie als „bestimmte Zeug(e)" als etwas fungieren, „was die ontologische Struktur der Zuhandenheit, Verweisungsganzheit und Weltlichkeit anzeigt". (SuZ 82) Was Heidegger näherhin unter „Verweisung" versteht, machen die Marburger Vorlesungen aus dem Sommersemester 1925 deutlich: „Die Verweisung, die wir im Auge haben, als Begegnisstrukturmoment der Welt, bezeichnen wir nun genauer als ‚bedeuten'. Die so bestimmte Begegnisstruktur in Verweisungen als bedeuten nennen wir die *‚Bedeutsamkeit'* ... Dieser Ausdruck ist nicht der beste, aber ich habe seither, seit Jahren, keinen anderen gefunden, vor allem keinen solchen, der einem wesentlichen Zusammenhang des Phänomens mit dem, was wir als Bedeutung im Sinne der Wortbedeutung bezeichnen, Ausdruck gibt."[6]

Nun ist dieser Ausdruck in der Tat „nicht der beste". Daß Heidegger jedoch keinen besseren Ausdruck gefunden hat, hängt unmittelbar mit dem Versuch zusammen, die „Bedeutungen" als etwas der Sprache Zugrundeliegendes auszuzeichnen. Die Unangemessenheit dieses Versuchs resultiert aus den Prämissen der Zeichen- bzw. Bedeutungstheorie selbst. Zeichen versteht Heidegger ja ebenfalls als „Zeuge, deren spezifischer Zeugcharakter im *Zeigen* besteht". (SuZ 77) Diesen Gedanken hat Heidegger am Beispiel eines roten, drehbaren Pfeils erläutert, der seinerzeit an Kraftfahrzeugen angebracht war, um die Fahrtrichtungsänderung anzuzeigen. Von diesem „Zeiger" – so Heidegger – macht nicht nur der Kraftfahrer Gebrauch, z. B. wenn er anzeigen will, daß er beabsichtigt, die Fahrspur zu wechseln oder nach rechts bzw. nach links abzubiegen gedenkt etc., sondern auch andere Verkehrsteilnehmer, wie Fußgänger, Radfahrer und eben andere Kraftfahrer. Und das können sie, weil jener rote, drehbare Pfeil ein Zeichen ist, dessen *Bedeutung* im Zusammenhang „von Verkehrsmitteln und Verkehrsregeln" *konventionell festgelegt* ist.

„Als ein Zeug ist dieses Zeigzeug durch Verweisung konstituiert. Es hat den Charakter des Um-zu, seine bestimmte Dienlichkeit, es ist zum Zeigen. Diese Zeige des Zeichens kann als ‚verweisen' gefaßt werden." (SuZ 78) Dieses Verweisen ist nun aber nicht mit der ontologischen Struktur des Zeichens als Zeug zu verwechseln. Es ist auch nicht auf diese zurückzuführen. Gerade das Umgekehrte gilt: Das Verweisen gründet nicht in der ontologischen Struktur des Zeichens als Zeug, sondern in der „Seinsstruktur" eines speziellen Zeugs, dessen Spezialität eben darin besteht, „Dienlich zu" sein – wobei im vorliegenden Fall des roten, drehbaren Pfeils diese „Dienlichkeit" darin besteht, die Absicht des Kraftfahrers anzuzeigen, die Fahrtrichtung zu ändern.

Nun sagten wir aber, daß auch der Hammer ein Zeug ist. Kategorial läßt sich jedoch auf der Ebene der „Dienlichkeit" der Hammer als Zeug und das Zeichen als Zeug nicht

6 M. Heidegger: Prolegomena zu einer Geschichte des Zeitbegriffs, GA, Bd. 20, Hg. von P. Jaeger, Frankfurt/M. 1988, S. 275

unterscheiden. Auch der Hammer dient ja, „um" (einen Nagel in die Wand) „zu" (schlagen). Damit wird er aber noch lange nicht zum Zeichen. Im Unterschied zum Zeichen haben wir es hier nicht mit einer Verweisung zu tun, die als „‚Um-zu' auf ein ‚Wozu' verweist", währenddessen das Zeichen jedoch allein dadurch zum Zeichen wird, daß es auf etwas *verweist.* In der „Verweisung auf" besteht nach Heidegger der „eigenartige Zeugcharakter des Zeichens". (SuZ 80)

Die „Verweisung als Dienlichkeit" und „Dienlichkeit", verstanden als „ontologische Bestimmung des Zeugs als Zeug" (SuZ 78), werden also von Heidegger von einer „Verweisung als Zeug" klar unterschieden. Beide fallen nicht unter dem Begriff der „Dienlichkeit" zusammen. Denn das Zeichen hat trotz der von Heidegger hervorgehobenen Gemeinsamkeit mit anderem „Zeug" einen „ausgezeichneten Bezug zur Seinsart des je umweltlich zuhandenen Zeugganzen und seiner Weltmäßigkeit" (SuZ 80), die fundamental darin besteht, daß das Zeichen im „besorgenden Umgang eine *vorzügliche* Verwendung" hat: es macht einen Zusammenhang zugänglich und gibt dem Dasein eine „Orientierung" (SuZ 79). Der „eigenartige Zeichencharakter" des Zeichens besteht also darin, daß das „Zeichen ... nicht nur zuhanden (ist) mit anderem Zeug, sondern in seiner Zuhandenheit wird die Umwelt je für die Umsicht ausdrücklich zugänglich. *Zeichen ist ein ontisch Zuhandenes, das als dieses bestimmte Zeug zugleich als etwas fungiert, was die ontologische Struktur der Zuhandenheit, Verweisungsganzheit und Weltlichkeit anzeigt.* " (SuZ 82)

Wenn man nun einmal davon absieht, daß Heideggers These „Hammer-zu-sein besteht im ‚Hämmern'" in dieser saloppen Form alles andere als plausibel ist, da ja der Hammer auch Hammer bleibt, wenn Peter mit diesem Hammer Paul den Kopf einschlägt, und er bleibt auch Hammer, wenn ein Detektiv wie Sherlock Holmes diesen Hammer findet, als Tatwaffe identifiziert, und wenn er dann an Hand der „Spuren" den Tathergang rekonstruiert und Peter als Täter dingfest macht. Wenn man also von diesem Tatbestand einmal absieht, dann ist zunächst klar, daß sich Heidegger hier bemüht, Zeichen-Zeuge begrifflich von anderen Zeugen, etwa von Werk-Zeugen zu unterscheiden. Im Rahmen dieser Unterscheidung kommt Heidegger zu der bemerkenswerten Einsicht, daß das „Zeigzeug ... im besorgenden Umgang eine *vorzügliche* Verwendung" hat, die darin besteht, daß sie dem Dasein eine Orientierung gibt.

Diese Bestimmung scheint zunächst völlig korrekt. Problematisch hingegen ist zweierlei: Erstens die ontologische Deutung dieser Unterscheidung, die eine ontologische Deutung der Zeichenbedeutung nach sich zieht. Und zweitens, daß Heidegger den Werkzeugcharakter des Zeugs auf den Zeichencharakter des Zeugs projiziert. Hieran ist nun aber nicht allein das pragmatische Motiv problematisch, sondern der Tatbestand, daß Heidegger offenkundig den *Zeichensinn* aus dem *Handlungssinn* ableiten zu können glaubt. Aus der richtigen Feststellung, daß Sinnprobleme Verstehensprobleme sind, schlußfolgert Heidegger nicht nur, daß alles Verstehen Sinnverstehen ist, sondern auch, daß der Zeichensinn, also der „Sinn und die Bedeutung von ...", sich aus dem Handlungssinn, also aus der „Bedeutsamkeit für...", ableiten läßt. Mit anderen Worten: Heidegger meint, den Zeichensinn und damit das Bedeutungsverstehen auf die zweckrationale Erzeugung von Handlungseffekten zurückführen zu können. Analog der intentionalistischen Semantik ist Heidegger damit genötigt, die zeichenvermittelte Kommunikation auf strategische Interaktion zu reduzieren. Dies hat zur Konsequenz, daß die Bedeutungs-

intention gegenüber der Bedeutungs*konvention* in Führung geht, so daß die Bedeutung sprachlicher Zeichen als *Mittel* zur Enthüllung von Intentionen expliziert werden muß. Damit bleibt Heideggers Zeichenanalyse den grundbegrifflichen Zwängen der Bewußtseinsphilosophie verhaftet. Die Kosten für deren Widerlegung liegen in einem Intentionalismus, der aus der „Sorgestruktur des Daseins" nicht nur eine notwendige, sondern eine hinreichende Bedingung der Möglichkeit des Bedeutungsverstehens überhaupt macht.[7]

Dieser Intentionalismus ist der Grund, warum Heidegger für jene konventionellen Regeln, die z. B. im Straßenverkehr die Bedeutungen von Verkehrszeichen festlegen, kein Interesse hat. Da Heidegger in seiner Zeichen- und Bedeutungsanalyse sich von der falschen Voraussetzung leiten läßt, daß die „Bedeutsamkeit" als das „Bezugsganze" des Bedeutens in sich die „ontologische Bedingung der Möglichkeit" birgt, „daß das verstehende Dasein als auslegendes so etwas wie ‚Bedeutungen' erschließen kann, die ihrerseits wieder den möglichen Sinn von Wort und Sprache fundieren" (SuZ 87), ist er nicht nur gezwungen, wie Husserl von einem transzendentalen Primat der Bedeutung gegenüber dem Zeichen auszugehen – auch bei Husserl ist ja das sprachliche Zeichen lediglich der „widerspiegelnde" Doppelgänger einer idealen Bedeutung –, sondern auch die Bedeutung gegenüber der sprachlich erzeugten Intersubjektivität der Verständigung als originär anzusetzen.

Sicher, im Gegensatz zu Husserl hat Heidegger die Kantischen Voraussetzungen eines transzendentalen Bewußtseinsidealismus verabschiedet – Voraussetzungen, die auch Cassirer in der *Philosophie der symbolischen Formen* unverändert beibehält. Beide, Husserl und mehr noch Cassirer, haben zwar die Zeichenfunktion in die transzendentale Synthesis der Apperzeption eingebaut bzw. zumindest an diese angeschlossen, jedoch trotz der semiotischen Verleiblichung der Bedeutung bleiben sowohl bei Husserl als auch bei Cassirer die Voraussetzungen des transzendentalen Bewußtseinsidealismus unverändert bestehen. Anders bei Heidegger. Mit der Entdeckung der pragmatischen Dimension der Zeichenfunktion hätte Heidegger die Chance, die Zeichenrelation als eine dreigliedrige Relation (oder Trias) zu verstehen, die nicht auf eine zweigliedrige Relation zurückgeführt werden kann, wie das bei allen beobachtbaren Reaktionen in der Welt der Fall ist. Ausdrücklich betont Heidegger, daß der adressierende Charakter des Zeichens nicht „erfaßt" wird, „wenn wir es anstarren" und als „vorkommendes Zeigding feststellen". Diese Möglichkeit wird von Heidegger jedoch leichtfertig vertan. Im Gegensatz zu Charles S. Peirce oder Karl Bühler, die ein dreistelliges Modell der Zeichenverwendung benutzen und die Analyse sprachlicher Bedeutungen von vornherein auf die Idee der Verständigung von Kommunikationsteilnehmern über etwas in der Welt beziehen, und anders auch als Charles Morris, der im Anschluß an Peirce' Definition des Zeichens vorschlägt, alles Zeichen zu nennen, was auf Grund einer vorher festgelegten sozialen Konvention als etwas aufgefaßt werden kann, das für etwas anderes steht – und damit von einem Interpreten auch als Zeichen für etwas interpretiert werden kann[8] –, gibt Heidegger der

7 C. Lafont: Sprache und Welterschließung. Zur linguistischen Wende der Hermeneutik Heideggers, Frankfurt/M. 1994, S. 70

8 Vgl. dazu U. Eco: Semiotik. Entwurf einer Theorie der Zeichen, München 1987, S. 37ff., ders., Semiotik und Philosophie der Sprache, München 1985, S. 39ff.

Zeichenproblematik eine ontologische Deutung. Nicht daß Heidegger nicht erkennen würde, daß Zeichen der Verständigung dienen. Das Problem, an dem Heidegger scheitert, liegt anderswo.

Aus der These, daß die „Verweisung nicht die ontologische Bestimmung des Zuhandenen" sein kann, da die Verweisung ja gerade die „Zuhandenheit selbst konstituiert", schlußfolgert Heidegger, daß die Verweisung als „be-deuten" etwas sein muß, was allen sprachlichen Konventionen vorausliegt, ja Sprache als Sprache überhaupt erst begründet und fundiert. Und das, was der Sprache vorausliegt und sie als Sprache fundiert, sind die Bedeutungen. Sie machen in ihrer Gesamtheit das aus, was Heidegger die „Struktur der Welt" nennt.

Heidegger, der die Identität der Bedeutungen nicht mehr wie Husserl aus der intentionalen Struktur des Bewußtseins erklären will, sie aber aus den Sprachspielen nicht erklären kann, ist also deshalb zu einer ontologischen Deutung gezwungen, weil er die Identität der Bedeutung ohne Bezug auf konventionelle Regeln sichern zu können glaubt. Und genau dies erweist sich als Fehlschluß. Die Identität von Bedeutungen läßt sich nämlich nicht, wie Heidegger meint, durch eine ontologisch interpretierte Verweisung erklären, sondern nur durch die intersubjektive Geltung einer Regel. Im Begriff der Regel vereinigen sich die Identität der Bedeutung mit der Intersubjektivität ihrer Geltung. Beide erläutern sich wechselseitig. Mit dem Begriff „einer Regel folgen" wäre also für Heidegger die Möglichkeit eröffnet, die Identität der Bedeutung auf die Fähigkeit zurückzuführen, einer intersubjektiv geltenden Regel mit einem weiteren Ko-Subjekt zu folgen. Diese Möglichkeit wird von Heidegger jedoch leichtfertig vertan.

Denn im Unterschied zu Bühler, Peirce oder Morris, die trotz aller Unterschiede im Detail gemeinsam davon ausgehen, daß ein Zeichen als etwas aufgefaßt werden muß, das auf Grund einer vorher festgelegten *Konvention* für etwas anderes steht, die also von einer dreistelligen Relation ausgehen, glaubt Heidegger, diese dreistellige Relation auf eine zweistellige Relation reduzieren zu müssen und diese dann ontologisch unter dem Primat der Bedeutung interpretieren zu können. Damit kann Heidegger seiner Zeichentheorie bzw. der *Theorie der Zeichenerzeugung* keine *Theorie des Codes* mehr zur Seite stellen, die anwendbar wäre auf jede Art von Zeichenfunktion, wobei es in diesem Zusammenhang sogar egal wäre, ob es sich hierbei um verbale oder non-verbale Zeichen handelt. So läßt es sich zwar nicht bestreiten, daß Heidegger innerhalb der Zeuganalyse Werkzeuge von Zeigzeugen begrifflich auseinanderhalten kann. Selbst „Anzeichen" kann Heidegger im Anschluß an Husserl als Zeichen begreifen. Dieser Vorteil bzw. Gewinn fällt jedoch sofort wieder den Konstruktionsnöten der Fundamentalontologie zum Opfer, insofern Zeichen von Nicht-Zeichen in der von Heidegger vorgeschlagenen Art unterschieden werden. Denn so richtig es ist, daß der Zeichengebrauch oder die dem Zeichengebrauch zugrundeliegenden Zeichenstiftungen nicht aus einer theoretischen Absicht bzw. auf dem Weg „theoretischen Spekulierens" erklärt werden können, sowenig folgt daraus, daß der Zeichensinn mit dem Handlungssinn zusammenfällt bzw. dieser jenen fundiert – geschweige, daß die „Bedeutungen" „das mögliche Sein von Wort und Sprache fundieren". (SuZ 87)

Sicher, Heidegger hat später bemerkt, daß das Fundierungsverhältnis zwischen Zeichen und Bedeutung umgekehrt werden muß. In der entsprechenden Bemerkung in seinem Handexemplar von *Sein und Zeit* heißt es: „Unwahr. Sprache ist nicht aufgestockt, sondern *ist* das ursprüngliche Wesen der Wahrheit als Da." (SuZ 442) Ja, selbst schon im Fortgang der Untersuchung wird diese von aller Empirie gereinigte und darum auch nur reine Form der Bedeutung, die Heidegger zur ontologischen Bedingung der Möglichkeit von Welt erklärt, durch eine pragmatische Deutung der Bedeutungsproblematik zurückgenommen. Freilich mit der Konsequenz, daß jetzt die Zeichenproblematik fast gänzlich ihre Relevanz für das Problem von Sprache und Verstehen verliert. Und so ist das, was Heidegger ontologisch aufklären wollte – die „erschlossene Bedeutsamkeit", die „als existenziale Verfassung des Daseins, seines In-der-Welt-seins, die ontische Bedingung der Möglichkeit der Entdeckbarkeit einer Bewandtnisganzheit" ist –, am Ende mit dem Dasein einfach als faktisch unterstellt. Von dieser Zweideutigkeit kommt auch Heideggers Erschlossenheitsanalyse und – im Anschluß an diese – auch dessen Auffassung über das „Wesen der Sprache" nicht los. Hier wie dort wird das, was Heidegger als konstituiert ausweisen will, als Konstitut unterstellt.

1.2. Sprache und Verstehen

Im § 34 von *Sein und Zeit*, betitelt „Dasein und Rede: Die Sprache", entwickelt Heidegger seine Auffassung über das „Wesen der Sprache".[9] Zunächst jedoch grenzt Heidegger seine Position von reduktionistischen Sprachkonzepten ab, die die Sprache „am Leitfaden der Idee des ‚Ausdrucks', der ‚symbolischen Form', der Mitteilung als ‚Aussage', der ‚Kundgabe' von Erlebnissen oder ‚Gestaltung' des Lebens" begreifen, von Sprachkonzepten also, die sich mit den Namen von Cassirer, Husserl, Frege, Carnap, Dilthey oder Nietzsche verbinden lassen. Gegenüber diesen, den grundbegrifflichen Zwängen der Bewußtseinsphilosophie verhafteten Thematisierungsweisen der Sprache, die von einem einzelnen Subjekt ausgehen, welches sich erkennend und handelnd einer Welt der Dinge und Ereignisse gegenübersetzt, wendet Heidegger mehr oder weniger berechtigt ein, daß hier das „Wesen der Sprache" allein mit Bezugnahme auf das kognitive Weltverhältnis bestimmt wird. Die Privilegierung der tatsachenfeststellenden Rede und der Aussagenwahrheit ebnet aber nicht nur die Komplexität der Weltbezüge zugunsten des einen Bezugs zur Welt ein, sondern unterschlägt auch den nicht-strategischen Sinn der in der Sprache erzielten intersubjektiven Verständigung. Damit bleibt der logisch-ontologische Status der Sprache völlig im unklaren.

Es ist die mit der antiken Ontologie in Führung gegangene und die weitere abendländische Tradition bestimmende Tendenz, die Sprache am Leitfaden des *Logos* zu interpretieren, die Heideggers Kritik herausfordert. Denn den *Logos* als genuinen Zugang zum eigentlichen Seienden und über die kategoriale Bestimmung des Seins dieses Seienden auszulegen, heißt, sich von vornherein des Problems zu entledigen, um dessen Klärung es Heidegger geht: die Analyse der Sprache als ausgelegtes und sich auslegendes vorontolo-

9 Vgl. U. Tietz: Dasein – Mitsein – Sprache: Heideggers Auffassung über das „Wesen der Sprache" in „Sein und Zeit", in: Deutsche Zeitschrift für Philosophie, Heft 12 (1990), S. 1152-1160

gisches Daseinsverständnis. Dieses Problem kann im begrifflichen Kontext der Bewußtseinsphilosophie nicht befriedigend behandelt werden. Da hier für die philosophische Behandlung des *Logos* wesentlich die Aussage in den Blick genommen wurde, vollzog sich die Ausarbeitung der Grundstrukturen der Formen und Bestandteile der Rede (die stillschweigend mit der Sprache gleichgesetzt wurde) auch am Leitfaden dieses *Logos*.

Problematisch an dieser subjektphilosophischen Deutung der Sprache, die mit der monopolistischen Auszeichnung der tatsachenfeststellenden Rede parallel geht, ist nun für Heidegger dreierlei: 1. Sinn wird hier auf die Bedeutung von Urteilsgehalten restringiert, 2. sind die in Aussagen erhobenen Geltungsansprüche auf spezifische Weise mit je konkreten Weltbezügen verschränkt, die als solche aber nicht thematisch werden und 3. ist der in Aussagen erhobene Geltungsanspruch der Wahrheit nicht der einzige.

Heidegger kennt durchaus nicht nur die Klasse der Konstativa. Er weiß, daß zum Beispiel „Aufforderungen", „Befehle" und „Wünsche", also die in regulativen und expressiven Sprachhandlungen erhobenen Geltungsansprüche der Wahrhaftigkeit und der normativen Richtigkeit, sich nicht umstandslos in das Schema der konstativen Sprachhandlungen pressen lassen. Zwar unterscheidet und analysiert Heidegger nicht expressis verbis Konstativa, Regulativa und Expressiva. Und ebensowenig wird das „*Worüber* der Rede", werden also die Weltbezüge in objektive, soziale und subjektive Welt an Hand der welterschließenden Funktion der Sprache differenziert – wenngleich sich auch schon bei Heidegger diese Unterscheidung nachweisen ließe, eine Unterscheidung, die etwa in der Frankfurter Pragmatik durch Habermas an Hand der Sprechakttheorie von Austin und Searle begrifflich differenziert durchgeführt wurde. Allein soviel ist auch im Kontext von *Sein und Zeit* klar: soll überhaupt über etwas In-der-Welt-seiendes aussagenmäßig gesprochen werden, muß dieses Etwas, das „*Worüber* der Rede" immer schon daseinsmäßig erschlossen sein.

Die kognitiven Leistungen begreift Heidegger als im vor-wissenschaftlichen Umgang mit Dingen und Personen verwurzelt. Die Aussage als „*mitteilend bestimmende Aufzeigung*" (SuZ 156) ist sonach kein Erstes, sondern hat ihr Fundament in der Auslegung, dessen derivativer Modus sie ist. Ihre existenzialen Fundamente heißen „Vorhabe, Vorsicht und Vorgriff". Heidegger, der sich gegen die kognitivistische Verkürzung der abendländischen Logosauszeichnung wendet, die die Vernunft auf das reduziert, was die Sprache in einer ihrer Funktionen leistet – nämlich in der Darstellungsfunktion –, macht gegen diese kognitivistische Verkürzung ein antimetaphysisches Argument stark. Erst was im umsichtig-besorgenden Umgang mit zuhandenem „Zeug" angeeignet ist, mithin erst was praktisch ergriffen ist, kann zum „*Worüber*" in der Aussage werden. Heidegger wird nicht müde, beständig zu betonen, daß die idealistische Distanzierung von praktischen Zweck- und Interessenzusammenhängen aufzugeben sei. Das Erkennen, wie die Dinge „an sich" sind, ist für Heidegger in erster Linie nicht ein theoretisches, sondern ein praktisches Problem. Denn das „hantierende gebrauchende Besorgen" – so Heideggers These – hat seine „„eigene Erkenntnis"". Folglich kann es weder scientistisch suspendiert noch, wie bei Husserl, phänomenologisch reduziert werden.

Auch Husserls eidetischer Fundamentalismus stützt sich ja noch auf ein Konzept, das die reine Anwesenheit der „Sachen selbst", zu denen zurückzukehren, der Schlachtruf der Phänomenologie versprach, als Voraussetzung der „Wahrheit von Aussagen" und insbesondere von prädikativen Aussagen dadurch sicherstellt, daß Kontingenz phänomenologisch reduziert wird. Abgesehen nun davon, daß sich die „adäquate Evidenz" als theoretisches Ziel der vollständigen Übereinstimmung des Denkens mit dem „Ding an sich" faktisch als unerreichbar erweist,[10] und daß die phänomenologische Sicherstellung der reinen Anwesenheit per Epoché, eine abstraktive, den konkreten Phänomenen zuwiderlaufende Methode ist, die den Zusammenhang von Anwesenheit und Abwesenheit gewaltsam auftrennt.[11] Weit wichtiger erscheint uns in diesem Zusammenhang das sprachphilosophische Folgeproblem dieser Reduktion. Um nämlich die Wahrheit von Aussagen zu garantieren, muß Husserl mit der Evidenz aus dem sprachlogischen Bereich ausbrechen und dabei auf eine rein „ideale Sprache" rekurrieren, die die vollkommen getreue Wiedergabe einer zugleich inneren Anwesenheit und einer ideal-identischen Bedeutung garantiert. Eine derartige Sprache ist für Husserl eine rein expressive Sprache, die jeden indikativen Gebrauch der Sprachzeichen ausschließt.[12]

Heidegger, der sich durchaus der Aporien bewußt ist, die aus den metaphysischen Voraussetzungen der Husserlschen Strategie resultieren, unterläuft mit drei strategischen Korrekturen das Husserlsche Konzept. Er entgrenzt erstens dessen präsenzmetaphysischen Wahrheitsbegriff, so daß Wahrheit kein problematischer Begriff mehr ist, er betont zweitens gegen Husserls Bedeutungsplatonismus das Primat der pragmatischen Zeug-Verweisungs- und Zeichenfunktionen vor dem reinen Bewußtsein und entlarvt drittens das reine, von allen innerweltlichen Zweck- und Interessenzusammenhängen suspendierte Selbstbewußtsein als eine metaphysische „Fiktion", indem er es mit seiner Unreinheit konfrontiert – voran mit dem „gebrauchenden Besorgen". So kann Heidegger einerseits an Husserls großartiger Entdeckung der intentionalen Struktur des Bewußtseins festhalten, an dem Gedanken also, daß jedes Bewußtsein Bewußtsein von etwas ist, und gleichzeitig den Problemhorizont reiner Bewußtseinsintentionalität durch den Rekurs auf das „gebrauchende Besorgen" in Richtung auf eine pragmatische Handlungstheorie überschreiten. Wie später Adorno, so erkennt auch Heidegger, daß an der Unauflöslichkeit der „widerspenstigen Kontingenz", die auszuscheiden sei, um den „Anspruch der eigenen Reinheit nicht zu gefährden", der „falsche Ansatz der Indentitätsphilosophie zutage (tritt): daß die Welt nicht als Produkt dieses Bewußtseins gedacht werden kann."[13] Anders als Husserl, der die Not der Kontingenz des Faktischen in die Tugend der Reinheit der Idee umdeutet und auf diese Weise den Relativismus nur um den Preis des Absolutismus überwinden kann, bemerkt Heidegger, daß das praktische Verhalten „nicht ‚atheoretisch' im Sinne der Sichtlosigkeit" ist. Es hat seine eigene, seine praktische „Sicht" (SuZ 69).

Diese praktische Sicht setzt Heidegger gegenüber der theoretischen als originär an. Zum *„Worüber"* der aufzeigenden Aussage wird das *„zuhandene Womit* des Zutun-

10 Vgl. R. Bernet: Logik und Phänomenologie. Husserls Lehre von der Wahrheit, in: Tijdschrift voor Filosofie 43, Heft 1 (1983), S. 65f.

11 Vgl. J. Derrida: Die Stimme und das Phänomen. Ein Essay über das Problem des Zeichens in der Philosophie Husserls, Frankfurt/M. 1979 sowie R. Bernet: Die ungegenwärtige Gegenwart. Anwesenheit und Abwesenheit in Husserls Analyse des Zeitbewußtseins, in: Zeit und Zeitlichkeit bei Husserl und Heidegger, Freiburg/München 1983

12 Vgl. E. Husserl: Logische Untersuchungen, Bd. II/1, in: Husserliana Bd. XIX/1, Hg. von U. Panzer, Den Haag/Boston/Lancaster 1984, §§ 5-10

13 Th. W. Adorno: Metakritik der Erkenntnistheorie. Studien über Husserl und die phänomenologischen Antinomien, Frankfurt/M. 1972, S. 90

habens" erst durch eine existenzial-ontologische Modifikation der umsichtigen Auslegung. Durch diese Modifikation wird die „Hin-sicht" entsubjektiviert und das Zuhandene als Zuhandenes verhüllt. Diese Verhüllung ist nach Heidegger die Ursache der entdeckend-verdeckenden Bestimmung der Vorhandenheit in ihrem „So-und-so-Vorhandensein". Denn gerade durch die das Primat der Praxis suspendierende Orientierung am Vorhandenen ist das „an sich" als ontologisch-kategoriale Bestimmung des Seienden qua Vorhandenheit nicht aufzuklären. Gerade durch dieses das Primat der Praxis gegenüber der Theorie suspendierende Verhalten wird das in Gang gesetzt, was Heidegger das „*Sich-nicht-melden* der Welt" nennt" (SuZ 75). Auf diese Weise wird das Allernächste zum Signum des Allerfernsten.

Erst durch diesen Perspektivenwechsel, einem Wechsel von der Position des aktiven Teilnehmers zu der des interessenlosen Beobachters inklusive der mit diesem Perspektivenwechsel zusammenhängenden objektivierenden Einstellung, eine Einstellung, die in den der defizitären Praxis nachgeordneten Wissenschaften ihren reinsten Ausdruck findet, wird eine Eigenschaft, als welche die Aussage das „Was" des Vorhandenen bestimmt, an einem Vorhandenen überhaupt erst fixierbar und folglich kommunizierbar. Und zwar deshalb, weil hier ein Ganzes, ein Verweisungszusammenhang aus seinem Bewandtniszusammenhang herausgelöst und von seinen Verweisungsbezügen getrennt wird. Mit dieser Herauslösung eines Ganzen aus seinem Bewandtniszusammenhang ist eine Nivellierung des hermeneutischen Logos der umsichtigen Auslegung zum urteilslogischen Logos der Aussage verbunden. „Diese Nivellierung des ursprünglichen ‚Als' der umsichtigen Auslegung zum Als der Vorhandenheitsbestimmung ist der Vorzug der Aussage." (SuZ 158) Gegen diese Nivellierung bietet Heidegger das „praktische Besorgen" auf.

Das „praktische Verhalten", das „Besorgen" entdeckt innerweltlich Seiendes als Zuhandenes auf „Grund der Vorentdecktheit einer Bewandtnisganzheit". Diese durch das praktische Besorgen vorentdeckte Bewandtnisganzheit hat einen holistischen Zuschnitt und birgt „in sich" einen ontologischen Bezug zur Welt. Folglich muß das Entdecken und daher auch die Aussage in der Erschlossenheit gründen und nicht umgekehrt – die Erschlossenheit im Entdecken. Damit ist das „apophantische Als" der Aussage gegenüber dem „existenzial-hermeneutischen Als" der „umsichtig besorgenden Auslegung" als abkünftig erwiesen. Wenn nämlich die Welt des Vorhandenen und deren Korrelat, die theoretische Betrachtung, nur ein Rudiment einer ursprünglicheren und reicheren Welt ist und wenn die Theorie aus der „Umsicht" und nicht die „Umsicht" aus der Theorie entspringt, dann, so Heidegger, ist auch jede Entdeckung von innerweltlich Seiendem nur auf der Basis einer Erschlossenheit zu verstehen. Also erst durch und mit der Nivellierung des „ursprünglichen ‚Als' der umsichtigen Auslegung zum Als der Vorhandenheitsbestimmung" besteht überhaupt erst die Möglichkeit, das Vorhandene gegen alles Vermittelte abzudichten.

Diese Orientierung am Vorhandenen, Resultat subjektiver Vernunft, kann nun zwar ein „Zusammenvorhandensein" von mehreren Dingen, Personen, ja selbst Worten konstatieren, nicht aber die Abkünftigkeit der Aussage von der Auslegung und vom Verstehen deutlich machen. Sie kann also nicht erklären, wie die „‚Logik' des λόγος in der existenzialen Analytik des Daseins verwurzelt ist" (SuZ 160). Weil die Grammatik ihr Fundament in der Logik dieses λόγος suchte, dieser aber in der Ontologie der Vorhandenheit gründet, wurde die Rede an der Aussage orientiert. Das hat nach Heidegger eine verhängnisvolle Folge: Das Seiende, das dieser λόγος aufzeigt, nimmt, wie der λόγος selbst, den restriktiven Sinn von Vorhandenheit an. Das heißt aber, der „Sinn von Sein bleibt selbst indifferent unabgehoben gegenüber anderen Seinsmöglichkeiten" (SuZ 160). Die Restriktion des Sinns auf den Bereich der Präsenz, der von Heidegger negativ geladen mit dem Vorhandenen gleichgesetzt wird, ereignet sich in der abendländischen Metaphysik als Herrschaft der sprachlichen Form, die in der „mitteilenden Aussage" ihren Ursprung hat.

Schon in der Interpretation von Platons *Sophistes* im Wintersemester 1924/25 heißt es: „Alle unsere grammatischen Kategorien, auch die aller heutigen wissenschaftlichen Grammatik – indogermanische Sprachforschung usw. – sind wesentlich bestimmt durch diese theoretische Logik, so sehr, daß es fast hoffnungslos erscheint, das Phänomen der Sprache frei von dieser traditionellen Logik zu verstehen. Es besteht aber *die Aufgabe, die Logik einmal viel radikaler zu fassen, als es den Griechen gelang, und auf demselben Wege zugleich ein radikaleres Verständnis der Sprache selbst und damit auch der Sprachwissenschaften auszuarbeiten.*"[14] Heidegger, der die gesamte traditionelle Sprachlogik als Korrelat der zu destruierenden Ontologie der Vorhandenheit betrachtet, möchte von der in dieser Ontologie privilegierten gegenständlichen Sprachauffassung loskommen, die auf die Wahrheitsgeltung assertorischer Sätze spezialisiert ist. Im Gegenzug zum „Logozentrismus" der Bewußtseinsphilosophie und der damit verbundenen Logik der Präsenz will er die Grammatik von dieser Logik befreien und auf ontologisch tiefer liegende Fundamente bauen.

Der § 34 von *Sein und Zeit* kann als der Versuch betrachtet werden, durch die Umlegung auf ontologisch ursprünglichere Fundamente die Grammatik von dieser Logik zu befreien. Dazu muß die logisch-genetische Frage nach der Aussage in die existenzialontologische Frage nach dem Sinn von Sein transformiert werden. Denn jener Sinn ist es ja, der das jeweilige ontologische Vorverständnis präjudiziert und damit auch die horizontbildenden Grundbegriffe festlegt. Heideggers Destruktion der Metaphysik der Anwesenheit hat also nicht – wie später bei Derrida – ihren bevorzugten Ausgangspunkt in der Kritik an einer metaphysischen Theorie des Zeichens. Obwohl Heidegger gegen Husserls Betonung des Logischen und Vernachlässigung des Semiotischen eindeutig das Semiotische gegenüber dem Logischen privilegiert, ist Heidegger, etwa im Gegensatz zu Cassirer, erstaunlich desinteressiert an der „geschlossen Mannigfaltigkeit möglicher Zeichen" (SuZ 77).

Die sprachkritische Pointe der Heideggerschen Ontologiekritik besteht meiner Meinung nach darin, daß Heidegger die Idealisierungen und Abstraktionen der Bewußtseinsphilosophie mit der konkreten, vor-wissenschaftlichen Lebenswelt und mit der nichttheoretischen Sprache des Alltags konfrontiert. Indem Heidegger auf ein ursprüngliches oder vorontologisches Sinnesfundament rekurriert, gelingt es ihm, gegenüber der Bewußtseinsphilosophie eine neue Dimension aufzureißen. Denn mit dem Rückgriff auf dieses vorontologische Seinsverständnis der Sprache des alltäglichen In-der-Welt-seins, das auf das präreflexive Selbstverhältnis der menschlichen Rede abhebt, ist die traditionelle (Sprach-) Philosophie prinzipiell überschritten.[15]

14 M. Heidegger: Platon: Sophistes, in: GA, Bd. 19, 2. Abt., Hg. von I. Schüßler, Frankfurt/M. 1992, S. 253

15 K.-O. Apel: Heidegger und Wittgenstein, in: Heidegger. Perspektiven zur Deutung seines Werkes, Hg. von O. Pöggeler, Königstein/Ts. 1984, S. 368 und 372

Soll dieser Rückgriff gelingen, so ist dieses vorgängige, positive Vorverständnis der apriorischen Grundstruktur der Rede aufzuklären, das seinerseits nur innerhalb der Seinsverfassung des Daseins als In-der-Welt-sein aufweisbar ist. Der Ausgangspunkt hierfür ist in *Sein und Zeit* das Dasein. Denn allein dieses hat Sprache. Die Sprache hat in der existenzialen Verfassung der Erschlossenheit des Daseins ihre Wurzel, so daß Heidegger sagen kann: *„Das existenzial-ontologische Fundament der Sprache ist die Rede.“* (SuZ 60) Die Rede, ursprüngliches „Existenzial“ der Erschlossenheit, ist gleichursprünglich angesetzt mit *Befindlichkeit und Verstehen.*[16] Als dieses ursprüngliche „Existenzial“ ist sie konstituiert durch das alltägliche In-der-Welt-sein. Denn die spezifisch weltliche Seinsart der Rede ist die Artikulation der Verständlichkeit des „Da“. Im „Da“ spricht sich die befindliche Verständlichkeit des alltäglichen In-der-Welt-seins aus. „Rede ist die Artikulation der Verständlichkeit. Sie liegt daher der Auslegung und der Aussage schon zugrunde.“ (SuZ 161)

Halten wir fest: Die Rede ist für Heidegger eine spezifische weltliche Seinsart und konstitutiv an das Dasein gebunden. „Die Hinausgesprochenheit der Rede ist die Sprache“, oder wie es an anderer Stelle heißt: „Die Rede ist existenzial Sprache“ (SuZ 161). Folglich handelt es sich bei der Rede um die ontologische Ermöglichungsbedingung der Sprache als „Wortganzheit“. Mehr noch: Nicht nur, daß sich die befindliche Verständlichkeit des alltäglichen In-der-Welt-seins als Rede ausspricht. Als existenziale Verfassung der Erschlossenheit des Daseins ist die Rede konstitutiv für die *Existenz*! Im Erschließen der Existenz über die *Mitteilung* der existenzialen Möglichkeiten der Befindlichkeit artikuliert sich das, was Heidegger das verstehende Miteinandersein nennt. Die Mitteilung vollzieht ja expressis verbis „die ‚Teilung‘ der Mitbefindlichkeit und des Verständnisses des Mitseins ... Das Mitsein wird in der Rede ‚ausdrücklich‘ *geteilt“* (SuZ 162). Das heißt: in der Sprache wird nicht nur *über* etwas In-der-Welt-seiendes gesprochen, sondern immer schon *mit* jemanden in der Welt qua Mitwelt.

Bereits die Klärung des alltäglichen In-der-Welt-seins zeigte ja, „daß nicht zunächst ‚ist‘ und auch nie gegeben ist ein bloßes Subjekt ohne Welt. Und so ist am Ende ebensowenig zunächst ein isoliertes Ich gegeben ohne die Anderen.“ Die Anderen, die Heidegger „zunächst“ und „zumeist“ aus dem „zuhandenen, umweltlichen Zusammenhang begegnen“ läßt, sind eben je schon *„mit da“* (SuZ 116). Diese Begegnung ist sehr verschieden von innerweltlich begegnendem Zeug oder Dingen, also von Zuhandenem und Vorhandenem. Denn die Anderen sind *„wie* das freigebende Dasein selbst“, sie sind *„auch und mit da“*. Das „Mit“ ist folglich etwas Daseinsmäßiges, das mithafte alltägliche In-der-Welt-sein ist die fürsorgend geteilte Welt mit Anderen. Denn die „Welt des Daseins ist *Mitwelt.* Das In-sein ist *Mitsein* mit Anderen. Das innerweltliche Ansichsein dieser ist *Mitdasein“* (SuZ 118). Weil das Dasein wesentlich an sich selbst Mitsein ist, liegt im Sein mit Anderen immer schon ein „Seinsverhältnis von Dasein zu Dasein“ (SuZ 124).

Heidegger trifft mit dieser Bestimmung des Daseins als Mitsein bzw. der Welt als Mit-Welt die wichtige, auch für heutige Sprach- und Kommunikationstheorien relevante Unterscheidung zwischen einer objektiven Welt, in der Naturgegenstände und Sachverhalte

16 Vgl. C. F. Gethmann: Verstehen und Auslegung. Das Methodenproblem in der Philosophie Martin Heideggers, Bonn 1974

als innerweltliche Entitäten im hantierenden Umgang begegnen, und einer intersubjektiven Welt der transzendental vergemeinschafteten Subjekte, die sich auf der Ebene einer gemeinsamen Konstituierung einer für sie identischen und darum ojektiven Welt treffen. Der damit erzielte Gewinn gegenüber dem monadologischen Ansatz der Bewußtseinsphilosophie bei der Erklärung der Sprache bzw. der symbolisch vermittelten Interaktion, wie er ja selbst für Husserl konstitutiv blieb, liegt auf der Hand. Zwar geht auch Husserl bei der Erklärung dieses Phänomens ebenso wie Heidegger auf die fundierende Schicht der Lebenswelt zurück, zwar begreift auch er alle menschlichen Leistungen als Objektivationen einer lebensweltlich organisierten Alltagspraxis und schließlich wird auch bei Husserl schon die Lebenswelt als eine aus synthetischen Leistungen konstituierte und aufgebaute Welt vorgestellt.[17] Jedoch dadurch, daß diese Konstitution der Lebenswelt bei Husserl bis zur Krisisschrift immer noch nach den Grundsätzen einer Konstitution der Erkenntnis gedacht wird, ist der Versuch einer phänomenologischen Begründung von Intersubjektivität ersichtlich paradox. Denn wie soll ich als eine Monade, als ein transzendental leistendes Ich, ein anderes Ich konstituieren und zugleich das in mir Konstituierte eben doch als ein anderes erfahren? Auch durch einen „Perspektivenwechsel" von Ego und Alter ego gelangt man nur zur Begründung einer solipsistisch-transzendentalen „Monadengemeinschaft", in der wiederum jedes transzendentale Ego jeweils nur „seine Welt" hat, nicht aber zu einer intersubjektiv geteilten „Wir-Welt".[18] Husserls Perspektivenwechsel sorgt zwar für eine gewisse Symmetrie zwischen Ego und Alter ego. Jedoch auch der Perspektivenwechsel vermag die Immanenz der Monade nicht zu brechen.

Heidegger ist sich dieser Paradoxie bewußt. Darum formuliert er die Aufgabe, die „Art dieses Mitdaseins in der nächsten Alltäglichkeit phänomenal sichtbar zu machen und ontologisch angemessen zu interpretieren" (SuZ 116). Mit dieser Aufgabenstellung kommt der sozial-ontologische Gesichtspunkt der Heideggerschen Fundamentalontologie in den Blick, der für die Mitseinsanalyse bzw. – damit vermittelt – für seine Auffassung über das „Wesen der Sprache" äußerst bedeutsam ist. Die im vierten Kapitel von *Sein und Zeit* entfaltete Analyse, die, ohne daß Husserls Name auch nur genannt wird, eine einzige Polemik mit dessen Intersubjektivitätstheorie darstellt, sucht jenes Problem zu klären, an welchem sich Husserl vergeblich abarbeitete: die phänomenologische Begründung von Intersubjektivität.

Wir sagten schon, daß Heidegger auf die Frage, wer sich im Mitdasein begegnet, antwortet: die Anderen. Die Anderen werden nun näher bestimmt. Sie sind das „Man". (SuZ 126) Mit dieser Fassung des Mitseins geht aber der Gewinn für Heidegger gegenüber der phänomenologischen Intersubjektivitätstheorie Husserls sofort wieder verloren. Denn das Sein der Anderen als „Man", als die durch „Durchschnittlichkeit" und damit als durch die Einebnung aller positiven Seinsmöglichkeiten beschriebene „Öffentlichkeit" ist ja bei Heidegger nicht durch Zusammengehörigkeit, sondern im Gegenteil gerade durch „Abständigkeit" charakterisiert. (SuZ 12) Wenn man nun einmal davon absieht, daß Heidegger diesen Schluß methodisch nicht plausibel machen kann, denn die „Fassung der

17 Vgl. E. Husserl: Cartesianische Meditationen und Pariser Vorträge, in: Husserliana Bd. I, Hg. von S. Strasser, Den Haag 1950, S. 137

18 Vgl. A. Schütz: Das Problem der transzendentalen Intersubjektivität bei Husserl, in: Philosophische Rundschau, 5. Jg. (1957), S. 100

Anderen als Man verbietet die Orientierung am je eigenen Dasein, welches in der Interpretation der Anderen als Mitdasein impliziert ist",[19] hat darüber hinaus die Interpretation des als „Neutrum" kategorisierten „Man" für Heideggers Sozialontologie bzw. Intersubjektivitätstheorie verhängnisvolle Konsequenzen. Denn das „*Man-selbst*", das „Selbst des alltäglichen Daseins" (SuZ 129), ist das von der Welt und dem Mitdasein Anderer im „Man" völlig benommene und daher uneigentliche Selbst. Eigentliches Dasein, das negativ die Geltung der „objektiven Wir-Welt" außer Kraft setzt und positiv den transzendentalen Welthorizont und somit auch den Sinn von Sein freilegen soll, ist ja ein von der Herrschaft der Anderen befreites Dasein. Und dieses, so erfahren wir bei Heidegger, existiert nur in der „Vereinzelung". (SuZ 184ff. und 322)

Dadurch, daß Heidegger also in einem ersten Schritt die Weltanalyse aus dem Blickwinkel einer intersubjektiven Beziehung von Dasein zu Dasein im Mitsein rekonstruiert, gelingt ihm zunächst ein Perspektivenwechsel von der einsamen Zwecktätigkeit zur sozialen Interaktion. Da er jedoch in einem zweiten Schritt das solipsistisch angesetzte Dasein „als Seiendes, das je ich selbst bin", gegenüber dem Mit-Dasein in Front gehen läßt, ja dieses Mit-Dasein einschließlich der Strukturen des lebensweltlichen Hintergrundes als durchschnittliche und durchweg defiziente Alltagspraxis radikal abwertet, wird er auf die Husserlsche Ausgangslage zurückgeworfen. Darum muß Heidegger plausibel machen, wie auf der Grundlage der Vereinzelung nun wieder ein Miteinandersein ermöglicht wird, aber jetzt ein Miteinandersein, das im Vergleich zum alltäglichen, d. h. zu dem, in welchem das Dasein an das „Man" verfallen ist, sich als eigentliches erweist. (SuZ 298) Das vermag Heidegger nicht. Denn die umweltliche Begegnung des Anderen als Wesenszug des uneigentlichen Miteinanderseins durchbricht nur der *Tod*. Eigentlichkeit als abstrakter Kern des Selbst findet an ihm ihr Maß und ihr Ideal. Im Tod allein sind alle Bezüge zum anderen Dasein gelöst. (SuZ § 50-53) Das durch ihn geweckte Verständnis der Anderen, das den Charakter des „Seinlassens" hat, ist zugleich negativ die Auflösung aller direkten und positiven Verbindungen zwischen den Anderen und mir. Die aus der *Unbezüglichkeit* des eigentliches Selbst erwachsene Einsamkeit, Heidegger spricht in diesem Zusammenhang auch von einem „existenzialen Solipsismus", wird damit zum Urfaktum der Heideggerschen Sozialontologie.[20]

Denn diese Unbezüglichkeit des Todes, die dem Dasein zu verstehen gibt, daß es letztlich allein ist, wirft zugleich ihren Schatten auf jede Kommunikation, ja macht Kommunikation als Kommunikation geradezu unmöglich. Denn insofern bei Heidegger Eigentlichkeit „zum sich selbst verhaltenden Verhältnis wird, unter dem sich nichts mehr denken läßt",[21] ist sie gerade das nicht, was Kommunikation immer schon voraussetzt: ein gesellschaftliches und soziales Verhältnis zu anderen. Konstituiert sich im Miteinandersein kein eigentliches Selbst, gewinnt das Dasein seine Eigentlichkeit ohne positive Möglichkeit des Mitseins, so heißt das, daß auch eigentliche sprachliche Kommunikation hier nicht stattfindet.

19 M. Theunissen: Der Andere. Studien zur Sozialontologie der Gegenwart, Berlin/New York 1977, S. 173

20 Ebd. S. 178f.

21 Th. W. Adorno: Jargon der Eigentlichkeit. Zur deutschen Ideologie, Frankfurt/M. 1980, S. 64

Sicher, Heidegger hat die Anderen in die Erörterung des Mitseins unter dem Titel des „Man“ einbezogen. Insofern diese Erörterung aber bei der Bestimmung des eigentlichen Sichzusichverhaltens entweder völlig fehlt oder aber nur als dessen negative Kontrastfolie fungiert, bekommt das Problem von Sprache und Verstehen eine paradoxe Fassung. Und zwar nicht nur weil bei Heidegger, etwa im Unterschied zu Mead, die „Berücksichtigung institutioneller gesellschaftlicher Zusammenhänge und die daher vorgegebenen Rollen“ fehlen,[22] mit dem gleichen Recht ließe sich dieser Vorwurf auch gegen Quine, Davidson oder Rorty, ja sogar gegen Tugendhat selbst richten, sondern weil Heidegger zwei Thesen unkritisch miteinander verkoppelt. Erstens die These vom „Sein zum Tode“ als Bedingung der Möglichkeit für Eigentlichkeit und zweitens die These, daß im Modus der Eigentlichkeit ein ausgezeichneter Modus der Rede bzw. des Verstehens vorliegt. Die erste These, mit der Heidegger eine „Kluft“ zwischen Eigentlichkeit und Uneigentlichkeit zu legen gedenkt, besagt, daß die Konfrontation mit der „unüberholbaren“ Möglichkeit des Todes „von der Verlorenheit in die zufällig sich andrängenden Möglichkeiten“ befreit. (SuZ 264) Insofern es hier dem „Dasein um sein In-der-Welt-sein schlechthin“ geht, ist das „Sein zum Tode“ die Bedingung der Möglichkeit einer „Wahl“, die Heidegger *eigentlich* nennt. Diese These fürsichgenommen scheint nicht weiter problematisch. Sofern die praktische Frage nach dem „Sinn von Sein“ in einer radikalen und wirklich grundsätzlichen Weise gestellt wird, etwa als Frage „Wie soll ich leben?“, so daß sie sich nicht auf diese oder jene Handlung bezieht, sondern unser Handeln bzw. unser Leben im ganzen in Frage stellt, dann ist dies eine Frage, die sich immer an eine 1. Person Singular richtet.

Klarerweise hat dieser Bezug auf eine 1. Person Singular einen *normativen Sinn*. Denn deren „Selbstverständnis, wie diffus es immer bleiben mag, begründet die Identität eines Ich. In ihm artikuliert sich Selbstbewußtsein nicht als die Selbstbeziehung eines erkennenden Subjekts, sondern die *ethische Selbstvergewisserung* einer zurechnungsfähigen Person.“ Nun steht zwar diese zurechnungsfähige Person immer in einer intersubjektiv geteilten Lebenswelt, entwerfen wird sie sich aber stets als einzelne, „als jemand, der für die mehr oder weniger deutlich hergestellte Kontinuität einer mehr oder weniger bewußt angeeigneten Lebensgeschichte *bürgt*; im Lichte seiner erworbenen Individualität möchte er auch in Zukunft als der, zu dem er sich gemacht hat, identifiziert werden.“[23] Wie Tugendhat nun gezeigt hat, ergeben sich aus der ersten Bestimmung vier weitere. Die Frage nach dem „Sinn von Sein“ betrifft zweitens eine mehr oder weniger unmittelbare Zukunft, sie betrifft drittens ein Selbst, welchem es um sich selbst geht, viertens bezieht sie sich auf einen Spielraum von Möglichkeiten, der als Spielraum erfragt werden soll, und damit bezieht sie sich fünftens auch auf jene Grenzen, die diese Möglichkeiten einschränken – denn, wenn diese Beschränkungen in Form von Grenzen nicht vorhanden wären, müßte hier überhaupt nicht überlegt werden.[24] Es ist nämlich nicht notwendig, diese Frage zu stellen. Wir könnten ja statt dessen auch segeln oder angeln gehen. Dieses Sich-stellen bzw. dieses Ausweichen vor der Frage nach dem „Sinn von Sein“ bezeichnet

22 E. Tugendhat: Der Wahrheitsbegriff bei Husserl und Heidegger, Berlin 1967, S. 229
23 J. Habermas: Nachmetaphysisches Denken, Frankfurt/M. 1988, S. 207f.
24 E. Tugendhat: Selbstbewußtsein und Selbstbestimmung. Sprachanalytische Interpretationen, Frankfurt/M. 1979, S. 194f.

Heidegger mit dem Ausdruck Eigentlichkeit und Uneigentlichkeit. Insofern nun das „Man" dem Dasein die Frage nach dem „Sinn von Sein" immer schon abnimmt, nimmt es ihm zugleich auch den identitätsstiftenden „Entwurf" ab, d. h. das Ergreifen jener positiven Seinsmöglichkeiten, die Eigentlichkeit überhaupt erst verbürgen. Mit der „Verlorenheit in das Man ist über das nächste faktische Seinkönnen des Daseins – die Aufgaben, Regeln, Maßstäbe, die Dringlichkeit und Reichweite des besorgend-fürsorgenden In-der-Welt-seins – je schon entschieden. Das Ergreifen dieser Seinsmöglichkeiten hat das Man dem Dasein immer schon abgenommen. Das Man verbirgt sogar die von ihm vollzogene stillschweigende Entlastung von der ausdrücklichen *Wahl* dieser Möglichkeiten. Es bleibt unbestimmt, wer ‚eigentlich' wählt. Dieses wahllose Mitgenommenwerden von Niemand, wodurch sich das Dasein in die Uneigentlichkeit verstrickt, kann nur dergestalt rückgängig gemacht werden, daß sich das Dasein eigens aus der Verlorenheit in das Man zurückholt zu ihm selbst." (SuZ 268)

Wenn man nun einmal davon absieht, daß mit Heideggers Rede vom Selbst dieses substantiviert wird, wodurch das Dasein an die Stelle der Person gesetzt wird, und wenn man weiterhin davon absieht, daß Heidegger auch die Seinsweisen der Anderen substantiviert, sie werden schon mit ihrer terminologischen Einführung auf das „Man" reduziert, dann wird man Heidegger zugeben können, daß die Frage nach dem „Sinn von Sein", so sie wirklich radikal gestellt wird, die Möglichkeit des Nicht-mehr-seins in sich aufnehmen muß! Eben dieses Nicht-mehr-sein-können ist die Möglichkeit des Todes. Und der Tod ist nun in der Tat als die Negation des Lebens die letzte Grenze, vor der die Frage nach dem „Sinn von Sein" sinnvoll gestellt werden kann.[25] Wie bereits bemerkt, diese These für sich, wir wollen sie im Anschluß an Apel die *Endlichkeitsthese* nennen, ist gut begründet. Und zwar nicht nur, weil sich zeigen läßt, daß die unüberschreitbare Möglichkeit des Todes konstitutiv für jede individuelle Sinngebung ist, sondern auch, weil die Endlichkeit des menschlichen Daseins eine Bedingung der Möglichkeit des Bedeutungsverstehens ist.

Hatte der junge Goethe noch die Kürze des Lebens beklagt und die Götter unverhohlen um ihre Unsterblichkeit beneidet, so sind für uns die Tröstungen himmlischer Unsterblichkeitsgedanken nicht mehr überzeugend. Heute denkt man abgeklärter. Denn wir wissen: ein unsterbliches Wesen wäre nicht nur ein Unwesen, sondern zugleich ein Wesen, welches seinem immerwährenden Dasein überhaupt keine Bedeutsamkeit bzw. keinen Sinn abgewinnen könnte. Wie Simone de Beauvoir in ihrem Roman *Alle Menschen sind sterblich* gezeigt hat, verlöre nämlich ein Mensch, der seine Sterblichkeit verliert, zugleich auch jedes Interesse an den lebensweltlichen Belangen von sterblichen Menschen. In dieser Hinsicht muß die Frage: „Ist der Tod eine Bedingung der Möglichkeit von *Lebens-Bedeutsamkeit* – oder: von *Lebens-Sinn*?" eindeutig positiv beantwortet werden.[26] Mehr noch: Wie sich zeigen läßt, hat dieser „existenzielle" Befund eine sprach- und

25 Ausgehend von der Endlichkeitsthese hat Werner Marx im Anschluß an Heideggers Ausführungen über das „Sein zum Tode" innerhalb der Existenzialanalytik eine Ethik entwickelt, die sich dem Problem stellt, warum der je individuelle Tod eine Bedingung der Möglichkeit darstellt, dem eigenen Leben einen Sinn bzw. eine Bedeutsamkeit abzugewinnen. Vgl. W. Marx: Gibt es auf Erden ein Maß, Hamburg 1983.

26 K.-O. Apel: Ist der Tod eine Bedingung der Möglichkeit von Bedeutung?, in: Vernünftiges Denken. Studien zur praktischen Philosophie und Wissenschaftstheorie, Hg. von J. Mittelstraß und M. Riedel, Berlin und New York 1978, S. 408

bedeutungstheoretische Pointe. Ein unsterbliches Wesen, mit dem der Roman von Beauvoir fiktiv rechnet, verliert mit dem Verlust seiner Sterblichkeit nicht nur jedes sinngebende Interesse an und in der Lebenswelt. Ein Unsterblicher verlöre zugleich mit seiner Sterblichkeit auch die Fähigkeit zu einer echten Kommunikation mit anderen, nämlich sterblichen Menschen. Das „Sein zum Tod" als eine „*subjektiv-existenziale Bedingung*" der Möglichkeit der „*Verstehbarkeit* von Bedeutungen" läßt sich damit als eine „notwendige Voraussetzung der Konstitution aller für uns verstehbaren Bedeutungsgehalte" erweisen.[27] Dies ist jedoch nur die eine Seite der Medaille. Die andere Seite ist die, daß mit der Anerkennung der Endlichkeitsthese in der bisher diskutierten Weise noch nicht die Frage nach den Bedingungen der Möglichkeit eines intersubjektiv gültigen Sinnverstehens von etwas als etwas bzw. die Frage nach der Intersubjektivität von sprachlich artikulierten Bedeutungen beantwortet ist. Denn dieser Sinn, so er überhaupt mitteilbar ist, muß ein öffentlich zugänglicher Sinn sein und kann daher nicht ausschließlich mit Rekurs auf das je eigene Dasein erklärt werden.

Genau dies wird aber von Heidegger versucht. Das in unserem Zusammenhang relevante Problem resultiert daraus, daß Heidegger die Endlichkeitsthese zur Eigentlichkeitsthese radikalisiert und in unzulänglicher Weise auf das Problem von Rede und Verstehen überträgt. Diese Projektion der Eigentlichkeitsthese auf das Verstehensproblem hat verhängnisvolle Konsequenzen. Und zwar insofern, als Heidegger in Analogie zu den beiden Modi Eigentlichkeit und Uneigentlichkeit eine „Kluft" zwischen eigentlicher und uneigentlicher Rede bzw. zwischen eigentlichem und uneigentlichem Verstehen legen will, die für ihn nicht mehr überbrückbar ist. Diese Behauptung bedarf der Erläuterung. Zumal ein nicht eben geringer Teil der phänomenologischen Deskriptionen über das „Gerede" bzw. über das „uneigentliche Verstehen" sogar eine sprachanalytische Reformulierung zuzulassen scheint, so man diese Beschreibungen von Heideggers Projektionen abkoppelt, insbesondere von jener, wonach das „alltägliche Miteinander" das Dasein in die „*Botmäßigkeit* der Anderen" zwingt, von der es sich jedoch im Modus der Eigentlichkeit durch das Ergreifen seiner Möglichkeiten befreien kann.

Heidegger hat in *Sein und Zeit* dem „Gerede", neben der „Neugier" und der „Zweideutigkeit" die dritte Weise, in der das Dasein in seiner Alltäglichkeit sein „‚Da', die Erschlossenheit des In-der-Welt-seins" als Verfallenheit realisiert, einen eigenen Paragraphen gewidmet. Gleich eingangs gibt Heidegger hier zu verstehen, daß auch für das Gerede gilt, was für die Rede galt: das Gerede ist wie die Rede Sprache. Und wie die Rede, so liegt auch dem Gerede ein Vorverständnis zugrunde, über welches das Dasein nicht frei verfügen kann. Nun will Heidegger in diesem Paragraphen nicht das Faktum der Ausgelegtheit des Daseins diskutieren, dies kann hier bereits als bekannt vorausgesetzt werden. Im Paragraphen über das Gerede will Heidegger die „existenziale Seinsart der ausgesprochenen und aussprechenden Rede" klären. Und dazu bedarf es nicht nur einer Analyse, wie die „Ausgesprochenheit ... im Ganzen ihrer gegliederten Bedeutungszusammenhänge ein Verstehen der erschlossenen Welt und gleichursprünglich damit ein Verstehen des Mitdaseins Anderer und des je eigenen In-Seins" „verwahrt" (SuZ 168), sondern auch, wie sich jeweils das erschlossene bzw. verschlossene Sein zum „Beredeten der Rede" bringt. Damit hat Heidegger das Problem abgesteckt, welches im Paragraphen über

27 Ebd. S. 413

das „Gerede“ zur Verhandlung steht. Der § 35 soll eine Antwort auf die Frage geben, welches die „existenzialen Charaktere der Erschlossenheit des In-der-Welt-seins“ sind, sofern sich dieses alltägliche In-der-Welt-sein an die „Seinsart des Man hält“. Diese Frage ist schon allein aus dem Grund bedeutsam, weil von ihrer Antwort abhängt, ob diesem alltäglichen, an die „Seinsart des Man“ verfallenen In-der-Welt-sein eine spezifische Befindlichkeit und damit ein „besonderes Verstehen, Reden und Auslegen“ eignet. Will Heidegger aus der Unterscheidung von Eigentlichkeit und Uneigentlichkeit ontologisches Kapital für seine Auffassung von Sprache und Verstehen schlagen, muß er den Nachweis antreten können, daß auch Rede und Verstehen von dieser Unterscheidung mitbetroffen sind.

Um also die Frage einer sachgemäßen Antwort zuzuführen, ob dem an die „Seinsart des Man“ verfallenen Dasein eine besonderes, nämlich verfallenes Verstehen und Reden eigen ist, wird von Heidegger eine ontologisch zureichende Explikation jener Seinsart gefordert, in welcher sich das Dasein „zunächst und zumeist“ hält. Mit dieser ontologischen Explikation ist für sich jedoch noch nicht entschieden, inwieweit Sprache und Verstehen von dieser Seinsart tangiert werden. Die ontologische Explikation des alltäglichen In-der-Welt-seins ist eine notwendige, keinesfalls aber hinreichende Bedingung, um unsere Frage zu beantworten. Parallel dazu bedarf es einer in „rein ontologischer Absicht“ geleiteten Interpretation, wie sich jenes an das „Man“ verfallene Dasein zur Sprache bringt. Auf das erste Problem, auf die Frage, in welcher Seinsart sich das Dasein „zunächst und zumeist“ hält, hat Heidegger schon im § 27 des vierten Kapitels von *Sein und Zeit* eine Antwort gegeben. Sie lautet: Das „Dasein steht als alltägliches Miteinandersein in der *Botmäßigkeit* der Anderen.“ Dieses in fremder Botmäßigkeit stehende und daher fremdbestimmte Dasein ist charakterisiert durch „Abständigkeit, Durchschnittlichkeit und Einebnung“ seiner positiven Seinsmöglichkeiten. Der Ort, an dem sich dieses durch das „Man“ fremdbestimmte Dasein hält, ist die „Öffentlichkeit“. Ihr attestiert Heidegger nicht nur einen nivellierenden und verdurchschnittlichenden, sondern auch einen „autoritären“ Charakter. Dieser autoritäre Charakter der Öffentlichkeit wird wesentlich durch das „*Weiter*- und *Nachreden*“ befestigt. Und zwar insofern, als in der von Heidegger als „autoritär“ apostrophierten Öffentlichkeit die Sache so ist, „weil man es sagt. In solchem Nach- und Weiterreden, dadurch sich das schon anfängliche Fehlen der Bodenständigkeit zur völligen Bodenlosigkeit steigert, konstituiert sich das Gerede“ (SuZ 168). Mit dieser Feststellung nun kommen wir auf unser Problem zurück. Da das an das „Man“ verfallene Dasein sich nur in der nivellierenden Form der Durchschnittlichkeit auszudrücken vermag – anders als Kant vermag Heidegger der Öffentlichkeit außer der nivellierenden, verdurchschnittlichenden und autoritären Seite keine andere mehr abzugewinnen – muß die auf diese Weise hergestellte „Öffentlichkeit“ zwangsläufig als uneigentliche Öffentlichkeit oder als Pseudoöffentlichkeit aufgefaßt werden, als eine Öffentlichkeit, die, statt alles zu erhellen, alles verdunkelt und auf diese Weise das „so Verdeckte als das Bekannte und jedem Zugängliche“ ausgibt (SuZ 127). Das Gerede leistet hierfür das seine.

Mit dem „Ausdruck ‚Gerede‘“, den Heidegger nicht in denunziatorischer Absicht gebrauchen will, soll terminologisch innerhalb der Daseinsanalyse, genauer innerhalb der Analyse des alltäglichen In-der-Welt-seins auf ein Phänomen aufmerksam gemacht werden, welches Heidegger als Verfallenheit bezeichnet. Nun würde man Heideggers Ausführungen über die Verfallenheit des Daseins gründlich mißverstehen, wenn man diese

Verfallenheit „als ‚Fall' aus einem reineren und höheren ‚Urstand'" auffassen würde, etwa als Fall aus einer ursprünglich-idealen Kommunikationsgemeinschaft. Wohlgemerkt. Heidegger will nicht Kulturkritik in der Traditionslinie von Nietzsche, Simmel, Klages oder Spengler üben. Zwar kennt auch Heidegger jenes „Unbehagen an der Kultur" (Freud), das die offen eingestandene oder aber versteckte Quelle aller lebensphilosophisch inspirierten und kulturkritisch gewendeten Beunruhigung markiert. Selbst die lebensphilosophische Verheißung einer leib-seelischen Totalerneuerung läßt sich bei Heidegger in einer fundamentalontologischen Reformulierung nachweisen – und zwar durchaus auch in einem handfest praktisch-politischen Sinn.[28] Jedoch Heideggers Versicherung, daß das „Man" nicht eine Abart des Kulturbetriebs darstellt, ist ernst zu nehmen. *„Das Man ist ein Existenzial und gehört als ursprüngliches Phänomen zur positiven Verfassung des Daseins.*" (SuZ 129) Das gleiche läßt sich nun auch vom Gerede sagen. Gerade am Gerede wird für Heidegger der allgemeine Umstand deutlich, daß die Massenkultur eine Durchschnittskultur ist, die wesentlich von der „Neugier" und der „Zweideutigkeit" befestigt wird. Das Gerede entsteht also nicht etwa als Bodensatz und Abfallprodukt jener Durchschnittskultur, es gehört vielmehr zu jener Seinsart des Miteinandersein selbst und kann ihr folglich auch nicht „,von außen'" zustoßen.

Heidegger erläutert diesen Gedanken wie folgt: Die „sichaussprechende Rede" als „Mitteilung" ist in der Massenkultur durch eine besondere Verständlichkeit kompromittiert, die sich als „Durchschnittlichkeit" charakterisieren läßt. „Gemäß der durchschnittlichen Verständlichkeit, die in der beim Sichaussprechen gesprochenen Sprache schon liegt, kann die mitgeteilte Rede weitgehend verstanden werden, ohne daß sich der Hörende in ein ursprünglich verstehendes Sein zum Worüber der Rede bringt. Man versteht nicht so sehr das beredete Seiende, sondern man hört schon nur auf das Geredete als solches. Dieses wird verstanden, das Worüber nur ungefähr, obenhin; man meint *dasselbe*, weil man das Gesagte gemeinsam in *derselben* Durchschnittlichkeit versteht." (SuZ 168) In der Massenkultur qua Durchschnittskultur, wo sich „Hören und Verstehen" am „Gerede" ausrichten, kann also strenggenommen die Mitteilung überhaupt nicht mehr geteilt werden, zumindest nicht in einem „eigentlichen" Sinn. Teilen in einem nicht durchschnittlichen und daher in einem eigentlichen Sinn setzt ja voraus, daß etwas „zuhanden" sein muß, was geteilt werden kann. Und wo – wie in der durchschnittlichen Verständigkeit – nichts „zuhanden" ist, was man in der Rede teilen könnte, denn diese durchschnittliche Verständigkeit ist ja nach Heidegger eine Verständigkeit, die bereits geteilt *ist*, kann auch nichts mehr verständig bzw. redend geteilt *werden*. Sofern nun per definitionem das Miteinandersein in der Durchschnittlichkeit und damit in der „Botmäßigkeit der Anderen" steht, bewegt sich auch das „Miteinandersein ... im Miteinanderreden und Besorgen des Geredeten." Und genau damit kann die „Echtheit und Sachgemäßheit der Rede und ihres Verständnisses" nicht mehr garantiert werden.

Der Grund hierfür ist nicht allein darin zu suchen, daß eine Rede und ein Verstehen, die sich im Miteinanderreden des Beredeten halten, den „primären Seinsbezug" „verlo-

28 Vgl. V. Farias: Heidegger und der Nationalsozialismus, Frankfurt/M. 1987; O. Pöggeler: Der Denkweg Martin Heideggers, Pfullingen 1983; ders., Heideggers politisches Selbstverständnis, in: Heidegger und die praktische Philosophie, Hg. von A. Gethmann-Siefert und O. Pöggeler, Frankfurt/M. 1988, S. 17ff. sowie H. Ott: Martin Heidegger und der Nationalsozialismus, ebd., S. 64ff.

ren" haben. Eine an das „durchschnittliche Verständnis" verfallene Rede hat diesen „primären Seinsbezug" ja „nie gewonnen" und kann ihn demzufolge auch nicht verlieren. Und genausowenig, weil hier die „Absicht auf Täuschung" vorliegt. Wer täuschen will, muß schon diesen „primären Seinsbezug" hergestellt haben, so er bewußt täuschen will. Nein, das Gerede, das „bodenlose Gesagtsein und Weitersagen" reicht hin, daß dieser echte oder primäre Seinsbezug nicht hergestellt wird. Das Gerede selbst ist die Instanz, die Heidegger dafür verantwortlich macht, daß sich das „Erschließen verkehrt zum Verschließen." Im Gerede ist jener Mechanismus eingebaut, der für einen *Verkehrungseffekt* sorgt, für das „Quidproquo" und für die „Entfremdung" von „den primären und ursprünglichen Seinsbezügen zur Welt, zum Mitdasein (und) zum In-Sein selbst" (SuZ 170). Daraus folgt: genauso wie das Gerede als uneigentliche Rede entfremdete Rede ist, genauso ist das uneigentliche Verstehen entfremdetes Verstehen.

Was Marx in der *Ökonomisch-philosophischen Manuskripten* aus dem Jahr 1844 mit Bezug auf die kapitalistische Warenproduktion, genauer mit Bezug auf das „Privateigentum" als dreifache Form der Entfremdung ausgemacht hat, als Entfremdung des Menschen vom Produkt seiner Arbeit (Welt), als Entfremdung des Menschen vom Menschen und schließlich als Entfremdung des Menschen von sich selbst,[29] findet sich abzüglich der gesellschaftlichen Formbestimmtheit dieser für einen Verkehrungseffekt sorgenden Entfremdung mutatis mutandis auch in Heideggers Analyse über das Gerede. Die entfremdete Rede erstreckt sich auf alle drei Weltbezüge, in die sie selbst eingelassen ist: auf die Welt, das Mitsein und das In-sein. Hier wie dort, bei Marx und bei Heidegger wird also damit gerechnet, daß der Mensch in einem entfremdeten, weil verkehrten Verhältnis zur Welt, zum Mitsein und zum In-Sein steht. Während jedoch Marx der Überzeugung ist, daß diese Entfremdung der Dialektik von tätiger Objektivation menschlicher Wesenskräfte und einer pervertierten Form ihrer der Wiederaneignung entspringt und demzufolge durch eine nicht pervertierte Form der Wiederaneignung ihrerseits umkehrbar sei, ein Gedanken, mit dem der junge wie der späte Marx den Bezug zu Kant, Hegel und damit zur *Dialektik der Aufklärung* hält, da hier noch die Annahme einer Verwirklichung der Vernunft in der Geschichte als einer Resurrektion der menschlichen Wesenskräfte leitend ist, gibt Heidegger zu verstehen, daß die aus der Verfallenheit an das „Man" resultierende Entfremdung ein Faktum mit überhistorischer Dignität darstellt. Denn anders als Marx und die verschiedenen Formen des westlichen Marxismus, die auf je unterschiedliche Weise am romantischen Ideal einer versöhnten Gesellschaft festhalten und einen normativ gehaltvollen Begriff einer nichtentfremdeten Praxis entwickeln, freilich ohne dabei den Bezugsrahmen der Bewußtseinsphilosophie zu sprengen, verabschiedet Heidegger zusammen mit der Bewußtseinsphilosophie auch die Idee einer nichtentfremdeten Gesellschaft.

Damit ist bezüglich der Entfremdungsproblematik auch die entscheidende Differenz zwischen Marx und Heidegger benannt. Was bei Marx aus der gesellschaftlichen Formbestimmtheit der kapitalistischen Warenproduktion entsprang, deutet Heidegger als eine ontologische Konstante.[30] Das gilt auch für die Rede im Modus ihrer Verfallenheit. Die Ver-

29 K. Marx: Ökonomisch-philosophische Manuskripte aus dem Jahre 1844, in: MEW, Ergänzungsband, Erster Teil, Berlin 1977, S. 511ff.

30 Dies wird auch von Marcuse vermerkt, der Heidegger zwar attestiert, das Problem der Geschichtlichkeit in seiner vollen Schärfe gestellt zu haben, gleichzeitig jedoch dessen ontologische Deutung der

fallenheit des Geredes ist für Heidegger nicht eine „schlechte und beklagenswerte ontische Eigenschaft“, die „vielleicht in fortgeschrittenen Stadien der Menschheitskultur beseitigt werden könnte“. (SuZ 176) Nein, vielmehr gilt es nach Heidegger, das Verfallen als „Absturz“ des Daseins „aus ihm selbst in es selbst, in die Bodenlosigkeit und Nichtigkeit der uneigentlichen Alltäglichkeit“ als Faktum zu begreifen. (SuZ 178) Dieses Faktum muß als Faktum anerkannt und – sofern das Gerede als derivater Modus der Rede faktisch hierzu gehören – angenommen werden. Zusammen mit Befindlichkeit und Verstehen gehören das Gerede und das Geschwätz zur Erschlossenheit. Das Gerede und das Geschwätz können nicht wegtherapiert werden.

Halten wir fest: Die Rede als Gerede kann keinen „primären Seinsbezug zum beredeten Seienden“ herstellen, da es sich nur im Zustand der Bodenlosigkeit zu halten vermag. Das Gerede hat diesen „primären Seinsbezug“ nicht etwa „verloren“, weil es ihn „nie gewonnen“ hat. Damit ist das hier zur Verhandlung stehende Gerede keine eigentliche Rede. Zwar erschließt auch das Gerede „dem Dasein das verstehende Sein zu seiner Welt, zu Anderen und zu ihm selbst, doch so, daß dieses Sein zu ... den Modus eines bodenlosen Schwebens hat“ (SuZ 177). Wenn man nun einmal davon absieht, daß Heideggers These, wonach das Gerede diesen „primären Seinsbezug“ zum beredeten Seienden nicht hat, quer zu der in der Erschlossenheitsanalyse vorgetragenen Behauptung steht, daß das Dasein diesen Bezug per se herstellt, wenngleich Heidegger hier einschränkend hinzufügt: „in gewisser Weise“, dann können wir zunächst feststellen, daß für Heidegger das Gerede als uneigentliche und darum als entfremdete Rede eine an das „Man“ verfallene Rede ist.

Nun läßt sich die These von der Verfallenheit des Geredes in einem schwachen Sinn und einem starken Sinn lesen. Lesen wir diese These in ihrer schwachen Variante, dann ist sie völlig akzeptabel, für Heidegger jedoch, sofern es ihm gemäß der fundamentalontologischen Zielstellung um die Freilegung letzter Fundamente auch für die Rede und das Verstehen geht, nicht verwertbar, währenddessen die These in ihrer starken Variante für Heidegger zwar verwertbar scheint, aber völlig sinnlos wird.

In ihrer schwachen Variante, die es durchaus ermöglicht, Heideggers Ausführungen über das Gerede sprachanalytisch zu reformulieren, würden wir den Verstehensbegriff in der Weise verwenden, daß mit ihm das Erfassen von sprachlichen Bedeutungen bzw. eines damit intendierten Sinns bezeichnet wird, wobei sich diese These dann als Ausdruck einer pragmatischen Bedeutungstheorie begreifen ließe, deren Sinn durch die Explikation des internen Zusammenhangs zwischen Bedeutung und Geltung bestimmt werden kann. Danach gilt: „Wir verstehen einen Sprechakt, wenn wir wissen, was ihn akzeptabel macht.“ Wenn wir den Verstehensbegriff in dieser Weise verwenden, dann ist es völlig einleuchtend, daß wir eine Äußerung nicht „eigentlich“ verstanden haben, wenn wir nicht wissen, worum es im Verlauf eines Gesprächs geht. Das Problem ist nur, daß sich mit dieser Feststellung nicht schon ein Schnitt zwischen einem eigentlichen und einem uneigentlichen Verstehen bzw. zwischen einer eigentlichen und einer uneigentlichen Rede legen läßt – zumindest nicht im Sinn von Heidegger. Es handelt sich hierbei schlicht um die zwar bemerkenswerte, jedoch relativ undramatische Feststellung, daß man eine Rede nur dann versteht, wenn man weiß, worüber geredet wird.

Entfremdung ablehnt. Vgl. H. Marcuse: Beiträge zu einer Phänomenologie des Historischen Materialismus, in: Philosophische Hefte 1 (1928), S. 45-68

Wenn beispielsweise am Montag morgen ein Student in die Philosophievorlesung von Professor Heidegger gehen will, um hier einen Vortrag über die Probleme des hermeneutischen Verstehens zu hören, irrtümlicher Weise aber den Hörsaal verwechselt und bei Professor Hilbert landet, der als Mathematiker gerade einen Kurs über die „Abgeschlossenheit von Axiomensystemen" hält, dann wird unserem Studenten, so er nicht völlig verschlafen ist, schon nach wenigen Minuten klar, daß er hier fehl am Platz ist. Denn er versteht kein Wort. Und zwar nicht etwa, weil Professor Hilbert seine Vorlesung in Englisch, Französisch oder Russisch hält. Nein, die Vorlesung findet in Deutsch statt. Aber offensichtlich ist die Kenntnis der deutschen Sprache allenfalls eine notwendige, keinesfalls aber schon eine hinreichende Bedingung, um den Ausführungen des Vortragenden folgen zu können. Unser Student wird also wohl oder übel Mathematik studieren müssen, wenn er Professor Hilbert verstehen will. Und tut er dies nicht, weil ihm das Studium der Mathematik im Gegensatz zum Philosophiestudium zu anstrengend ist, dann kann er schlechterdings nicht „eigentlich" verstehen, worüber Professor Hilbert spricht, geschweige, daß er selbst sinnvoll darüber sprechen könnte. Wir verstehen sprachliche Äußerungen eben nur dann als sprachliche Äußerungen, wenn wir sie in einen Zusammenhang von Geltungsansprüchen und möglichen Begründungen einordnen, wobei der spezifische Zusammenhang zwischen Bedeutung und Geltung immer durch die konkreten Regeln, Kriterien und Maßstäbe eines bestimmten sprachlichen Kontextes des alltäglichen In-der-Welt-seins bestimmt ist.

Diese Feststellung ist nun so trivial, daß ihr eigentlich nichts Dramatisches abzugewinnen wäre. Auch nicht für Heidegger. Wie bereits bemerkt: Es handelt sich hierbei um die sicher richtige, jedoch völlig undramatische Feststellung, daß man eine Rede nicht versteht, wenn man nicht weiß, worüber geredet wird. Dies scheint Heidegger jedoch nicht zu genügen. Heidegger muß darüber hinaus zeigen können, daß die durchschnittliche Verständigkeit und das Gerede per se keinen „primären Seinsbezug zum beredeten Seienden" und damit auch keinen Bezug zu den „Sachen selbst" herstellen können, ja von diesem Seinsbezug sogar „abschneiden" – wobei der Grund hierfür nach Heidegger in der Öffentlichkeit als Öffentlichkeit zu suchen ist. Nur wenn Heidegger dies plausibel machen kann, läßt sich aus der Unterscheidung von Eigentlichkeit und Uneigentlichkeit ontologisches Kapital in bezug auf das Problem von Sprache und Verstehen schlagen.

Heidegger muß die starke Variante der Verfallenheitsthese vertreten, so er sie kritisch gegen das Gerede bzw. gegen das uneigentliche Verstehen richten will. Dazu muß Heidegger zwei Thesen miteinander verkoppeln: Erstens die These vom „Sein zum Tode" als Bedingung der Möglichkeit einer Wahl, die in negativer Hinsicht die „objektive Wir-Welt" außer Kraft setzt und in positiver Hinsicht den transzendentalen Sinnhorizont freilegt, der Eigentlichkeit verbürgt. Und zweitens die These, daß im Modus der Eigentlichkeit ein diesem Modus entsprechendes Reden bzw. Verstehen vorliegt – eben eine eigentliche Rede und ein eigentliches Verstehen. Genau dadurch wird jedoch die Verfallenheitsthese sinnlos. Denn das von Heidegger anvisierte eigentliche Verstehen bzw. die eigentliche Rede ist eben nicht, wie man vermuten könnte, einfach das positive Kontrastbild zum uneigentlichen Verstehen bzw. zum Gerede, etwa eine Rede, die den hier gekappten „Seinsbezug zum beredeten Seienden" wieder herstellt, sondern eine Rede bzw. ein Verstehen, die, durch die Radikalisierung der Endlichkeitsthese zur Eigentlichkeitsthese, sowohl von allen Bezügen zum Mitsein als auch von allen Bezügen zur beredeten Sache abschneiden. Sowenig nämlich wie im Modus der Eigentlichkeit das „vereinzelte" Dasein zum Mitsein kommt, welches sich als „eigentlicher" erweist als das alltägliche, sowenig kann die eigentliche Rede einen „primären Seinsbezug zum beredeten Seienden" herstellen – wobei Heideggers Versicherung, daß es überhaupt diesen „primären" Seinsbezug gibt, ohnehin alles andere als plausibel ist.

Das, was Heidegger im Hinblick auf das uneigentliche Verstehen und auf das Gerede als Negativum anmerkt, läßt sich noch in viel schärferer Form über das eigentliche Verstehen und über die eigentliche Rede feststellen: Dieses Verstehen bzw. diese Rede wären nicht nur „bodenlos", „nichtig", „unecht" und „sachwidrig", sondern eine Rede bzw. ein Verstehen, die nur das Stillschweigen bewahren. Im Modus der Eigentlichkeit ist weder eine eigentliche Rede noch ein eigentliches Verstehen möglich, da hier nur andächtig geschwiegen werden kann. Es ist daher auch alles andere als ein Zufall, wenn Heidegger schon in *Sein und Zeit* behauptet, daß das Reden „eine andere wesenhafte Möglichkeit" hat: „das *Schweigen*" (SuZ 164).[31] Auch die von Heidegger beschworene „Kraft der *elementarsten* (Ur)-Worte" (SuZ 220) kann nur notdürftig darüber hinwegtäuschen, daß die Forderung nach einer eigentlichen Rede und nach einem eigentlichen Verstehen in letzter Instanz auf die Forderung hinausläuft, die öffentliche Sprache durch Spielmarken zu ersetzen, die, wie Adorno in einem verwandten Zusammenhang sagt, allen historischen Assoziationen und Konnotationen entkleidet sind.

Dem scheint freilich zu widersprechen, daß Heidegger zunächst ja lediglich die wesentlich schwächere These vertritt, daß das „Gerede", mit dem sich das Dasein in der Welt hält, nur von dem Seinsbezug „abschneidet", den Heidegger „primär" oder „ursprünglich-echt" nennt – was, wie bereits bemerkt, als selbstverständlich unterstellt, daß es diesen ursprünglich-echten Bezug überhaupt gibt –, und daß dementsprechend die eigentliche Rede bzw. das eigentliche Verstehen diesen abgeschnittenen Bezug „Kraft der *elementarsten* Worte" wieder herzustellen vermag; daß aber weder das uneigentliche noch das eigentliche Sein vom „In-sein-selbst" abschneiden, also auch nicht vom „Mitsein". Genau dies ist aber der Fall. Denn nach Heidegger müßte es für das eigentliche Selbst ja eine Rede geben, die sich vom Gerede in mindestens zweifacher Hinsicht unterscheidet: Sie müßte 1. einen „ursprünglich-echten Seinsbezug zur Welt" herstellen. Und sie müßte 2. einen „ursprünglich-echten" Bezug zum eigentlichen Mitsein ermöglichen. Genau dies ist hier jedoch ausgeschlossen. Und zwar aus prinzipiellen Gründen. Denn wie soll eine Rede bzw.

31 Nach der „Kehre" wird nicht nur die bisherige Unterscheidung von Rede und Sprache aufgehoben, das Schweigen selbst wird jetzt zum Grund und Ursprung der Sprache. War in *Sein und Zeit* das Schweigen lediglich eine Möglichkeit der Rede, so avanciert es später zu deren „Ursprung" und zur „Quelle". „Die Sprache selbst hat ihrer Ursprung im Schweigen. Erst muß in diesem dergleichen wie ‚Sein' sich gesammelt haben, um dann als ‚Welt' hinausgesprochen zu werden. Jenes vorweltliche Schweigen ist mächtiger als alle menschlichen Mächte. Kein Mensch für sich hat je Sprache erfunden, d. h. war für sich stark genug, die Gewalt jenes Schweigens zu brechen, es sei denn unter dem Zwang der Götter. Wir Menschen werden immer schon in eine gesprochene und gesagte Rede hineingeworfen und können nur noch schweigen im Rückzug aus dieser Rede, und selbst dieses gelingt selten." Vgl. M. Heidegger: Hölderlins Hymnen „Germanien" und „Der Rhein", in: GA, Bd. 39, 2. Abt., Hg. von S. Ziegler, Frankfurt/M. 1980, S. 218. Mit dieser Auszeichnung des Schweigens wird zugleich die „Erschweigung" zur „‚Logik' der Philosophie, sofern diese aus dem anderen Anfang die Grundfrage fragt." M. Heidegger: Beiträge zur Philosophie (Vom Ereignis), in: GA, Bd. 65, 3. Abt., Hg. von F.-W. von Hermann, Frankfurt/M., 1989, S. 78

ein Verstehen gedacht werden können, die nicht durch „Verlorenheit“ und „Verfallenheit“ an die Welt und damit durch das „Aufgehen im Miteinandersein“ charakterisiert sind? Wenn die Uneigentlichkeit des Daseins tatsächlich durch Verlorensein und Verfallensein an das „Man“ qua „Niemand“ bestimmt werden kann, dann fragt sich ja nicht nur, wie das Dasein von dieser Uneigentlichkeit loskommt, sondern auch, wie es einen „ursprünglich-echten Seinsbezug zur Welt“ und ineins damit einen „ursprünglich-echten“ Bezug zum Mitsein herstellt. Die Antwort auf die erste Frage lautet bekanntlich: Dadurch, daß es sich selbst wählt. Und eben diese Wahl, so sie authentisch ist, kann nur privatim erfolgen. Denn der Tod, also die sinnverleihende Instanz, die Heidegger als „die eigenste, unbezügliche, gewisse und als solche unbestimmte, unüberholbare Möglichkeit des Daseins“ gilt, oder wie Heidegger auch sagt: das *„eigentliche Sein zum Tode“* birgt in sich die *„mögliche existenzielle Modalität ihrer eigenen Eigentlichkeit“* (SuZ 305), diese Instanz wird Heidegger zum ontologischen Stifter einer faktisch-existenziellen Ganzheit, die jener Zerstückelung und Nivellierung wehren soll, für welche die Verfallenheit an das „Man“ steht. So plausibel nun die Antwort auf den ersten Teil der Frage im Hinblick auf das oben diskutierte Problem eines authentischen Lebens auch sein mag, eines Lebens, für welches der Tod in der Tat als die letzte Grenze fungiert, vor welcher sich die Frage nach dem „Sinn von Sein“ sinnvoll stellen läßt, so unplausibel ist die Antwort in bezug auf das Problem von Rede und Verstehen.

Wenn nämlich die geforderte Immanenz des Sinns aus dem rücksichtslosen Zu-Ende-Gehen im Aufdecken ihrer Abwesenheit entsteht, wenn der Tod als die „unbezügliche“ und „unüberholbare Möglichkeit des Daseins“ dieses in einer Weise durchdringt, daß von ihm rein gar nichts mehr gerettet werden kann, dann kann das authentische Dasein möglicherweise Sternenbrüder haben, aber keine Gefährten. Denn die Unbezüglichkeit des Todes, blockiert jede *symmetrische Beziehung* zwischen Dasein und Dasein im Mitsein. Wenn man wie Heidegger zwischen Eigentlichkeit und Uneigentlichkeit unterscheidet und diese Unterscheidung auf das Verstehensproblem überträgt – „Verstehen ist entweder eigentliches, aus dem eigenen Selbst als solchen entspringend, oder uneigentliches“ (SuZ 146) –, dann ist eigentliches Verstehen durch die „Unbezüglichkeit“ offensichtlich nur in Abkopplung vom Mitsein zu denken. Und genau diese Schlußfolgerung erweist sich als ein Fehlschluß.

Denn so richtig es ist, daß die Endlichkeit des Daseins eine Bedingung der Möglichkeit dafür ist, daß etwas in der Welt für uns als bedeutsam erscheint, und so richtig es auch ist, daß das „Sein zum Tod“, d. h. zum Nichtsein als der unüberholbaren Möglichkeit unseres endlichen und begrenzten Daseins „eine notwendige Voraussetzung der Konstitution aller für uns verstehbaren Bedeutungen (ist) – auch z. B. der Verstehbarkeit von ‚ist‘ und ‚ist nicht‘, ungeachtet der Explikation der Kopula ‚ist‘ und des Junktors ‚nicht‘ in der zur formalen Logik gehörigen Semantik“,[32] so wenig folgt daraus, daß die Bedingungen der Möglichkeit der Verstehbarkeit von sprachlichen Bedeutungen nur von den Endlichkeitsbedingungen des „je *eigenen* Daseins“ abhängig sind, welches sich im Modus der Eigentlichkeit authentisch auf seine Möglichkeiten entwirft. Dem widerspricht nicht nur, daß für die sprachliche Verständigung mittels identischer Bedeutungen die monologische Orientierung am „je *eigenen* Dasein“ nicht konstitutiv sein kann, sondern auch, daß eben die

32 K.-O. Apel: Ist der Tod eine Bedingung der Möglichkeit von Bedeutung?, a.a.O., S. 413

Sprache das „je *eigene* Dasein" transzendiert. Freilich nicht im Sinn einer platonischen Sprach- und Bedeutungstheorie, wohl aber im Sinn der sprachlichen Vermittlungen der Bedeutungen als Zeichen-Bedeutungen durch das intersubjektive Geltungsmedium der Sprache. Denn die Sprache als Bedingung der Möglichkeit des Verstehens von „Tod" macht überhaupt erst ein intersubjektiv gültiges wie auch ein existenziell bezogenes Verständnis dafür möglich, was „Tod" überhaupt bedeutet.[33]

So wird man denn in Heidegger durchaus einen Verbündeten gegen den Sprach- und Bedeutungsplatonismus finden können. Werden doch von Heidegger im Gegenzug zum Platonismus die „ewigen" Bedeutungen und die durch sie begründeten „ewigen" Wahrheiten vom transzendenten Himmel in die Lebenswelt heruntergeholt, womit zunächst der Bezug zum menschlichen Dasein und seiner leibhaftigen Existenz wieder hergestellt ist. Trotzdem ist Heidegger nicht die Lösung. So wie Bolzano, Frege, der frühe Husserl und auch noch Popper in Abwehr des bedeutungstheoretischen Psychologismus bzw. der psychologistischen Geltungsbegründung die Bedeutung sprachlicher Ausdrücke bzw. die Geltung von Urteilen hypostasieren, insofern hier die Bedingungen der Möglichkeit der allgemeinen und intersubjektiven Gültigkeit der Wortbedeutungen und der dadurch ermöglichten wahren Aussagen allein durch einen Bezug auf einen außer- und überrealen Bereich einer rein objektiven Sinngeltung gesichert werden sollen, so hypostasiert Heidegger im Gegenzug zum Bedeutungs- und Wahrheitsplatonismus das kontingente Dasein in seiner individuellen Existenz. Denn mit der Radikalisierung der Endlichkeitsthese zur Eigentlichkeitsthese kappt Heidegger den Bezug von Dasein zu Dasein im Mitsein – und damit eben auch zu einer intersubjektiv verstehbaren Sprache.

Es ließe sich hier eventuell einwenden, daß Heidegger mit der eigentlichen Rede bzw. dem eigentlichen Verstehen ja nur vom alltäglichen Mitsein, nicht aber vom eigentlichen Mitsein loskommen will. Und dies scheint ja auch Heideggers Intention. Dann müßte Heidegger aber nicht nur zeigen können, wie das Dasein vom uneigentlichen Mitsein (und damit zusammenhängend, vom Gerede und dem uneigentlichen Verstehen) loskommt, sondern auch, wie das eigentliche Dasein in der eigentlichen Rede und im eigentlichen Verstehen zum eigentlichen Mitsein kommt. Gerade dies kann Heidegger aber nicht zeigen. Und dies ist alles andere als ein Zufall. Denn obgleich Heidegger das Mitsein als einen konstitutiven Zug des alltäglichen In-der-Welt-seins ausgewiesen hat, entzieht sich die gegenüber dem je einzelnen Dasein vorgängige Intersubjektivität der Lebenswelt einer Begrifflichkeit, die dem Solipsismus der Husserlschen Phänomenologie verhaftet bleibt.

Dies hat mißliche Konsequenzen. Nicht nur daß Heidegger nicht plausibel machen kann, wie dieses eigentliche Verstehen zu verstehen ist. Genausowenig wie bei Heidegger der positive bzw. eigentliche Gegenpart zum Gerede in einer inhaltlich relevanten Weise thematisch wird. Obendrein läuft Heidegger mit dieser Auffassung Gefahr, ein Problem zu rehabilitieren, das völlig zu Recht seiner eigenen Sinnkritik an den Voraussetzungen der neuzeitlichen Erkenntnistheorie qua Bewußtseinsphilosophie verfiel. Das Problem nämlich, wie das „erkennende Subjekt aus seiner inneren ‚Sphäre' hinaus in eine ‚andere und äußere'" kommt.

Zwar konnte Heidegger in bezug auf die Subjekt-Objekt-Relation der neuzeitlichen Erkenntnistheorie dieses Problem – und damit verbunden, das Problem des *erkenntnis-*

33 Ebd. S. 416

theoretischen Solipsismus – als Scheinproblem enttarnen, es kehrt jedoch in modifizierter Gestalt wieder, und zwar in der Subjekt-Subjekt-Relation der sprachlich und symbolisch vermittelten Interaktion. Denn obwohl sich Heidegger weigert, das *Erkennen* als „Zurückkehren des erfassenden Hinausgehens mit der gewonnenen Beute in das ‚Gehäuse' des Bewußtseins" zu begreifen (SuZ 62) – die „Klärung des In-der-Welt-seins" zeigte ja, „daß nicht zunächst ‚ist' und nie gegeben ist ein bloßes Subjekt ohne Welt. Und so ist am Ende ebensowenig zunächst ein isoliertes Ich gegeben ohne die Anderen", da diese immer schon mit dem „In-der-Welt-sein *mit da sind*" (SuZ 116) –, so scheint Heidegger das Dasein, so es eigentlich versteht bzw. redet, genau in dieses „Gehäuse" sperren zu wollen. Und genau damit taucht für Heidegger das paradoxe Problem des *Solipsismus in Gestalt einer Privatsprache* wieder auf. Sollte das Mitsein ursprünglich das Dasein vor dem Gang in den *erkenntnistheoretischen Solipsismus* bewahren, so tut sich nun mit der eigentlichen Rede bzw. dem eigentlichen Verstehen der Gang in den „existenziale(n) ‚Solipsismus'" auf. (SuZ 188)

Denn obgleich Heidegger versichert, daß der „existenziale ‚Solipsismus'" das Dasein gerade nicht als ein „isoliertes Subjektding in die harmlose Leere eines weltlosen Vorkommens" versetzt, sondern im Gegenteil gerade erst im eigentlichen Sinn „vor seine Welt" und „vor sich selbst als In-der-Welt-sein bringt", obgleich Heidegger betont, daß „nur die alltägliche Vertrautheit" zusammenbricht, nicht aber die eigentliche Vertrautheit; am Ende ähnelt das Dasein im Modus der Eigentlichkeit fatal jenem „erkenntnisstummen Gespenst" (Th. Mann), welches, eingesperrt ins Gehäuse der Innerlichkeit, keinen Kontakt zur Lebenswelt und damit zum Mitsein mehr aufbauen kann.

Sicher, auch das „eigentliche" Selbst soll In-der-Welt bleiben. Und insofern die Seinsart des Daseins die „Seinsart des Miteinanderseins" hat, scheint hier zunächst auch kein Bedarf, „eine Brücke (zu) schlagen von dem zunächst allein gegebenen eigenen Subjekt zu dem zunächst überhaupt verschlossenen anderen Subjekt". (SuZ 124) Im Unterschied nämlich zu Dilthey, der mittels eines psychologistisch verstandenen Einfühlungsbegriffs Mitsein konstitutionstheoretisch plausibel machen muß, und anders auch als Husserl, der in den *Logischen Untersuchungen* die zeichenvermittelte Kommunikation und das wechselseitige Verstehen von der einseitigen „Wahrnehmung der Kundgabe" aufbaut[34] – auch später, etwa in den *Cartesianischen Meditationen* oder in der Krisisschrift, hat sich Husserl nicht von einem Verstehensmodell lösen können, welches den Verstehensprozeß von einem „undeklinierbaren Ur-Ich" aus konzipiert[35] – will Heidegger nicht nur den Ver-

34 Vgl. E. Husserl: Logische Untersuchungen, Bd. II/1, a.a.O., S. 39f. Die Tendenz, die zeichenvermittelte Kommunikation von der Kundnahme aufzubauen, ist in den *Logischen Untersuchungen* mit dem Rekurs auf eine Anschauung verbunden, die alle sprachlichen Gewänder abgestreift hat und mit der "Sache selbst" konfrontiert. Diese Wahrnehmung bleibt auch in der Folge für Husserl der "Urmodus" aller Erkenntnis. Damit bleibt ebenfalls die Idee erhalten, von hier aus eine Erneuerung der alltäglichen Sprache zu bewirken, eine Idee, die sich in einem anderen theoretischen Kontext und unter anderen philosophischen Voraussetzungen auch bei Carnap und Quine wiederfindet und innerhalb der analytischen Philosophie erst von Wittgenstein, Davidson und Rorty verabschiedet wird.

35 Vgl. E. Husserl: Die Krisis der europäischen Wissenschaften und die transzendentale Phänomenologie, in: Husserliana Bd. VI, Hg. von W. Biemel, Den Haag 1976, S. 188. Der von Husserl ins Auge gefaßte Rollentausch von Ego und Alter ego kann zwar für eine gewisse Symmetrie sorgen. Letztlich aber verweist jede Appräsenz auf die eigene Urpräsens. Damit bleibt Husserls Versuch, Intersubjektivität von einem präintersubjektiven "Ur-Ich" aus zu konstruieren, das aller Wechselverständigung

stehensbegriff von allen psychologischen Beimengungen freihalten, sondern auch Mitsein als „Seinsverhältnis von Dasein zu Dasein" fundamentalontologisch ausweisen. Und dieses Mitsein wird in der „Rede ‚ausdrücklich' *geteilt*". Der damit erzielte Gewinn liegt auf der Hand. Heidegger ist mit einem Schlag jenes Problem los, an welchem sich Husserl seit den *Cartesianischen Meditationen* vergeblich abarbeitet – das Problem einer phänomenologischen Begründung von Intersubjektivität. Da Heidegger zunächst die Weltanalyse aus dem Blickwinkel einer intersubjektiven Beziehung von Dasein zu Dasein im Mitsein rekonstruiert, kann er, anders als Husserl, das Mitsein als konstitutiven Zug des In-der-Welt-seins ausweisen und gleichzeitig jene Verstehensprozesse in den Blick bringen, die die Welt als intersubjektiv geteilten lebensweltlichen Hintergrund präsent halten.

Im Gegensatz zu Descartes und Kant kann man zwar auch Husserl nicht mehr den Vorwurf machen, die jeweils anderen „Iche" transzendental-phänomenologisch eingeführt zu haben. Subjektivität ist für Husserl immer „nur in der Intersubjektivität". Die Lebenswelt wird also auch von Husserl nicht als Leistung eines vereinzelten Subjekts begriffen, sondern als „vielstufige intentionale Gesamtleistung ... einer im Leisten vergemeinschafteten Intersubjektivität".[36] Diese soll jedoch methodisch nur „vom ego aus der Systematik seiner transcendentalen Funktionen und Leistungen" aus begriffen werden können.[37] Damit bleibt das erkennende Subjekt der letzte Bezugspunkt der Analyse. Der egologische Ansatz zwingt Husserl in einen intersubjektivitätstheoretischen Negativismus hinein, aus dem er sich nicht mehr befreien kann. Zwar bemerkt Husserl selbst, daß das Ich auf der „obersten Reflexionsstufe ... nicht zu seinem vollen Recht kommt", da die „Konstitution der Intersubjektivität als dieses Wir-Alle" hier überhaupt nicht thematisch wird. Er glaubt jedoch, nachdem sich das Ego erst einmal aus den Verstrickungen der Lebenswelt herausreflektiert hat, unterhalb dieser „obersten Reflexionsstufe" wieder eine „universale Vergesellschaftung" zustande bringen zu können. Und genau dieser Auffassung unterliegt ein methodischer Fehlschluß. Angelangt am „Eingangstor in das neue Reich" reiner Vernunft, führt von hier kein Weg mehr zurück in die Lebenswelt. Die „einzigartige philosophische Einsamkeit", in welche sich der Epoché übende Phänomenologe versetzt, kann Husserl nur zu einer Einsamkeit in einer transzendentalen Monadengemeinschaft universalisieren, nicht aber in einer intersubjektiv geteilten Wir-Welt aufheben.

Dadurch, daß Husserl Intersubjektivität immer noch nach den Grundsätzen einer Konstitution der Erkenntnis denkt, wird der Versuch einer phänomenologischen Begründung „einer Welt der schlichten intersubjektiven Erfahrung" offenkundig paradox.[38] Denn wie soll ein Ich ein anderes Ich konstituieren und gleichzeitig das in mir konstituierte Ich als ein anderes erfahren. Auch durch den von Husserl angesetzten Perspektivenwechsel, der der Beziehung von Ego und Alter ego eine gewisse Symmetrie zu sichern vermag, gelangt man nur zur Begründung einer solipsistisch-transzendentalen Monadengemeinschaft, nicht aber zu einer Welt der intersubjektiven Erfahrung. Die beibehaltene Sonderstellung des Selbstbewußtseins als eines Rechtsgrundes blockiert die Reziprozität

vorausliegt, einer einseitigen Perspektive verhaftet. Vgl. dazu B. Waldenfels: Der Sinn zwischen den Zeilen, in: Der Spielraum des Verhaltens, Frankfurt/M. 1980, S. 166ff.

36 E. Husserl: Die Krisis der europäischen Wissenschaften, a.a.O., S. 170

37 Ebd., S. 189

38 Ebd., S. 136

zwischen Ego und Alter ego, so daß diese jeweils nur für sich ihre Welt haben können. Es bleibt daher innerhalb des Husserlschen Ansatzes völlig unklar, wie sich von hier aus überhaupt so etwas wie eine „einheitliche, universale Geltung Welt, die Welt für uns zustande" bringen lassen soll. So wie Husserl gegen Descartes und Kant geltend macht, daß diese die Lebenswelt überspringen, indem sie diese als unbefragte Voraussetzung hinnehmen, so wird man gegen Husserl geltend machen müssen, daß auch noch die radikalste Form der Begründungsreflexion, sofern mit ihr ein wie auch immer gearteter universeller Geltungsanspruch verbunden werden soll, Sprache und Kommunikation zu ihrer Voraussetzung hat. Man kann eben nicht Sprache und Kommunikation zusammen mit der Außenwelt einklammern und sich dennoch als denkendes Ich verstehen.

Heidegger hat dies im wesentlichen erkannt. Und doch ist er noch in der Kritik jenen Prämissen verhaftet, gegen die er fundamentalontologisch opponiert. Denn Heidegger klagt zwar völlig zu Recht gegen Descartes und Kant, ja selbst noch gegen Husserl die Dimension der daseinsmäßigen Faktizität der Lebenswelt bzw. des In-der-Welt-seins ein. Die gesamte neuzeitliche Erkenntnistheorie seit Descartes muß sich den berechtigten Vorwurf gefallen lassen, von einem Subjekt in Gestalt des „Ich denke" auszugehen, das ohne Welt qua Mitwelt ist. Das betrifft auch Husserl, der zwar das transzendentale Ego in der Welt situiert, gleichzeitig aber, schon um sich nicht die Möglichkeit einer „universellen Kritik" zu vergeben, die Lebenswelt und damit die intersubjektive Beziehung zwischen Ego und Alter ego konstitutionstheoretisch von einem „Ur-ich" aus begreifbar machen will.

Jedoch auch Heideggers Intersubjektivitätstheorie und Mitseinsanalyse geht methodisch von dieser Prämisse aus – zumindest was den Modus der Eigentlichkeit anbetrifft. Das eigentliche Dasein trägt alle Züge eines phänomenologisch reduzierten Seins. So wie Husserl gegenüber dem „Hineindenken" und „Hineinhandeln" eine phänomenologisch geänderte Haltung fordert; eine Haltung, die es dem Epoché übenden Phänomenologen nicht nur gestatten soll, die „Generalthesis der natürlichen Einstellung" zu suspendieren, sondern die es dem Phänomenologen gleichzeitig erlaubt, kraft phänomenologischer Selbstreflexion eine Basis absoluter Unbezweifelbarkeit auszuzeichnen, von der aus der Begründungsregreß gestoppt und weitere Fragen nach Rechtfertigung als sinnlos abgewiesen werden können, so fordert auch Heidegger, gegenüber dem Hineindenken, Hineinhandeln und Hineinsprechen des alltäglichen In-der-Welt-seins eine existenzial geänderte Haltung einzunehmen, um das Dasein im Modus der Eigentlichkeit vor den Relativitäten und der Situiertheit des alltäglichen In-der-Welt-seins zu retten. Sicher, Heidegger hat die phänomenologische Reduktion vom Zwang des Methodischen entbunden. Die Vereinzelung wird von Heidegger als ein existenzieller Vollzug begriffen, währenddessen die phänomenologische Reduktion eine vom unbeteiligten Zuschauer gehandhabte Methode darstellt. Und Heidegger hat auch die von Husserl beibehaltene Sonderstellung eines vermeintlich vor-intersubjektiven Selbstbewußtseins als eines Rechtsgrundes als Fiktion entlarvt, das epistemisch reduzierte Subjekt der Erkenntnistheorie in die nichthintergehbaren Bewandtnis- und Verweisungszusammenhänge entlassen und den Bedingungen innerweltlicher Existenz und geschichtlichen Faktizität unterworfen. Jedoch durch die Forderung eigentliches Reden und Verstehen habe sich am Modus der Eigentlichkeit auszurichten, reproduziert Heidegger in der Mitseinsanalyse das Intersubjektivitätsproblem auf existenzialontologischer Ebene. Es ist die Forderung nach Eigentlichkeit, die Heidegger analog zu Husserl in einen intersubjektivitätstheoretischen Negativismus zwingt, aus dem er sich nicht mehr zu lösen vermag.

Damit gehen Heidegger die antiidealistischen Explikationsgewinne, die er mit und durch die Mitseinsanalyse auf der Ebene der Kritik an den Voraussetzungen der neuzeitlichen Bewußtseinsphilosophie gewonnen hat, auf der Ebene der Begründung einer eigentlichen Rede bzw. eines eigentlichen Verstehens wieder verloren. Angelangt am Eingangstor der Eigentlichkeit führt von hier kein Weg zurück zur Lebenswelt. Zwar kann Heideggers Fundamentalontologie die „vom platonistischen Logizismus übersehene Frage nach der *subjektiv-existenzialen Konstitution* verstehbarer ‚Bedeutsamkeit', und insofern auch sprachlich artikulierbarer Bedeutungen ... beantworten, nicht aber die Frage nach den *Gründen der Möglichkeit intersubjektiv gültiger Bedeutungen*".[39] Damit kann Heidegger das, was er als lebensweltliche Tatsache anerkennt, fundamentalontologisch nicht mehr verständlich machen: eine intersubjektiv geteilte Lebenswelt. Die einzigartige existenziale Einsamkeit kann Heidegger, analog zu Husserl, bestenfalls zu einer solipsistisch-transzendentalen Einsamkeitsgemeinschaft universalisieren, nicht aber in einer intersubjektiv geteilten Wir-Welt aufheben. Denn das „Man" ist das Wir. Und die „‚öffentliche' Wir-Welt" (SuZ 65) ist die öffentliche „Man-Welt", von der es gerade loszukommen gilt.

Eben dieser Versuch, von der öffentlichen Wir-Welt loszukommen, hat für Heideggers Mitseinsanalyse und Intersubjektivitätstheorie im allgemeinen und für seine Sprachphilosophie im besonderen verhängnisvolle Konsequenzen. Und zwar deshalb, weil Heidegger, sofern er dem Dasein in seiner Alltäglichkeit die Möglichkeit von Eigentlichkeit und damit auch die Möglichkeit eines „eigentlichen Verstehens" abspricht, keinen Ort mehr hat für eine symmetrische Ich-Du-Begegnung von Dasein zu Dasein im Mitsein. Damit kann Heidegger auch keine dialogische Sinnkonstitution im Verstehen mehr einholen.

Anders als Husserls Bedeutungstheorie und anders als die Wahrheitssemantik von Frege über den frühen Wittgenstein bis zu Dummet, die sich von der logozentristischen Annahme leiten läßt, daß die Wahrheitsgeltung assertorischer Sätze geeignet ist, sprachliche Verstehensvorgänge überhaupt plausibel zu machen, kann Heidegger zwar mit dem Konzept der lebensweltlichen Verweisungszusammenhänge, die den Interaktionsteilnehmern konstitutiv im Rücken liegen und den fraglosen Kontext von Verständigungsvorgängen bilden, in einem ersten Schritt die Fixierung der Sprachphilosophie auf die tatsachenfeststellende Rede überwinden. Dieser Gewinn wird jedoch von Heidegger sofort wieder verspielt. Dadurch, daß Heidegger den „eigentlichen" Gebrauchswert der Sprache von ihrem „uneigentlichen" Tauschwert fundamentalontologisch mit Rekurs auf das je eigene Dasein glaubt scheiden zu können, verwandelt er schnurstracks seine großartige Erkenntnis in eine Absurdität. Wäre doch eine eigentliche Rede eine Rede, die keiner mehr verstehen könnte – letztlich noch nicht einmal der, der sie zu sprechen glaubt.

Eine solche Rede können wir im Anschluß an Wittgenstein als Privatsprache bezeichnen. Eine Privatsprache ist durch zwei Merkmale charakterisiert. Sie ist erstens eine Sprache, die sich nur auf „unmittelbare private" Evidenzien des Sprechers dieser Sprache bezieht, und sie ist zweitens eine Sprache, die ein Anderer nicht verstehen, übersetzen oder interpretieren kann, da er prinzipiell keinen Zugang zu den privaten Evidenzien des Spre-

39 K.-O. Apel: Ist der Tod eine Bedingung der Möglichkeit von Bedeutung?, a.a.O., S. 413

chers dieser Sprache besitzt. Eine Privatsprache ist also nicht eine Sprache, die nur eine einzelne Person spricht, etwa so, wie man auch allein Schach oder Halma spielen kann. Eine Privatsprache ist eine für Andere nicht verstehbare, nicht-übersetzbare und nicht-interpretierbare Sprache. Sie ist daher als Variante einer solipsistischen Bedeutungstheorie das semantische Gegenstück zur epistemologischen Position des cartesianischen Skeptikers im Hinblick auf die Existenz der Außenwelt.

Wie nun Wittgenstein in den *Logischen Untersuchungen* gezeigt hat, wäre der Sprecher einer solchen Privatsprache nicht in der Lage, die Bedeutung sprachlicher Ausdrücke so zu definieren, daß man sinnvoll davon sprechen kann, er habe die sprachlichen Ausdrücke in Übereinstimmung mit ihrer Bedeutung gebraucht. Denn genau dazu bedarf es der Bezugnahme auf die *öffentliche Praxis* des alltäglichen In-der-Welt-seins, genauer, auf die Fähigkeit einer Regel zu folgen. Und einer Regel, so die Pointe von Wittgenstein, kann man nicht allein folgen. Wenn nun aber die öffentliche Praxis des alltäglichen In-der-Welt-seins eine notwendige Bedingung dafür ist, die „Zuordnung von Zeichen und Bedeutungen" kontrollierbar zu halten, und wenn die sinnvolle Regelanwendung sich nur im Kontext der „Gepflogenheit" einer konkreten „Lebensform" verstehen läßt, dann stellt sich der Privatsprachler, sofern er sich aus dieser öffentlichen Praxis des alltäglichen In-der-Welt-seins verabschiedet, nicht nur einfach außerhalb dieser Praxis. Er verabschiedet sich zugleich aus der intersubjektiv verstehbaren Sprache.

Nun ließe sich sogar im Kontext von *Sein und Zeit* ein solches Privatsprachenargument denken. So wie Wittgenstein zeigen konnte, daß die skeptische Frage, ob eventuell am Ende alles, was als real gilt, „bloß mein Traum" ist, gegen ihre eigenen Sinnbedingungen verstößt, da diese Frage nur unter der Voraussetzung verstanden werden kann, daß sich in einem „Sprachspiel" Traum und Realität unterscheiden lassen, so hat auch Heidegger dem Skeptiker auf seine Skepsis die passende Antwort erteilt. Nicht anders als Wittgenstein zeigt Heidegger, daß der Skeptiker etwas präsupponiert, was er skeptisch in Frage stellt: die Realität des In-der-Welt-seins und damit die Realität der Außenwelt. Von daher hat es nach Heidegger auch keinen „‚wirklichen' Skeptiker ‚gegeben'", weil ein solcher Skeptiker, so er wirklich konsequent wäre, gar nicht widerlegt werden bräuchte. Und zwar deshalb nicht, weil, anders als es die harmlosen „formal-dialektischen Überrumpelungsversuche gegenüber dem ‚Skeptizismus' wahr haben" wollen, der Skeptizist „in der Verzweiflung des Selbstmordes das Dasein und damit die Wahrheit ausgelöscht" hat (SuZ 229). Auch Heidegger scheint also davon auszugehen, daß der Skeptiker, wenn er seine Skepsis sinnvoll, d. h. argumentativ vortragen will, „immer schon" etwas präsupponieren muß, was sich nicht mehr zweifelnd in Frage stellen läßt. Von daher ist es nach Heidegger auch sinnlos und skandalös, einen Beweis der Außenwelt zu fordern, weil eventuell alles nur mein Traum sein könnte. Und wenn Heidegger nun diese sinnkritische Widerlegung des erkenntnistheoretischen Skeptizismus sprachphilosophisch verallgemeinert hätte, wäre er zu einem vergleichbar ähnlichen Resultat hinsichtlich der Möglichkeit einer Privatsprache gekommen, wie wir es von Wittgenstein kennen. Denn in sprach- und bedeutungstheoretischer Hinsicht ist eine Privatsprache lediglich das semantische Gegenstück zur epistemologischen Position der erkenntnistheoretischen Skepsis. Eine solche sprachphilosophische Verallgemeinerung jener sinnkritischen Widerlegung des epistemologischen Skeptizismus sucht man bei Heidegger jedoch vergeblich.

Dies ist nicht verwunderlich. Hierzu hätte sich nämlich Heidegger positiv am öffentlichen Gebrauch der Sprache als dem letzten Träger sprachlicher Bedeutungen orientieren müssen. Eine solche Orientierung böte nicht nur die Möglichkeit, die Bedeutung sprachlicher Ausdrücke durch den Gebrauch innerhalb bestimmter „Sprachspiele" zu erklären. Gleichzeitig, und dies haben sowohl Wittgenstein als auch Karl Kraus auf je unterschiedliche Weise gezeigt, eröffnet diese Orientierung auch die Möglichkeit, den Ge- und Mißbrauch sprachlicher Ausdrücke in den Leerlaufspielen der Philosophie, in den Wissenschaften und eben auch in der Alltagssprache einer immanent ansetzenden Kritik zu unterziehen.

Statt dessen glaubt Heidegger jedoch, die Sprache des Alltags fundamentalontologisch durch die Freilegung einer eigentlichen Rede bzw. eines eigentlichen Verstehens überbieten, oder besser, unterlaufen zu können. Damit entwertet Heidegger nicht nur die Strukturen des lebensweltlichen Hintergrundes als Strukturen einer durchschnittlichen und durchweg defizitären Alltagspraxis. Obendrein rehabilitiert Heidegger das skeptisch-solipsistische Problem in Form einer Privatsprache. Es ist die unsägliche Forderung nach Eigentlichkeit, die in sprachphilosophischer Hinsicht jenes Problem rehabilitiert, welches Heidegger in bezug auf die neuzeitliche Erkenntnistheorie sinnkritisch verabschiedet hat. Denn eben diese Orientierung am Dasein im Modus der Eigentlichkeit wirft zwei Fragen auf, die sich für Heidegger schwerlich beantworten lassen. Erstens die Frage, wie von hier aus eine „objektive Wir-Welt" verständlich gemacht werden soll. Und zweitens, wie denn das Dasein zum Dasein kommt, wenn sich das Begegnen der Anderen wieder „am je *eigenen* Dasein" orientiert. Heidegger versucht zwar das „Mißverständnis" abzuwehren, hier werde auch wieder ein „isoliertes ‚Ich'" privilegiert, wodurch sich das Problem auftut, wie sich eine „Brücke schlagen (läßt) von dem zunächst allein gegebenen einzelnen Subjekt zu dem zunächst überhaupt verschlossenen anderen Subjekt" (SuZ 124). Im Mitsein liegt nach Heidegger ein „Seinsverhältnis von Dasein zu Dasein", welches nicht erst durch einen Brückenschlag von einem isolierten Subjekt zu einem anderen isolierten Subjekt zuwege gebracht werden muß.

Nun mag dies zwar für das alltägliche In-der-Welt-sein zutreffen. Für das Dasein im Modus der Eigentlichkeit gilt dies nicht! Hier gibt es nur die Orientierung am „je *eigenen* Dasein". Mit dieser Orientierung am „je *eigenen* Dasein" ist jedoch für Heidegger die Immanenz der Monade genausowenig zu brechen wie für Husserl. Denn so wie bei Husserl durch „die Methode der phänomenologischen Reduktion" jeder cartesianisch Meditierende „auf sein transzendentales Ego zurückgeführt und natürlich mit seinem jeweiligen konkret-monadischen Gehalt als dieses faktische, als das eine und einzige absolute Ego" konfrontiert wird, so wird bei Heidegger abzüglich der phänomenologischen Reduktion im Sinne eines methodischen Verfahrens ein Solipsismus restauriert, der unschwer als der der traditionellen Erkenntnistheorie zu erkennen ist.

Die aus der Unbezüglichkeit des eigenen Selbst erwachsende Einsamkeit, die dem eigentlichen Dasein zu verstehen gibt, daß es letztlich allein ist, überschattet jeden Vorgang eines kommunikativen Verstehens und macht in letzter Konsequenz sogar Kommunikation als Kommunikation völlig unmöglich. Denn was das Dasein auch versteht oder zu verstehen meint, es versteht immer nur sich selbst. Das Dasein der Anderen mutiert zu einer Pluralität von abgeschlossenen Monaden, die in ihrem Inneren, die Jemeinigkeit unzugänglich enthält.[40] Wie bereits bemerkt: Insofern bei Heidegger ähnlich wie bei Kierkegaard die „Eigentlichkeit zum sich selbst verhaltenden Verhältnis wird, unter dem sich nichts mehr denken läßt", ist sie gerade das nicht, was Sprache und Kommunikation immer schon voraussetzt: ein gesellschaftliches und soziales Verhältnis zu anderen. Konstituiert sich im Mitsein kein eigentliches Selbst, da das Mitsein ja lediglich als ein kodeterminierender Faktor bezüglich von Eigentlichkeit erscheint, und noch dazu als ein negativer, gewinnt also das Dasein seine Eigentlichkeit ohne positive Möglichkeit des Mitseins, so heißt das, daß auch eigentliche sprachliche Kommunikation und eigentliches Reden und Verstehen hier nicht stattfinden.

Mehr noch: Konnte Husserl immerhin noch versuchen, durch eine reziprok angesetzte Beziehung von Ego und Alter ego dem kommunikativen Verhalten eine gewisse Symmetrie zu sichern, wenngleich schon Husserl nicht die vollständige perspektivische Reziprozität konstruieren konnte, so ist selbst dieser Schritt für Heidegger nicht mehr möglich. Denn es ist ersichtlich paradox, eine derartige symmetrische Beziehung zwischen den beiden dualistisch kontrastierten Seinsweisen Eigentlichkeit und Uneigentlichkeit auch nur anzunehmen. Die „Kluft", die die Heideggersche Sozialontologie zwischen Eigentlichkeit und Uneigentlichkeit aufreißt, ist für ihn kommunikationstheoretisch nicht mehr überbrückbar. Denn das „Dasein der Anderen" ist zu einer Pluralität von abgeschlossenen Monaden geworden, die in ihrem Inneren die „Jemeinigkeit" unzugänglich enthalten. Insofern wiederholt die Mitseinsanalyse nicht nur die Husserlsche Intersubjektivitätstheorie auf existenzialontologischer Ebene, sondern radikalisiert und verschärft sie zugleich. Damit gerät Heidegger aber in noch ärgere Begründungsnöte als Husserl. Denn auf die Frage: Wo und wie soll denn nun jenseits der defizitären Verständigungspraxis des Alltags, der als Gerede apostrophierten „Seinsart des entwurzelten Daseinsverständnisses", so etwas wie eine eigentliche sprachliche Kommunikation bzw. ein eigentliches Reden und Verstehen überhaupt stattfinden? müßte Heidegger antworten: allein im solipsistisch angesetzten Dasein, im Monolog des einsamen Seelenlebens bzw. im Selbstgespräch. Also dort, wo Sprecher und Hörer identisch sind. Die dialogische Struktur der Sprache verliert sich damit zugunsten einer monadologischen Konstruktion eines Ich, das eigentlich keine Antwort mehr auf seine Sprachangebote ermöglicht. Sprache affirmiert sich einem Monolog, dessen Zentrum nicht mehr der Andere, sondern das eigene Selbst ist. Dieses Selbst, das im Tod als einem finalen Projekt gleichsam eine quasi ästhetische Identität gewinnt, ist auf eine Imagination festgelegt, die als primäre Selbstverständigung funktioniert und der gegenüber alle Sprachangebote des alltäglichen In-der-Welt-seins wie ideologische Überfremdungen erscheinen. Die teleologische Konzeptualisierung des Todes als einer Bedingung für Eigentlichkeit hat also nicht nur die Konsequenz, daß Heidegger mit diesem Projekt das Prinzip der Selbsterhaltung in seiner traditionellen Form verabschiedet, sondern gleichfalls das Funktionieren der konventionellen Sprache und ihren sozialen Bedeutungsgehalt vom Monolog her in Form einer Privatsprache radi-

40 Vgl. D. Sternberg: Der verstandene Tod. Eine Untersuchung zu Martin Heideggers Existenzial-Ontologie, in: Über den Tod, Frankfurt/M. 1981, S. 133

kal in Frage stellt. Damit sind bereits in *Sein und Zeit* die Weichen dafür gestellt, das „Wesen der Sprache" aus dem „Wesen der Dichtung" zu erklären.[41]

Nun ist aber klar, daß der Monolog in Form einer Privatsprache für die sprachliche Verständigung mittels identischer Bedeutungen nicht konstitutiv sein kann. Denn die Teilnahme an realen Dialogen erfordert nicht nur die Verwendung von sprachlichen Symbolen – was an die Kompetenz gebunden ist, einer Regel zu folgen –, sondern auch die *adressierende Einstellung* zwischen Ego und Alter ego. Gerade diese adressierende Einstellung wird aber durch die Orientierung am „je *eigenen* Dasein" systematisch verfehlt. Die Folge davon ist, daß der Monolog den Dialog aufzehrt. Dieser Dialogverlust ist in seiner Konsequenz die Kehrseite eines intersubjektivitätstheoretischen Negativismus, den die Prämissen der Mitseinsanalyse geradezu erzwingen. Der monadologische Einsatz beim „je *eigenen* Dasein" nötigt Heidegger dazu, die intersubjektive Beziehung zwischen Dasein und Dasein im Mitsein aus der Perspektive eines einzelnen Bewußtseins zu rekonstruieren, wodurch der Verständigungsprozeß in zwei disparate Teile zerfällt: In die Kundgabe eines Sprechers einerseits und in die Kundnahme eines Hörers andererseits. Zwar versichert uns Heidegger, daß das Sprechen genauso wie das Hören für das Reden und das Verstehen konstitutiv sind. Da jedoch bei Heidegger die „zweite Person nur in der nivellierenden Form der *anderen* Person, aber nicht als mein Partner oder als das Du eines Ich" erscheint,[42] ist, wie aus der Mitseinsanalyse ersichtlich wird, sprachliche Intersubjektivität strenggenommen überhaupt nicht möglich, ja sogar ein Widersinn. Damit gerät aber das gesamte Sprachkonzept, so wie Heidegger es in *Sein und Zeit* vertritt, in eine Krise. Denn der „Sinn von Sein" ist kommunikativ überhaupt nicht einlösbar. Wenn nämlich das Prädizierte „eigentlich" überhaupt nicht kommuniziert werden kann, zum einen, weil es im Modus der Eigentlichkeit überhaupt keine intersubjektiv verstehbare Sprache geben kann, zum anderen, weil ohnehin jede Prädikation die Vorgängigkeit des Seins kompromittiert, dann kann Sprache letztlich nichts mehr anderes kommunizieren als ein gänzlich Leeres. Wollte Heidegger anfänglich darüber sprechen, worüber Wittgenstein zu schweigen vorzog, so wird ihm schließlich dieses Leere, das absolut Unausdrückbare, das aller Prädikation Enthobene unter dem Namen „Sein" zum Erschweigbaren *ens realissimum*. Damit wird Sprache zum rituellen Gestus. Die Folge ist, daß auch der in der Rede artikulierte *„Sinn"* bzw. das in ihr gegliederte *„Bedeutungsganze"*, auf das ja Heidegger zu Recht abhebt, für seinen einsamen Sprachbenutzer überhaupt nicht erschließbar sind. Denn es ist eben für diesen Sprachbenutzer nicht möglich, über identische Wort- und Satzbedeutungen zu verfügen, ohne jemals einen wirklichen, und d. h. öffentlichen Gebrauch von der Sprache gemacht zu haben.

Denn Heidegger hat zwar im Anschluß an Dilthey und Husserl das Verstehen und die Sprache als Grundzug des menschlichen Daseins eingeführt und in diesem Zusammenhang auf die konstitutive Rolle des Vorverständnisses aufmerksam gemacht, welches dem Zu-tun-haben mit der gleichen Sache entspringt. Insofern aber Heidegger mit der Orientierung am „je *eigenen* Dasein" dem Auslegungsmodell des Verstehens eine einseitige,

41 Vgl. M. Heidegger: Hölderlin und das Wesen der Dichtung, a.a.O., S. 42ff.

42 K. Löwith: M. Heidegger und F. Rosenzweig, ein Nachtrag zu *Sein und Zeit*, in: ders., Heidegger – Denker in dürftiger Zeit. Zur Stellung der Philosophie im 20. Jahrhundert, Gesammelte Schriften, Stuttgart 1984, S. 81

sprich monologische Wendung gibt, wird es ihm unmöglich, das Problem des sprachlichen Sinnverstehens zu lösen. Im Unterschied zu Beobachtungen, die jeder für sich allein tätigt, ist Sinnverstehen solipsistisch nicht durchführbar. Sinnverstehen erfordert prinzipiell die Aufnahme einer intersubjektiven Beziehung mit dem Subjekt, welches die Äusserung hervorbringt, die verstanden werden soll. Sprachliche Bedeutungen können nur von innen, d. h. aus der performativen Einstellung von Kommunikationsteilnehmern erschlossen werden.

Heideggers Antipode Wittgenstein wußte: Identische Bedeutungen liegen für sprechende und handelnde Subjekte dann und nur dann vor, wenn die Bedingung erfüllt ist, daß sie einer *Regel* folgen. Im Begriff der Regel vereinigen sich die Identität der Bedeutung mit der Intersubjektivität ihrer Geltung. Beide, die Intersubjektivität der Regelgeltung und die Identität sprachlicher Bedeutungen, erläutern sich wechselseitig. Und ein einzelnes Subjekt A kann eben keiner Regel folgen. Dazu bedarf es immer schon eines weiteren Subjekts B. Denn wenn A einer Regel folgt, so folgt es ihr immer nur dann, wenn es derselben Regel folgt. Im Begriff der Regel ist impliziert, daß das, was A seiner Orientierung zugrunde legt, im Wandel identisch bleibt. Das heißt aber, es muß mindestens ein weiteres Subjekt B geben, das überprüfen kann, ob A im gegebenen Fall auch wirklich der Regel folgt. Und genau darum „ist ‚der Regel folgen' eine Praxis. Und der Regel zu folgen glauben ist nicht: der Regel folgen. Und darum kann man nicht der Regel ‚privatim' folgen, weil sonst der Regel zu folgen glauben dasselbe wäre, wie der Regel folgen."[43] Und genau diese gemeinsame Orientierung an einer intersubjektiven Praxis kann Heidegger durch die Orientierung am „je eigenen Dasein" nicht garantieren. So wie das Problem der Intersubjektivität unter den angenommenen Prämissen eines Daseins, welches sich nur in der Einsamkeit authentisch auf seine Möglichkeiten entwerfen kann, nicht zu lösen ist, so ist auch die Identität der Begriffs- und Bedeutungsallgemeinheit für Heidegger nicht zu erklären, die sich in der Mannigfaltigkeit ihrer jeweiligen sprachlichen Realisierungen als eine Identität im Wandel durchhält. Denn die Bedeutungsallgemeinheit sprachlicher Ausdrücke läßt sich nicht, wie Heidegger es versucht, mit einer „Humpty-Dumpty-Auffassung"[44] der Sprache plausibel machen, sondern nur mit Bezug auf die Regelstruktur der Sprache. Heidegger erkennt das in der Folge. Er erkennt, daß das Dasein zu guter Letzt gezwungen ist, dem Rückzug des Seins aus der defizitären Verständigungspraxis des Alltags ohnmächtig zuzusehen. Und er erkennt, freilich ohne sich von der „Humpty-Dumpty-Auffassung" zu lösen, daß das Problem der Intersubjektivität unter fundamentalontologischen Prämissen nicht gelöst werden kann. Darum versucht er, sich auf ontologisch noch tiefere Fundamente zurückfedern zu lassen. Diese Fundamente sind aber innerhalb des Daseins, wie es in *Sein und Zeit* konzipiert war, nicht aufweisbar.

43 L. Wittgenstein: Philosophische Untersuchungen, in: Werkausgabe, Bd. 1 (im folgenden zit. als WA), Frankfurt/M. 1994, § 202

44 Nach Humpty Dumpty gilt: „Wenn *ich* ein Wort verwende, ... bedeutet es genau das, was ich will – nicht mehr und nicht weniger." L. Carroll: Alice im Spiegelland, Berlin 1987, Kap. VI, Eine solche „Humpty-Dumpty-Auffassung" der Sprache weist Dummett auch für Husserl nach, sofern für Husserl „ein Wort oder Ausdruck durch einen Bedeutung gebenden Bewußtseinsakt von seiten des Sprechers mit Bedeutung erfüllt wird." M. Dummett: Ursprünge der analytischen Philosophie, Frankfurt/M. 1988, S. 45 und 85

In seiner Spätphilosophie sucht Heidegger darum nach einer Alternative. Nicht mehr aus dem Dasein, sondern aus dem Sein will Heidegger hier philosophieren. Es ist nicht mehr das Dasein, sondern das Sein, dem Heidegger die welterschließende Kraft zuspricht. Damit wird nun zwar das Problem der Intersubjektivität gegenstandslos. Dafür waltet jetzt aber im grammatischen Wandel der sprachlichen Weltbilder das Sein. Die sinnschöpfende Potenz der Sprache, der Sprache als *poesis*, erhält damit den Rang eines mystischen Absoluten. Heidegger, der die Theorie durch Poetisierung retten zu können glaubt, der mit Hölderlin eine Garnitur elementarer und damit unverbrauchter Ur-worte zu isolieren sucht, mit denen er nicht nur hinter die Metaphysikgeschichte zurückgreifen kann, sondern auch noch die Fundamente der Sprache freilegen will, die vor aller Vermittlung liegen, teilt damit auf eigenartige Weise jene „krude Vorstellung von der Archaik der Sprache", der sich auch Carnap, sein positivistischer Widerpart, nicht entringen konnte. Freilich mit dem Unterschied, daß dieser die Archaik als Rückstand beklagt, wohingegen jener sie als Segen preist.[45] Insofern Heidegger mit seiner Sprachmetaphysik nicht nur hinter die Reflexionsbegriffe von Subjekt und Objekt zurück will, sondern generell alle Vermittlungen durch die Freilegung eines vermittlungslosen Anfangs überhaupt plausibel machen möchte, verdinglicht er alle historischen und sozialen Vermittlungen zum An-sich einer vermittlungslosen Einheit.

Wollte auch Heidegger aus dem Bannkreis der Subjektphilosophie ausbrechen, indem er ihre Grundlagen temporal verflüssigt, so zeigt sich am Ende, daß er selbst da, wo er sich ihr entronnen glaubt, real von ihr nicht losgekommen ist. Zwar wurde das erzeugende Subjekt aus dem Reich des Intelligiblen herausgeholt und in die Dimension der Lebenswelt hineingestellt, zwar wurde die Subjektphilosophie, indem die transzendentale Fragestellung einen ontologischen Sinn erhielt, durch die tiefergreifende Begrifflichkeit einer transzendental verfahrenden Existenzialontologie überwunden. Da jedoch Heideggers intern ansetzende Überwindung der Metaphysik durch die Freilegung der Vorstruktur des Verstehens noch in der Kritik jenen Prämissen verhaftet bleibt, gegen die sie opponiert, gelangt Heidegger nur zu einer erneuerten Form der Metaphysik, einer Metaphysik, die wie bereits eingangs bemerkt, heute erneut Furore macht. Zwar konnte Heidegger im Rahmen der Fundamentalontologie die für die Bewußtseinsphilosophie unzugängliche Thematik der „Erschlossenheit" entfalten. „Jedoch gerade die konkreten Analysen der Erschlossenheit in *Sein und Zeit*, in welchen diese in ihrer ‚Endlichkeit' herausgestellt wird, mußten zu der Erkenntnis führen, daß das Dasein die Begründungsfunktion, die ihm hier noch transzendental-philosophisch zugemutet wurde, nicht mehr tragen kann. Die nachherige ‚Kehre' ist von vornherein im Sachgehalt der neuen Problematik enthalten."[46]

45 Vgl. Th. W. Adorno: Jargon der Eigentlichkeit, a.a.O., S. 38
46 E. Tugendhat: Der Wahrheitsbegriff bei Husserl und Heidegger, a.a.O., S. 273

1.3. Wahrheit und Welterschließung

Wir hatten gesagt, daß es Heidegger mit der Radikalisierung der neuzeitlichen Grundlagendiskussion durch den Rückgang auf das alltägliche In-der-Welt-sein möglich wurde, eine der Reflexionsphilosophie unzugängliche Thematik zu entfalten: die Thematik der Erschlossenheit. Im folgenden möchte ich nun jene Konsequenzen diskutieren, die sich mit Bezug auf das Wahrheitsproblem aus dem Nachweis der Abkünftigkeit der Aussage gegenüber dem existenzial-hermeneutischen Logos des Verstehens ergeben. Denn eben dieser Nachweis führt Heidegger nicht nur zu der These, daß der „Sinn von Sein" abhängig ist von unseren horizontbildenden Grundbegriffen des alltäglichen In-der-Welt-seins, sondern gleichzeitig zu einer Revision des Wahrheitsbegriffs, so daß dieser am Ende mit Erschlossenheit zusammenfällt.

Nach Heidegger ist die Bewußtseinsphilosophie u. a. dadurch charakterisiert, daß sie die Welt als die Gesamtheit all dessen begreift, was Heidegger „Vorhandenheit" nennt. Die Weltlichkeit dieser Welt ist von Kant in der *Kritik der reinen Vernunft* in Form einer „apriorische(n) Sachlogik des Seinsgebiets Natur" (SuZ 11) auf ihren philosophischen Begriff gebracht worden. Hieran nimmt Heidegger zunächst keinen Anstoß. Ausdrücklich betont er, daß „der positive Ertrag von Kants *Kritik der reinen Vernunft* in der Herausarbeitung dessen" besteht, „was zu einer Natur überhaupt gehört, und nicht in einer ‚Theorie' der Erkenntnis." Heidegger, der die Kantische Vernunftkritik nicht als Erkenntnistheorie, sondern als Regionalontologie der Natur interpretiert, moniert in diesem Zusammenhang lediglich, daß die ontischen Erkenntnisarten, die die kategoriale Verfassung der natur- und geisteswissenschaftlichen Objektbereiche klären, sich nicht, wie es der methodische Formalismus des Neukantianismus nahelegt, als freischwebende kognitive Leistungen begreiflich machen lassen. Da sich die wissenschaftlichen Objektbereiche überhaupt erst durch eine in transzendentaler Einstellung vorgenommenen Analyse des vorgängigen Seinsverständnisses des alltäglichen In-der-Welt-seins erschließen, dieses vorgängige Seinsverständnis den nicht hintergehbaren Horizont des wissenschaftlichen Fragens bildet, muß zunächst die ursprüngliche Welt gefunden werden, wenn nach dem ursprünglichen „Sinn von Sein" gefragt werden soll.[47]

Dies ist jedoch auf der Basis einer Sprachauffassung, die sich an der modernen Aussagenlogik orientiert, nicht möglich, da durch die Orientierung an der Aussage – und in der Prädikation – der ursprüngliche Weltbegriff und damit eben auch der spezifische Sinn von Erschlossenheit preisgegeben wird. Mit der Verlagerung des horizontbildenden Hintergrundverständnisses in die Einzelbeziehungen zwischen „Wort und Gegenstand" und der behaupteten Unabhängigkeit von beiden, wird in der Aussagenlogik darüber hinweggetäuscht, daß das Benennen kein ursprünglicher Taufakt ist, da „schon viel in der Sprache vorbereitet sein muß, damit das bloße Benennen einen Sinn hat".[48]

47 Vgl. W. Bröcker: Heidegger und die Logik, in: Heidegger. Perspektiven zur Deutung seines Werkes, a.a.O., S. 303

48 L. Wittgenstein: Philosophische Untersuchungen, a.a.O., § 257

Dies kann man sich leicht an einem Beispiel von Heidegger klarmachen. Die Aussagenlogik, so behauptet Heidegger, hat den Satz „Der Hammer ist schwer“ „vor aller Analyse ... immer schon logisch verstanden“. Fragt man nun nach dem Grund, warum dieser Satz „immer schon“ verstanden werden kann, dann lautet die Antwort: Weil hier als „‚Sinn‘ des Satzes ... ‚Der Hammer hat die Eigenschaft der Schwere!‘“ schon (unthematisch) vorausgesetzt, nicht aber in transzendentaler Einstellung freigelegt ist. Eben diese unthematischen Voraussetzungen gedenkt Heidegger mit der Erschlossenheitsanalyse thematisch zu machen.

Erschlossenheit ist nach Heidegger „durch Befindlichkeit, Verstehen und Reden konstituiert und betrifft gleichursprünglich die Welt, das In-Sein und das Selbst“. (SuZ 220) Daher wird nicht schon mit dem apophantischen „Als“ der Aussage, sondern erst mit der „*Erschlossenheit* des Daseins das *ursprünglichste* Phänomen der Wahrheit erreicht“. Diese Feststellung ist im Kontext von *Sein und Zeit* alles andere als trivial. Sie ist grundlegend nicht nur für Heideggers ganze Erschlossenheitsanalyse, sondern, wie wir zeigen werden, auch für die Wahrheitstheorie. Aus der Bestimmung, daß das Dasein wesentlich seine Erschlossenheit ist, folgert Heidegger, daß es damit auch „‚*in der Wahrheit*‘“ ist. Oder wie Heidegger an anderer Stelle sagt: „Wahrheit setzen ‚wir‘ voraus, weil ‚wir‘, seiend in der Seinsart des Daseins, ‚in der Wahrheit‘ *sind.*“ (SuZ 227) Mit dieser Voraussetzung der Wahrheit als einen unproblematischen oder, wie wir auch sagen können, als einen basalen Begriff, einen Begriff also, der weder aus einem anderen ableitbar, noch durch einen anderen substituierbar ist, soll also nicht gemeint sein, daß wir Wahrheit im Sinn einer platonistischen Wahrheitsauffassung als etwas Subjekttranszendentes voraussetzen – als etwas „‚außer‘ und ‚über‘ uns“ Seiendes. Und damit ist auch nicht gemeint, daß das Dasein, so es „‚*in der Wahrheit*‘“ ist, immer auch Aussagen über Seiendes macht. Nein, die These: das „Dasein ist ‚*in der Wahrheit*‘“ (SuZ 221) hat einen ontologischen Sinn. Mit dem transzendentalen Rückgang auf das ursprüngliche Phänomen der Erschlossenheit soll nicht Erschlossenheit als Wahrheit verständlich gemacht werden, sondern gleichzeitig und in diesem Zusammenhang die traditionelle Wahrheitsauffassung, Wahrheit verstanden als Übereinstimmung zwischen einer Aussage und einem Sachverhalt, eine klärende Vertiefung erhalten. Philosophie als „universale phänomenologische Ontologie, ausgehend von der Hermeneutik des Daseins“, soll zeigen, daß „jede Erschließung von Sein als des transcendens ... *transzendentale Erkenntnis (ist). Phänomenologische Wahrheit (Erschlossenheit von Sein) ist veritas transcendentalis*“. (SuZ 38)

Es geht Heidegger also zunächst nicht um eine Demontage der traditionellen Wahrheitsauffassung. Wie Heidegger selbst betont, geht auch er vom „traditionellen Wahrheitsbegriff“ aus. Und dies ist nicht verwunderlich. Da die Korrespondenztheorie der Wahrheit die Grundintention der Aussagenwahrheit formuliert, ist sie von allen Wahrheitstheorien als notwendige Bedingung vorausgesetzt. Man kann daher sagen, daß Heidegger mit der Erschlossenheitsanalyse die traditionelle Wahrheitsauffassung sogar vertiefen will. Freilich wäre dies nur die eine Seite der Medaille. Die andere Seite ist, daß Heidegger gleichzeitig und in diesem Zusammenhang mit der Erschlossenheitsanalyse die traditionelle Wahrheitsauffassung derart demontiert, daß es ihm letztlich unmöglich wird, über Wahrheit mehr zu sagen, als das es sich um Erschlossenheit handelt. Mit der „Verwindung“ der neuzeitlichen Reflexionsphilosophie verwindet Heidegger auch das Wahrheitsproblem. Wie bereits bemerkt. Auch Heidegger geht zunächst vom traditionellen Wahrheitsbegriff aus. Gleichzeitig jedoch betont er, daß man das „*ursprüngliche* Phänomen der Wahrheit" gründlich mißverstehen würde, wenn die Idee der Wahrheit auf die Idee der „Übereinstimmung" bezogen werde – etwa im Sinn „irgendeiner heutigen Urteilstheorie". Nach Heidegger geht es gerade darum, den Wahrheitsbegriff von der Idee der „Übereinstimmung" „freizuhalten", da eben mit dieser Idee jene verhängnisvolle Entwicklung in der Wahrheitstheorie in Gang gesetzt wurde, die Heidegger als „Sackgasse" begreift: die aussagenmäßige Übereinstimmung eines Urteils mit einem Gegenstand.

Diese Auffassung des Wesens der Wahrheit, Heidegger bezeichnet sie auch als die „traditionelle", geht von drei Thesen aus. „1. Der ‚Ort' der Wahrheit ist die Aussage (das Urteil). 2. Das Wesen der Wahrheit liegt in der ‚Übereinstimmung' des Urteils mit seinem Gegenstand. 3. *Aristoteles*, der Vater der Logik, hat sowohl die Wahrheit dem Urteil als ihrem ursprünglichen Ort zugewiesen, er hat auch die Definition der Wahrheit als ‚Übereinstimmung' in Gang gebracht." (SuZ 214) In diesem Zusammenhang verweist Heidegger auf den Aristoteleskommentar von Ammonius. Nachdem Heidegger im § 7 „Die phänomenologische Methode der Untersuchung" viel Mühe darauf verwendet hat, den Logos-Begriff von Plato und Aristoteles von seinen neuzeitlichen Verengungen und Restriktionen freizuhalten, so auch von der Restriktion des Logos auf die Aussage und, daran angeschlossen, von der Idee der „Übereinstimmung", wird hier nun Aristoteles, den Heidegger analog zu Kant als den Vater der modernen Logik ansieht, für eine Entwicklung verantwortlich gemacht, die in bezug auf die Wahrheitstheorie die Definition der Wahrheit als Übereinstimmung einer Aussage bzw. eines Urteils mit einem Gegenstand in Umlauf gesetzt hat.

Aristoteles hat dies wie folgt formuliert: „Zu sagen nämlich, das Seiende sei nicht oder das Nicht-seiende sei, ist falsch, dagegen zu sagen, das Seiende sei und das Nicht-seiende sei nicht, ist wahr."[49] Nach Aristoteles ist also eine Proposition dann wahr, wenn die Konfrontation einer Proposition mit den Tatsachen bzw. Sachverhalten, von denen sie handelt, zeigt, daß sich die Tatsachen bzw. Sachverhalte so verhalten, wie die Proposition sie wiedergibt. Damit ist die Definition der Wahrheit vorbereitet, die über Thomas von Aquino, Wahrheit als „adaequatio intellectus et rei", über Leibniz und Locke[50] bis zu Kant und darüber hinaus in Geltung blieb.

Geradezu traditionell beginnend, fragt nun Heidegger: Wenn Wahrheit als Übereinstimmung einer Erkenntnis mit einem Gegenstand gefaßt werden soll, worin besteht dann die Übereinstimmung? Von dieser Fragestellung ging auch Kant aus – bekanntlich wurde die Definition der Wahrheit, Wahrheit verstanden als „Übereinstimmung der Erkenntnis mit ihrem Gegenstand", von Kant ja als „geschenkt" „vorausgesetzt".[51] Unzufrieden mit der Erklärung, „welche die Logiker von einem Urteile überhaupt geben", wenn sie sagen, „es ist ... die Vorstellung eines Verhältnisses zwischen zwei Begriffen", ohne jedoch an-

49 Aristoteles: Metaphysik, Hg. von F. F. Schwarz, Stuttgart 1978, S. 107 f.

50 Gemäß dem rationalistischen Standpunkt von Leibniz besteht die Wahrheit von Aussagen in der „Korrespondenz zwischen der im Geiste befindlichen Proposition und den fraglichen Dingen", während für den Empiristen Locke „Wahrheit im eigentlichen Wortsinn ... nichts weiter zu bezeichnen (scheint), als *das Verbinden und Trennen von Zeichen entsprechend der Übereinstimmung oder Nichtübereinstimmung der Dinge, für die sie stehen*". J. Locke: Über den menschlichen Verstand, Berlin 1962, Buch IV, Kap. 5

51 I. Kant: Kritik der reinen Vernunft, Leipzig 1979, Hg. von R. Schmidt, A 58

geben zu können, „worin dieses *Verhältnis* bestehe", findet Kant in der Untersuchung der „Beziehung gegebener Erkenntnisse ..., daß ein Urteil nichts anderes sei, als die Art, gegebene Erkenntnisse zur objektiven Einheit der Apperzeption zu bringen. Darauf zielt das Verhältniswörtchen ist in demselben, um die objektive Einheit gegebener Vorstellungen von der subjektiven zu unterscheiden."[52] Damit läuft Kants Standpunkt darauf hinaus, die Kopula „ist" als das Mitteilungszeichen für den Geltungsanspruch des Satzes „S ist P" zu betrachten. Die „objektive Einheit der Apperzeption" ist die Feststellung, daß der als ihr Gegenstand betrachtete Satz „S ist P" die Eigenschaft der Wahrheit hat und demzufolge ein geltender Satz ist.

Dieser Standpunkt ist nun für Heidegger nicht mehr ohne weiteres vertretbar. Zum einen, weil jene „objektive Einheit der Apperzeption", von Heidegger detranszendentalisiert in die Lebenswelt zurückgeholt wurde; wodurch das „Ich denke", konfrontiert mit den pragmatischen Verweisungs- und Bewandtniszusammenhängen, seine transzendentale Mächtigkeit verliert und damit auch als „höchster Punkt" untauglich wird, um an ihm, wie Kant es noch wollte, die Logik, ja die Transzendentalphilosophie selbst aufzuhängen. Und zum anderen, weil bei Kant das Wahrheitsproblem urteilstheoretisch im Rahmen der Subjekt-Objekt-Beziehung entfaltet wurde. Denn Kant leitete zwar den Bruch mit der relationalen Auffassung der Kopula ein, er vollzog diesen Bruch jedoch innerhalb eines bewußtseinsphilosophischen Problemhorizonts. Gerade von diesem will nun aber Heidegger loskommen.

Heidegger erkennt zwar nicht, daß sich Kant einer Kontamination von Prädikation und Synthesis schuldig macht, insofern er die Existenz von Satzgliedern unterstellt, ohne daß die Existenz von Sätzen realisiert ist; oder anders, daß bei Kant Subjekt und Prädikat unabhängig von Sätzen als gegeben vorausgesetzt sind, die dann von der Kopula verbunden werden – was eine Kontradiktion darstellt, da man nicht Satzglieder als Nichtsatzglieder unterstellen kann. Heidegger erkennt jedoch, daß die Übereinstimmungstheorie der Wahrheit, welche die Übereinstimmung zwischen einem Urteil und den Sachverhalten oder Tatsachen als ein ontologisches Verhältnis vorstellt, mit der Schwierigkeit konfrontiert ist, das Kriterium des Vorliegens der anvisierten Übereinstimmung nur von der Position eines entweltlichten Beobachters benennen könnte, eines Beobachters, der selbst außerhalb der Subjekt-Objekt-Relation der Erkenntnis steht und diese mit dem Auge Gottes als Relation zwischen Objekten objektivierend bewertet. Lehnt man nun wie Heidegger diesen Gottesstandpunkt ab, dann führt der Versuch, die Übereinstimmung zu benennen, in einen Regreß, da die kriteriale Bestimmung der Übereinstimmungsbeziehung nur durch ein Urteil realisiert werden könnte, wobei die kriteriale Bestimmung der Übereinstimmungsbeziehung ihrerseits der gleichen Überprüfung bedarf ad infinitum. Daher muß das Wahrheitsproblem aus seiner bewußtseinsphilosophischen Verklammerung gelöst werden.

Die Pointe der Heideggerschen Kritik an der logozentristischen Auszeichnung der Aussage bzw. des Urteils besteht nun aber nicht allein in dem negativen Nachweis, daß, wie Heidegger z. B. gegen Paul Natorp und Heinrich Rickert geltend macht, der erkenntnistheoretische Ansatz „den Zugang zur eigentlich ontologischen Frage sowohl nach der Seinsart des Subjekts als auch nach der Seinsart des Seienden" verlegt – eines Seienden,

52 Ebd. B 141f.

„das möglicherweise Objekt wird, aber nicht notwendig werden muß".[53] Heidegger hat mit dieser Kritik auch ein positives Anliegen. Es geht ihm gleichzeitig um den Nachweis, daß der hermeneutische Logos den objektsprachlichen Logos umgreift bzw. diesem vorgeordnet ist. Und so kann Heidegger Kant attestieren, daß dieser mit der Frage nach den Bedingungen der Möglichkeit synthetischer Urteile a priori auf dem richtigen Weg war. Der mit dieser Frage geforderte „Rückgang auf das Subjekt im weitesten Sinn" ist auch für Heidegger der einzig „mögliche und rechte".[54] Daher ist es Heidegger zunächst einmal möglich, seine eigene Frage nach den Bedingungen der Möglichkeit des Seinsverständnisses des In-der-Welt-seins in Analogie und Anlehnung an die transzendentalphilosophische Frage nach den Bedingungen der Möglichkeit synthetischer Urteile a priori zu begreifen. Insofern nun aber Kant aus Mangel an Erkenntniskritik den „Bestand der aus der Antike überlieferten ontologischen Kategorien selbstverständlich" in ihrer entwurzelten, bodenlosen und unverstandenen Form übernimmt,[55] vergibt er die mit der kopernikanischen Wende verbundene „Chance" auf einen wirklichen Neubeginn. „Sofern zur Möglichkeit der Erkenntnis von Seiendem das vorgängige Verstehen der Seinsverfassung des Seienden gehört, wird die Frage nach der Möglichkeit der ontischen Erkenntnis zurückgeworfen auf die nach der Möglichkeit der ontologischen." Daher muß Kant auf einer fundamentalontologischen Grundlage reformuliert werden. Heidegger, der die „ontologische Erkenntnis" auch als „ursprüngliche Wahrheit" bezeichnet, da sie ja überhaupt erst jenen „Horizont enthüllt", innerhalb dessen sich die „Frage nach der Möglichkeit der ontischen Erkenntnis" sinnvoll stellen läßt, reformuliert Kant also dergestalt, daß er die *Kritik der reinen Vernunft* als Theorie der ontologischen Erkenntnis interpretiert und diese ontologische Erkenntnis als „vorgängiges Seinsverständnis" bestimmt.[56]

Mit dieser als „phänomenologische Auslegung der Kritik der reinen Vernunft" vollzogenen Uminterpretation der Kantischen Erkenntniskritik, deren Kantferne von Ernst Cassirer zu Recht herausgestellt wurde,[57] reiht sich Heidegger zunächst in den allgemei-

53 M. Heidegger: Grundprobleme der Phänomenologie, in: GA, Bd. 24, 2. Abt., Hg. von F.-W. von Herrmann, Frankfurt/M. 1989, S. 223. Heidegger bestreitet nicht etwa die Relevanz der erkenntnistheoretischen Fragestellung. Er will lediglich zeigen, daß diese Fragestellung zu eng ist für das gestellte Problem. „Formal ist die Rede vom Ich als Bewußtsein *von* etwas, das sich zugleich seiner *selbst* bewußt ist, unantastbar, und die Charakteristik des res cogitans als cogito me cogitare, als Selbstbewußtsein, im Recht. Aber diese formalen Bestimmungen, die das Gerüst für die Bewußtseinsdialektik des Idealismus angeben, sind doch weit entfernt von einer Interpretation der phänomenalen Tatbestände des Daseins, d. h. von dem, *wie* sich dieses Seiende ihm selbst in seiner faktischen Existenz zeigt, wenn man das Dasein nicht mit vorgefaßten Ich- und Subjektbegriffen der Erkenntnistheorie vergewaltigt." Ebd. S. 225f.

54 Ebd., S. 105

55 Ebd., S. 166

56 M. Heidegger: Kant und das Problem der Metaphysik, in: GA, Bd. 3, 1. Abt., Hg. von F.-W. von Herrmann, Frankfurt/M. 1991, S. 123 und 11f.

57 Vgl. E. Cassirer: Kant und das Problem der Metaphysik. Bemerkungen zu Martin Heideggers Kant-Interpretation, in: Kant-Studien XXXVI/1, Berlin 1931. Die Davoser-Gespräche, die im Anschluß an Cassirers und Heideggers Vortrag während der Davoser Hochschulkurse von 1929 zu Problemen der Kantinterpretation stattfanden und von dem radikalen Gegeneinander letzter Grundeinstellungen weltanschaulicher Art zeugen, vermitteln ein gutes Bild, in welche ausweglose Bedrängnis Cassirers vernunft-idealistische Option geriet, als diese mit der ebenso produktiven wie gewaltsamen Kantexegese Heideggers konfrontiert wurde. Denn obgleich Cassirer gegen Heidegger völlig zu Recht geltend macht, daß dessen ursprüngliches Fragen nicht aus der Gedankenwelt Kants, sondern vielmehr „aus

nen Zug wendebewußter Kantinterpretationen ein – man denke hier nur an Scheler, Hartmann, den späten Rickert, Heimsoeth oder Riehl. Gleichzeitig und in diesem Zusammenhang unterscheidet sich Heidegger in signifikanter Weise von diesen mehr oder weniger am Gedanken der Erkenntnistheorie bzw. der traditionellen Ontologie festhaltenden Kantinterpretationen. Dies macht schon die Art des Festhaltens an der transzendentalphilosophischen Fragestellung bei einer gleichzeitig vollzogenen Abkehr von der transzendental-idealistischen Spezifik deutlich, die ja überhaupt erst die Ablösung oder besser, die Herauslösung des Apriori-Gedankens aus seiner subjektphilosophischen Verklammerung ermöglicht. Zwar ist auch für Heidegger der „‚Apriorismus' ... die Methode jeder wissenschaftlichen Philosophie, die sich selbst versteht" (SuZ 50). Im Unterschied zu Kant will Heidegger aber das Apriori nicht als Vernunftapriori, sondern als „Apriori der Faktizität des Daseins" verstehen. Wie nun die Ausführungen in *Sein und Zeit* bezeugen, man kann hier auch Heideggers Kantauslegungen heranziehen, die im Zusammenhang mit der Ausarbeitung des geplanten zweiten Teils von *Sein und Zeit* entstanden, ist Heidegger gerade in bezug auf dieses Problem mit einer Reihe von Schwierigkeiten konfrontiert. Deren wichtigste besteht wohl darin, eine Transzendentalphilosophie Kantischen Zuschnitts auf die Fundamentalontologie zu beziehen, um auf deren Basis die vernunftkritische Freilegung der Grenzen menschlicher Erkenntnisleistungen als Entbergung einer Endlichkeit „existenziellen" Sinns plausibel zu machen. Weiterhin wäre hier zu nennen: der Ausweis der Verwurzelung von Sinnlichkeit, Verstand und Vernunft in der transzendentalen Einbildungskraft als einem Grundvermögen, das sich seinerseits als ursprüngliche Zeit erweist und schließlich – vor allem beim späten Heidegger wird dies deutlich – die Schwierigkeit, Subjektivität als ein Vermögen der Spontaneität und der Selbstgesetzgebung zugunsten des Ereignis-Aspekts menschlichen Wirklichkeitsverhaltens einzuziehen.

Es ist hier nicht der Ort Heideggers Kant-Interpretation einer eingehenden Analyse zu unterziehen. Uns genügt die Feststellung, daß Heidegger Kant in positiver Hinsicht attestiert, einen Weg in die richtige Richtung gegangen zu sein. Statt nun jedoch diesen Weg konsequent weiterzugehen, bleibt Kant auf halben Wege stehen. Denn Kant zielt zwar mit seiner Vernunftkritik auf die „Enthüllung der inneren Möglichkeiten der Ontologie".[58] Dieses Ziel erreicht er aber nicht, da er die Prinzipien der Subjektivität lediglich so weit untersucht, wie es für die Frage nach den Bedingungen der Möglichkeit synthetischer Urteile a priori erforderlich war. Die Folge davon ist, daß sich Kant mit einer Regionalontologie des Seins als Vorhandensein bzw. einer Regionalontologie der Natur zufrieden

der Welt Kierkegaards heraus" verständlich wird (ebd. S. 24), geriet nicht Heidegger, sondern Cassirer hier in unüberwindbare Schwierigkeiten – und zwar nicht mangels, sondern trotz seiner adäquaten Kantinterpretation. Sicher, auch Cassirer reagierte auf die neuen gesellschaftlichen Problemlagen. Die *Philosophie der symbolischen Formen* macht das deutlich. Jedoch gegenüber der todes- und angstanalytisch pointierten Transzendentalphilosophie der Endlichkeit des menschlichen Daseins erwies sich diese im Hinblick auf ihr Instrumentarium kaum mehr als angemessen. Vgl. Davoser Disputation zwischen Ernst Cassirer und Martin Heidegger, in: M. Heidegger: Kant und das Problem der Metaphysik, a.a.O., S. 274-296; Vgl dazu T. Cassirer: Aus meinem Leben mit Ernst Cassirer, New York 1950; O. F. Bollnow: Gespräche in Davos, in: Erinnerungen an Martin Heidegger, Hg. von G. Neske, Pfullingen 1977

58 M. Heidegger: Kant und das Problem der Metaphysik, a.a.O., S. 12

geben muß.[59] Mehr noch: Da Kant das „Erkennen als betrachtendes Bestimmen des Vorhandenen" faßt, dieses „betrachtende Bestimmen" jedoch als ein defizienter Modus des „besorgenden Zu-tun-habens" ist (SuZ 61), hat er zusammen mit dem „Phänomen der Welt" auch das Sein des zunächst zuhandenen innerweltlichen Seienden übersprungen.

Dies birgt eine Reihe von Folgeproblemen. Indem die traditionelle Onto-Logik das Phänomen der Welt überspringt, kommt es zu jenem „Realitätsproblem", welches Kant zu der berühmten Feststellung bewog, daß es ein „Skandal der Philosophie und allgemeinen Menschenvernunft" sei, daß wir „das Dasein der Dinge außer uns ... bloß *auf Glauben* annehmen müssen, und, wenn es jemand einfällt es zu bezweifeln, ihm keinen genugtuenden Beweis entgegenstellen können."[60] Heidegger hingegen meint, daß der Skandal der Philosophie nicht darin besteht, daß jener von Kant geforderte Beweis immer noch aussteht, „sondern *darin, daß solche Beweise immer wieder erwartet und versucht werden*. Dergleichen Erwartungen, Absichten und Forderungen erwachsen einer ontologisch unzureichenden Ansetzung *dessen, davon* unabhängig und ‚außerhalb' eine ‚Welt' als vorhandene bewiesen werden soll. Nicht die Beweise sind unzureichend, sondern die Seinsart des beweisenden und beweisheischenden Seienden ist *unterbestimmt*." (SuZ 205)

Und in der Tat. Kant muß sich von Heidegger völlig zu Recht vorhalten lassen, daß er mit der „Widerlegung des Idealismus" noch in der Kritik jenen Prämissen verhaftet bleibt, gegen die er beweistheoretisch opponiert: etwa daß die Außenwelt nur mein Traum und das „Ich denke" die einzige Zweifelfreiheit garantierende Instanz ist. Setzt doch die scheinbar unschuldige Rede, daß eventuell alles „bloß mein Traum" ist, offensichtlich ein Sprachspiel mit dem Paradigma der Existenz einer realen Welt schon voraus. Wenn aber dieses Sprachspiel vorausgesetzt werden muß, dann läßt sich dieses nicht im Kantischen Sinn als subjektive Bedingung der Möglichkeit der Weltbeschreibung verstehen. Es läßt sich aber auch nicht zum Objekt einer empirisch-analytischen Wissenschaft im Sinn der „Logic of Science" machen, da hiermit sogleich der quasi transzendentale Stellenwert des Sprachspiels verlorengeht. Denn wenn dieses Sprachspiel wie Beobachtungsdaten in den empirisch-analytischen Wissenschaften aufgefaßt wird, müßte man hierzu wieder ein Sprachspiel unterstellen, in dessen Kontext das Sprachspiel als eine objektive Tatsache überhaupt identifiziert und beschrieben werden kann. Dies setzt jedoch voraus, daß jenes Sprachspiel Kontextualisierung und Erklärung leistet, ohne daß es sich selbst kontextualisieren und erklären ließe – zumindest nicht, ohne in einen regressus ad infinitum zu geraten.

Völlig zu Recht macht Heidegger daher auf den quasi transzendentalen Stellenwert aufmerksam, den dieses Sprachspiel als ein sinnbildender Horizont besitzt. Der „alltäglichen Ausgelegtheit, in die das Dasein zunächst hineinwächst, vermag es sich nie zu entziehen. In ihr und aus ihr und gegen sie vollzieht sich alles echte Verstehen, Auslegen und Mitteilen, Wiederentdecken und neu Zueignen. Es ist nicht so, daß je ein Dasein unberührt und unverführt durch diese Ausgelegtheit vor das freie Land einer ‚Welt' an sich gestellt würde, um nur zu schauen, was ihm begegnet." (SuZ 169) Mit dem Argument, daß das Dasein in der traditionellen Erkenntnistheorie in einer ontologisch unzureichenden

59 M. Heidegger: Phänomenologische Interpretation von Kants Kritik der reinen Vernunft, in: GA, Bd. 25, 2. Abt., Hg. von I. Görland, Frankfurt/M. 1977, S. 64ff.

60 I. Kant: Kritik der reinen Vernunft, Vorrede zur zweiten Auflage, a.a.O., B XXXIX

Weise angesetzt ist und demzufolge auch die Welt als vorhandene in ontologischer Hinsicht unzureichend aufgefaßt werden mußte, macht Heidegger auf die Unangemessenheit der cartesianisch-kantischen Problemstellung hinsichtlich der Existenz der Außenwelt aufmerksam, eine Problemstellung, die im Hinblick auf den Realitätsbeweis der Außenwelt überhaupt nur zustande kommt, weil man glaubt, in einem ersten Schritt die „Außenwelt" per Zweifel „‚erkenntnistheoretisch' in Nichtigkeit" begraben zu können, um dann in einem zweiten Schritt auf der Grundlage des „verbleibenden Restes, des isolierten Subjekts" diese „Außenwelt" durch den „Beweis (wieder) auferstehen zu lassen" (SuZ 206).

Diese hier gegen Kant und gegen die cartesianische Zweifelakrobatik vorgetragene Kritik, die sich auch noch gegen Husserl vortragen läßt, führt also in negativer Hinsicht zu dem Resultat, daß in den „‚erkenntnistheoretischen' Lösungsversuchen des Realitätsproblems" eine Reihe unausgesprochener, ja falscher Voraussetzungen am Werke ist, die einer Kritik nicht standhalten. Dies gilt auch für das Wahrheitsproblem. Denn hier wie dort, bei Decartes und Kant auf der einen Seite, wie bei Husserl auf der anderen Seite, wird das je konkrete In-der-Welt-sein des Daseins übersprungen, welches *„ein Sichrichten... auf allererst möglich"* macht (SuZ 137) – die Erschlossenheit bzw. die „ontologische Wahrheit". Sie fungiert als „transzendentale Ermöglichung der Intentionalität" – und zwar in theoretischer wie auch in pragmatischer Hinsicht.[61] Wie Heidegger in seinem Beitrag zur Husserl-Festschrift aus dem Jahr 1929 sagt, liegt die ontologische Wahrheit qua Erschlossenheit „als ursprüngliche Wahrheit aller ontischen ‚Wahrheit' zugrunde ... Unverborgenheit des Seins aber ist immer Wahrheit des Seins vom Seiendem, mag dieses wirklich sein oder nicht."[62]

Damit ist nun in bezug auf die Wahrheitsproblematik nicht nur die Gemeinsamkeit mit Husserl festgehalten, sondern auch der entscheidende Differenzpunkt angesprochen. Die Gemeinsamkeit zwischen Heidegger und Husserl besteht darin, daß beide, Husserl und Heidegger, in der Ablehnung der Abbildtheorie übereinkommen und diese durch eine phänomenologische Deskription der gegenständlichen Inhalte des Bewußtseins und ihrer intentionalen Gegebenheitsweisen ersetzen. Auf diese Weise kann zunächst die Adäquationsformel als Wahrheitsrelation zwischen Erwartung und Erfüllung zirkelfrei reformuliert werden. Da die phänomenologische Evidenztheorie an der Erfüllung von Intentionen ausgerichtet ist, muß sich am „Phänomen", das Heidegger im Anschluß an Husserl als das „Sich-an-ihm-selbst-zeigende" oder als das „Offenbare" bestimmt, die „Sache selbst"

61 M. Heidegger: Vom Wesen des Grundes, in: Wegmarken, a.a.O., S. 130. Es ist von daher zumindest verkürzt, wollte man behaupten, daß bei Heidegger die „welterklärende, welterschließende, weltverändernde Analyse ihren Blick nicht auf innerweltliche Praktiken" richtet. Vgl. J. Habermas: Gedanken bei der Vorbereitung einer Konferenz, in: „Der Löwe spricht ... und wir können ihn nicht verstehen", Frankfurt/M. 1991, S. 25. Im Gegenteil. Zumindest für *Sein und Zeit* gilt, daß Heidegger einen geradezu pragmatisch zu nennenden Respekt gegenüber dem besorgenden Zu-tun-haben erkennen läßt, so daß Heideggers Analyse der welterklärenden, welterschließenden und weltverändernden Rolle des „praktischen Verhaltens" zu Recht mit dem „Pragmatismus" von Deway und James in Verbindung gebracht wurde. Vgl. R. Rorty: Heidegger wider die Pragmatisten, in: Neue Hefte für Philosophie, Heft 23 (1984), S. 1-22

62 M. Heidegger: Vom Wesen des Grundes, a.a.O, S. 133f. In diesem Sinn kann Heidegger dann auch sagen: „Die Satzwahrheit ist in einer *ursprünglicheren* Wahrheit (Unverborgenheit), in der vorprädikativen Offenbarkeit *von Seiendem* gewurzelt, die *ontische Wahrheit* genannt wird", wobei die ontische Wahrheit in der ontologischen Wahrheit fundiert ist. Ebd., S. 130

in originärer Gegebenheit und eben damit die Wahrheit einer Aussage ausweisen lassen. Danach ist „die *Wahrheit* als Korrelat eines identifizierenden Aktes ein *Sachverhalt*, und als Korrelat einer denkenden Identifizierung eine *Identität*: *die volle Übereinstimmung zwischen Gemeintem und Gegebenem als solchem*."[63]

Ich möchte hier nicht auf die Schwierigkeiten eingehen, die sich sofort mit der Frage ergeben, ob die in Behauptungen erhobenen Geltungsansprüche durch Erfahrungsevidenzen eingelöst werden können – was sich m. E. mit guten Gründen bezweifeln läßt. Und ich möchte hier auch nicht auf die Schwierigkeiten eingehen, die sich einstellen, wenn man fragt, wie für universelle Aussagen eine kategoriale Anschauung nachweisbar ist, in der eine Allgemeinheit zur Selbstgegebenheit gebracht werden soll. Klar ist zunächst, daß sich am Phänomen das Seiende so zeigen lassen soll, „wie es an ihm selbst ist". Und es scheint mir auch nicht bestreitbar, daß Phänomen-Evidenz in wahrheitstheoretischer Hinsicht eine Relevanz besitzt. Gleichzeitig wird es aber auch einleuchten, daß jede Phänomen-Evidenz der Vermittlung durch sprachliche Interpretation bedarf, so der Rekurs auf Evidenz nicht zu einem willkürlichen „Rekurs auf ein Dogma" werden soll.[64] Das Problem liegt auf der Hand. Da Heidegger analog zu Husserl mit der Phänomen-Evidenz aus dem sprach-logischen Bereich ausbricht, mit der „Urteilsevidenz" wird nach Husserl zwar das „Sein im Sinne der Urteilswahrheit erlebt, aber nicht ausgedrückt", muß er nun plausibel machen, wie er in diesen Bereich zurückkommt. Zwei Wege scheinen sich für eine phänomenologische Philosophie aufzutun: Entweder man gesteht zu, daß die Interpretationsbedürftigkeit der Phänomene einen Übergang von der phänomenologischen Evidenztheorie der Wahrheit zu einer Diskurstheorie der Wahrheit erzwingt. Oder aber man interpretiert das Phänomen im Sinn von Erschlossenheit und kappt den Bezug zur (Aussagen)-Wahrheit. Bekanntlich ist Heidegger den letzteren Weg gegangen.

Am Phänomen soll sich nach Heidegger das Seiende so zeigen, „wie es an ihm selbst ist". Indem nun Heidegger ohne weitere Begründung die These aufstellt: „Die Aussage ist wahr bedeutet: sie entdeckt das Seiende an ihm selbst." Und von dieser These ausgehend sagt: „Wahrsein (Wahrheit) der Aussage muß verstanden werden als Entdecktsein", verschwindet unterderhand der Relationscharakter, der im „so-wie" ausgesprochen ist. Und nun kann Heidegger fast deduktiv folgern: „Zur Ausweisung steht nicht eine Übereinstimmung von Erkenntnis und Gegenstand ... Zur Ausweisung steht einzig das Entdecktsein des Seienden selbst." Unter Bezugnahme eines Gedankens, der sowohl aus der Scholastik als auch aus der Urteilstheorie von Lask vertraut ist, dem Gedanken nämlich, daß das Seiende als Seiendes selbst wahr ist,[65] ist Heidegger über Husserl hinaus. Freilich um den Preis, daß die zweidimensionale syntaktisch-semantische Explikation des Sinns von

63 E. Husserl: Logische Untersuchungen, Bd. II/2, in: Husserliana Bd. XIX/2, Hg. von U. Panzer, Den Haag/Boston/Lancaster 1984, S. 651f.

64 H. Albert: Traktat über kritische Vernunft, Tübingen 1969, S. 14. Damit ist nicht in Abrede gestellt, daß es eine subjektive Gewißheit der inneren Erfahrung gibt. Bestritten ist damit lediglich, daß diese subjektive Gewißheit sich in einer relevanten Weise erkenntnistheoretisch auszeichnen läßt bzw. das ihr ein Primat gegenüber der intersubjektiven Erkenntnis der Außenwelt zukommt.

65 Emil Lask, vor dem ersten Weltkrieg die Hoffnung des südwestdeutschen Neukantianismus, ist für Heidegger der „einzige, der außerhalb der pänomenologischen Forschungen" Husserls Anregungen produktiv aufgenommen hat. In diesem Zusammenhang verweist Heidegger auf Lasks *Logik der Philosophie* (1911) und auf dessen *Lehre vom Urteil* (1912).

Wahrheit als Minimalbedingung jeder Wahrheitstheorie über Bord geworfen werden muß. Die Identifikation von Erkennen und Realität ist auf der identitätsphilosophischen Grundlage einer Erschlossenheitsanalyse gesichert, der das In-der-Welt-sein zum letzten „*Fundament* des ursprünglichen Phänomens der Wahrheit" wird. Statt den internen Zusammenhang von Schlußprozessen und rationalen Lernprozessen auf der einen Seite und pragmatischer und sprachlicher Welterschließung auf der anderen Seite thematisch zu machen, trennt Heidegger diesen Zusammenhang gewaltsam auf und reduziert ihn auf eines seiner Momente – auf Erschlossenheit. Damit ist bereits in *Sein und Zeit* ein Motiv berührt, welches beim späten Heidegger offen zutage tritt. In dem Maß, wie das Moment der pragmatischen Welterschließung zurücktritt, nimmt die sprachliche Sinn-Lichtung einen quasi schicksalhaften sich ereignenden Zug an, so daß letztlich die „Schickung des Seins" sich nicht mehr als ein irgendwie geartetes Ergebnis von kulturellen Lernprozessen begreifen läßt.

Wie bereits bemerkt: Es geht Heidegger in *Sein und Zeit* nicht allein darum, die Adäquationstheorie der Wahrheit zu desavouieren – die relative Berechtigung dieser Theorie wird von Heidegger ausdrücklich anerkannt. Es geht vielmehr um die Fundierungsebenen und um ihre Zusammenhänge; genauer, um den Nachweis der Abkünftigkeit der Aussagenwahrheit von einer als ursprünglicher angesetzten Wahrheit – der Erschlossenheit. Und eben diese Wahrheit qua Erschlossenheit wird von Heidegger als eine „Wahrheit im ursprünglichen Sinn verstanden". Denn diese Wahrheit, so Heidegger, „gehört zur Grundverfassung des Daseins. Der Titel bedeutet ein Existenzial." Und da nun diese Wahrheit so grundlegend ist, daß sie überhaupt erst die Unterscheidung von wahr und falsch ermöglicht, kann sie nicht hintergangen und demzufolge auch nicht hinterfragt werden. In begründungstheoretischer Hinsicht ist diese Wahrheit letztbegründet oder besser, als nicht mehr hintergehbar ausgewiesen.

Hier nun wird jene Zweideutigkeit deutlich, auf die Ernst Tugendhat in seiner Kritik an Heideggers Wahrheitstheorie aufmerksam gemacht hat. Indem der Wahrheitsbegriff durch den Begriff der Wahrheit als Erschlossenheit substituiert wird, wie erinnern uns: „*phänomenologische Wahrheit*" bezeichnet Heidegger als „*Erschlossenheit von Sein*", kann jetzt, zumindest wenn der Erschlossenheitsbegriff nicht weiter differenziert wird, überhaupt nicht mehr „nach der spezifischen Bedingung der Möglichkeit von Wahrheit gefragt" werden, da ja Wahrheit qua Erschlossenheit schon als unproblematisch vorausgesetzt ist. Dadurch wird nun jedoch der „spezifische Sinn von Wahrheit völlig übergangen".[66]

Diese Unterstellung der Aussagenwahrheit unter die Erschlossenheit und schließlich ihre Nivellierung sieht Tugendhat in zwei Schritten realisiert: In einem ersten Schritt wird die Aussagenwahrheit als eine Form der Erschlossenheit bestimmt (später wird Heidegger von „Entbergen" sprechen). Dies ist zunächst ein wesentlicher Schritt über Kant und auch noch über Husserl hinaus. Indem Heidegger Husserls Intentionalitätsbegriff mit dem Begriff der Erschlossenheit übersteigt, wird es möglich, jenen Bereich thematisch zu machen, den Descartes, Kant und eben auch Husserl überspringen – das alltägliche In-der-Welt-sein. Nachdem nun Wahrheit als Erschlossenheit bestimmt ist, erweitert Heidegger in einem *zweiten Schritt* den Wahrheitsbegriff derart, daß er mit dem der Erschlossenheit

66 E. Tugendhat: Der Wahrheitsbegriff bei Husserl und Heideggger, a.a.O., S. 350 und 364

zusammenfällt, wodurch er sich nun auf alles Entdecken beziehen läßt. Und da alles entbergende Entdecken von innerweltlich Seiendem in der Erschlossenheit von Welt gründet, kann Heidegger nun sagen, daß jede Aussage entdeckend ist, die falsche so wie die wahre.

Freilich ergibt sich hier ein Problem: Wenn jede Aussage entdeckend ist, sowohl die wahre als auch die falsche, dann kann man hier, zumindest ohne eine kriteriale Unterscheidung, sinnvollerweise nicht mehr von einer Verborgenheit bzw. Verschlossenheit reden. Nach Heidegger soll aber auch in der falschen Aussage das Seiende „in gewisser Weise schon entdeckt und doch noch verstellt" sein. (SuZ 222) Will Heidegger hier nun mehr sagen, als daß in jeder Aussage immer schon über Seiendes gesprochen wird, so würde er kaum mehr sagen als eine Trivialität. Auch seine Auskunft, bei der falschen Aussage handelt es sich um ein „Entdecken im Modus des Scheins" ist so lange gehaltlos, solange nicht klar ist, wie sich Sein und Schein voneinander scheiden lassen. Wenn also die besagte These, daß auch die falsche Aussage entdeckt, mehr sein soll als eine bloße Versicherung, dann muß Heidegger angeben können, was bzw. wie die falsche Aussage beim Entdecken verdeckt? Hier nun läßt uns Heidegger völlig im unklaren. Der Grund hierfür liegt schlicht in der methodisch nicht mehr kontrollierbaren Unterscheidung zwischen einer engeren und einer weiteren Bedeutung von Erschlossenheit. Gemäß der engeren Bedeutung ließe sich die wahre Aussage als entdeckend begreifen, da sie das Seiende so aufzeigt, „wie es an ihm selbst ist", wohingegen die falsche Aussage eben nicht entdeckend ist, da sie das Seiende nicht so aufzeigt, „wie es an ihm selbst ist".

Nun erfuhren wir aber gerade, daß nicht nur die wahre Aussage, sondern auch die falsche Aussage entdeckt. Zwar fügt Heidegger hier einschränkend hinzu, daß es sich hierbei um ein Entdecken „in gewisser Weise" handelt. Insofern Heidegger aber kein Kriterium dafür bietet, was hier in „gewisser Weise" heißen soll, bleibt es völlig unklar, was und wie die falsche Aussage entdeckt resp. verdeckt. „Da Heidegger weder das Entdecken der wahren Aussage noch das Verdecken der falschen Aussage näher qualifiziert, bleibt ihm nur der Ausweg einer quantitativen Bestimmung: in der falschen Aussage sei das Seiende ‚nicht völlig verborgen'." Wie nun aber leicht zu sehen ist, handelt es sich hierbei um eine bloße Versicherung. Nicht weil Heidegger das Falsche als Verdecken bestimmt hat. Dies ließe sich unter Umständen noch als ein Gewinn begreifen, wenn sich näher bestimmen ließe, was und wie hier etwas verdeckt wird. Da Heidegger eine solche Bestimmung jedoch nicht bietet, kommt es hinsichtlich des Wahrheitsproblems zu jenen Zweideutigkeiten, die nicht nur für *Sein und Zeit* charakteristisch sind, sondern auch die späteren Schriften belasten. Was zu einer Vertiefung bzw. Erweiterung der Wahrheitstheorie hätte führen können, schlägt um in sein Gegenteil. „Der spezifische Sinn von Wahrheit geht im Entdecken als Apophansis gleichsam unter."[67]

Sicher, wie Tugendhat gezeigt hat, ist die funktional-apophantische Auffassung der Aussage der statisch-intentionalen überlegen. Heidegger kann mit der Erschlossenheitsanalyse auch das Problem der Thematisierung wissenschaftlicher Geltungsansprüche thematisch machen – und zwar sowohl in theoretischer als auch in pragmatischer Hinsicht. Im Gegensatz zu Husserl, der in Reaktion auf *Sein und Zeit* in der Krisisschrift ebenfalls

67 E. Tugendhat: Heideggers Idee von Wahrheit, in: Heidegger. Perspektiven zur Deutung seines Werkes, a.a.O., S. 293

das Problem der Thematisierung vom Boden der Lebenswelt aufwirft,[68] wird diese Möglichkeit von Heidegger leichtfertig verschenkt. Statt die sprachliche Sinn-Eröffnung als eine transzendentalhermeneutische Bedingung von Wahrheit zu explizieren, identifiziert Heidegger kurzerhand Wahrheit und Erschlossenheit. Damit stellt Heidegger gewissermaßen die These auf den Kopf, wonach der genuine Ort der Wahrheit die Aussage bzw. das Urteil ist. Mit dem Argument, daß es sich hierbei um eine völlige „Verkehrung der Wahrheitsstruktur" handelt, will Heidegger zeigen, daß „die Aussage als Aneignungsmodus der Entdecktheit und als Weise des In-der-Welt-seins ... im Entdecken, bzw. der *Erschlossenheit* des Daseins (gründet). Die ursprünglichste ‚Wahrheit' ist der ‚Ort' der Aussage und die ontologische Bedingung der Möglichkeit dafür, daß Aussagen wahr oder falsch (entdeckend oder verdeckend) sein können." (SuZ 226) Damit ist Heidegger am Ziel: Wahrheit, verstanden in einem ursprünglichen Sinn, d. h. als ein Existenzial, *„gibt es nur, sofern und solange Dasein ist"*. Nun ist es nur noch ein kleiner Schritt, alle Wahrheit in bezug auf das Dasein, bzw. nach der Kehre auf das Sein, zu relativieren. *„Alle Wahrheit ist gemäß deren wesenhaften daseinsmäßigen Seinsart relativ auf das Sein des Daseins."* (SuZ 227)

Nun wird man Heidegger sicherlich beipflichten müssen, daß sich die Wahrheit von Aussagesätzen und Theorien, etwa die „Gesetze Newtons, der Satz vom Widerspruch" etc. nicht begründen lassen, ohne daß hierfür ein Dasein in Anspruch genommen wird, welches begründet. Es wäre eine Binsenweisheit, wenn Heidegger hier lediglich sagen wöllte, daß es keine Erkenntnis ohne einen Erkennenden gibt. Und man wird Heidegger auch zustimmen, wenn er es ablehnt, nach Kriterien von Vernunft, Rationalität und Wahrheit zu suchen, die nicht von dieser Welt sind. „Daß es ‚ewige Wahrheiten' gibt, wird erst dann zureichend bewiesen sein, wenn der Nachweis gelungen ist, daß in alle Ewigkeit Dasein war und sein wird." Problematisch und durchaus nicht mehr ohne weiteres plausibel ist jedoch, wenn Heidegger die Geltungsansprüche wissenschaftlicher und philosophischer Aussagen auf die zeitliche Dauer einer zum menschlichen Dasein zugehörigen Erschlossenheit relativiert. Denn Heideggers These, nach der alle Geltungsansprüche auf den geschichtlichen Horizont unseres Verstehens zu relativieren sind, bzw. später die These vom Wahrheitsgeschehen, wonach alle Wahrheit sich „ereignet" und daher relativ ist in bezug zum Sein, ist selbst alles andere als relativ.

Es sind offensichtlich zwei Thesen, die gesondert zu begründen wären: Erstens die These, daß die Wahrheit von Aussagen nicht mit Bezug auf eine Erkenntnis des welterschaffenden „intellectus divinus" plausibel gemacht werden kann. Und zweitens die These, daß die Geltungsansprüche wissenschaftlicher und philosophischer Aussagen relativ sind in bezug auf das ihnen zugrundeliegende kontingente Weltvorverständnis. Das hat Heidegger aber nicht getan. Statt dessen konfundiert Heidegger beide Thesen und schließt dann von der ersten auf die zweite, da er erst mit der zweiten These seine Beweisabsichten hinsichtlich der Erschlossenheit als „in der Wahrheit sein" ins Ziel bringen kann. Also erst wenn man die zweite These in der von Heidegger vorgetragenen Form akzeptiert, ergeben sich in geltungstheoretischer Hinsicht relativistische Konsequenzen, da sich die

68 Vgl. U. Tietz: Vernunft und Lebenswelt. Bemerkungen zum Spätwerk von Edmund Husserl, in: Praxis – Vernunft – Gemeinschaft. Auf der Suche nach einer anderen Vernunft. Festschrift für Helmut Seidel, Weinheim 1994, S. 216-233

Frage nach der Wahrheit dieser Horizonte sinnvoll nicht mehr stellen läßt. Da das Verstehen als Erschlossenheit von Heidegger schon als das „in der Wahrheit sein" angesetzt wird, kann man nicht wieder nach der Wahrheit dieser Horizonte fragen. Denn das hieße nach der Wahrheit der Wahrheit zu fragen und würde einen Regreß eröffnen, den Heidegger mit dem Rückgang auf das fundierende Weltvorverständnis gerade zu blockieren gedenkt. Die Frage nach der Wahrheit der Wahrheit verbietet sich also schon allein deshalb, weil die jeweiligen Horizonte der Frage nach der Wahrheit konstitutiv im Rücken liegen und überhaupt erst die aussagentheoretische Unterscheidung zwischen wahr und falsch ermöglichen.

Andererseits dürfte klar sein, daß Heideggers zweite These alles andere als plausibel ist. Denn es läßt sich kaum eine These denken, mit der ein höherer Absolutheitsanspruch verbunden ist, als die, daß alle Wahrheit relativ ist in bezug auf das Dasein (bzw. nach der „Kehre" in bezug auf das Sein). Insofern Heidegger mit der zweiten These jeden universellen Geltungsanspruch auf das zeitliche Dasein des In-der-Welt-seins relativieren will, obgleich die These selbst als ein universeller Geltungsanspruch vorgetragen wird, macht er sich einer petitio prinzipii schuldig. Die Relativierungsthese zerstört die Grundlage ihrer eigenen Geltung.

Auf diesen im Anschluß an Tugendhat vielfach wiederholten Relativismusvorwurf hat Carl Friedrich Gethmann mit Bezug auf die Marburger Vorlesungen aus dem Wintersemester 1925/26 (*Logik. Die Frage nach der Wahrheit*) mit einer scharfsinnigen Verteidigung von Heideggers Wahrheitskonzeption geantwortet. In Übereinstimmung mit Tugendhat stellt Gethmann fest, daß Husserl den methodischen Unterschied von Urteilsvollzug und -gehalt mit einer ontologischen Unterscheidung konfundiert (von idealer und realer Seinssphäre), wodurch Husserl den Anti-Psychologismus nur noch als Idealismus vertreten kann. Auf die damit verbundene „Semantisierung der Pragmatik" antwortet Heidegger mit dem Versuch, die „Aussagenwahrheit, wie sie von Aristoteles expliziert wird, mit der ‚pragmatischen' Grundstruktur in Zusammenhang zu bringen, welche als „erfüllende" Anschauung gemäß Husserl der Aussage vorausliegen soll – wobei das „Ergebnis von Heideggers Überlegungen" darin besteht, daß „die Als-Struktur des Urteils (apophantisches Als) in einer tiefer liegenden Struktur der Auslegung (hermeneutisches Als) fundiert ist".[69] Während nun aber Tugendhat die These vertritt, daß bei Heidegger der spezifische Sinn von Wahrheit durch die Überuniversalisierung des Erschlossenheitbegriffs übergangen wird, argumentiert Gethmann dafür, daß bei Heidegger nicht nur die „Minimalbedingung" jeder Wahrheitskonzeption erfüllt ist, sondern darüber hinaus, daß die Überwindung des *„propositionalen Wahrheitsmodells"* und dessen Ersetzung durch ein *„operatives Wahrheitsmodell"* die eigentliche Pointe von „Heideggers Pragmatismus" darstellt. Und gerade dieser wird von Tugendhat durch dessen einseitige Orientierung am propositionalen Wahrheitsmodell völlig verfehlt.

Nun scheint mir der erste Einwand insofern berechtigt, als Heidegger tatsächlich die Frage nach der „Rechtmäßigkeit" durch Rekurs auf die „Ausweisung" zu klären sucht. Das Argument jedoch, daß „nach dem operationalen Wahrheitsmodell ... sich die Wahr-

69 C. F. Gethmann: Heideggers Wahrheitskonzeption in seinen Marburger Vorlesungen. Zur Vorgeschichte von Sein und Zeit (§ 44), in: Martin Heidegger: Innen- und Außenansichten, Hg. vom Forum für Philosophie Bad Homburg, Frankfurt/M. 1989, S. 112

heit nicht zur Aussage wie die Röte zum Tisch, sondern wie der Schlüssel zum Schloß" verhält, liegt noch im Rücken jenes Einwandes, den Tugendhat gegen Heidegger vorbrachte. Zwar läßt sich nicht bestreiten, daß bei Heidegger die „apriorische Struktur, der gemäß zwischen Mensch und Welt eine apriorische Passung wie zwischen Schlüssel und Schloß besteht", als eine „Übereinstimmungsbeziehung" aufgefaßt wird. Dies ist jedoch nicht der springende Punkt. Der springende Punkt ist der, wie das Verhältnis zwischen der Wahrheit bzw. Falschheit empirischer Urteile und der lichtend-verbergenden Welt-Sinn-Eröffnung zu denken ist: ob als ein einseitiges, wie bei Heidegger – und später bei Derrida oder Rorty –, oder als ein wechselseitiges Abhängigkeitsverhältnis.

Selbst wenn man also Gethmann darin folgt, daß der „*Erschlossenheit* ... die ‚Schließ'-Metaphorik zugrunde" liegt – und hierfür liefert Gethmann in der Tat gute Argumente[70] –, aus der richtigen Feststellung, daß Heideggers Wahrheitskonzeption in *Sein und Zeit* auf den „operativen Gebrauch Bezug nimmt", folgt nicht, daß damit die „‚Dienlichkeit' das Kriterium der Wahrheit" werden kann. Denn die „Dienlichkeit" bzw. der „Handlungserfolg" ist kein Geltungskriterium. So wird man Gethmann zwar zugeben können, daß sich die „Übereinstimmung" des Schlüssels mit dem Schloß im Schließen zeigt – und nicht etwa im Reden über ihn. Gleichwohl sprechen wir im Fall einer solchen „Passung" nicht von Wahrheit, sondern von *Richtigkeit*. Worauf Gethmann abhebt, entspricht daher eher dem, was Tugendhat das „Unterwegssein zur Wahrheit" bzw. den „Wahrheitsbezug" nennt, wobei dieser Wahrheitsbezug selbst jedoch nicht mit Wahrheit identisch ist.

Es gibt aber noch ein anderes Argument, das gegen die Verteidigung von Gethmann spricht. Und dies stammt von Heidegger selbst. Nach dem Bankrott der Daseinsanalyse ist Heidegger zunehmend bemüht, sein Sprachkonzept von allen pragmatischen Bewandtnis- und Verweisungszusammenhängen zu entkoppeln und frei auf sich zu stellen.[71] Der erste Schritt in diese Richtung wird in den frühen dreißiger Jahren mit einer Wende hin zum „Namen" realisiert.[72] Mit dieser Wendung zum Namen verbindet sich das Ziel, das Seiende jenseits abbildtheoretischer oder pragmatischer Sprachauffassungen zugänglich zu machen. In der Folge erkennt Heidegger jedoch, daß auch mit dem Namen das „heile Ganze des weltlichen Daseins" nicht geborgen werden kann. Denn der Name rettet das Seiende jeweils nur als Einzelnes. Heidegger benötigt einen sprachlichen Zusammenhang, der die Einsamkeit des Namens überwindet, ohne diesen Zusammenhang als Zusammenhang von Aussagesätzen konzipieren zu müssen. Und so setzt Heidegger auf die „nennende Leistung" der „Zeige" bzw. auf „das Nennen", welches „enthüllt" und „entbirgt" und gleichzeitig als entbergendes Rufen ein „Verbergen" ist.

In dem Maße nun, wie Heidegger das einst übermächtige Dasein abrüstet, um parallel das „Wartenkönnen" und die „Zuschickung" aufzurüsten, mutiert das einst omnipotente Dasein zum „Sammler" und „Wächter", der sich aufs „Finden" und „Schonen" kapriziert. Und so kann Heidegger im Zusammenhang mit der seinsgeschichtlichen Umdeutung des Erschlossenheitsbegriffs sagen: der „Λόγος" kann auch die „Ἀλήθεια" heißen. Dies war jedoch nicht Heideggers letztes Wort. Daß die „Alétheia, die Unverborgenheit als Lich-

70 Ebd., S. 112ff.

71 Vgl. O. Pöggeler: Der Denkweg Martin Heideggers, a.a.O.,S. 208f.

72 Vgl. dazu D. Thomä: Die Zeit des Selbst und die Zeit danach. Zur Kritik der Textgeschichte Martin Heideggers 1910-1976, Frankfurt/M. 1990, S. 659ff.

tung von Anwesenheit gedacht, ... noch nicht Wahrheit" ist, gibt Heidegger später selbst zu verstehen: „Sofern man Wahrheit im überlieferten ‚natürlichen' Sinn als die am Seienden ausgewiesene Übereinstimmung der Erkenntnis mit dem Seienden versteht, ... darf die Alétheia, die Unverborgenheit im Sinne der Lichtung, nicht mit der Wahrheit gleichgesetzt werden. Vielmehr gewährt die Alétheia, die Unverborgenheit als Lichtung gedacht, erst die Möglichkeit von Wahrheit."[73] Mit der Zurücknahme der behaupteten Identität von Wahrheit und Erschlossenheit gibt Heidegger also selbst zu verstehen, daß die Sinn-Eröffnung als eine quasi-transzendentale Bedingung der Möglichkeit des Bezugs auf Wahrheit nicht schon mit dieser zusammenfällt.

Fassen wir das bisher Gesagte zusammen: Wir konnten zeigen, daß Heideggers großartige Analyse der vortheoretischen Bewandtniszusammenhänge zu dem Ergebnis führt, daß das „Aufzeigen der Aussage ... sich auf dem Grunde des im Verstehen schon Erschlossenen bzw. umsichtig Entdeckten (vollzieht). Aussage ist kein freischwebendes Verhalten, das von sich aus primär Seiendes überhaupt erschließen könnte, sondern hält sich schon immer auf der Basis des In-der-Welt-seins". (SuZ 156) – Wir werden sehen, daß „ebendiese These ... in Quines und Davidsons Holismus im Detail ausgeführt"[74] und von Rorty im Sinn von Heideggers Erschlossenheitsanalyse weiter radikalisiert wird. Im Aufzeigen der Abkünftigkeit des objektsprachlichen Logos vom hermeneutischen Logos besteht eine der zentralen Einsichten von *Sein und Zeit*, eine Einsicht, die in der Folge nicht nur in der Hermeneutik Gadamers, in der postempiristischen Wissenschaftstheorie von Kuhn und Feyerabend, den Sozialwissenschaften von Winch über Habermas bis zu Giddens, sondern auch innerhalb der analytischen Philosophie von Quine über Davidson und Rorty bis zu Taylor allgemein anerkannt ist. Von daher ist es nur konsequent, wenn Heidegger Sprache und Verstehen gegenüber dem derivaten Modus der Aussage aufwertet. Und insofern der hermeneutische Logos abhängig ist von jenem Sinnhorizont, der als lebensweltlicher Hintergrund fungiert, ist die Entmächtigung der reflexiven Potenzen des „Ich denke" als eines Subjekts, welches, Münchhausen gleich, sich am eigenen Schopf aus dem Sumpf der lebensweltlichen Kontexte herausziehen soll, um sich ex nihilo „aus eigener Kraft selbst einen Boden zu schaffen",[75] völlig korrekt. Auch innerhalb der analytischen Philosophie ist mittlerweile dieser Hintergrund „massiver Übereinstimmung" (Davidson) als Voraussetzung für sinnvollen Zweifel, Meinungsverschiedenheiten und eben auch Aussagen über die Welt als Inbegriff all dessen, was der Fall ist, allgemein anerkannt.

Liest man Heideggers These von der vorgängigen Sinnerschließung der Lebenswelt in dieser undramatischen Weise, dann handelt es sich hierbei schlicht um den Nachweis, daß Verstehen an ein Vorverständnis gebunden ist, welches uns nicht frei zur Verfügung steht und welches nicht angemessen in einer Subjekt-Objekt-Beziehung thematisch gemacht werden kann. Von daher war es durchaus konsequent, wenn Heideggers Analyse des Verstehens mit dem Verweis auf das Vorverständnis in eine Reflexion über die hermeneutischen Bedingungen der Sprache einmündet. Aber es war sicher „einer der unglücklich-

73 M. Heidegger: Zur Sache des Denkens, Tübingen 1988, S. 76

74 R. Rorty: Wittgenstein, Heidegger und die Hypostasierung der Sprache, in: „Der Löwe spricht ... und wir können ihn nicht verstehen", a.a.O., S. 91

75 E. Husserl: Die Krisis der europäischen Wissenschaft, a.a.O., S. 185

sten Gedanken Heideggers, daß er in Radikalisierung von Husserls Gedanken einer vorprädikativen Erfahrung die Orientierung am lógos, an der Aussage und überhaupt am Satz, auch für ein traditionelles Vorurteil hielt ..., so daß für ihn – in *Sein und Zeit* allerdings noch nicht explizit, wohl aber in seinem methodischen Vorgehen – die Orientierung am einzelnen Wort maßgebend wurde".[76] Eine kritische Wiederholung von Heideggers großartiger Analyse der Vorstruktur des Verstehens hätte danach Heideggers Reflexionsdefizit hinsichtlich der „immer schon" in Anspruch genommenen Voraussetzungen des argumentativen Diskurses zu vermeiden, ohne dessen Entdeckung der geschichtlichen Voraussetzungen der Lebenswelt und damit der sprachlichen Welterschließung zu ignorieren.

76 E. Tugendhat: Selbstbewußtsein und Selbstbestimmung, a.a.O., S. 165

2. Die Metaphysikkritik des Wiener Kreises

1931, vier Jahre nach dem Erscheinen von *Sein und Zeit* und zwei Jahre nach Heideggers Freiburger Antrittsvorlesung *Was ist Metaphysik*, formulierte Rudolf Carnap ein Programm, das er auf die Formel brachte: *Überwindung der Metaphysik durch logische Analyse der Sprache.*[1] Carnaps Gegner war jene *Metaphysik*, deren Auferstehung Peter Wust 1925 emphatisch verkündet hatte.[2] Diese Auferstehung verdankt sich der *neuontologischen Wende*, die im badischen Neukantianismus Heinrich Rickert und Emil Lask einleiteten, die Edmund Husserl und Max Scheler phänomenologisch fundierten und die mit Heideggers Fundamentalontologie schließlich zu der Lehre wurde, die Carnap zu Recht als die mit dem „stärksten Einfluß" ansah. Dieser Lehre hatten Carnap und die Philosophen des Wiener Kreises seinerzeit den Kampf angesagt. Sie wollten nicht nur deren Sätze als sinnlose „Scheinsätze" entlarven, sondern darüber hinaus eine Praxis bloßlegen, die – modern gesprochen – durch die Einebnung des Gattungsunterschiedes zwischen Philosophie und Wissenschaft einerseits und Literatur und Kunst andererseits charakterisiert ist.

Der von Carnap, Schlick, Neurath u. a. beherzt ausgesprochene Generalverdacht, die philosophischen Sätze der Metaphysik seien nicht etwa falsch, sondern überhaupt ohne Sinn, hatte alle bis dahin bekannten metaphysikkritischen Unternehmen an Radikalität überboten. Wird hier doch nicht nur die Möglichkeit einer dogmatischen Metaphysik im Sinne von Kant in Frage gestellt, sondern prinzipiell die Möglichkeit einer „Philosophie als Wissenschaft". Dem Anspruch nach zielte dieses Überwindungsprojekt auf eine „wissenschaftliche Weltauffassung" auf der Basis der „Einheitswissenschaft" – gleichzeitig das wohl ambitionierteste Enzyklopädie-Projekt in diesem Jahrhundert. Es richtete sich in negativer Hinsicht gegen die methodische Zweiteilung der Wissenschaften in Natur- und Geisteswissenschaften, wie sie im Anschluß an Dilthey für die Begründung verschiedener Gegenstandsbereiche gefordert wurde. Und zielte in positiver Hinsicht auf eine sprachliche Vereinheitlichung aller Wissenschaften auf einer physikalistischen Sprachbasis. Dieses Projekt gilt mittlerweile als gescheitert. Gleichwohl ist nicht zu übersehen, daß die zeitgenössische sprachanalytische Philosophie auf den Trümmern dieses gescheiterten Projekts aufbauen konnte. Bevor ich also zu jenen Motiven und Problemen diskutiere, die es in sachlicher und methodischer Hinsicht erlauben, von einer Annäherung bzw. einer

1 R. Carnap: Überwindung der Metaphysik durch logische Analyse der Sprache, in: Erkenntnis, Hg. von R. Carnap und H. Reichenbach, Bd. 2, Leipzig 1931, S. 219ff.

2 P. Wust: Die Auferstehung der Metaphysik, Leipzig 1920

Konvergenz hinsichtlich des Problems Sprache und Verstehen zwischen der Phänomenologie bzw. der hermeneutischen Philosophie auf der einen Seite und der Sprachanalyse auf der anderen Seite zu sprechen, möchte ich einige der zentralen Prämissen der positivistischen Metaphysikkritik diskutieren, die diesem Projekt einst seine Kontur gaben.

Wie bereits bemerkt: Es gibt im 20. Jahrhundert keine philosophische Bewegung, die eine derart eindeutige und vehemente Stellung gegenüber der Metaphysik bezog wie der Logische Empirismus, eine philosophische Bewegung, für die die These leitend war, daß alle Erkenntnis auf Erfahrung gründet. Dies war freilich schon eine These des alten Empirismus. Der Logische Empirismus, für den innerhalb der Entwicklung der sprachanalytischen Philosophie der Übergang von der Erkenntniskritik zur Sprachkritik charakteristisch ist, hat zu dieser These, die die Erfahrungsbasis der Erkenntnis unterstreicht, die Maxime hinzugefügt, daß ein Satz nur dann eine kognitive Behauptung mit Sinn erfüllt und für entweder wahr oder falsch erklärt werden kann, wenn er entweder analytisch oder in sich widersprüchlich ist, oder wenn er zumindest im Prinzip einem Test durch das Experiment unterzogen werden kann.[3] Damit waren die Stichworte für die positivistische Metaphysikkritik gefallen.

In seiner Polemik gegen die Metaphysik unterteilte der Logische Empirismus alle sinnvollen Aussagen in zwei Klassen: in die der analytischen Formalwissenschaften und in die der empirischen Realwissenschaften. Damit bekam die Unterscheidung zwischen analytischen und synthetischen Urteilen, die philosophiegeschichtlich auf Leibniz und Kant zurückgeht, eine neue Bedeutung. Sätze der Physik, für Kant synthetische Urteile a priori, faßt Carnap als synthetische Sätze auf, während die Sätze der Logik und der Mathematik, nach Kant ebenfalls synthetische Sätze a priori, analytisch genannt wurden. Diese sind gehaltsleer und allein durch die Definition ihrer Begriffe als wahr oder falsch erkennbar. Dabei berief sich Carnap auf Freges Nachweis, daß sich die Sätze der Mathematik aus der Logik ableiten lassen und daß für das Verständnis des logischen Apriori kein Gebrauch von einer synthetischen Wahrheit a priori gemacht werden muß. Ihre Wahrheit oder Falschheit ergibt sich allein aus ihrer „logischen Form". Die Logik enthält nicht die Gesetze der Welt, sondern die Gesetze des Denkens über die Welt und besitzt insofern Selbständigkeit gegenüber der Erfahrung. Im Gegensatz zu den Sätzen der Mathematik und der Logik sind die Sätze der Naturwissenschaften allesamt synthetisch. Synthetische Urteile sind immer a posteriori. Ist ein Satz synthetisch, so hat er einen Sinn. Der Sinn synthetischer Sätze besteht in der „Methode seiner Verifikation."

Nun ist der Gedanke der selbständigen Geltung der Sätze der Mathematik und der Logik nicht neu. In Wien hatte ihn zum Beispiel auch Franz Brentano vertreten. Und doch war es Wittgenstein, dem das Verdienst zugesprochen wurde, dem Wiener Zirkel die Einsicht in den analytischen Charakter der Mathematik und vor allem der Logik vermittelt zu haben. Das grundlegend Neue an dieser Auffassung hat Victor Kraft wie folgt bestimmt: „Wer vordem in der Philosophie den apriorischen Charakter der Logik und Mathematik erkannt hat, der hat gewöhnlich einen dogmatischen Apriorismus und Rationalismus auch für die Wirklichkeits-Erkenntnis vertreten. Und der Empirismus hat wieder ihren apriori-

3 C. G. Hempel: Problems and Changes in the Empiricist Criterion of Meaning, in: Semantics and the Philosophy of Language, Hg. von Linsky, Urbana 1952, S. 163

schen Charakter verkannt. Erst der Wiener Kreis hat die Einsicht in diesen mit dem Empirismus zu verbinden gewußt. Das ist eine Lösung von außerordentlicher Bedeutung."[4]

Es sei hier dahingestellt, ob Wittgensteins Verdienst in bezug auf den Wiener Kreis tatsächlich darin besteht, daß dieser dem Zirkel die Einsicht in den analytischen Charakter der Mathematik und der Logik vermittelt hat. Zumal schon Schlick in der *Allgemeinen Erkenntnislehre* zu dieser „Lösung von außerordentlicher Bedeutung" vorgestoßen war. Fest steht indessen, wenn das Verifikationsprinzip als Sinnkriterium tatsächlich über Wittgenstein in den Wiener Kreis gelangte, dann war sein Einfluß jedenfalls verheerend.

Zum einen, weil es eben nicht gelang, was in der Programmschrift des Wiener Kreises lauthals verkündet wurde, daß nämlich „die Klärung der traditionellen philosophischen Probleme dazu (führt), daß sie teils als Scheinprobleme entlarvt, teils in empirische umgewandelt und damit dem Urteil der Erfahrungswissenschaften unterstellt werden".[5] Zum anderen, weil eben jenes Kriterium, welches die alte und die neue Metaphysik aus den Angeln heben sollte, selbstdestruktiv hoch angesetzt war, so daß es letztlich die Grundlage seiner eigenen Geltung untergrub. Ergab sich doch aus dieser Aufgabenstellung fast zwangsläufig, daß die auf die Installierung der „Einheitswissenschaft" ausgerichtete Philosophie zu keinen anderen als zu therapeutischen Zwecken zu gebrauchen war.

Die Methode der Verifikation galt im Anschluß an die Überlegungen in Wittgensteins *Tractatus* als „empirisches Sinnkriterium". Danach gilt: Ein Satz ist sinnvoll genau dann, wenn er sich auf Sätze zurückführen läßt, in denen nur Worte vorkommen, deren Bedeutung direkt auf Erfahrung beziehbar ist. Diese Sätze heißen „Beobachtungssätze". Hingegen gelten all jene Sätze als sinnlos, die nicht zur Logik und Mathematik auf der einen Seite oder zur Naturwissenschaft auf der anderen Seite gehören. Schlick hat diesen Gedanken auf die einprägsame Formel gebracht: „Die Angabe der Umstände, unter denen ein Satz wahr ist, ist *dasselbe* wie die Angabe seines Sinnes und nichts anderes. Und diese ‚Umstände' ... müssen in erster Linie im Gegebenen zu finden sein. Verschiedene Umstände bedeuten Verschiedenheiten im Gegebenen. Der *Sinn* des Satzes wird in erster Linie ganz allein durch Gegebenes bestimmt und schlechterdings durch nichts anderes."[6] Da, wie Wittgenstein im *Tractatus* vermerkt, alles was sich sinnvoll sagen läßt, von den Wissenschaften gesagt wird, kann es strenggenommen neben den Sätzen der Wissenschaften keine Sätze mehr geben, die sinnvoll sind. Das heißt, neben den Sätzen der Wissenschaft gibt es keine philosophischen Sätze mehr. Allenfalls negativ läßt sich Philosophie erhalten: als Metaphysikkritik in Form logischer Analyse der Sprache. „Es gibt keine Philosophie als Theorie, als System eigener Sätze neben denen der Wissenschaft. Philosophie betreiben bedeutet nichts anderes als: die Begriffe der Wissenschaft durch logische Analyse klären. Das Werkzeug hierfür ist die neue Logik."[7] Von dieser als „neu" apostrophierten Logik, die in einem erweiterten Sinn von Logik zu verstehen ist, nämlich als „angewandte Logik oder Erkenntnistheorie", versprach man sich im Wiener Kreis

4 V. Kraft: Der Wiener Kreis. Der Ursprung des Neopositivismus, Wien/New York 1968, S. 19

5 Wissenschaftliche Weltauffassung. Der Wiener Kreis, Hg. vom Verein Ernst Mach, Wien 1929, S. 15

6 M. Schlick: Positivismus und Realismus, in: Erkenntnis, Hg. von R. Carnap und H. Reichenbach, Bd. 3, Leipzig 1932/33, S. 7

7 R. Carnap: Die alte und die neue Logik, in: Erkenntnis, Bd. 1, Leipzig 1930, S. 12-26, zit. nach: Wahrheitstheorien, Hg. von G. Skirbekk, Frankfurt/M. 1977, S. 88

nicht nur eine „„Tieferlegung der Fundamente"", sondern gleichzeitig eine „gründliche Reinigung der Wissenschaft." Theoriegeschichtlich markiert diese Logik danach den Punkt, „von dem die alte Philosophie aus den Angeln zu heben ist."

Denn wenn jeder Satz der Wissenschaft sich als sinnvoll durch logische Analyse zu bewähren hat, dann sollte es „durch die Methode der Begriffsableitung" nicht nur möglich sein, alle sinnvollen wissenschaftlichen Begriffe auf jenen Bereich zurückzuführen, auf den sich alle wissenschaftlich sinnvollen Begriffe zurückführen lassen müssen: auf das „Gegebene". Darüber hinaus, so die Hoffnung von Schlick und Carnap, müßte sich auch die „Unmöglichkeit jeder Metaphysik" erweisen lassen, „die aus der Erfahrung auf Transzendentes, jenseits der Erfahrung Liegendes, selbst nicht Erfahrbares schließen will".

Sicher, der Wunsch, an die Stelle der „metaphysischen Begriffsdichtung" eine streng wissenschaftliche Methode des Philosophierens zu setzen, ist verständlich. Und auch der Gedanke, daß die Metaphysik auf einer mißverstandenen Logik der Sprache beruht, wurde durch die Entwicklung der Philosophie in Deutschland nicht gerade entkräftet. Trotzdem ist das positivistische Überwindungsprogramm gescheitert. Zum einen, weil jene Metaphysik, der man mittels logischer Analyse den Garaus machen wollte, nicht darauf reduzierbar ist, worauf Schlick und Carnap sie reduzieren zu können glaubten: auf Scheinsätze. Zum anderen, weil die mittels der Logik betriebene Suche nach einer nicht-empirischen Wahrheit über die Bedingungen der Möglichkeit des sinnvoll überhaupt Beschreibbaren das selbstbezügliche Problem ihrer eigenen Möglichkeit aufwarf. Dies wird sowohl an Schlicks als auch an Carnaps Metaphysikkritik deutlich.

Schlick, der sich mit der neuzeitlichen „Metaphysik" vor allem in Gestalt der Husserlschen Phänomenologie befaßte, hat vergleichsweise früh eine recht scharfsinnige Kritik am Wahrheits- und Bedeutungsplatonismus in den *Logischen Untersuchungen* vorgetragen. Husserl, der den „prinzipiellen Fehler der empiristischen Argumentation" darin begründet sieht, daß die positivistische „Grundforderung eines Rückgangs auf die ‚Sachen selbst' mit der Forderung aller Erkenntnisbegründung durch *Erfahrung* identifiziert bzw. verwechselt wird", wodurch der Schein erzeugt wird, daß „*alle* Urteile Erfahrungsbegründung" überhaupt zulassen, sieht zwar schon lange, bevor sich der Logische Empirismus formierte, daß ein konsequenter Positivismus jegliche allgemeingültige Erkenntnis ausschaltet und daher die Wissenschaft, in deren Namen er antritt, von der Substanz her angreift. Denn als Theorie der Begründung von Wissenschaft wird der Positivismus, so er konsequent bleibt, zum „extremen Empirismus" – und dieser, in seiner Sorge um ein Kriterium absoluter Gewißheit die absolutistische Metaphysik womöglich noch überbietend, widerspricht seinem eigenen Begriff.[8] In der Krisisschrift, wo Husserl seine Positivismuskritik lebensweltlich fundiert, sagt er: „Der Positivismus enthauptet sozusagen die Philosophie."[9]

Dafür muß sich Husserl aber im Gegenzug von Schlick den berechtigten Vorwurf gefallen lassen, daß das, was er in den *Logischen Untersuchungen* als das „Ideal in seiner Objektivität" apostrophiert, jegliche positiven Bestimmungen vermissen läßt. Und in der

8 Vgl. Th. W. Adorno: Zur Metakritik der Erkenntnistheorie. Studien über Husserl und die phänomenologischen Antinomien, Frankfurt/M. 1972, S. 39

9 E. Husserl: Die Krisis der europäischen Wissenschaften, a.a.O., S. 7

Tat. Husserls Bestimmung der Wahrheit als Idee ist alles andere als unproblematisch. Und zwar nicht nur, weil diese in einem „evidenten Urtheil" eines „actuellen Erlebnis" fundiert ist, von einem Erlebnis, welches in der „Zusammenstimmung ... zwischen dem erlebten Sinn der Aussage und dem erlebten Sachverhalt" bestehen soll, sondern auch, weil Husserl nicht deutlich machen kann, was es denn heißt: „Die Idealität der Wahrheit macht ... ihre Objektivität aus."[10] So richtig es also ist, wenn Husserl (zusammen mit Frege) gegen den Psychologismus in der Logik opponiert, so wenig folgt daraus, daß das Urteil in einem Evidenzerlebnis des solipsistischen Ego fundiert werden muß. Liegen doch damit die Kosten für die Widerlegung des Psychologismus in einem Mentalismus der Rede und in einem Idealismus logischer Sachverhalte, die sich wie Platons Ideen zu ihren empirischen Realisationen verhalten.[11]

Schlick, der die Auffassung vertritt, daß „logische Sätze und Urteilsakte schlechthin untrennbar" sind und demzufolge den Sätzen „ein anderes, unabhängiges Bestehen" nicht zukommt, wendet sich in diesem Zusammenhang aber nicht nur gegen den auch von Brentano und Kraus vermerkten Ontologismus,[12] sondern – die Aufsätze aus den dreißiger Jahren machen das deutlich – zunehmend gegen das phänomenologische Reduktionsprinzip bzw. gegen die Wesensschau, welche nach Schlick den Kern des Irrationalismus in der Phänomenologie ausmachen.[13] Und so kommt Schlick zu dem Befund, daß es sich bei der Metaphysik im allgemeinen und bei der Phänomenologie im besonderen schlicht um „sinnlose Aufeinanderreihungen von Worten" handelt, „die zwar äußerlich wie Fragen aussehen, da sie den gewohnten Regeln der Grammatik zu genügen scheinen, in Wahrheit aber aus leeren Lauten bestehen, weil sie gegen die tiefen inneren Regeln der logischen Syntax verstoßen, welche die neue Analyse aufgedeckt hat".[14]

Dort, wo ein sinnvolles Problem vorliegt, so die Auffassung von Schlick, kann man auch einen Weg zu dessen Lösung angeben. Und die Angabe des Weges zur Lösung eines Problems ist identisch mit dem Aufzeigen des Sinns. „Es gibt ... keine andere Prüfung und Bestätigung von Wahrheiten als die durch Beobachtung und Erfahrungswissenschaft." Wissenschaft, so sie ihren Namen verdient, ist Erfahrungswissenschaft. Im Gegensatz dazu sei Philosophie kein „System von Erkenntnissen", sondern ein „System von *Akten*". Genauer: Philosophie ist diejenige Tätigkeit, „durch welche der *Sinn* der Aussagen festgestellt oder aufgedeckt wird. Durch die Philosophie werden Sätze geklärt, durch die

10 E. Husserl: Logische Untersuchungen, Bd. I, in: Husserliana, Bd. XVIII, Hg. von E. Holenstein, Den Haag 1975, S. 194

11 Vgl. C. F. Gethmann: Phänomenologische Logikfundierung, in: Phänomenologie im Widerstreit. Zum 50. Todestag von Edmund Husserl, Hg. von Ch. Jamme und O. Pöggeler, Frankfurt/M. 1989, S. 198

12 „Es ist etwas Nicht-Reales, und im übrigen wird die Bekanntschaft des Lesers mit ihm einfach vorausgesetzt. Der Vertreter der Unabhängigkeitstheorie spricht von Wahrheiten gerade so, als ob es sich um reale außerhalb des Subjekts existierende Sachen handelte, muß aber dabei immerzu erklären, daß es sich nicht um reale Existenzen handelt." M. Schlick: Das Wesen der Wahrheit nach der modernen Logik, in: Vierteljahresschrift für wissenschaftliche Philosophie und Soziologie, Hg. von P. Barth, 34. Jg. Heft 4, Leipzig 1910, S. 411

13 Vgl auch R. Carnap: Die Methode der logischen Analyse, in: Actes du 8em Congres International de Philosophie a Prague 1934, Prag 1934, S. 142-145

14 M. Schlick: Die Wende der Philosophie, in: Erkenntnis, Bd. 1, a.a.O., S. 7

Wissenschaft verifiziert. Bei diesen handelt es sich um die Wahrheit von Aussagen, bei jenen aber darum, was die Aussagen eigentlich *meinen*."[15] Klarerweise ist mit dieser Feststellung nicht nur die Verbindung von Philosophie und Wissenschaft zerrissen. Obendrein wurde die Aufgabe der Philosophie allenfalls negativ angebbar. Denn obwohl die Aufgabe der Philosophie zweifach bestimmt war: *erstens* in der Anwendung des Sinnkriteriums zum Zweck der Ausschaltung der Metaphysik aus den Wissenschaften und *zweitens* zur exakten Klärung der Sicherheit unserer Erkenntnisse, obwohl also im Wiener Kreis die Aufgabe der Philosophie sowohl in positiver als auch in negativer Hinsicht bestimmt wurde, kann man sich nur schwerlich des Eindrucks erwehren, daß die metaphysikkritische Anwendung des Sinnkriteriums eine weit größere Bedeutung gehabt hatte.

Verband sich doch damit die Hoffnung, daß bald niemand mehr derart sinnlose Fragen stellt, wie sie exemplarisch in der alten und vor allem in der neuen Metaphysik gestellt wurden. Und „dann wird es nicht mehr nötig sein, über ‚philosophische Fragen' zu sprechen, weil man über *alle* Fragen philosophisch sprechen wird, das heißt: sinnvoll und klar."[16] Nun war man zwar trotz dieser alles in allem doch recht zuversichtlichen Hoffnung wiederum nicht so euphorisch, ernstlich zu glauben, dieser paradiesische Zustand der Nicht-Philosophie werde sich über Nacht einstellen. Mit „Nachhutgefechten" wurde schon gerechnet. Konnte man doch kaum ernstlich erwarten, daß jene hartgesottenen und unverbesserlichen Metaphysiker, so einfach von der Bühne des philosophischen Geschehens abtreten. Trotzdem blieb die Grundstimmung insgesamt optimistisch. Denn diese ewig Gestrigen würden zwar aller Voraussicht nach auch weiterhin ihre Scheinfragen weiter diskutieren. Schließlich und endlich wird ihnen aber einfach keiner mehr zuhören, sie werden am Ende Schauspielern gleichen, die noch eine Zeitlang fortspielen, bis auch sie endlich bemerken, daß die Zuschauer sich allmählich fortgeschlichen haben.[17]

Nun wissen wir heute: auch Hoffnungen können enttäuscht werden. Wir wissen, daß sich Schlicks gar zu optimistischen Prophezeiungen nicht nur nicht erfüllt haben, sondern auch, daß das Szenario eher in der umgekehrten Weise ablief. Keine Rede davon, daß Heidegger aus der Mode gekommen ist. Im Gegenteil. Heidegger wurde zum Dauerbrenner. Fast möchte man seinem Denken eine geradezu ungebremste Aktualität zusprechen, wovon nicht nur die eher traditionelle Heidegger-Exegese zeugt, sondern auch seine Rezeption und Aufnahme innerhalb des französischen Poststrukturalismus. Ja mittlerweile hat Heidegger selbst bei den Enkeln von Schlick und Carnap Aufnahme gefunden, wovon nicht nur Rorty beredt Zeugnis ablegt. Kongresse wie „Heidegger und Davidson" haben deutlich gemacht, daß Heidegger auch für Analytiker ein ernsthaftes *Problem* darstellt. Um im Bild zu bleiben: Jene Metaphysiker, die Schlick als Schauspieler vorstellte, die dereinst vor leeren Häusern auftreten werden, weil ihnen die Zuschauer davongelaufen sind, sind heute immer noch aktuell, währenddessen jene, die sie von der Bühne der Philosophie vertreiben wollten, heute noch nicht einmal als Statisten die Bühne betreten dürfen. Daran hat auch Carnaps Heidegger-Kritik nichts geändert, dessen Aufsätze *Scheinprobleme in der Philosophie* und natürlich *Überwindung der Metaphysik durch*

15 Ebd., S. 8
16 Ebd., S. 11
17 Vgl. ebd.

logische Analyse der Sprache zu den wohl bekanntesten metaphysikkritischen Texten des Wiener Kreises zählen.

Carnap hat von einer ähnlichen Position wie Schlick die Metaphysik kritisiert; insbesondere jene, die, wie Carnap richtig vermerkte, „gegenwärtig in Deutschland den stärksten Einfluß ausübt." Und dies war ohne Frage die Metaphysik Heideggers. Zum Nachweis ihrer Sinnlosigkeit führte Carnap den Begriff des „Elementarsatzes" neu ein. Danach gilt: Die Bedeutung eines Wortes steht erst dann fest, wenn die Syntax des Wortes festliegt, also die Art und Weise seines Auftretens in der einfachen Satzform, in der es vorkommen kann – dies ist der Elementarsatz. Und wenn für den Elementarsatz des betreffenden Wortes auf die folgenden vier Fragen eine positive Antwort gegeben werden kann:
„1. Aus was für Sätzen ist *S ableitbar*, und welche Sätze sind aus *S* ableitbar?
2. Unter welchen Bedingungen soll *S wahr*, unter welchen falsch sein?
3. Wie ist *S* zu verifizieren?
4. Welchen Sinn hat *S*?"[18]

Die Bedeutung eines Wortes, die Ableitungsbedingungen seines Elementarsatzes, die Methode seiner Verifikation und schließlich die Angabe seiner Wahrheitsbedingungen sind nach Carnap Antworten auf ein und dasselbe Problem, auf das Problem, wie sich die Bedeutung eines Wortes feststellen läßt. Den Versuch, die Fragen voneinander abzulösen und beispielsweise nur die Frage (4.) nach dem Sinn von S zu stellen, ohne gleichzeitig die Fragen (1.) bis (3.) mit zu erfragen, lehnt Carnap mit der Begründung ab, daß dann nach der Bedeutung eines Wortes gefragt wird, ohne daß nach dessen Bedeutung gefragt werden soll. Neben diesen Bestimmungen der Bedeutung gibt Carnap jedoch noch eine weitere: Die Bedeutung eines Wortes läßt sich durch dessen Zurückführung auf Wörter in Beobachtungs- und Protokollsätzen bestimmen. Carnaps Standpunkt kann also wie folgt zusammengefaßt werden: Die Bedingung dafür, ob ein Wort „*a*" eines Elementarsatzes „*S(a)*" eine Bedeutung hat, ist davon abhängig, ob:
1. die empirischen Kennzeichen für „*a*" bekannt sind,
2. die Wahrheitsbedingungen für den Elementarsatz *S(a)* festliegen,
3. der Weg der Verifikation von „*S(a)*" bekannt ist,
4. es feststeht, aus welchen Protokollsätzen *S(a)* abgeleitet werden kann.

Von hier aus trägt Carnap seine Heidegger-Kritik vor. Dabei geht es Carnap vordringlich um den Nachweis, daß bei Heidegger einer ganzen Reihe von Begriffen keine Bedeutung zukommt. Alle Sätze nun, in denen solche Worte ohne Bedeutung vorkommen, sind ebenfalls ohne angebbare Bedeutung und daher Scheinsätze. Für Carnap, der sich in seiner Heidegger-Kritik vor allem auf dessen Freiburger Antrittsvorlesung aus dem Jahr 1929 bezog, jener Vorlesung, die unter dem Titel *Was ist Metaphysik* weltweit bekannt wurde, ist die Metaphysik Heideggers eine bloße Aneinanderreihung sinnloser Sätze, von Sätzen, die ihre Bildung einem logischen Fehler verdanken. So wird z. B. bei Heidegger „das Wort ‚nichts' als Gegenstandsname verwendet ..., weil man es in der üblichen Sprache in dieser logischen Form zu verwenden pflegt, um einen negativen Existenzsatz zu formulieren". Entsprechend gilt für Sätze vom Typ wie „Das Nichts selbst nichtet", daß

18 R. Carnap: Überwindung der Metaphysik durch logische Analyse der Sprache, a.a.O., S. 221f.

hier die Verbform des „nichtens" ein bedeutungsloses Wort und der Satz ein sinnloser Satz sei.[19]

Anders als Heidegger, der die Grundfrage der Metaphysik zwar auch für *zweideutig* hält, weil sie über das Seiende hinausfragt, ist diese Frage für Carnap und die Philosophen des Wiener Kreises einfach *unsinnig*. Wie Heidegger vermerkt man zwar auch im Logischen Positivismus, daß mit der Grundfrage der Metaphysik über das Seiende hinausgefragt wird. Wo aber Heidegger ein echtes Problem erkennt, sieht Carnap im Anschluß an Wittgenstein nur „Unsinn". Dies ist nicht verwunderlich. Für Carnap muß sich diese Frage allein schon deshalb verbieten, weil sie voraussetzt, daß man sinnvoll sagen kann „Es gibt Seiendes". Der Fehler besteht nach Carnap fundamental darin, daß Heidegger „formale Begriffe", die lediglich die logische Form der Sprache und der beschreibbaren Welt zum Ausdruck bringen, mit Begriffen verwechselt, unter die tatsächlich etwas subsumiert werden kann. Und genau dies erweist sich im vorliegenden Fall als unmöglich. Denn im Gegensatz zu Sätzen, wie „Dies da ist ein schwarzer Schwan", die erkennen lassen, was der Fall sein muß, wenn sie wahr sind, lassen sich Heideggers Sätze nicht auf diese Weise überprüfen.

Nun würde Heidegger vermutlich zugeben, daß „Seiendes" nicht als Gattungsbegriff bzw. als reales Prädikat verstanden werden kann. „Um ‚Sein' und ‚ist' zu denken, bedarf es ... eines anderen Blickes, der nicht vom ausschließlichen Betrachten der Dinge und vom Rechnen mit ihnen geleitet ist. Wir können einen uns vorliegenden Stein, der offenkundig ‚ist', nach allen Richtungen absuchen und untersuchen, wir werden daran niemals das ‚ist' finden. Und doch *ist* dieser Stein."[20] Von daher ist auch für Heidegger der Satz „Es gibt Seiendes" irreführend bzw. nichtssagend. Gleichwohl weigert sich Heidegger, die „Onto-Logik" der traditionellen Metaphysik einfach durch eine „Onto-Semantik" zu ersetzen. Denn aus der Tatsache, daß die Sätze der alten und neuen Metaphysik sich nicht dem positivistischen Sinnkriterium fügen wollen, weil sie weder den Status von Existenzaussagen haben, in der einer prädikativen Satzfunktion ein Gegenstand zugesprochen wird, noch den einer Aussage, in der einem Gegenstand ein reales Prädikat zugesprochen wird, folgt für Heidegger nicht schon, daß sie deshalb sinnlos sind. Die Nichtanwendbarkeit des positivistischen Sinnkriteriums, die Heidegger zugestehen könnte, hat ihm zufolge seinen Grund einfach darin, daß dieses selbst im Denkbereich der Metaphysik liegt.[21]

Es läßt sich zwar nicht bestreiten, daß die Philosophen des Wiener Kreises durch die logische Analyse der Sprache Wesentliches für die Kritik traditioneller und neuerer metaphysischer Systeme geleistet haben.[22] Und doch ist Heidegger keineswegs so unverständlich, wie es ihm Positivisten rot an den Rand schreiben. Das muß selbst Adorno einräumen, selbst ein entschiedener Gegner von Heideggers Jargon, den er auch als „deutsche

19 Ebd., S. 230

20 M. Heidegger: Kants These über das Sein, in: Wegmarken, a.a.O., S. 452f.

21 Vgl. K.-O. Apel: Heideggers philosophische Radikalisierung der „Hermeneutik" und die Frage nach dem „Sinnkriterium" der Sprache, in: Transformation der Philosophie, Bd. 1, Frankfurt/M. 1976, S. 297f.

22 Vgl. W. V. O. Quine: Word and Object, Cambridge/Mass. 1960, dt., Wort und Gegenstand, Stuttgart 1980, S. 236

Synthese fortschreitender Halbbildung" bezeichnete.[23] Es war der „ideologische Antagonismus zwischen Heidegger und der analytischen Philosophie, der die sachlichen Zusammenhänge verdeckte und zum Schaden der Sache eine gegenseitige Ergänzung verhinderte, die möglich und nötig gewesen wäre".[24] In diesem Sinn gilt denn auch heute noch, daß man von der Metaphysik schon etwas mehr verstehen muß, als das, was im Logischen Positivismus darunter verstanden wurde, so man hinter den „Scheinsätzen" die Fragen erkennen will, die diese bewegt.

Denn Heidegger war durchaus nicht nur ein „Musiker ohne musikalische Fähigkeit", der, wie Carnap meint, zwar „eine starke Neigung zum Arbeiten im Medium des Theoretischen, zum Verknüpfen von Begriffen und Gedanken" besitzt, der jedoch, „anstatt nun diese Neigung im Gebiet der Wissenschaft zu betätigen und andererseits das Ausdrucksbedürfnis in der Kunst zu befriedigen", beides vermengt und damit ein „Gebilde" schafft, „das für die Erkenntnis gar nichts und für das Lebensgefühl etwas Unzulängliches leistet".[25] Und Carnaps Feststellung, daß Heideggers „Fragen und Antworten mit der Logik und der Denkweise der Wissenschaft nicht vereinbar sind",[26] ist in dieser Form schlicht falsch.[27] Zugegeben, Heidegger nimmt eine zunehmend feindselige Haltung gegenüber der Logik ein, die in seiner Sicht eine rein technische Auslegung des Denkens ist und schließlich das eigentliche und wahre Wesen des Denkens vollends verstellt. Die Logik deutet Heidegger als Auslegung des Denkens der auf das Vorhandene reduzierten Welt. Und im Bemühen, einen ursprünglicheren Weltbegriff als den des Alls des Vorhandenen zu restituieren, wird diese Bemühung zu einem Kampf gegen die Logik[28] und gleichzeitig zu der seit Hegel umfassendsten Restauration der Metaphysik.

Im Gegensatz zu Schlick und Carnap, die mittels logischer Analyse der Sprache eine Kluft zwischen Wissenschaft und Philosophie errichtet hatten, erkannten jedoch Husserl und Heidegger nicht die Zirkelhaftigkeit des Versuchs, aus den Wissenschaften die Regel zu extrapolieren, welche jene gerade begründen und legitimieren sollen. Sie erkannten auch, daß der naive Realismus der Logik sich einem eigentümlichen Reflexionsdefizit verdankt. In den *Logischen Untersuchungen*, in denen es Husserl ja nicht allein um die

23 Th. W. Adorno: Jargon der Eigentlichkeit, a.a.O., S. 19

24 E. Tugendhat: Die sprachanalytische Kritik der Ontologie, in: Philosophische Aufsätze, Frankfurt/M.1992, S. 25; ders., Phänomenologie und Sprachanalyse, in: Hermeneutik und Dialektik, Bd. 1, Hg. von R. Bubner/K. Cramer/R. Wiehl, Tübingen 1970, S. 3-23

25 R. Carnap: Überwindung der Metaphysik durch logische Analyse der Sprache, a.a.O., S. 240

26 Ebd., S. 232

27 C. F. v. Weizäcker berichtet über eine Zusammenkunft zwischen Victor von Weizäcker und Werner Heisenberg bei Heidegger, in der die beiden Wissenschaftler über die Einführung des Subjekts in die Naturwissenschaft sprechen sollten. „Wenn nun die beiden nach einer Stunde sich in sinnvollen Mißverständnissen festgeredet hatten, nahm Heidegger das Wort ‚Sie, Herr v. Weizäcker, scheinen mir folgendes zu meinen': Drei kristallklare Sätze. ‚Ja, genau das wollte ich sagen.' ‚Und Sie, Herr Heisenberg, meinen doch wohl dies': Drei ebensolche Sätze, und die Antwort: ‚Ja, so stelle ich mir's vor.' ‚Dann könnte der Zusammenhang folgender sein': Vier bis fünf knappe Sätze. Beide stimmten zu: ‚So könnte es sein.' Der Dialog ging weiter, bis Heidegger den beiden aus dem nächsten Engpaß helfen mußte." C. F. v. Weizäcker: Begegnungen aus vier Jahrzehnten, in: Erinnerungen an Martin Heidegger, a.a.O., S. 239f.

28 Vgl. dazu W. Bröcker: Heidegger und die Logik, in: Heidegger. Perspektiven zur Deutung seines Werkes, a.a.O., S. 298ff.

Frage nach den Bedingungen der Möglichkeit einer „Philosophie als strenge(r) Wissenschaft" ging, sondern auch und vordringlich um die „philosophische Klärung" der reinen Logik und Mathematik, vertrat Husserl zwar selbst noch einen Standpunkt, den er auf die Formel gebracht hatte: „Logik als normative Wissenschaft", ein Standpunkt, den Wundt in seiner Husserl-Kritik als „Logizismus" apostrophierte, „wie ihn die Geschichte seit den Tagen der scholastischen Begriffs- und Wortdialektik nicht mehr erlebt hat".[29] Später jedoch hat Husserl, der sich selbst einen „logischen Absolutisten" nannte, nicht nur die ontologischen Kosten für die Vermeidung des Psychologismus gesenkt, sondern den naiven Realismus der Logik einer eingehenden Kritik unterzogen und die Abkünftigkeit der Logik und der naturwissenschaftlichen Theorien von der Lebenswelt aufgezeigt. In dieser Hinsicht machen denn auch „die wirkungsgeschichtlichen Zusammenhänge von Husserl über Heidegger zu Kamlah und von Husserl über Becker zu Lorenzen" zweierlei deutlich: Erstens, daß sich Husserls (und Heideggers) Lebensweltkonzept auf das Verständnis der Konstitutionsbedingungen der naturwissenschaftlichen Theorien und ihres Zusammenhangs mit der experimentellen Praxis anwenden läßt, so daß z. B. die Sinnkonstitution der Kategorien der Protogeometrie und der Protophysik unter der Voraussetzung der Meßpraxis rekonstruiert werden kann (Hugo Dingler, Paul Lorenzen und Peter Janich).[30] Und zweitens, daß „der Argumentationsprozeß historisch vom Programm der phänomenologischen Logikfundierung zur konstruktiven Logikfundierung verlaufen ist. Reformuliert man das Projekt der phänomenologischen Logikfundierung ohne mentalistische und idealistische Präsuppositionen, ... dann gelangt man zur Konzeption einer sprachpragmatisch anfangenden (nicht-mentalistischen), an einer operationalistischen Bedeutungstheorie orientierten (nicht-idealistischen) Grundlegung der Logik" (Wilhelm Kamlah, Paul Lorenzen und Carl Friedrich Gethmann).[31]

Aber auch Heidegger, dessen „Fragen und Antworten" nach Carnap angeblich „mit der Logik und der Denkweise der Wissenschaft nicht vereinbar" seien, hat frühzeitig die begründungstheoretische Aporetik des Logizismus erkannt. Schon in seiner Dissertation zur *Lehre vom Urteil im Psychologismus* und später in seiner Habilitationsschrift, die sich in den Psychologismusstreit um den Gegenstand der Logik einreihte und gegen Logiker und Philosophen wie W. Wundt, H. Maier, F. Brentano, A. Marty und Th. Lipps gerichtet war, und schließlich in den beiden 1912 publizierten Literaturberichten, die dem *Realismusproblem in der modernen Philosophie* und den *Neuere(n) Forschungen über Logik* gewidmet waren, lobt Heidegger neben Husserls *Logische Untersuchungen*, die, so Heidegger, den Psychologismus „eigentlich gebrochen haben", auch Bolzanos *Wissenschaftslehre* und Freges logisch-mathematische Forschungen, insbesondere die 1892 publizierten Arbeiten *Sinn und Bedeutung* und *Begriff und Gegenstand*. Heidegger, der in seiner frühen Phase selbst ein „logischer Absolutist" war, kennt aber nicht nur Husserl, Brentano und Frege. Auch die neueren Arbeiten von Russel und Whitehead waren ihm bekannt. Nach dem Studium von *The Principles of Mathematics* und der *Principia*

29 W. Wundt: Logik, Stuttgart 1924, Bd. 1, S. 7

30 Vgl. Protophysik, Hg. von G. Böhme, Frankfurt/M. 1976, Lebenswelt und Wissenschaft. Studien zum Verhältnis von Phänomenologie und Wissenschaftstheorie, Hg. von C. F. Gethmann, Bonn 1989

31 C. F. Gethmann: Phänomenologische Logikfundierung, a.a.O., S. 209

Mathematica von Russel und Whitehead wußte Heidegger nicht nur die „schärfere Fassung der Begriffe" zu loben, sondern auch, daß es hier zu einer „systematischen Festlegung der leitenden Prinzipien und Grundlagen ihrer Wissenschaft" gekommen sei. Gleichzeitig und in diesem Zusammenhang vermerkt Heidegger jedoch, daß die „Logistik überhaupt nicht aus der Mathematik herauskommt und zu den eigentlichen Problemen nicht vorzudringen vermag". So stößt die mathematische Behandlung logischer Probleme „an Grenzen, wo ihre Begriffe und Methoden versagen", und diese Grenzen liegen genau dort, „wo die Bedingungen ihrer Möglichkeit liegen".[32]

Auf dieses Problem der Bedingungen der Möglichkeit stieß man Anfang der dreißiger Jahre auch im logischen Positivismus. Schien es anfangs so, daß die Logik eine Ausnahme ist von den durch sie selbst aufgestellten Bedingungen, da die Sätze der Logik keine wahrheitsfunktionalen Verknüpfungen von Elementarsätzen über Gegenstände sind, welche die Welt bilden – andererseits sollten einzig solche Verknüpfungen sinnvoll sein –, so mußte man später einsehen, daß der Logizismus in Paradoxien führt.

Die logizistische Leitidee einer jeden möglichen Widerspruch des Denkens ausschließenden Sprache, in der die semantischen Regeln eindeutig festgelegt sind, führte bekanntlich schon bei Russel in eine Aporie, sofern gemäß der Typentheorie alle Sätze über alle Sätze als sinnlos galten. Die hieraus resultierende Aporie bestand nun darin, daß die Typentheorie als Theorie über alle sinnvollen Sätze mit sich selbst in Widerspruch gerät; eine Aporie, die von Wittgenstein im *Tractatus* auch beherzt ausgesprochen wurde: „Meine Sätze erläutern dadurch, daß sie der, welcher sie versteht, am Ende als unsinnig erkennt, wenn er durch sie – auf ihnen – über sie hinausgestiegen ist."[33]

Diese Aporie gründet in den Voraussetzungen des „Logischen Atomismus" selbst, genauer in der onto-semantischen Reduktion des Sinns auf den Bereich des „Vorhandenen". Obgleich sich nun Carnap nicht mit dieser Aporie zufriedengibt, er will darüber reden, worüber Wittgenstein zu schweigen vorzog, eben über die logische Form der Sprache und der von ihr beschriebenen Welt, hat auch er die metaphysischen Voraussetzungen des Atomismus nicht überwunden. Denn auch der Versuch, die metaphysikkritische Pointe des *Tractatus* durch die Ersetzung der inhaltlichen Redeweise durch die satzanalytische zu retten, ohne dafür den Preis entrichten zu müssen, den Wittgenstein bereitwillig zahlte, kann nicht aus dieser Paradoxie befreien. Zwar kann Carnap den Regreß in die Metaebenen blockieren, insofern er dem Problem der Rede über den Sinn von Sätzen eine konstruktivistische Wende gab. Denn sein Vorschlag, die Paradoxie durch die Unterscheidung zwischen Objekt- und Metasprache aufzulösen, so daß jeweils in der Metasprache sinnvoll über die Sätze der Objektsprache gesprochen werden kann, hat das Problem nur auf die Ebene der konstruktivistischen Semantik verschoben.

So wurde auch schon bald nach den metaphysikkritischen Attacken von Schlick und Carnap deutlich, daß der Versuch, das Verhältnis der sinnvollen Sätze zu den Beobachtungssätzen genauer zu bestimmen, in unüberwindlichen Schwierigkeiten steckenblieb. Denn obgleich man im Logischen Empirismus den Fehler des alten Positivismus vermied, wissenschaftliche Theorien lediglich als induktive Verallgemeinerungen von Sätzen über

32 M. Heidegger: Neuere Forschungen über Logik (1912), in: Frühe Schriften, GA, Bd. 1, a.a.O., S. 41f.

33 L. Wittgenstein: Tractatus logico-philosophicus, in: WA, Bd. 1, a.a.O., § 6.54

Beobachtungstatsachen anzusehen. Daß die Aussagen der Natur- und Geisteswissenschaften, so sie sinnvoll sein sollten, vollständig auf Beobachtungsaussagen zurückführbar seien, war ein allgemein akzeptiertes Dogma, das von der Grundüberzeugung beseelt war, daß es eine bestimmte Grundklasse von bedeutungsvollen wissenschaftlichen Tatsachenaussagen gibt, auf die sich alle anderen bedeutungsvollen Aussagen durch die Verwendung einer bestimmten Menge von Operationen der Satzbildung zurückführen bzw. aus diesen generieren lassen. Dieses Dogma, welches innerhalb der analytischen Philosophie erst unter Sellars Kritik am „Mythos des Gegebenen" zusammenbrach, ging mit der Forderung einher, mit den Beobachtungssätzen einen theorieneutralen Bereich aufzuschließen, der sich auf nichts anderes als auf sinnliche Empfindungen gründen sollte.

Damit kommt dem reduktionistischen Konzept des Logischen Empirismus zwar das Verdienst zu, das Problem der empirischen Basis der Wissenschaften exponiert zu haben. Er hat aber dieses Problem nicht gelöst. Zum einen, weil selbst die Sätze der Naturwissenschaft sich nicht dem empiristischen Verifikationsprinzip fügen wollten, zum anderen, weil Sätze, die offenbar sinnlos waren, mittels des Sinnkriteriums nicht ausscheidbar waren. Obendrein zeigten jene Sätze, die als Basis der als sinnvoll erachteten Theorien dienen sollten, die mißliche Eigenschaft, sich jedweder Kontrolle zu entziehen, selbst der eigenen. Geht man nun von der richtigen Voraussetzung aus, daß für eine „zuverlässige empirische Fundamentierung des wissenschaftlichen Satzsystems ... alles von der Möglichkeit ab(hängt), zu überprüfen, ob in den Protokollsätzen nicht bloß irgendwelche, sondern tatsächlich bestehende Sachverhalte behauptet werden", dann fragt sich nämlich nicht nur, ob diese Aussagen Aussagen über Tatsachen und damit wahre Aussagen sind, dann fragt sich auch, wie diese Aussagen intersubjektiv prüfbar und begründbar sind.[34]

Und genau hier stieß man auf ein in der Phänomenologie breit diskutiertes Problem: auf das Problem der Intersubjektivität und des ontologischen Vorverständnisses. Versuchte Carnap in einem ersten Anlauf jenem Problem Herr zu werden, indem er auf Sätze über „Erlebnisse" der Wahrnehmung rekurrierte – Sätze, die ein „Gegebenes" zum Inhalt haben, welches selbst nicht einer weiteren Bewährung bedarf, sondern im Gegenteil „als Grundlage für alle übrigen Sätze der Wissenschaft dienen" sollte, was in jedem Fall nicht minder subjektiv war als die phänomenologische Evidenz –, so zeigte sich schon bald, daß auch Carnaps zweiter Anlauf zur Lösung jenes Problems auf Scheitern angelegt war. Nachdem einsichtig wurde, daß mit dem Rekurs auf „Erlebnisse" erkenntnistheoretisches Terrain betreten wurde und Protokollsätze in Gestalt von Tatsachenfeststellungen als Begründungen nicht akzeptabel waren, ging man dazu über, im Bereich der Sätze der als sinnvoll erachteten Wissenschaften nach den Kriterien ihrer Geltung zu suchen. Da Behauptungen über Tatsachen nicht wiederum mit Tatsachen konfrontiert werden durften, mußte man erkennen, daß es unmöglich ist, das Zutreffen von Sätzen an außersprachlichen Tatsachen kontrollieren zu wollen, da ein solches Zutreffen sich sinnvoll nicht auf einen sprachunabhängigen Tatsachenbegriff beziehen läßt. So versuchte Carnap in einem zweiten Anlauf das Problem der empirischen Begründung der Wissenschaft dadurch zu lösen, daß er es von der Ebene des Gegebenen auf die Ebene des Konsenses verschob. Gibt es keine absoluten Anfangssätze für den Aufbau einer Wissenschaft, dann sollen

34 E. Ströker: Einführung in die Wissenschaftstheorie, Darmstadt 1992, S. 18

zumindest jene Protokollsätze einen ausgezeichneten Status haben, die von „den Wissenschaftlern unseres Kulturkreises stammen". Da nämlich auch für Carnap der Fall denkbar ist, daß Herr Müller und Frau Meier ihre Protokollsätze nur schlecht oder gar nicht miteinander „in Einklang bringen, d. h. ein durch beide gestütztes Wissenschaftssystem aufbauen könnten", muß dieser Fall ausgeschieden werden – wobei Carnap wie durch göttliche Fügung das „Glück" zu Hilfe kommt. Denn „zum Glück liegt in der Wirklichkeit dieser Fall nicht vor: die überwiegende Mehrheit der Wissenschaftler pflegt über kurz oder lang zur Einigung zu kommen".[35] Klarerweise wird hier die *Geltungsfrage* zur *Konsensfrage*.

So bedurfte es immer neuer Zusatzbedingungen, die gewährleisten sollten, daß einzig und allein die Sätze der Naturwissenschaften als sinnvoll gelten, bis schließlich Carnap in *Testability and Meaning* ein künstliches Sprachsystem vorschlug, das derart aufgebaut war, daß sich mit ihm nur die Sätze bilden ließen, die man als sinnvoll gelten lassen wollte. Damit wurde nicht nur jenes Kriterium wertlos, welches es gestatten sollte, sinnvolle von sinnlosen Sätze zu scheiden. Obendrein verlor der Positivismus mit dem hier von Carnap vorgeschlagenen *konventionalistischen Sinnkriterium* die Grundlage seiner Metaphysikkritik.

So erwies sich schließlich und endlich das von den „founding fathers" der analytischen Philosophie als „destruktives Instrument" konzipierte „aggressive Verifikationskriterium der Bedeutsamkeit" als „zu zerstörerisch, da es viel von dem, was intuitiv bewahrt werden sollte, eliminierte, besonders in der Naturwissenschaft". Hierin bestand eine der zentralen Einsichten von Karl R. Popper. Dieser erkannte nämlich, daß mit dem Verifikationismus nicht nur der Metaphysik, sondern auch der Naturwissenschaft die letzte Stunde geschlagen hat. Denn „dieser Radikalismus vernichtet mit der Metaphysik auch die Naturwissenschaft: Auch Naturgesetze sind aus Beobachtungssätzen logisch nicht ableitbar (Induktionsproblem!); auch sie wären somit bei konsequenter Anwendung des Wittgensteinschen Sinnkriteriums nichts anderes als ‚sinnlose Scheinsätze'."[36] Das Verifikationskriterium war also nicht nur selbstdestruktiv hoch angesetzt in bezug auf die Naturwissenschaft. Zudem gefährdete es auch das Projekt, dem es als Waffe gegen die alte und neue Metaphysik diente. Denn obgleich vieles von dem, was im logischen Positivismus als sinnlos deklariert wurde, tatsächlich sinnlos war. *Ohne eine befriedigende Definition des Sinnbegriffs drohte der Begriff des Unsinns selbst unsinnig zu werden.* Mehr noch: Wird das empirische Sinnkriterium auf sich selbst angewendet, dann zerstört es auch noch die Grundlage seiner eigenen Geltung. Denn dieses Kriterium ist weder analytisch, noch ist es empirisch zu überprüfen. Damit widerlegt es sich selbst. Denn wenn die Verifizierbarkeit zum Kriterium dafür wird, ob eine Aussage als sinnvoll einzustufen ist, dann ist eben dieses Kriterium selbst nicht mehr kriteriologisch zu verifizieren.[37]

35 R. Carnap: Erwiderung auf die vorstehenden Aufsätze von E. Zilsel und K. Dunker, in: Erkenntnis, Bd. 3, a.a.O., S. 180

36 K. R. Popper: Ein Kriterium des empirischen Charakters theoretischer Systeme, in: Erkenntnis, Bd. 3, a.a.O., S. 427

37 Vgl. H. Putnam: Reason, Truth and History, Cambridge 1981, dt., Vernunft, Wahrheit und Geschichte, Frankfurt/M. 1990, S. 145ff.

Dies ist aber nur eines jener Probleme, welches den logischen Positivismus von seinem ursprünglichen Programm fortführt. Das andere ist das Problem des *Sachbezugs*. Wenn sich nämlich der Sinn aller überhaupt sinnvollen Sätze auf Beobachtungssätze zurückführen lassen soll, da sich ja nach dem empirischen Sinnkriterium erst dann von einem Satz sagen läßt, er ist wahr, wenn er verifizierbar ist, dann kann dies nicht selbst wieder mit Bezug auf andere Sätze geschehen, sondern allein mit Bezug auf etwas, was selbst nicht auch wieder Satzcharakter hat. Dies ist nach Schlick das „Gegebene". Was sich nun aber auf den ersten Blick als ein völlig unproblematischer Begriff darstellt, offenbart in dem Moment seine Tücken, wenn darüber nachgedacht wird, was hier mit dem „Gegebenen" gemeint ist. Nach Ernst Tugendhat gerät der Positivismus mit diesem Problem insofern unter den Zwang seiner eigenen Problematik, als er bei der Klärung des Begriffs des „Gegebenen" nach „dem ursprünglichen Gegebenheitscharakter der Dinge ... und nach den Bedingungen der Möglichkeit von ‚Gegebenheit' überhaupt" zu fragen genötigt wäre, so wie dies in der Phänomenologie von Husserl und Heidegger exemplarisch vorgeführt wurde. Damit wäre man zwar in die „‚Metaphysik' geraten. Aber wenn die Aufklärung dessen, was man mit dem ‚Gegebenen' meint, für den Sinn eines wissenschaftlichen Satzes fundamental ist, dann führt eben die Wissenschaftslehre von sich aus in ‚Metaphysik'."[38] Im Umfeld analytischer Referenzanalysen brachen Fragen auf, die im klassischen Programm der Analytik vorschnell als „metaphysisch" abgewertet wurden. Nicht ohne Spott vermerkt Danto: „Gerade als das gelobte Land der logischen Form erblickt wurde, vernebelte es sich im Schleier des Sachbezugs und Philosophen stoßen miteinander zusammen wie Clowns im Nebel."[39]

Nicht daß es aus diesem Nebel kein Entkommen gäbe. Dies wäre sehr wohl möglich gewesen. Freilich wäre man dann in der Metaphysik gelandet. Denn genau das Problem des „Gegebenen" wurde von Heidegger in *Sein und Zeit* unter dem Stichwort der „*Thematisierung*" zum Problem gemacht. Heideggers existenzial-ontologische Analysen der „‚Entstehung' des *theoretischen* Entdeckens aus dem *umsichtigen* Besorgen" bemühen sich ja um den Nachweis, daß der „‚logische' Begriff, der die Wissenschaft mit Rücksicht auf ihr Resultat versteht und sie als einen ‚Begründungszusammenhang wahrer, das ist gültiger Sätze' bestimmt", diese von Grund auf falsch versteht. (SuZ 357) Denn hier wird vergessen, daß die „theoretische Forschung nicht ohne ihre eigene Praxis" ist. Heidegger, mit dem sich die im Logischen Positivismus aus der Wissenschaft verbannte Pragmatik wieder einklagen läßt, macht gegenüber der Reduktion des „wissenschaftlichen Verhaltens" auf eine „rein geistige Tätigkeit" darauf aufmerksam, daß beispielsweise die „Meßzahlen als Resultat eines Experiments" sich einer Versuchsanordnung verdanken, die das präjudiziert, was der Physiker als „Meßzahl" abliest. Auch wenn man gegen dieses Argument einwendet, daß ja das „hantierende Besorgen" in der Wissenschaft nur im Dienst der „reinen Betrachtung, des untersuchenden Entdeckens und Erschließens der

38 E. Tugendhat: Tarskis semantische Definition der Wahrheit und ihre Stellung innerhalb der Geschichte des Wahrheitsproblems im logischen Positivismus (Ein kritischer Überblick im Anschluß an Wolfgang Stegmüller: Das Wahrheitsproblem und die Idee der Semantik. Eine Einführung in die Theorien von A. Tarski und R. Carnap, Wien 1957), in: Wahrheitstheorien, a.a.O., S. 205

39 A. C. Danto: „Analytische Philosophie", in: Wo steht die Analytische Philosophie heute?, Hg. von L. Nagl und R. Heinrich, Wien/München, S. 57

,Sachen selbst' steht". Heidegger behält mit seiner Feststellung recht, daß die „Genesis der Wissenschaft bei der Charakteristik der Umsicht einsetzen (muß), die das ,praktische Besorgen' führt". Diese Umsicht bewegt sich in einem Kontext, oder wie es bei Heidegger heißt, in den Bewandtnisbezügen des zuhandenen Zeugzusammenhangs. Und wenn nun dieser Zeugzusammenhang in einer „Prädikation" ausgedrückt werden soll, so muß dieser immer „schon *als das und das* verstanden sein".

Glaubte Neurath noch im Jahr 1931, daß „Einfühlen, Verstehen und ähnliches" dem Forscher zwar förderlich sein kann, aber „in die Aussagengesamtheit der Wissenschaft ebensowenig ein(geht) wie ein guter Kaffee, der den Gelehrten bei seiner Arbeit förderte",[40] so läßt sich mit Heidegger zeigen, daß die Perspektive „des methodischen Fragens" um so sicherer wird, je angemessener im führenden Seinsverständnis das Sein des zu erforschenden Seienden verstanden wird, d. h. je angemessener das Ganze des Seienden als Sachgebiet einer „regionalen Ontologie" abgesteckt ist. Als klassisches Beispiel hierfür gilt Heidegger die mathematische Physik. An ihr kann gezeigt werden, daß für deren Ausbildung nicht etwa die „Beobachtung der ,Tatsachen'" oder die „,Anwendung' von Mathematik in der Bestimmung der Naturvorgänge" entscheidend war, sondern der *„mathematische Entwurf der Natur selbst"*. Denn erst „,im Licht' einer dergestalt entworfenen Natur kann so etwas wie eine ,Tatsache' gefunden und für einen aus dem Entwurf regulativ umgrenzten Versuch angesetzt werden. Die ,Begründung' von ,Tatsachenwissenschaft' wurde nur dadurch möglich, daß die Forscher verstanden: es gibt grundsätzlich keine ,bloßen Tatsachen'." (SuZ 362)

Sicher, Heideggers großartige Entdeckung der „Sinn-Eröffnung" qua Erschlossenheit, die jeder Aussagen-Wahrheit im Sinne der hermeneutischen Erschlossenheit vorausliegt, eine Entdeckung, welche Husserls phänomenologische Konstitutions-Problematik vertieft und zugleich erweitert, war erkauft mit der Preisgabe der Rechtfertigungs-Problematik, die wiederum im Logischen Positivismus eindringlich diskutiert wurde. Ungeachtet dessen wird man aber Heidegger in der „Freilegung einer ,Vorstruktur der Wahrheitsproblematik'" folgen müssen, die weitestgehend identisch ist mit der „Vorstruktur des ,Verstehens' als Erschlossenheit des Daseins".[41]

Obwohl also auch im logischen Positivismus immer neue Modifikationen am Begriff des „Gegebenen" bzw. am Tatsachenbegriff vorgenommen wurden, sofern die quasi Kantische Frage nach den Bedingungen der Möglichkeit von „Gegebenheit" keine befriedigende Antwort findet, ist der Charakter der Beobachtungssätze bzw. der Begriff des „Gegebenen" nicht klärbar. Und genau zur Klärung dieses Verhältnisses ist es im Logischen Positivismus nie gekommen. Und dies ist kein Zufall. Wenn der Positivismus konsequent bleiben wollte, dann durfte er nämlich auch nichts über dieses Verhältnis

40 O. Neurath: Empirische Soziologie. Der wissenschaftliche Gehalt der Geschichte und Nationalökonomie, in: Schriften zur wissenschaftlichen Weltauffassung, Hg. von Ph. Frank und M. Schlick, Bd. 5, Wien 1931, S. 56. Anders als Neurath, der fälschlicherweise das Problem des hermeneutischen Verstehens mit dem der psychologischen Einfühlung identifiziert, hat Alfred Schütz, der seinerseits mit der Gedankenwelt des Wiener Kreises bestens vertraut war, vier Jahre nach Carnaps *Der logische Aufbau der Welt* im Anschluß an Husserl und Max Weber den Sinnbegriff zum „Zentralbegriff" einer *verstehenden* Soziologie gemacht. Vgl. A. Schütz: Der sinnhafte Aufbau der Welt, Wien 1932

41 K.-O. Apel: Transformation der Philosophie. Einleitung, Bd. 1, a.a.O., S. 43

aussagen, da jede Aussage über das Verhältnis von „Beobachtungssatz“ und „Gegebenem“ als sinnlos galt.

Damit taten sich zwei Wege auf: Entweder man akzeptierte, daß es theoriefreie „Tatsachen“ bzw. das „Gegebene“ nicht gibt, da das, was in den Wissenschaften als „Tatsache“ bzw. als das „Gegebene“ beschrieben wird, nicht „Tatsache“ oder „Gegebenes“ „an sich“ ist, sondern ein durch die Wissenschaft umgeformtes. Das aber hätte bedeutet, daß man anerkennt, daß die behauptete epistemologische Unabhängigkeit der Tatsachen von den Theorien eine Fiktion darstellt. Anerkennt man aber dies als Fiktion, dann ergibt sich eine weitere Konsequenz. Die Vorstellung, daß es einen theorieneutralen Bereich für die empirische Bestätigung von Theorien gibt (ob dieser Bereich als „Tatsache“ oder als „Gegebenes“ bezeichnet wird, ist in diesem Zusammenhang einerlei), muß ebenfalls aufgegeben werden. Denn diese Vorstellung setzt voraus, was eigentlich bewiesen werden sollte. Eine Theorie, die nicht nur Erkenntnis auf Erfahrung gründen will, sondern Erfahrungsprozesse selbst noch untersuchen will und zu normieren trachtet, muß stets ein normatives Erkenntnismodell resp. einen normativen Begriff von Subjektivität mitbringen. Diese Notwendigkeit ist eine Konsequenz des empirischen Begründungsprogramms selbst. Sie ergibt sich aus dem Vorsatz, empirisch zu ermitteln, was Erfahrung sei. Soll nun dieser Versuch nicht zirkelhaft werden oder in einem unendlichen Regreß enden, dann braucht man ein normativ verwendbares Erfahrungsmodell, was wiederum nicht ohne konstitutive Bedeutung für das bleiben kann, was empirisch als Erfahrung beschrieben werden soll. Im Gegensatz zu Mach, Carnap und Schlick wußten Husserl und Heidegger, daß die Erfahrungsbasis einer Wissenschaft nicht unabhängig ist von den Standards, die diese der Erfahrung anlegt.

Kann man also über das Verhältnis der „Beobachtungssätze“ zum „Gegebenen“ keine Aussagen machen, da dort, wo nach der Gegebenheit der Dinge bzw. nach den Bedingungen der Möglichkeit von Gegebenheit überhaupt gefragt wird, die Metaphysik lauert, dann muß der Bezug zur Gegebenheit gekappt werden – und übrig bleiben allein die Sätze. Diese Position vertrat Otto Neurath. Im Gegensatz zu Carnap, der 1932 in dem Aufsatz *Die physikalische Sprache als Universalsprache der Wissenschaft* behauptet, daß unser wissenschaftliches Wissen sich aus einer bestimmten Klasse von Sätzen aufbauen läßt, die als Evidenzgrundlage allen Wissens keiner weiteren Verifikation mehr bedürfen, eben den Protokollsätzen, die exakt die Sinneseindrücke von methodisch geschulten Beobachtern beschreiben, vertritt Neurath die Auffassung, daß es kein Mittel gibt, *„um endgültig gesicherte saubere Protokollsätze zum Ausgangspunkt der Wissenschaften zu machen.* Es gibt keine tabula rasa. Wie Schiffer sind wir, die ihr Schiff auf offener See umbauen müssen, ohne es jemals in einem Dock zerlegen und aus besten Bestandteilen neu errichten zu können.“ „In der Einheitswissenschaft bemühen wir uns, ein *widerspruchsloses System* von: Protokollsätzen und Nichtprotokollsätzen (einschließlich der Gesetze) zu schaffen.“[42]

Neuraths Konzession, daß universelle Gesetzeshypothesen nicht verifizierbar sind und auch die Protokollsätze nicht mehr als eine letztinstanzliche Basis für die Wissenschaft

42 O. Neurath: Protokollsätze, in: Erkenntnis, Bd. 3, a.a.O., S. 206 und 208f. Vgl. dazu R. Carnap: Über Protokollsätze, ebd., S. 215-228

gelten können, war sicher ein ungeheurer Fortschritt in der Entwicklung des Logischen Empirismus. Mit diesem Zugeständnis wurde nicht nur der Begriff der Kritik produktiv weiterentwickelt. Damit war zugleich die Idee einer Begründung der Einheitswissenschaft auf der Grundlage der Protokollsätze aufgegeben. Sollte in der ersten Phase des Wiener Kreises die intersubjektive Gültigkeit wissenschaftlichen Wissens durch einen Rekurs auf Tatsachen sichergestellt werden, so wird nun das Begründungsproblem auf das Problem der logischen Ableitung von Sätzen aus Sätzen umgestellt.

Gibt es in der Wissenschaft einen neuen Satz, dann wird dieser nicht – wie bisher angenommen – mit den Tatsachen verglichen, sondern mit dem System, über das wir verfügen. Und einzig und allein dieses System sagt uns, ob ein Satz wahr oder falsch ist. Ist er „wahr", dann fügt er sich widerspruchslos in das System ein. Steht ein Satz hingegen im Widerspruch zum System, dann muß entweder das System so abgeändert werden, daß sich der betreffende Satz widerspruchslos einfügt, oder aber – im Fall, daß das System nicht abgeändert werden kann oder abgeändert werden soll – er muß als „falsch" gestrichen werden. Und das Schicksal, „gestrichen zu werden, kann auch einem Protokollsatz widerfahren. Es gibt für keinen Satz ein ‚Noli me tangere', wie es Carnap für die Protokollsätze statuiert."[43]

Für Neurath, der wissenschaftliches Wissen als eine Art „Säuberungsmaschine" begreift, die den in sie „hineingeworfenen Bestand an Protokollsätzen" reinigt und beim Auftreten eines „Widerspruchs" mittels eines „Glockenzeichens" darauf aufmerksam macht, daß ein in sie hineingeworfener Protokollsatz entweder durch einen anderen zu ersetzen ist, oder aber die Maschine umgebaut werden muß, kommt also im Gegensatz zu Carnap, für den nur „Nichtprotokollsätze und Gesetze" abgeändert werden können, auch die *„Streichung von Protokollsätzen in Frage. Ein Satz wird mit dadurch definiert, daß er der Bewährung bedarf, also auch gestrichen werden kann.*"[44]

Nun besteht die große Attraktivität von Neuraths Kohärenztheorie der Wahrheit sicher darin, daß sie im Gegensatz zur metaphysischen Korrespondenztheorie, eine kriteriologische Relevanz besitzt; wie überhaupt viele Autoren Korrespondenz für eine definitorische und Kohärenz für eine kriteriologische Definition der Wahrheit verwenden. Der Versuch, Wahrheit unter Bezug auf Kohärenz zu definieren, setzt sich jedoch auch einem Einwand aus: „Der problematische Mangel dieses Versuchs ... besteht darin, daß er die Verbindung zwischen Wahrheit und Tatsachen nicht nur nicht rational erfaßt, sondern einer solchen Erfassung sogar entzieht."[45] Sicher, man wird Neurath zustimmen müssen, wenn er wie Husserl und Heidegger darauf besteht, daß unser empirisches Wissen „nicht das unmittelbare Bewußtsein von einer unabhängigen Tatsache ist", das sich dem teilnahmslosen Beobachter zeigt. Und man wird Neurath auch in der Kritik an der metaphysischen Korrespondenztheorie der Wahrheit folgen können. Folgt aber aus der richtigen Einsicht, daß Kohärenz das Kriterium schlechthin für Wahrheit ist? Neurath hat diese

43 Ebd., S. 209
44 Ebd., S. 210
45 N. Rescher: The Criteriology of Truth. Fundamental Aspects of the Coherence Theory of Truth, in: The Coherence Theory of Truth, Oxford 1973, S. 1-40, zit. nach: Die Kriterien der Wahrheit, in: Wahrheitstheorien, a.a.O., S. 366

Frage eindeutig bejaht. „*Aussagen werden mit Aussagen* verglichen, nicht mit ‚Erlebnissen', nicht mit einer ‚Welt', noch mit sonst etwas. Alle diese sinnleeren *Verdoppelungen* gehören einer mehr oder minder verfeinerten Metaphysik an und sind deshalb abzulehnen. Jede neue Aussage wird mit der Gesamtheit der vorhandenen, bereits miteinander in Einklang gebrachten, Aussagen konfrontiert. *Richtig heißt eine Aussage dann, wenn man sie eingliedern kann.* Was man nicht eingliedern kann, wird als unrichtig verworfen."[46] Da jene, die sich für eine Trennung von Tatsachen auf der einen Seite und Aussagen auf der anderen Seite aussprachen, nicht angeben konnten, wie sich ein Vergleich zwischen Tatsachen und Aussagen überhaupt durchführen lassen soll, ja nicht einmal, wie wir uns Gewißheit über die Struktur jener Tatsachen verschaffen können, schlug Neurath vor, Wittgensteins Korrespondenztheorie der Wahrheit, die in der Frühzeit vom Wiener Kreis weitestgehend übernommen wurde, zugunsten einer eingeschränkten Kohärenztheorie aufzugeben. Damit entwickelte sich die „Wahrheitstheorie des logischen Positivismus ... Schritt für Schritt von einer Korrespondenztheorie zu einer eingeschränkten Kohärenztheorie".[47] Hieß es ursprünglich: „Die Angabe der Umstände, unter denen ein Satz wahr ist, ist dasselbe wie die Angabe seines Sinns.", wobei diese Umstände „in letzter Linie im Gegebenen zu finden sind", so heißt es nach der Kappung des Bezugs zum Gegebenen bei Neurath: „*Richtig heißt eine Aussage dann, wenn man sie eingliedern kann.* Was sich nicht eingliedern kann, wird als unrichtig abgelehnt." Das Paradoxe an dieser Position besteht darin, daß man nun zwar den leidigen Wahrheitsbegriff los war. Mit diesem zusammen ging aber auch der Empirismus und damit der Verifikationismus über Bord.[48]

Auf Neuraths Vorschlag, den Bezug zum Gegebenen zu kappen und Aussagen nur mit Aussagen zu vergleichen, hat Schlick mit einer Verteidigung des Empirismus geantwortet. Sein diesbezügliches Argument lautete: Wenn es nichts gibt, dessen wir absolut sicher sein können, dann kann es auch kein Wissen von irgendeiner Wahrheit und damit auch keine Wissenschaft geben. „Richtet man das Augenmerk auf den Zusammenhang der Wissenschaft mit der Wirklichkeit, sieht man in dem System ihrer Sätze das, was es eigentlich ist, nämlich ein Mittel, sich in den Tatsachen zurechtzufinden, ... so wird sich das Problem des ‚Fundamentes' von selbst in das Problem der unerschütterlichen Berührungspunkte von Erkenntnis und Wirklichkeit verwandeln. Diese absolut festen Berührungspunkte, die Konstatierungen, haben wir in ihrer Eigenart kennengelernt: es sind die einzigen synthetischen Sätze, *die keine Hypothesen sind.*"[49]

Schlick, der gegen Neurath und Carnap auf dem Standpunkt beharrt, daß es die Beobachtungssätze sind, die einerseits die *Verbindung von Erkenntnis und Wirklichkeit* realisieren und andererseits das *sichere Fundament der Erkenntnis* bilden, hinter das zurückzufragen sofort sinnlos wird, weil die Beobachtungssätze ein „absolutes Ende"

46 O. Neurath: Soziologie im Physikalismus, in: Erkenntnis, Bd. 2, a.a.O., S. 403

47 C. G. Hempel: On the Logical Positivists' Theory of Truth, in: Analysis. Vol. II, 4 (1935), S.49-54, zit. nach: Zur Wahrheitstheorie des logischen Positivismus, in: Wahrheitstheorien, a.a.O., S. 96

48 Vgl. E. Tugendhat: Tarskis semantische Definition der Wahrheit und ihre Stellung innerhalb der Geschichte des Wahrheitsproblems im logischen Positivismus, a.a.O., S. 207

49 M. Schlick: Über das Fundament der Erkenntnis, in: ders., Gesammelte Aufsätze 1926-1936, Wien 1938, S. 310

markieren, will mit seiner Argumentation gegen den kohärenztheoretischen Ansatz von Neurath zeigen, daß es doch so etwas wie ein absolut sicheres Fundament der Erkenntnis geben kann, ja sogar geben muß, so man weiterhin von exakter Wissenschaft reden will. Und das sind für ihn eben die Beobachtungssätze. Sie sind „wirklich die absolut festen Punkte". Allein mit Bezug auf diese „synthetischen Sätze" läßt sich die Wahrheit anderer Bereiche unseres Tatsachenwissens rechtfertigen.

Nun scheint diese Position nicht weit von Carnap entfernt zu sein, da sich auch Carnap immer als Empirist verstand. Als Protokollsätze galten Carnap all jene Sätze, die „selbst nicht einer Bewährung bedürfen, sondern als Grundlage für alle übrigen Sätze der Wissenschaft dienen". Insofern aber jeder konkrete Satz innerhalb einer Theorie als Protokollsatz dienen kann und insofern das, was einen Protokollsatz zum Protokollsatz macht, zu einer Frage der Konvention wird, verschwindet bei Carnap unterderhand der Verifikationismus und damit – so die Befürchtung von Schlick – auch der Empirismus.

Schlick kann mit seinem Argument gegen Neurath zumindest zeigen, daß Kohärenz als alleiniges Wahrheitskriterium nicht ausreichend ist, da ja auch Märchen kohärent sein können. Trotzdem tat sich mit der Schlick-Neurath-Kontroverse eine eigenartige Alternative auf. Hält man wie Schlick am Verifikationismus fest und verteidigt diesen gegen Syntaktizismus und Physikalismus, dann zahlt man dafür den Preis, daß dies nur zu bewerkstelligen ist durch einen Rückfall in den Psychologismus. Jener Vorwurf, den Schlick einst gegen Husserl geltend machte, wird nun, paradox genug, gegen ihn selbst von den radikaleren Mitgliedern des Wiener Kreises vorgetragen. Selbst Carnap, der inzwischen einsah, daß Neuraths Attacke dem Konstitutionssystem die empirische Basis raubt und die „phänomenale Sprache" unsinnig macht, mußte zugestehen, daß es weder möglich noch nötig ist, die Erkenntnis auf die Erlebnisse eines „Ich" zu gründen, da der hiermit vertretene „methodische Solipsismus" ein Unding ist – ein Unding, welches nichts erklärt, ja welches letztlich nicht einmal wissenschaftlich formulierbar, überprüfbar und bestätigbar ist. Denn der Versuch, den Verifikationismus mit Rekurs auf evidente Beobachtungssätze des empirischen Ego zu verteidigen, führt in einen Solipsismus hinein, aus dem man sich konstitutionslogisch nicht mehr befreien kann.

Andererseits hat auch die „Reduktion der Philosophie auf Syntax" ihren Preis. Dieser Preis besteht in einer Reduktion der Wissenschaftslogik auf die „Syntax der Wissenschaftssprache". Im Gegensatz zur Semantik, die die Beziehungen der Zeichen zu den bezeichneten außersprachlichen Sachverhalten untersucht, und zur Pragmatik, die die Beziehung der Zeichen zu den Menschen als Sprachbenutzern untersucht, hat es die Syntax mit der innersprachlichen Beziehung der Zeichen untereinander zu tun, oder wie es bei Carnap heißt: die syntaktische Methode klärt „die systematische Aufstellung der formalen Regeln, die für die Sprache gelten, und die Entwicklung der Konsequenzen aus diesen Regeln". Carnaps *Logische Syntax der Sprache* stellte sich also die Aufgabe, „für die Bearbeitung der Probleme der Wissenschaftslogik das erforderliche Werkzeug in Gestalt einer exakten syntaktischen Methode (zu) liefern". Unter Wissenschaftslogik versteht Carnap eine Theorie zur Untersuchung der logischen Struktur der Termini und Sätze der Wissenschaftssprachen und der Beziehungen der logischen Relationen zwischen denselben. Diese Wissenschaftslogik tritt nach Carnap *„an die Stelle des unentwirrbaren Problemgemenges, das man Philosophie nennt*".[50]

Zur selben Zeit also als Wittgenstein im Begriff ist, das logizistisch restringierte Sprachmodell des *Tractatus* aufzugeben – ein Sprachmodell, welches, um mit Heidegger zu reden, in einer Ontologie der Vorhandenheit gründet – und zu einer Deskription einer Mannigfaltigkeit von faktischen Sprachspielen übergeht, unternimmt Carnap den heroischen Versuch, mittels der Reduktion der Wissenschaftslogik auf die Syntax der Wissenschaftssprache den Traum des Logischen Positivismus in Realität zu überführen. Damit haben Wittgenstein und Carnap in je unterschiedlicher Weise die Konsequenzen aus dem Scheitern aller Versuche gezogen, den sprachkritischen Ertrag des *Tractatus* zu retten. Während Wittgenstein dazu übergeht, den Sinn sprachlicher Äußerungen aus dem praktischen Funktionieren zu erklären – für eine Auffassung, die in der ehemals als transzendental apostrophierten Logik das „unvergleichliche Wesen der Sprache" ausmachen zu können glaubt, etwas, was tief verborgen sei und nur nach mühsamer philosophischer Anstrengung zu bergen ist, hat der Wittgenstein der *Philosophischen Untersuchungen* schließlich nur noch Spott übrig –, versucht Carnap, die metaphysische Fiktion einer weltabbildenden Einheitssprache konstruktivistisch einzuholen.

Im Rahmen der logischen Syntax glaubt Carnap, die auf Leibniz zurückgehende spekulative Pointe der symbolischen Logik entfalten zu können. Denn unterstellt, es gelänge, Zeichen zu finden, „die geeignet wären, alle unsere Gedanken ebenso rein und streng auszudrücken, wie die Arithmetik die Zahlen oder die analytische Geometrie die Linien ausdrückt", dann würde „es leicht sein ..., den Kalkül zu prüfen, sei es, indem man ihn nachvollzieht, sei es, indem man einige Proben versucht, ähnlich solchen, wie es die Nennerprobe in der Arithmetik ist. Und wenn jemand an dem, was ich vorgebracht haben würde, zweifelte, würde ich sagen: ‚Rechnen wir, mein Herr!', und Feder und Tinte nehmend, würden wir uns bald aus der Verlegenheit ziehen."[51] Diese Sprache, so Leibniz, „wird eine wunderbare Eigenschaft besitzen, die darin besteht, daß sie allen Ignoranten den Mund schließt. Denn man wird in dieser Sprache nicht mehr über das, was man nicht versteht, schreiben können." Da eine solche Sprache streng wahrheitsfunktional aufgebaut wäre, so daß der Wahrheitswert jedes Satzes allein von den Wahrheitswerten seiner Teilsätze abhängt, ist diese Sprache vollständig formalisierbar. Die Semantik fällt unter die Syntax und die sinnlosen Sätze der Metaphysik könnten gar nicht mehr ausgedrückt werden. Carnap hat diesen Gedanken in die einprägsame Formel gekleidet: „logische Syntax ist ... nichts anderes als Mathematik der Sprache."

Das heißt, sofern es überhaupt sinnvolle Sätze gibt, müssen sich diese in eine „formale Redeweise" übersetzen lassen können. Zwar beurteilte auch Carnap die Möglichkeiten einer logischen Syntax für natürliche Sprachen eher skeptisch. Jedoch zweifelte er freilich nicht daran, daß die syntaktische Methode die „formalen Regeln, die für die Sprache gelten", in einer *systematischen Aufstellung* an den Tag bringt. Denn Carnap war überzeugt, daß „die logischen Eigenschaften von Sätzen (z. B. ob ein Satz analytisch, synthetisch oder kontradiktorisch ist, ob er ein Existenzsatz ist od. dgl.) und die logischen Beziehun-

50 R. Carnap: Logische Syntax der Sprache, Wien 1934, S. 205
51 G. W. Leibniz: Fragmente zur Logik, Berlin 1960, S. 90f.

gen zwischen Sätzen (z. B. ob zwei Sätze einander widersprechen oder miteinander verträglich sind, ob der eine aus dem anderen logisch folgt od. dgl.) nur von der syntaktischen Struktur der Sätze abhängen“.[52]

Jedoch auch der Versuch, „alle sinnvollen philosophischen Probleme“ an die Syntax zu delegieren, ist gescheitert. Und zwar nicht allein darum, weil hier nur noch Sätze übrigbleiben, über deren Wahrheit man sinnvoll nicht mehr sprechen konnte. Denn das Problem der Verifikation wurde ja insofern gegenstandslos, als es sich hierbei gerade nicht mehr um ein philosophisches Problem handelt, welches in der Syntax behandelbar ist, sondern lediglich um ein einzelwissenschaftliches Problem. Und auch nicht darum, weil die Beschränkung aller überhaupt sinnvollen Sätze auf die Sätze der Wissenschaft dazu führte, daß schließlich auch die Wissenschaft, deren Sätze inklusive des Wahrheitsproblems verschwanden. Dies sind die Folgen, nicht die Ursachen an denen Carnaps diesbezüglicher Versuch scheiterte.

Die grundlegende Aporie der syntaktisch-operationalistischen Sprachauffassung besteht darin, als hier überhaupt nicht geklärt wurde und auch gar nicht geklärt werden kann, wie die vermeintlich apriorische Wahrheit der syntaktischen Konventionen erkannt werden kann. Das Problem ist identisch mit dem Problem, welches Wittgenstein in die Paradoxie getrieben hat, dem Problem, daß die Suche nach einer nicht-empirischen Wahrheit über die Bedingungen der Möglichkeit der Beschreibbarkeit das selbstbezügliche Problem ihrer eigenen Möglichkeit aufwirft. So wie seinerzeit Frege und Russel die Frage nicht beantworten konnten, wie denn die Kenntnis der von ihnen sogenannten Logik möglich ist, da gemäß der atomistischen Grundthese die Bedingungen der Möglichkeit der Beschreibbarkeit ihrerseits unbeschreibbar sind, so kann nun Carnap die Frage nicht beantworten, wie die syntaktischen Konventionen, die das präzise und daher willkürfreie Operieren überhaupt ermöglichen sollen, ohne die Umgangssprache als der letzten, nicht hintergehbaren Metasprache überhaupt verstanden werden können. Wenn aber die Umgangssprache die letzte Metasprache ist, hinter die nicht weiter zurückgegangen werden kann, auch nicht mit den Mitteln der Syntax, dann muß auch die syntaktisch aufgebaute Kalkülsprache von den Bedeutungen der Umgangssprache Gebrauch machen, d. h. der Sprache des alltäglichen In-der-Welt-seins.

Der Versuch, eine Sprache zu konstruieren, die im Sinn einer Kalkülsprache funktioniert, eine Sprache, die nach Leibniz die „wunderbare Eigenschaft“ besitzen sollte, den „Ignoranten den Mund“ zu verschließen, steht oder besser fällt eben damit, daß die formale Redeweise nicht nur den „Ignoranten“ den Mund verschließen würde, sondern auch Leibniz und Carnap, seinem positivistischen Bundesgenossen. Denn in dieser Sprache, so sie tatsächlich keinen Gebrauch von der Umgangssprache machen müßte, würde nämlich nicht nur „nicht mehr über das, was man nicht versteht“, geschrieben oder geredet werden können. In dieser Sprache würde überhaupt nicht mehr geschrieben oder geredet werden, weil diese Sprache keiner mehr verstünde und folglich auch nicht mehr über das schreiben oder reden könnte, was man nicht versteht. Und worüber man nicht reden kann, darüber muß man eben schweigen.

52 Vgl. R. Carnap: Logische Syntax der Sprache, a.a.O., S. 2ff.

So konnte auch in der syntaktisch-operationalistischen Sprachauffassung, wo der Begriff der logischen Wahrheit (die sog. L-Begriffe) auf eine bestimmte Sprache relativiert wird, die Allgemeinheit des Begriffs der Analytizität nicht in einer befriedigenden Weise geklärt werden, da sich eine rein syntaktische Darstellung der Logik gegenüber der Frage nach der richtigen Logik als völlig indifferent erwies. Gemäß des von Carnap selbst vorgestellten Toleranzprinzips konnte hier nämlich über die Sprachform völlig frei verfügt werden, wodurch es am Ende nicht mehr logische, sondern pragmatische Erwägungen waren, die über die Wahl der „richtigen" Sprachform entschieden. Auf diese Weise wurde zwar das positivistische Sinnkriterium zusehends pragmatisiert. Damit war jedoch einem logischen Pluralismus Tür und Tor geöffnet. Dies hatte zur Konsequenz, daß sich Carnap mit der unliebsamen Frage konfrontiert sah, gemäß welcher Logik sich eine strikte Trennung von analytischen und synthetischen Aussagen noch durchführen lassen soll, wenn es denn wirklich eine Frage der Übereinkunft ist, welche Logik gewählt wird. Kann aber ein Kriterium für eine solche Trennung nicht bereitgestellt werden, dann verliert automatisch die scharfe Grenze zwischen Vernunftwahrheiten und Tatsachenwahrheiten an Kontur. Wird aber diese Grenze unscharf, dann ist es um eines der zwei zentralen Dogmen des Empirismus geschehen.

Auch Tarskis Semantik hat aus diesen Schwierigkeiten und Aporien nicht herausgeholfen, sondern diese nur auf die semantische Ebene verlagert. Denn mit Tarskis Arbeit *Der Wahrheitsbegriff in den formalisierten Sprachen* liegt zwar eine Korrespondenztheorie der Wahrheit vor, die keinen Bezug zur Verifikation enthält und daher auch keine metaphysischen bzw. epistemologischen Implikationen hat, wodurch es erstmals möglich war, dem Wahrheitsbegriff bzw. dem Sinnbegriff die metaphysische und epistemologische Anstößigkeit zu nehmen, ohne gleichzeitig diese Begriffe syntaktisch zu eskamotieren. Auf diese Weise war es denn auch möglich, die aus der „Unbestimmtheit der Bedeutung" resultierenden semantischen Antinomien zu eliminieren, die aus der Selbstrückbezüglichkeit der natürlichen Sprache resultieren. Dies war jedoch nur dadurch möglich, daß sich Tarskis Wahrheitsdefinition nicht auf „Wahrheit überhaupt" bezog, sondern auf „Wahrheit in einer bestimmten Sprache S". Die rekursive Definition der Satz-Wahrheit in einem semantischen System S führt dann zu einem Definitionsschema, wonach gilt: „‚Schnee ist weiß' ist wahr genau dann, wenn Schnee weiß ist." Das Problem ist hier jedoch, daß Tarskis Wahrheitstheorie überhaupt keine epistemologische Relevanz besitzt. Denn deren formale Korrektheit war erkauft mit einer Abstraktion von der pragmatischen Dimension der Zeichenfunktion. Unter sprachphilosophischen Gesichtspunkten betrachtet, bleibt also in der semantische Wahrheitsdefinition die pragmatische Dimension des Satzverstehens ohne Berücksichtigung.[53]

53 Vgl. W. Becker: Wahrheit und sprachliche Handlung. Untersuchungen zur sprachphilosophischen Wahrheitstheorie, Freiburg/München 1988, Kap. I und II

3. Das Ende des Logischen Empirismus – Willard Van Orman Quine

Quine hat rückblickend darauf aufmerksam gemacht, daß seine Zweifel an der klaren Unterscheidung von analytischen und synthetischen Aussagen als eines der beiden Dogmen des Empirismus schon in seinem Aufsatz *Truth by convention* aus dem Jahr 1936 in Grenzen deutlich wurden. Ende der dreißiger Jahre führte Quine eine Diskussion mit Tarski und Carnap zu diesem Problem. Und kurze Zeit später entspann sich eine „Dreieckskorrespondenz" zwischen Morton White, Nelson Goodman und Quine. Obgleich Quine in den folgenden Jahren kaum mehr auf dieses Problem zu sprechen kam, blieb es virulent. Nun ist es sicher müßig, darüber zu spekulieren, was passiert wäre, wenn Quine seinen Angriff auf den Begriff der Analytizität schon in den späten dreißiger Jahren gestartet hätte, vor allem, was man sich innerhalb der analytischen Philosophie an intellektueller Arbeit hätte sparen können. Fest steht: als Quine 1950 von der *American Philosophical Association* aufgefordert wurde, über das Problem der Analytizität zu sprechen und *Two Dogmas of Empiricism* schrieb, schlug dieser Aufsatz ein wie eine Bombe. Denn dieser Aufsatz hat das Selbstverständnis der analytischen Philosophie von Grund auf verändert. Steht hier doch der Begriff der Analytizität selbst zur Verhandlung, jener Begriff also, der zum Banner einer der einflußreichsten Richtungen der Philosophie im 20. Jahrhundert wurde und maßgeblich das analytische Selbstverständnis prägte.

Quines Strategie bestand hier darin, daß er zunächst verschiedene Ansätze einer kritischen Prüfung unterzog, mit denen zwischen dem, was zur Bedeutung eines Satzes gehört, und dem, was von ihm kontingenterweise impliziert wird, bzw. zwischen analytischer und kontingenter Wahrheit unterschieden werden sollte. Seine These lautete, daß alle Versuche einer klaren und kriterial brauchbaren Scheidung nicht erfolgreich sind, es sei denn, es wird bereits vorausgesetzt, was zu beweisen wäre: daß die Grenze zwischen analytischer und kontingenter Wahrheit schon scharf gezogen ist. Quine bestritt also nicht, daß es nicht möglich sei, genau zu bestimmen, wo diese Grenze liegt. Quines wesentlich stärkere und natürlich auch folgenreichere These lautet, daß es überhaupt keine solche Grenze gibt. Nicht daß es so etwas wie Analytizität gibt, ist das Problem, sondern daß es keine scharfe Grenze gibt, die es uns erlaubt, die analytischen und synthetischen Sätze wie die Spreu vom Weizen zu trennen. Denn die Übergänge sind hier fließend. Mit anderen Worten: Wir können unmöglich eine klare und reine Bedeutung aus dem Gehalt eines Satzes herausschälen, selbst wenn dieser Satz den meisten oder sogar allen Mitgliedern einer Sprachgemeinschaft verständlich ist. Die Frage, ob etwas zur Bedeutung eines Ausdrucks gehört, bzw. die Frage, ob ein Satz analytisch ist, wird damit zu einer Frage des mehr oder weniger.

Ausgangspunkt von Quines Überlegungen war eine Definition der Analytizität, wie sie im Anschluß an Frege und Russel im Logischen Positivismus vertreten wurde. Nach dieser Definition gilt: Aussagen sind analytisch, genau dann, wenn sie entweder *logisch wahr* sind oder „durch Einsetzung von Synonymen für Synonyme in logische Wahrheiten umgeformt werden können".[1] Wie leicht zu sehen ist, stützt sich der Begriff der Analytizität auf zwei Begriffe: Erstens auf den Begriff der *logischen Wahrheit* und zweitens auf den Begriff der *Synonymie*.
Sehen wir uns folgendes Beispiel an: Nach dieser Definition wäre die Aussage
(1) „Jeder Junggeselle ist ein Junggeselle"
eine analytische Aussage. Und zwar genau darum, weil es sich um eine logisch wahre Aussage handelt. Auch bei der Aussage
(2) „Jeder Junggeselle ist ein unverheirateter Mann"
scheint es sich um eine analytisch wahre Aussage zu handeln, da ja durch Substitution des Begriffs „Junggeselle" für „unverheirateter Mann" die Aussage (2) in eine Aussage vom Typ (1) überführt werden kann. Wahr auf Grund von Bedeutung scheint demnach identisch mit wahr auf Grund von Synonymie und Logik. Sieht man sich hingegen diese Aussage genauer an, dann zeigt sich, daß wir bald auf eine Reihe von Schwierigkeiten stoßen, die dem Begriff der Analytizität viel von seiner apriorischen Würde nehmen. Das Problem ist, daß hier einerseits mit dem Begriff der logischen Wahrheit und andererseits mit dem Begriff der Synonymie operiert wird. Der Begriff der logischen Wahrheit bereitet zunächst keine weiteren Schwierigkeiten. Denn „wenn wir von einem vorgängigen Inventar an *logischen* Partikeln ausgehen, ... dann ist allgemein ausgedrückt, eine logische Wahrheit eine Aussage, die wahr ist und unter allen Uminterpretationen aller ihrer Komponenten außer den logischen Partikeln wahr bleibt."[2] Im Unterschied zum unproblematischen Begriff der logischen Wahrheit bereitet jedoch der Begriff der Synonymie eine Reihe von Problemen, aus denen sich unliebsame Folgen ergeben. Von Goodman, so erinnert sich Quine, wurde er auf die „deprimierende Möglichkeit" hingewiesen, „daß es bei dem von uns als ‚Synonymie' bezeichneten Phänomen ganz und gar um eine Frage des Mehr oder Weniger geht, wobei sich dieses Phänomen dann von durchgängiger orthographischer Gleichheit von Ausdrücken auf der einen Seite bis hin zu bloß faktischer Gleichheit des Designatums ... auf der anderen Seite erstreckte. In diesem Fall würde dann auch die Analytizität zu einer Sache des Mehr oder Weniger – lediglich zu einem Maßstab dafür, wie sehr wir uns dagegen sträuben, eine bestimmte Feststellung im Vergleich zu einer anderen Feststellung aufzugeben – wobei beide zu einer Menge von Feststellungen gehören, deren Konjunktion sich als falsch herausgestellt hat."[3] Und genau dies konnte Quine zeigen.

1 W. V. O. Quine: Two Dogmas of Empirism, Philosophical Review 60 (1951), S. 20-43, überarbeitete Fassung in: From a Logical Point of View. Nine logico-philosophical essays, Cambrige/Mass. 1953, S. 20-46, dt., Zwei Dogmen des Empirismus, in: Von einem logischen Standpunkt. Neun logisch-philosophische Essays, Frankfurt/M. – Berlin – Wien 1979, S. 29
2 Ebd.
3 W. V. O. Quine: The Problem of Interpreting Modal Logic, in: The Journal of Symbolic Logic, Bd. 12, 1947, S. 45f. Zit. nach J. Bennett: Sprachverhalten, Frankfurt/M. 1982, S. 405

Die Synonymie zweier sprachlicher Ausdrücke, im gegebenen Fall von „Junggeselle" und „unverheirateter Mann", besteht in der „Austauschbarkeit in allen Kontexten ohne gleichzeitige Veränderung des Wahrheitswertes – Austauschbarkeit in Leibnizens Worten, *salva veritate*".[4] Diese Definition der Synonymie ist jedoch inadäquat. Da durch Substitution von Synonymen durch Synonyme nicht eine wahre Aussage in eine falsche überführt werden darf, und da es nach dieser Definition auch zulässig wäre, „Junggeselle" durch „Lebewesen mit Beinen" zu ersetzen, zumindest wenn wir diese Definition auf eine extensionale Sprache anwenden, dann sind wir gezwungen, nicht nur „Junggeselle" und „unverheirateter Mann" als Synonyme zu akzeptieren, sondern auch „Lebewesen mit Herz" und „Lebewesen mit Nieren". Auch diese Ausdrücke sind ja gegeneinander austauschbar. Obgleich nun aber diese Ausdrücke extensionsgleich sind, da sie offensichtlich auf dieselben Objekte zutreffen, ist diese Feststellung kotraintuitiv. „Junggeselle", so unsere Intuition, ist nicht unbedingt ein Synonym für „Lebewesen mit Beinen". Dies können wir uns im Anschluß an unser erstes Beispiel folgendermaßen verdeutlichen:
Ersetzen wir in der logisch wahren Aussage
(3) „Ein Junggeselle ist notwendigerweise ein Junggeselle"
„Junggeselle" durch „unverheirateter Mann", dann erhalten wir
(4) „Ein Junggeselle ist notwendigerweise ein unverheirateter Mann".
Auch diese Aussage bleibt wahr. Ersetzen wir nun aber in der logisch wahren Aussage
(5) „Ein Lebewesen mit Herz ist notwendigerweise ein Lebewesen mit Herz"
den Ausdruck „Lebewesen mit Herz" durch „Lebewesen mit Niere", dann ändert sich auch der Wahrheitswert, d. h. wir erhalten eine falsche Aussage, die Aussage nämlich
(6) „Ein Lebewesen mit Herz ist notwendigerweise ein Lebewesen mit Nieren".

Um diese Schwierigkeit zu beheben und dem Begriff der Analytizität eine schärfere Kontur zu geben, wurde vorgeschlagen, eine Einschränkung folgender Art vorzunehmen: Die Synonymität zweier sprachlicher Ausdrücke soll dann gegeben sein, wenn sie in einer Sprache „salva veritate füreinander austauschbar sind", und zwar einer Sprache, die das intensionale Adverb „notwendigerweise" enthält. Jedoch auch dieser Vorschlag führt zu keiner befriedigenden Lösung des Problems, da danach die Synonymiedefinition zirkulär wird. Denn eine solche Sprache ist nach Quine nur unter der Voraussetzung verständlich, daß der Begriff der „Analytizität schon vorgängig verstanden ist".[5]

Nun wäre es ja denkbar, daß sich der Begriff der Analytizität zwar nicht für natürliche, wohl aber für künstliche Sprachen definieren läßt. Denn hier stehen uns semantische Regeln zur Verfügung, die es erlauben, alle analytischen Aussagen relativ zu dieser Sprache zu bestimmen. Quine weist jedoch auch diesen Vorschlag zurück, da hier die Schwierigkeit in modifizierter Form fortbesteht. Und zwar dergestalt, daß die semantischen Regeln der künstlichen Sprache das Wort analytisch enthalten, das wir nicht verstehen.
Gegen diese rigide Interpretation, wonach es sich bei der Unterscheidung von analytischen und synthetischen Aussagen um eines der beiden Dogmen des Empirismus handelt, sind verschiedentlich Einwände erhoben worden. Die ersten, die dem Begriff der Analytizität zu Hilfe kamen, waren Grice und Strawson. Fünf Jahre nach Quines Angriff auf den

4 W. V. O. Quine: Zwei Dogmen des Empirismus, a.a.O., S. 34
5 Ebd., S. 37

Begriff der Analytizität haben Grice und Strawson in ihrem Aufsatz *In Defense of a Dogma* der Argumentation von Quine entgegengehalten, daß der Nachweis bestimmter Mängel in der Definition des Begriffs der Analytizität noch nicht dazu berechtigt, die Unterscheidung selbst in Frage zu stellen. Nach Grice und Strawson läuft eine derartig rigide Begriffsbestimmung auf die absurde Konsequenz hinaus, daß fast alle philosophischen Begriffe verboten werden müßten. Zwar sind auch ihnen die Schwierigkeiten nicht verborgen geblieben, die sich beim Versuch einstellen, den Gegensatz von analytischen und synthetischen Aussagen zu definieren. Gleichwohl glauben beide, daß Quine mit seiner Schlußfolgerung übers Ziel hinausgeschossen ist. Dabei berufen sich Grice und Strawson auf die Tatsache, daß es zum einen einen philosophisch akzeptierten Gebrauch der Distinktion von analytisch und synthetisch gibt, „and nothing more is needed ... to mark a distinction",[6] und daß es zum anderen einem kompetenten Sprecher nicht schwerfällt, wenn ihm Paare von analytischen und synthetischen Aussagen vorgelegt werden, jeweils die einen als analytisch und die anderen als synthetisch zu klassifizieren.

Damit läuft Grices und Strawsons Position auf die Behauptung hinaus, daß der Synonymiebegriff zwar erhebliche Schwierigkeiten aufwirft, sofern er definiert werden soll, daß aber ein kompetenter Sprecher durchaus in der Lage sei, Synonymieurteile abzugeben. Zwar werden hin und wieder Streitfälle auftreten, bei denen es schwierig ist zu entscheiden, ob ein Satz ein analytischer oder ein synthetischer Satz ist. Mit derartigen Fällen läßt sich jedoch leben, zumal dies keine Besonderheit philosophischer Begriffe ist, sondern eine allgemeine Eigenschaft von Begriffen. Was sich für Quine als philosophisch hoch brisantes Problem darstellt, scheint sich alltagspraktisch mit Rekurs auf die Kompetenzen eines Sprechers als ein Scheinproblem erweisen zu lassen. Handelt es sich also bei Quines Angriff auf die Unterscheidung von analytischen und synthetischen Aussagen um eines jener Scheinprobleme, die, um mit Wittgenstein zu sprechen, nicht einer Klärung, sondern der Abschaffung bedürfen? Sicher nicht. Zwar kommt Quine der Argumentation von Grice und Strawson insofern entgegen, als auch er zugibt, daß zwischen sogenannten analytischen Sätzen und sogenannten synthetischen Sätzen intuitiv im alltäglichen Sprachgebrauch unterschieden werden kann. Und er weiß auch, daß ein Satz wahr ist durch seine Bedeutung bzw. durch die Tatsachen oder Sachverhalte, die er beschreibt. Aber damit ist eben noch nicht die Intuition von Grice und Strawson zu verteidigen. Denn dies ist noch kein Beweis dafür, daß wir radikal zwischen zwei Wahrheitsbegriffen zu unterscheiden haben, so wie dies in der Philosophie seit Leibniz und Kant und später dann auch im Logischen Positivismus getan wurde.

So wird man Grice und Strawson zunächst auch zugeben können, daß ein kompetenter Sprecher, der in einer gegebenen Situation nicht verstanden wird, das, was er meint, auch mit anderen Worten sagen kann. Und für diese Fähigkeit scheint es zunächst auch keine Grenze zu geben, da sich diese Kompetenz nicht auf jene ostensiv erlernten Ausdrücke beschränken läßt, die dem Kontext gleich sind, in welchem die Ausdrücke erlernt wurden. Ein kompetenter Sprecher kann die ostensiv erlernten Ausdrücke auch in anderen Kontexten anwenden. Und doch hat diese Fähigkeit ihre Grenzen. Wie Bosch in seinem Nachwort zu Quines *Von einem logischen Standpunkt* hervorhebt, kann nämlich „die Menge

6 H. P. Grice/P. F. Strawson: In Defense of a Dogma, in: The Philosophical Review 65 (1956), S. 143

aller möglichen Kontexte ... nie ausgeschöpft werden, und auch nicht die Menge möglicher Objekte, so daß unsere Prädikate, die wir ostensiv erlernt haben, immer und notwendigerweise in vielerlei Richtungen in ihrer Anwendbarkeit unbestimmt bleiben".[7]

Bosch verdeutlicht diesen Gedanken an folgendem Beispiel. „Stellen wir uns vor, es stelle sich heraus, daß alle Katzen Roboter wären, die von einem anderen Stern her ferngesteuert werden. Würden wir sie dann weiterhin ‚Katzen' nennen wollen und einräumen, daß sich mit jener Entdeckung die Bedeutung des Wortes ‚Katze' verändert habe (so wäre dann die Aussage ‚Alle Katzen sind Tiere' nicht mehr analytisch wahr, sondern empirisch als falsch erwiesen), oder würden wir die Bedeutung des Wortes ‚Katze' beibehalten wollen und sagen, daß wir uns wohl geirrt hätten, und daß das, was wir unter ‚Katzen' verstehen, offenbar nicht existiert, und die Dinge, die wir für Katzen gehalten haben, offenbar keine Katzen sind?"[8] Aus diesem Beispiel folgt, daß wir nicht davon ausgehen können, daß der Sprecher einer Sprache ohne Probleme die Synonymie von Ausdrücken beurteilen kann, sondern lediglich die Kontextäquivalenz von Ausdrücken. Im Gegensatz zu Urteilen hinsichtlich der Kontextäquivalenz von Ausdrücken sind Synonymieurteile „generelle Aussagen *über* die Sprache und keine Form des Sprach*gebrauchs*". Anders als der Begriff der Kontextäquivalenz „enthält der Synonymiebegriff implizit den Begriff aller möglichen Kontexte und den Begriff aller möglichen Ausdrucksintentionen".[9] Grice und Strawson gehen daher fehl, wenn sie argumentieren, daß ostensiv erlernte Ausdrücke von jenem Kontext abgehoben werden können und auf alle möglichen Kontexte und Ausdrucksintentionen anwendbar sind. Denn genau dies ist nicht möglich, da sich der Synonymiebegriff allein mit Bezug auf alle nur möglichen Kontexte und alle nur möglichen Ausdrucksintentionen definieren ließe – was in jedem Fall ein Wissen von jenen Kontexten und Ausdrucksintentionen voraussetzen würde, das nicht von dieser Welt sein kann. Kurz: Die Sprache und unser Wissen von der Welt müßten stillgestellt werden, soll die Synonymiedefinition erfolgreich sein.

Daher gehen Grice und Strawson an der Sache vorbei, wenn sie argumentieren: „We do not, of course, claim any out clarifying power for this definition. We want only to point out that if we are to give up the notion of sentence-synonymy as senseless, we must give up the notion of sentence-significance (of a sentence having meaning) as senseless too."[10] Denn Quines Argumente gegen den Begriff der Synonymie, den er völlig zu Recht als „zu unklar und zu undurchsichtig" bezeichnet, und gegen die Unterscheidung von analytisch und synthetisch sind keine Argumente gegen den Bedeutungsbegriff überhaupt, sondern allein Argumente gegen einen empiristisch restringierten bzw. gegen einen mentalistisch bzw. platonistisch überspannten Bedeutungsbegriff, gegen einen Bedeutungsbegriff also, der entweder, wie bei Locke, die Bedeutung bzw. den Sinn sprachlicher Ausdrücke mit Bezug auf unmittelbare Sinneseindrücke klären will oder, wie bei Frege (und später bei Popper), die Idealität der Bedeutung sprachlicher Ausdrücke dadurch plausibel machen

7 P. Bosch: Synonymie im Kontext. Ein Nachwort, in: W. V. O. Quine: Von einem logischen Standpunkt, a.a.O., S. 171
8 Ebd., S. 167
9 Ebd., S. 166f.
10 P. Grice/P. F. Strawson: In Defence of a Dogma, a.a.O., S. 146

möchte, daß er ihr ein ideales Ansichsein zuspricht. Im ersten Fall wird das Bedeutungsproblem empiristisch eskamotiert, da sich die Frage der Bedeutungsidentität sinnvoll gar nicht mehr stellen läßt, geschweige denn, daß sie empirisch beantwortbar wäre, im zweiten Fall kann die Identität der Bedeutung gegenüber der Mannigfaltigkeit der Situationen und der Sprechakte allein dadurch gesichert werden, daß Frege eine dritte Welt zeitlos idealer Gebilde postuliert, die sowohl der objektiven Welt der erfahrbaren Gegenstände und Ereignisse als auch der subjektiven Welt der privilegiert zugänglichen Erlebnisse gegenübersteht.

So kann Frege mit seiner Kritik an der Auffassung, das Denken sei vorstellendes Bewußtsein, zwar die „linguistischen Wende" einleiten. Denn Freges These: „Wir sind nicht Träger der Gedanken, wie wir Träger unserer Vorstellungen sind", räumt mit dem bewußtseinsphilosophischen Vorurteil auf, daß die individuellen Vorstellungen einen privilegierten Status haben und gegenüber der Sprache als primär anzusetzen sind. Gedanken, so die Argumentation von Frege, bleiben ihrem Gehalt nach immer dieselben Gedanken. Und wenn ein Gedanke wahr ist, dann gibt der Satz, der ihn ausdrückt, eine Tatsache oder einen Sachverhalt wieder. An der Struktur der Sätze, die die elementarsten wahrheitsfähigen Bestandteile einer grammatischen Sprache sind, können wir so die Struktur der Gedanken ablesen. Um nun aber erklären zu können, warum die Mitglieder einer Sprachgemeinschaft grammatische Ausdrücke auf identische Weise verstehen können, läßt sich Frege dazu verleiten, bedeutungsplatonisch den Gedanken oder Propositionen ein ideales Ansichsein zuzusprechen. Trotz der Tatsache, daß Frege den Gedanken aus dem Bewußtsein vertrieb, wird hier also die Architektonik der Bewußtseinsphilosophie nicht prinzipiell überwunden, sondern nur um eine dritte Welt zeitlos idealer Gebilde ergänzt, wobei es ein Rätsel bleibt, wie die drei Welten in Kontakt treten. Und daß die drei Welten zueinander in Beziehung treten müssen, ist auch für Frege evident. Denn: „Selbst das Zeitlose muß irgendwie mit dem Zeitlichen verflochten sein."[11]

Quine kritisiert also Freges Semantik nicht dafür, daß hier der Gedanke aus dem Bewußtsein vertrieben wurde. Quine kritisiert Frege für seinen Platonismus, den er in der Bedeutungstheorie für vermeidbar hält. Nach Quine vertritt Frege die *Identität der Bedeutung* zu kostspielig. So kann denn Quine Frege attestieren, daß „der Gedanke, Symbole im Gebrauch zu definieren ..., ein Fortschritt gegenüber dem unmöglichen Empirismus" darstellt, der wie bei Locke und Hume Term-für-Term die Bedeutung zu bestimmen suchte. „Mit Frege wurde statt des Terms die Aussage als die Einheit anerkannt, die einer empiristischen Kritik verantwortlich ist." Gleichzeitig und in diesem Zusammenhang kann Quine gegen Freges Semantik ein holistisches Motiv geltend machen: Nämlich daß wir, „selbst wenn wir die Aussage als Einheit nehmen, noch zu fein sieben. Die Einheit empirischer Signifikanz ist die Wissenschaft als gesamte."[12]

Quine argumentiert also nicht dafür, daß zusammen mit dem Begriff der Synonymie auch der Begriff der Bedeutung als sinnlos aufgegeben werden muß, sondern lediglich gegen ein „gefühlsmäßiges Herumtappen" in der Bedeutungstheorie, die sich seiner Meinung nach, noch in einem schlechteren Zustand befindet als die Referenztheorie. Grice

11 G. Frege: Logische Untersuchungen, Göttingen 1966, S. 49
12 W. V. O. Quine: Zwei Dogmen des Empirismus, a.a.O., S. 46

und Strawson täuschen sich daher über die Beweiskraft ihres eigenen Arguments, welches nach Quine auf einem „fallacy of substraction" beruht. Von ihnen wird argumentiert, daß, „wenn man von einem Satz sagen kann, er sei bedeutungsvoll bzw. er habe Bedeutung, es auch eine Bedeutung geben müsse, die er hat, und diese Bedeutung entweder mit der eines anderen Satzes identisch oder von ihr verschieden sei. Dieses Argument wird ins Feld geführt, ohne daß man auch nur versucht, Synonymie durch ‚eine Bedeutung haben' zu definieren, und ohne zu bemerken, daß wir dann ebensogut die Hypostasierung von Anbetrachten und Einhörnern dadurch rechtfertigen könnten, daß wir auf die Redewendungen ‚in Anbetracht von' und ‚jagt Einhörner' hinweisen."[13]

Was folgt aus dem bisher Gesagten? Zunächst, daß der Begriff der Analytizität *erstens* in eine Krise gerät, weil dieser Begriff durch den Synonymie-Begriff erklärt werden muß, der sich jedoch nur durch „austauschbar" erklären ließ. Und da „austauschbar" wiederum nur durch den Begriff geklärt werden konnte, der gerade erklärt werden sollte, eben den Begriff der Analytizität, gerät der Versuch einer klaren Unterscheidung von analytischen und synthetischen Aussagen in einen Zirkel. Damit bleibt Quine gegenüber Grice und Strawson im Recht, wenn er darauf besteht, daß der Begriff der Analytizität in einem nicht-metaphorischen Sinn bestimmt werden muß, so er als Zentralbegriff in der Bedeutungstheorie eine Rolle spielen soll. Dies ist der erste Grund, warum der Begriff der Analytizität in eine Krise gerät. Es gibt aber noch einen weiteren. Der zweite Grund ist der, daß sich die Hoffnung, die „Synonymie von Aussagen" über die gleiche Art ihrer empirischen Bestätigung oder Widerlegung festzustellen, nur so lange halten ließ, solange man von der Voraussetzung ausging, daß es jeweils einzelne Aussagen sind, die einer empirischen Verifikation bzw. Falsifikation unterworfen werden. Und genau diese Hoffnung ließ sich nicht halten.

Denn auch wenn man Freges Vorschlag, den Sinn eines sprachlichen Ausdrucks über seine Wahrheitsbedingungen zu bestimmen, dahingehend abwandelt, daß „Wahrheit" durch „Verifikation" ersetzt wird, eine Auffassung, die expressis verbis vom frühen Wittgenstein im *Tractatus* und im Logischen Positivismus von Carnap und Schlick vertreten wurde, sofern es hier hieß: „Einen Satz verstehen, heißt, wissen was der Fall ist, wenn er wahr ist",[14] „Der Sinn eines Satzes ist die Methode seiner Verifikation" oder „The meaning of a proposition is the method of its verification",[15] eine Auffassung zugleich, mit der sich die Hoffnung verband, doch noch eine Definition der Synonymie zu gewinnen, wenngleich jetzt eine Synonymie zwischen Sätzen, bleibt auch hier das Problem in modifizierter Form erhalten. Denn die Hoffnung, auf diese Weise das Problem der Synonymie in den Griff zu bekommen, konnte sich nur so lange am Leben halten, solange

13 W. V. O. Quine: Wort und Gegenstand, S. 356f. (im folgenden zit. als WO)

14 L. Wittgenstein: Tractatus logico-philosophicus, a.a.O., § 4.024

15 M. Schlick: Meaning and Verification, in: Gesammelte Aufsätze, a.a.O., S. 340. Schlicks Definition der Bedeutung: „Stating the meaning of a sentence amounts to stating the rules according to which the sentence is to be used, and this is the same as stating the way in which it can be verified (or falsified)." (ebd.), nimmt eine Auffassung wieder auf, die von Peirce stammt, die Auffassung nämlich, daß die „wirkliche Bedeutung einer Aussage in dem Unterschied besteht, den die Wahrheit dieser Aussage für mögliche Erfahrung ausmachen würde." W. V. O. Quine: Naturalisierte Erkenntnistheorie, in: Ontologische Relativität und andere Schriften, Stuttgart 1975, S. 109

es als sinnvoll galt, „allgemein von der Bestätigung oder Schwächung einer Aussage zu reden". Danach gilt, daß zwei Aussagen dann synonym sind, wenn sie hinsichtlich der Methode ihrer „empirische(n) Bestätigung bzw. Schwächung" gleich sind.[16] Also allein unter der Voraussetzung, daß man einzelne Aussagen einem empirischen Testverfahren aussetzen kann, konnte man auch weiterhin annehmen, die „Synonymie von Aussagen" sei über die gleiche Art ihrer Verifikation bzw. Falsifikation festzustellen. Nun hatte die Verifikationstheorie der Bedeutung zwar gegenüber dem alten Empirismus den Vorzug, das semantische Primat von der Wortbedeutung auf die Bedeutung ganzer Sätze verschoben zu haben, da hier, ähnlich wie in der von Wittgenstein inspirierten *ordinary language philosophy*, nicht mehr der Sinn und die Sinnhaftigkeit von Wörtern, sondern von Sätzen untersucht wurde. Die Glorifizierung des semantischen Primats der Sätze mußte jedoch in dem Moment aufgegeben werden, wo man einsah, daß es nicht einzelne Sätze sind, sondern Satzsysteme bzw. Theorien, die in den Wissenschaften empirisch überprüft werden – eine Einsicht, die Quine als die dritte von insgesamt fünf Einsichten bezeichnet, mit denen sich der Empirismus zum besseren gewandelt hat. Damit ist nicht etwa behauptet, daß kein Einzelsatz einer Theorie seine abtrennbare empirische Bedeutung hat. Behauptet ist damit lediglich, daß ein einzelner Satz für gewöhnlich zuwenig Text abgibt, um als unabhängiges Vehikel der empirischen Bewährung zu dienen.[17]

Denn, so Quines These, es sind eben nicht einzelne Aussagen über die Außenwelt, die vor das „Tribunal der sinnlichen Erfahrung" treten, sondern jeweils ein „Kollektiv" von Aussagen. „Die Gesamtheit unseres sogenannten Wissens oder Glaubens, angefangen bei den alltäglichsten Fragen der Geographie oder der Geschichte bis hin zu den grundlegendsten Gesetzen der Atomphysik oder sogar der reinen Mathematik und Logik, ist ein von Menschen geflochtenes Netz, das nur an seinen Rändern mit der Erfahrung in Berührung steht. Oder, um ein anderes Bild zu nehmen, die Gesamtwissenschaft ist ein Kraftfeld, dessen Randbedingungen Erfahrung sind."[18]

Selbst wenn man also einmal davon absieht, daß die Forderung nach einer völligen Verifizierbarkeit den Nachteil mit sich bringt, daß hier schon per se Sätze von universeller Art ausgeschlossen sind, also alle Sätze, die allgemeine Gesetze ausdrücken, da sich diese Sätze aus keiner begrenzten Menge von Beobachtungstatsachen ableiten lassen, und wenn man weiterhin davon absieht, daß das Verifikationsprinzip selbst empirisch nicht begründbar ist, und wenn man schließlich auch noch davon absieht, daß die vom Verifikationsprinzip in Anspruch genommene Bestätigungsbasis skeptisch angreifbar ist, da hier verifikationistisch ja nicht erklärt werden kann, wieso diese und nicht jene Daten als Instanzen einer Verifikation dienen; obendrein gerät die Hoffnung, die „Synonymie von Aussagen" über die gleiche Art ihrer Verifikation bzw. Falsifikation festzustellen, auch noch aus einem anderen Grund in eine Krise. Nämlich dann, wenn sich zeigen läßt, daß es nicht einzelne Aussagen sind, die der empirischen Verifikation bzw. Falsifikation unterworfen werden, sondern ein System von Aussagen, also Theorien. Dieses System beschreibt

16 W. V. O. Quine: Zwei Dogmen des Empirismus, a.a.O., S. 43

17 Vgl. W. V. O. Quine: Five Milestones of Empiricism, in: Theories and Things, Cambridge/Mass. 1981, dt., Fünf Marksteine des Empirismus, in: Theorien und Dinge, Frankfurt/M. 1991, S. 92f.

18 W. V. O. Quine: Zwei Dogmen des Empirismus, a.a.O., S. 47

Quine als ein einziges „Gebilde aus untereinander verbundenen Sätzen“, die ein einheitliches Ganzes ergeben, das alles das einschließt, „was wir jemals über die Welt sagen“ (WO 36). Im Anschluß an das sinnreiche Gleichnis von Neurath hat Quine dieses Gebilde als unser Schiff des Wissens vorgestellt, ein Schiff, das möglicherweise seine Bauweise „stümpernden Vorgängern verdankt, die es nur deshalb nicht zum Sinken gebracht haben, weil sie mehr Glück als Verstand hatten“ (WO 221). In jedem Fall aber auch ein Schiff, welches wir nicht anders umbauen können, als indem wir damit auf offener See bleiben.

Anders als Hegel, der von Descartes sagte: „Hier, können wir sagen, sind wir zu Hause und können wie der Schiffer nach langer Überfahrt auf der ungestühmen See ‚Land‘ rufen“,[19] und anders auch als Husserl, der ebenfalls das offene Meer verlassen will, optiert Quine dafür, das Schiff als unser Zuhause zu begreifen. Insofern für Quine letztendlich alle Landungsmanöver gescheitert sind, da alle Versuche, begründungstheoretisch festen Boden unter die Füße zu bekommen, nicht erfolgreich waren, die des Logischen Positivismus nicht ausgenommen, gibt er den Gedanken einer Grundlegung der Philosophie und der Wissenschaften auf und plädiert für eine fallibilistische Ratio, deren Heim ein Schiff ist, welches die offene See nicht verlassen kann. Dieses Schiff können wir zwar verbessern, wir können es aber nicht in einem Trockendock zerlegen und dort aus besten Bestandteilen neu zusammenbauen. So werden wir denn auch bei anfallenden Reparaturleistungen gelegentlich einige Teile über Bord werfen. Bei Strafe des Untergangs werden dies aber nie alle Teile gleichzeitig sein, sondern stets Teile, für die wir einen mehr oder weniger passenden Ersatz bei der Hand haben.

3.1. Epistemischer Holismus – Duhem und Quine

Die Position, wonach es nicht einzelne Aussagen sind, die einer empirischen Bestätigung bzw. Widerlegung unterworfen werden, bezeichnen wir im Anschluß an Quine als *epistemischen Holismus*. Im 20. Jahrhundert wurde diese als epistemischer Holismus bezeichnete Position zuerst von Pierre Duhem vertreten. Im Rahmen einer konventionalistischen Interpretation der Physik stellt Duhem fest, daß man einem Hirngespinst nachjagen würde, wöllte man die Hypothesen der theoretischen Physik einzeln und isoliert vor das Tribunal der Erfahrung ziehen. Denn, so die Pointe von Duhem, es macht keinen Sinn, eine Hypothese in der Physik von anderen Hypothesen isolieren zu wollen, um sie mit der Erfahrung zu konfrontieren. Es ist noch nicht einmal möglich, eine isolierte Hypothese auf Grund einer experimentellen Überprüfung zu falsifizieren, da sich die Hypothesen in der Physik wechselseitig erläutern. Wenn sich aber die Hypothesen der Physik wechselseitig erläutern, dann folgt daraus eben, daß man sie auch nicht isoliert voneinander mit der Erfahrung konfrontieren kann. Dieser These liegt folgende Argumentationsfigur zugrunde:

19 G. W. F. Hegel: Vorlesungen über die Geschichte der Philosophie, Hg. von G. Irrlitz, Leipzig 1971, Bd. 3, S. 250

„Die physikalische Wissenschaft ist ein System, das man als Ganzes nehmen muß, ist ein Organismus, von dem man nicht einen Teil in Funktion setzen kann, ohne daß auch die entferntesten Teile desselben ins Spiel treten."[20] Eine Falsifikation trifft damit nicht eine einzelne Hypothese, sondern immer das gesamte System der Physik. Das Experiment, so es negativ ausfällt, zeigt uns also nicht, wo der „Irrtum" liegt, sondern allenfalls „daß unter allen Lehrsätzen, die dazu gedient haben, die Erscheinung vorherzusagen ... einer ein Irrtum ist." Und eben aus diesem Grund richtet sich das Verdikt im Fall einer negativen Bestätigung des Experiments, Duhem spricht auch von einem „experimentellen Widerspruch", nicht gegen eine einzelne Hypothese, sondern immer gegen „das gesamte theoretische Gerüst, von dem der Physiker Gebrauch macht".[21]

Dies läßt sich wie folgt klarmachen: Nehmen wir an, H sei eine Hypothese und O ein zu überprüfender Tatbestand. Und nehmen wir weiterhin an, der Tatbestand soll eine Folge-rung von H sein. Dann kann im Fall eines negativen Befundes O' die Hypothese H mittels des modus tollens nicht schlüssig widerlegt werden.

$$[(H \rightarrow O). \sim O] \rightarrow \sim H$$

Da nach unserer Voraussetzung die Hypothesen in der Physik sich gegeneinander nicht isolieren lassen, sind bei jeder experimentellen Prüfung mehrere Hypothesen beteiligt. Der modus tollens bezieht sich demnach nicht auf eine einzelne Hypothese H, sondern stets auf die Gesamtheit aller Hypothesen, also auf die Konjunktion der Hypothese H und auf den gesamten Rest der an einem Experiment beteiligten Hypothesen A. Dies läßt sich wie folgt darstellen:

$$[(H. A \rightarrow O). \sim O] \rightarrow \sim (H.A)$$ [22]

„Der experimentelle Widerspruch ermöglicht es uns nicht – wie das von den Geometrien verwendete ad-absurdum-Führen –, eine physikalische Hypothese in eine unbestreitbare Wahrheit zu verwandeln. Um ihr dies zu ermöglichen, müßte man alle verschiedenen Hypothesen aufzählen, die bei einer bestimmten Gruppe von Erscheinungen auftreten können. Der Physiker ist nun niemals sicher, alle denkbaren Annahmen erschöpft zu haben."[23]

Duhem, der in und durch die Kritik am alten Empirismus zu einer ähnlichen Feststellung gelangt wie Heidegger, nämlich daß es keine theoriefreie Tatsachenermittlung gibt, kommt in diesem Zusammenhang zu der bemerkenswerten Einsicht, daß ein beliebiges experimentelles Verfahren allein im Kontext von Fragestellungen möglich ist, in die stets

20 P. Duhem: La théorie physique: Son objet et sa structure, Paris 1906, dt., Ziel und Struktur der physikalischen Theorie (1908), Hg. von L. Schäfer, Hamburg 1978, S. 249

21 Ebd., S. 245

22 Vgl. hierzu N. Avgelis: Die Duhem-Quine These unter dem Geltungsaspekt der erkenntnistheoretischen Fragestellung Kants, in: Kant-Studien, Heft 3 (1991), S. 286

23 P. Duhem: Ziel und Struktur der physikalischen Theorie, a.a.O., S. 252f.

theoretische Grundannahmen eingehen, und daß umgekehrt auch die Ergebnisse der Experimente nicht ohne Beziehung auf Theorien formulierbar sind.

Daraus zog Duhem den Schluß, daß es niemals die isolierte Hypothese, sondern immer die Gesamtheit der Hypothesen ist, die der Physiker an der Gesamtheit der experimentellen Belege überprüft. Geleitet von der richtigen Voraussetzung, daß der Physiker Produzent von Wissen und nicht Eigentümer von Kenntnissen ist, die unabhängig von der Tat des Naturwissenschaftlers „an sich" existieren, macht Duhem geltend, daß der Physiker seine Begriffe und Theorien stets unter der Bedingung von Experimenten erzeugt und daß demzufolge diese Begriffe auch erst durch ihre experimentelle Realisierbarkeit naturwissenschaftlichen Sinn haben. Denn die theoretische Physik kritisiert ihre Begriffe hinsichtlich ihrer experimentellen Relevanz und nicht mit Bezug auf eine Welt „an sich". Obgleich nun auch Carnap klar erkannt hat, daß das, was experimentell als feststellbare Tatsache bezeichnet wird, überhaupt erst in einem Zusammenhang der Interpretation möglicher Erfahrung zu gewinnen ist, so verkennt er doch, daß dieser Zusammenhang als Wechselspiel von experimentellem Handeln und theoretischer Zuschreibung konzipiert werden muß. Er trennt den Zusammenhang von experimentellem Handeln und Tatsachenermittlung auf, schiebt das praktische Verhalten zu den „externen Faktoren" und reduziert so das philosophische Problem auf die Analyse von Sätzen. In der Reduktion des Sinnproblems auf die Analyse von Sätzen zeigt sich, daß Carnap damit außerstande ist, die wirkliche Natur des physikalischen Verhaltens zu erfassen, weil er das theoretische Vorgehen nicht unter dem Gesichtspunkt seiner pragmatischen Realisierung betrachtet, sondern nur als Beobachten unterstellt. Und das ist nicht verwunderlich. Carnaps Pragmatismus ist nicht pragmatisch genug, um das Problem der physikalischen Theoriebildung zu lösen, genausowenig wie sein Holismus holistisch genug ist, das Problem der empirischen Bestätigung bzw. Widerlegung physikalischer Theorien zu lösen.

Zwar wußte auch Carnap, daß es „im allgemeinen" unmöglich ist, „einen einzelnen hypothetischen Satz zu überprüfen", da die „Überprüfung ... im Grunde nicht auf einzelne Hypothesen, sondern auf das gesamte System der Physik als ein System von Hypothesen angewendet (wird) (Poincaré, Duhem)". Obgleich also auch Carnap klar die Unmöglichkeit erkennt, einzelne Aussagen einem empirischen Testverfahren zu unterwerfen, obgleich auch er den epistemischen Holismus auf die gesamte Theorie ausdehnt, was die Definition der Analytizität vermittels des Verfahrens, welches Schlick vorschlug, sofort unplausibel macht, da es hier ja hieß: „die Bedeutung eines Satzes ist die Methode seiner Verifikation", glaubt er dennoch, daß sich eine trennscharfe Unterscheidung von analytischen und synthetischen Aussagen auch weiterhin verteidigen läßt – und die Philosophie durch Wissenschaftslogik zu ersetzen sei.

Aus dieser Position ergab sich, daß nun mit der Reduktion der Philosophie auf Wissenschaftslogik und der damit verbundenen Übersetzung aller überhaupt sinnvollen Begriffe in eine „formale Redeweise" zwar das unliebsame Problem der Verifikation verschwand. Jedoch war die syntaktische regelorientierte Präsentation logischer Begriffe und Beziehungen mit einer Gleichwertigkeit unterschiedlicher formaler Systeme erkauft, so daß eine Entscheidung für oder gegen ein System sich innerlogisch nicht mehr rechtfertigen ließ.

Nun hatten wir festgestellt, daß sich Carnap unter dem Einfluß von Tarskis Arbeit der formalen Semantik zugewandt und damit eine ausschließlich syntaktische Darstellungsweise der Logik verworfen hatte. Bot doch die formale Semantik die Möglichkeit, mit einem Problem fertigzuwerden, an welchem sich Carnap mit der syntaktischen Grundlegung der Logik vergeblich abgearbeitet hatte, dem Problem nämlich, den Sinn- und den Wahrheitsbegriff in einer Weise zu klären, daß dieser einerseits seine metaphysischen Anstößigkeiten verliert, ohne ihn andererseits auf Syntax reduzieren zu müssen, was ja gleichbedeutend mit seinem Verschwinden war. Damit schien ein „Weg gewiesen, das Schiff des Positivismus zwischen der Scylla der Metaphysik und der Charybdis des Syntaktizismus sicher durchzusteuern. Man brauchte nur die logische Syntax durch die Semantik zu ergänzen: Philosophie ist Syntax *und* Semantik."[24]

Später dann hat Carnap auch noch die Pragmatik neben Syntax und Semantik in seine Überlegungen einbezogen, in die nun all jene Problembestände delegiert werden konnten, die sich weder syntaktisch noch semantisch bearbeiten ließen. Danach war nun das Wahrheitsproblem der Semantik überantwortet und das Verifikationsproblem fiel in den Zuständigkeitsbereich der Pragmatik. Nun wäre die Reduktion der Philosophie auf Semantik aber nur dann erfolgreich, wenn sich plausibel machen ließe, daß sich mittels einer semantischen Definition der Wahrheit der Sinn eines Satzes bestimmen läßt, d. h. durch eine Übersetzung in die Metasprache. Wie Tugendhat jedoch gezeigt hat, wird hier stillschweigend vorausgesetzt, daß wir die Metasprache bereits „verstehen". Andernfalls wären wir ja nicht wirklich über die Syntax hinausgekommen. Aber gerade auf die Frage, was und wie wir da verstehen, wenn wir den Sinn der metasprachlichen Zeichen verstehen, läßt sich nicht wiederum durch eine Übersetzung in eine weitere Metasprache klären, da sich sonst ein Regreß eröffnen würde, der semantisch gerade blockiert werden sollte, sondern allein durch die Regeln ihres alltäglichen Gebrauchs, also pragmatisch.[25] Damit wären wir entweder bei Heidegger oder aber bei Wittgenstein. Klarerweise ist dies für Carnap keine attraktive Alternative. Gleichzeitig ist aber auch klar, daß Carnaps Rückgriff auf die Pragmatik das Problem nicht löst. Solange nicht in den Überlegungen zur Pragmatik die fundamentale Unterscheidung zwischen den empirisch feststellbaren Regeln eines faktischen Sprachgebrauchs auf der einen Seite und den Regeln für den empirischen Sprachgebrauch auf der anderen Seite (wie er beim empirischen Sinnkriterium vorliegt) bedacht wird, so lange „scheint die ursprüngliche Grundlagenproblematik des Wiener Kreises zwischen Semantik und Pragmatik hindurchzufallen und dem Blick vollends entschwunden zu sein". Und genau diese Unterscheidung wurde von Carnap in ihrer Tragweite nicht bedacht. Das empirische Sinnkriterium bleibt entweder empirisch unbestimmt und damit wertlos, oder aber es muß als Explikation einer uns schon vorgängig akzeptierten Idee von Sinn verstanden werden, was eher in die Richtung einer Philosophie weist, gegen die das Sinnkriterium als metaphysikkritische Waffe eingesetzt werden sollte, eben in Richtung von Husserl und Heidegger.

Es ist hier nicht der Ort, dieses Problem weiter zu verfolgen. Klar ist zunächst, daß für Carnap zwei Wege verbaut sind: den Weg, den Heidegger in *Sein und Zeit* mit seiner Analyse des alltäglichen In-der-Welt-seins ging, konnte Carnap nicht mitgehen, und den

24 E. Tugendhat: Tarskis semantische Definition der Wahrheit und ihre Stellung innerhalb der Geschichte des Wahrheitsproblems im logischen Positivismus, a.a.O., S. 211

25 Ebd., S. 213f.

Weg, den Wittgenstein mit seiner Gebrauchstheorie der Bedeutung in den *Logischen Untersuchungen* ging, wollte Carnap nicht mitgehen. Nun bot immerhin der amerikanische Pragmatismus eine Alternative zu Heidegger und Wittgenstein. Und tatsächlich hat ja Carnap in seinen Überlegungen zur Pragmatik erhebliche Anleihen beim amerikanischen Pragmatismus von Peirce, Dewey und vor allem von Morris aufgenommen.[26] Wie jedoch Quine bemerkt, hört Carnaps Pragmatismus dort auf, wo sein Pragmatismus beginnt: „bei der imaginären Grenze zwischen dem Analytischen und Synthetischen", wohingegen Quine betont, daß er mit der Verwerfung solch einer Grenze für einen strengen Pragmatismus Partei ergreift.[27] Beide Dogmen, der Reduktionismus, der sich von der Voraussetzung leiten läßt, daß jede Aussage unabhängig und isoliert von anderen Aussagen bestätigt bzw. geschwächt werden kann und die Unterscheidung von „Analytischem und Synthetischem" stehen nach Quine in einem engen Zusammenhang: „Beide Dogmen (sind) im Grunde identisch."[28]

So stellt Quine in seiner Auseinandersetzung mit Carnap Anfang der fünfziger Jahre fest, daß es sich bei der an Kant orientierten Unterscheidung von analytischen und synthetischen Urteilen, eine Unterscheidung, die bekanntlich auf Leibniz' Gegenüberstellung von „verites de raison" und „verites de fait", von Vernunft- und Tatsachenwissen zurückgeht, überhaupt nicht um eine klare Unterscheidung handelt. Um nämlich sagen zu können, was „analytisch" in einem nicht nur metaphorischen Sinn bedeuten soll, muß der Begriff der Analytizität durch den „Synonymie"-Begriff erklärt werden, der sich jedoch nur durch „austauschbar" einführen läßt. Und da „austauschbar" wiederum nur durch den Begriff geklärt werden kann, der geklärt werden soll, d. i. der Begriff der „Analytizität", fährt sich der ganze Versuch einer klaren Unterscheidung von analytischen und synthetischen Aussagen in einem Zirkel fest. Mit dem Argument, daß als „analytisch" all jene Sätze bezeichnet werden können, die aus der Gesamtheit der Bedeutungspostulate in einer rein semantisch aufgebauten Sprache logisch folgen, versucht zwar Carnap in einem letzten Rückzugsgefecht noch einmal den Begriff der Analytizität zu retten. Jedoch auch diese ohnehin schon bescheidenere Fassung des Begriffs der Analytizität konnte nicht befriedigen, da es weiterhin nicht geklärt war, warum gerade jene Sätze, die aus der Gesamtheit der Bedeutungspostulate folgen, als „analytisch" gelten sollten, und keine anderen.

Aus dieser Diskussion, die das Ende des Logischen Empirismus besiegelte, zog Quine folgende Konsequenz: „Der moderne Empirismus ist zum großen Teil durch zwei Dogmen bedingt. Das eine ist der Glaube an eine grundlegende Kluft zwischen einerseits *analytischen* Wahrheiten, die auf Bedeutungen beruhen und unabhängig von Tatsachen sind, und *synthetischen*, auf Tatsachen beruhenden Wahrheiten andererseits. Das andere Dogma ist der *Reduktionismus*: der Glaube, daß jede sinnvolle Aussage äquivalent einem logischen Konstrukt aus Termen sei, die auf unmittelbare Erfahrung referieren." Beide Dogmen sind schlecht begründet. Eine Folge ihrer Abschaffung – so Quine – ist das

26 Vgl. H.-J. Dahms: Positivismus und Pragmatismus, in: Wissenschaft und Subjektivität. Der Wiener Kreis und die Philosophie des 20. Jahrhunderts, Hg. von D. Bell und W. Vossenkuhl, Berlin 1992, S. 239-257

27 W. V. O. Quine: Zwei Dogmen des Empirismus, a.a.O., S. 50

28 Ebd., S. 46

Verschwinden der angeblichen Grenze zwischen spekulativer Metaphysik und Naturwissenschaft, eine andere ist die Hinwendung zum Pragmatismus.[29] Was einst als Schwert gegen die alte und neue Metaphysik aufgeboten wurde, erwies sich als ein hölzernes Eisen. Denn das, was im Wiener Kreis als Abgrenzungskriterium gegen die Metaphysik in Anschlag gebracht wurde, beruhte selbst auf einem „metaphysischen Glaubensartikel".

Und in der Tat. Wenn es keine scharfe Trennung zwischen analytischen und synthetischen Aussagen gibt, dann gibt es auch keine scharfe Trennung mehr zwischen jenen Aussagen, die Carnap sinnvoll, und jenen, die er sinnlos nannte. Damit bricht aber die Unterscheidung zwischen Metaphysik und Wissenschaft mittels eines empirischen Sinnkriteriums in sich zusammen. Statt die Aussagen in sinnlose und sinnvolle einzuteilen, spricht Quine daher lieber von wahren Aussagen und Aussagen, die einen „Kategorienfehler" enthalten. Damit gibt Quine die Hoffnung auf, mittels Ab- und Ausgrenzungskriterien sinnlose Aussagen aus der Philosophie bzw. aus den Wissenschaften eliminieren zu wollen. Zwar hält es auch Quine für lohnenswert, „ontologische Slums" zu säubern. Aber einen Naturschutzpark der Differenzen zwischen Philosophie und Wissenschaft lehnt er ab. „Da sich die Philosophen, die derartige Kategorien-Zäune errichten möchten, im allgemeinen nicht zu dem Entschluß durchringen können, alle falschen mathematischen Aussagen und ähnliche Absurditäten aus der Sprache zu verbannen, vermag ich in ihren teilweisen Aussperrungen kaum einen Vorteil zu sehen; denn die betreffenden Formen ließen sich auch dann recht gut unter Kontrolle bringen, wenn man sie statt dessen – ebenso wie Selbstwidersprüche – als falsch (wenn man will: als falsch aufgrund ihrer Bedeutungen) zuließe. Toleranz gegenüber ‚don't-cares' ... ist eine Hauptquelle der Einfachheit einer Theorie" (WO 395f.).

Nicht daß nun Quine die alte oder die neue Metaphysik rehabilitieren will. Im Gegenteil. Quine verzichtet lediglich darauf, „Metaphysiker" als Musiker ohne musikalische Fähigkeiten zu denunzieren und sie damit dem Sachverstand der Musikkritiker zu unterstellen. Ob Quine in diesem Zusammenhang auch all die Konsequenzen mitbedacht hat, die die Preisgabe der Analytisch/synthetisch-Distinktion nach sich zieht, steht in diesem Zusammenhang nicht zur Diskussion. Fest steht jedoch: Diese Preisgabe untergräbt von innen das analytische Selbstverständnis. „Carnap und die anderen logischen Positivisten des Wiener Kreises hatten schon den Begriff ‚Metaphysik' in einen pejorativen, Sinnlosigkeit konnotierenden Gebrauch gedrängt; der Begriff der ‚Erkenntnistheorie' war der nächste. Wittgenstein und seine Jünger, vor allem in Oxford, fanden eine philosophische Restbeschäftigung in der Therapie: nämlich Philosophen von der Verblendung zu kurieren, es gebe erkenntnistheoretische Probleme."[30] Wie recht Quine mit dieser Feststellung haben wird, zeigt sich spätestens bei Rorty.

29 Ebd., S. 27
30 W. V. O. Quine: Naturalisierte Erkenntnistheorie, a.a.O., S. 114f.

3.2. Die Unterbestimmtheit der Theorien

Nun hat Quine in seiner Argumentation gegen die Verifikationstheorie der Bedeutung, so wie diese im Wiener Kreis vertreten wurde, nicht nur Duhems These aufgenommen, wonach es die Gesamtheit unseres Wissens ist, die vor das „Tribunal der sinnlichen Erfahrung" tritt. Quine hat Duhems These zugleich *radikalisiert und verschärft*. Quine *radikalisiert* Duhems These, weil er im Gegensatz zu Duhem aus der holistischen Auffassung des Erfahrungsbezugs ein Argument gegen die klare Distinktion von analytischen und synthetischen Aussagen gewinnen will. Und Quine *verschärft* Duhems These, weil er den epistemischen Holismus auf das gesamte wissenschaftliche Erkennen ausdehnt. „Unsere Aussagen über die Außenwelt treten nicht als einzelne Individuen, sondern als Kollektiv vor das Tribunal der sinnlichen Erfahrung ... Die Einheit empirischer Signifikanz ist die Wissenschaft als gesamte." Gleichzeitig und in diesem Zusammenhang ist Quine aber auch gezwungen, Duhems Holismus *einzuschränken* bzw. *abzuschwächen*, um nicht wie dieser ins konventionalistische Fahrwasser zu geraten (Quine spricht daher auch von einem „gemäßigte(n)" bzw. von einem „relative(n) Holismus").[31] Quines diesbezügliches Argument lautet: „The Duhem thesis would be wrong if understood as imposing an equal status on all the statements in a scientific theory and thus denying the strong presumtion in favor of the observation statements. It is this bias that makes science empirical."[32]

Damit stellt sich eine alte Frage auf neue Weise: Was geschieht, wenn sich vor jenem „Tribunal der sinnlichen Erfahrung" herausstellen sollte, daß eine empirische Hypothese aufgegeben werden muß? Quines Antwort „Keine Aussage ist unrevidierbar." Aus der Tatsache, daß keine Aussage unrevidierbar ist, folgt nun aber keineswegs, daß eine Aussage auch revidiert werden muß. Es ist nämlich auch möglich, daß selbst Aussagen, die ganz nahe an der „Peripherie" liegen, trotz widerstreitender Erfahrung weiterhin als wahr verteidigt werden können, „indem mit Halluzinationen argumentiert wird".[33] Da eine Falsifikation uns nicht auf eine der beiden Möglichkeiten festlegt, schlußfolgert Quine: „Jede beliebige Aussage kann als wahr aufrechterhalten werden, was da auch kommen mag, wenn wir nur anderweitig in dem System ausreichend drastische Anpassungen vornehmen." Und zu drastischen Anpassungen zählt Quine auch die, „ein Gesetz durch Veränderung der Bedeutung zu retten". So kann im Extremfall widerstreitende Erfahrung gegen alle Sätze einer Theorie sprechen – oder gegen gar keine. Wenn sich nämlich die sinnliche Evidenz nicht auf einen Teil der Theorie beziehen läßt, ohne sich zugleich auf alle übrigen Teile zu beziehen, dann ist die gesamte Theorie, oder wie Quine auch sagt, das gesamte Gebäude unterbestimmt.

Der Holismus macht somit die These der Unterdeterminiertheit der Theorie plausibel. „If in the face of adverse observations we are free always to choose among various

31 W. V. O. Quine: Fünf Marksteine des Empirismus, a.a.O., S. 94

32 W. V. O. Quine: On Empirically Equivalent Systems of the World, in: Erkenntnis. An international Journal of Analytic Philosophy, Hg. von C. G. Hempel, W. Stegmüller, W. K. Essler, 9 (1975), S. 314

33 W. V. O. Quine: Zwei Dogmen des Empirismus, a.a.O., S. 47

adequate modifications of our theory, then presumably all possible observations are insufficient to determine theory uniquely."[34] Die These von der Unterdeterminiertheit der Theorie durch die Daten bzw. durch alle nur möglichen Beobachtungen, die zur These von der „ontologischen Relativität" und zur „Unbestimmtheit der Übersetzung" führt, besagt demnach: selbst wenn alle auch nur möglichen Beobachtungen festliegen, kann die Theorie immer noch variieren. Da es stets einen gewissen Spielraum zwischen Beobachtung und Theorie gibt, können Theorien miteinander im Widerspruch stehen, selbst wenn jede von ihnen mit allen nur möglichen Daten vereinbar wäre. Da die Theorie durch die Daten oder Belege unterbestimmt ist, können unterschiedliche Ontologien „nach außen hin" ein ähnliches, ja sogar das gleiche Nettoresultat haben. Oder anders: Die Theorien können *logisch inkompatibel* und *empirisch äquivalent* sein.[35] Insofern Theorien mit jeweils endlichen Mitteln einer prinzipiell unendlichen Anzahl von Beobachtungen Rechnung tragen müssen, gibt es eine *Kluft* zwischen der endlichen Formulierung einer Theorie und der unendlichen Menge von Aussagen, die sie impliziert. Diese Kluft kann nun zwar überbrückt werden. Aber nur um den Preis, daß ein *Spielraum* auftritt zwischen Beobachtungen und Theorie.

Die These von der Unterdeterminiertheit sagt also *erstens*, „daß es einen gewissen Spielraum zwischen Beobachtung und Theorie gibt". Und die These von der Unterdeterminiertheit sagt *zweitens*, daß dieser Spielraum methodisch nicht unter Kontrolle zu bringen ist. Man kann daher von einer *Rationalitätslücke* innerhalb der wissenschaftlichen Rationalität sprechen. Diese Kluft zwischen Beobachtung und Theorie kommt dadurch zustande, daß „any finite formulation", die die auf Beobachtung bezogenen Bedingungssätze impliziert, „is going to have to imply also some trumped-up matter, or stuffing, whose only service is to round out the formulation. There is some freedom of choice of stuffing, and such is the under-determination."[36]

Diese These von der Unterdeterminiertheit der Theorien durch die Daten, die sich auf das Argument stützt, daß der Bezug durch Wahrheitsbedingungen für ganze Sätze unterbestimmt ist, hat eine Reihen von Konsequenzen. Konfrontiert man Quine hier mit der Frage, ob empirisch äquivalente, aber logisch inkompatible Theorien den gleichen Wahrheitswert haben, was ja anzunehmen wäre, da sie im Hinblick auf Beobachtung als äquivalent eingestuft werden, und wenn Quine gleichzeitig behauptet, daß zwei empirisch äquivalente Theorien logisch inkompatibel sein können, dann folgt daraus nicht nur, daß die Bedeutung weder durch die Verifikationsbedingungen noch durch die Wahrheitsbedingungen voll ausgeschöpft ist, sondern auch, daß wir uns im Fall „rivalisierender Theorien" mit einem „offenen Dualismus" zufriedengeben müssen. Denn wenn es wirklich keine gemeinsame Basis für eine Auswahl gibt, dann kann es auch keine begründete Wahl zwischen ihnen geben. Wie leicht zu sehen, lauert hier das Gespenst der Inkommensurabilität von Theorien. Mary Hesse hat dies klar ausgesprochen: Angenommen, die geschilderte Situation ist korrekt, dann würde dies bedeuten, daß wir nicht einmal wissen könnten,

34 W. V. O. Quine: On Empirically Equivalent Systems of the World, a.a.O., S. 313

35 Vgl. dazu W. V. O. Quine: On the Reasons for the Indeterminacy of Translation, in: The Journal of Philosophy 67 (1970), S. 179

36 W. V. O. Quine: On Empirically Equivalent System of the World, a.a.O., S. 324

„ob verschiedene Theorien das gleiche Objekt der Beobachtung betreffen". „Denn wenn die Bedeutungen der Prädikate, die in den Beobachtungsaussagen auftreten, durch die theoretischen Annahmen des Beobachters bestimmt sind, und wenn diese Bedeutungen sich von Theorie zu Theorie unterscheiden", dann liegt hier ein Fall von Inkommensurabilität vor, der „jeden Vergleich zwischen Theorien" verbietet. Damit ist es aber auch nicht mehr sinnvoll von Beziehungen der Kompatibilität, der Inkompatibilität oder der relativen Bestätigung zwischen ihnen zu sprechen.[37]

Aber nicht nur daß wir uns mit einem „offenen Dualismus" zufriedengeben müssen, wir müssen uns auch mit einem doppelten Konventionalismus zufriedengeben; einem Konventionalismus, der sowohl an der „Basis" als auch im „Überbau" von Theorien auftritt. Mit der Behauptung, daß alle Beobachtungssätze einer Theorie immer schon „theoriebestimmt" und insofern bloße Hypothesen sind, „tritt der Konventionalismus zunächst an der *Basis* auf". Er tritt ferner mit dem Verzicht auf einen schrittweise begründeten Aufbau von Theorien auch im *Überbau* auf. „Unter begründungsorientierten, als solchen aber nicht mehr zugelassenen Gesichtspunkten bedeutet dies nichts anderes als das bewußte Inkaufnehmen von anarchistischen Theoriengenesen. Theorien entstehen außerhalb einer methodisch in Gang gesetzten Begründungs- und Rechtfertigungspraxis, methodische Werkzeuge greifen erst, wenn die Theorie schon ‚da' ist."[38] Dies scheint auch Quine mit der Behauptung zuzugeben, daß es uns nicht möglich sei zu erklären, „wieso wir zu Theorien gelangen, die erfolgreiche Voraussagen machen, aber wir gelangen zu solchen Theorien".[39]

Mit der These von der Unterdeterminiertheit der Theorie durch die Daten ist also nicht nur zugestanden, daß es eine Kluft zwischen Beobachtung und Theorie gibt, die sich methodisch nicht unter Kontrolle bringen läßt. Mit dieser These ist zugleich auch der Gedanke einer absolut sicheren Grundlegung der Erkenntnis verabschiedet. Glaubte noch Leibniz, daß die Wissenschaft eine Art von Gebäude sei, welches auf einem festen Fundament ruht – ein Gedanke, der im 20. Jahrhundert mit geradezu beispielloser Konsequenz von Husserl erneuert wurde –, so zeigt Quine, daß die auf Leibniz zurückgehende und nach ihm auf vielfache Weise variierte Gebäudemetapher inadäquat ist. Eine Theorie, so Quine, müssen wir uns vielmehr als eine Art von „Gewölbe" vorstellen, wo ein Stein im oberen Teil des Gewölbes unmittelbar durch die übrigen Steine im oberen Gewölbeteil getragen wird, die ihrerseits von der Gesamtheit der darunterliegenden Steine getragen werden. Analog verhält es sich mit den Sätzen in einer Theorie. „Die Berührung eines Quaders mit einem anderen ist die Verknüpfung eines Satzes mit einem anderen Satz, und die Grundsteine sind Sätze, die ... auf nichtverbale Reize konditioniert sind. Vielleicht sollten wir uns das Gewölbe so denken, daß es bei einem Erdbeben ins Wanken gerät; so wird selbst ein Grundstein hin und wieder nur durch die anderen Grundsteine und das Gewölbe als Ganzes gestützt." (WO 34)

37 M. Hesse: Duhem, Quine, and a New Empirism, in: Can Theory be Refutet?, Hg. von S. Harding, Dordrecht 1976, S. 197

38 J. Mittelstraß: Historismus in der neueren Wissenschaftstheorie, in: Wissenschaftsgeschichte und wissenschaftliche Revolution, Hg. von K. Bayertz, Köln 1981, S. 74

39 W. V. O. Quine: Naturalisierte Erkenntnistheorie, a.a.O., S. 110

Nach diesem Bild gibt es also nicht nur keinen festen Bezugsrahmen, mit dem sich verschiedene empirische Theorien formulieren ließen. Nach diesem Bild gibt es auch keine Grenzen der Bedeutung, die der Theorie vorausliegen. Was es gibt, sind mehr oder weniger begründete, mehr oder weniger nützliche, kohärente und sinnvolle Annahmen über die Welt. Mit der Versprachlichung des Selbstbewußtseins und mit dem Verschwinden der analytischen Wahrheiten verschwindet jeglicher feste Bezugspunkt außerhalb des Revidierbaren. Jegliches Apriori wird auf diese Weise kontextualisiert. Die Philosophie ist hier in keiner besseren Lage als die Wissenschaften. Quine hat diesen Gedanken auf die einprägsame Formel gebracht: Die Philosophie ist „nicht eine Propädeutik oder ein Fundament der Wissenschaft a priori. Vielmehr sehe ich zwischen beiden einen stetigen Zusammenhang. Die Philosophie und die Wissenschaften sitzen meines Erachtens im selben Boot – einem Boot, das wir, um wieder einmal auf Neuraths Gleichnis zurückzugreifen, nur auf offener See umbauen können, während wir uns in ihm über Wasser halten. Es gibt keinen darüberstehenden Standpunkt, keine erste Philosophie.“[40]

Indem er die Unterscheidung von Notwendigkeit und Kontingenz, von „Wahrheit kraft Bedeutung“ und „Wahrheit kraft Erfahrung“ in Frage stellt, setzt er nicht nur die überzogenen Begründungsforderungen der fundamentalistischen Erkenntnistheorie außer Kraft. Gleichzeitig und in diesem Zusammenhang stellt er damit auch die herkömmliche Überzeugung in Frage, die Philosophie verhalte sich zu den Wissenschaften wie die Erforschung von Strukturen zur Erforschung von Gehalten. Und eben damit verlieren wir eines der stärksten Argumente, welches für eine Konzeption von Philosophie als Metakritik der Einzelwissenschaften spricht. Philosophische Theorien haben nach Quine grundsätzlich den gleichen Status wie erfahrungswissenschaftliche Theorien, d. h., sie sind nach eigenen Kriterien begründet und werden auf metatheoretischer Ebene unter Kohärenzgesichtspunkten bewertet.

Freilich wird man Quine hier zweierlei fragen müssen: Verliert nicht für eine Philosophie, die alles Wissen dem Falsifikationismus unterstellt, die zwischen den normativen Bedingungen der Erfahrung und den falsifizierbaren Hypothesen nicht mehr unterscheiden will und auch gar nicht mehr unterscheiden kann, verliert nicht für solch eine Philosophie der „Begriff der revidierbaren empirischen Theorie, in dessen Namen diese Nivellierungen vorgenommen sind, seinen Sinn“?[41] Und selbst wenn man diese Frage begründet verneinen kann, fragt sich, wo eigentlich eine Philosophie steht, die von der Hinfälligkeit allen Wissens eine Ahnung bekommen hat. Denn wie gravierend können diese Revisionen überhaupt vorgestellt werden, damit wir noch einen Begriff von dem haben, was wir als Vernunft und Rationalität bezeichnen? Quine scheint auf diese Frage schwerlich Auskunft geben zu können. Und so wurde denn auch Quine vorgeworfen, in mancher Hinsicht mit seinen Einwänden gegen das Apriori zu weit gegangen zu sein.

So macht beispielsweise Putnam darauf aufmerksam, daß Quines Behauptung, „‚keine Aussage (ist) gegen Revision gefeit‘“, in dieser Form nicht akzeptabel sei, da Quine hier nahelegt, „daß es für jede Aussage Umstände gebe, unter denen es *rational* wäre, sie

40 W. V. O. Quine: Natürliche Arten, in: Ontologische Relativität und andere Schriften, a.a.O., S. 174

41 K.-O. Apel: Die Erklären:Verstehen-Kontroverse in transzendentalpragmatischer Sicht, Frankfurt/M. 1979, S. 236

zurückzuweisen. Dies ist jedoch ganz offensichtlich falsch, denn unter welchen Umständen wäre es rational, ‚Nicht jede Aussage ist wahr‘ abzulehnen, d. h. ‚Alle Aussagen sind wahr‘ zu akzeptieren?“[42] Ungeachtet dessen habe Quine gegen Kant recht, wenn er darauf beharrt, daß unsere Begriffe von Vernunft und Rationalität sich nicht durch unveränderliche Regelverzeichnisse festlegen lassen, genausowenig wie sie einer transzendentalen Natur eingeschrieben sind.[43] Das ist auch die Intuition von Rorty. Im Unterschied zu Putnam glaubt Rorty jedoch nicht, daß Quine mit seinen Einwänden gegen das Apriori zu weit ging, sondern daß er auf halben Weg stehenblieb. Mit dankenswerter Klarheit hat denn auch Rorty die Konsequenzen benannt, die sich ergeben, wenn man Quines naturalistische Einschränkung der Philosophie weiter radikalisiert. „Wird die Philosophie allzu naturalistisch, so droht ihr Gefahr, von den hartgesottenen positiven Wissenschaften zur Seite gestoßen zu werden; wird sie allzu historisch, so wird sie von der Geistesgeschichte, der Literaturkritik und ähnlichen weichen ‚humanwissenschaftlichen‘ Fächern geschluckt.“[44]

Was hier auf dem Spiel steht, ist also die Philosophie selbst. „Ein konsequenter Holismus hat für einen Begriff von Philosophie als einer Disziplin, die ‚begrifflich‘ oder ‚apodiktisch‘ ist, die die ‚Fundamente‘ aller übrigen Erkenntnis ausfindig macht ... keinen Platz mehr ... Wie Quine ausführlich – und Sellars im Vorübergehen – gesagt hat, führt der Holismus auf diese Weise zu einem Philosophiebegriff, der mit der Suche nach Gewißheit nichts mehr zu tun hat.“[45] Denn wenn der Holismus sagt, daß es ein definitives Wissen nur unter der Voraussetzung geben kann, daß alles schon gewußt wird, und da nicht schon alles gewußt wird, gibt es kein definitives Wissen, dann erhebt sich doch die Frage, von welchem Ort diese Einsicht vorgetragen wird. Wird hier nicht ein Wissen in Anspruch genommen, von dem Quine selbst sagt, daß man es nicht wissen könne? Die Aussage, daß es kein definitives Wissen geben kann, ist ja offenkundig eine Aussage, die Quine und Rorty nicht auch wieder einem fallibilistischen Vorbehalt aussetzten. Daraus kann nur folgen, daß der Holismus in begründungstheoretischer Hinsicht eingeschränkt werden muß, so er sich weiter vertreten lassen soll. Und zwar mit Verweis auf die in actu nicht bestreitbaren und nicht hintergehbaren Präsuppositionen der Argumentation, die Quine und Rorty in Anspruch nehmen müssen, so sie die These von der Fallibilität allen Wissens vortragen. Um ein Bild von Quine zu wählen: Solange unser Schiff des Wissens nicht zum Automobil mutiert, so lange besteht Grund zu der Annahme, daß es Voraussetzungen gibt, die nicht sinnvoll bestreitbar oder hintergehbar sind – die Tatsache vorausgesetzt, daß das Schiff ein Schiff bleibt und sich über Wasser hält. Ich glaube nicht, daß hierfür eine Letztbegründung im Sinne von Apel und Kuhlmann vonnöten ist. Es reicht aus, wenn wir zugeben, daß jene Präsuppositionen in actu nicht hintergangen werden können, um den Fallibilismus einzuschränken. Denn es dürfte klar sein, daß jene Prinzipien, die der Holismusthese und damit der Idee der Kritik und Wechselkritik überhaupt ihren

42 H. Putnam: Vernunft, Wahrheit und Geschichte, a.a.O., S. 117
43 Ebd.
44 R. Rorty: Philosophy and the Mirror of Nature, Princeton 1979, dt., Der Spiegel der Natur. Eine Kritik der Philosophie, Frankfurt/M. 1987, S. 188
45 Ebd., S. 191

Sinn geben, nicht im gleichen Moment der holistischen Kritik unterstellt werden können, da sonst die Idee des Holismus zerfällt. Wenn Quine seinen Holismus und seine fallibilistischen Vorbehalte gegen den Traum einer Erkenntnistheorie vorbringt, die sicherer ist als die Wissenschaft, dann doch offensichtlich mit dem Ziel, hier ein Argument ins Feld zu führen, von dem er annimmt, daß es ein gutes Argument sei, d. h. ein Argument, welches sich nicht nur hier und heute, sondern auch morgen und übermorgen mit Gründen verteidigen läßt. Wenn Quine aber damit rechnet und dabei Voraussetzungen macht, die ihrerseits nicht dem Fallibilismus unterworfen sind, dann ist dies nicht vereinbar mit der These, daß all unser Wissen fallibilistisch begründet werden muß.

Sicherlich sind die Absage an den Gedanken einer inhaltlichen Grundlegung der Wissenschaft auf der Basis der Protokollsätze und der epistemologische Holismus ein ungeheurer Fortschritt gegenüber dem Logischen Empirismus. Jedoch trotz der Einschränkung überzogener Begründungsanforderungen und der damit verbundenen Absage an den Gedanken einer ersten Philosophie, die zu einem Philosophiebegriff führt, der mit der Suche nach Gewißheit nichts mehr zu tun hat, müssen wir feststellen, daß Quines Standpunkt erkenntnistheoretisch nicht reflektiert ist. Ja, daß Quines epistemologischer Holismus in letzter Konsequenz sogar immer noch der empiristischen Epistemologie und Bedeutungstheorie verhaftet bleibt. Und zwar insofern, als bei Quine die alte empiristische Annahme leitend bleibt, daß unser Wissen an den „Rändern" diesen Kontakt mit der Erfahrung realisiert. Dies wird u. a. daran deutlich, daß Quines Erkenntnisbegriff, der sich auf die Unterscheidung von Reiz und Reaktion stützt, selbst noch nachdem er die Unterscheidung zwischen den analytischen und synthetischen Wahrheiten, zwischen Sprache und Tatsachen bzw. zwischen dem Begrifflichen und dem Empirischen verabschiedet hat, nicht völlig auf die Unterscheidung zwischen dem Gegebenen und dem Postulierten verzichten will. Damit lädt sich Quine eine Reihe von unliebsamen Folgen auf. Zwar hat er das Dogma des Reduktionismus verabschiedet, wonach der einzelne Satz in Konfrontation mit der außersprachlichen Sinneserfahrung überprüft wird. Quine plädiert ja dafür, die Beziehung zwischen einzelnen Sätzen und der empirischen Evidenzbasis holistisch aufzufassen, so daß es sich eigentlich von selbst verbieten müßte, innerhalb einer Theorie bzw. eines Netzwerkes von Sätzen von einem Zentrum und einer Peripherie zu sprechen. Insofern Quine jedoch den Beobachtungssätzen einen relativ privilegierten erkenntnistheoretischen Status zuspricht, gerät er in ein paradoxes Dilemma, in das Dilemma nämlich, entweder den Holismus oder den Empirismus aufzugeben.

Den Empirismus kann Quine nicht aufgeben. Zwar ist der „Empirismus als Wahrheitstheorie" für Quine entbehrlich, nicht aber als „Theorie der Belege". Diesen muß Quine „minus die beiden Dogmen" erhalten. Quine will aber auch nicht einfach den Holismus aufgeben, droht sonst doch ein Rückfall auf ein positivistisches Problemniveau. Halten wir also am Empirismus und damit an der These fest, daß den Beobachtungssätzen eine privilegierte Stellung im Gesamtsystem der wissenschaftlichen Sätze zukommt, dann, so scheint es, müssen wir uns vom Holismus verabschieden. Oder aber wir halten am Holismus fest, dann aber kann den Beobachtungsaussagen kein privilegierter Status mehr zugewiesen werden. Denn wenn es tatsächlich das System als Ganzes ist, welches mit der Erfahrung konfrontiert wird, dann gibt es kein Innen und kein Außen.

Dieses Dilemma hat Dummett klar ausgesprochen. So argumentiert Dummett gegen Quines These, wonach es die peripheren Aussagen sind, die, so sie nicht mit der Erfahrung übereinstimmen, durch eine Anpassung im Inneren der Theorie gerettet werden können. Nach Dummett ist es nämlich nichts weiter als eine „leere Behauptung", daß die „Theorie nur an ihrer Peripherie mit der Erfahrung Kontakt hat". Wenn man wie Quine die Peripherie als Menge jener Sätze definiert, „on which experiance directly impinges", und wenn man das „Innere der Theorie" definiert „as the set of sentences which can receive an impulse from without only when it is transmitted from the periphery via the sentences lying en route", wenn also „the system confronts experience only as a whole, then there is no periphery and no interior".[46] Wird die Theorie als Ganze mit der Erfahrung konfrontiert, dann erzwingt jede einzelne Revision auch eine Revision der Theorie als Ganze. Mehr noch: Die These von der Unterdeterminiertheit der Theorie durch alle auch nur möglichen Beobachtungen scheint nicht nur den epistemischen, sondern auch noch den semantischen Holismus zu gefährden. Wenn nämlich die kleinste bedeutungstragende Einheit nicht mehr wie bei Frege bzw. wie im Wiener Kreis die Aussage ist, sondern die gesamte Theorie, und das war ja Quines Behauptung, da eine einzelne Aussage für gewöhnlich zuwenig Text abgibt, um die Bedeutung zu tragen, dann würde der Schluß naheliegen, daß zwei Theorien, die durch dieselben Beobachtungen verifiziert werden können, synonym sind. Das hieße aber, daß wir es in diesem Fall nicht mehr mit zwei, sondern lediglich mit einer Theorie zu tun haben. Der semantische Holismus scheint mit der These der Unterdeterminiertheit der Theorie zu kollidieren. „Likewise, Quine is correct in objecting, against the positivists, to an atomistic theory of the senses of sentences, under which each sentence is, in isolation, associated with certain sense-experiences as potential verifications or falsifications of it ... But the remedy for the errors of the atomistic model is not to deny sense to sentences and ascribe it only to total theories, ignoring their structure as a complex of sentences."[47]

Nach Dummett scheint Quines Holismus in der Bedeutungstheorie, den Fehler des Atomismus spiegelbildlich zu wiederholen. Mit dieser These, einer These, die Dummett später auch gegen Davidson vorbringen wird, versucht er Quine in ein Dilemma zu bringen: entweder den epistemologischen bzw. den semantischen Holismus oder aber die verifikationistische Bedeutungstheorie fallen zu lassen. Nichts dergleichen hat Quine getan. Für ihn gibt es noch eine andere Alternative. Und zwar die, den epistemologischen und den semantischen Holismus schärfer zu trennen. Danach bezieht sich der epistemologische Holismus auf die Theorie, währenddessen sich der semantische Holismus auf die Sprache bezieht. Dies setzt freilich voraus, daß sich Sprache und Theorie kriterial voneinander trennen lassen. Zwar gesteht Quine gegenüber Chomsky ein, in seiner Kritik an der Unterscheidung zwischen analytischen und synthetischen Aussagen die Unterscheidung von Sprache und Theorie vernachlässigt zu haben, wodurch die „Terme *Sprache* und *Theorie* tendenziell austauschbar" wurden. Diesen Formfehler hält Quine jedoch für korrigierbar. Durch eine Art Bereichsteilung zwischen epistemischem und semantischem Holismus glaubt Quine sich gegen Dummetts und Chomskys Kritik abgesichert. Danach

46 M. Dummett: Frege. Philosophy of Language, Cambridge/Mass. 1981, S. 594
47 Ebd., S. 597

hat es der epistemische Holismus mit der Gesamtheit des wissenschaftlichen Wissens und der semantische Holismus mit der Sprache zu tun. Bleibt die Frage, ob sich mit dieser Korrektur Dummetts Einwand abweisen läßt, wonach es nichts weiter als eine „leere Behauptung" sei, daß die Theorie nur an den Rändern mit der Erfahrung in Kontakt steht, da es der epistemische Holismus verbietet, zwischen dem Inneren und dem Äußeren einer Theorie zu unterscheiden? Quine würde diese Frage mit einem klaren „Ja" beantworten. Man kann nämlich den Gehalt der Unterscheidung zwischen Beobachtungsaussagen und theoretischen Aussagen mit einer leichten Korrektur weiter verteidigen: Alle Aussagen einer Theorie sind gegenüber widerstreitender Erfahrung empfänglich – jedoch nicht dem gleichen Grad nach. Die einen sind halt empfänglicher für eine empirische Widerlegung als die anderen. Der Unterschied zwischen Beobachtungsaussagen und theoretischen Aussagen wird damit zwar zu einer graduellen Angelegenheit, die Unterscheidung jedoch ist zunächst gerettet.

Hier kommt nun jedoch zu der ersten Schwierigkeit eine weitere hinzu. Wenn es die Beobachtungsaussagen sind, die eine Wissenschaft empirisch machten, wenn der Beobachtungssatz, an der „Beobachtungsperipherie des wissenschaftlichen Gebäudes gelegen, ... die minimale verifizierbare Einheit" ist, da er „ganz für sich allein einen empirischen Gehalt hat",[48] dann muß es, soll diese These mehr als eine bloße Versicherung sein, auch ein Kriterium geben, welches es gestattet, Beobachtungssätze von anderen Sätzen (und von den Daten) klar zu scheiden. Hier nun reagiert Quine unsicher. Die Schwierigkeit liegt auf der Hand. Zum einen wird von Quine selbst zugegeben, daß die Grenze zwischen Beobachtungs- und Theoriesprache fließend ist und daß demzufolge „theoretische Sätze ... in Beobachtungssätze" übergehen. Zum anderen kann aber Quine nicht gut auf dieses Kriterium verzichten, da ansonsten seine These nicht zu verteidigen wäre, daß die Beobachtungssätze epistemisch privilegierte Sätze sind, den Kontakt mit der Erfahrung herstellen und demzufolge als die Sätze bezeichnet werden können, die die Wissenschaft empirisch machen.

Quine sieht sich also mit zwei Problemen konfrontiert: Wenn er die Frage nicht beantworten kann, ob und wie die Rationalität der Hypothesenwahl zu retten ist, dann werden wir uns nicht nur mit einem „offenen Dualismus" zufriedengeben müssen, sondern auch mit einem doppelten Konventionalismus. Und wenn Quine die Frage nach dem Kriterium nicht beantworten kann, mit dem Beobachtungssätze von theoretischen Sätzen zu scheiden sind, läßt sich schwerlich der Empirismus verteidigen. Vor Quine steht also die Frage, ob und wie die Rationalität der Hypothesenwahl zu retten ist und wie eine Grenze zwischen Theorien und Tatsachen bzw. zwischen Beobachtungssätzen und theoretischen Sätzen gezogen werden kann. Zumal ja auch Quine davon ausgeht, daß der Holismus den Gegensatz verschwimmen läßt, „der angeblich besteht zwischen dem synthetischen Satz mit seinem empirischen Gehalt und dem analytischen Satz mit seinem Nullgehalt. Die systematische Rolle, die den analytischen Sätzen zugedacht war, fällt, wie man jetzt erkennt, den Sätzen generell zu, und der empirische Gehalt, der als Eigentümlichkeit synthetischer Sätze galt, ist, wie nunmehr ersichtlich, über das ganze System verteilt."[49]

48 W. V. O. Quine: Naturalisierte Erkenntnistheorie, a.a.O., S. 124
49 W. V. O. Quine: Fünf Marksteine des Empirismus, a.a.O., S. 94

Die Rationalität der Hypothesenwahl glaubt Quine pragmatisch retten zu können. Soll nun auch noch der Empirismus gerettet werden, ist Quine gezwungen, den Konventionalismus im Verhältnis zwischen Theorie und Erfahrung derart einzuschränken, daß er einerseits den Beobachtungssätzen weiterhin einen relativ privilegierten epistemologischen Status zusprechen kann, ohne daß er andererseits dadurch gezwungen wird, den Holismus preiszugeben.

Und hier nun lautet Quines Vorschlag, das Basisproblem naturalistisch zu behandeln. Danach ist ein Satz dann ein Beobachtungssatz, wenn alle Sprecher einer Sprache bei einem entsprechenden Sinnesreiz seinen Wahrheitswert gleich beurteilen. Oder anders: „Ein Satz ist ein Beobachtungssatz, wenn über seinen Wahrheitswert bei jeder Gelegenheit zwischen praktisch allen Mitgliedern einer Sprachgemeinschaft, die anwesend sind, Übereinstimmung herrschen würde."[50] Das Kriterium, mit dem Quine Beobachtungssätze von anderen Sätzen scheidet, ist ein *soziales* oder *verhaltensorientiertes*. Auf diese Weise meint Quine, zwei Fliegen mit einer Klappe schlagen zu können: Quine glaubt, mit einem sozialen bzw. verhaltensorientierten Kriterium Beobachtungssätze von anderen Sätzen bzw. von den epistemologischen Daten „relativ klar und scharf" scheiden zu können und damit, gleichsam nebenher, das sogenannte Basisproblem lösen zu können, an dem man sich im Wiener Kreis vergeblich abgearbeitet hatte.

Denn, so erinnern wir uns, als „Theorie der Belege" sollte ja der Empirismus abzüglich der beiden Dogmen erhalten bleiben. Nun läßt sich jedoch nicht nur zeigen, daß Quines naturalistische Behandlung des Basisproblems gegenüber einer begründungsorientierten Behandlung der Wissenschaft eine Entlastungsfunktion übernimmt. Darüber hinaus läßt sich auch zeigen, daß Quines These, alle im Rahmen einer Begründungsbemühung herangezogenen Aussagen seien schon theorieimprägniert, erkenntnistheoretisch nicht reflektiert und damit dogmatisch ist. Quine, der von der richtigen Voraussetzung ausgeht, daß Beobachtungen bei der Bestätigung von Theorien und beim Erlernen von Sprachen eine „grundlegende Rolle" spielen, will ja mit den Beobachtungen einen Bereich der „intersubjektiven Unmittelbarkeit" auszeichnen, der als „gemeinsamer Boden" fungiert, auf dem „Meinungsverschiedenheiten" effektiv ausgetragen und entschieden werden können. In Übereinstimmung mit dem Empirismus sind also auch für Quine die Beobachtungssätze die „Berufungsinstanz" für wissenschaftliche Theorien. Denn per definitionem sind ja Beobachtungssätze jene Sätze, über die alle Mitglieder einer Sprachgemeinschaft bei gleichartiger Reizung der Sinnesorgane übereinstimmen. Damit bilden sie nach Quine das „intersubjektive Tribunal für wissenschaftliche Hypothesen".[51]

Anders als Polányi, Kuhn und Hanson, die die grundlegende Rolle der Beobachtungssätze als Bestätigungsbasis wissenschaftlichen Wissens mit dem Argument bezweifeln, daß Beobachtungen die mißliche Eigenschaft haben, von Beobachter zu Beobachter zu variieren, und daß damit der Begriff der Beobachtung als einer quasi objektiven Datenquelle für die Wissenschaft korrumpiert wird,[52] glaubt Quine, die Beobachtungssätze als

50 W. V. O. Quine: The Roots of Reference, La Salle/Illinois 1974, dt., Die Wurzeln der Referenz, Frankfurt/M. 1989, S. 64

51 W. V. O. Quine: Naturalisierte Erkenntnistheorie, a.a.O., S. 121

52 Vgl. ebd., S.122

die Instanzen verteidigen zu können, die sowohl das „Überprüfungsmaterial für wissenschaftliche Hypothesen" bilden, als auch den „einzigen Zugang zu einer Sprache" gewähren. Denn sie sind jene Sätze, bei denen nach Quine die Bedeutung „am meisten festgelegt" ist. Daher betrachtet er sie auch als die „Eckpfeiler der Semantik". Diese beiden Funktionen, die die Beobachtung bei der Bestätigung von Theorien und beim Erlernen von Sprachen spielt, sind nach Quine nicht voneinander zu trennen. Oder wie Quine auch sagt: „Die Beziehung, gemäß derer die Daten als Bestätigung für die Theorie dienen, und die semantische Beziehung zwischen Beobachtung und Theorie sind koextensiv."[53]

Nun sind Beobachtungen aber offenbar etwas Subjektives. Für die Bestätigung von Theorien (wie auch für eine semantische Referenzanalyse) ist jedoch entscheidend, daß die Instanz, die eine Theorie bestätigt bzw. widerlegt, nicht subjektiv und damit willkürlich, sondern objektiv verbindlich und intersubjektiv kontrollierbar ist. Wie also wird aus einer subjektiven Beobachtung ein intersubjektiv akzeptabler Beobachtungssatz? Nun dadurch, antwortet Quine, daß der Beobachtungssatz das aus der Menge der subjektiven Beobachtungen herausgreift, „worauf sich die Beobachter einigen können", wodurch ja nicht nur der intersubjektive Gebrauch der Worte und Sätze garantiert werden soll, sondern auch ein „gemeinsamer Boden" geschaffen werden soll, auf dem ein Entscheid über theoretische Meinungsverschiedenheiten möglich wird.

Freilich ist damit die aus dem Logischen Positivismus stammende Unklarheit im Verhältnis von Theorie und Erfahrung, die mit dem Verhältnis von Protokollsatz und protokolliertem Verhalten auftrat, nicht beseitigt, sondern nur verschoben. Sowenig wie die Protokollsätze im Wiener Kreis als Grundlage taugen, auf der eine Entscheidung über die Triftigkeit von Hypothesen getroffen werden kann, da auch die protokollierte „sinnliche Gewißheit" (Hegel) keine befriedigende Basis für oder gegen die Triftigkeit erfahrungswissenschaftlicher Theorien abgibt, sowenig geben Quines Beobachtungssätze diese Basis ab. Wenn nämlich die Objektivität der Beobachtungssätze allein durch deren gemeinschaftliche Anerkennung auf behavioristischer Ebene gesichert werden kann, dann ist es nicht eben plausibel, wie durch einen Rekurs auf die Beobachtungssätze die Intersubjektivität der Erkenntnis und die Intersubjektivität der Kommunikation gesichert werden soll. Und zwar nicht allein deswegen, weil hier von vornherein kontingente Voraussetzungen einfließen. Damit ließe sich leben. Der prinzipielle Mangel der Quineschen Konstruktion besteht darin, daß Quine offensichtlich das voraussetzt, was er zu beweisen sucht. Wenn Beobachtungssätze dadurch definiert sind, daß sie das aus der Menge der Beobachtungen herausgreifen, „worauf sich die Beobachter einigen können", dann ist dies offensichtlich nur möglich, wenn hierfür bereits eine intersubjektiv verstehbare Sprache vorausgesetzt ist. Muß diese intersubjektive Sprache aber vorausgesetzt werden, dann kann diese Sprache, in der der Prozeß der Einigung abläuft und Einigung erzielt wird, nicht wiederum als intersubjektivitätstheoretisches Resultat der gesamten Veranstaltung beschrieben werden.

Zwar bemerkt Quine selbst, daß die Sinnesreize unterhalb jener Ebene liegen, auf der es um Wahrheit oder Falschheit geht. Mit den Beobachtungssätzen glaubt aber Quine,

53 W. V. O. Quine: Die Wurzeln der Referenz, a.a.O., S. 63

diese Ebene erreicht zu haben. Dabei entgeht ihm, daß Beobachtungssätze ohne gültigen Objektbezug überhaupt keinen Wahrheitsgehalt haben, ohne Wahrheitsgehalt sind sie jedoch nicht fähig, als Prüfungsinstanzen für Forschungshypothesen zu dienen.[54] Beobachtungssätze müssen wir ja in geltungstheoretischer Hinsicht als Hypothesen auffassen. Damit stellt sich jedoch die Frage, wie eine Hypothese, die ja prinzipiell revidierbar ist, zur Überprüfung von Theorien verwendet werden soll, ohne daß es eine Instanz gibt, mit der über den Geltungsaspekt der Beobachtungsaussagen etwas ausgesagt werden kann? Was hier in Frage steht, ist also der Geltungsmodus der Beobachtungssätze. Und über diesen erfahren wir nur, daß Beobachtungssätze so lange aufrechterhalten werden können, solange keine Gründe gegen sie sprechen. Über den Status dieser Maxime schweigt sich Quine jedoch aus. Für ihn endet das Problem da, wo es bei Kant beginnt.[55]

Mit Kant verbindet Quine zwar die Einsicht, daß den Theorien gegenüber den Beobachtungen ein Vorrang zukommt. Und auch die Einsicht, daß wissenschaftliche Hypothesen nicht das Resultat einer bloßen Sammlung von Beobachtungen sind, sondern „kühne und unbegründete Antizipationen“, findet sich bei Kant, der fast analog zu Quine fordert, die Verknüpfung der Hypothesen mit den „besonderen Fällen“ dahingehend zu prüfen, ob die „besonderen Fälle“ aus den Hypothesen „abfolgen“, was für Kant auf das Verfahren des „hypothetischen Gebrauchs der Vernunft“ verweist. In dieser Hinsicht nimmt Kant sogar Quines Fallibilismus vorweg, indem er die Beziehung zwischen „allgemeinen Hypothesen“ und den „besonderen Fällen“ im Sinn einer logisch-deduktiven Überprüfung erläutert, die sich primär nach der Regel des modus tollens vollzieht.

Doch gerade wenn man die Gemeinsamkeiten zwischen Kant und Quine hervorhebt, treten die Gegensätze vor Augen. Wo sich bei Kant die Vernunft befindet, plaziert Quine die Sprache bzw. Theorie. Die Sprache/Theorie-Gesamtheit kann jedoch unmöglich die Rolle der Vernunft bewältigen, sondern diese höchstens usurpieren: Denn wo die Gesamtheit der Sprache/Theorie so aufgefaßt wird, daß sie die Wirklichkeit organisiert, dort muß die sprachlich verfaßte Vernunft als Bedingung der Möglichkeit einer derartigen Organisation selbst thematisch werden. Dies ist jedoch so lange unmöglich, solange die Sprache/Theorie-Gesamtheit wie eine theoretische Größe behandelt wird. Denn dies impliziert, daß das Subjekt als untersuchende Instanz außerhalb des Geprüften gedacht wird.[56] So wie Quines positivistische Vorläufer nicht über die Bedingungen der Möglichkeit eines gültigen Objektbezugs Auskunft geben konnten, so kann Quine zu diesem Problem nichts Erhellendes beisteuern. Statt dessen begnügt er sich mit dem lapidaren Hinweis, daß der Gegenstandsbezug immer schon sprachlich vermittelt ist. Nun ist dies zwar richtig, aber offensichtlich nicht ausreichend, wenn man das Problem der Geltungsrechtfertigung lösen und nicht trivialisieren will.

54 Vgl. H. Wagner: Ein blinder Fleck im Empirismus und ein Einfall Kants, in: Sinnlichkeit und Verstand in der deutschen und französischen Philosophie von Descartes bis Hegel, Hg. von H. Wagner, Bonn 1976, S. 161

55 N. Avgelis: Die Duhem-Quine These unter dem Geltungsaspekt der erkenntnistheoretischen Fragestellung Kants, a.a.O., S. 292f.

56 Vgl. A. Öfsti: Die Verabsolutierung des Begriffs der empirischen Theorie. Der Fall Quine, in: Kommunikation und Reflexion. Zur Diskussion der Transzendentalpragmatik. Antworten auf Karl-Otto Apel, Hg. von W. Kuhlmann und D. Böhler, Frankfurt/M. 1982, S. 31

So richtig es also ist, wenn Quine es ablehnt nach einem „archimedischen Punkt" zu fahnden, und so plausibel es ist, wenn Quine den Anspruch der fundamentalistischen Erkenntnistheorie demontiert, die der Philosophie in alter Manier die Rolle eines Platzanweisers gegenüber den Wissenschaften zuspricht, sowenig folgt daraus, daß das Verhältnis von Theorie und Erfahrung auf eine Ebene verlegt werden muß, auf der es als philosophisches Problem aufhört zu existieren: auf die Ebene der *empirischen Psychologie*. Sicher, man wird Quine recht geben müssen, daß wir das Begriffsschema voraussetzen müssen, mit dem wir arbeiten. Wir können gegenüber diesem Begriffsschema keine hypothetische Einstellung einnehmen. Und ebenfalls ist nicht bestreitbar, daß dieses Schema einer geschichtlichen Entwicklung unterworfen ist – und demzufolge auch nicht apriorische Dignität beanspruchen kann. Aber daraus folgt eben nicht, daß der Naturalismus die Antwort auf unser Problem darstellt.[57]

Zwar wird bei Quine die Reduktionsbasis unseres Wissens nicht mehr wie im Logischen Empirismus als ein Felsengrund von Belegen für Theorien oder als Verankerungspunkte für sprachliche Bedeutungen verstanden. Erfahrung und Beobachtung sind bei Quine durch die Theorie vermittelt. Und in dieser Hinsicht ist tatsächlich der reduktionistische Empirismus verabschiedet. Gleichwohl setzt Quine das als gegeben voraus, was zu begründen wäre: Daß wir Beweismaterial von den Sinnen erhalten und daß die Sinneswahrnehmung Evidenz und somit Erfahrung gewährleistet. Das Problem besteht also nicht darin, daß Quine für eine empiristische Wissenschaftsauffassung plädiert. Dies ist nicht der springende Punkt. Der springende Punkt ist, daß Quine die Komplementarität zwischen Sprache und Theorie auf der einen Seite und den Bedingungen der Möglichkeit des Wissens auf der anderen Seite aus dem Auge verliert. *Daher behandelt er die transzendentalen Bedingungen der Möglichkeit der Erkenntnis wie Teile dieser Erkenntnis selbst*. Mit anderen Worten: Bei Quine werden diese transzendentalen Bedingungen der Möglichkeit der Erkenntnis allenfalls in einem empirischen Sinn thematisch, nicht aber im Sinn des Kantischen „quid juris".[58] Was die Form einer *Präsuppositionsanalyse* anzunehmen hätte über das, was man „immer schon" voraussetzt, so man sich performativ zum Subjekt empirisch-deskriptiver Geltungsansprüche macht, wird bei Quine durch die Verabsolutierung des Theoretischen pragmatisch auf Distanz gebracht. Damit wird das Subjekt in der 1. Person übersprungen, so daß man nur noch Theorien sieht und nicht mehr jene Voraussetzungen, die man „immer schon" in Anspruch nimmt, wenn man sich in den Raum öffentlicher Kritik und Begründung stellt.

So führt denn die von Quine als fünfter Schritt oder Markstein bezeichnete Etappe zu einem Naturalismus, für den die „Preisgabe des Ziels der Ersten Philosophie" charakteristisch ist.[59] Denn mit Quine ist der Traum einer „Philosophie als strenger Wissenschaft" definitiv ausgeträumt, ein Traum, der ja nicht nur die Phänomenologie beseelte, sondern auch den Logischen Positivismus.[60] Quines Metakritik der Erkenntnistheorie, die sich in

57 Vgl. G. Keil: Kritik des Naturalismus, Berlin, New York 1993

58 A. Öfsti: Die Verabsolutierung des Begriffs der empirischen Theorie, a.a.O., S. 20

59 W. V. O. Quine: Fünf Marksteine des Empirismus, a.a.O., S. 94

60 Vgl. M. Sukale: Denken, Sprechen und Wissen. Logische Untersuchungen zu Husserl und Quine, Tübingen 1988

vielem als Pendant zu Adornos Kritik des logischen Absolutismus der Husserlschen Phänomenologie lesen läßt, verspricht einen Ausweg aus den Aporien der *prima philosophia* und führt über eine Kritik am solipsistischen und sprachvergessenen Empirismus zu einer intersubjektiven und fallibilistischen Erkenntnistheorie, in deren Zentrum nun aber nicht mehr wie bei Carnap und Neurath die subjektiven Protokollsätze stehen, sondern die intersubjektiven Beobachtungssätze. Erweckt aus dem Cartesianischen Traum einer absolut sicheren Letztbegründung der Erkenntnis, plädiert Quine für eine fallibilistische Erkenntniskritik und eine pragmatische Sprachaufklärung, deren philosophische Relevanz von einer Kritik der Verdinglichung sprachlicher Bedeutungen bis hin zu einer Kritik am logischen und ontologischen Absolutismus reicht.[61] Diese Kritik begreift sich in Übereinstimmung mit der Wissenschaft. Die Philosophie hat keinen eigenen Forschungsgegenstand. Und sie hat auch gegenüber der Wissenschaft keine privilegierte Form der Erkenntnis zur Verfügung. Daß der Philosoph einen privilegierten Ausgangspunkt habe, der außerhalb des Begriffsschemas angesiedelt ist, mit dem er arbeitet, ist nach Quine eine von jenen Ideen, die aufzugeben sind, denn: „Ein solches kosmisches Exil gibt es nicht." (WO 475)

Gleichwohl hat Quines Entthronung der *prima philosophia* als die wohl originellste Leistung seiner Kritik am logischen Absolutismus einen Preis. Quines Philosophie, die sich einer kritischen Auseinandersetzung mit der Tradition des Logischen Empirismus verdankt und diesen über seine Dogmen belehren will, unterliegt dem gleichen Schicksal wie dieser. Denn das Resultat der unerschütterlichen Aufklärung ist, daß diese Aufklärung die Grundlagen ihrer eigenen Geltung untergräbt. Ist doch der Kritik an den beiden Dogmen des Empirismus selbst ein Dogma unterlegt: das sogenannte dritte Dogma des Empirismus. Dieses Dogma ist der Dualismus von Schema und Inhalt, von ordnendem System und etwas, was darauf wartet, geordnet zu werden. Die weitere Radikalisierung von Quines Empirismuskritik durch Davidson wird nicht nur dieses dritte und womöglich „letzte Dogma" des Empirismus verabschieden, sie führt zugleich zu einer hermeneutisch sensibleren Sprachanalyse, die der Diskussion um das Problem Sprache und Verstehen innerhalb der analytischen Philosophie eine neue, sprich hermeneutische Wende gibt; eine Wende, die jedoch durch Quine wesentlich beeinflußt ist.

3.3. Die radikale Übersetzung und das Problem des hermeneutischen Verstehens

Quine hat das Problem des Verstehens am Beispiel des Erlernens einer fremden Sprache vorgeführt. Dazu schickt er einen Ethnologen in einen Kulturkreis, wo ihm ein bisher unbekannter Stamm mit einer bislang unbekannten Sprache begegnet. Die Aufgabe des

61 Vgl. D. Koppelberg: Die Aufhebung der analytischen Philosophie. Quine als Synthese von Carnap und Neurath, Frankfurt/M. 1987

Urwaldlinguisten besteht nun darin, diese Sprache zu übersetzen. Die Schwierigkeit liegt auf der Hand. Sie ist identisch mit der, die die Ethnologie von Anbeginn begleitete.

Die Ethnologie ist unter den Sozialwissenschaften die Disziplin, die traditionell vor der Aufgabe stand, aus dem eigenen Verstehenshorizont ihrer Wissenschaftskultur heraus eine archaische Kultur zu untersuchen. Die methodologische Schwierigkeit besteht nun darin, daß die Unterschiede der kulturspezifischen Wirklichkeitsauffassungen überbrückt werden müssen, um den bisher unbekannten Lebenszusammenhang überhaupt analysieren zu können. Innerhalb der modernen Sozialwissenschaften sind die damit verbundenen Probleme im Anschluß an Peter Winchs Buch *The Idea of a Social Science* auf breiter Grundlage diskutiert worden. Hier hat Winch in Anknüpfung an Wittgensteins Sprachphilosophie im allgemeinen und an dessen Diskussion des Begriffs „einer Regel folgen" im besonderen das Problem des Sinnverstehens zum Ausgangspunkt einer linguistischen Grundlegung einer verstehenden Soziologie gemacht. Das war 1958, also zwei Jahre bevor Quine innerhalb der analytischen Philosophie mit dem Problem konfrontiert war, wie ein Ethnologe zwei unterschiedliche Wirklichkeitsauffassungen überbrücken kann. Dieses Problem ist für Quine gleichbedeutend mit der Frage, wie der Ethnologe die Sprache eines bisher völlig unbekannten Stammes übersetzen kann.

Diese Übersetzung ist eine *radikale Übersetzung* („radical translation"). Radikal ist diese Übersetzung deshalb, weil es hier keine objektiven Kriterien gibt, die über die Wahl eines Übersetzungsmanuals entscheiden können. Wir haben – so Quine – nichts anderes als das verbale Verhalten der Eingeborenen im Zusammenhang mit der Reizung ihrer Sinnesorgane. Anders als bei Übersetzungen zwischen zwei Sprachen mit einem gemeinsamen Ursprung, z. B. zwischen dem Friesischen und dem Englischen, die auf das Niederhochdeutsche zurückgehen, oder zwischen dem Russischen und dem Bulgarischen, die slawischen Ursprungs sind, und anders auch als bei Übersetzungen, die sich auf ein „Kontinuum (der) kulturellen Entwicklung" stützen können, werden bei einer „radikalen Übersetzung" unsere Bedeutungen in ihrer *Gesamtheit* auf die Probe gestellt. Denn hier gibt es keine wie auch immer geartete „Kontinuität". Hier gibt es nur „Diskontinuität" und Differenz. Die Radikalität der Übersetzung wird uns damit zum Probierstein für das Bedeutungsverstehen überhaupt.

Mit einer radikalen Übersetzung wird uns aber nicht nur das Bedeutungsverstehen zum Problem. An dieses Problem schließt sich ein anderes an. Wenn sich die Behauptung begründen läßt, daß „tiefgreifende sprachliche Unterschiede letztlich Unterschiede der Denkweise oder der Weise, die Welt zu sehen, nach sich ziehen", wie das nach Quine von Cassirer, Lee, Sapir und Whorf behauptet wird (vgl. WO 144f.) (wir können hier ergänzen: und von Winch, Kuhn, Feyerabend, Derrida, Lyotard oder Foucault), dann fragt sich, wie tief diese tiefgreifenden Unterschiede sinnvoll überhaupt gedacht werden können, um noch als Unterschiede gedacht werden zu können? Wir scheinen hier zwischen zwei Möglichkeiten wählen zu können: Entweder die Diskontinuität ist so grundlegend, daß von einer wie auch immer zu verstehenden Kontinuität keine Rede mehr sein kann. Und zwar einfach deshalb, weil wir derartig weit von unserem „heimatlichen Boden" entfernt sind, daß wir einfach keine „Vergleichsgrundlage" mehr zur Verfügung haben. Dann scheint jedoch ein „Viele-Welten-Pluralismus" (Kuhn) die unausweichliche Konsequenz zu sein. Dem Gedanken einer objektiven Welt, einer Welt für uns alle, könnten wir danach keinen verständlichen Sinn mehr geben. Oder aber wir halten an dem Gedanken der einen Welt fest, dann stellt sich die Frage, wie sich trotzdem die Idee der *einen* Vernunft weiterhin verteidigen läßt, d. h. wie sich die je eigenen Perspektiven plausibel und vor allem überschreitbar machen lassen. Eine Theorie der radikalen Übersetzung – so die Vermutung – könnte hierfür gewichtige Argumente liefern!

Um nun diese radikale Übersetzung zwischen der Sprache der Eingeborenen und der des Ethnologen zustande zu bringen, muß unser Urwaldlinguist ein zweisprachiges Wörterbuch und eine Grammatik anfertigen, um jeweils Paare von interlinguistisch synonymen Sätzen zusammenzustellen. Da nach Lage der Dinge keinerlei weitere Hilfsmittel zu Verfügung stehen, ist unser Linguist zum *Behaviorismus* verurteilt – eine Verurteilung, die sich rächen wird. Dies bedeutet, daß die einzigen Daten, über die der Urwaldlinguist verfügt, erstens die sensorischen Stimulationen sind, die er beobachtend auf die Sinnesorgane der Eingeborenen einwirken sieht, und zweitens die verbalen Äußerungen, die von den Stimulationen ausgelöst werden. Kurz: *Beobachtung und Induktion* sind hier die grundlegenden, ja die einzigen Mittel, mit denen unser Urwaldlinguist die fremde Sprache erlernen soll.

Damit steht Quine vor einem Problem, welches traditionell in der philosophischen Hermeneutik bearbeitet wurde. In der auf Dilthey und Husserl zurückgehenden Tradition hat Heidegger in *Sein und Zeit* das Verstehen als Grundzug des menschlichen Daseins eingeführt. Das Verstehen, welches Heidegger als die primäre menschliche Orientierung des alltäglichen In-der-Welt-seins bezeichnete, wurde hier nicht im Sinne „*einer* möglichen Erkenntnisart unter anderen" vorgestellt, etwa im Unterschied zum „Erklären". Verstehen betraf im Kontext von *Sein und Zeit* „immer die ganze Grundverfassung des In-der-Welt-seins". Und in diesem Verstehen, das immer ein Verstehen des Worumwillens ist, war für Heidegger die gesamte darin gegründete Bedeutsamkeit mit erschlossen. „Bedeutsamkeit ist das, woraufhin Welt als solche erschlossen ist." (SuZ 143) Die „Ausbildung" dieses Verstehens nannte Heidegger „*Auslegung*".

Gadamer hat in *Wahrheit und Methode* das Verstehen als Grundzug des geschichtlichen Lebens ontologisch ausgezeichnet. Dabei ist der bevorzugte hermeneutische Standardfall die Interpretation eines kanonischen Textes. Die Aufgabe des Interpreten besteht darin, daß dieser sein eigenes Kontextwissen, das er mit dem Autor zu teilen glaubt, diesem aber nur unterschob, vom Kontextwissen des Autors zu unterscheiden lernt. Dieser Interpret wird von Gadamer mit einem Dolmetscher bzw. mit einem Übersetzer verglichen, der den „zu verstehenden Sinn in den Zusammenhang hinübertragen (muß), in dem der Partner des Gesprächs lebt". Dabei darf der „Sinn" des Gesagten nicht verfälscht werden. Die zu „findende" Sprache wäre hier eine Sprache, die eine dem „Original angemessene Sprache" sein muß. Dies gilt auch für den Fall einer Übersetzung fremdsprachiger Äußerungen, ein Fall, der uns nach Gadamer die „hermeneutische Schwierigkeit" besonders drastisch vor Augen stellt. Ein Fall aber auch, der sich nicht grundsätzlich, sondern nur „graduell von der allgemeinen hermeneutischen Aufgabe" unterscheiden läßt, die jeder Text bzw. jedes Gespräch an uns stellt. Daher Gadamers These: „So wie der Übersetzer als Dolmetsch die Verständigung im Gespräch nur dadurch ermöglicht, daß er an der verhandelten Sache teilnimmt, so ist auch gegenüber dem Text die unentbehrliche

Voraussetzung für den Interpreten, daß er an seinem Sinn teilnimmt."[62] Eine derartige Übersetzung, die ja nicht einen „Normalfall für ein Gespräch" darstellt, macht uns nach Gadamer die Sprachlichkeit als Medium der Verständigung besonders drastisch bewußt. Und zwar deshalb, weil das hermeneutische Problem des Verstehens hier in der wohl extremsten Form zutage tritt.

Und eben vor einem analogen Problem steht nun auch Quine. Im gleichen Jahr als mit Gadamers *Wahrheit und Methode* die Diskussion um das Problem des hermeneutischen Verstehens innerhalb der Phänomenologie bzw. der philosophischen Hermeneutik einen gewissen Abschluß gefunden hat, nimmt Quine in *Word and Object* dieses Problem innerhalb des „linguistic turn" erneut auf. Wie bereits bemerkt: In diesem Zusammenhang besteht die Aufgabe zunächst darin, daß unser Ethnologe in den geschlossenen Kreis der stehenden Sätze der fremden Sprache eindringen muß, um dann ein Übersetzungshandbuch einer bisher völlig unbekannten Sprache zu erstellen. Diesem Vorgang will Quine sprachanalytisch auf den Grund kommen. Und zwar so, daß sich dieser Vorgang auch methodisch kontrollieren und rekonstruieren läßt. Damit ist neben der Gemeinsamkeit zwischen Heidegger und Gadamer einerseits und Quine andererseits auch der Unterschied benannt. Bei Heidegger und Gadamer findet sich viel Erhellendes zum Problem Sprache und Verstehen, auch über die Rolle des „Vorverständnisses" und über die Rolle der „Verstehenshorizonte" – wir finden aber keine *Anleitung zum Verstehen im Sinne eines Verfahrens bzw. einer Methodologie*. Die Hermeneutik, die ja Gadamer bekanntlich nicht als *Methodenlehre,* sondern als *„Kunst"-Lehre* ausgebildet hat, bleibt uns eine Erklärung schuldig, wie Verstehensleistungen methodisch kontrollierbar gemacht oder zumindest analytisch rekonstruiert werden können. Mehr noch: Insofern nach Gadamer die hermeutische Erfahrung „den Kontrollbereich wissenschaftlicher Methodik übersteigt",[63] schlägt seine richtige Kritik am objektivistischen Selbstmißverständnis der erfahrungswissenschaftlichen Methodologie in der Philosophie bzw. in den Geistes- und Sozialwissenschaften in eine Konfrontation von „Wahrheit" und „Methode" um, so daß letztendlich die hermeneutische Erfahrung unvermittelt der methodischen Erkenntnis entgegengesetzt wird. Da nach Gadamer das hermeneutische Verstehen sich nicht zu einer wissenschaftlichen Methode ausbilden, sondern allenfalls als *Kunstdisziplin* betreiben läßt, fragt sich hier, ob es überhaupt so etwas wie eine Theorie geben kann, die ein methodisch gesichertes Sinnverstehen begründen kann. Unterstellt nun, Quine kann mit sprachanalytischen Mitteln diese Verstehensleistungen plausibel machen, dann ließe sich das methodische Defizit von Gadamers Hermeneutik nicht nur sprachanalytisch ausgleichen, wir hätten dann auch so etwas wie ein analytisches Pendant zu ihr: eine analytische Hermeneutik.

Was nun Quines Beispiel des Eindringens in eine völlig fremde Sprache besonders instruktiv macht, ist die Tatsache, daß hier ein Fall konstruiert wird, in dem die Subjekte, also unser Urwaldlinguist als moderner Nachfahre von Robinson auf der einen Seite und

62 H.-G. Gadamer: Wahrheit und Methode. Grundzüge einer philosophischen Hermeneutik, in: Gesammelte Werke, Bd. 1, Tübingen 1990^6, S. 389. Dazu auch E. Betti: Probleme der Übersetzung und der nachbildenden Auslegung, in: Deutsche Vierteljahresschrift für Literaturwissenschaft und Geistesgeschichte 27 (1953), S. 489-508; ders., Allgemeine Auslegungslehre als Methodik der Geisteswissenschaften, Tübingen 1967

63 H.-G. Gadamer: Wahrheit und Methode, a.a.O., S. 1

die Eingeborenen als die Nachfahren von Freitag auf der anderen Seite zwar allesamt mit Bewußtsein und sogar mit Sprache ausgestattet werden, aber aller intersubjektiven Beziehungen beraubt sind. Wir haben hier gewissermaßen einen *intersubjektiven Nullzustand* vorliegen. Unser Ethnologe steht nun vor der Aufgabe, aus diesem intersubjektiven Nullzustand heraus- und in eine intersubjektive Beziehung hineinzukommen, um auf diese Weise ein intersubjektives Sinnverstehen zu ermöglichen – was im vorliegenden Fall durch eine radikale Übersetzung realisiert werden soll. Das Problem scheint analog zu dem Problem, vor welchem Husserl in den *Cartesianischen Meditationen* stand. Ich meine Husserls Versuch der phänomenologischen Begründung einer intersubjektiven Beziehung zwischen Ego und Alter ego. Der Unterschied besteht lediglich darin, daß Quine dieses Problem nicht mit phänomenologischen, sondern mit sprachanalytischen Mitteln zu bewältigen sucht. Damit bekommt Husserls phänomenologische Begründung der Intersubjektivität eine sprachanalytische Wendung. Quine muß zeigen, wie eine gemeinsame Sprache bzw. wie eine Übersetzung zustande kommt, in der sich Robinson und Freitag miteinander streiten können wie Brüder; eine Sprache also, in der wir uns nicht nur auf Tatsachen und Sachverhalte beziehen, sondern auch intentionale Erlebnisse wie Wünsche, Hoffnungen und Gefühle ausdrücken können.

Dabei verfährt Quine nicht voraussetzungslos. Wie bereits bemerkt: Der intersubjektive Nullzustand schließt zwar eine intersubjektive Beziehung zwischen Robinson und Freitag, zwischen unserem Urwaldlinguisten und den Eingeborenen aus. Auf jeder der beiden Seiten wird jedoch die Kenntnis von Bedeutungsrelationen unterstellt. Wie nun dieses Beispiel angesetzt ist, scheint Quine hier zunächst Husserls Fehler einer sprachfreien Intersubjektivität der Bedeutung zu vermeiden. Denn Quine rechnet ja von Anfang an damit, daß beide Seiten, Robinson und Freitag, über identische Wort- und Satzbedeutungen verfügen. Zwar können sie sich bislang noch nicht verständigen, da sie noch keine Übersetzungstheorie gefunden haben, um die eine Sprache in die andere zu übersetzen. Aber aus dieser mißlichen Lage soll ja auch erst die zu erstellende Übersetzung heraushelfen. Daß sich jeder Satz einer natürlichen Sprache prinzipiell in jede andere Sprache übersetzen läßt, wird von Quine in diesem Zusammenhang stillschweigend unterstellt. Obwohl nun Quine der Husserlschen Problemstellung der phänomenologischen Begründung der Intersubjektivität eine sprachanalytische Wendung gibt und trotz der Tatsache, daß er einen Bedeutungsplatonismus entschieden ablehnt, wie er von Frege *und* dem frühen Husserl vertreten wurde – Quine stattet ja beide Seiten von vornherein mit identischen Wort- und Satzbedeutungen aus –, so fällt er letztlich dem gleichen Problem zum Opfer, an dem sich auch Husserl vergeblich abgearbeitet hat.

So wie es Husserl auf Grund der monologischen Privilegierung eines vor-intersubjektiven Selbstbewußtseins nicht gelang – und nicht gelingen konnte –, das Problem der phänomenologischen Begründung der Intersubjektivität zu lösen, so gelingt es Quine nicht, aus dem intersubjektiven Nullzustand herauszukommen. Und zwar aus dem gleichen Grund. Denn hier wie dort muß Intersubjektivität methodisch vom Subjekt erschlossen werden, wobei es in diesem Zusammenhang einerlei ist, ob es sich hierbei um ein transzendentales Subjekt, wie bei Husserl, oder um ein empirisches, wie bei Quine, handelt. Diese These bedarf der Erläuterung.

Mit dem Logischen Empirismus teilt Quine die Auffassung, daß unsere Aussagen über die Welt nur über die Sinnesreizungen empirischen Gehalt haben. Der Empirismus als „Theorie der Belege", so erinnern wir uns, blieb Quine nach Abzug der beiden Dogmen des Empirismus erhalten. Daher auch Quines Verteidigung der Verifikationstheorie der Bedeutung. Diese soll nicht abgeschafft, sondern wirklich ernst genommen werden. Insofern ist es nur konsequent, wenn Quine den Bedeutungsbegriff unter Bezug auf sensorische Stimulationen und verbale Reaktionen definiert. Wie ernst Quine die Verifikationstheorie der Bedeutung nimmt, können wir uns am Begriff der „Stimulusbedeutungen" klarmachen. Dieser Begriff ist für Quines behavioristische Bedeutungstheorie zentral. Die Stimulusbedeutungen garantieren die Objektivität der Übersetzung. Sie sind nichts anderes als jene Menge von Sinnesreizungen, die den Eingeborenen in einem bestimmten Kontext dazu veranlassen, einen Satz zu bejahen resp. zu verneinen. Ausgerüstet mit dieser Kenntnis ist nun unser Urwaldlinguist damit allerdings noch lange nicht in der Lage, die Zielsprache zu übersetzen. Denn bisher – so faßt Quine an dieser Stelle seine Überlegungen zusammen – können wir lediglich feststellen:

„(1) Beobachtungssätze lassen sich übersetzen. Dabei spielt zwar Ungewißheit herein, aber die Situation ist die für Induktionen normale. (2) Wahrheitsfunktionen lassen sich übersetzen. (3) Reizanalytische Sätze lassen sich als solche erkennen, ebenso Sätze des entgegengesetzten Typs, die ‚reizkontradiktorischen' Sätze, die unwiderruflich abgelehnt werden. (4) Fragen der intrasubjektiven Reizsynonymie von Gelegenheitssätzen der Eingeborenen lassen sich, sofern sie gestellt werden, entscheiden, selbst wenn es sich nicht um Beobachtungssätze handelt, wobei sich diese Sätze jedoch nicht übersetzen lassen." (WO 129)

Nun ist unser Linguist damit allerdings noch nicht in die Eingeborenensprache eingedrungen. Die Gesichtspunkte (1) bis (4) reichen dafür nicht aus. Um die „Grenze" zwischen Robinson und Freitag zu überwinden, ist es nicht genug, den Begriff der Reizanalytizität und den der Reizsynonymität „ein wenig zu verbessern", indem wir diese Begriffe „vergesellschaften", so daß nun gesellschaftlich reizanalytisch jene Sätze genannt werden, „die für fast jeden reizanalytisch sind". Wie Quine selbst bemerkt, ist auf der Basis „unserer vergesellschaftete(n) Reizsynonymie und Reizanalytizität ... noch immer keine behavioristische Rekonstruktion der intuitiven Semantik" möglich. Diese Vergesellschaftung bietet allenfalls einen „behavioristischen ‚Ersatz'" (WO 126). Die Gesichtspunkte (1) bis (4) können demzufolge notwendige, keinesfalls aber hinreichende Bedingungen sein, um die Eingeborenensprache zu verstehen. Denn bislang kommen wir noch nicht an jene Belege heran, die die gesamte Übersetzung tragen und stützen sollen. Um an diese Belege heranzukommen, um überhaupt in den geschlossenen Kreis der stehenden Sätze der Eingeborenensprache einzudringen, muß unser Urwaldlinguist seine eigene Denkweise anwenden. Er wählt dazu folgenden Weg: In einem ersten Schritt zerlegt der Linguist die „Äußerungen, die er hört, in ausreichend kurze, wiederkehrende Teile und stellt so eine einfache Liste der ‚Wörter' der Eingeborenen zusammen". In einem zweiten Schritt „stellt er Hypothesen hinsichtlich der Korrelationen von Wörtern mit Wörtern oder Ausdrücken seiner eigenen Sprache auf" und projiziert diese in die zu übersetzende Sprache hinein. Diese Hypothesen nennt Quine die „*analytischen Hypothesen*" des Linguisten. (WO 129)

Sie sind das Mittel, mit dem wir unter Rückgriff auf unsere eigene Sprache uns in die Sprache der Eingeborenen hineinschießen. Oder wie Quine auch sagt: „Die Methode der analytischen Hypothesen ist ein Verfahren, sich unter Ausnutzung der Schwungkraft der Heimatsprache in die Dschungelsprache zu katapultieren." (WO 133) Klarerweise können die analytischen Hypothesen gegenüber der empirischen Basis der Stimulationsbedeutungen nicht mehr in einer *alternativlosen Weise* gerechtfertigt werden. Und eben deshalb muß der Linguist ohne weitere Rechtfertigung sein eigenes Kategoriensystem anwenden und dieses samt seiner ontologischen Sehweise in die Eingeborenensprache hineinprojizieren. Die Unterbestimmtheit der Theorie durch die Daten zieht die Unterdeterminiertheit bzw. die Unerforschlichkeit der Referenz und damit die Unerforschlichkeit der Bedeutung nach sich. Jede Bedeutung eines Terminus der fremden Sprache ist prinzipiell durch Reizbedeutungen der jeweiligen Äußerungssituation „jämmerlich unterbestimmt". Damit stehen alle nur möglichen Deutungen unter Vorbehalt. Denn die analytischen Hypothesen gehen über all das hinaus, was in den „Dispositionen eines Eingeborenen zum Redeverhalten implizit enthalten ist".

Diese These ist in einem radikalen Sinn zu verstehen. Denn die These der Unterbestimmtheit der Übersetzung besagt nicht, daß zum gegenwärtigen Zeitpunkt noch nicht genügend Belege für oder gegen eine bestimmte analytische Hypothese vorliegen. Die These besagt, daß alle Übersetzungen, egal wann und wo sie stattfinden, zwar gleichermaßen akzeptabel sein können, ohne jedoch logisch kompatibel sein zu müssen. Kurz: „Die Unbestimmtheit ... geht tiefer. Sie besteht darin, daß rivalisierende Systeme analytischer Hypothesen mit allen Rededispositionen innerhalb jeder der betreffenden Sprachen in Einklang stehen und in zahllosen Fällen dennoch völlig disparate Übersetzungen erfordern können, und zwar nicht nur wechselseitige Paraphrasen, sondern Übersetzungen, von denen jede durch das andere Übersetzungssystem ausgeschlossen würde." (WO 138) Was mit dieser These auf dem Spiel steht, kann man sich leicht an dem Beispiel klarmachen, mit dem der Status der analytischen Hypothesen zur Diskussion steht.

Es gibt innerhalb der analytischen Philosophie wenige Beispiele, die so ausgiebig diskutiert wurden, wie jenes, welches Quine als Beispiel für einen klassischen Beobachtungssatz gilt: „Gavagai". Kommt unser Urwaldlinguist zu einem bislang fremden Stamm und äußert ein Eingeborener beim Auftauchen eines Hasen „Gavagai", dann wird unser Linguist aller Wahrscheinlichkeit nach vermuten, daß der Eingeborene sagt: „Da ist ein Hase". Diese Vermutung scheint schon allein deshalb plausibel, weil unser Linguist beobachtet hat, daß der Eingeborene beim Auftauchen eines Hasen in den unterschiedlichsten Situationen den Satz gleich gebraucht hat. Damit scheint ausgeschlossen, daß mit „Gavagai" eventuell ein Tisch oder ein Stuhl bezeichnet wird, da zum Zeitpunkt der Äußerung weder ein Tisch noch ein Stuhl in Sicht waren. Jedoch ist damit noch nichts entschieden. Im Gegenteil. Es liegt nämlich überhaupt noch keine Übersetzungsunbestimmtheit vor. Die Stimulationsbedeutung soll sich hier noch rein induktiv bestimmen lassen. Das Problem beginnt dort, wo dies nicht mehr der Fall ist. Und das ist genau dort, wo es um die Frage geht, worauf „Gavagai" denn nun wirklich referiert.

Es ist ja allemal möglich, daß „Gavagai" nicht auf „Hase" referiert, sondern auf ein „unabgetrenntes Hasenteil" oder auf ein „zeitliches Hasenstadium". Einen Entscheid, worauf „Gavagai" denn nun wirklich referiert, kann unser Linguist erst dann treffen, wenn er den

Individuationsapparat jener Sprache kennt, die es zu übersetzen gilt. Also erst wenn unser Urwaldlinguist die Artikel, Pronomen und Identitätsprädikate sowie die Singular- und Pluralendungen kennt, kann er entscheiden, worauf „Gavagai" referiert. Das Problem ist nur: dieser Individuationsapparat steht dem Linguisten bisher nicht zur Verfügung. Daher ja überhaupt nur die Wahl der analytischen Hypothesen. Diese Hypothesen haben zwar den Nachteil, gegenüber der Stimulationsbedeutung nicht mehr auf einem rein induktiven Weg bestimmt zu sein. Dafür bieten sie jedoch den Vorteil, daß wir mit ihnen die Möglichkeit haben, das, was auf einem rein induktiven Weg nicht funktioniert, nämlich uns in die Dschungelsprache zu katapultieren, mittels dieser Hypothesen gelingt. „Die analytischen Hypothesen sowie die große synthetische Hypothese, zu der sie sich summieren, sind demnach nur in einem unvollständigen Sinne Hypothesen. Man vergleiche dagegen den Fall der Übersetzung des Gelegenheitssatzes ‚Gavagai' aufgrund der Gleichheit der Reizbedeutung. Hier handelt es sich um eine echte, wenn auch möglicherweise falsche Hypothese aufgrund von Einzelbeobachtungen. ‚Gavagai' und ‚Da ist ein Kaninchen' haben für die beiden Sprecher Reizbedeutungen, und diese sind – ob wir sie nun richtig erraten oder nicht – ungefähr gleich oder deutlich verschieden. Die typischen analytischen Hypothesen dagegen lassen sich nicht in dieser Weise erklären. Es geht dabei nicht darum, daß wir uns nicht sicher sein können, ob die analytische Hypothese richtig ist, sondern daß es – anders als bei ‚Gavagai' – noch nicht einmal etwas Objektives gibt, bezüglich dessen die Hypothese richtig oder falsch sein kann." (WO 137) Da all jene Übersetzungen, die nicht unter (1) bis (4) fallen, Übersetzungen sind, die sich einzig und allein durch analytische Hypothesen rechtfertigen lassen, gibt es hier eine prinzipielle Unbestimmtheit. Was wir in bezug auf empirisch äquivalente, aber logisch inkompatible Theorien kennengelernt haben, radikalisiert sich bei alternativen Übersetzungen. So können alternative analytische Hypothesen mit allen Rededispositionen innerhalb der zu untersuchenden Sprache in Einklang stehen und dennoch völlig verschiedene Übersetzungen hervorbringen; Übersetzungen, von denen jede durch das andere Übersetzungssystem ausgeschlossen ist. (Vgl. WO 138)

Die Indeterminiertheit der Übersetzung ist also kein Spezialfall der Unterdeterminiertheit der Theorien, wie Chomsky vermutet – eine Vermutung, die er mit dem Argument stützt, daß von Quine die „Terme *Sprache* und *Theorie* tendenziell austauschbar" gebraucht werden. Zwar muß Quine gegenüber Chomsky zugestehen, daß die Tendenz, die Terme Sprache und Theorie nicht klar genug unterschieden zu haben, mit seiner Zurückweisung der „traditionellen Unterscheidung zwischen analytischen und synthetischen Aussagen" zusammenhängt. Gleichwohl ist die Indeterminiertheit der Übersetzung kein Spezialfall der Unterdeterminiertheit der Theorien. Oder wie Chomsky sagt: „Die Situation im Fall der Sprache oder des Alltagswissens ist in dieser Hinsicht nichts anderes als in der Physik."

In der Physik gibt es nach Quine eine feststehende Realität und eine wahre Theorie. Hier ist die Theorie der „letzte Parameter". Zwar sind auch physikalische Theorien durch alle möglichen Belege unterdeterminiert. Die Theorie kann also variieren, selbst wenn alle möglichen Beobachtungen festliegen. Dies führt zur These von der empirischen Äquivalenz und der logischen Inkompatibilität von Theorien. Hieraus erwachsen aber keine dramatischen Konsequenzen. Erst im Fall der radikalen Übersetzung wird das Problem wirklich dramatisch. Denn die Indeterminiertheit ist hier nicht epistemologischer, sondern *ontologischer* Natur. Bei einer radikalen Übersetzung geht es „nicht darum, daß wir nicht mit Gewißheit sagen können, ob die analytische Hypothese richtig ist; sondern darum, daß es nichts Objektives gibt ... hinsichtlich dessen man Recht haben oder im Irrtum sein könnte“ (WO 137). Selbst wenn die gesamte Wahrheit über die Natur vorläge, besteht die Indeterminiertheit der Übersetzung fort. Denn hier haben wir es eben nicht mit einer richtigen oder einer falschen Wahl zu tun: „es gibt hier keine objektive Realität“ – „there is no fact of the matter“. Wir kommen damit zu folgendem Resultat: die Bedeutung linguistischer Ausdrücke ist objektiv unbestimmt und die Referenz linguistischer Ausdrücke unerforschlich!

Anders läge der Fall, wenn wir davon ausgehen könnten, daß es so etwas wie ein Museum gibt, in dem die Exponate Bedeutungen und die Schilder daran die Wörter sind. In der mentalistischen Semantik wird ja damit gerechnet, daß die Wörter und Sätze einer Sprache eine feststehende Bedeutung haben, ganz unabhängig davon, ob wir diese auch verstehen. Klarerweise taucht hier unser Problem gar nicht auf, da sich die mentalistische Semantik von der Annahme leiten läßt, daß die Bedeutungen schon im Geist bzw. im Bewußtsein festgelegt sind, eben in einem „geistigen Museum“. Das Problem ist nur, daß diese Semantik mit der Voraussetzung einer „Privatsprache“ steht oder besser fällt. Und unter der Attacke von Dewey, Wittgenstein und Quine fällt sie!

3.4. Teilnehmendes Verstehen oder interessenloses Beobachten? – Die intersubjektivitätstheoretischen Defizite der semantischen Bedeutungstheorie

Mit der berechtigten Kritik an der mentalistischen Semantik ist freilich noch nicht positiv entschieden, ob Quine seinerseits das Problem des Sinnverstehens angemessen lösen kann. Die Argumente gegen eine Privatsprache lassen sich nicht automatisch als Argumente für eine behavioristische Semantik bzw. für eine behavioristische Übersetzungstheorie verstehen. Zu prüfen wäre also, wie weit Quine das Problem der radikalen Übersetzung auf behavioristischer Basis lösen kann.

Wir hatten bisher gezeigt, daß die These von der Unbestimmtheit der Bedeutung und die These von der Unerforschlichkeit der Referenz in einem direkten Zusammenhang stehen. Beide Thesen stützen sich wechselseitig. Und wir hatten gesagt, daß die These von der Unbestimmtheit der Bedeutung auf einer endlichen, sprich begrenzten Auswahl von Einzelhypothesen für eine Übersetzung beruht. Genau durch diese Auswahl einer begrenzten Anzahl von alternativen Einzelhypothesen, wird deren Wahl derart konventionalisiert, daß sich kein Kriterium für oder gegen die Wahl jener Hypothesen mehr angeben läßt, die die Übersetzungstheorie tragen sollen. Noch nicht einmal pragmatische Kriterien kann Quine hier aufbieten, wie im Fall einer positiven Entscheidung über den Wahrheitswert eines Satzes innerhalb einer physikalischen Theorie. War hier die Bedeutung eines Satzes theorieabhängig, da sich hier keine Entscheidung über den Wahrheitswert eines Satzes in einer theorieunabhängigen Weise plausibel machen ließ – eben dies besagte die Holismusthese –, so soll nun die Bedeutung innerhalb der Übersetzungstheorie allein durch die Sinnesreizungen bestimmt sein. Die Stimulusbedeutungen bilden im Rahmen der Übersetzungstheorie die Evidenzbasis, auf der der gesamte Übersetzungsvorgang ruht. Quines behavioristische Bedeutungs- bzw. Übersetzungstheorie läßt sich ja von der Maxime leiten, daß allein Beobachtung und Induktion die Mittel sind, um das Verstehen einer (fremden) Sprache zu erklären. Dies gilt sowohl für eine fremde Sprache, wie für die eigene daheim! So wie das Kind zu Hause, so wird auch unser Linguist zum Behaviorismus verurteilt! Die einzigen Daten, über die er verfügte, waren die sensorischen Stimulationen, die er als teilnahmsloser Beobachter auf die Sinnesorgane seiner Informanten einwirken sah und ihre verbalen Äußerungen, die von den Stimulationen ausgelöst wurden. Und genau dies ist offenkundig zu wenig. Es läßt sich nämlich nicht nur bestreiten, daß sprachneutrale Sinnesreizungen sich für die Wahl von Übersetzungshypothesen als relevant erweisen lassen, es läßt sich auch bestreiten, daß Quine den Unterschied zwischen den analytischen und den induktiven Hypothesen plausibel machen kann.

Mit Quine gehe ich zunächst davon aus, daß eine Übersetzungstheorie qua Verstehenstheorie, so wie sie Quine in *Word and Object* vorstellt, nur dann erfolgreich sein kann, wenn sich zweierlei zeigen ließe: erstens, daß bestimmt Sätze eine kausale Nähe zu den Sinnesreizungen haben, und zweitens, daß sich die Sätze verschiedener Sprachen rein induktiv einander zuordnen lassen, ohne daß hierfür theoretische Annahmen in Anspruch genommen werden müßten, die diese Zuordnungen noch begründen. Dieser Annahme unterliegt jedoch ein *naturalistischer Fehlschluß*. Für die Auswahl jener Übersetzungshypothesen, die zum Aufbau eines Übersetzungsmanuals taugen sollen, können nämlich sprachneutrale Sinnesreizungen überhaupt kein Kriterium abgeben.[64] Denn selbst angenommen, wenn auch nicht zugestanden, daß der Zusammenhang zwischen unserer jeweiligen Weltsicht und den Sinnesreizungen als bekannt unterstellt werden könnte, wäre damit ja noch nichts für die Kenntnis des Zusammenhangs in einer anderen Sprache gewonnen. Schon auf der Ebene der Beobachtungssätze erweisen sich damit die sprachneutralen Sinnesreizungen für die Wahl von Übersetzungshypothesen als völlig irrelevant.

Diese Begrenztheit von Quines Verstehenstheorie wird bereits bei den Beobachtungssätzen deutlich. Zwar will Quine nicht mehr wie die klassische Wahrheitssemantik von den Umständen abstrahieren, unter denen ein Adressat erkennt, wann ein Satz wahr bzw. falsch ist. Und Quine hat auch gegenüber Frege deutlich gemacht, daß die kleinste Einheit nicht mehr der Satz, sondern die Theorie bzw. die Sprache als Ganze ist. Gleichwohl bleibt auch in unserem Beispiel des Eindringens in eine fremde Sprache die Kenntnis der Wahrheitsbedingungen von assertorischen Sätzen der Dreh- und Angelpunkt der Analyse. Nun erwies sich aber die Kenntnis der Wahrheitsbedingungen von einfachen prädikativen Beobachtungssätzen, deren Wahrheit in übersichtlichen Kontexten an Hand von leicht zugänglichen Wahrnehmungsevidenzien überprüft werden kann, schon als problematisch. Bei Voraussagen, irrealen Konditionalsätzen und Theorien ist eine derartige Überprüfung

64 Vgl. W. Stegmüller: Hauptströmungen der Gegenwartsphilosophie, Bd. II, Stuttgart 1979, S. 263f.

jedoch schon nicht mehr möglich, da uns hier keine Verifikationsregeln mehr zur Verfügung stehen. Quine müßte also das voraussetzen, was er zu erkennen beabsichtigt: daß der Zusammenhang zwischen den Sinnesreizen und der Weltsicht der Eingeborenen schon bekannt ist, wenn sprachneutrale Sinnesreizungen ein Kriterium für oder gegen die Wahl bestimmter Übersetzungshypothesen abgeben sollen.

Um also zu erkennen, ob die Klasse der Stimuli, die den Satz „Gavagai" auslösen, in der Klasse jener Stimuli enthalten ist, die den Satz „Dort ist ein Tier" auslösen, ist reine Beachtung offenkundig nicht ausreichend, da Quines Ethnologe keinerlei Mittel zur Verfügung hat, um herauszubekommen, wann der Eingeborene über „Kaninchen" bzw. über „Tier" spricht. Zwar ist es Quine möglich, allein durch Beobachtung eine einseitige Zuschreibung von propositionalen Einstellungen vorzunehmen. Das Problem ist nur, daß diese einseitige Zuschreibung von propositionalen Einstellungen noch nicht zu einer intersubjektiv zu verstehenden Sprache führt. Selbst dann nicht, wenn man diese Veranstaltung reflexiv macht. Beobachtungen richten sich auf wahrnehmbare Dinge und Ereignisse. Das Verstehen von symbolischen Äußerungen erfordert jedoch die Teilnahme an einem Prozeß der Verständigung. Hier gibt es eine *Ebenendifferenz* zwischen einer *wahrnehmbaren* und einer *symbolisch vorstrukturierten Wirklichkeit*. Zur ersteren haben wir einen direkten Zugang durch Beobachtung, währenddessen der Zugang zur zweiten durch einen kommunikativen Zugang vermittelt ist. Beobachten tut jeder für sich allein. Sinnverstehen erfordert jedoch die Aufnahme einer intersubjektiven Beziehung mit dem Subjekt, welches die Äußerungen hervorbringt: im gegebenen Fall „Gavagai".

Um also herauszubekommen, worauf „Gavagai" referiert, wird unser Ethnologe wohl oder übel seine Rolle als passiver Beobachter aufgeben müssen, um aktiv in das Geschehen einzugreifen, d. h. er muß, so er die Reaktionen des Eingeborenen verstehen und interpretieren will, den Eingeborenen fragen und dieser wiederum muß mit „Ja" oder „Nein" zu den Fragen des Ethnologen Stellung nehmen können – freilich wäre hierfür vorausgesetzt, daß der Ethnologe die Zeichen der Zustimmung bzw. der Ablehnung in der Eingeborenensprache schon herausgearbeitet hat. Kurz: Wenn unser Urwaldlinguist nicht die Rolle des teilnahmslosen Beobachters aufgeben will, dann wäre in der Tat Ryles Vorwurf vollauf berechtigt: „Unser Urwaldlinguist scheint mir einer der größten Dummköpfe, die ich je getroffen habe. Man könnte sagen, er versucht zu erfassen, was in dem sprachlichen Verhalten seiner Population geschieht, indem er außerhalb der Sache bleibt. An den Türen horchend wird er jedoch nicht sehr weit kommen. So ... lernt kein Kind seine Muttersprache: nicht durch die einfache Macht der Gewohnheit und auch nicht mit Hilfe heikler Deduktionen. Im Gegenteil, es erlernt sie weitestgehend, wenn nicht ganz und gar, weil man sie ihm beibringt. Man fragt sich, warum der arme Ethnologe von Professor Quine nicht zum selben Mittel greift."[65] Nun würde ja sicher auch der „arme Ethnologe von Professor Quine" zu demselben Mittel greifen. Auch er würde sich die Sprache gerne beibringen lassen, was jedoch gerade unterstellt, was in unserem konkreten Fall nicht vorgesehen ist: daß es jemanden gibt, der zweisprachig ist und dem Ethnologen die

65 G. Ryle: Discussion, in: La Philosophie analytique. Cahiers de Royaumont, Paris 1962, S. 181. Zit. nach P. Gochet: Quine zur Diskussion. Ein Versuch vergleichender Philosophie, Frankfurt/M. – Berlin – Wien 1984, S. 69

Zielsprache beibringt. Und gerade aus diesem Grund, daß es eben diesen ominösen „Jemand" nicht gibt, ist ja Quines Beispiel überhaupt nur instruktiv. Denn wenn es diesen „Jemand" gäbe, dann verlöre die ganze Konstruktion ihren Witz, da jetzt überhaupt kein Erklärungsbedarf mehr vorliegt, weil das, was erklärt werden soll, nämlich wie ein Übersetzungsmanual einer bisher unbekannten Sprache zu verfertigen ist, als Problem nicht mehr vorliegt. Um die Frage zu beantworten, wie ein Übersetzungsmanual für eine bislang unbekannte Sprache behavioristisch aufgebaut werden soll, müßten wir einfach nur „Jemand" fragen.

Doch kehren wir zu Quine zurück. Auch Quine hat natürlich bemerkt, daß sein Urwaldlinguist, so er zweisprachig werden will, eine Fähigkeit besitzen muß, die mehr erfordert als einfache Beobachtung. Beobachtung ist dafür allenfalls eine notwendige, keinesfalls aber hinreichende Bedingung. Darüber hinaus muß der Urwaldlinguist die Fähigkeit erwerben, eindeutig sachliche Irrtümer der Eingeborenen zu erkennen. Dies ist allein unter der Voraussetzung möglich, daß er die wahren von den falschen Aussagen trennen kann. Und dies wiederum setzt voraus, daß er die Sätze der Zielsprache versteht – und zwar alle. Nicht umsonst schließt sich Quine hier dem Diktum von Wittgenstein an: „Einen Satz verstehen, heißt, eine Sprache verstehen."[66] Das Problem ist nur, daß dies so lange unmöglich sein wird, solange unser Ethnologe als teilnahmsloser Beobachter auftritt. „Solange der Sprachforscher nur die Beobachtungssätze der Eingeborenen zu seiner eigenen Reizbedeutung in Beziehung setzt, kann er keine Urteile des Eingeborenen als falsch ausscheiden ... Ist er aber erst einmal zweisprachig und vermag so über die Beobachtungssätze hinauszugehen, kann er sich mit dem Eingeborenen wie mit seinem eigenen Bruder zanken." (WO 94) Ja, wenn der Urwaldlinguist zweisprachig geworden *ist*. Das Problem ist doch gerade, ob er es mit der von Quine anempfohlenen Methode jemals *wird*.

Soweit ich sehe, gibt es im wesentlichen zwei Gründe, die dagegen sprechen, daß sich unser Urwaldlinguist jemals mit den Eingeborenen wird zanken können, wie man sich mit seinem eigenen Bruder zankt. Sich zanken oder einen Dialog führen setzt für gewöhnlich eine Symmetrie zwischen den Zankenden bzw. den Dialogpartnern voraus. Diese Symmetrie ist eine Symmetrie der Ansprüche und Perspektiven, eine Symmetrie, die überhaupt erst die Möglichkeit eröffnet, den anderen zu verstehen, dessen Meinung zu überprüfen und gegebenenfalls sogar zu übernehmen. Und genau diese Symmetrie kann Quine durch die Privilegierung und einseitige Ausrichtung an der Perspektive des Sprachforschers nicht garantieren. Dies wäre der eine Grund. Der zweite Grund, warum unser Urwaldlinguist nicht zweisprachig werden kann, ist, daß Quine nicht erklären kann, wie der

66 L. Wittgenstein: Das Blaue Buch. in: WA, Bd. 5, Frankfurt/M. 1984, S. 21. Vgl. dazu auch L. Wittgenstein: Philosophische Untersuchungen, a.a.O., § 199. Der Gedanken, was es heißt, eine Sprache zu verstehen, den Wittgenstein hier im darauf folgenden Satz erläutert, ist für Quine jedoch nicht mehr von Interesse: „Eine Sprache verstehen heißt, eine Technik beherrschen." (Ebd.) Dies ist nicht verwunderlich, da Quine im Gegensatz zu Wittgenstein nicht aus den „*Gepflogenheiten* (Gebräuche, Institutionen)" das Verstehen erklären will (und auch nicht erklären kann), sondern mit Hilfe einer wahrheitskonditionalen Bedeutungstheorie. Diese bietet uns jedoch nicht das, was uns Wittgenstein Überlegungen bieten: ein *pragmatisches Sinnkriterium für sprachliche Äußerungen*. Mit anderen Worten: Was bei Wittgenstein durch die Übereinkunft innerhalb bestimmter Sprachspiele als einer Einheit von Sprachgebrauch, Verhaltenspraxis und Welterschließung praktisch entschieden wird, versucht Quine behavioristisch abzuleiten.

Vorgang der *Revision von Orientierungen* in der Dimension der Richtigkeit und in der Dimension der Wahrheit praktisch vonstatten geht und sich theoretisch rekonstruieren läßt. Anders als Heidegger verfügt Quine nämlich über kein Konzept, mit welchem er die Erschließungsleistungen plausibel machen kann, die überhaupt eine Orientierung am Wahren bzw. am Richtigen ermöglichen.[67] Unser Problem besteht darin, daß wir so lange nicht die Wahrheitsbedingungen identifizieren können, die es uns gestatten, die wahren von den falschen Aussagen der Eingeborenen zu unterscheiden, solange wir nicht ein Verständnis der fremden Sprache erreicht haben. Wir scheinen uns damit im Kreis zu drehen: Um die Wahrheitsbedingungen identifizieren zu können, mit denen man die wahren von den falschen Aussagen scheiden kann, müssen wir die Sprache der Eingeborenen schon verstanden haben – um aber die Sprache der Eingeborenen verstehen zu können, müssen wir die Bedingungen kennen, unter denen ein Satz wahr oder falsch ist. Wie leicht zu sehen ist, handelt es sich hierbei um einen klassischen hermeneutischen Zirkel.[68] Gemäß dem hermeneutischen Grundtheorem stehen wir damit vor folgender Frage: „Wie ist es möglich, da wir immer nur das eine nach dem anderen, nicht aber das Ganze zu gleicher Zeit auffassen können, das Einzelne zu erkennen, da dieses die Erkenntnis des Ganzen voraussetzt? Der Zirkel, daß ich a, b, c, usw. nur durch A erkennen kann, aber dieses A selbst wieder nur durch a, b, c usf., ist unauflöslich, wenn beide A und a, b, c als Gegensätze gedacht werden, die sich wechselseitig bedingen, nicht aber ihre Einheit anerkannt wird ... So allein ist es möglich, daß ich das Einzelne durch das Ganze und umgekehrt das Ganze durch das Einzelne erkenne."[69] Dieser hermeneutische Zirkel des Verstehens ist ein nicht-reduzibles Zugleich zweier Momente, welches sich nur zusammen erschließt. Im Prozeß einer solchen Erschließung artikuliert sich das gelingende Verstehen sprachlicher Zeichen. Statt nun in diesen Zirkel hineinzukommen, versucht Quine, aus ihm auszubrechen. Das bewerkstelligt er mit einer wahrheitskonditionalen Bedeutungstheorie. Diese wahrheitskonditionale Bedeutungstheorie erweist sich in hermeneutischer Hinsicht als steril.

Denn mit der Entscheidung für eine wahrheitskonditionale Bedeutungstheorie hat sich Quine auch für den Standpunkt des teilnahmslosen Beobachters entschieden. Wie sich jedoch zeigen läßt, ist eine solche Bedeutungstheorie „aus sich selbst heraus nicht lebensfähig, nicht weil sie als zu ehrgeizig angesehen werden könnte, sondern weil sie offen-

67 Vgl. dazu M. Seel: Über Richtigkeit und Wahrheit. Erläuterungen zum Begriff der Welterschließung, in: Deutsche Zeitschrift für Philosophie, Heft 3 (1993), S. 509-524 sowie N. Kompridis: Über Welterschließung: Heidegger, Habermas, Dewey, ebd., S. 525-538

68 Was in der philosophischen Hermeneutik als Zirkel des Verstehens bezeichnet wird, machte sich innerhalb der analytischen Philosophie zunächst als *circulus vitiosus* bemerkbar. So stellt z. B. Carnap die Frage: „Wie erhält ein theoretischer Term seine Bedeutung?" Und seine Antwortet lautet: Wenn wir die Terme einer Theorie verstehen wollen, dann müssen wir sie wohl oder übel aus dem Kontext der Theorie verstehen. Vgl. R. Carnap: Philosophical Foundation of Physics, New York 1966, S. 248

69 F. Ast: Grundlinien der Grammatik, Hermeneutik und Kritik, § 75, zit. nach: Seminar: Philosophische Hermeneutik, Hg. von H.-G. Gadamer und G. Boehm, Frankfurt/M. 1976, S. 116f. Vgl. auch H.-G. Gadamer: Vom Zirkel des Verstehens, in: Wahrheit und Methode. Ergänzungen, Gesammelte Werke, Bd. 2, Tübingen 1993, S. 57-65

sichtlich nicht ehrgeizig genug ist".[70] Damit fragt sich, worin der mangelnde Ehrgeiz der wahrheitskonditionalen Bedeutungstheorie besteht. Nun offensichtlich im Verzicht, jene Bedingungen aufzuklären, unter denen Verstehensprozesse überhaupt nur nötig und möglich sind. Indem Quine seinen Ethnologen zum Behaviorismus verurteilt, verurteilt er ihn zugleich auch dazu, das Verstehen einer fremden Sprache bzw. Kultur aus der Perspektive des teilnahmslosen Beobachters begreiflich zu machen. Zwar will auch Quine den Ethnologen zur Teilnahme am Gespräch befähigen, was klarerweise die Aufnahme einer intersubjektiven Beziehung zur Voraussetzung hat. Und doch gelingt es unserem Ethnologen nicht wirklich, die Beobachterperspektive aufzugeben. Denn Quine rekonstruiert die Teilnehmerperspektive, aus der sich die Lebenswelt allein erschließt, nicht aus der Perspektive der 1. Person, sondern aus der eines Beobachters, der nicht in der Lebenswelt situiert ist, sondern diese beobachtend objektiviert. Wir können hier auch von einem Überspringen des Subjekts in der 1. Person sprechen. Damit behält Quine so etwas wie eine Teilnehmerperspektive in der Beobachterperspektive zurück, d. h. die 1. Person in der 3. Person. Dafür entrichtet Quine einen hohen Preis: Die Lebenswelt reduziert sich entweder auf die immer schon verstandene Welt des an ihr teilnehmenden Beobachters, oder, wie im vorliegenden Fall, die Lebenswelt bleibt für den Ethnologen schier unverständlich. Denn dieses Überspringen der 1. Person zieht eine Abstraktion von der pragmatisch zu analysierenden Dimension des Verstehens nach sich, womit nicht nur die Möglichkeit einer Reflexion auf die immer schon vorausgesetzten Bedingungen der Möglichkeit des Verstehens ausgeschlossen wird – diese Bedingungen werden ja allenfalls in einem empirischen Sinn thematisch, nicht aber im Sinn von transzendentalen Bedingungen der Möglichkeit des Verstehens. Dies ist die eine Seite. Die andere Seite ist, daß mit der Abstraktion von der pragmatisch zu analysierenden Dimension des Verstehens auch keine intersubjektive Beziehung zwischen dem Urwaldlinguisten und den Eingeborenen plausibel zu machen ist.

Denn um den Sinn und die Bedeutung sprachlicher Ausdrücke zu verstehen, müssen wir die Ausdrücke innerhalb bestehender Kontexte betrachten. Und dieser Kontext, so kann man die Einsicht von Heidegger und Wittgenstein zusammenfassen, wird sowohl „durch den praktischen Relevanzhorizont, der durch den in Frage stehenden Begriff weiter artikuliert wird, als auch durch die damit verknüpften Praktiken bestimmt". Ein solcher Kontext, das haben wir bei Husserl gesehen, läßt sich nicht aus den individuellen Leistungen monologischer Subjekte aufbauen, genausowenig wie sich ein solcher Kontext vom Standpunkt eines freischwebenden Beobachters verstehen läßt. Dies war eine der zentralen Einsichten von Heidegger und Wittgenstein, eine Einsicht, die Charles Taylor aufnahm und nun gegen Quine (und später auch gegen Davidson) richtet.

In diesem Zusammenhang werden von Taylor zwei Einwände gegen Quine geltend gemacht, die ich in ihrer Konsequenz als Einwände gegen eine wahrheitskonditionale Bedeutungstheorie betrachte, insofern mit dieser grundlegende Verstehens- bzw. Übersetzungsprozesse aufgeklärt werden sollen: 1. Um einen bestimmten Kontext zu verstehen und um zu verstehen, was ein fraglicher Ausdruck in einem bestimmten Kontext bedeutet,

70 Ch. Taylor: Bedeutungstheorien, in: Negative Freiheit? Zur Kritik des neuzeitlichen Individualismus, Frankfurt/M. 1988, S. 97

müssen wir verstehen, was es heißt, ein Teilnehmer zu sein. Das heißt, wir müssen eine Vorstellung davon haben, was es heißt, daß dies oder jenes zu tun, für einen Teilnehmer in einem bestimmten Kontext richtig oder angemessen ist, was klarerweise nicht reflexive Distanzierung, sondern *präreflexives Engagement* voraussetzt. Den semantischen Gehalt einer Äußerung können wir uns nicht unabhängig vom Handlungskontext klarmachen, in dem die Beteiligten stehen. 2. Dies erreichen wir nicht, indem wir wechselseitig die Einstellung von Beobachtern einnehmen, von Beobachtern, die, um sich zu verstehen, Übersetzungstheorien in Anwendung bringen, sondern nur durch einen wechselseitigen, sprich kommunikativen Austausch. Der kommunikative Austausch eröffnet einen öffentlichen und gemeinsamen Wir-Raum. Dieser Wir-Raum läßt sich nicht aus monologischen Ich-Perspektiven aufbauen, da diese jenem Wir-Raum nicht vorausliegen können, wenn die Sprache im Gespräch gründen soll.[71] Genau das wird aber von Quine versucht. Die Folgen sind analog zu Husserls Versuch einer phänomenologischen Begründung der Intersubjektivität von einem vor-intersubjektiven Selbstbewußtsein aus.

Im Gegensatz zu Husserl kann man Quine zwar nicht mehr den Vorwurf machen, daß er das reine Selbstbewußtsein gegenüber der sprachlich erzeugten Intersubjektivität verteidigt, geschweige daß er die Bedeutung sprachlicher Ausdrücke an ideale Wesenheiten angleicht, wie dies der frühe Husserl tat. Das reine Bewußtsein wird von Quine versprachlicht und sogar den Bedingungen innerweltlicher Existenz unterworfen, nicht jedoch den Bedingungen geschichtlicher Faktizität, da Geschichte für Quine kaum zum Thema wird. Im Gegensatz zur philosophischen Hermeneutik verhält sich Quine gegenüber der Geschichte indifferent. Jedoch so wie Husserl die Subjektivität der sinnverleihenden Akte gegenüber der sprachlich erzeugten Intersubjektivität der Verständigung als primär ansetzt, so setzt Quine die einseitig erzeugten Beobachtungssätze bzw. die einseitig erzeugten analytischen Hypothesen gegenüber der sprachlich erzeugten Intersubjektivität der Verständigung als originär an. Das Resultat ist nahezu identisch. Zwar wird weder hier noch dort die Existenz der realen Außenwelt geleugnet, und auch die Existenz anderer Ko-Subjekte steht nicht in Zweifel. Aber bei beiden, sowohl bei Husserl wie bei Quine, soll die intersubjektive Beziehung zwischen diesen Subjekten methodisch von einem vor-intersubjektiven Selbstbewußtsein plausibel gemacht werden. Daß dieses vor-intersubjektive Selbstbewußtsein bei Husserl transzendental und bei Quine empirisch verfaßt ist, ändert hieran überhaupt nichts. Denn in jedem Fall bleibt das *erkennende* Subjekt der Bezugspunkt der Analyse. Dadurch, daß bei Husserl und Quine die sprachlich erzeugte Intersubjektivität immer noch nach den Grundsätzen einer Konstitution der Erkenntnis gedacht wird – also in einer Subjekt-Objekt-Beziehung –, wird sowohl der phänomenologische wie auch der sprachanalytische Versuch der Begründung einer gemeinsamen, sprich einer intersubjektiven Beziehung zwischen Ego und Alter ego und damit auch der Versuch der Begründung einer intersubjektiven Welt offenkundig paradox. Denn selbst wenn Quine einen „Rollentausch“ zwischen dem Linguisten und den Eingeborenen vorgesehen hätte, womit zunächst eine gewisse Symmetrie der Ansprüche und Perspektiven

71 Vgl. Ch. Taylor: Sprache und Gesellschaft, in: Kommunikatives Handeln. Beiträge zu Jürgen Habermas' „Theorie des kommunikativen Handelns“, Hg. von A. Honneth und H. Joas, Frankfurt/M. 1986, S. 40f.

gesichert wäre, würde man auch nur zur Begründung einer solipsistischen Monadengemeinschaft kommen, nicht aber zu einer gemeinsamen, sprich intersubjektiv verstehbaren Sprache. Ganz zu schweigen davon, daß sich mit dieser Position die These verteidigen ließe, daß wir in einer Welt leben.

Unterstellt dies ist richtig, dann kann Quine aber nur noch behaupten, daß „tiefgreifende sprachliche Unterschiede", die „letztlich Unterschiede der Denkweise oder der Weise, die Welt zu sehen, nach sich ziehen", nicht die Schlußfolgerung zulassen, daß es sich trotz dieser Unterschiede der Perspektiven um *eine* Welt handelt, wie dies ja effektiv von Cassirer, Lee, Sapir, Whorf bzw. von Kuhn und Feyerabend getan wird. Soll nämlich diese Behauptung mehr sein als eine bloße Versicherung, dann muß sich diese Behauptung auch begründen lassen. Solange Quine nicht zeigen kann, daß die je eigene Perspektive auch überschreitbar bzw. übersetzbar ist, läßt sich der Gedanke der einen Welt nicht verteidigen.

Das hieraus erwachsene Problem ist nicht neu. Schon Leibniz bemerkt, daß eine Sache, „von verschiedenen Seiten betrachtet", sich „perspektivisch vervielfältigt". Und da Leibniz mit einer Vielzahl von Monaden rechnet, bedeutet das, „daß es durch die unendliche Vielfalt der einfachen Substanzen, gleichsam ebenso viele Welten gibt". Diese verschiedenen Welten sind „indes nichts anderes als ... perspektivische Ansichten einer einzigen".[72] Nun kann aber diese Ansicht nur so lange eine gewisse Plausibilität für sich beanspruchen, solange der Gedanke einer ontologischen Weltordnung in Takt bleibt. Klarerweise läßt sich diese Position nicht mehr vertreten, wenngleich sogar Quine in vorkritischer Manier mit der Möglichkeit einer „kanonischen Notation" zu rechnen scheint, die die „wahre und letztliche Struktur der Realität" darzustellen vermag (vgl. WO 382). Wenn also kaum begründete Hoffnung besteht, daß eine derartige Struktur ausfindig zu machen sein wird, die den partikularen Standpunkten vorausliegt, muß Quine Brücken, Übergänge oder eben eine Übersetzung finden, um auf diese Weise die aspektuell beschränkten Teilnehmerperspektiven sprengen zu können – ohne dabei die Position des entweltlichten Beobachters einzunehmen. Und eben hieraus erwächst überhaupt erst die Aufgabenstellung einer analytischen Begründung der Intersubjektivität. Innerhalb des „linguistic turn" kommt damit die analytische Sprachphilosophie zu vergleichsweise ähnlichen Frage- und Problemstellungen, wie sie in der Mitte des 20. Jahrhunderts in der Phänomenologie und in der philosophischen Hermeneutik auftraten; und zwar nicht etwa durch Rezeption, sondern rein aus einem innertheoretischen Problemdruck!

Husserl versuchte seinerzeit in den *Cartesianischen Meditationen*, das Problem der Begründung einer transzendentalen Intersubjektivität dadurch zu lösen, daß er aus einem Rollentausch jeweils leibzentrischer Raumperspektiven eine symmetrische Beziehung zwischen Ego und Alter ego zustande bringen wollte. Dieser Rollentausch sollte das Gefälle aus der Beziehung von Ego und Alter ego nehmen und gleichzeitig die leibzentrischen Raumperspektiven objektivieren. Auf diesem Weg habe ich als transzendentales Ego die Welt des Anderen in Analogie zu meiner Welt konstituiert. Denn so wie ich mein „Hier" und „Jetzt" mit seinem „Dort" vertauschen kann, so kann ich dann auch die jeweils

72 G. W. Leibniz: Monadologie, Hg. von H. Glockner, Stuttgart 1979, § 57

andere Weltperspektive einnehmen, wodurch die ich-zentristischen Bindungen zugunsten einer allen gemeinsamen Perspektive relativiert wären.

Die Unangemessenheit dieses Versuchs, aus der „Appräsentation des Anderen" die Reziprozität der Perspektiven und damit ein transzendentales Wir einer intersubjektiv vergemeinschafteten Monadenwelt zu begründen, hat Alfred Schütz im Anschluß an die innerphänomenologische Kritik an diesem Versuch durch Scheler, Heidegger, Sartre und Merleau-Ponty präzis benannt: „Selbst wenn man Husserls Theorie der Konstitution des Anderen akzeptiert, wonach infolge appräsentativer Übertragung dein sich in meiner primordinalen Sphäre ausweisender Leib zur Konstitution deines vollen Seelenlebens und in der weiteren Folge deines transzendentalen Egos für mich führt; selbst wenn man die von Husserl nicht gemachte Annahme zuläßt, daß du in analoger Weise meinen, in deiner Primordinalsphäre erscheinenden Leib zur Konstitution meines vollen Seelenlebens und meines transzendentalen Egos für dich führst; – selbst wenn man das annimmt, ist noch immer keine transzendentale Vergemeinschaftung, kein transzendentales Wir begründet. Im Gegenteil: jedes transzendentale Ego hat nun seine Welt, darin alle anderen Subjekte auch mich, ihrem Sein und Sinn nach für sich konstituiert, aber eben für sich und nicht zugleich auch für alle anderen transzendentalen Egos."[73]

So richtig also Husserl erkennt, daß die je eigene Perspektive überschritten werden muß, so falsch ist die Annahme, durch freie Variation der Perspektiven auch einen symmetrischen Austausch sozialer Weltperspektiven zustande bringen zu können. Zwar läßt sich nicht bestreiten, daß der Mensch in seiner Leiblichkeit ein zugleich wahrnehmendes und wahrnehmbares Wesen ist. Und es läßt sich auch nicht bestreiten, daß eine „intersubjektive Welt der vergemeinschafteten Subjekte durch eine wechselseitige Verschränkung der Perspektiven zustande kommt, in der alle Beteiligten sich, die Anderen wie auch die Natur zugleich vom eigenen Standpunkt wie von den virtuell eingenommenen Standpunkten jedes möglichen Subjekts aus auffassen und so eine objektive Welt gemeinschaftlich konstituieren".[74] Es läßt sich aber allemal bestreiten, daß es Husserl gelingt, auf dem Weg einer verähnlichenden Appräsentation eine symmetrische Beziehung zwischen Ego und Alter ego zu erweisen. Denn trotz Rollentausch erzwingt der phänomenologische Ansatz mit der Privilegierung eines vorgängigen Ur-Ichs ein Gefälle bzw. eine Asymmetrie zwischen mir und den jeweils anderen, die mit phänomenologischen Mitteln nicht mehr weggearbeitet werden kann. Es sind die bewußtseinsphilosophischen Implikate der phänomenologischen Intersubjektivitätstheorie, die Husserl dazu nötigen, vom isolierten Einzelbewußtsein die Wir-haftigkeit der transzendentalen Monadengemeinschaft zu bergen. Diese Nötigung legt Husserl darauf fest, den Konstitutionsgrund der Wir-haftigkeit durch eine bewußtseinsanalytische Ermittlung der intentionalen Voraussetzungen von einem vor-intersubjektiven Selbstbewußtsein aus aufzuklären. Und genau diese beibehaltene Sonderstellung eines vermeintlich vor-intersubjektiven Selbstbewußtseins als eines Rechtsgrundes ist es, die die vollständige Reziprozität zwischen Ego und Alter ego

73 A. Schütz: Das Problem der transzendentalen Intersubjektivität bei Husserl, a.a.O., S. 100. Vgl. dazu auch M. Theunissen: Der Andere. Studien zur Sozialontologie der Gegenwart, a.a.O., S. 15-155

74 J. Habermas: Vorlesungen zu einer sprachtheoretischen Grundlegung der Soziologie, in: Vorstudien und Ergänzungen zur Theorie des kommunikativen Handelns, Frankfurt/M. 1986, S. 56

blockiert, so daß die einzelnen Monaden nur jeweils ihre eigene Welt haben können, nicht aber eine Welt im Singular.

Nun sagten wir, daß Quine dieses Selbstbewußtsein versprachlicht hat und sogar den Bedingungen innerweltlicher Existenz unterwarf. Damit ist Quine nicht mehr gezwungen, die Wir-haftigkeit konstitutionstheoretisch durch die Ermittlung intentionaler Voraussetzungen zu erklären. Das hat zur Folge, daß Quine zunächst den Gedanken der *Einheit der Vernunft* weniger aufwendig vertreten kann, als dies für Husserl möglich war. Kam für diesen nur eine große Synthese in Betracht, um zu verhindern, daß die *eine* Vernunft in der Vielzahl ihrer Stimmen auseinandertritt, so läßt sich mit Quine die Idee *einer* Vernunft mit einer radikalen Übersetzung vertreten – und zwar per Übersetzung zwischen zwei verschiedenen Sprachen. Gleichwohl ist auch Quine genötigt, diese Übersetzung und damit die Wir-haftigkeit von einem isolierten Einzelbewußtsein aus verständlich zu machen, was sich eben als unmöglich erweist. Denn der Kommunikationsvorgang zwischen dem Ethnologen als einem Rekonstrukteur der Eingeborenensprache und den Eingeborenen selbst wird in dem Moment unterbrochen (bzw. kommt überhaupt nicht in Gang), wo die Sätze der Eingeborenen selbst als zu beobachtende Daten objektiviert werden. Wohl erkennt Quine, daß die Rekonstruktion der Eingeborenensprache immer auch eine Konstruktion ist – eine Einsicht, die uns auch aus der philosophischen Hermeneutik bekannt ist. Statt nun aber diese hermeneutische Einsicht im Sinn von Heidegger und Gadamer zu radikalisieren und bis zu dem in jeder kommunikativen Verständigung enthaltenen Moment des „Sinnentwurfs" als Einheit von „Geworfenheit" und „Entwurf" vorzustoßen, bricht Quine seine Überlegungen genau dort ab, wo sie eine Klärung erfahren könnten. Mit Heidegger können wir sagen, daß Quine seine Sprachlogik in einer Ontologie der „Vorhandenheit" des Vorhandenen gründet, eine Ontologie, die Heidegger als einen „defizienten Modus des Seinsverständnisses" erwiesen hat, insofern hier das Verstehen dem bloßen „Anstarren" von Bedeutungen angeglichen wird.

Fassen wir zusammen: Wenn unser Urwaldlinguist einen bislang fremden Stamm besucht, und wenn er darüber hinaus auch noch die Absicht hat, diesen fremden Stamm zu verstehen, dann wird dieses Verständnis nicht einfach in seiner Sprache gewonnen, also dadurch, daß er seine Standards von Vernunft, Wahrheit und Rationalität auf das Stammische appliziert, genausowenig wie das Verständnis in der fremden Sprache realisiert wird. Das Verständnis, so die Pointe von Taylor, wird in einer Sprache erzielt, die zwischen dem Urwaldlinguisten und den Mitgliedern des fremden Stammes „ausgehandelt wurde". Und damit eine solche Sprache ausgehandelt werden kann, „muß eine Art von ‚Horizontverschmelzung' stattfinden, wenn Verstehen überhaupt stattfinden soll".[75]

Dieses Verstehen ist aus der Perspektive der Teilnehmer zu erklären. Dabei muß nicht vorausgesetzt werden, was in unserem Fall einer radikalen Übersetzung ohnehin nicht vorgesehen ist, nämlich daß ein fertiger Code existiert, den die Beteiligten nur abrufen und anwenden müssen, so sie sich verständigen wollen. Die Sprachpraxis bewegt sich nämlich nicht nur im Rahmen eines vorgefertigten Codes. Sie speist sich auch aus einem

75 Ch. Taylor: Bedeutungstheorien, a.a.O., S. 100. Auch von Gadamer wird betont, daß das „hermeneutische Gespräch sich wie das wirkliche Gespräch eine gemeinsame Sprache erarbeiten muß". Vgl. H.-G. Gadamer: Wahrheit und Methode, a.a.O., S. 391

horizontbildenden Hintergrundwissen als einem Vorverständnis, welches unserem Denken und Handeln eine Orientierung gibt. Und dieser Hintergrund, der gleichzeitig auch die Quelle für all die innovativen sprachlichen Neuerungen darstellt, die bei einer radikalen Übersetzung nötig sind, wird von Quine nicht entschieden genug in Anschlag gebracht. Mit der doppelten Konsequenz, daß zum einen die allgemeinen und notwendigen Präsuppositionen, die wir als notwendige Bedingungen einer möglichen Verständigung immer schon voraussetzen müssen, von Quine aus dem Blick verloren werden, und daß zum anderen die Sprache auf ihre Darstellungsfunktion restringiert wird.

Anders als in der intentionalistischen Semantik von Grice, in der durch die Intentionen des Sprechers die Bedeutung sprachlicher Ausdrücke erklärt wird, erklärt Quine zwar die Bedeutung sprachlicher Ausdrücke aus den Formeigenschaften und Bildungsgesetzen des Ausdrucks selbst. So wird die Bedeutungstheorie aus *handlungstheoretischen Zusammenhängen* herausgelöst und der Sprachanalyse im engeren Sinne vorbehalten. Dabei erschließt sich eine Dimension, die Heidegger in seinem Sprachmodell nicht berücksichtigte: die des logisch-semantischen Aufbaus der Sprache. Mit ihr rückt das Verhältnis von Sprache und Welt, von assertorischem Satz und Sachverhalt ins Zentrum der Analyse. Die Wahrheitsbedingungen von Aussagesätzen dienen hier als Explanans für deren Bedeutung. Und zwar insofern, als die Wahrheitsgeltung assertorischer Sätze mit Bezug auf jene Bedingungen aufgeklärt werden soll, durch die diese Sätze wahr gemacht werden. Einen assertorischen Satz verstehen wir ja dann, wenn wir die Gründe kennen, die ein Sprecher anführen muß, um einen Hörer davon zu überzeugen, daß er berechtigt ist, für den Satz einen Wahrheitsanspruch zu erheben. Dieser Vorzug der semantischen Analyse hat jedoch seinen Preis: Die Privilegierung der tatsachenfeststellenden Rede bzw. der Darstellungsfunktion der Sprache ist erkauft mit der völligen Abstraktion von der welterschließenden Funktion der Sprache!

Und eben diese Orientierung an der Darstellungsfunktion der Sprache und damit an der Wahrheit von Aussagen hat Heidegger als abkünftig gegenüber den pragmatisch bewährten Formen des Verstehens ausgewiesen. Heideggers Überlegungen liefen in diesem Zusammenhang ja auf die Pointe hinaus, daß wir uns schon immer in einem Seinsverständnis bewegen und daß dieses die „Artikulation des verstehenden Miteinanderseins" konstituiert. Dieses „ursprüngliche ‚Als' der umsichtig verstehenden Auslegung" nannte Heidegger das „existenzial-*hermeneutische* ‚Als' im Unterschied vom *apophantischen* ‚Als' der Aussage". (SuZ 158) In dem Nachweis der Vorgängigkeit der hermeneutischen Als-Struktur besteht die Quintessenz von Heideggers hermeneutischer Transformation der Phänomenologie.

Mit diesem Nachweis der Vorgängigkeit des *hermeneutischen Logos* gegenüber dem *objektsprachlichen Logos* geht Heidegger der Würde der Aussagenwahrheit an den Kragen. Selbst wenn sich nun zeigen läßt, daß Heidegger hier zu weit geht, dann folgt daraus eben noch nicht, daß die gegenteilige These plausibel zu machen sei. Denn man muß „immer schon" einen angemessenen Zugang zu etwas haben, bevor man es überhaupt beurteilen kann. Hierin behält Heidegger gegenüber allen reduktionistischen Sprachkonzepten recht. Aber dieser angemessene Zugang zu etwas ist damit verbunden, daß sich die Auffassungen über diesen Zugang ihrerseits bewahrheiten lassen müssen.[76] Und dies wäre ein Einwand gegen alle expansionistischen Sprachkonzepte, also auch gegen das von Heidegger.

Denn Welterschließung ist also ein Vorgang, der sich zwar am Richtigen und Wahren orientiert, zugleich aber auch zu einer Veränderung des Verhältnisses der Orientierung am Richtigen und Wahren führt. Dies scheint Quine nicht zu bedenken. Wie bereits bemerkt: Quine verfügt über kein Konzept, mit dem er die Erschließungsleistungen plausibel machen kann, die diese Orientierung überhaupt erst ermöglichen. Indem er sofort auf die Wahrheitsbedingungen durchgreift, verschwinden ihm unterderhand die Voraussetzungen für jene Verstehensleistungen, die er mittels einer wahrheitskonditionalen Bedeutungstheorie gerade aufklären will. Damit wiederholt Quine einen Fehler, den wir bei Heidegger kennenlernten – freilich in spiegelbildlicher Verkehrung. Quine und Heidegger vertreten in bezug auf unser Problem von Sprache und Verstehen gegensätzliche, ja konträre Positionen. Heidegger meint, daß sich aus der primären Erschlossenheit des pragmatischen Weltverstehens jeder „Zugang zu Seiendem und zu Sein als Zugang überhaupt“ (SuZ 147) aufklären läßt – ein Zugang, den man haben muß, bevor man Kriterien haben kann, an Hand derer man das „Entdeckte“ kritisch beurteilen kann, wobei bei Heidegger durch die Radikalisierung der Erschließungsthese die Dimension der Geltungsrechtfertigung und damit die Orientierung an Wahrheit aufgegeben werden muß. Im Gegensatz dazu vertritt Quine die Auffassung, daß durch die kritische Beurteilung des „Entdeckten“, also über die wahrheitsfunktionale Zuordnung von Satz und Sachverhalt die Verstehensleistungen bei einer radikalen Übersetzung aufgeklärt werden können, wenn auf Grund der kausalen Nähe bestimmter Sätze zu bestimmten Sinnesreizungen die Sätze verschiedener Sprachen rein induktiv aufeinander bezogen werden – und zwar ohne daß man dabei auf bestimmte Voraussetzungen oder Präsuppositionen rekurrieren müßte. Genau dies hält Heidegger für einen Irrweg. Heidegger ist der Meinung, daß die traditionelle onto-logische Fixierung auf die Aussage und damit auf die Wahrheit einen Irrweg darstellt beim Versuch, die Leistungen unseres Verstehens zu verstehen. Und hierin scheint Heidegger recht zu behalten.

Der Fehler besteht also nicht darin, daß Quine im Gegensatz zu Heidegger den Bezug zur Wahrheit aufrechterhält, und zwar ohne alle unnötigen Idealisierungen.[77] Und der Fehler besteht auch nicht darin, daß Quine davon ausgeht, daß ein Zusammenhang von Bedeutungs- und Geltungsfragen besteht. Dies ist eine Einsicht, die auch in der philosophischen Hermeneutik allgemein akzeptiert wird. Der Fehler besteht erstens darin, daß

76 Vgl. M. Seel: Über Richtigkeit und Wahrheit, a.a.O., S. 519f.

77 Nach Quine sind sowohl pragmatische als auch relativistische Wahrheitsdefinitionen zum Scheitern verurteilt. Die einen, weil sie im Anschluß an Peirce Wahrheit mit Bezug auf eine ideale Theorie als einen Grenzwert zu definieren suchen, dem sich die Theorien annähern, worin Quine einen „fehlerhaften Gebrauch der Analogie mit Zahlen“ erkennt (denn „der Begriff des Grenzwertes ist vom Begriff ‚näher als‘ abhängig, und dieser ist zwar für Zahlen, nicht aber für Theorien definiert“). Die anderen, weil sie die Wahrheit von Aussagen an jeweils partikulare Kontexte und an vor Ort gültige Standards ausliefern. Kurz: weil die einen zu hoch und die anderen zu tief ansetzen. Demgegenüber betont Quine, daß wir zwar nicht aus unserem Boot des Wissens aussteigen können, in dem zusammen mit den „Wahrheitszuschreibungen“ auch die wahren Sätze selbst sitzen. Ungeachtet dessen urteilen wir von diesem Boot aus so „ernsthaft und absolut, wie es nur immer möglich ist“ (WO 54ff.).

Quine von den pragmatisch zu analysierenden Bedingungen der Kommunikation glaubt abstrahieren zu können. Und der Fehler besteht zweitens darin, daß Quine ohne substantielle Voraussetzungen auskommen will. Und genau dies erweist sich als ein naturalistischer Fehlschluß.

Mit Heidegger und Gadamer läßt sich zeigen, daß unser Urwaldlinguist schon auf der untersten Ebene, also auf der Ebene der Übersetzung der Beobachtungssätze sich auf ein hermeneutisches Prinzip verpflichtet haben muß, auf ein Prinzip, welches Gadamer als „Vorgriff auf Vollkommenheit" bezeichnet. Dieses Prinzip kann als „Axiom aller Hermeneutik" aufgefaßt werden.[78] Nach Gadamer besagt dieses Prinzip zweierlei: Es besagt 1., daß das, was der Sprecher bzw. der Text sagt, die Wahrheit ist. Und es besagt 2., daß es sich bei der zu verstehenden Äußerung bzw. bei dem zu verstehenden Text um eine „vollkommene Einheit von Sinn" handelt.

Diese beiden Perfektionen sind „inhaltlicher" und „formaler" Natur. Mit ihnen betont Gadamer, daß „Verstehen Einverständnis impliziert". Dies bedeutet, daß unser Ethnologe schon auf der Ebene der Übersetzung der Beobachtungssätze mit dem hermeneutischen Problem konfrontiert ist. Sofern der Urwaldlinguist auf eine vorstrukturierte Lebenswelt trifft, die sich einer Objektivierung im naturwissenschaftlichen Sinn entzieht und nur hermeneutisch erschlossen werden kann, kommt hier das Verstehens- bzw. Übersetzungsproblem nicht nur über die Theorieabhängigkeit der Theoriesprachen ins Spiel, sondern bereits unterhalb der Schwelle der Theoriebildung, nämlich bei der Gewinnung der Daten bzw. Reize, auf die sich die Beobachtungssätze beziehen. In einem verwandten Zusammenhang spricht Anthony Giddens daher von einer „doppelten Hermeneutik". Das heißt, der Urwaldlinguist muß sich bereits vor der Wahl einer Theoriesprache als Teilnehmer an den Verständigungsprozessen der im Objektbereich angetroffenen Sprachen bedienen. Denn Beobachten tut zwar jeder für sich allein. Sinnverstehen jedoch, dies haben wir schon kritisch gegen Husserl und Heidegger vermerkt, erfordert die Aufnahme einer intersubjektiven Beziehung mit dem Subjekt, welches die Äußerungen hervorbringt. Solipsistisch ist Sinnverstehen nicht durchführbar. Bedeutungen können nur von innen erschlossen werden – oder gar nicht. „Die erste aller hermeneutischen Bedingungen", so können wir unsere Überlegungen zusammenfassen, „bleibt somit das Vorverständnis, das dem Zu-tun-haben mit der gleichen Sache entspringt".[79] Prüfen kann unser Urwaldlinguist diese Vorverständnis nur, wenn er aus der Rolle des teilnahmslosen Beobachters heraustritt und an den pragmatischen Verrichtungen und an der Kommunikation selbst

78 Soweit mir bekannt ist, findet sich die erste präzisere Formulierung dieses Prinzips bei Georg Friedrich Meier, der neben Alexander Baumgarten als Begründer der deutschen Ästhetik gilt. Meier hat dieses Prinzip seinerseits von Christian Wolff übernommen. In dem 1757 in Halle erschienenen Werk *Versuch einer allgemeinen Auslegungskunst* wird dieses Prinzip – bei Meier heißt es „hermeneutische Billigkeit" – als oberster aller hermeneutischen Grundsätze vorgestellt. „Die hermeneutische Billigkeit" ist nach Meier die „Neigung des Auslegers, diejenigen Bedeutungen für hermeneutisch wahr zu halten, welche, mit den Vollkommenheiten des Urhebers der Zeichen, am besten übereinstimmen, bis sein Gegenteil erwiesen wird." G. F. Meier: Versuch einer allgemeinen Auslegungskunst, Hg. und mit einem Nachwort versehen von L. Geldsetzer, Düsseldorf 1965, S. 39. Vgl. dazu W. Künne: Prinzipien wohlwollender Interpretation, in: Intentionalität und Verstehen, Hg. vom Forum für Philosophie Bad Homburg, Frankfurt/M. 1990, S. 225ff.

79 H.-G. Gadamer: Wahrheit und Methode, a.a.O., S. 299

teilnimmt. *Die gelingende Teilnahme ist das einzige Kriterium für die Triftigkeit seines Vorverständnisses.*

Dies können wir uns auch mit Wittgenstein klarmachen, der in den *Philosophischen Untersuchungen* ein ähnlich gelagertes Problem aufwirft wie Quine: „Denke, du kämest als Forscher in ein unbekanntes Land mit einer dir gänzlich fremden Sprache. Unter welchen Umständen würdest du sagen, daß die Leute dort Befehle geben, Befehle verstehen, sich gegen Befehle auflehnen usw.?“ Und Wittgensteins Antwort lautet: „Die gemeinsame menschliche Handlungsweise ist das Bezugssystem, mittels welcher wir uns eine fremde Sprache deuten.“[80] Diese gemeinsame menschliche Handlungsweise, die Wittgenstein analog zu Gadamer im Sinn eines Vorverständnisses thematisch macht, welches dem Zutun-haben mit der gleichen Sache entspringt, bzw. diese gemeinsame menschliche Handlungsweise, als Bezugsbasis oder als Bezugssystem, mittels welcher wir uns eine fremde Sprache verständlich machen, hatte Heidegger ontologisch als einen Grundzug des alltäglichen In-der-Welt-seins ausgezeichnet. Dies besagt, daß wir auf Grund einer primären *Erschlossenheit* einen pragmatischen Zugang zur Wirklichkeit haben, der, und das ist in unserem Zusammenhang durchaus von Belang, einer kritischen Beurteilung des „Entdeckten“ vorausliegt. Dabei wird Heidegger nicht müde zu betonen, daß die unterschiedlichen Formen menschlicher Praxis sich nicht über die Kenntnis der Regeln bilden, denen sie implizit folgen – obwohl diese Praktiken regelgeleitete Verhaltensweisen sind, denen jeweils ihre Maßstäbe der pragmatischen Richtigkeit innewohnen –, sondern aus den „Um-zu“-Bezügen des menschlichen Handelns, welches diesem seine „eigene Sicht“ gibt.

Eine ähnliche Einsicht findet sich bei Wittgenstein im Zusammenhang mit seinen Überlegungen zum Regel-Begriff. Auch Wittgenstein geht ja davon aus, daß die Bedeutung sprachlicher Ausdrücke im Praxiszusammenhang des Sprachgebrauchs zu situieren ist. Es ist kein theoretisches „Wissen“, welches zu unserer Kenntnis jener Regeln führt, sondern eine Konditionierung durch ein präreflexives Engagement. Und dieses Wissen läßt sich nicht als eine Erfahrungstatsache angemessen verstehen. Das praktische Wissen ist vielmehr grundlegende Voraussetzung dafür, daß wir überhaupt theoretische Erklärungen vornehmen können. Der Maßstab für die Richtigkeit der Anwendung eines sprachlichen Ausdrucks ist damit als ein dieser Praxis selbst innewohnender Maßstab zu verstehen, ein Maßstab, der sich in dieser Praxis zwar zeigt, ihr aber nicht extern zugrunde liegt.

Es sind also sowohl bei Heidegger als auch bei Wittgenstein pragmatische Motive und Handlungszusammenhänge, aus denen jenes Vorverständnis erklärt wird, welches Verstehen überhaupt nur möglich macht. Und hier ist der Pragmatist Quine gemessen an Heidegger und Wittgenstein erstaunlich unpragmatisch. Wie Quine gegen Carnap feststellen konnte, daß sein Pragmatismus dort beginnt, wo dessen Pragmatismus endet, nämlich bei der „eingebildeten Grenze zwischen dem Analytischen und Synthetischen“, so können wir mit Heidegger und Wittgenstein gegen Quine feststellen, daß ihr Pragmatismus dort beginnt, wo Quines Pragmatismus aufhört: bei der Analyse des alltäglichen In-der-Welt-seins und bei den mannigfaltigen „Um-zu“-Bezügen, aus denen sich jenes Vorverständnis

80 L. Wittgenstein: Philosophische Untersuchungen, a.a.O., § 206

aufbaut. Der „hermeneutic-pragmatic-turn" geht hier über den „linguistic-turn" hinaus. Denn er gestattet es, diskursive und nicht-diskursive Praktiken aufeinander zu beziehen.

Nun findet sich bei Quine ja sogar eine analytische Entsprechung zu dem von Gadamer als hermeneutische Maxime postulierten „Vorgriff auf Vollkommenheit". Ich meine das von Neil Wilson stammende „Principle of Charity". Wilson hat dieses Prinzip 1959 zur Bestimmung der Referenz von Eigennamen eingeführt.[81] Ein Jahr später hat Quine dieses Prinzip aufgegriffen und in seine Verstehens- bzw. Übersetzungstheorie integriert. Es besagt im Kontext der Quineschen Problemstellung: jene Übersetzung ist vorzuziehen, die mit der kleinsten Abweichung von unserem Weltbild operiert. Oder anders: „Die durchaus vernünftige Annahme, die hinter dieser Maxime steckt, ist, daß die Dummheit des Gesprächspartners über einen bestimmten Punkt hinaus weniger wahrscheinlich ist als eine schlechte Übersetzung oder – im einzelsprachlichen Fall – abweichendes Sprachverhalten." (WO 115) Diese These für sich scheint gut begründbar. Unklar ist zunächst, was hier unterstellt wird. Zwei Möglichkeiten bieten sich an. Das „Principle of Charity" ist eine empirische „Maxime", die uns eine Anweisung für sprachliche Verstehensprozesse bietet. Oder/und das „Principle of Charity" ist eine quasi transzendentale Rationalitätspräsupposition, mit der wir eine intersubjektiv zugängliche Realität voraussetzen.[82] Wenn ich recht sehe, versteht Quine das „Principle of Charity" als empirische „Maxime", was sich als nicht ausreichend erweist. Sicher, es würde gegen die Sinnbedingungen jeder Kommunikation verstoßen, von einem Gesprächspartner zu behaupten, seine Meinungen seien allesamt falsch. Denn dann gäbe es keinen vernünftigen Grund mehr, daß wir seine falschen Ansichten noch für Ansichten zu diesem oder jenem Problem hielten. Mit der Maximierung der Meinungsverschiedenheiten minimieren wir die Möglichkeiten dafür, daß ein Gespräch möglich und nötig ist. So unterstellt auch unser Urwaldlinguist mit dieser „Maxime", die „in uns allen so stark ausgeprägt (ist), daß sie uns gegebenenfalls sogar vom Kurs der homophonen Methode abbringt, die doch gerade für den Erwerb und Gebrauch der Muttersprache so grundlegend ist" (WO 114f.), daß das, was der Sprecher einer Sprache sagt, zum größten Teil wahr sein muß.

Wenn nun aber der Urwaldlinguist schon auf der *untersten Ebene*, also auf der Ebene der Übersetzung der Beobachtungssätze, die Maxime der Nachsicht in Anschlag bringen muß, wenn er schon hier zu der Unterstellung genötigt ist, daß der Eingeborene die Welt so ähnlich sieht wie er selbst, da er ja andernfalls überhaupt nicht in den geschlossenen Kreis der Sätze einer fremden Sprache eindringen kann, dann ist es nicht gerade einleuchtend, daß Quine die beiden Sprachen als völlig gegeneinander abgeschlossen vorstellt. Denn wären sie das wirklich, gäbe es hier tatsächlich keine „Kontinuität", sondern nur „Diskontinuität", dann würde es einem reinen Wunder gleichen, wenn ein Gespräch zwischen dem Urwaldlinguisten und den Eingeborenen zustande käme. Denn egal wie

81 N. Wilson: Substances without Substraction, in: Review of Metaphysics 12 (1959), S. 521-539

82 Dies war eine der zentralen Einsichten von Heidegger und Wittgenstein, eine Einsicht, die innerhalb der analytischen Philosophie auch von Davidson mit großer Entschiedenheit vertreten wird: „To understand the speech of another, I must be able to think of the same things she does; I must share her world." Und eine derartig geteilte Welt, ist klarerweise eine intersubjektiv geteilte Welt. Vgl. D. Davidson: Rational Animals, in: Dialectica. International review of philosophy of knowledge 36 (1982), S. 327

radikal man sich diese „Diskontinuität“ auch *vorstellen* mag, sinnvoll können wir sie nur so radikal *denken*, daß wir die andere Sprache dabei immer noch als Sprache identifizieren. Und implizit trägt Quine dem auch Rechnung, sofern mit dem „Principle of Charity“ ein Prinzip unterstellt wird, daß alle an einem Gespräch Beteiligten die Welt so ähnlich sehen, daß Meinungsverschiedenheiten minimiert werden, und daß halt die Dummheit des Gesprächspartners über einen bestimmten Punkt hinaus weniger wahrscheinlich ist als eine schlechte Übersetzung oder als ein abweichendes Sprachverhalten.

Wenn nun aber auch Quine davon ausgeht, daß wir immer schon mit dieser „Maxime“ arbeiten, wenn das „Principle of Charity“ schon bei der Übersetzung der sogenannten Beobachtungssätze in Anschlag gebracht werden muß, dann dürfte es schwer möglich sein, zwischen den objektiven Übersetzungen auf Grund der Stimulationsbedeutungen und der subjektiven Wahl der analytischen Hypothesen aufgrund des Prinzips der Nachsicht zu unterscheiden. Vielmehr liegt der Verdacht nahe, daß hinter Quines Stimulationsbedeutungen so etwas wie eine naturalisierte Form des „Mythos vom Gegebenen“ steckt. Dieser Verdacht bestätigt sich, wenn man bedenkt, daß Quine das Verhältnis von Sprache und Welt derart konzipiert, daß ein Entscheid darüber, ob ein Satz wahr oder aber falsch ist, mit einer Konstruktion geführt wird, die auf einer fundamentalen Unterscheidung beruht: einem sprachlichen Rahmen und einer sprachneutralen Wirklichkeit. Diese Unterscheidung hält Davidson für ein Dogma, genauer, für das dritte und möglicherweise letzte Dogma des Empirismus. Wenn dieses Dogma fällt, dann fällt zusammen mit diesem Dogma nicht nur der Relativismus, sondern auch der Empirismus. Denn nach der Aufgabe des dritten Dogmas behalten wir nichts mehr zurück, was sinnvoller Weise noch Empirismus genannt werden kann.[83]

So hat denn zwar mit Quine die analytische Philosophie das Problem des Verstehens zum Thema gemacht, wobei sich eine Reihe prinzipieller Gemeinsamkeiten zwischen Phänomenologie und philosophischer Hermeneutik auf der einen Seite und zwischen Sprachanalyse auf der anderen Seite ergaben. Gleichwohl ist Quine nicht die Lösung, aber – und das gilt nicht nur für die sprachanalytische Philosophie – innerhalb der modernen Sprachphilosophie gibt es auch keine Lösung ohne Quine. Durch Quines Analysen wird die moderne Sprachphilosophie insgesamt hindurchgehen müssen, so sie ein neues sprachkritisches Problembewußtsein gewinnen will.

83 Vgl. D. Davidson: On the Very Idea of a Conceptual Scheme, in: Inquiries into Truth and Interpretation, Oxford 1984, dt., Was ist eigentlich ein Begriffsschema?, in: Wahrheit und Interpretation, Frankfurt/M. 1990, S. 270 (im folgenden zit. als BS).

4. Die analytische Philosophie auf dem Weg zur Hermeneutik – Donald Davidson

Donald Davidson zählt zweifellos zu den bedeutendsten US-amerikanischen Philosophen der Gegenwart. Seine Schriften zur analytischen Handlungs- und Bedeutungstheorie sind mittlerweile weit über die Landesgrenzen der Vereinigten Staaten bekannt. Sie haben nicht nur die analytische Philosophie auf beiden Seiten des Atlantik beeinflußt, sondern der Sprachphilosophie insgesamt neues Terrain erobert. Ohne Übertreibung kann man daher sagen, Davidsons Schriften genießen schon heute den Ruf kanonischer Texte. Es ist daher nicht verwunderlich, daß sein Name in einem Atemzug mit Quine, Putnam und Rorty genannt wird. Aber, und dies ist weit weniger verständlich, auch mit Heidegger und Gadamer.[1] Dabei ist Davidson ein Denker „ohne Buch".[2] Seine Bücher sind Sammlungen von Vorträgen und Aufsätzen. Gleichwohl war die Reaktion auf Davidsons Werk ungewöhnlich stark. Unmittelbar nach dem Erscheinen der Aufsatzsammlung *Inquiries into Truth and Interpretation* bemerkte Ian Hacking: „Es gibt heute keinen kreativeren oder systematischeren Philosophen in Amerika."[3] Und schon bald nach dem Erscheinen seiner Schriften fanden erste Kongresse statt, die ausschließlich dem Werk von Davidson gewidmet waren. Bände über verschiedene Aspekte seines Werkes folgten[4] und gegen Ende der achtziger Jahre lagen die ersten Monographien vor.[5]

1 Vgl. H. Putnam: Representation and Reality, Massachusetts 1988, dt., Repräsentation und Realität, Frankfurt/M. 1991, S. 159; R. Rorty: Wittgenstein, Heidegger und die Hypostasierung der Sprache, a.a.O. Selbst Gemeinsamkeiten zur Logozentrismuskritik von Derrida werden mittlerweile ausgemacht. Vgl. dazu S. Wheeler: Indeterminacy of French Interpretation: Derrida and Davidson, in: Truth and Interpretation. Perspectives on the Philosophy of Donald Davidson, Hg. von E. LePore, Oxford 1986, S. 477-494; R. Rorty: Contingency, irony, and solidarity, Cambridge 1989, dt., Kontingenz, Ironie und Solidarität, Frankfurt/M. 1991

2 Vgl. J. Schulte: Nachwort zu D. Davidson: Der Mythos des Subjektiven. Philosophische Essays, Hg. von J. Schulte, Stuttgart 1993, S. 109

3 I. Hacking: On the Frontier, in: New York Review of Books, 20.12.1984, S. 54

4 Vgl. Truth and Interpretation. Perspectives on the Philosophy of Donald Davidson, a.a.O.; Essays on Davidson. Actions and Events, Hg. von E. LePore und B. McLaughlin, Oxford 1985; Eine ins Deutsche übersetzte Auswahl der ersten beiden Bände liegt ebenfalls vor: Die Wahrheit der Interpretation, Hg. von E. Picardi und J. Schulte, Frankfurt/M. 1990

5 B. J. Ramberg: Donald Davidson's Philosophy of Language. An Introduction, Oxford 1989; S. Evnine: Donald Davidson, Cambridge/Oxford 1991. Auch in Deutschland liegen mittlerweile die ersten Mongraphien vor: K. Stübner: Donald Davidsons Theorie des sprachlichen Verstehens, Frankfurt/M. 1993; K. Glüer: Donald Davidson zur Einführung, Hamburg 1993

Auch in Deutschland ist Davidson seit Mitte der achtziger Jahre zu einem der meistdiskutierten analytischen Philosophen der Gegenwart avanciert. Hierfür gibt es sicher mehrere Gründe. Ein Grund liegt jedoch mit Sicherheit darin, daß Davidsons Arbeiten zur Sprach- und Bedeutungstheorie eine Reihe frappanter Gemeinsamkeiten mit Denkern wie Husserl, Heidegger und Gadamer aufweisen – Denker, die die traditionelle Sprachphilosophie nur mit Verachtung strafte. In Deutschland hat meines Wissens auf diesen interessanten Sachverhalt zuerst Rüdiger Bubner aufmerksam gemacht.[6] Daß dies keine bloße Projektion hermeneutischer Problemlagen auf eine sprachanalytische Folie war, belegt nicht nur ein Kongreß der *National Endowment for the Humanities* in Santa Cruz aus dem Jahr 1990, der unter dem Motto Heidegger und Davidson stand, das gibt auch Davidson selbst zu verstehen.

Nur ein Jahr später hat Davidson in Stuttgart aus Anlaß der Verleihung des Hegel-Preises in seiner Festrede darauf aufmerksam gemacht, daß er diesen Preis als „Ehrung eines fruchtbaren Dialogs zwischen zwei philosophischen Methoden und Einstellungen" ansieht, die zwar „eine Zeitlang getrennt, ja sogar feindselig erschienen", die aber „ein gemeinsames Erbe teilen." Diesem gemeinsamen Erbe fühlt sich auch Davidson verpflichtet. Das macht schon der Festvortrag selbst deutlich, der unter dem Titel *Dialektik und Dialog* stand, ein Titel, der nahezu identisch ist mit dem englischsprachigen Titel einer Plato gewidmeten Aufsatzsammlung von Hans-Georg Gadamer, seinerseits Hegel-Preisträger des Jahres 1979. Gewiß, diese Übereinstimmung in der Titelwahl zwischen Gadamer und Davidson ließe sich eventuell als eine rein äußerliche Angelegenheit oder gar als biographischer Zufall interpretieren, gäbe es hier nicht auch Gemeinsamkeiten in der Sache. Diese Gemeinsamkeiten hat Davidson wie folgt benannt: „Als ich vor einem halben Jahrhundert meine Doktorarbeit über Platos *Philebus* schrieb, entdeckte ich, daß der bei weitem profundeste Kommentar zum *Philebus* samt Edition in Gadamers veröffentlichter Dissertation zu finden war."[7] Diese Dissertation, die Gadamer 1931 in Leipzig verteidigte, trägt den Titel *Philebus: Platos dialektische Ethik*. Achtzehn Jahre später verteidigte Davidson an der Havard University seine Dissertation *Plato's Philebus*. Und hier in den Platonischen Dialogen entdeckten beide, Davidson und Gadamer, etwas, was ihr Lebenswerk grundlegend beeinflußt hat: die sokratische Methode des Gesprächs.

Befragt nach den Einflüssen kontinentaler Philosophen auf sein Denken, etwa von Gadamer oder Habermas, gibt Davidson in einem Interview zwar zu verstehen, daß die kontinentale Tradition nach Hegel so gut wie keinen Einfluß auf sein Denken ausübte. Philosophen wie Dilthey, Husserl und Heidegger oder Apel und Habermas spielen bei Davidson nahezu keine Rolle. Erst in den letzten Jahren hat Davidson versucht, „etwas Hegel, etwas Heidegger und auch Kommentare dazu" zu lesen. Das gleiche gilt auch für Gadamer. Dessen Dissertation war Davidson zwar schon aus der Zeit seiner Beschäftigung mit Platos Dialektik bekannt. Aber nun, im Abstand von einem Vierteljahrhundert, hat er sie noch einmal gelesen. Und diesmal nicht nur Gadamers Dissertation, sondern

6 Vgl. R. Bubner: Wohin tendiert die analytische Philosophie?, in: Philosophische Rundschau. Eine Zeitschrift für philosophische Kritik, 34 (1989), S. 257-281

7 D. Davidson: Dialektik und Dialog. Rede anläßlich der Verleihung des Hegel-Preises 1992, Frankfurt/M. 1993, S. 8

auch einen großen Teil von *Wahrheit und Methode*; ein Werk, welches Davidson „bewundert", ja in dem er sogar „ziemlich offensichtliche Ähnlichkeiten" zu seinem Werk erkennen kann.[8] Es sind diese „offensichtlichen Ähnlichkeiten", die mich im folgenden interessieren werden.

4.1. Davidsons Kritik am Schema-Inhalt-Dualismus als Kritik am „dritten Dogma des Empirismus"

Davidson hat im erklärten Anschluß an Quines Programm der radikalen Übersetzung eine Interpretationstheorie entwickelt, die den holistischen Ansatz von Quines Übersetzungstheorie von innen heraus zu Ende denkt, so daß sowohl die bei Quine verbliebenen empiristischen Restbestände als auch das von ihm nicht erkannte „dritte Dogma" des Empirismus, der „Dualismus von Schema und Inhalt, von ordnendem System und etwas, was darauf wartet geordnet zu werden", beseitigt werden (BS 270). Denn Quine attackierte zwar erfolgreich den Reduktionismus und die Unterscheidung von Analytischem und Synthetischem, fiel jedoch – so Davidson – selbst einem Dogma zum Opfer: dem sogenannten dritten Dogma des Empirismus.

Das ist insofern beklagenswert, als sich an dieses Dogma die verschiedensten Formen des *Begriffsrelativismus* knüpfen, die nach Davidson ebenso „berauschend" wie „exotisch" sind. Die These nun, für die Davidson argumentiert, ist, daß es schwerfällt, die Verständlichkeit dieser ebenso „berauschenden wie exotischen Theorie" zu verbessern, ohne gleichzeitig die Begeisterung an ihr zu verlieren. Denn ganz unabhängig davon, ob der Dualist davon ausgeht, es gäbe mehrere oder nur ein einziges Begriffsschema, hier wie dort zieht der Schema-Inhalt-Dualismus relativistische Konsequenzen nach sich. Ist doch schon der Versuch, unser eigenes Begriffsschema zu beschreiben oder gar konstitutionstheoretisch auszumessen, nach Davidson auf die stillschweigende Unterstellung angewiesen, daß es mehrere gibt. Denn egal wie man sich auch innerhalb der unterstellten Voraussetzung entscheiden mag, in jedem Fall mündet der Dualismus von Schema und uninterpretiertem Inhalt in einen Begriffsrelativismus, der ebenso grundsätzlich wie unvermeidlich ist – der aber trotz aller Exotik sich widerspruchsfrei nicht vertreten läßt.

Ein solcher Begriffsrelativismus wird sowohl in der vergleichenden Sprachwissenschaft (Whorf), in der postempirischen Wissenschaftstheorie (Kuhn, Feyerabend), in den Sozialwissenschaften (Winch, Foucault) als auch in der Philosophie (Lyotard) vertreten. Allen diesen Theorien ist die Auffassung gemein, die Realität sei schemarelativ, da verschiedene Sprachen, Begriffsschemata, Paradigmen, geistige Standorte etc. die Realität in je verschiedener Weise „gliedern" oder „ordnen", wobei jene sprach- bzw. paradigmen-

8 Bezüge und Übergänge – Ein Interview mit Donald Davidson, in: K. Glüer: Donald Davidson zur Einführung, a.a.O., S. 158

abhängigen Gliederungen als inkommensurabel gelten, da eine Übersetzung zwischen ihnen nicht als möglich erscheint.

Der Begriff des Begriffsschemas, worunter wir eine Sprache inklusive der in ihr enthaltenen Ontologie und Welt-Theorie verstehen können,[9] ist also aufs engste mit dem Begriff der Übersetzbarkeit bzw. der Nicht-Übersetzbarkeit verknüpft. Der Begriff der Übersetzbarkeit braucht uns hier zunächst nicht zu interessieren, da der Begriffsrelativismus seine negativen Beweisabsichten hinsichtlich der Nicht-Übersetzbarkeit von Kategorialsystemen nicht mit Rekurs auf den Begriff der Übersetzbarkeit, sondern gerade mit Rekurs auf den Begriff der Nicht-Übersetzbarkeit ins Ziel zu bringen hofft. Nicht-Übersetzbarkeit kann nun in einem starken und in einem schwachen Sinn verstanden werden. Im ersten Fall rechnen wir mit einer prinzipiellen, im zweiten Fall mit einer partiellen Nicht-Übersetzbarkeit. Klarerweise zehrt der „conceptual relativism" nicht von der Kapazität der schwache These einer partiellen Nicht-Übersetzbarkeit, sondern von der Kapazität der starken These einer prinzipiellen Nicht-Übersetzbarkeit, was ja gleichbedeutend ist mit der These der Inkommensurabilität von Sprachen, Theorien und Paradigmen.

So bemüht sich Whorf um den Nachweis, daß der Sprache der Hopi eine Metaphysik eigen ist, die der unseren so fremd ist, daß Hopi und Englisch nicht miteinander „adjustiert" werden können. Von einer ähnlichen Intuition lassen sich auch Kuhn und Feyerabend leiten. Kuhn situiert seine Wissenschaftler in durch „Paradigmen" definierte Gemeinschaften, die jeweils mit inkommensurablen Paradigmen an die Welt herangehen, so daß diese nicht in einer, sondern „in verschiedenen Welten tätig" sind. Konsequenterweise lehnt er einen Theorienvergleich auf der Grundlage eines theorieneutralen Basisvokabulars ab. Sowohl Kuhn als auch Feyerabend schließen ja die Möglichkeit aus, daß Vertreter divergierender Paradigmen zwischen inkommensurablen Theorien auf der Grundlage eines gemeinsamen Basisvokabulars eine rationale Wahl zwischen diesen zustande bringen können, da diese Wahl einen Vergleich oder eine Übersetzung voraussetzen würde, die aber gerade mit der Inkommensurabilitätsthese ausgeschlossen wird. Vertreter unterschiedlicher Paradigmen reden einfach aneinander vorbei, „denn weder stimmen die Bedeutungen der verwandten Begriffe überein noch die Ansichten darüber, was legitimerweise als wissenschaftliches Problem und was als Lösung angesehen werden kann". Damit ist eine Vergleichbarkeit konkurrierender Theorien sowenig möglich, wie eine „radikale Übersetzung zwischen zwei Sprachen".[10] Denn hier wie dort fehlt ein gegenüber den konkurrierenden Theorien bzw. Sprachen gemeinsames Basisvokabular. Kuhn hat diesen Gedanken mit aller wünschenswerten Klarheit ausgesprochen: „Feyerabend und ich haben ausführlich begründet, daß kein derartiges Vokabular zur Verfügung steht. Beim Übergang von einer Theorie zur nächsten ändern Wörter ihre Bedeutungen oder Anwendungsbedingungen in diffiziler Weise. Obwohl die Zeichen, die vor und nach der

9 Vgl. D. Davidson: Meaning, Truth and Evidence, in: Perspectives on Quine, Hg. von R. Barrett und R. Gibson, Cambridge/Mass. 1990, S. 68-79, dt., Bedeutung, Wahrheit und Belege, in: Der Mythos des Subjektiven, a.a.O., S. 41 (im folgenden zit. als MS)

10 Th. S. Kuhn: Bemerkungen zu meinen Kritikern, in: Kritik und Erkenntnisfortschritt, Hg. von I. Lakatos und A. Musgrave, Braunschweig 1974, S. 321; Th. S. Kuhn: Die Entstehung des Neuen. Studien zur Struktur der Wissenschaftsgeschichte, Hg. von L. Krüger, Frankfurt/M. 1977, S. 260 und 443f.; Th. S. Kuhn: Die Struktur wissenschaftlicher Revolutionen, Frankfurt/M. 1967, S. 130 und 151

Revolution verwendet werden, größtenteils dieselben sind – z. B. Kraft, Masse, Element, Verbindung, Zelle –, hat sich die Art und Weise, in der sich einige von ihnen auf die Natur beziehen, irgendwie verändert. Aufeinanderfolgende Theorien sind daher, wie wir sagen, inkommensurabel."[11]

Analoges gilt für Quine. Nicht umsonst hat daher auch Kuhn das Problem des *Theorienvergleichs* mit Quines *Übersetzungsproblem* als in Übereinstimmung begriffen. Kuhn, der in diesem Zusammenhang von einer „verwandte(n) Position" spricht, „die Quine in ‚Word and Object' und in folgenden Publikationen entwickelt hat", ist im Unterschied zu Quine zwar nicht der Meinung, „daß die Referenz in natürlichen oder wissenschaftlichen Sprachen letztlich unergründlich ist". Kuhn meint, sie sei lediglich „schwer zu entdecken". Und er glaubt auch nicht, die Feststellung der Referenz in einer Fremdsprache sei „gleichbedeutend mit der Entdeckung eines systematischen Übersetzungsleitfadens für diese Sprache. Referenz und Übersetzung sind zwei Probleme, nicht eins, und beide sind nicht zusammen lösbar."[12] Ungeachtet dieser Differenz meint Kuhn, daß das Problem des Theorienvergleichs strukturell verwandt ist mit dem Problem der radikalen Übersetzung zwischen zwei völlig verschiedenen Sprachen. Und hier lautet eben die entscheidende These: Eine Vergleichbarkeit konkurrierender Theorien sei ebensowenig möglich wie eine radikale Übersetzung zwischen zwei Sprachen. Nun haben zwar sowohl Kuhn als auch Feyerabend in den folgenden Jahren die Inkommensurabilitätsthese hermeneutisch abgeschwächt.[13] So teilt Kuhn im Vorwort zu seinem Buch *The Essential Tension* mit, daß, nachdem er erhebliche Anstrengungen unternommen hatte, den nicht aufzulösenden *Zirkel des Verstehens* aufzulösen – einen Zirkel, der sich durch die zirkuläre Bestimmung der Begriffe „Paradigma" und „Gemeinschaft" bekundet –, ihm inzwischen klargeworden sei, daß sein Vorgehen einer hermeneutischen Methode entspräche.[14]

Vertrat er anfänglich die Inkommensurabilitätsthese ohne alle Einschränkungen, so spricht er 1973 nur noch davon, daß „die Verständigungsmöglichkeiten zwischen den Vertretern verschiedener Theorien ... wesentlich beschränkt" sind. Und drei Jahre später vermerkt er, es gäbe lediglich einen „teilweisen Zusammenbruch der Verständigung zwischen verschiedenen Theorien." Es waren die Arbeiten von Quine, durch die Kuhn „zu der Überzeugung gekommen (ist), daß die Probleme der Inkommensurabilität und der gestörten Verständigung anders zu behandeln sind" – nämlich hermeneutisch.[15] Und so

11 Th. S. Kuhn: Reflections on my Critics, S. 266f., Zit. nach BS S. 271

12 Th. S. Kuhn: Theoriewandel als Strukturwandel. Bemerkungen über den Sneedschen Formalismus, in: Wissenschaftsgeschichte und wissenschaftliche Revolution, a.a.O., S. 126

13 „Eine Übersetzung schließt immer und notwendig Unzulänglichkeit und Kompromiß ein; der beste Kompromiß für den einen Zweck muß nicht der beste für einen anderen sein; der geübte Übersetzer geht, wenn er einen einzelnen Text durcharbeitet, nicht völlig systematisch vor, sondern muß seine Wort- und Satzwahl wiederholt verändern, je nachdem welcher Aspekt des Originals vor allem wiedergegeben werden soll. Ich glaube nun, daß die Übersetzung einer Theorie in die Sprache einer anderen auf Kompromissen derselben Art beruht." Nachdem Kuhn hier nun deutlich gemacht hat, daß eine Übersetzung zwischen verschiedenen Theorien bzw. Sprachen möglich ist, fügt er jedoch hinzu: „– daher die Inkommensurabilität". Ebd., S. 126f.

14 Th. S. Kuhn: The Essential Tension, Chicago 1977, S. Xii

15 „Die Vertreter verschiedener Theorien ... sprechen verschiedene Sprachen – Sprachen, die verschiedene kognitive Positionen ausdrücken, die auf verschiedene Welten passen. Ihre Fähigkeit zur Erfassung

wurde denn auch von Kuhn die These von der Inkommensurabilität von Theorien erheblich modifiziert, der Dualismus von Schema und Inhalt, einem organisierenden System und etwas, was darauf wartet, organisiert zu werden, wurde jedoch nicht aufgegeben. Diese Unterscheidung ist für Davidson grundlegender noch als die Distinktion analytisch-synthetisch, die Quine in seiner Kritik an den beiden Dogmen des Empirismus erfolgreich attackierte.

Es ist in diesem Zusammenhang strittig, ob „Inkommensurabilität" mit „Nicht-Übersetzbarkeit" gleichzusetzen ist. Bernstein und Rorty machen gegen die Gleichsetzung geltend, daß Inkommensurabilität nicht Nicht-Übersetzbarkeit impliziert, sondern daß hier die Unvereinbarkeit der Kriterien und Maßstäbe unter den Bedingungen eines wechselseitigen Verstehens gemeint sei. Daher glaubt Rorty, Davidson mißdeute Kuhns Inkommensurabilitätsthese, „indem er behauptet, Kuhn meine mit ‚inkommensurabel' *unübersetzbar*".[16] Ich halte jedoch Bernsteins und Rortys Verteidigung der Inkommensurabilitätsthese für nicht plausibel, da hier wie dort der interne Zusammenhang zwischen der Bedeutung sprachlicher Ausdrücke und der Wahrheitsgeltung von Sätzen aufgelöst wird, so daß sich ein wechselseitiges Sinnverstehen theoretisch nicht mehr plausibel machen läßt.

Dies scheint auch die Intuition von Putnam zu sein, der ebenfalls eine scharfe Kritik an den Inkommensurabilitätsthesen von Kuhn, Feyerabend und Foucault vorträgt – im Unterschied zu Davidson allerdings von der Position eines „internen Realismus". Jedoch wie Davidson versteht auch Putnam die Inkommensurabilitätsthese als semantische These. Die Pointe dieser These liegt in der behaupteten Nichtidentität des Sinns oder Bezugs eines Terms einer Sprache bzw. Theorie mit dem vermeintlich entsprechenden Begriff in einer anderen Sprache bzw. Theorie. „Die These der Inkommensurabilität besagt, daß Ausdrücke, die in einer anderen Kultur verwendet werden – etwa der Ausdruck ‚Temperatur' im wissenschaftlichen Gebrauch des siebzehnten Jahrhunderts –, im Hinblick auf Sinn oder Bezug nicht mit *unseren* Ausdrücken gleichgesetzt werden können. Wissenschaftler mit verschiedenen Paradigmen hausen, wie Kuhn sagt, in ‚verschiedenen Welten' ... Diesmal lautet die Erwiderung, daß wir andere Sprachen – oder auch nur frühere Stufen unserer eigenen Sprache – gar nicht übersetzen könnten, wenn diese These wirklich zuträfe ... Es ist völlig inkohärent, wenn man uns weismachen will, Galileis Begriffe seien ‚inkommensurabel', und *dann fortfährt, sie ausführlich zu schildern.*"[17] Auch bei Putnam

des Gesichtspunktes des anderen sind daher unvermeidlicherweise beschränkt durch die Unvollkommenheit der Übersetzung und der Bestimmung der Bedeutungen." Th. S. Kuhn: Die Entstehung des Neuen. Vorwort, a.a.O., S. 45

16 R. Rorty: Der Spiegel der Natur, a.a.O., S. 331. Vgl. R. Bernstein: Beyond Objectivism and Relativism, Philadelphia 1983 und B. J. Ramberg: What is Incommensurability, in: Donald Davidson's Philosophy of Language, a.a.O., S. 114ff.

17 H. Putnam: Vernunft, Wahrheit und Geschichte, a.a.O., S. 156f. Im Gegensatz zu Davidson wird jedoch von Putnam nicht auch der Begriff des Begriffsschemas abgelehnt, der, so Davidson, gerade auf die Inkommensurabilitätsthese führt. „Ein Zeichen, das von einer Gemeinschaft von Zeichenbenutzern auf bestimmte Weise verwendet wird, kann *innerhalb des Begriffsschemas dieser Zeichenbenutzer* bestimmten Gegenständen entsprechen. Unabhängig von Begriffsschemata existieren keine ‚Gegenstände'. *Wir* spalten die Welt in Gegenstände auf, indem wir dieses oder jenes Beschreibungsschema einführen. Da die Gegenstände *und* die Zeichen gleichermaßen *interne* Elemente des Beschreibungsschemas sind, ist es möglich anzugeben, was wem entspricht." Ebd., S. 78

besteht also der entscheidende Schachzug gegen den Globalskeptiker und Kulturrelativisten in dem Nachweis, daß sich die starke Inkommensurabilitätsthese selbst ad absurdum führt. Denn diese These läuft implizit auf die Behauptung hinaus, daß eine völlig alternative Sprache, so sie wirklich inkommensurabel zu der unseren ist, sich gar nicht übersetzen und damit verstehen ließe.

Ein ähnliches Argument gegen den Begriffsrelativismus findet sich auch bei Quine. Obgleich nun aber Quine sowohl einen kulturellen als auch einen ontologischen Relativismus mit dem Argument ablehnt, ein solcher Relativismus sei selbstwidersprüchlich, gerät auch er in relativistische Fahrwasser. Denn Quine konstatiert zwar: Der Kulturrelativist „cannot proclaim cultural relativism without rising above it, and he cannot rise above it without giving it up",[18] er hält jedoch an der Auffassung fest, daß der empirische Inhalt von Sprachen bzw. Theorien sich eindeutig einem Begriffsschema zuordnen läßt. Und genau hierin sieht Davidson einen Fehlschluß, der relativistischen Konsequenzen nach sich zieht und auf einem um die unhaltbaren Dogmen der „Analytisch/synthetisch-Unterscheidung und des Reduktionismus verkürzten Empirismus" beruht (BS 269). Dieser um die beiden Dogmen verkürzte Empirismus hat selbst eine dogmatische Grundlage zu seiner Voraussetzung, die noch tiefer liegt als die von Quine verabschiedeten Dogmen, eben den oben angesprochenen Dualismus von Schema und Inhalt. Nach Davidson handelt es sich hierbei um das „dritte und vielleicht letzte" Dogma des Empirismus. Fällt dieses auch als „Hauptdogma des traditionellen Empirismus" apostrophierte Dogma, dann fällt nicht nur der Relativismus, sondern auch der Empirismus. Denn dann ist nicht mehr klar, „ob überhaupt noch etwas Spezifisches übrigbleibt, was Empirismus zu nennen ist" (BS 270).

Im Zusammenhang mit seiner Kritik am Schema-Inhalt-Dualismus macht Davidson nun drei Prämissen ausfindig, auf die der Begriffsrelativismus systematisch und strukturell angewiesen ist. *Erstens*, daß die Sprache so etwas wie eine ordnende Instanz sei, die sich *zweitens* von dem unterscheidet, was da geordnet wird, und schließlich *drittens* die wechselseitige Unübersetzbarkeit. Die dritte Prämisse ist dabei die „notwendige Bedingung des Unterschieds von Begriffsschemata; die gemeinsame Beziehung zur Erfahrung bzw. zu den Belegen ist das, was uns helfen soll, die Behauptung verständlich zu machen, daß es Sprachen oder Schemata gibt, denen die Betrachtung gilt, wenn die Übersetzung mißlingt. Es ist diesem Gedanken wesentlich, daß es etwas Neutrales und Gemeinsames gebe, was außerhalb aller Schemata liegt. Dieses gemeinsame Etwas kann freilich nicht die *Thematik* der gegensätzlichen Sprachen sein, sonst wäre eine Übersetzung ja möglich." (BS 270f.)

Allein unter der Voraussetzung, daß es einen „gemeinsamen Bezugspunkt" bzw. ein „gemeinsames Koordinatensystem" gibt, sollen sich also Schemata als relativ erweisen lassen. Insofern diese Basis als „neutral" und „gemeinsam" angesehen wird, beziehen sich Begriffsschemata auf einen empirischen Inhalt, der bar jeglicher Kategorisierung ist. Und wenn überhaupt, dann macht allein unter dieser Voraussetzung die relativistische Idee Sinn, es gäbe so etwas wie radikal nicht übersetzbare und daher alternative Begriffsschemata. Klarerweise hängt hier jedoch alles davon ab, das Identitätskriterium der Übersetzbarkeit von Sprachen durch ein anderes Kriterium zu ersetzen: durch das Kriterium einer identitätsstiftenden Beziehung eines Schemas zu einem nicht-organisierten und insofern

18 W. V. O. Quine: On Empirically Equivalent System of the World, a.a.O., S. 328

neutralen inhaltlichen Korrelat. Das Problem ist nun, daß genau dieser Idee von einem unorganisierten inhaltlichen Korrelat kein identitätsstiftender Sinn gegeben werden kann.

Dies läßt sich an zwei Beispielen deutlich machen, die jeweils mit der Idee von einem unorganisierten Korrelat rechnen. In dem einen Fall gehen wir von der These aus, daß die „Natur oder die Erfahrung" organisiert werden. In dem anderen Fall wird behauptet, die Realität oder die Erfahrung werden angemessen durch ein Schema „repräsentiert". Beide Fälle tragen jedoch nicht nur nichts zur Stützung der These alternativer und daher unübersetzbarer Schemata bei. Sie sind sogar völlig gehaltlos. Den ersten Vorschlag müssen wir als sinnlos ablehnen, weil nicht DIE Natur oder DIE Erfahrung, sondern immer nur Pluralitäten organisierbar sind. So wie man nicht einen Schrank, sondern nur dessen Inhalt organisieren, sprich aufräumen kann, so kann man auch nicht DIE Natur oder DIE Erfahrung organisieren. Und auch den zweiten Vorschlag müssen wir als kontraintuitiv aufgeben. Denn die These, die Realität oder die Erfahrung würden durch ein Schema angemessen repräsentiert, ist ebenfalls konsistent nicht vertretbar. Auch hier erhalten wir nämlich kein theorie- oder schemaneutrales Identifikationskriterium, das zur Stützung eines Dualismus von Schema und Inhalt tauglich sein könnte. Denn was, so wird man fragen müssen, soll denn „angemessen" in diesem Zusammenhang bedeuten?

Wenn also der Versuch, das Verhältnis eines unübersetzbaren Schemas zu einer schemaneutralen Natur oder Erfahrung zu bestimmen, auf jenen Begriff angewiesen ist, der relativistisch destruiert werden soll, eben auf den Begriff der Wahrheit und der Übersetzung; und wenn wir dem Begriff eines radikal alternativen Begriffsschemas kein neutrales Identifikationskriterium verschaffen können, dann müssen wir konsequenterweise die Idee der radikalen Nicht-Übersetzbarkeit aufgeben. Denn dieser Idee einer radikalen Nicht-Übersetzbarkeit kann kein identitätsstiftender Sinn gegeben werden. Dies hat nun aber zur Konsequenz, daß wir gleichzeitig die dem Verhältnisbegriff unterlegte Dualität von Schema und Inhalt aufgeben müssen. Da beide Begriffe wechselseitig aufeinander angewiesen sind, fällt mit der Idee des Schema-Inhalt-Dualismus auch die Idee einer theorie- oder schemaneutralen Natur oder Erfahrung. Insofern nun aber der Begriffsrelativismus an den Schema-Inhalt-Dualismus gebunden ist, fällt mit diesem auch jener. Dem Begriffsrelativisten ist mit dem Fall des Schema-Inhalt-Dualismus der Boden für seine These entzogen, unterschiedliche Begriffsschemata lassen sich nicht ineinander übersetzen. Der relativistische Zweifel läuft an der Idee eines radikal nicht-übersetzbaren Schemas ins Leere. Denn einerseits wird die radikale Nicht-Übersetzbarkeit postuliert, andererseits wird aber dieses Postulat durch die vollzogene Übersetzung dementiert.

Nun hatten wir gesagt, daß es einen liberalen Fall gibt, der nicht mit einer radikalen, wohl aber mit einer partiellen Unübersetzbarkeit rechnet. So wenn es beispielsweise von Epoche zu Epoche, von Kultur zu Kultur oder aber von Person zu Person Gegensätze gibt, die eine Übersetzbarkeit erschweren. Dieser jedoch nicht weiter dramatisch. Denn er stützt nicht die Inkommensurabilitätsthese. Solche Gegensätze können wir nämlich mit Ausdauer und Geduld begreifen und erklären, indem wir übersetzen. Kommen doch die Mitglieder verschiedener „Sprachgemeinschaften" trotz dieser partiellen Unübersetzbarkeit zu einem *reziproken Verständnis vernünftiger Zuschreibungen von Überzeugungen und Ansichten*. Und eben dieses reziproke Verständnis zeigt uns nach Davidson nicht nur, daß diese Ansichten zum *größten Teil wahr sein müssen*, sondern auch, daß es sich um

Überzeugungen und Ansichten von *einer gemeinsamen Welt*. Der für Davidson entscheidende Punkt ist also nicht, ob es Differenzen und Gegensätze zwischen den Epochen, den Kulturen oder zwischen Personen gibt. Das ließe sich schwerlich bestreiten. Der entscheidende Punkt ist, wie *grundlegend* und *radikal* sich diese Differenzen und Gegensätze überhaupt *denken* lassen. Und Davidson liefert uns ein Argument dafür, daß sie in einer wirklich grundlegenden und radikalen Weise nicht sinnvoll gedacht werden können, da sich die normativen Intuitionen der Inkommensurabilitätsthese nicht in dem unterbringen lassen, was direkt oder indirekt mit dem „Anderen der Vernunft" beschworen wird. Denn wenn wir in einem nichttrivialen Sinn mit einem ganz anderen Begriffsschema rechnen, was ja gleichbedeutend ist mit einer von der unseren gänzlich verschiedenen Vernunft, dann muß diese ganz andere Vernunft in jedem Fall eine Bedingung erfüllen, die Bedingung nämlich, als Vernunft identifiziert und verstanden werden zu können. Da wir aber nur das als Vernunft identifizieren und verstehen können, was sich mit den uns zur Verfügung stehenden *Standards* und *Kriterien* von Vernunft als vernünftig identifizieren und verstehen läßt, kann es keine prinzipiell andere Vernunft für uns geben. Beim Versuch, der Vernunft Grenzen zu ziehen, geraten die *Grenzen der Vernunft* in Bewegung, wenn man nach der *Vernunft der Grenzen* fragt.

Auf diese Kritik am Schema-Inhalt-Dualismus hat Quine mit einer Verteidigung und einer teilweisen Präzisierung seiner eigenen Position geantwortet. In dem Aufsatz *On the Very Idea of the Third Dogma* macht Quine gegen Davidson zweierlei geltend. Erstens, daß es bei ihm überhaupt nicht die von Davidson als Dogma attackierte „Trias – Begriffsschema, Sprache und Welt" gibt – wo Quine von einem Begriffsschema spricht, hätte er auch von einer Sprache reden können. Und zweitens, daß der Empirismus, so er als „Wahrheitstheorie" gedeutet wird, in der Tat unter das von Davidson attackierte dritte Dogma fällt und getrost verabschiedet werden kann. Nicht aber der Empirismus als „Theorie der Belege". Dieser soll uns erhalten bleiben, „allerdings minus die beiden alten Dogmen. Das dritte, angebliche Dogma, das jetzt nicht mehr mit Bezug auf die Wahrheit, sondern mit Bezug auf verbriefte Überzeugungen aufgefaßt wird, bleibt unangetastet."[19] Der Grund für Quines „Uneinsichtigkeit" gegenüber der Kritik von Davidson am Schema-Inhalt-Dualismus ist leicht zu verstehen.

Quine, der in seiner Replik auf Davidson seine Auffassung mit dem Argument zu verteidigen sucht, daß er zwar mit Davidson übereinstimmt, wenn dieser den Empirismus als Wahrheitstheorie über Bord wirft, sich aber dagegen wendet, daß auch der Empirismus als „Theorie der Belege" dieser folgen soll, fürchtet offenbar, daß Davidsons Kritik am Versuch, Theorien durch empirische Belege zu sichern, selbst in einen Relativismus führt, dem kohärenztheoretisch nicht mehr beizukommen ist.[20] Diese Befürchtung scheint nun auf den ersten Blick insofern nicht unbegründet, als Davidson in der Tat privilegierte Bezugsgegenstände entschieden ablehnt, wobei es in diesem Zusammenhang einerlei ist, ob diese als „Daten", „Empfindungen", „Erfahrung" oder „physikalische Belege" gefaßt werden. Davidson vertritt ja die These, daß die Auffassung, wonach die Sinneserfahrung das gesamte Belegmaterial für die Akzeptierung von Sätzen abgibt, dem „schlichten Be-

19 W. V. O. Quine: Der Kerngedanke eines dritten Dogmas, in: Theorien und Dinge, a.a.O., S. 56
20 Ebd., S. 56f.

griff des Wahrseins nichts Verständliches hinzufügt". Bei Davidson ist der Bezug nicht nur zu einer innersprachlichen Angelegenheit geworden und daher wie bei Quine „unerforschlich", sondern in gewisser Weise verschwindet er überhaupt.[21] Davidson kennt außer Kohärenz keine epistemologisch relevanten Kriterien, die über das Wahr- resp. Falschsein von Aussagen entscheiden. Von daher ist es nur konsequent, wenn Davidson dazu auffordert, daß wir uns „von Aussagen über das Ordnen ab- und Aussagen über das Zusammenpassen zuwenden".

Gleichwohl ist Davidson erklärter Antirelativist. Denn, so die Pointe von Davidson: „Die Gesamtheit der sinnlich wahrnehmbaren Belege ist das, worauf wir es abgesehen haben, sofern es wirklich alle Belege sind, die es gibt; und die Gesamtheit der existierenden Belege ist genau das, was erforderlich ist, um unsere Sätze oder Theorien wahr zu machen. Es gibt jedoch nichts, kein *Ding*, das Sätze und Theorien wahr macht; weder Erfahrung noch Oberflächenreizungen noch die Welt sind imstande, einen Satz wahr zu machen." (BS 276) Oder wie Davidson in dem Aufsatz *Der Mythos des Subjektiven* sagt: „Überzeugungen sind wahr oder falsch, aber sie repräsentieren nichts. Es ist von Vorteil, die repräsentierenden Vorstellungen loszuwerden und mit ihnen zugleich die Korrespondenztheorie der Wahrheit, denn es ist der Glaube an die Existenz solcher Vorstellungen, der relativistische Gedanken entstehen läßt." (MS 96)

Nun vertritt Quine ja keine korrespondenztheoretische Wahrheitsauffassung; auch er meint, die These, Sätze entsprechen den Tatsachen oder der Welt, sei keine wirkliche Erklärung, sondern gaukle nur eine vor. Gleichzeitig kritisiert er jedoch Davidson dafür, daß er das, was bei ihm die „Erfahrungsgesamtheit" und die „Oberflächenreizungen" sind, mit dem konfundiert, was Davidson „Tatsachen" und „Welt" nennt. Und tatsächlich macht Davidson keinen Unterschied zwischen der Erfahrung, den Empfindungen, den Tatsachen oder der Welt, sofern diese als „Belege" für einen Empirismus dienen könnten, wie ihn Quine vertritt. Aber Davidson bestreitet ja auch gerade, daß es so etwas wie diese „Belege" überhaupt gibt. Und so wirft Davidson Quine seinerseits vor, daß er die Pointe seiner Kritik am dritten Dogma nicht verstanden hat. Nach Davidson geht Quine davon aus, daß der Dualismus von Schema und Inhalt eine Trennung von Begriffsschema und Sprache involviere. Dies war aber nicht Davidsons These. Sie lautet vielmehr: So etwas wie ein uninterpretierter Inhalt sei nötig, um den Begriffsrelativismus plausibel vertreten zu können. (Vgl. MS 42) Und eben hierin besteht das dritte Dogma des Empirismus.

So scheint denn auch Davidson mit seiner Quine-Kritik tatsächlich ins Schwarze getroffen zu haben. Denn Quine verabschiedet zwar erfolgreich die beiden alten Dogmen des Empirismus. Mit Quines Kritik wird aber noch nicht dem Dualismus von Schema und uninterpretiertem Inhalt der Boden entzogen. Ja, das Beispiel von Quine zeigt, der Dualismus von Schema und Inhalt kann sogar noch in „einem Umfeld überleben, das nichts übrig hat für die Unterscheidung zwischen analytischen und synthetischen Urteilen, für Sinnesdaten oder für die Annahme, es könne theoriefreie Gedanken oder Erfahrungen geben" (MS 88). So gesehen ist denn auch Davidsons Kritik am Empirismus bei weitem radikaler als die Empirismuskritik Quines. Davidson radikalisiert Quines Empirismuskri-

21 Vgl. E. Picardi: Zu Davidsons Philosophie der Sprache, in: Die Wahrheit der Interpretation, a.a.O., S. 41

tik, indem er noch deren unreflektierte Voraussetzungen einer Selbstkritik unterwirft. Durch diese Kritik befreit Davidson nicht nur die sprachanalytische Philosophie von den dualistischen Hintergrundannahmen des Empirismus. Zugleich ist mit dieser Kritik die Möglichkeit einer *sinnkritischen Transformation der modernen Sprachanalyse* gegeben. Denn erst mit und durch Davidsons Kritik an den dualistischen Hintergrundannahmen des Empirismus, die gleichzeitig eine Kritik an den bewußtseinsphilosophischen Voraussetzungen der modernen Sprachanalyse ist, erreicht die moderne Sprachphilosophie ein *hermeneutisches Problemniveau.*

Davidson zeigt uns nämlich nicht nur, daß die empiristische Erkenntnistheorie, darin der Transzendentalphilosophie durchaus verwandt, ohne Rekurs auf einen vorkategorialen Inhalt kaum den Begriff von Realität gewinnen kann, der dieser Konzeption positiv unterlegt ist. Darüber hinaus zeigt er, daß der Begriffsrelativismus konstitutiv an einen subjektphilosophischen Bewußtseinsbegriff gebunden ist. Denn dieser Dualismus von Schema und Inhalt hat einen bewußtseinsphilosophischen „Ursprung: einen Begriff des Geistes mit seinen privaten Zuständen und Gegenständen“ (MS 91).

Gerade diesem Sachverhalt ist vergleichsweise wenig Aufmerksamkeit geschenkt worden. Das ist verwunderlich, ist doch die Aufdeckung der bewußtseinsphilosophischen Implikate des empiristischen (und auch rationalistischen) Begriffs des Geistes innerhalb der Kritik am „dritten Dogma“ keineswegs trivial. Denn dieser Begriff des Geistes und der damit verbundene „cartesianische Ausgangspunkt“ impliziert eben nicht nur wie bei Descartes, Kant oder in der Phänomenologie Husserls einen Bewußtseinsbegriff, dessen Reinheit und Autorität nur um den Preis gesichert werden kann, daß das Bewußtsein vor aller empirischen „Verunreinigung durch die Welt beschützt wird“. Der gleiche subjektphilosophische Bewußtseinsbegriff ist auch im Empirismus positiv unterlegt. Hier wie dort sind es jene Verunreinigungen, die den Grund für die zu bannende erkenntnistheoretische Besorgnis abgeben. Und hier wie dort richtet der Subjektivismus das Gesetz der Objektivität auf, indem das absolut Erste durch Reflexion aufs Subjekt zum absolut Gewissen erhoben werden soll. Denn nicht nur von Descartes, Kant und Husserl wird die Ansicht vertreten, das „Subjekt sei die Grundlage der objektiven empirischen Erkenntnis“, sondern auch im „Empirismus“. Davidson zeigt nun, daß der mit dieser Konstruktion verbundene Souveränitätsanspruch aus zwei Gründen nicht eingelöst werden kann. Hat man sich erst einmal für den „cartesianischen Ausgangspunkt“ entschieden, dann führt aus dem Gefängnis der Bewußtseinsimmanenz nicht nur kein Weg zu jenen Belegen, die für die Erkenntnis eine sichere empirische Grundlage liefern sollen, es führt auch kein Weg zu einer intersubjektiven Beziehung des Verstehens. Denn der „cartesianische Ausgangspunkt“ läßt jede Möglichkeit einer intersubjektiven Beziehung zwischen Intersubjekten zu einem Ding der Unmöglichkeit werden (dies erklärt, warum trotz des „linguistic turn“ das Problem der sprachlich erzeugten Intersubjektivität nicht befriedigend gelöst werden konnte). Wie Heidegger und Wittgenstein in ihrer Kritik am Cartesianismus, so erkennt Davidson in seiner Kritik am Empirismus, daß die Fragen: „Woher wissen wir etwas über die ‚Außenwelt‘? Wie gelingt es, Fremdpsychisches zu erkennen? Ja, wie ist es möglich, den Inhalt des eigenen Bewußtseins zu erkennen?“ Fragen sind, die nicht der Lösung, sondern der Auflösung bedürfen. Davidsons Sprachanalyse bestätigt und erweitert hier die phänomenologischen bzw. hermeneutischen Analysen Heideggers und Gadamers, sofern diese den Nachweis führen, daß ein reines Bewußtsein im Sinne Kants oder Husserls der Welt überhaupt keine Bedeutsamkeit abgewinnen könnte. Denn hat man sich erst einmal für den „cartesianischen Ausgangspunkt" entschieden, dann taucht nicht nur das „altbekannte Problem" auf, wie die „Lücke ... plausibel zu überbrücken ist", die durch die Abtrennung des reinen Bewußtseins von der Außenwelt entstand, sondern auch, daß man nicht mehr angeben kann, „wofür die Belege eigentlich Belege sind. Idealismus, reduktionistische Formen des Empirismus und Skeptizismus werden drohend sichtbar." (MS 90)

Mich interessiert im folgenden weniger die Tatsache, daß Davidsons Kritik an der Bewußtseinsphilosophie eine Tradition hat, für die seit langem Namen wie Heidegger und Wittgenstein stehen, wobei hier anzumerken wäre, daß Heidegger (zumindest in *Sein und Zeit*) den Schema-Inhalt-Dualismus nicht einfach destruiert, sondern dessen Abkünftigkeit aus Abstraktionsleistungen nachweist, die nur durch ein vorgängiges In-der-Welt-sein plausibel zu machen sind.[22] Spannender ist Davidsons implizite Feststellung, daß der „linguistic turn" das bewußtseinsphilosophische Paradigma zwar sprachphilosophisch reformuliert hat, sich dabei jedoch nicht völlig vom Cartesianismus zu lösen vermochte. Denn wenn der Dualismus von Schema und Inhalt seinen Ursprung in einem Begriff des Geistes hat, der ursprungs- bzw. bewußtseinsphilosophischer Abstammung ist, dann ist auch die sprachanalytische Philosophie bis zu Quine mit einer bewußtseinsphilosophischen Hypothek belastet, die durch die Hinwendung zur Sprache als dem Gegenstand philosophischer Analyse gerade getilgt werden sollte. Von daher läßt sich nicht nur der Transzendentalphilosophie von Kant bis Husserl der Vorwurf machen, die dualistische Immanenz der noetisch-noematischen Bewußtseinsstruktur nicht überwunden zu haben. Die klassische Transzendentalphilosophie verfügt ja über keinen Begriff transzendentaler Intersubjektivität und selbst noch die Husserlsche Phänomenologie kann sich trotz aller intersubjektivitätstheoretischen Einsichten nicht von den cartesianischen Prämissen der Bewußtseinsphilosophie emanzipieren. Nahezu den gleichen Vorwurf kann man mit Davidson nun aber auch gegen den Empirismus vorbringen, der, aller sprachanalytischer Einsichten zum Trotz, bis zu Quine sich nicht vollständig von Prämissen des Empirismus zu lösen vermag. Hier wie dort erhält nämlich der Gegenstandsbezug den Primat gegenüber der sprachlich erzeugten Intersubjektivität der Verständigung. Die an der Subjektphilosophie mit Recht gerügten intersubjektivitätstheoretischen Mängel scheinen auf die Sprachanalyse überzugehen. Sowenig wie die Subjekt-Objekt-Beziehung konzeptionelle Anschlüsse bietet, die zur Aufklärung der sprachlich erzeugten Intersubjektivität tauglich wären, sowenig bietet die Schema-Inhalt-Beziehung diese Anschlüsse. Wenn also der Schema-Inhalt-Dualismus als das untergründig fortwirkende Bezugsmodell des „alten

22 Die epistemologische Problematik und die damit zusammenhängende Gegenüberstellung von Subjekt und Objekt, die nach Heidegger „ebensoviel ‚Wahrheit' als Leerheit in sich birgt", hat nach Heidegger das „Überspringen" der Lebenswelt zu ihrer Voraussetzung, wodurch überhaupt erst das cartesianisch-kantische Problem entsteht; die Frage nämlich, „wie kommt dieses erkennende Subjekt aus seiner inneren ‚Sphäre' hinaus in eine ‚andere und äußere', wie kann das Erkennen überhaupt einen Gegenstand haben, wie muß der Gegenstand selbst gedacht werden, damit am Ende das Subjekt ihn erkennt, ohne daß es den Sprung in eine andere Sphäre zu wagen braucht?" (SuZ 60) Die umfassendste Diskussion der Schematismusproblematik aus der *Kritik der reinen Vernunft* findet sich bei Heidegger in: Kant und das Problem der Metaphysik, a.a.O., S. 88-203

Empirismus“ tatsächlich an den cartesianischen Begriff des Geistes konstitutiv gebunden bleibt, und Davidson liefert hierfür gute Argumente, dann führt dieser „Ausgangspunkt“ also nicht nur in den Begriffsrelativismus, sondern obendrein in eine intersubjektivitätstheoretische Sackgasse, aus der auch keine Übersetzungstheorie á la Quine mehr heraushilft. Denn dieses Bezugsmodell blockiert bzw. zerstört von innen jede symmetrische intersubjektive Beziehung zwischen Intersubjekten und damit auch die Möglichkeit einer universalistischen Geltungsbegründung.

Was folgt aus dem bisher Gesagten? Nun zum ersten, daß dem Problem des Verstehens nicht beizukommen ist, so der „cartesianische Ausgangspunkt“ nicht überwunden wird. Zweitens, und im Zusammenhang mit Davidsons Kritik am Schema-Inhalt-Dualismus die wohl wichtigste Schlußfolgerung, daß wir der Vorstellung radikal nichtübersetzbarer und daher inkommensurabler Sprachen keinen Sinn geben können, da ein nicht-aporetisch formulierbarer Erfolg der Schema-Inhalt-Distinktion bestreitbar ist. Der Begriffsrelativismus, sofern er sich auf den Schema-Inhalt-Dualismus bezieht, ist damit keine Position, die sinnvoll vertreten werden kann. Weitaus weniger selbstverständlich ist jedoch eine andere Konsequenz. Der *negative* Nachweis, daß wir der Idee radikal verschiedener, sprich unübersetzbarer Sprachen keinen Sinn geben können, ist nicht umgekehrt ein *positiver* Beweis für die *Einzigartigkeit und Exklusivität nur eines Begriffsschemas* – und für eine apriorische Rechtfertigung gleich gar nicht. Aus dem Tatbestand, daß wir immer nur in einem Schema denken können, folgt nicht, daß wir der Idee von nur einem Schema Sinn geben können. Ein Exklusivitäts- und Einzigkeitsnachweis für ein Kategorialschema ist mit Davidson nicht zu haben. Wir haben zwar „keine verständliche Basis gefunden, auf der sich die These aufstellen ließe, es gebe verschiedene Schemata. Ebenso verfehlt wäre es, die prächtige Nachricht zu verkünden, der ganzen Menschheit – oder zumindest allen, die eine Sprache sprechen – sei das gleiche Schema und die gleiche Ontologie gemeinsam. Denn wenn wir nicht verständlich behaupten können, die Schemata seien relativ, kann es auch nicht sinnvoll sein, zu sagen es gebe nur eines.“ (BS 282)

Dies ist nach Davidson allerdings kein Grund zur Besorgnis. Denn, so Davidson, wir brauchen gar keinen Exklusivitäts- oder Einzigkeitsbeweis, um am Begriff der „objektiven Wahrheit“ auch weiterhin festhalten zu können. Den „Geltungsansprüchen“ wird durch Davidsons Sinnkritik kein Jota von ihrer Unbedingtheit genommen. Im Gegensatz zur partikularistischen Geltungsbegründung im „conceptual relativism“, wo Geltungsansprüche relativiert werden müssen auf Konzeptualschemata, ist der Relativismus für Davidson mit der Verabschiedung des Schema-Inhalt-Dualismus gebannt. „Indem wir uns der Abhängigkeit vom Begriff einer uninterpretierten Realität (einem Etwas, das außerhalb aller Schemata und aller Wissenschaft liegt) entziehen, verzichten wir nicht auf den Begriff der objektiven Wahrheit – ganz im Gegenteil. Ist das Dogma eines Dualismus von Schema und Realität gegeben, erhalten wir Begriffsrelativität und Wahrheit relativ zu einem Schema. Ohne das Dogma geht diese Art von Relativität über Bord. Natürlich bleibt die Wahrheit der Sätze sprachrelativ, aber objektiver geht es nun einmal nicht. Indem wir den Dualismus von Schema und Welt fallenlassen, verzichten wir nicht auf die Welt, sondern stellen die unmittelbare Beziehung zu den Gegenständen wieder her, deren Possen unsere Sätze und unsere Meinungen wahr oder falsch machen.“ (BS 283)

Aus dieser Kritik am Schema-Inhalt-Dualismus hat Rorty die wohl radikalsten Konsequenzen gezogen. Diese Konsequenzen sind begründungstheoretischer Natur. Nach Rorty liefert uns nämlich Davidson so etwas wie ein „transcendental argument to end all transcendental arguments".[23] Und zwar insofern, als hier der Begriff des Konzeptualschemas als Basisbegriff transzendentaler Strategien disqualifiziert wird. Wenn es nämlich nicht möglich ist, Konzeptualschemata als radikal verschieden oder als einheitlich zu individuieren, da in beiden Fällen ein nicht vorhandenes Identitätskriterium vorausgesetzt ist, dann stößt auch eine transzendentale Deduktion ins Leere, die ja bei Kant mit der Aufgabe eines Einzigkeitsnachweises betraut ist. Ein Beweis der objektiven Gültigkeit des „Systems der Kategorien" ist nicht mehr möglich, da er auf der transzendentallogischen Dichotomie von „scheme-content", Sinnlichkeit und Verstand bzw. Subjekt und Objekt aufruht und weil dieser Beweis der objektiven Gültigkeit der Kategorien nur unter der Voraussetzung eines Einzigkeitsbeweises solch eines Systems gegen alternative Kategoriensysteme zu haben ist.[24] Mit Davidson konnten wir aber zeigen, daß ein kategorialer Alternativlosigkeitsbeweis, soweit dieser auf den Begriff des Kategorialschemas zurückgreifen muß, a limine zum Scheitern verurteilt ist. Damit stehen Synthesistheorien, wie sie im deutschen Idealismus vertreten wurden, unter einem erheblichen Rechtfertigungsdruck.

4.2. Schematismus und Vermittlung – Kant

In diesem Zusammenhang möchte ich auf ein von Davidson selbst nicht thematisiertes Problem aufmerksam zu machen, welches in philosophiehistorischer Hinsicht zu Davidsons Diskussion des Schema-Inhalt-Dualismus eine gewisse Entsprechung aufweist: Ich meine das Schematismusproblem in der Transzendentalphilosophie Kants und die Kritik Hegels am Organonmodell des Erkennens. Da Davidson selbst zu verstehen gibt, daß Kant „nur ein einziges Begriffsschema für möglich" hält, welches das organisiert, was er den „Kantischen Inhalt" nennt (MS 86), fällt auch Kants Vermittlungsversuch von Sinnlichkeit und Verstand unter die Kritik am Schema-Inhalt-Dualismus.

Die Problematik des Schematismus der reinen Verstandesbegriffe in der *Kritik der reinen Vernunft* zählt bis heute zu den umstrittensten Kapiteln innerhalb der Transzendentalphilosophie. Schopenhauer hat es als „höchst dunkel" apostrophiert, „weil kein Mensch je daraus klug werden" kann.[25] Erich Adikes, der Schopenhauer darin folgt, daß dieses Kapitel das „dunkelste Stück der Kritik" darstellt, vertritt die Ansicht, daß „dem

23 R. Rorty: Transcendental Arguments, Self-Reference, and Pragmatism, in: Transcendental Arguments and Science, Hg. von P. Bieri, R.-P. Horstmann und L. Krüger, Dordrecht 1979, S. 78

24 Vgl. M. Niquet: Transzendentale Argumente. Kant, Strawson und die sinnkritische Aporetik der Detranszendentalisierung, Frankfurt/M. 1991, S. 546

25 A. Schopenhauer: Sämtliche Werke in acht Bänden (in vier Büchern), Hg. von M. Frischeisen-Köhler, Berlin o. J., Bd. 3/4, S. 708

Abschnitt über den Schematismus kein wissenschaftlicher Wert beizumessen" sei,[26] während Hegel in den *Vorlesungen über die Geschichte der Philosophie* dieses Kapitel als „eine der schönsten Seiten der Kantischen Philosophie" bezeichnet, „wodurch reine Sinnlichkeit und der reine Verstand, die als absolut entgegengesetzte Verschiedene ... ausgesagt wurden, vereinigt werden".[27] Aber auch Heidegger vermag sich nicht dem Urteil von Schopenhauer und Adikes anzuschließen. Im Gegenteil. Heidegger vertritt die Ansicht, daß es sich hierbei um ein „unvergleichlich durchsichtig gebaut(es)" Kapitel handelt, welches „mit einer unerhörten Sicherheit in den Kern der ganzen Problematik der Kritik der reinen Vernunft" führt: „Es besteht nicht die geringste Veranlassung, über eine Uneinheitlichkeit und Verworrenheit des Schematismuskapitels immer wieder Klage zu führen. Wenn etwas in der Kritik der reinen Vernunft aufs schärfste durchgegliedert und in jedem Wort abgemessen ist, dann gilt das von diesem Kernstück des ganzen Werkes." Wobei Heidegger jedoch den Zusatz macht, daß dies nur unter der Voraussetzung sichtbar wird, wenn die „Endlichkeit der Transzendenz als Grund der inneren Möglichkeit" der Metaphysik begriffen wird.[28]

Und daß Kant selbst dem Schematismusproblem eine besondere Bedeutung beimaß, steht außer Frage. Dabei war sich Kant durchaus der Tatsache bewußt, daß „der Schematismus einer der schwierigsten Punkte" der ersten Kritik darstellt, zumal auch Beck, der von Kant autorisierte Verfasser eines dreibändigen Kommentars zur Transzendentalphilosophie, sich „nicht darein finden" konnte. Trotzdem hielt Kant „dies Kapitel für eins der wichtigsten".[29] Ist doch das Schematismusproblem für Kants Zentralfrage, wie synthetische Urteile a priori möglich sind, von schlechthin entscheidender Bedeutung. Und zwar deshalb, weil hier das Problem der Anwendung unserer Kategorien auf Erfahrung zum Gegenstand der Untersuchung gemacht wird, ein Problem, welches seit Strawsons *Individuals* auch innerhalb des „linguistic turn" breit diskutiert wird.[30] Die Deduktion der reinen Verstandesbegriffe, in der es lediglich um die Gültigkeit der Kategorien geht, erklärt ja noch nicht deren Anwendung. Und einen Gegenstand denken und einen Gegenstand erkennen, das ist nach Kant nicht dasselbe. Im Gegenteil. Anschauungen ohne Begriffe sind blind, Begriffe ohne Inhalt sind leer, so lautet Kants berühmtes Diktum. Die Kategorien allein können also Erkenntnis noch nicht begründen. Aber gerade um die Bedingungen der Möglichkeit von Erkenntnis geht es Kant.

Nun gehören zu jeder Erkenntnis „zwei Stücke: erstlich der Begriff, dadurch überhaupt ein Gegenstand gedacht wird (die Kategorien), und zweitens die Anschauung, dadurch er gegeben wird; denn, könnte dem Begriff eine korrespondierende Anschauung gar nicht gegeben werden, so wäre er ein Gedanke der Form nach, aber ohne allen Gegenstand, und durch ihn gar keine Erkenntnis von irgendeinem Dinge möglich; weil es, soviel ich wüßte,

26 Vgl. dazu die von Adikes besorgte Ausgabe der ersten Vernunftkritik. I. Kant: Kritik der reinen Vernunft, Hg. von E. Adikes, Berlin 1889, S. 171

27 G. W. F. Hegel: Vorlesungen über die Geschichte der Philosophie, Bd. 3, a.a.O., S. 502

28 M. Heidegger: Kant und das Problem der Metaphysik, a.a.O., S. 112f.

29 R. Reicke: Lose Blätter aus dem Nachlaß, Königsberg 1889, 1. Heft, Blatt C 2, S. 129

30 Vgl. P. Strawson: Individuals. An Essay in Descriptive Metaphysics, London 1959, dt., Einzelding und logisches Subjekt. Ein Beitrag zur deskriptiven Metaphysik, Stuttgart 1972

nichts gäbe, noch geben *könnte*, worauf mein Gedanke angewandt werden könne".[31] Was für Kant hier zur Debatte steht, sind also die Anwendungsmöglichkeiten der Kategorien. Unter der Voraussetzung, daß zu jeder Erkenntnis Sinnlichkeit und Verstand gehören, stellt sich damit für Kant die Frage nach einer vermittelnden Mitte zwischen Sinnlichkeit und Verstand. Für Kant ist klar, daß es diese Mitte geben muß, „ein Drittes ..., was einerseits mit der Kategorie, andererseits mit der Erscheinung in Gleichartigkeit stehen muß, und die Anwendung der ersteren auf die letzte möglich macht. Diese vermittelnde Vorstellung muß rein (ohne alles Empirische) und doch einerseits *intellektuell*, andererseits *sinnlich* sein. Eine solche ist das *transzendentale Schema*."[32] Ich gehe hier nicht weiter auf die Synthesisbedingungen ein, die Kant an und vermittels der Zeit erläutert, sofern diese von Kant mit der Kategorie einerseits und mit der Erscheinung andererseits als „gleichartig" begriffen werden. In unserem Zusammenhang erscheint es mir wichtiger auf eine andere Bestimmung des Schemas aufmerksam zu machen. Ich meine Kants These: „Das Schema ist an sich selbst jederzeit nur ein Produkt der Einbildungskraft." Als ein solches ist es „nur die reine Synthesis." Damit ist die *Vermittlung* zwischen Sinnlichkeit und Verstand als Aufgabe des Schemas präzis bestimmt. Diese Vermittlung ist gebunden an die von Kant auch als „produktiv" apostrophierte Einbildungskraft. Zwar hegt Kant Zweifel, ob wir jemals jener „verborgene(n) Kunst" auf die Schliche kommen, auf der der Schematismus unseres Verstandes beruht. Geradezu einer orphischen Erklärung gleich, gibt Kant hier lediglich zu verstehen, daß es sich um eine „verborgene Kunst in den Tiefen der menschlichen Seele" handelt, „deren wahre Handgriffe wir der Natur schwerlich jemals abraten, und sie unverdeckt vor Augen legen werden".[33] Allein als sicher gilt: „Das *Bild* ist ein Produkt des empirischen Vermögens der produktiven Einbildungskraft, das *Schema* sinnlicher Begriffe ... ein Produkt und gleichsam ein Monogramm der reinen Einbildungskraft a priori, wodurch und wonach die Bilder allererst möglich werden, die aber mit dem Begriffe nur immer vermittels des Schema, welches sie bezeichnen, verknüpft werden müssen, und an sich demselben nicht völlig kongruieren. Dagegen ist das Schema eines reinen Verstandesbegriffs etwas, was in gar kein Bild gebracht werden kann, sondern ist nur reine Synthesis, gemäß einer Regel der Einheit nach Begriffen überhaupt, die die Kategorie ausdrückt, und ist ein transzendentales Produkt der Einbildungskraft, welches die Bestimmung des inneren Sinnes überhaupt nach Bedingungen ihrer Form (der Zeit) in Ansehung aller Vorstellungen betrifft, sofern diese der Einheit der Apperzeption gemäß a priori in einem Begriff zusammenhängen sollten."[34]

Dieser hier von Kant hervorgehobene sinnlich-kategoriale Doppelcharakter der Einbildungskraft wird zum entscheidenden Movens in der Fortbildung der Transzendentalphilosophie zur Identitätsphilosophie. Diese Fortbildung führt zwar, wie schon bei Schelling zu sehen ist, über das Schema hinaus, nicht aber über die Schematismus-Problematik. Und das ist nicht verwunderlich. Liegt doch das entscheidende wirkungsgeschichtliche und geschichtsphilosophische Problem des transzendentalen Schemas in der Erhellung der

31 I. Kant: Kritik der reinen Vernunft, a.a.O., B 146
32 Ebd., B 177
33 Ebd., A 141, S. 240
34 Ebd., A 141f. S. 240f.

Möglichkeits- oder auch Unmöglichkeitsbedingungen von Handlung, Produktivität und Tätigkeit. Der handlungstheoretische und tätigkeitszentrierte Versuch, die Kantische Transzendentalphilosophie ihrer eigenen Systematik gemäß zu vollenden, führt dergestalt über Schelling zu Hegel, der die Radikalisierung der Schematismusproblematik durch Schelling weitertrieb, bis zur Bewußtmachung des Vermittlungsproblems als dem allgemeinen Sinn und Grund menschlicher und damit gesellschaftlicher Existenz, als Arbeit.[35]

Im Gegensatz zu Schelling, der den Vermittlungsmechanismus ästhetisch tingiert und in der Kunsttätigkeit die gleichsam erstarrte Synthesis des transzendentalen Schemas erblickt, substituiert Hegel in seiner auf Geschichte und Totalität angelegten Konstruktion das Kunstwerk durch das Werkzeug, welches als vermittelnde Mitte zwischen Subjekt und Objekt[36] selbst einem Vermittlungsprozeß unterworfen wird, der nicht nur die „Vernünftigkeit des Werkzeugs", sondern auch noch die „Vernunft in der Geschichte" freigeben soll.

Sofern also Kant das Problem der Vermittlung von Subjekt und Objekt im Schematismuskapitel der *Kritik der reinen Vernunft* thematisch macht, kann Hegel sich in Kontinuität zu Kant begreifen. Im gleichen Zusammenhang vermag er jedoch, entscheidende Einwände gegen Kant vorzubringen. Erstens macht Hegel geltend, daß bei Kant die Tafel der Kategorien keine Notwendigkeit besitzt, da diese bloß der „Logik entnommen" und insofern „aufgerafft" sind. Und zweitens macht Hegel geltend, daß der Kritizismus mit einem sich selbst nicht transparenten Bewußtsein anfängt. Gleich eingangs der *Phänomenologie* wirft Hegel dem Kritizismus vor, daß sich dieser durch die Forderung, das erkennende Subjekt solle sich jener Bedingungen der für es prinzipiell möglichen Erkenntnis vergewissern, bevor es überhaupt erkennt, von Anbeginn in einen Zirkel verstrickt. Gegen diese vermögenstheoretische Ausmessung der Grenzen und der Leistungsfähigkeit der Vernunft als „reiner Vernunft" macht Hegel seinen berühmt gewordenen Einwand geltend: „Erkennen wollen ..., *ehe* man erkenne, ist ebenso ungereimt als der weise Vorsatz jenes Scholastikus, *schwimmen* zu lernen, *ehe er sich ins Wasser wage*."[37]

Nun ist dieser Einwand häufig aufs wärmste begrüßt worden, ohne daß bisher jedoch jemand ernsthaft vorgeschlagen hätte, den Schwimmunterricht zu liquidieren. Die Weisheit des Scholastikus mag man als Trockenübung belächeln, sie zahlt sich jedoch aus, wenn es nicht ums Reden, sondern ums Überleben im nassen Element geht. Der Schwimmunterricht stellt dies unter Beweis: Die Schüler trainieren außerhalb des Wassers

35 Vgl. St. Dietzsch: Der identitätsphilosophische Vorgriff - das Schematismus-Problem in der Transzendentalphilosophie Kants, in: Wissenschaftliche Zeitschrift, Heft 3 (1974), 167-176

36 So heißt es schon in den Jenaer Schriften bei Hegel: „Im Werkzeug macht das Subjekt eine Mitte, zwischen sich und das Objekt, und diese Mitte ist die reale Vernünftigkeit der Arbeit ... Im Werkzeug trennt das Subjekt ... die Objektivität von sich ab, es gibt ein anderes der Vernichtung hin, und wälzt es auf den subjektiven Teil derselben; zugleich hört die Arbeit auf ein Einzelnes zu sein; *die Subjektivität der Arbeit ist im Werkzeug zu einem Allgemeinen erhoben*; jeder kann es nachmachen, und ebenso arbeiten; es ist insofern die beständige Regel der Arbeit. Um dieser Vernünftigkeit des Werkzeugs willen steht es als die Mitte, höher sowohl als das Arbeiten, als auch als das ... bearbeitete Objekt, und als der Genuß, oder der Zweck." G. W. F. Hegel: Jenaer Schriften, Hg. von G. Irrlitz, Berlin 1972, S. 444f.

37 G. W. F. Hegel: Enzyklopädie der philosophischen Wissenschaften im Grundrisse, Hg. von F. Nicolin und O. Pöggeler, Berlin 1966, S. 43

die geordnete Folge der Handlungen, welche das Schema des Schwimmens realisieren. So hilft ihnen die Gemeinschaft der Schwimmfähigen, selbst schwimmfähig zu werden. Im Wasser bestätigen und vervollkommnen sie das, was sie außerhalb desselben erlernt haben. Von daher mißdeutet Hegel Kants Orientierung. Denn der Kritizismus soll nicht, wie Hegel meint, erkennen, ob man erkennen könne. Dies ist überhaupt nicht die Frage. Dieser setzt vielmehr das Erkennen in seinen Äußerungen durch die Vorgänger voraus.

Ein anderer Einwand von Hegel wiegt jedoch schwerer. Bei Kant, der die vermögenstheoretische Untersuchung reiner Vernunft als leistender Vernunft als eine kritische Überprüfung der Erkenntnismittel auffaßt, wird ja das Erkennen entweder als durch ein „Instrument" vermittelt vorgestellt, mit dessen Hilfe das Erkenntnissubjekt den Erkenntnisgegenstand formiert oder aber als durch ein „Medium" vermittelt, durch welches das „Licht des Erkennens" in das Subjekt tritt. In jedem Fall ist hier die Erkenntnis durch die Mittel möglicher Erkenntnis transzendental festgelegt. Obgleich nun in Hegels Kritik an der Organontheorie der Erkenntnis das vorausgesetzt wird, was diese gerade in Frage stellt, eben die Möglichkeit absoluten Wissens – hier wird Kant von Hegel nicht kritisch über-, sondern vorkritisch unterboten –, so bringt diese Kritik doch auch eine Reihe impliziter Voraussetzungen einer ihrem Anspruch nach voraussetzungslosen Erkenntniskritik an den Tag. Zum einen ist hier nämlich ein normativer Begriff von Wissen, zum anderen ein normativer Begriff des Ich unterstellt. In diesem Zusammenhang macht nun Hegel auf die Kalamität aufmerksam, daß der Versuch, die Erkenntnis als ein Mittel oder Werkzeug zu verstehen, auf Scheitern angelegt sei. Denn Werkzeuge haben die Eigenschaft, ihren Gegenstand zu „formieren" und zu „verändern". Und wenn die Erkenntnis tatsächlich als ein Werkzeug verstanden werden muß, dann zeigt das Werkzeug nicht, wie die Wahrheit oder die Dinge „an sich", sondern lediglich wie sie für uns sind. Aus dieser Kalamität hilft auch der Vorschlag nicht heraus, das Erkennen als ein „passives Medium" aufzufassen, „durch welches hindurch das Licht der Wahrheit an uns gelangt". Erhalten wir doch auch auf diese Weise nicht die Wahrheit, wie sie „an sich" ist, „sondern wie sie durch und in diesem Medium ist". Hier wie dort gebrauchen wir also ein „Mittel, welches das gerade Gegenteil seines Zwecks hervorbringt; oder das Widersinnige ist vielmehr, daß wir uns überhaupt eines Mittels bedienen".[38]

Hier nun tritt die Parallele zu Davidsons Kritik am Schema-Inhalt-Dualismus zutage. So wie Hegel einst den Ansatz der Erkenntniskritik radikalisierte und damit die sichere Grundlage des transzendentalen Bewußtseins zerstörte, von der aus die apriorische Grenzziehung zwischen empirischer Realität und transzendentaler Idealität bzw. zwischen Inhalt und Form der Erkenntnis sicher schien, so radikalisiert Davidson Quines Empirismuskritik und zerstört damit die sichere Grundlage des Begriffsschemas, von dem aus die Grenzziehung zwischen kategorisierendem Schema und uninterpretiertem Inhalt sicher schien.[39]

38 Ebd., S. 68f.

39 Hegels Kritik an der starr dualistischen Grundstruktur der Vernunftkritik bzw. an der Organontheorie der Erkenntnis weist erstaunliche Übereinstimmungen zu den erkenntniskritischen Schriften John Deweys auf, dessen Werk stark mit Hegelschen Ideen angereichert ist. Obgleich Davidson Hegel kaum zur Kenntnis genommen hat, könnten diese Hegelschen Ideen, vermittelt über den Pragmatismus von Quine auf Davidson, einen Einfluß gehabt haben. Vgl. D. Davidson: Dialektik und Dialog, a.a.O., S. 7

Hier ließe sich eventuell einwenden, daß Davidson den Gegensatz von Subjekt und Objekt, Sinnlichkeit und Verstand bzw. von Schema und Inhalt nicht vermitteln, sondern auflösen will. Dies scheint ihn zunächst von Hegel charakteristisch zu unterscheiden. Und wenn Davidson sagt, ihm gehe es darum, eine „unmittelbare Beziehung" zu den Gegenständen wieder herzustellen, dann könnte man meinen, Davidson fällt hier sogar noch hinter Hegels Kritik an der „sinnlichen Gewißheit" zurück. Ja selbst noch hinter die Resultate der „kopernikanischen Wende". Gleichwohl scheint in Davidsons Kritik am Schema-Inhalt-Dualismus ein Hegelsches Motiv wirksam zu sein.

Nach Davidson können wir Sprachen mit Begriffsschemata und diese mit Werkzeugen gleichsetzen. Davidson fragt nun zwar nicht wie Hegel nach der Genesis des Werkzeugs. Das hängt damit zusammen, daß Davidson über keine eigenständige Theorie verfügt, die die geschichtliche Entwicklung kognitiver Strukturen erklären kann. Und doch ist Davidson mit seiner Kritik am Schema-Inhalt-Dualismus nicht weit von Hegels Kritik am transzendentalphilosophischen Organonmodell entfernt. In Davidsons zeitgenössischer Kritik am Schema-Inhalt-Dualismus kehrt gewissermaßen in sprachphilosophisch reformulierter Form Hegels Kant- bzw. Schelling-Kritik aus der *Phänomenologie des Geistes* wieder. Auch Davidson vermag nämlich einer solchen Organonauffassung der Erkenntnis keinen Sinn abzugewinnen. Auch er lehnt die Vorstellung ab, „daß *jede* Sprache die Realität verfälscht, was implizit besagt, daß der Geist, sofern er überhaupt an die Dinge, wie sie eigentlich sind, herankommt, dies nur wortlos vermag. Das heißt die Sprache als ein träges (wiewohl unweigerlich verzerrendes) Medium aufzufassen, das unabhängig ist von den menschlichen Handlungsinstanzen, die sich seiner bedienen." (BS 263)[40] Und wenn nun Quine vorschlägt, das von „der Weltsicht des Menschen zu subtrahieren", was wir interpretativ an jenen „Anhaltspunkten" formiert haben, um auf diese Weise die „Differenz" zu erhalten, was wir „selbst zu dieser Weltsicht" beitragen (WO 23f.), dann können wir mit Hegel und Davidson sagen, daß uns dieses „Verfahren der Subtraktion" gar nicht zur Verfügung steht, da wir weder einen Minuenden noch einen Subtrahenten haben. Und selbst wenn wir sie hätten, wäre uns damit nicht geholfen. Denn auch dann würden wir nicht das Licht der Wahrheit erblicken, so wie sie „an sich" ist, sondern so wie „für uns" ist. Es macht daher auch keinen Sinn, wenn wir von einem formierten Dinge das wieder wegnehmen, was das Werkzeug (oder das Schema) daran getan hat. Denn dann, so Hegel, „ist uns das Ding ... gerade soviel als vor dieser somit überflüssigen Bemühung".[41] Es ist also nicht nur das Paradoxe an Quines Versuch, das wieder von dem formierten Ding wegzunehmen, was die Sprache daran getan hat, was wir mit Davidson kritisieren müssen, sondern generell den Rest sprachphilosophischer Naivität, der hinter diesem Versuch steckt. Setzt doch dieser Versuch das voraus, was Quine selbst als ein Ding der Unmöglichkeit ansieht: einen Standpunkt außerhalb der Sprache. Wer nun aber wie Quine die Möglichkeit eines solchen Standpunktes bestreitet, der kann auch nicht

40 Derartige Theorien, die allesamt auf ein „Selbst ohne Gestalt" angewiesen sind, können ganz „unterschiedlichen Bezirken der philosophischen Landschaft angehören". Gemeinsam ist ihnen, daß der „Geist von den Merkmalen getrennt (wird), die für ihn konstitutiv sind". Denn wenn der Geist sich tatsächlich „ohne Verfälschung mit dem Realen auseinandersetzen kann, müssen dem Geist seinerseits Kategorien und Begriffe abgehen" (BS 263).

41 G. W. F. Hegel: Phänomenologie des Geistes, Werkausgabe Bd. 3, Frankfurt/M. 1972, S. 68

ernsthaft die These vertreten, daß die Sprache ein verzerrendes Medium sei, da nicht die Verzerrung *durch* die Sprache, sondern allenfalls die Verzerrung *in* ihr ein Problem darstellen kann. Hätte Quine ernstlich über die Frage nachgedacht, in wessen Namen diese Kritik geführt wird, dann wäre er nicht nur auf die Frage nach dem Standard gestoßen, an dem die Verzerrung gemessen werden kann. Er hätte auch bemerkt, daß jene Art von Gewißheit, die wir tatsächlich erreichen, für unsere Belange genug ist. Die Metaphorik der „Subtraktion" enthüllt somit ein sprachphilosophisches Vorurteil über die Sprache, welches sich als naturalistische Variante der Philosophie des sinnkonstituierenden Subjekts erweist, wie es in der Philosophie Kants anzutreffen ist.[42]

Hier ließe sich nun eventuell erwidern, daß für Kant „Welt" immer „Welt möglicher Erfahrung" meint, was ja auch gerade den Sinn der kopernikanischen Wende ausmacht; ein Einwand, den Dieter Henrich auf dem Bielefelder Symposium über *Transcendental Arguments and Science* gegen Rortys emphatischen Gebrauch von Davidsons Kritik am Schema-Inhalt-Dualismus vortrug. Kant, so der Einwand von Henrich, kann hier nicht im Sinn eines „metaphysischen Realismus" verstanden werden, sondern eher im Sinn eines „internen Realismus". So hat denn Henrich mit dem Verweis, daß die zentrale Idee der transzendentalen Deduktion in der *Kritik der reinen Vernunft* nicht im Einzigkeitsnachweis eines Schemas liege, sondern zu dem Nachweis führen soll, daß die Möglichkeit objektiv gültiger Erfahrung nicht ohne ein „Ich" gedacht werden kann, welches zu einer regelgeleiteten Synthesis fähig ist, Kant gegen Rortys Detranszendentalisierungsprogramm zu verteidigen gesucht.[43] Selbst wenn man nun aber mit Henrich zugesteht, daß Kants Vermittlungsversuch im Schematismus-Kapitel nicht zur Stützung eines metaphysischen Realismus herangezogen herangezogen werden kann, und dies scheint mir unbestreitbar, dann bleibt immer noch offen, ob das Konzept einer transzendentalen Synthesis aus dem Umfeld der Kritik am Schema-Inhalt-Dualismus herausführt. Dies scheint gerade nicht der Fall zu sein, da der Rekurs auf die von Kant als „höchsten Punkt" der Transzendentalphilosophie bezeichnete ursprüngliche synthetische Einheit der Apperzeption geradewegs die Idee der Möglichkeit variierender Kategoriensysteme nach sich zieht. Damit wären wir jedoch bei jenem Einwand, den Rorty im Anschluß an Davidson gegen die Idee einer Deduktion der Kategorien sinnkritisch stark macht. Wie Marcel Niquet gezeigt hat,

42 Als sich Heirich von Kleist 1801 mit der „neueren Kantischen Philosophie" bekannt machte, teilte er Wilhelmine von Zenge mit: „Wenn alle Menschen statt der Augen grüne Gläser hätten, so würden sie urteilen müssen, die Gegenstände, welche sie dadurch erblicken, sind grün – und nie würden sie entscheiden können, ob ihr Auge ihnen die Dinge zeigt, wie sie sind, oder ob es nicht etwas zu ihnen hinzutut, was nicht ihnen, sondern dem Auge gehört. So ist es mit dem Verstande. Wir können nicht entscheiden, ob das, was wir Wahrheit nennen, wahrhaft Wahrheit ist, oder ob es uns nur so scheint." H. v. Kleist: Werke und Briefe, Bd. 4, Hg. von S. Streller, Berlin und Weimar 1984, S. 200. Im Unterschied zu Kleist, den der radikale Zweifel an der Möglichkeit einer absoluten Gewißheit in die Verzweiflung treibt, meint Davidson, daß die Frage, ob der Blick durch das Medium verzerrt wird oder nicht, eine Frage ist, über die man schlechterdings nichts Interessantes herausfinden kann. Zwar läßt sich auch mit Davidson kein Einzigkeitsnachweis für ein Schema führen. Dies ist aber kein Grund zu verzweifeln. Denn die Art von Gewißheit, die wir tatsächlich erreichen können, ist für menschliche Belange gut genug. Vgl. dazu auch J. Schulte: Weltbild und Mythologie, in: Chor und Gesetz. Wittgenstein im Kontext, Frankfurt/M. 1990, S. 116

43 Vgl. dazu D. Henrich: Challenger or Competitor? On Rorty's Account of Transcendental Strategies, in: Transcendental Arguments and Science, a.a.O., S. 113-120

liegt der Beweis der transzendentalen Gültigkeit des Systems der Kategorien für mögliche Erfahrung, der in der Perspektive der Einheit der Synthesis einer transzendentalen Apperzeption als Beweis der Einzigkeit und Unhintergehbarkeit dieses Systems verstanden werden kann, noch im Rücken des Einwandes von Henrich.[44]

Aber auch der Versuch, das Selbstbewußtsein zu versprachlichen oder aber durch ein Schema zu substituieren, führt nicht aus dem Umkreis von Davidsons und Rortys Kritik am Schema-Inhalt-Dualismus heraus. Bleibt doch durch diese Substitution, also durch den Einbau der Sprache in die Schema-Inhalt- bzw. Subjekt-Objekt-Relation der traditionellen Erkenntnistheorie, der Ansatz der Bewußtseinsphilosophie im Grunde unberührt. Damit scheint sich das Problem sogar noch verschärfen zu lassen, nämlich wenn wir bedenken, daß mit der Versprachlichung des Selbstbewußtseins die synthetische Einheit der Apperzeption und damit jener „höchste Punkt", an dem die Kantische Synthesistheorie haftet, detranszendentalisiert und den Bedingungen innerweltlicher Existenz und geschichtlicher Faktizität unterworfen wird. Dies läßt sich leicht klarmachen: Wenn das Selbst versprachlicht bzw. einfach durch das Schema substituiert wird, muß gegenüber dem Transzendentalismus folgende Umdisposition vorgenommen werden. An die Stelle der Innen-Außen-Perspektive zwischen erkennendem Subjekt und der Welt als der Gesamtheit der erkennbaren Gegenstände tritt erneut das Schema als ordnend-kategorisierende Instanz, die sich auf einen vor-kategorialen Inhalt bezieht. Klarerweise wird durch diese Substitution die bewußtseinsphilosophische Denkfigur in Form einer strukturellen Analogie beibehalten, nicht aber wirklich überwunden. Wir erhalten nämlich genau wieder jenen Dualismus, den Davidson sinnkritisch verabschieden will. Hinzu kommt nun jedoch, daß durch diese Substitution der Begriff der *Reflexivität* von dem des Bewußtseins entkoppelt wird. Denn das Schema unterscheidet sich von der synthetischen Einheit der Apperzeption allemal dadurch, daß es sich nicht zu dem „Ich" des apperzeptiven „Ich denke" verdichtet. Die einfache Substitution hält auf diese Weise vom Schema alle Konnotationen einer durch synthetische Leistungen hergestellten *Identität des Selbstbewußtseins* fern, wodurch sich das Schema für sich präsent machen kann und von sich in der Form des Selbstbewußtseins weiß. Ist nun aber die Möglichkeit einer zentrierten Zusammenfassung des Ganzen im „Ich denke" nicht mehr gegeben, dann entfällt auch die Möglichkeit einer *Legitimation des Ganzen aus letzten Grundsätzen*. Und da schließlich auch noch mit der Ansetzung nur eines Schemas zugleich auch eine Vielzahl alternativer Schemata angesetzt werden muß, treten an die Stelle der einen, transzendental begründeten Welt, viele schemarelative Welten, so daß die Relativierung der Geltungsansprüche auf alternative Konzeptualschemata und damit der Begriffsrelativismus die unausweichliche Konsequenz sind.

Wenn diese Beschreibung zutrifft, dann hilft aus dieser Misere auch nicht die einfache Substitution der synthetischen Einheit der Apperzeption durch das Schema heraus. Denn sie restituiert den Schema-Inhalt-Dualismus und damit die Idee einer radikalen kategorialen Alternative. Dieser Alternative läßt sich mit Davidson aber kein Sinn geben. Wenn das aber der Fall ist, wenn der Idee einer radikalen kategorialen Alternative kein Sinn gegeben werden kann, dann auch nicht der Idee „einer Grenzziehung der Sinnhaftigkeit des Sinns dieses Schemas gegen alle möglichen Alternativparadigmen: Die Idee einer transzenden-

44 M. Niquet: Transzendentale Argumente, a.a.O., S. 547

talen Rechtfertigung eines kategorialen Sinn-Apriori möglicher Erfahrung hängt aber an der sinnkritischen Einlösbarkeit dieser Idee. Kategorial-konstruktionistische transzendentale Sinnkritik läuft ins Leere, weil kategoriale Strukturen möglicher Erfahrung für argumentative Zwecke transzendental gehaltvoller Grenzziehung keinen Angriffspunkt bieten: Diese sind ‚grenzenlos' und als solche ohne mögliche transzendentale (Re-)Konstruktion. Anders formuliert: Das ‚Dritte Dogma des Empirismus' ist auch das Dogma eines auf die Exposition und Rechtfertigung eines Sinn-Aprioris kategorialer Strukturen möglicher Erfahrung gerichteten Transzendentalismus und als solches gleichermaßen sinnkritisch zu verabschieden."[45]

Nun bleiben allerdings noch zwei nicht diskutierte Probleme offen: Erstens, ob Davidson mit der Ansetzung eines Hintergrundes massiver Übereinstimmung nicht selbst ein Argument für die These liefert, daß dieser Hintergrund massiver Übereinstimmung normativ gehaltvoll ist und (wenigstens in actu) nicht hintergehbar; und zweitens, ob auf dem Weg einer sprachpragmatischen Sinnkritik mittels transzendentaler Argumente dieser Hintergrund massiver Übereinstimmung auch als normativ gehaltvoll ausgewiesen werden kann. Daß dieser Hintergrund massiver Übereinstimmung normativ gehaltvoll ist, scheint mir schwer bestreitbar. Denn Davidson vermeidet zwar die Inanspruchnahme einer transzendentalen Geltungsbegründung, nimmt aber mit Tarskis Konvention W offensichtlich auf ein Basiskonzept Bezug, das selbst nicht wieder einer Detranszendentalisierung unterworfen werden kann. Wenn dies aber gezeigt werden kann und wenn weiterhin gezeigt werden kann, daß transzendentale Argumente nicht auf den Schema-Inhalt-Dualismus angewiesen sind, dann ließe sich auch Rortys These zurückweisen, mit Davidson ein transzendentales Argument gegen transzendentale Argumente gefunden zu haben.[46]

Die zweite Frage möchte ich hier noch zurückstellen und erst im Zusammenhang mit Rortys Kritik an den transzendentalen Argumenten diskutieren. Die erste Frage diskutiere ich im Zusammenhang mit Davidsons Interpretationsphilosophie, die sich als eine Art von „extensionaler Hermeneutik" des Verstehens bezeichnen läßt.

4.3. Wahrheit und Bedeutung

„Was heißt es, daß Wörter bedeuten, was sie bedeuten?" – so lautet die eingangs gestellte Frage, die für Davidson eine Bedeutungstheorie klären muß, die zweierlei Anforderungen zu genügen hat: Sie muß erstens die Forderung erfüllen, „eine Interpretation aller wirklichen und möglichen Äußerungen eines Sprechers bzw. einer Gruppe von Sprechern" zu liefern; und sie muß zweitens verifizierbar sein, „ohne daß die propositionalen

45 Ebd., S. 562

46 Vgl. U. Tietz: Transzendentale Argumente versus Conceptual Scheme. Bemerkungen zum Begründungsstreit zwischen Universalismus und Kontextualismus, in: Deutsche Zeitschrift für Philosophie, Heft 8 (1992), S. 926f.

Einstellungen der Sprecher im einzelnen bekannt sind."[47] Mit der ersten Bedingung betont Davidson die „holistische Natur sprachlichen Verstehens", während die zweite Bedingung verhindern soll, daß in diese Theorie Begriffe „eingeschmuggelt werden, die zu eng mit dem Begriff der Bedeutung verbunden sind" (E 9).

Ausgangspunkt hierfür ist Tarskis Wahrheitstheorie, die Davidson über den Bereich formaler Sprachen hinausgehend für die Semantik natürlicher Sprachen fruchtbar machen will. Im Unterschied jedoch zu Tarski, der das Wahrheitsproblem mit der Unterstellung einer Korrespondenztheorie der Wahrheit und der Aufspaltung der Sprache in Objekt- und Metasprache gewissermaßen umgeht, verzichtet Davidson von vornherein auf substantielle Annahmen über Wahrheit und bedient sich des Tarski-Modells allein mit dem Ziel, die Interpretationstheorie autonom anzusetzen, um auf diesem Weg eine Möglichkeit zu gewinnen, „natürliche Sprachen" aus sich selbst heraus zu verstehen.[48] Denn das „Ziel der semantischen Theorie kann kein anderes sein als eine Theorie der natürlichen Sprache, formuliert in (derselben oder einer anderen) natürlichen Sprache".[49]

4.3.1. Die semantische Definition der Wahrheit von Tarski

Tarski gilt als der wohl bekannteste Vertreter der Lemberg-Warschauer Schule. Begründet wurde diese Schule war K. Twardowski, der wie Husserl ein Schüler von Franz Brentano war. Die Geschichte von ihrer Gründung 1895 bis zu ihrer faktischen Auflösung im Jahr 1939 wird heute in zwei Perioden geteilt: in die sogenannte „Lemberger Periode" bis zum Ende des ersten Weltkrieges und in die „Lemberg-Warschauer Periode" bis zum Ausbruch des zweiten Weltkrieges.[50] Im Jahr 1933, also in der sogenannten zweiten Periode, erschien Tarskis Arbeit *Der Wahrheitsbegriff in den formalisierten Sprachen*, die nicht nur zu einer Neuorientierung in der Logik führte, sondern der Semantik in ihrer modernen Form den Weg bereitet hat.

Unter „Semantik" versteht Tarski die Gesamtheit all jener Beziehungen, in denen der Zusammenhang zwischen den Begriffen, Ausdrücken und Sätzen formaler Sprachen und den durch diese Sprachen angegebenen Gegenständen und Sachverhalten ausgedrückt wird. Typische semantische Begriffe sind die Begriffe des „Bezeichnen", des „Definieren", der „Erfüllung", der „Allgemeingültigkeit" und eben der Begriff der „Wahrheit", der in seiner klassischen, sprich Aristotelischen Fassung soviel bedeutet wie „mit der Wirklichkeit übereinstimmend". Auf diese Definition greift Tarski zurück, um ihr eine präzise Fassung zu geben. Damit die leitende Problemstellung für die Abhandlung *Der Wahrheitsbegriff in den formalisierten Sprachen* markiert Tarskis Grundproblem besteht in der

47 D. Davidson: Einleitung zu: Wahrheit und Interpretation, a.a.O., S. 9 (im folgenden zit. als E)

48 Vgl. R. Bubner: Wohin tendiert die analytische Philosophie, a.a.O., S. 277

49 D. Davidson: In Defence of Convention T, in: Inquiries into Truth and Interpretation, a.a.O., S. 65-75, dt., Zur Verteidigung der Konvention W, in: Wahrheit und Interpretation, a.a.O., S. 115

50 Vgl. Logischer Rationalismus. Philosophische Schriften der Lemberg-Warschauer Schule, Hg. von D. Pearce und J. Wolenski, Meisenheim/Glan 1987

„Konstruktion" einer Definition der Wahrheit, die methodologisch korrekt ist – eine Definition, die sowohl der klassischen Adäquationstheorie als auch dem umgangssprachlichen Gebrauch des Wortes „wahr" entsprechen soll. Auf der Grundlage der Umgangssprache läßt sich ein solches Vorhaben jedoch nicht realisieren. Sicher, „dies war vermutlich der ursprüngliche Gebrauch des Ausdrucks ‚wahr' in der menschlichen Sprache. Sätze werden hier aufgefaßt als sprachliche Gegenstände ... Wann immer man die Bedeutung eines Ausdrucks erklärt, der der Alltagssprache entnommen ist, sollte man im Auge behalten, daß Ziel und logischer Status einer solchen Erklärung von Fall zu Fall variieren ... Unser Verständnis vom Begriff der Wahrheit scheint im wesentlichen übereinzustimmen mit verschiedenen Erklärungen dieses Begriffes, die sich in der philosophischen Literatur finden. Die möglicherweise früheste Erklärung kann man in der ‚Metaphysik', dem berühmten Werk des Aristoteles finden ... Der intuitive Gehalt der Aristotelischen Formulierung erscheint recht klar. Nichtsdestotrotz läßt die Formulierung vieles missen, was vom Standpunkt der Präzision und formaler Korrektheit aus zu wünschen ist."[51] Den Grund hierfür sieht Tarski in der „universalistischen Tendenz der Umgangssprache". Dieser Universalismus, den Tarski als ihr „charakteristisches Merkmal" hervorhebt, markiert in der Semantik jene Quelle der Besorgnis, die seit der Entdeckung „aller sog. semantischen Antinomien" Unruhe stiftet. Es ist die Selbstreflexivität der Sprache und die daraus resultierende Möglichkeit des Auftauchens semantischer Antinomien, die einer exakten und den Kriterien formaler Korrektheit entsprechenden Wahrheitsdefinition im Wege stehen. Und eben darum ist nach Tarski auf der Basis der Umgangssprache nicht nur keine befriedigende Wahrheitsdefinition zu erwarten, hier erscheint ihm auch ein konsequenter und mit den Gesetzen der Logik übereinstimmender Gebrauch des Wahrheitsbegriffs als unmöglich.[52] Einen Ausweg aus diesem Zustand verspricht die Eingrenzung des Wahrheitsproblems auf den Bereich formalisierter Sprachen.

Eine Explikation des Wahrheitsbegriffs bezieht sich danach nicht mehr auf „Wahrheit" überhaupt, sondern auf „Wahrheit in einer bestimmten Sprache L". Mit dieser Restriktion gelingt es Tarski, eine semantisch einwandfreie Fassung der Korrespondenztheorie vorzulegen, die weder metaphysisch-ontologische noch erkenntnistheoretische Implikationen hat. Die formale Korrektheit hat jedoch ihren Preis: Sie beruht auf der völligen Abstraktion von der pragmatischen Dimension des Sprachgebrauchs, eine Tatsache, der sich Tarski auch bewußt war. Daher seine Zweifel und Bedenken gegenüber der Möglichkeit, die Korrespondenztheorie der Wahrheit im Sinn einer realistischen und kriteriologisch relevanten Korrespondenztheorie zu deuten, so wie später Karl Popper Tarskis Wahrheitstheorie in Anspruch genommen hat. Tarski selbst vertrat also die Ansicht, daß der Wahrheitsbegriff ausdrücklich als ein Prädikat des Typs „wahr in L" für eine Sprache L zu definieren sei, die Gegenstand der Definition ist. Und Gegenstand der Definition ist die Objektsprache. Diese Objektsprache ist nun aber nicht mehr die mit der Lebenswelt verwobene Umgangssprache, sondern eine formalisierte *Kalkülsprache*. Die Definition des „W-Prädikats", also der Satzwahrheit in der Objektsprache, wird nun in einer von L ver-

51 A. Tarski: Einführung in die mathematische Logik, Göttingen 1966, S. 246f.

52 Vgl. A. Tarski: Der Wahrheitsbegriff in den formalisierten Sprachen, in: Logik-Texte. Kommentierte Auswahl zur Geschichte der modernen Logik, Hg. von K. Berka und L. Kreiser, Berlin 1983, S. 449

schiedenen Sprache gewonnen: der Metasprache. Klarerweise muß die Metasprache „reichhaltiger" sein als die Objektsprache. Andernfalls ließe sich ja gar keine Definition für das „W-Prädikat" erstellen. Zwar merkt Tarski hier an, daß es nicht leicht sei, „eine allgemeine und präzise Definition dieses Begriffs der ‚wesentlichen Reichhaltigkeit' zu geben". Sobald wir uns aber „auf Sprachen beschränken, die auf der logischen Typentheorie basieren, dann ist die Bedingung für die Metasprache, ‚wesentlich reichhaltiger' zu sein als die Objektsprache, die, daß sie Variable von höherem logischen Typ als die Objektsprache enthält".[53]

Mit dieser Aufspaltung in Objekt- und Metasprache wird es Tarski möglich, das mit der Selbstbezüglichkeit der Sprache verbundene Problem der semantischen Antinomien in den Griff zu bekommen, mit der „Unbestimmtheit der Referenz" und der „Unbestimmtheit der Bedeutung" fertig zu werden und eine formal-präzise, rekursive Definition der Satzwahrheit in einem semantischen System L zu erarbeiten. Gemäß der „Konvention W" gilt hier:

(1) x ist wahr genau dann, wenn *p*.

In diesem Satz ist p das Symbol für eine beliebige Aussage und x das Symbol für einen beliebigen Namen dieser Aussage. Der Name für die Aussage p ist „p", d. h. eine Funktion von p, deren Werte die verschiedenen Namen des Arguments sind. Unter Verwendung eines „Anführungsnamens" läßt sich Schema (1) wie folgt formulieren:

(2) Die Aussage „Schnee ist weiß" ist danach wahr genau dann, wenn Schnee weiß ist.

Da der durch „x" bezeichnete Satz durch das auf der rechten Seite stehende „p" ersetzt werden kann, d. h. durch den Satz selbst, steht „x" für eine metasprachliche Bezeichnung eines Satzes der Objektsprache und „p" für dessen Übersetzung in die Metasprache. Tarskis Semantik bedient sich also zur Formulierung der „Konvention W" einer Metasprache, die die Bedingung erfüllen muß, wesentlich reichhaltiger zu sein als die Objektsprache. Andernfalls ließe sich nicht die „Konvention W" formulieren. Die Unterscheidung in Objekt- und Metasprache wird ja bereits für die Aussage der Äquivalenzbeziehung zwischen x und p im Rahmen dieser Konvention beansprucht. Allein unter der Voraussetzung, daß die Metasprache reichhaltiger ist als die Objektsprache, in deren Bereich der Gebrauch der Begriffe „wahr" und „falsch" verboten ist, kann sie mit dieser nicht zusammenfallen oder in diese übersetzt werden. Denn wäre diese Voraussetzung nicht erfüllt, dann ließe die Metasprache sich in die Objektsprache übersetzen und die semantischen Antinomien ließen sich rekonstruieren.

Nun gibt es hier jedoch noch ein Problem. Die Menge aller Sätze der Objektsprache ist in der Regel unendlich, „während jeder Satz der Metasprache nur aus endlich vielen Zeichen besteht." Eine allgemeine Definition der Wahrheit können wir jedoch nicht dadurch

53 A. Tarski: Die semantische Konzeption der Wahrheit und die Grundlagen der Semantik, in: Wahrheitstheorien, a.a.O., S. 154

erhalten, „daß wir die Konjunktion aller partiellen Definitionen bilden".[54] Gesucht war aber gerade eine Antwort auf die Frage, unter welchen Bedingungen *alle Sätze* einer Sprache wahr sind. Eine allgemeine Definition des Wortes „wahr" muß somit die Forderung erfüllen, daß sich aus ihr nicht nur die für bestimmte Sätze einer Sprache geltenden Äquivalenzen ableiten lassen, sondern alle. Tarskis Lösung ist bekannt: Unter der Voraussetzung, daß wir es mit einer Kalkülsprache zu tun haben, bei der die grammatische der semantischen Struktur in eindeutiger Weise entspricht, werden die Sätze durch grammatische Strukturbeschreibungen bezeichnet. Nun ist es möglich, die „Methode der Rekursion" anzuwenden und eine rekursive Definition von „wahr" zu geben.[55]

Dies gelingt mit Hilfe des *Erfüllungsbegriffs*. Mit dem Begriff der Erfüllung, den Tarski als eine Relation zwischen Gegenständen und bestimmten Ausdrücken (genannt „Aussagefunktion") einführt, werden jene Bedingungen spezifiziert, die vorliegen müssen, damit das Prädikat „wahr" auf einen Satz einer bestimmten Sprache zutrifft. Auf dieser Basis gelingt es, eine rekursive Definition von „wahr" zu gewinnen. Und da die Wahrheit von komplexen Sätzen auf die Wahrheit elementarer Sätze zurückverweist, erhalten wir auf diese Weise eine rekursive Erklärung der Wahrheitsbedingungen aller wahrheitsfunktionalen Sätze, da sich per definitionem für jeden einzelnen Satz in einer Reihe von jeweils endlichen Schritten angeben läßt, unter welchen Bedingungen er wahr ist. Für die Wahrheit von Aussagensätzen gilt dann: *„eine Aussage (ist) wahr ..., wenn sie von allen Gegenständen erfüllt wird, sonst falsch"*.[56] Das Ziel von Davidson besteht nun darin, auf der Basis von Tarskis semantischer Wahrheitstheorie eine leistungsfähige Bedeutungstheorie aufzubauen – und zwar eine Bedeutungstheorie, die das Funktionieren einer natürlichen Sprache erklärt. Dazu liefert uns Tarskis semantischer Wahrheitsbegriff genau das, was wir brauchen: eine leistungsfähige Grundlage.

4.3.2. Die semantische Wahrheitstheorie als Bedeutungstheorie

Eine Bedeutungstheorie muß nach Davidson unter der genannten Zielstellung, natürliche Sprachen aus sich selbst heraus zu verstehen, wenigstens drei Bedingungen erfüllen. Sie muß erstens „die Bedeutung (oder Wahrheitsbedingungen) jedes Satzes erklären, indem sie ihn so analysiert, als sei er in wahrheitsrelevanten Weisen aus Elementen zusammengesetzt, die einem endlichen Vorrat entnommen sind". Sie muß zweitens ein „Verfahren liefern, um im Hinblick auf einen beliebigen gegebenen Satz zu entscheiden, welche

54 A. Tarski: Einführung in die mathematische Logik, a.a.O., S. 252f.
55 Vgl. E. Tugendhat/U. Wolf: Logisch-semantische Propädeutik, Stuttgart 1989, S. 228
56 A. Tarski: Die semantische Konzeption der Wahrheit und die Grundlagen der Semantik, a.a.O., S. 157. Tarski macht in diesem Zusammenhang auf eine „technische Schwierigkeit" aufmerksam, die sich dann ergibt, wenn die Erfüllung als eine „vielstellige Beziehung zwischen Aussagefunktionen und einer unendlichen Anzahl von Gegenständen" angesehen wird. Diese Schwierigkeit wird jedoch behoben, wenn der Erfüllungsbegriff als eine „zweistellige Beziehung zwischen Funktionen und Folgen von Gegenständen" angesehen wird. Vgl. ebd., S. 184

Bedeutung er hat." Und schließlich drittens müssen die aus dieser „Theorie folgenden Angaben der Wahrheitsbedingungen einzelner Sätze ... auf dieselben Begriffe zurückgreifen" wie die Sätze, deren Wahrheitsbedingungen sie angeben.[57] Die ersten beiden Bedingungen sollen garantieren, daß die von der Theorie beschriebenen semantischen Merkmale der potentiell unendlich vielen Sätze einer Sprache für ein Wesen mit endlichen Fähigkeiten „*lernbar*" und natürlich auch „*erforschbar*" sind. Und mit der dritten Bedingung wird geltend gemacht, daß es sinnvoll sei zu verlangen, daß eine Bedeutungstheorie einer natürlichen Sprache eine rekursive Erklärung der Wahrheit abgibt. Der für Davidson „offensichtliche Zusammenhang" zwischen einer Wahrheitsdefinition der Art, deren Konstruktion von Tarski aufgezeigt worden ist, und dem Begriff der Bedeutung ist dabei folgender: „Die Definition funktioniert durch die Angabe notwendiger und hinreichender Bedingungen für die Wahrheit jedes Satzes, und die Angabe der Wahrheitsbedingung ist eine Art der Angabe der Bedeutung des Satzes." Eine Bedeutungstheorie dieses Typs, Davidson sagt auch „(in meinem etwas ausgefallenen Sinn), ist eine empirische Theorie, und es geht ihr darum, das Funktionieren einer natürlichen Sprache zu erklären".[58]

Wohlgemerkt, Davidsons zentrale Idee besteht in diesem Zusammenhang nicht etwa darin, mit Tarski das Wahrheitsprädikat formal exakt für eine natürliche Sprache zu definieren. Davidsons Idee ist, mit Hilfe von Tarskis Wahrheitstheorie die Frage zu klären, was es heißt, die Bedeutung eines Satzes einer natürlichen Sprache zu verstehen. Daraus ergeben sich eine Reihe signifikanter Differenzen zwischen Tarski und Davidson: Während sich Tarski an einer logisch korrekten Definition der Wahrheit für formalisierte Kalkülsprachen interessiert zeigte, will Davidson auf eine Theorie der Wahrheit hinaus, in der er ein leistungsfähiges Werkzeug einer Bedeutungstheorie für natürliche Sprachen sieht, die uns erklärt, wie die Bedeutung eines Satzes von der Bedeutung seiner Teile abhängt. Daraus ergibt sich ein weiterer Unterschied. Restringiert Tarski die semantisch einwandfreie Wahrheitsdefinition auf den Bereich von Kalkülsprachen, so besteht Davidson darauf, daß das „Ziel der semantischen Theorie" kein anderes sein kann, als „eine Theorie einer natürlichen Sprache, formuliert in (derselben oder einer anderen) natürlichen Sprache".[59] Davidson geht es also ausschließlich um das „Verstehen natürlicher Sprachen". Hier gibt es allerdings ein Problem, auf das schon Tarski aufmerksam gemacht hat. Natürliche Sprachen, deren wesentlichstes Merkmal ihr „Universalismus" ist, sind selbstbezüglich, amorph und haben eine nicht eindeutige Struktur. Alles Gründe, warum Tarski der Möglichkeit, eine natürliche Sprache mit formalen Mitteln zu beschreiben, ablehnend gegenüberstand. Genau daran entzündet sich jedoch Davidsons Interesse.

Da nach Davidson das Ideal einer Wahrheitstheorie einer natürlichen Sprache in einer natürlichen Sprache mit den Methoden, die uns Tarski bereitstellt, als unerreichbar erscheint, stellen sich zwei Fragen: Erstens, wie muß die Konvention W modifiziert werden, um sie kontextempfänglich zu machen? – Eine Wahrheitstheorie einer natürlichen

57 D. Davidson: Semantics for Natural Languages, in: Inquiries into Truth and Interpretation, a.a.O., S. 55-64, dt., Die Semantik natürlicher Sprachen, in: Wahrheit und Interpretation, a.a.O., S. 93f. (im folgenden zit. als S)

58 D. Davidson: Truth and Meaning, in: Inquiries into Truth and Interpretation, a.a.O., S. 17-36, dt., Wahrheit und Bedeutung, in: Wahrheit und Interpretation, a.a.O., S. 50 (im folgenden zit. als WB)

59 D. Davidson: Zur Verteidigung von Konvention W, a.a.O., S. 115

Sprache muß ja dem Umstand Rechnung tragen, daß Sätze in ihrem Wahrheitswert sowohl nach dem Zeitpunkt der Äußerung als auch nach Sprecher und Hörer variieren. Und zweitens, wie kann an Tarskis Konvention W als Grundlage für eine Bedeutungstheorie festgehalten und gleichzeitig das Auftauchen semantischer Antinomien ausgeschlossen werden? Davidsons Vorschlag klingt verblüffend einfach: Dem Umstand, daß viele Sätze in ihrem Wahrheitswert variieren, trägt eine modifizierte Konvention W dadurch Rechnung, daß „wir die Wahrheit als eine Beziehung auffassen, die zwischen einem Satz, einem Sprecher und einem Zeitpunkt besteht" (S 96). Und semantische Antinomien lassen sich ausschließen, wenn wir das Wahrheitsprädikat und das Erfüllungsprädikat aus der Objektsprache eliminieren. Damit ist jedoch eine Konsequenz verbunden: Zwischen der Objekt- und der Metasprache besteht nunmehr kein Unterschied hinsichtlich der Reichhaltigkeit der letzteren gegenüber der ersten. Damit scheint sich jedoch ein Dilemma aufzutun. Wenn zwischen der Objekt- und der Metasprache kein Unterschied hinsichtlich ihrer Reichhaltigkeit besteht, dann ist die Rückkehr der semantischen Antinomien, die mit der Eliminierung des Wahrheitsprädikats und des Erfüllungsprädikats aus der Objektsprache ausgeschlossen werden sollten, nicht zu verhindern. Denn das in der Metasprache definierte W-Prädikat kann ja in die Objektsprache zurückübersetzt werden, so daß der Zustand vor der Eliminierung von „wahr" restauriert wird. Dieses Argument, es stammt von Larson, übersieht allerdings, daß Davidson ein solches Dilemma vermeidet, indem er gar keine Wahrheitsdefinition aufstellt, sondern gerade umgekehrt den Wahrheitsbegriff als undefiniert voraussetzt, um zu einer Theorie des Verstehens vorzustoßen.[60] Mit diesem Vorschlag scheint auf den ersten Blick von Tarskis ursprünglicher Theorie nicht mehr allzuviel übrigzubleiben. Denn Davidson stellt Tarski geradewegs auf den Kopf. Oder besser gesagt: Davidson kehrt gegenüber Tarski die Erklärungsrichtung um. „Ein Sachverhalt, der mir erst nach und nach aufgegangen ist, ist der, daß Tarski den Wahrheitsbegriff zu analysieren versucht, indem er sich (in der Konvention W) auf den Begriff der Bedeutung (im Gewande der Bedeutungsgleichheit bzw. Übersetzung) beruft, während mir das Umgekehrte vorschwebt. Ich habe die Wahrheit als den zentralen undefinierten Begriff angesehen und gehofft, durch detaillierte Ausführungen über die Struktur der Wahrheit zur Bedeutung vorzustoßen." (E 10)

Setzt Tarski das Verständnis der Bedeutungen von Sätzen der Sprache L bei seiner Definition des Wahrheitsprädikats voraus, ist bei ihm die Wahrheitsdefinition von der Übersetzbarkeit und Synonymie abhängig, so zieht Davidson diese Voraussetzung zusammen mit der Relativierung des Wahrheitsbegriffs auf L ein, um umgekehrt den Wahrheitsbegriff als unproblematisch vorauszusetzen. Dies geschieht mit der Zielstellung, auf diesem Weg eine Erklärung der Übersetzung oder Interpretation zu gewinnen. Die Pointe ist leicht zu verstehen. Während bei Tarski die W-Sätze als wahr gelten, weil vorausgesetzt wird, daß die rechte Seite des Bikonditionals eine Übersetzung des Satzes ist, dessen Wahrheitsbedingungen angegeben werden, wird bei Davidson die Wahrheit als grundlegend aufgefaßt, so daß aus „einer akzeptablen Wahrheitstheorie ..., für jeden Satz s der Objektsprache, ein Satz der folgenden Form folgen (muß): s ist dann und nur dann

60 D. Larson: Tarski, Davidson, and Theories of Truth, in: Dialectica 42 (1988), S. 7; Vgl. K. Glüer: Donald Davidson zur Einführung, a.a.O., S. 27

wahr, wenn p, wobei <p> durch irgendeinen Satz ersetzt wird, der dann und nur dann wahr ist, wenn s wahr ist."[61] Der Wahrheitsbegriff wird damit zum Schlüsselbegriff von Davidsons holistischer Semantik.[62] Auf der Basis eines notwendigerweise nicht-explizierten Wahrheitsbegriffs gelten zwei Sätze verschiedener Sprachen bzw. zwei Ausdrücke derselben Sprache als übersetzt, wenn sie denselben Wahrheitsbedingungen unterliegen.

Damit geht nun zwar gegenüber Tarski die logisch-semantische Garantie der intersubjektiven Gültigkeit der Satzwahrheit in L wieder verloren, gewonnen wird damit aber eine Interpretationstheorie, die sich dem hermeneutischen Problem des Verstehens angesichts der prinzipiellen Unbestimmtheit jeder faktischen Übersetzung im Bereich der natürlichen Sprachen stellen kann. Ist bei Tarski die formale Korrektheit des W-Prädikats erkauft mit der Abstraktion von der natürlichen Umgangssprache als der letzten Metasprache, so wird bei Davidson mit der Präsupposition von Wahrheit als einem unproblematischen Begriff die hermeneutische Dimension des Verstehens dieser Umgangssprache wieder zurückgewonnen. Denn die Metasprache ist bei Davidson keine andere als die Umgangssprache.

Dies war die Metasprache freilich auch schon in Quines Theorie der radikalen Übersetzung. Jedoch im Unterschied zu Quine, der eine „disquotational theory of truth" vertritt, wodurch die Wahrheit eines Satzes nur relativ zu einer bestimmten Theorie angegeben werden kann, während die Bedeutung eines Satzes gegenüber den außersprachlichen Sinneserfahrungen als objektiv unbestimmt betrachtet wird – dies hatte bei Quine zur Konsequenz, daß die Verbindung zwischen dem Wahrheits- und dem Bedeutungsbegriff zerbrach –, ist der von Davidson präsupponierte Wahrheitsbegriff gerade kein relativer, sondern ein absoluter Wahrheitsbegriff.[63] Denn dieser läßt sich nicht mehr relativieren auf ein bestimmtes Schema. Folglich macht es für Davidson auch keinen Sinn mehr, die Bedeutung eines Satzes im Hinblick auf außersprachliche Sinnesdaten und dessen Wahrheit theorieimmanent verstehen zu wollen. Denn dies setzt den Dualismus von Schema und Inhalt voraus, den wir mit Davidson jedoch sinnkritisch verabschieden mußten.

Damit ist jedoch auch das Verstehen der Wahrheitsbedingungen innerhalb einer „Wahrheitstheorie im Stile Tarskis" auf ein von dieser Theorie selbst nicht mehr expliziertes Verstehen des Satzes innerhalb einer Sprache zurückbezogen. Dieses Verstehen nannte Heidegger „Erschlossenheit". Meine These ist, daß Davidson mit der Unterstellung von Wahrheit als einem unproblematischen Begriff an eine Überlegung Anschluß findet, die wir aus *Sein und Zeit* kennen, der Überlegung nämlich, daß „das Aufzeigen der Aussage" sich „auf dem Grunde des im Verstehen schon Erschlossenen bzw. im umsichtigen Entdecken" vollzieht. Denn „Aussage ist kein freischwebendes Verhalten, das von sich aus

61 D. Davidson: Radical Interpretation, in: Inquiries into Truth and Interpretation, S. 125-140, dt., Radikale Interpretation, in: Wahrheit und Interpretation, a.a.O., S. 195 (im folgenden zit. als RI)

62 Begriffe wie „glauben", „wünschen" und „beabsichtigen" sind nicht über die Wahrheitsbedingungen analysierbar und gehören daher zur allgemeinen Handlungstheorie. Wobei es für Davidson nur Sinn macht, sprachbegabten Wesen propositionale Einstellungen und spezifische Inhalte zuzuschreiben.

63 „It is a mistake to look for a behavioristic definition, or indeed any other sort of explicit definition or outright reduction of the concept of truth. Truth is one of the clearest and most basis concepts we have, so it is fruitless to dream of eliminating it in favor of something simpler or more fundamental." D. Davidson: The Structure and Content of Truth. The Dewey Lectures 1989, in: The Journal of Philosophy 87 (1990), S. 314

primär Seiendes überhaupt erschließen könnte, sondern hält sich schon immer auf der Basis des In-der-Welt-seins" (SuZ 156).

Für Heidegger wie für Davidson scheint klar: Will man das Verstehen verstehen, dann müssen wir Wahrheit qua Erschlossenheit immer schon voraussetzen. Das heißt, wir müssen „immer schon" verstanden haben, um überhaupt verstehen zu können. Was Heidegger in diesem Zusammenhang von Davidson unterscheidet, ist die Tatsache, daß er Wahrheit qua Erschlossenheit präsupponiert, um Raum zu gewinnen für eine hermeneutische und zugleich pragmatische Erschlossenheitsanalyse, die das Problem von Sprache und Verstehen aus einem ontologischen Vorverständnis aufzuklären sucht, das den Interpreten und seinen Gegenstand als Moment desselben historischen Zusammenhangs begreift, während Davidson Wahrheit als undefinierten Begriff voraussetzt, um eine W-Theorie als interpretative Bedeutungstheorie zu gewinnen, ohne dabei jedoch diesen Zusammenhang als Tradition oder Wirkungsgeschichte noch einer Analyse unterziehen zu können. Das verbindet Davidson eher mit Carnap und Quine als mit Heidegger und Gadamer. Im Unterschied zu Carnap und Quine gewinnt aber Davidson mit der Präsupposition eines epistemologisch neutralen und notwendigerweise unexplizierten Wahrheitsbegriffs im Rahmen einer interpretativen Bedeutungstheorie die hermeneutische Dimension des Verstehens der Umgangssprache als der letzten Metasprache zurück. Diese interpretative Bedeutungstheorie ist als eine hermeneutische Verstehenstheorie „explizit semantisch" gestaltet.

Davidsons Theorie des sprachlichen Verstehens sieht sich jedoch mit einer Reihe von Einwänden konfrontiert. Diese Einwände sind zum Teil prinzipieller Natur, zum Teil machen sie auf interne Schwierigkeiten und Probleme aufmerksam, die im Rahmen der Theorie jedoch behoben werden können. Zu den ersteren rechne ich Michael Dummetts Kritik an Davidsons Projekt einer wahrheitskonditionalen Bedeutungstheorie, zu den zweiten rechne ich Einwände, die Ian Hacking und John A. Foster vorgebracht haben.

Ein erster Einwand könnte lauten, daß eine wahrheitskonditionale Semantik mit der Beschränkung auf assertorische Sätze offenkundig vor Fragen, Befehlen und Wünschen bankrott macht und daher als defizitär einzuschätzen sei. Denn hier gilt ja der assertorische Satz als der Originalmodus der Sprachverwendung. Da jedoch nicht alle sprachlichen Äußerungen einen Wahrheitswert besitzen, ist mit der Privilegierung der tatsachenfeststellenden Rede eine Limitation der Verstehenstheorie auf den Bereich der Sprache verbunden, der sich mittels einer wahrheitskonditionalen Semantik bearbeiten läßt. Diesem Einwand könnte man jedoch mit dem Argument begegnen, daß das, was sich nicht rein semantisch analysieren läßt, in den Bereich des pragmatischen Verstehens fällt.

Ein zweiter Einwand könnte lauten, daß ein Wahrheitsbedingungen-Kalkül noch kein Bedeutungs-Kalkül ist. Der Satzverknüpfer „genau dann, wenn" in einer W-Äquivalenz erfordert lediglich die Wahrheitswertgleichheit, ohne daß jedoch die Wahrheit einer solchen W-Äquivalenz ihre hermeneutische Brauchbarkeit garantieren würde.[64] Selbst wenn sich also plausibel machen ließe, daß Fragen, Befehle und Wünsche in den Bereich des pragmatischen Verstehens fallen, dann scheint eine W-Theorie auch Äquivalenzen des folgenden Typs nicht auszuschließen: „Snow is white" ist wahr genau dann, wenn Gras grün ist.

64 Vgl. W. Künne: Prinzipien der wohlwollenden Interpretation, a.a.O., S. 218f.

Obgleich nun eine solche Theorie wahr ist, ist sie in hermeneutischer Hinsicht offenkundig kontra-effektiv und daher unbrauchbar. Denn die rechte Seite des Bikonditionals hat mit den Wahrheitsbedingungen des Satzes „Snow is white" nicht das geringste zu tun. Dieser Einwand, er stammt von Ian Hacking, hat für Davidson jedoch auf Grund eines „alternativen Kriteriums" keine besorgniserregenden Konsequenzen. Denn ein Satz hat nur im Zusammenhang der Sprache eine Bedeutung. Gemäß der von Davidson vertretenen holistischen Auffassung der Bedeutung gilt ja: „Sofern Sätze hinsichtlich ihrer Bedeutung von ihrer Struktur abhängen und wir die Bedeutung jedes Elements in der Struktur nur als Abstraktion von der Gesamtheit der Sätze, in denen es vorkommt, begreifen, können wir die Bedeutung eines Satzes (oder Wortes) nur angeben, indem wir die Bedeutung jedes Satzes (und Wortes) der betreffenden Sprache angeben. Frege hat einmal gesagt, nur im Zusammenhang des Satzes habe ein Wort Bedeutung; in der gleichen Einstellung hätte er hinzufügen können, nur im Zusammenhang der Sprache habe ein Satz (und daher ein Wort) Bedeutung." (WB 47) Wir können also sagen, daß eine Theorie nur dann interpretativ gehaltvoll ist, wenn alle W-Äquivalenzen aus der Konvention W wahr sind. Nur wenn die Gesamtheit aller W-Sätze die „optimale Paßform" hat, ist die Theorie interpretativ gehaltvoll. Damit sind jedoch noch nicht alle Schwierigkeiten beseitigt.

Denn selbst wenn wir mit Verweis auf Davidsons Bedeutungsholismus W-Äquivalenzen des Typs „‚Snow is white' ist wahr genau dann, wenn Gras grün ist" als hermeneutisch unbrauchbar ausschließen können, dann läßt sich dieser Einwand in modifizierter Form weiterhin aufrechterhalten. In dem Aufsatz *Meaning and Truth Theory* weist Foster darauf hin, daß auch „counterfeit theories" die Konvention W erfüllen, da diese Theorien ebenfalls wahre Äquivalenzen liefern. Nach einer solchen „counterfeit theory" gilt: Für alle Gegenstände x, für alle Zeitpunkte t: x erfüllt „is whithe" in t genau dann, wenn x in t weiß und Gras grün ist.

Damit sind nun zwar nicht beliebige Interpretationen der Sätze einer Sprache zulässig. Zumindest aber jene, die die gleiche Extension haben. Und doch wirkt dieser Vorschlag kontraintuitiv, was unser intuitives Bedeutungsverständnis anbetrifft. Zum einen, weil wir hier ein für das Verständnis des Satzes völlig irrelevantes Element erhalten. Zum anderen, weil sich keine unmittelbare Angabe machen läßt, wie „x bedeutet, daß p". So erhalten wir zwar eine Übersetzungstheorie, die in der Lage ist, eine logische Struktur in die Sätze der Zielsprache hineinzulesen. Wir erhalten aber keine Auskunft darüber, wie die Bedeutungen der Sätze von ihrer Struktur abhängen. Denn Davidson kann ja bisher nur zeigen, daß das Verstehen von komplexen Sätzen auf dem Verstehen von einfachen Sätzen aufbaut. Durch die formale Beschreibung einer Sprache durch eine Wahrheitstheorie werden aber nicht die sprachlichen Bedeutungen erfaßt, sondern nur die Wahrheitsbedingungen.

Fast scheint es, als würden damit die Einwände, die Davidson gegen Quines Übersetzungstheorie geltend macht, auf ihn selbst zurückfallen. Davidsons Einwand bestand ja unter anderem darin, daß eine Übersetzungstheorie nicht als Theorie der Bedeutung verstanden werden kann. Denn für eine Übersetzungstheorie ist nur gefordert, daß sie einem Satz der Sprache L_1 eine Übersetzung einer davon verschiedenen Sprache L_2 zuordnet, ohne daß dabei notwendigerweise auch die Bedeutung dieses Satzes mit angegeben wird. Hier geht es um die „Beziehung zwischen zwei Sprachen", bei Davidson um die „Interpretation einer einzigen Sprache" (RI 188).

In seiner *Reply to Foster* hat Davidson dann auch eingeräumt, daß es nicht ausreichend sei, eine W-Theorie zu *kennen*. Zudem muß der Interpret *wissen*, daß es eine W-Theorie ist. Die Kenntnis der Konvention W ist also allenfalls eine notwendige, keinesfalls aber eine hinreichende Bedingung, um das Problem des Bedeutungsverstehens in den Griff zu bekommen. Zusätzlich zu den „formalen Beschränkungen" der Tarski-Konvention müssen noch „empirische Beschränkungen" hinzukommen, sofern die akzeptablen Wahrheitstheorien nur jene umfassen sollen, die zur Interpretation taugen. Damit liegt nicht, wie Foster sagt, Davidsons „großartiger Entwurf in Trümmern". Der von Davidson selbst eingestandene „Fehler" besteht lediglich darin, „die Möglichkeit zu übersehen, daß jemand eine hinreichende Theorie kennt, ohne zu wissen, daß sie hinreichend ist".[65] Um also entscheiden zu können, ob eine solche Theorie auch in empirischer Hinsicht zu brauchbaren Interpretationen führt, werden wir die formalen *und* die empirischen Restriktionen zu betrachten haben, die solch einer Theorie auferlegt werden müssen.

Daß die Kenntnis der einer W-Theorie allenfalls als eine notwendige, keinesfalls aber als eine hinreichende Bedingung des Bedeutungsverstehens gelten kann, ist auch die Intuition von Dummett, dessen Einwände gegen das Projekt einer wahrheitskonditionalen Bedeutungstheorie im Stil von Davidson jedoch prinzipieller Natur sind. Analog zu Davidson vertritt zwar auch Dummett die Auffassung, daß es die Aufgabe einer systematischen Bedeutungstheorie sei, eine „Darstellung der Funktionsweise einer Sprache zu geben", was nach Dummett nichts anderes heißt, als zu erklären, „wie die Sprecher mit Hilfe dieser Sprache kommunizieren".[66] Soweit stimmt Dummett mit Davidson überein. Gleichzeitig macht er jedoch geltend, daß eine systematische Bedeutungstheorie keine Petitio principii begehen darf, indem sie semantische Begriffe wie beispielsweise den Begriff der Wahrheit oder den des Behauptens als bereits verstanden voraussetzt.

Dummetts Einwand richtet sich also nicht gegen die Auffassung, wonach eine „Bedeutungstheorie eine Theorie des Verstehens ist". Im Gegenteil: „Eine Bedeutungstheorie, die keine Theorie des Verstehens wäre oder nicht unmittelbar zu einer Theorie des Verstehens führen würde, hätte den Zweck, zu dem wir philosophisch gesehen eine Bedeutungstheorie verlangen, verfehlt" (BT 99). Während jedoch Dummett die Auffassung vertritt, daß eine solche Bedeutungstheorie die *Prinzipien* zu untersuchen hat, die der Konstruktion einer Bedeutungstheorie einer Sprache zugrunde liegen, da die Bedeutung von Ausdrücken immer dann als begriffen gelten kann, wenn ihre Rolle in der Sprache verstanden wird, meint Davidson, eine solche Bedeutungstheorie müsse die Form einer Theorie der radikalen Interpretation annehmen. Genau dies wird von Dummett bestritten. Und zwar mit zwei Argumenten. Zum einen bestreitet Dummett, daß es legitim sei, semantische Begriffe wie den der Wahrheit als unproblematisch vorauszusetzen. Und zum zweiten bestreitet Dummett, daß eine solche Wahrheitstheorie sich als die „nötige Maschinerie" auffassen läßt, um die Funktionsweise einer Sprache zu erklären. Nach Dummett ist eine

65 D. Davidson: Reply to Foster, in: Inquiries into Truth and Interpretation, a.a.O., S. 171-180, dt., Replik auf Foster, in: Wahrheit und Interpretation, a.a.O., S. 249

66 M. Dummett: What is a Theory of Meaning?, in: Mind and language, Hg. von S. Guttenplan, dt., Was ist eine Bedeutungstheorie?, in: Wahrheit. Fünf philosophische Aufsätze, Hg. von J. Schulte, Stuttgart 1982, S. 97 (im folgenden zit. als BT)

Theorie im Stile Davidsons allenfalls fähig und in der Lage, eine Übersetzung der Objektsprache zu liefern. Eine derartige Übersetzung führt uns jedoch nicht schon zu einer Bedeutungstheorie, sondern lediglich zu einer Übersetzungstheorie á la Quine. Der Unterschied zwischen einer Übersetzungs- und einer Bedeutungstheorie besteht nun aber gerade darin, daß die letztere die Funktionsweise einer natürlichen Sprache direkt beschreibt, wohingegen die erstere lediglich ein Übersetzungsmanual auf eine fremde Sprache projiziert, „deren Funktionsweise als bekannt vorausgesetzt werden muß". Oder wie Dummett auch sagt: „Ein Übersetzungsmanual führt zum Verständnis der übersetzten Sprache nur auf dem Wege über ein Verständnis der Sprache, in die übersetzt wird, und dieses Verständnis bietet sie selbst nicht." (BT 103)

Nach Dummett ist es also nicht ausreichend, daß man weiß, daß der entsprechende Satz wahr ist. Zusätzlich muß man auch die durch diesen Satz ausgedrückte Proposition kennen. Daraus zieht Dummett folgendes Fazit: „Jedem, der die Wahrheitstheorie anwenden kann, um zu einer Interpretation der Objektsprache zu gelangen", müssen wir „ein vorhergehendes Verständnis der Metasprache zuschreiben". Dieses Verständnis, Dummett spricht auch von „Vorbedingungen", die die Wahrheitstheorie erfüllen muß, wird bei Davidson jedoch nicht aufgeklärt, sondern vorausgesetzt, da es sich hierbei ja genau um die Bedingungen handelt, die auf der rechten Seite der W-Sätze angegeben werden (vgl. BT 119).

Mir scheint Dummetts Feststellung zunächst völlig korrekt. Das Verstehen der Wahrheitsbedingungen ist in der Tat innerhalb der Wahrheitstheorie auf ein von dieser Theorie nicht mehr expliziertes Verstehen des Satzes innerhalb einer Sprache zurückbezogen. Den Schluß jedoch, den Dummett zieht, halte ich für problematisch. Dummett fordert nämlich, daß der von Davidson präsupponierte Wahrheitsbegriff nicht vorausgesetzt werden darf, sondern näher analysiert werden muß, da durch die enge Verbindung der Begriffe Wahrheit und Bedeutung das Verständnis des ersten Rückwirkungen auf das Verständnis des letzteren hat. Nun hängt hier aber offensichtlich alles davon ab, was unter „näherer Analyse" verstanden wird. Zwei Möglichkeiten bieten sich an: Wenn sich Davidsons starke Präsupposition im Sinn von Heidegger und Wittgenstein als ein ontologisches Vorverständnis verstehen läßt, dann kann näher analysieren soviel heißen wie: hypothetische Rekonstruktion dieses Vorverständnisses. Der Wahrheitsbegriff wäre hier immer noch ein absoluter Wahrheitsbegriff. Dies ist aber nicht Dummetts Intuition. Wenn ich Dummett recht verstehe, dann meint er mit „näherer Analyse", daß der Wahrheitsbegriff theorierelativ analysiert werden soll. Damit wäre aber Davidsons analytischer Erschlossenheitsanalyse der Boden entzogen und sprachliches Verstehen müßte wieder aus einer Beobachterperspektive verstanden werden. Und tatsächlich fordert Dummett, daß eine Bedeutungstheorie eine „full-blooded theory of meaning" zu sein hat, die sprachliches Verstehen noch nicht voraussetzt.

4.4. Radikale Interpretation und Erschlossenheit

„Die potentielle Horizonterweiterung, die sich in der Begegnung mit anderen Sprachgemeinschaften ergeben kann, zeigt den latent hermeneutischen Charakter der sprachanalytischen Methode. Die Art, wie der Philosoph sich mit fremden Sprachen beschäftigt, bleibt reflexiv und unterscheidet sich von der objektivierenden Methode des Linguisten“ dadurch, daß er die fremde Sprache nicht aus der Perspektive der 3. Person, sondern aus der Perspektive der 2. Person aufklärt, „d. h. in derselben Einstellung, in der er mit den anderen Angehörigen seiner eigenen Sprachgemeinschaft umging: er spricht mit ihnen und nicht über sie. Die fremde Sprache ist eine potentielle Erweiterung der eigenen Sprache.“[67] Diese Bemerkungen, sie stammen von Ernst Tugendhat, dienen mir im folgenden als Folie, auf der ich Davidsons Theorie der radikalen Interpretation als eine hermeneutische Theorie des Verstehens diskutieren möchte.

Die Ausführungen, die Davidson über das Verstehen einer bislang fremden Sprache macht, können als Radikalisierung der Überlegungen verstanden werden, die Quine am Beispiel einer radikalen Übersetzung vortrug. Wie bei Quine sollen die Bedingungen zum Vorschein gebracht werden, die gegeben sein müssen, wenn wir einen Satz einer fremden Sprache verstehen. Diese Bedingungen scheinen sich einer Analyse zu entziehen, die, wie bei Wittgenstein, das Verstehen vorwiegend auf die Befolgung von Regeln innerhalb eines Sprachspiels ausrichtet. Denn hier wird das Verstehen sprachlicher Äußerungen schon auf der Basis funktionierender Sprachspiele de facto garantiert. Anders bei Quine und Davidson. Hier wird gerade ein Fall konstruiert, der nicht schon damit rechnet, daß wir die Regularitäten kennen, die das Funktionieren eines Sprachspiels sichern. Wie Quine schickt Davidson deshalb einen Feldlinguisten in eine fremde Kultur, um eine Sprache zu enträtseln, über die ihm bisher noch nichts bekannt ist. Alles was dem Feldlinguisten dabei an Evidenzen zur Verfügung steht, ist das verbale und das non-verbale Verhalten der Sprecher dieser Sprache bezogen auf die Umstände. Während nun aber bei Quine sich der Ethnologe an einem Übersetzungsmanual interessiert zeigte, will Davidson auf eine Wahrheitstheorie für eine bestimmte Sprache hinaus, mit der das Verstehen dieser Sprache verstanden werden kann. Damit ergeben sich neben den Gemeinsamkeiten zwischen Quine und Davidson eine Reihe signifikanter Unterschiede. Diese Unterschiede hat Davidson wie folgt benannt: „Der Unterschied liegt in der Wahl der interpretationsbestimmten Ursachen. Nach Quine hängt die Interpretation von Mustern der Sinnesreizungen ab, während sie nach meiner Darstellung auf äußeren Ereignissen und Gegenständen beruht, von denen der betreffende Satz laut Interpretation handelt.“[68] Anders als bei Quine wird bei Davidson die empirische Basis von Bedeutungen nicht mehr von Beobachtungssätzen getragen.

67 E. Tugendhat: Überlegungen zur Methode der Philosophie aus analytischer Sicht, in: Philosophische Aufsätze, Frankfurt/M. 1992 S. 272

68 D. Davidson: A Coherence Theory of Truth and Knowledge, in: Truth and Interpretation. Perspectives on the Philosophy of Donald Davidson, a.a.O., S. 317

Da sich weder die Bedeutungen ohne die Überzeugungen, noch die Überzeugungen ohne die Bedeutungen erschließen lassen, muß der Radikalinterpret, um überhaupt in den *Zirkel* einbrechen zu können, die Überzeugungen und die Bedeutungen, die in einem Interdependenzverhältnis stehen, zusammen erschließen. Dazu erstellt der Radikalinterpret auf der Basis von Beobachtungshypothesen eine W-Theorie, deren Theoreme zweierlei Bedingungen einander zuordnen: die Bedingungen, unter denen Sätze für wahr gehalten werden, und die Bedingungen, unter denen sie wahr sind. Daß die „Sprecher einer Sprache einen Satz (unter beobachtbaren Bedingungen) für wahr halten", wird in diesem Zusammenhang als „prima facie-Beleg" dafür aufgefaßt, daß der Satz unter diesen Bedingungen auch wahr ist.[69] Freilich werden nie alle Belege gleich gedeutet. So gesehen wird es kontextuell bedingte Unterschiede von Sprecher zu Sprecher, von Zeit zu Zeit, ja selbst bei ein und demselben Sprecher geben im Hinblick auf die Umstände, unter denen ein Satz für wahr gehalten wird. Gleichwohl werden wir immer versuchen, Wahrheitsbedingungen ausfindig zu machen, die dafür Sorge tragen, daß Sprecher dann Sätze für wahr halten, wenn diese tatsächlich wahr sind.[70]

In diesem Zusammenhang muß jene Theorie als plausibelste gelten, die die Übereinstimmung zwischen Sprecher und Hörer/Interpret maximiert, da erst auf der Basis einer gewissen Übereinstimmung Irrtümer, abweichendes Sprachverhalten und Meinungsverschiedenheiten feststellbar sind. So kann sich zwar ein Sprecher irren, aber, und darin besteht die Pointe dieser Überlegung, wir konstruieren die Theorie derart, daß er möglichst oft recht behält. Denn würden wir das nicht tun, würden wir die Meinungsverschiedenheiten und abweichendes Sprachverhalten maximieren, dann bestünde schließlich kein vernünftiger Grund mehr für die Annahme, die Äußerungen als Äußerungen und den anderen als rational anzusehen.

Die Konstruktion dieser W-Theorie, die das Verstehen einer fremden Sprache durch eine radikale Interpretation sichern soll, erfolgt in drei Schritten. In einem ersten Schritt wird auf der Basis der zur Verfügung stehenden Daten die logische Form der Sätze bestimmt, so daß der Hörer/Interpret seine Logik auf die fremde Sprache appliziert bzw. in diese hineinliest. Dieser Akt des Hineinlesens der logischen Struktur der Quantorenlogik erster Stufe (plus Identität) erfolgt nicht sukzessive, sondern mit einem Schlag. In einem zweiten Schritt werden die identifizierten Prädikate einer Interpretation unterworfen, so daß sich der Interpret mittels der okkasionellen Sätze den Bedingungen der Erfüllung einzelner Prädikate annähert. Und in einem dritten Schritt wird schließlich die Theorie auf alle Sätze der Sprache ausgedehnt. „Durch diese Methode soll das Problem der Interdependenz von Glauben und Bedeutung gelöst werden, indem wir den Glauben möglichst konstant halten, während wir die Bedeutung bestimmen." Dies gelingt, indem man den fremden Sätzen Wahrheitsbedingungen zuordnet. Im Gegensatz zu Quines Theorie der radikalen Übersetzung, in der es ausgeschlossen ist, das völlig auseinanderzuhalten, was der Sprecher einer fremden Sprache mit seinen Äußerungen meint, und das, was er glaubt

69 D. Davidson: Belief and the Basis of Meaning, in: Inquiries into Truth and Interpretation, a.a.O., S. 141-154, dt., Der Begriff des Glaubens und die Grundlage der Bedeutung, in: Wahrheit und Interpretation, a.a.O., S. 220

70 Ebd.

– was jemand mit seinen Äußerungen meint, wissen wir ja erst dann, wenn wir wissen, was er glaubt und das, was er glaubt, wissen wir erst dann, wenn wir wissen, was seine Äußerungen bedeuten –, ist es Davidson mit der radikalen Interpretation möglich, in diesen *Zirkel* einzudringen und das zu *erschließen*, was der Sprecher einer fremden Sprache glaubt und das, was er meint (vgl. WB 54). Dieses Eindringen in den Zirkel des Verstehens ist durch die gleichzeitige Erschließung zweier Ebenen möglich: der des Glaubens und der der Bedeutung. Diese als isolierte nur paradox zu verknüpfenden Momente des Verstehens hält Davidson in dem Zugleich von konstitutivem Bezug und unauflöslicher Irreduzibilität fest. Was sie jeweils sind, läßt sich nur mit Bezug auf ihr anderes bestimmen. Als Paradox würde dieses Verhältnis also nur unter der Voraussetzung erscheinen, daß der falsche Anspruch erhoben würde, aus der Bestimmung des Glaubens die Bedeutungen und umgekehrt aus den Bedeutungen den Glauben zu erschließen. Mit Davidson läßt sich hingegen zeigen: Verstehend läßt sich keines der beiden Momente unabhängig vom anderen festhalten oder gar erschließen, sondern nur im unauflöslichen sich ergänzenden Bezug.

Daß nun auch Davidsons semantische Verstehenstheorie die Unbestimmtheit der Interpretation, die das semantische Gegenstück zu Quines Unbestimmtheit der Übersetzung darstellt, nicht eliminieren kann, ist leicht einzusehen. Denn analog zu Quines radikaler Übersetzung gilt auch für die radikale Interpretation: Selbst wenn alle zur Verfügung stehenden Daten vorliegen, lassen sich W-Theorien generieren, die zwar alle interpretativ sind, ohne daß diese Theorien jedoch notwendigerweise auf die gleichen Bedeutungszuschreibungen hinauslaufen. Dies stellt jedoch kein ernsthaftes Problem dar. „The consequent indeterminacy of interpretation is not on this account any more significant or troublesome than the fact that weight may be measured in grams or in ounces.“[71]

Diese Unbestimmtheit hält Davidson bei seinem Ansatz jedoch für geringer als bei Quine. Zum ersten, weil die in Davidsons Methode der radikalen Interpretation „angelegten semantischen Beschränkungen ... der zu interpretierenden Sprache eine quantorenlogische Struktur (aufzwingen), wodurch der Unbestimmtheit der logischen Form wahrscheinlich weniger Raum gelassen wird“. Zum anderen, weil Davidson das Nachsichtigkeitsprinzip, das von Quine nur im Zusammenhang mit der Identifikation der Junktoren angewendet wird, ohne alle Einschränkungen anwendet (vgl. RI 198f.).

Wir erhalten hier also keine Bedeutungen im Sinn abstrakter Entitäten oder mentaler Bewußtseinszustände, wie sie von Locke, Berkeley und Hume auf der einen Seite und von Brentano und Husserl auf der anderen Seite postuliert werden. Diesen nachzujagen wäre ein vergebliches Unterfangen. Davidson W-Theorie ist eine Art *bedeutungstheoretischer Platzanweiser*, der die Bedeutung eines Satzes dadurch angibt, daß er diesem innerhalb der Struktur von Sätzen einer Sprache einen „semantischen Platz“ anweist. Unabhängig von diesem Platz gibt es für Davidson keine Bedeutung.

71 D. Davidson: Toward a Unified Theory of Meaning and Action, in: Grazer philosophische Studien. Internationale Zeitschrift für analytische Philosophie, Heft 11 (1980), S. 6

4.5. Das Principle of Charity als quasi transzendentale Maxime des Verstehens

Das *Principle of Charity* ist im Rahmen der Theorie der „radikalen Interpretation" von zentraler Bedeutung. Eine systematische Behandlung dieses Prinzips sucht man bei Davidson jedoch vergeblich. Und doch wird das *Principle of Charity* von Davidson als conditio sine qua non allen Verstehens betrachtet – und zwar in zweifacher Hinsicht: erstens als Wahrheitsunterstellung und zweitens als Konsistenzunterstellung. Das unterscheidet Davidson signifikant von Quine, worauf Davidson im Zusammenhang mit seiner Methode der „radikalen Interpretation" auch selbst aufmerksam gemacht hat.

Mit Quine geht Davidson davon aus, daß uns keine Möglichkeit gegeben ist, bei der Erklärung sprachlichen Verstehens die Rolle des Glaubens und die Rolle der Bedeutung voneinander zu trennen. Allein indem wir „*Muster* der Bejahungen von Sätzen untersuchen, können wir entscheiden, was daran Bedeutung und was daran Glauben ist" (E 14). Da im Unterschied zu Quine für Davidson der Begriff der Reizbedeutung korrumpiert ist und da ohne theoretische Hilfsmittel die Anteile des Glaubens und die der Bedeutung sich nicht trennen lassen, muß Davidson eine Reihe von „Hilfsmitteln" ersinnen, mit denen sich dieser Unterschied plausibel machen läßt. Jedoch alle diese Hilfsmittel beruhen letztendlich wieder auf dem Prinzip der Nachsichtigkeit.

Dieses Prinzip hatten wir bereits im Zusammenhang mit Quines Programm einer „radical translation" kennengelernt. Hier allerdings als eine subjektive Übersetzungsmaxime, um trotz der Unterbestimmtheit der Belege die radikale Übersetzung zustande bringen zu können. Während nun aber Quine dieses Prinzip in erster Linie auf die Interpretation der logischen Konstanten im Zusammenhang mit der Identifikation der Junktoren anwendet, geht Davidson davon aus, daß das Nachsichtigkeitsprinzip eine nichthintergehbare Voraussetzung allen Verstehens ist, da nur unter der Voraussetzung dieses Prinzips sich das Verhalten eines Sprechers in einem bestimmten Kontext als Sprache interpretieren läßt. Von Davidson wird dieses Prinzip „across the board", d. h. ohne alle Einschränkungen in Anschlag gebracht. Und zwar aus zwei Gründen: Zum einen, um der zu interpretierenden Sprache eine quantorenlogische Struktur aufzuzwingen, wodurch der Unbestimmtheit der logischen Form kein Raum mehr gelassen wird (vgl. RI 199), zum anderen, um auf diese Weise eine „methodische Maxime" der Interpretation zu gewinnen, die besagt, daß in der gelungenen Kommunikation der Interpret beim Verstehen sprachlicher Äußerungen im wesentlichen dasselbe meint bzw. glaubt wie der Sprecher. Ohne diese „Einigkeitsunterstellung" bzw. ohne dieses „Einigkeitsgebot", das als *regulative Idee* des Sprach- und Bedeutungsverstehens gelesen werden *muß*, gibt es nach Davidson „grundsätzlich keine Möglichkeit ... zu entscheiden zwischen der Auffassung, der andere habe die Wörter ebenso verwendet wie wir, ... und der Auffassung, wir hätten seine Äußerungen falsch verstanden".[72] Ist doch für einen Entscheid darüber, daß und ob jemand sprach-

72 D. Davidson: On Saying That, in: Inquiries into Truth and Interpretation, a.a.O., S. 93-108, dt., Sagen, daß, in: Wahrheit und Interpretation, a.a.O., S. 152

liche Ausdrücke ebenso verwendet wie wir, offenkundig ein Bezug bzw. eine Basis vonnöten, die diesen Entscheid überhaupt erst ermöglicht. Das Nachsichtigkeitsprinzip ist daher keine zur Auswahl stehende Möglichkeit, sondern eine Bedingung der Möglichkeit „für das Verfügen über eine praktikable Theorie". Denn es liegt nicht in unserem Belieben, dieses Prinzip zur Anwendung zu bringen. Im Gegenteil. Davidson gibt gerade zu verstehen, daß uns dieses Prinzip *aufgenötigt* ist – man kann auch sagen, daß dieses Prinzip eine quasi transzendentale Nötigung ausdrückt, da es uns keine Wahl läßt, wenn Verstehensprozesse überhaupt in Gang kommen bzw. in Gang gehalten werden sollen. Damit befinde ich mich insofern mit Davidson in Übereinstimmung, als Davidson selbst sich hier des apriorischen Perfektes „immer schon" bedient und zudem noch den Modus der Notwendigkeit hinzufügt, der wir als Interpretierende unterliegen, sobald wir eine sprachliche Äußerung verstehen. Mit Heidegger läßt sich dieses „apriorische Perfekt" (SuZ 85) dahingehend dechiffrieren, daß man dieses Prinzip „immer schon" als eine normative Bedingung anerkannt haben muß, so Verständigungsprozesse überhaupt einen Sinn haben sollen – und zwar ohne daß hier die Gefahr eines naturalistischen Fehlschlusses aufkommen könnte.[73]

Das Nachsichtigkeitsprinzip drückt also eine *Rationalitätsunterstellung* aus (genauer: eine Wahrheits- und Konsistenzunterstellung) und ist demnach nicht zu verwechseln mit einer *Rationalitätsverpflichtung*. Denn diese präsupponierten Voraussetzungen haben nicht den Charakter von Handlungsverpflichtungen, wie beispielsweise innerhalb einer Diskussion in einem philosophischen Seminar oder bei einer juristischen Debatte vor Gericht, wo die Teilnehmer per Geschäftsordnung dazu verpflichtet sind, sich auf bestimmte Rationalitätsverpflichtungen einzulassen. Eine solche Verpflichtung wäre schlicht absurd. Das *Principle of Charity verpflichtet nicht zur Verständigung*, das kann dieses Prinzip auch gar nicht, es *ermöglicht Verständigung*! Mit dem Nachsichtigkeitsprinzip konstituieren wir als vorgreifende Unterstellung eine Verständigungspraxis, die ohne diese vorgreifende Unterstellung nicht möglich wäre.

Damit verliert der „Vorgriff auf Vollkommenheit" den Stellenwert einer bloß kontrafaktischen Projektion. Denn in jedem tatsächlich durchgeführten Verständigungsvorgang kommen die Teilnehmer nicht umhin, einen solchen Vorgriff faktisch vorzunehmen. Kontrafaktisch sind diese Präsuppositionen also nicht in dem Sinn, daß hier eine ideale Verständigungssituation in einer idealen Verständigungsgemeinschaft antizipiert wird, auf die sich die reale Verständigungspraxis zubewegt, sondern in dem viel schwächeren Sinn, daß in der realen Verständigungssituation ein „Vorgriff auf Vollkommenheit" unterstellt ist, obgleich nie auszuschließen sein wird, daß Verständigungsprozesse hoffnungslos fehlgehen können. Gleichwohl darf das Vollkommenheitspostulat nicht fallibel sein, da ansonsten nicht mehr klar ist, was Mißverstehen überhaupt besagt. Denn wenn das Vollkommenheitspostulat dem Fallibilismus unterstellt wird und wenn dieser als philosophisches Prinzip vorgetragen wird, dann muß das Prinzip selbstanwendbar sein. Das würde jedoch bedeuten, daß dieses Prinzip die Grundlagen seiner eigenen Geltung zerstört. Und eben darum ist das *Principle of Charity* nicht bloß eine subjektive Interpretationsmaxime oder

73 Vgl. hierzu K.-H. Ilting: Der naturalistische Fehlschluß bei Kant, in: Rehabilitierung der praktischen Philosophie, Bd. I, Hg. von M. Riedel, Freiburg 1972, S. 113ff.

eine empirische Annahme, um trotz der Unterbestimmtheit der Belege die radikale Interpretation zu garantieren, sondern ein quasi transzendentales Prinzip jeder Verständigung. Es ist eine unhintergehbare und normativ gehaltvolle Voraussetzung allen Verstehens, weil nur unter Voraussetzung dieses Prinzips das Verhalten eines Sprechers in einem bestimmten Kontext für den Interpreten sich als Sprache interpretieren läßt.[74]

Aus diesem Grund ist es nach Davidson auch sinnlos zu suggerieren, wir könnten gewaltigen Irrtümern anheimfallen, wenn wir das Nachsichtigkeitsprinzip billigen. Gerade das Gegenteil ist der Fall. Wenn wir tatsächlich die abwegige Annahme machen würden, daß die Meinungen einer Person zu einem bestimmten Problem allesamt falsch sind, welchen vernünftigen Grund sollte es dann noch geben, daß seine Meinungen überhaupt Meinungen zu einem Problem sind? Je mehr irrige Meinungen einer Person zu einem Problem zugeschrieben werden, um so weniger wahrscheinlich ist es, daß diese Meinungen überhaupt noch Meinungen zu einem Problem darstellen.[75] „Ehe es uns gelungen ist, eine systematische Korrelation herzustellen zwischen für wahr gehaltenen Sätzen und für wahr gehaltenen Sätzen, gibt es keine Fehler, die man machen könnte. Die Nachsichtigkeit ist uns aufgezwungen; wenn wir andere verstehen wollen, müssen wir ihnen in den meisten Dingen recht geben, ob wir das mögen oder nicht.“ (BS 280)

Davidson will hier also nicht etwa zu verstehen geben, daß es keine verschiedenen Meinungen gibt. Mit dem Nachsichtigkeitsprinzip verbindet sich nicht das paradoxe Ziel, einen wie auch immer ausbuchstabierten Konsens über empirisch konstatierbare Meinungsverschiedenheiten triumphieren zu lassen. Ausdrücklich betont Davidson: „Diese Methode ist nicht dazu bestimmt, Meinungsverschiedenheiten auszuräumen.“ Und er fügt hinzu: „Das kann sie auch gar nicht. Ihr Zweck ist es, sinnvolle Meinungsverschiedenheiten zu ermöglichen, und das ist ganz und gar abhängig von einer Grundlegung – einer *gewissen* Grundlegung – in der Einigkeit.“ Und diese gewisse Grundlegung in der Einigkeit ist nicht etwa eine Einigkeit über dieses oder jenes Urteil, sondern eine Einigkeit in Form einer weitgehenden „Gleichheit der von Sprechern ‚derselben Sprache‘ für wahr gehaltenen Sätze“, die letztlich auch nur eine „Übereinstimmung im großen und ganzen sein“ kann (BS 280). Das hat weder etwas mit Dogmatismus noch mit falsch verstandener Nächstenliebe zu tun. Zwar legen einige Äußerungen von Davidson die Vermutung nahe, daß das Nachsichtigkeitsprinzip mit der „Minimierung der Nichtübereinstimmung“ – und komplementär dazu – mit der „Maximierung von Übereinstimmung“ dazu führt, einen nicht-empirischen Konsens über empirisch konstatierbare Dissense obsiegen zu lassen. Wie Davidson aber klarstellend bemerkt, geht es hier nicht um „Übereinstimmung, sondern um Verstehen“.

Auch wenn Verstehensprozesse nicht darauf angelegt sind, in einen Konsens zu münden, die These, daß Verstehen tatsächlich eine Übereinstimmung im großen und ganzen voraussetzt, ist gut begründet. Dies ist eine Einsicht, die uns auch aus der philosophischen Hermeneutik von Heidegger und Gadamer und aus Wittgensteins Sprachanalyse bekannt ist. Wittgenstein geht ja ebenfalls davon aus, daß ein Forscher, der in „ein unbekanntes Land mit einer ... gänzlich fremden Sprache“ kommt, Fragen und Befehle als solche nur

74 Vgl. K. Stübner: Donald Davidsons Theorie sprachlichen Verstehens, a.a.O., S. 147
75 Vgl. W. Künne: Prinzipien der wohlwollenden Interpretation, a.a.O., S. 217

verstehen kann, wenn er sich auf etwas Gemeinsames dabei stützen kann. Dieses Gemeinsame ist die „menschliche Handlungsweise".[76] Sie ist nach Wittgenstein das „Bezugssystem, mittels dessen wir uns eine fremde Sprache deuten".[77] Die „gemeinsame menschliche Handlungsweise" gibt also die Grundlage oder das Bezugssystem ab für das Verständnis der Sprache, die zu verstehen ist. Das gilt für die fremde Sprache genauso wie für die eigene Sprache zu Haus. Aber nicht nur Befehle und Fragen, sondern auch assertorische Sätze verstehen und deuten wir auf dieser Basis. Auch hier meint Wittgenstein, daß es „der überkommene Hintergrund (ist), auf dem ich zwischen wahr und falsch unterscheide".[78] Und dieser überkommene Hintergrund liegt einer kritischen Bewertung immer schon voraus – ja, er ermöglicht diese überhaupt erst.

Dies ist auch die Intuition von Heidegger, der in diesem Zusammenhang von Wahrheit als Erschlossenheit spricht und darauf aufmerksam macht, daß die Aussage kein freischwebendes Verhalten ist, sondern im „apophantischen Als" der Auslegung und deren Struktur, d. h. im hermeneutischen Als und damit im Verstehen der Erschlossenheit des Daseins fundiert ist. Damit hatte Heidegger in *Sein und Zeit* die Aussagenwahrheit als abkünftigen Modus der „Erschlossenheit des Verstehens" erwiesen. Von daher war es nur konsequent, wenn Heideggers Analyse des Verstehens mit dem Verweis auf ein ontologisches Vorverständnis in eine Reflexion auf die hermeneutischen Bedingungen der Sprache einmündet. Hierin bestand eines der zentralen Verdienste der von Heidegger durchgeführten hermeneutischen Transformation der Phänomenologie. Jede Beurteilung von etwas setzt das Haben eines Zugangs voraus, der in jedem Fall brauchbar sein muß für die Beurteilung dessen, was da beurteilt werden soll. Auch wenn nun Heidegger aus diesem Tatbestand auf die begriffliche Zweitrangigkeit des objektsprachlichen Logos geschlossen hat, so besteht doch kein Grund, diesen Fehlschluß spiegelbildlich zu wiederholen. „Man muß einen angemessenen Zugang zu etwas haben, bevor man überhaupt etwas treffend beurteilen kann."[79] Im Prozeß der Welterschließung wird uns dieser Zugang ermöglicht:

76 Der Begriff der gemeinsamen menschlichen Handlungsweise ist jedoch erläuterungsbedürftig, da er in dreierlei Hinsicht gedeutet werden kann: Erstens kann sich dieser Begriff auf die Mitglieder der beobachteten Gemeinschaft beziehen. Vgl. E. v. Savigny: Viele gemeinsame menschliche Handlungsweisen, in: Traditionen und Perspektiven der analytischen Philosophie. Festschrift für Rudolf Haller, Hg. von W. Gombocz, W. Rutte und W. Sauer, Wien 1989, S. 224-238. Zweitens kann dieser Begriff im Sinn eines „praxeologischen Fundamentalismus" verstanden werden, wobei sich dann dieser Begriff auf die Gattung Mensch bezieht. Vgl. R. Haller: Die gemeinsame menschliche Handlungsweise, in: Zeitschrift für philosophische Forschung, 33. Jg. (1979), S. 521-533. Beide Vorschläge erscheinen mir problematisch. Der erste Vorschlag berücksichtigt nicht, daß der Beobachter selbst ein Teilnehmer sein muß, damit diese gemeinsame Handlungsweise als Bezugssystem von sprachlichen Äußerungen verstanden werden kann. Und der zweite Vorschlag nivelliert und unifiziert die Gegensätze, die es verstehend zu überbrücken gilt. Ich schließe mich daher einer dritten Deutung an, die die gemeinsame menschliche Handlungsweise nicht nur auf die Mitglieder der beobachteten Gemeinschaft bezieht, sondern auch auf den teilnehmenden Beobachter selbst. Vgl. J. Schulte: Kontext, in: Chor und Gesetz, a.a.O., S. 146-161

77 L. Wittgenstein: Philosophische Untersuchungen, a.a.O., § 206

78 L. Wittgenstein: Über Gewißheit, in: WA, Bd. 8, Frankfurt/M, 1992, § 94

79 M. Seel: Über Richtigkeit und Wahrheit, a.a.O., S. 519

ein Zugang, der sowohl die Standards der Richtigkeit einer Sprache als auch die Überzeugungen hinsichtlich der Wahrheit der Aussagen in dieser Sprache betrifft.[80]

Dies ist auch die Meinung von Rorty, der in diesem Zusammenhang davon spricht, daß „ebendiese These ... in Davidsons Holismus im Detail ausgeführt wird",[81] insofern auch bei Davidson der hermeneutische Logos des Verstehens gegenüber dem objektsprachlichen Logos als primär angesetzt wird. Und da der hermeneutische Logos abhängig ist von jenem Sinnhorizont, der als Hintergrund massiver Übereinstimmung fungiert, ist es nicht weiter verwunderlich, daß der „linguistic turn" mit Davidson und der „hermeneutic-pragmatic turn" mit Wittgenstein, Heidegger und Gadamer nicht nur in der Kritik am Cartesianismus übereinkommen, sondern auch in der reflexiven Analyse über die „hermeneutischen Bedingungen" der Sprache. Im Unterschied zu Wittgenstein, Heidegger und Gadamer wird bei Davidson dieser Hintergrund massiver Übereinstimmung zwar nicht im Hinblick auf die pragmatischen Voraussetzungen des Verstehens problematisiert. Von daher ist Gadamer zuzustimmen, wenn er sagt, daß dieses Problem bei Davidson „auf zu enger semantischer Basis" diskutiert wird.[82] Jedoch dafür kann Davidson wiederum an diesem Hintergrund massiver Übereinstimmung auch das thematisch machen, was sowohl bei Wittgenstein als auch bei Heidegger und Gadamer der Analyse entzogen bleibt: die semantischen Voraussetzungen, auf die sich Kommunikationsteilnehmer in Verständigungsprozessen beziehen, ohne jedoch Wahrheit schlicht durch Welterschließung zu ersetzen oder – wie beim späten Heidegger – einem Seinsgeschick auszuliefern.[83]

Aber unabhängig von dieser Differenz wird hier wie dort mit einem Vorverständnis gerechnet, welches an einen lebensweltlichen Hintergrund zurückgebunden bleibt und als Sinnhorizont allen Verstehens fungiert. Daher sagt Davidson: Ohne diese Übereinstimmung im großen und ganzen, ohne einer „*gewissen* Grundlegung – in der Einigkeit" sind sprachliche Bedeutungen nicht zu haben. Mit Tarskis Konvention W wird bei Davidson die Dimension eines lebensweltlichen, intersubjektiv geteilten Hintergrundwissens *erschlossen*, das alle Verstehensprozesse trägt. Damit verliert die Wahrheitsgeltung assertorischer Sätze insofern ihre privilegierte Stellung, als gegenüber der traditionell semantischen Analyse der Weltbezug des sprachlichen Ausdrucks in die Beziehungen zwischen Sprecher und Hörer integriert wird. Glaubt die Wahrheitssemantik in ihrer klassischen

80 Ebd., S. 515

81 R. Rorty: Wittgenstein, Heidegger und die Hypostasierung der Sprache, a.a.O., S. 91

82 H.-G. Gadamer: Wahrheit und Methode, a.a.O., S. 300

83 Im Anschluß an Heidegger hat Gadamer aus der richtigen Einsicht in die Vorurteilsstruktur des hermeneutischen Verstehens auf den ontologischen Vorrang der Überlieferung geschlossen. Dies führt bei Gadamer zu einer fälschlichen Ontologisierung der Sprache und zur Hypostasierung des Überlieferungszusammenhangs. Vgl. dazu J. Habermas: Der Universalitätsanspruch der Hermeneutik, in: Hermeneutik und Dialektik, Bd. 1, a.a.O., S. 73-104; K.-O. Apel: Szientismus oder transzendentale Hermeneutik? Zur Frage nach dem Subjekt der Zeicheninterpretation in der Semiotik des Pragmatismus, ebd. S. 105-145; ders., Regulative Ideen oder Sinn-Geschehen. Versuch, den Logos der Hermeneutik zu bestimmen, in: Ermeneutica e Filosofia Practica, Hg. von N. de Domenico und A. E. di Stefano, Venedig 1990, S. 17-40; Auf die Kritik von Habermas und Apel hat Gadamer geantwortet in: Rhetorik, Hermeneutik und Ideologiekritik. Metakritische Erörterungen zu Wahrheit und Methode, in: Wahrheit und Methode. Ergänzungen, a.a.O., S. 219-231; ders., Replik zu Hermeneutik und Ideologiekritik, ebd., S. 232-250

Form von den Umständen abstrahieren zu können, unter denen ein Hörer erkennt, wann jeweils die Wahrheitsbedingungen eines Satzes erfüllt sind, so stößt Davidson mit Tarskis Konvention W auf die Präsuppositionen, die Kommunikations- und Verstehensprozesse tragen.

Nun läßt sich die mit dem Nachsichtigkeitsprinzip präsupponierte Wahrheitsunterstellung in einem starken und in einem schwachen Sinn verstehen. In einem starken Sinn besagt dieses Prinzip, daß das, was präsupponiert wird, die Wahrheit *ist*. Während es in einem schwachen Sinn besagt, daß das, was präsupponiert wird, die Wahrheit zu sein *scheint*. Wer die Maximalversion des Nachsichtigkeitsprinzips vertritt, vertritt nicht nur die These, daß dieses Prinzip eine Garantie des Verstehenkönnens ist, sondern auch die These, daß hier die Wahrheit dessen mit präsupponiert und zugleich enthalten sei, was da verstanden wird.[84] Diese Maximalbedeutung ist aber offensichtlich zu stark. Zudem ist diese starke Version des Nachsichtigkeitsprinzips empirisch angreifbar. Zu stark ist diese Version, weil hier nicht mehr zwischen der Satz- und der Äußerungsbedeutung unterschieden werden kann, so daß unterderhand „the opinion of the interpreter" verschwindet. Damit wird jedoch in der starken Version eine völlige Übereinstimmung bzw. ein völliges Einverständnis im Hinblick auf die Wahrheit bzw. Richtigkeit einer Äußerung mit Bezug auf einen gemeinsam anerkannten normativen Hintergrund unterstellt, die, so sie auch noch zum Standardfall sprachlicher Kommunikation erhoben wird,[85] eine Art prästabiler Harmonie zwischen Bedeutung und Geltung zu ihrer Voraussetzung hat. Diese starke Voraussetzung wäre aber kontraintuitiv, da nunmehr kein Grund für eine radikale Interpretation vorzuliegen scheint. Denn Meinungsverschiedenheiten, so man die starke Version zugrunde legen kann, bräuchten ja gar nicht mehr minimiert werden, da mit der Maximalversion auch schon Übereinstimmung maximierend präsupponiert wäre. Davidson betont hingegen zu Recht, daß das Ziel der Interpretation nicht Übereinstimmung sei, sondern Verstehen. Diese Maximalversion wäre aber auch empirisch angreifbar, weil im Fall der radikalen Interpretation immer auch die Gefahr besteht, daß Verständigungsprozesse trotz des „Vorgriffs auf Vollkommenheit" hoffnungslos fehlgehen können, eine Gefahr, die offenkundig niemals auszuschließen sein wird.[86] Es sind also nicht *alle* Überzeugungen, die wir genötigt sind, als wahr zu unterstellen, um Verstehen zu sichern. Damit erhebt sich die Frage, *welche* Überzeugungen wir denn nun als wahr unterstellen müssen, damit Verständigungsprozesse eine Basis finden. Und wenn sich

84 Vgl. G. Abel: Interpretationswelten. Gegenwartsphilosophie jenseits von Essentialismus und Relativismus, Frankfurt/M. 1993, S. 399

85 Innerhalb der Frankfurter Pragmatik wird dieses Problem auch bei Habermas thematisch. Vgl. J. Habermas: Was heißt Universalpragmatik?, a.a.O., S. 355

86 Ein illustres Beispiel solch eines „Mißverständnisses" gibt Ian Hacking mit Bezug auf den Ursprung des Wortes „Kängeruh". In einem Bericht über die Entdeckungsreisen James Cooks heißt es: „Auf ihrer Entdeckungsreise nach Australien fing eine Gruppe von Kapitän Cooks Seeleuten ein junges Kängeruh und brachte das seltsame Wesen zurück auf ihr Schiff. Niemand wußte, was es war, also wurden ein paar Männer an Land geschickt, um die Eingeborenen zu fragen. Als die Seeleute wieder an Bord waren, erzählten sie ihren Kameraden: ‚Es ist ein Kängeruh'. Viele Jahre später wurde entdeckt, daß die Eingeborenen, als sie ‚Kängeruh' sagten, in Wirklichkeit nicht das Tier benannten, sondern den Fremden die Antwort gaben: ‚Was habt ihr gesagt?'." Vgl. I. Hacking: Die Bedeutung der Sprache für die Philosophie, Königstein/Ts. 1984, S. 137

möglicherweise gar nicht angeben läßt, welche Überzeugungen eine grundlegende Rolle spielen, reicht dann nicht eventuell schon die schwache Variante des Nachsichtigkeitsprinzips, die uns nur dazu verpflichtet, daß das, was präsupponiert wird, die Wahrheit zu sein scheint?

Diese Position wird von Günter Abel und Hans Lenk im Rahmen einer Interpretationsphilosophie bzw. einer Philosophie der Interpretationskonstrukte vertreten. Abel und Lenk schlagen vor, daß die Forderung des Nachsichtigkeitsprinzips schon als erfüllt gelten kann, wenn statt „ist wahr" ein „scheint wahr" präsupponiert wird. Diese schwache Präsupposition sei „funktional ausreichend", um Verstehen im Fall der radikalen Interpretation zu gewährleisten.[87] Für diese These wird eine Reihe von mehr oder weniger starken Argumenten aufgeboten, die ich jedoch nicht referieren will. Ich beschränke mich auf die beiden entscheidenden Argumente. Sie lauten: Das Nachsichtigkeitsprinzip garantiert „weder Übereinstimmung noch Wahrheit"[88], und für endliche Geister ist Wahrheit nicht die „Bedingung für Interpretation", „sondern ... diese Voraussetzung für jene".[89] Das erste Argument scheint jedoch schlicht an der Sache vorbeizugehen, da ja nicht behauptet wurde, daß das Nachsichtigkeitsprinzip Übereinstimmung oder gar Wahrheit garantieren soll, sondern Verstehen zu ermöglichen habe. Und aus der Tatsache, daß Wahrheit durch dieses Prinzip nicht garantiert wird, folgt nicht, daß es „funktional ausreichend" wäre, wenn wir statt es „ist wahr" „es scheint wahr" präsupponieren. Zudem wird durch das „es scheint wahr" der interne Zusammenhang zwischen Bedeutung und Geltung aufgelöst. Dies ist jedoch insofern problematisch, als uns nur aus der Perspektive eines an Geltung orientierten Verstehens sprachlicher Sinn zugänglich ist. Sicher, die Stärke von Geltungsansprüchen variiert mit der Art der Belege und der Begründungen, die für seine Gültigkeit aufgeboten werden können. Und dies variiert mit dem Kontext. Das ist aber kein Argument für die These von Abel und Lenk. Denn man wird ihnen zwar zustimmen, daß die Frage, was es heißt, die Bedeutung eines sprachlichen Ausdruckes zu verstehen, sich nicht trennen läßt von der Frage, in welchem Kontext dieser Ausdruck als gültig akzeptiert werden kann. Ganz unabhängig aber wie gut oder schlecht der jeweilige Geltungsanspruch begründet wurde, sein Sinn ist der, daß es sich so und nicht anders verhält, wie der in einem bestimmten Kontext behauptete Satz es sagt. Schon das *Sprachverstehen*, und nicht erst die *Verständigung*, ist also an die Bedingung gebunden, daß man weiß, wie man sich eines sprachlichen Ausdrucks zu bedienen hat. Wie bereits bemerkt: Es handelt sich bei diesem Prinzip um eine Wahrheits- und Konsistenzunterstellung und nicht um einen Wahrheits- oder Konsistenznachweis. Es bedarf also gesonderter Argumente, um die minimalistische Variante des *Principle of Charity* zu begründen.

Bleibt das zweite Argument. Wenn es stimmt, daß Interpretation qua Verstehen tatsächlich die Bedingung für das ist, was Davidson mit einem epistemologisch neutralen und unexplizierten Wahrheitsbegriff präsupponiert, wenn also Interpretation qua Verstehen eine Bedingung für Wahrheit und nicht Wahrheit qua Erschlossenheit eine Bedingung für

87 Vgl. H. Lenk: Philosophie und Interpretation. Vorlesungen zur Entwicklung konstruktionistischer Interpretationsansätze, Frankfurt/M. 1993, S. 161
88 G. Abel: Interpretationswelten, a.a.O., S. 404
89 Ebd., S. 422

Interpretation qua Verstehen ist, dann wäre meine These falsch, daß bei Davidson Wahrheit im Sinn von Erschlossenheit und damit als ontologisches Vor-Verständnis aufgefaßt werden muß. Mehr noch: Wenn nicht „Wahrheit die Bedingung der Interpretation, sondern ... diese Voraussetzung für jene" ist, wie dies ja explizit von Abel behauptet wird, dann wäre Davidson auch noch die Grundlage für sein bedeutungstheoretisches Grundprinzip entzogen.

Was ist also die Bedingung wofür? Ist Wahrheit verstanden im Sinn von Erschlossenheit die Bedingung für die radikale Interpretation oder diese die Bedingung für Wahrheit? Anders gefragt: Wenn Wahrheit im Sinn von Erschlossenheit aufgefaßt werden muß, wenn Davidson mit Hilfe von Tarskis semantischer Wahrheitsdefinition den hermeneutischen Zirkel konstruiert,[90] mit dem der Radikalinterpret in eine bislang fremde Sprache einzudringen in der Lage ist, und wenn wir schließlich als Sprecher und Interpreten immer schon innerhalb dieses Zirkels stehen, dann fragt sich, ob dieser Zirkel auf „Interpretationsverhältnisse" zurückführbar und durch diese eventuell noch substituierbar ist? Um diese Fragen zu beantworten, müssen wir uns ansehen, was mit dem *Principle of Charity* präsupponiert wird.

Zu Recht betont Abel, daß das Nachsichtigkeitsprinzip „weder die Interpretations-*abhängigkeit* noch die Interpretations*bedürftigkeit* der Zeichen außer Kraft setzt". Und wenn „Verstehen an Interpretativität" und diese an eine hermeneutische Ausgangslage zurückgebunden bleibt, dann heißt das, daß dieses Prinzip keine Möglichkeit bietet, eine „nicht-relative ... Konzeption des Verstehens" zu entfalten. Diese Relativität eines jeden Verstehens ist eine Relativität auf den jeweils partikularen Kontext und damit „auf den jeweiligen Interpretationshorizont". Und da dieser von Zeit zu Zeit, von Ort zu Ort und von Person zu Person variiert und da sich die mannigfaltigen Interpretationshorizonte nicht auf „‚Den Einen univoken und universellen' Interpretations-Horizont zurückführen"[91] lassen, zieht Abel den Schluß, daß wir nicht nur mit einer grundsätzlichen Pluralität und Relativität leben müssen, sondern daß ein grundsätzlicher Perspektivismus die unabdingbare Konsequenz ist. Dieser Perspektivismus weist die Wahrheit als relativ zu einem sprachlichen Bezugssystem aus.[92] Damit gibt es nicht mehr die Wahrheit, sondern eine Pluralität von Wahrheiten. Diese Schlußfolgerung ist aber widersinnig, bedenkt man ihre Konsequenzen. Wäre die Wahrheit tatsächlich eine Frage der Perspektive und ist jede Perspektive so gut wie die andere, wie Abel im Anschluß an Nietzsche annimmt, dann ist Wahrheit tatsächlich eine „Art von *Irrtum*, ohne welche eine bestimmte Art von lebenden Wesen nicht leben könnte". Wir stünden dann definitiv und unausweichlich in der „Problematik des Scheins".

Hier nun wird sich jedoch Abel fragen lassen müssen, von wo aus er seine Einsichten eigentlich vorträgt. Wo steht überhaupt eine Interpretationsphilosophie, die von der Relativität und aspektuellen Beschränktheit allen Wissens eine Ahnung hat und gleichzeitig

90 Auf diesen Sachverhalt hat meines Wissens zuerst Rüdiger Bubner aufmerksam gemacht: Vgl. R. Bubner: Wohin tendiert die analytische Philosophie?, a.a.O., S. 277

91 G. Abel: Interpretationswelten. a.a.O., S. 413

92 Ebd., S. 512-520, Vgl. auch G. Abel: Wahrheit als Interpretation, in: Krisis der Metaphysik. Festschrift für Wolfgang Müller-Lauter, Hg. von G. Abel und G. Salaquarda, Berlin – New York 1989, S. 331-363

kategorisch behauptet, daß wir immer schon in der „Problematik des Scheins" stehen? Wird hier nicht gar der relativistische Interpretationist wider Willen zu einem Absolutisten, wie ja überhaupt der Relativismus nur unter der Voraussetzung des Absolutismus gedeiht? Offensichtlich ist es nicht so einfach eine Position zu beziehen, die wirklich „jenseits von Essentialismus und Relativismus" liegt.

Nun sagt aber auch Davidson, daß der Begriff der „Perspektive grundlegend" sei. Davidson fügt jedoch hinzu, daß diese Perspektive keine Perspektive ist, die „Ihnen eine andere Welt präsentiert als jemandem anders, es ist eine Perspektive auf dieselbe Welt. Und Sie könnten die Konzeption einer Welt gar nicht haben, wäre es keine öffentliche Welt, das heißt eine, die Sie mit mindestens einer anderen Person teilen – tatsächlich aber mit vielen anderen."[93] Wir können also getrost zugeben, daß die Interpretationsperspektive grundlegend ist. Und wir müssen auch gar nicht bestreiten, daß Interpretationen fehlgehen können. Das *Principle of Charity* bietet in der Tat keine Garantie gegen Mißverständnisse. Und zu rechtfertigen, sprich zu begründen, sind diese Mißverständnisse durch das Nachsichtigkeitsprinzip schon gar nicht. Fehler und Mißverständnisse werden auch durch das Nachsichtigkeitsprinzip nie auszuschließen sein. Das ist jedoch auch gar nicht das Problem. Fehler und Mißverständnisse zeigen uns auf eine relativ undramatische Weise, daß die *kontrafaktische Unterstellung* eines „Vorgriffs auf Vollkommenheit" eine Unterstellung ist – wenngleich eine notwendige. Nur: Diese Fehler und Mißverständnisse, die konstitutiv für Verstehensprozesse sind, sind wiederum nur auf der Basis einer gelungenen Verständigung zu identifizieren. Denn Fehler, Mißverständnisse und Meinungsverschiedenheiten können sich erst dann als solche herausstellen, wenn die Bedingung, daß man schon verstanden hat, erfüllt ist. Man muß also bereits verstanden haben, um besser verstehen zu können. Ohne Verstehen gibt es weder ein falsches Verstehen noch ein Mißverstehen, sondern nur Geräusche. Die Intersubjektivität der umgangssprachlichen Kommunikation wird zwar durch Fehler und Mißverständnisse gebrochen. Durch die produktive Leistung des hermeneutischen Verstehens kann und wird sie aber intermittierend wieder zurückgewonnen.

Sprachliche Äußerungen einer fremden Sprachgemeinschaft, einer Gemeinschaft also, in der dieselben „Interpretationstheorien" für die Sprecher „gelten" (vgl. RI 197), können folglich nur dann als sprachliche Äußerungen verstanden werden, wenn sie eingeordnet werden in einen Zusammenhang von Geltungsansprüchen und möglichen Begründungen auf der Basis eines Hintergrunds massiver Übereinstimmung. Daß wir dabei immer nur auf das Potential von Gründen rekurrieren können, das mit unserem Verständnis von Geltungsansprüchen intern verknüpft ist, ist eine Trivialität. Auch das hermeneutische Verstehen kann nicht vor-urteilslos in die Sprache einer anderen Sprachgemeinschaft eindringen. Insofern bleibt auch das hermeneutische Verstehen an den Kontext zurückgebunden, in dem das verstehende und urteilende Subjekt steht. Dies nimmt jedoch weder den Geltungsansprüchen ein Gran von ihrer Unbedingtheit, noch ist damit gesagt, daß das hermeneutische Verstehen nicht auch diesen Kontext transzendieren kann. Die Kontextimmanenz dieser Ansprüche, die Tatsache also, daß Geltungsansprüche immer in bestimmten Kontexten erhoben werden, verträgt sich nämlich nicht nur mit ihrer Kontext-

93 Bezüge und Übergänge – Ein Interview mit Donald Davidson, a.a.O., S. 171

transzendenz, mit der Tatsache also, daß diese Ansprüche den Kontext transzendieren, in dem sie erhoben werden, sondern auch mit der Kontexttranszendenz des hermeneutischen Verstehens selbst.

Es geht also gar nicht darum, die Fürwahrhaltungen als zweifelsfrei zu unterstellen, wie dies Abel und Lenk nahelegen. Vielmehr kommt es darauf an, daß die Fürwahrhaltungen, dieser Hintergrund massiver Übereinstimmung, sinnvollen Zweifel und Meinungsverschiedenheiten, aber auch Irrtümer und Mißverständnisse überhaupt erst ermöglichen. Und dieser Hintergrund allen Verstehens, der sich durch eine holistische Struktur und durch eine totalisierende Kraft auszeichnet, ist in seiner Gesamtheit nicht selbst wieder unter kritischen Vorbehalt zu stellen. Denn ihm fehlt die Möglichkeit des Problematischwerdens. Aus der Perspektive von Teilnehmern, und diese ist ja im Fall der radikalen Interpretation allein von Interesse, erscheint jener Hintergrund massiver Übereinstimmung daher als „horizontbildender Kontext von Verständigungsprozessen, der, indem er den Relevanzbereich der jeweils gegebenen Situation begrenzt, der Thematisierung innerhalb dieser Situation entzogen bleibt".[94] Von daher ist die Frage nach einer weiteren Rechtfertigung einfach verfehlt. Dieser Hintergrund massiver Übereinstimmung, der als hintergründiges Sinnfundament den Charakter einer präreflexiven und unthematischen Gewißheit hat,[95] worin Faktizität und Geltung auf eigentümliche Weise miteinander verschmelzen, ist weder begründungsfähig noch begründungsbedürftig. Denn hier biegt sich der Spaten zurück.

Bei Davidson hat also der Hintergrund massiver Übereinstimmung eine Art „Bodenfunktion" (Husserl), wobei dieser „Boden" identisch ist mit der Menge jener gemeinsam geteilten Überzeugungen, die „Kontrahenten" benötigen, um sich als Kontrahenten zu begegnen. Das heißt nicht, daß sich das, was man mit jemanden gemeinsam hat, in Form einer „bestimmten Liste" von Überzeugungen angeben ließe. Eine solche „Liste" gibt es nicht. Denn allein diesseits der Schwelle der Thematisierung bildet die Lebenswelt bzw. der Hintergrund massiver Übereinstimmung einen Horizont, in dem sich Verstehensprozesse bewegen. Verstehensprozesse leben von lebensweltlichen Gewißheiten, welche erst in dem Moment zerfallen, wenn ein Teil dieses Wissens in den Sog einer Problematisierung gerät.

Nun wird zwar bei Abel und Lenk der Rückbindung des Verstehens an eine hermeneutische Ausgangslage verbal Rechnung getragen. Und auch die Horizonthaftigkeit des Verstehens wird anerkannt. Unterschlagen wird aber, daß die Reflexion – Abel und Lenk sprechen konsequent von „Interpretation" –, die diesen Horizont aufschließt, anderer Art sein muß, als die, mit der über Dinge und Ereignisse gesprochen wird. Denn die Lebens-

94 J. Habermas: Theorie des kommunikativen Handelns, Bd. 2, Frankfurt/M. 1985, S. 205

95 In einem strengen Sinn kann diese Gewißheit nicht als ein „Wissen" bezeichnet werden, d. h. als ein Wissen, von dem wir reflexiv Gebrauch machen. Vielmehr handelt es sich um ein holistisches Syndrom von lebensweltlichen Überzeugungen, die sich wechselseitig stützen. Dieses Syndrom von lebensweltlichen Überzeugungen wird jedoch gerade nicht nur als „hypothetisch" unterstellt, sondern bildet eine „Idealität des ‚Und so weiter'" (Husserl). Genau dies meint auch Davidson, wenn er sagt: „Was man gemeinsam hat, bedarf im allgemeinen nicht der Stellungnahme; es ist zu fade, zu abgeschmackt oder zu vertraut, als daß man darauf hinweisen könnte. Aber ohne einen sehr umfassenden gemeinsamen Boden gibt es keinen Platz, auf dem Kontrahenten ihren Streit ausfechten können."

welt, dies war schon die Pointe, die Husserls Überlegungen zur Lebenswelt zugrunde lag, ist eben nicht seiend wie ein Seiendes, wie ein Objekt, eine Tatsache oder ein Sachverhalt. Die Lebenswelt, die den Horizont unseres Fragens und Interpretierens bildet, ist nicht aus der Perspektive eines ihr gegenüberstehenden Beobachters zu konzipieren. Für den Radikalinterpreten erschließt sich die Lebenswelt bzw. dieser Hintergrund massiver Übereinstimmung nur aus der Innenperspektive, also aus der Position eines in der Welt situierten und in bewegliche Welthorizonte eingelassenen Subjekts. Als solche bildet sie sowohl den Horizont als auch den Hintergrund für Alltagskommunikation und Alltagserfahrung. Und diese Lebenswelt ist in ihrer Einzigkeit eine intersubjektiv geteilte Welt; eine Welt, so können wir mit Husserl sagen, für die ein Plural sinnlos ist, denn jeder Plural setzt sie voraus.

Wenn nun aber dieser Hintergrund massiver Übereinstimmung den horizontbildenden Kontext von Verständigungsprozessen bildet, dann ist hier ein transzendentaler Gesichtspunkt leitend. Und zwar insofern, als der Begriff des Horizonts einer Korrelation von Lebenswelt und lebensweltlicher Erfahrung entstammt, wohingegen beim Begriff der Welt als dem All des Seienden und damit als Inbegriff aller Ontas, ein ontologischer Gesichtspunkt leitend ist. Daher muß die Reflexion, mit der die Horizonthaftigkeit der Lebenswelt thematisch wird, von grundsätzlich anderer Art sein, als die, in der die Onta in der Welt im Hinblick auf Gleichheit und Verschiedenheit kategorisiert werden. Wenn nämlich jener Hintergrund massiver Übereinstimmung tatsächlich eine normativ gehaltvolle Präsupposition ist, dann läßt sich das, was hier präsupponiert wird, nicht wiederum in gleicher Weise objektivieren wie innerweltliche Sachverhalte oder Tatsachen. Im Versuch einer solchen Objektivierung sehe ich einen *interpretatorischen Fehlschluß*. Mit Recht könnten Abel und Lenk also nur feststellen, daß die Präsuppositionen nicht wahrheitsverbürgend sind und daß Interpretationen auch fehlgehen können. Unbegründet dagegen ist der weiterreichende Schluß, den Abel und Lenk aus dieser soweit berechtigten Feststellung ziehen: daß die Forderung des Nachsichtigkeitsprinzips schon als erfüllt gelten kann, wenn statt „ist wahr" ein „scheint wahr" präsupponiert wird – ganz zu schweigen von dem Vorschlag, die Interpretation zur Voraussetzung der Wahrheit zu machen. Denn mit diesem Vorschlag wird das hermeneutische Verstehensproblem in ein erkenntnistheoretisches Problem zurückübersetzt. Der Sinn der Konvention W ist jedoch gerade der, in den Zirkel des Verstehens einzubrechen und nicht diesen Zirkel objektivierend zu überspringen. Deshalb gehen Abel und Lenk an der Sache vorbei, wenn sie argumentieren, daß die Fürwahrhaltungen genauso wie die durch diese Fürwahrhaltungen erschlossenen Bedeutungen interpretationsabhängig sind, oder daß die Einigkeitsunterstellung die Wahrheit zu verbürgen hat. Denn die Feststellung, diese Präsupposition ist nicht wahrheitsverbürgend, „verfehlt ... den eigentlichen Sinn des Arguments. Die Grundthese ist, daß ein hohes Maß gemeinsamer Überzeugungen nötig ist, um eine Grundlage für die Kommunikation oder das Verstehen zu liefern; die weitergehende These sollte dann lauten, daß objektiver Irrtum nur in der Umgebung großenteils wahrer Überzeugungen vorkommen kann."[96]

96 D. Davidson: Die Methode der Wahrheit in der Metaphysik, a.a.O., S. 285

Wenn nun also die initiale Rationalitätsunterstellung bei der radikalen Interpretation tatsächlich darin besteht, daß der Interpret seine Überzeugungsstruktur und seine Fürwahrhaltungen auf die fremde Sprache projiziert, um überhaupt in den hermeneutischen Zirkel hineinzukommen, dann kann die Antwort auf die Frage, wieviel Überzeugungen oder welche Überzeugungen nötig sind, um Verstehen zu sichern, nur lauten: zumindest die, die ein „tragendes Einverständnis" garantieren. Und das sind, so der Holismus nicht eingeschränkt wird, bei der initialen Übertragung alle. Denn erst auf der Basis eines gemeinsam hergestellten Einverständnisses lassen sich Fehler und abweichendes Sprachverhalten feststellen. Oder wie Davidson sagt: Erst nachdem die „Theorie Gestalt anzunehmen beginnt, wird es ... sinnvoll, verständliche Irrtümer zu akzeptieren und der relativen Wahrscheinlichkeit verschiedener Arten von Fehlern Rechnung zu tragen".

Dies ist auch die Auffassung von Gadamer, der mit Bezug auf Schleiermachers Definition der Hermeneutik als die Kunst, Mißverständnisse zu vermeiden, zwar zugibt, daß dies keine „ganz verkehrte Beschreibung der hermeneutischen Bemühung" sei, sofern ja in der Tat durch die „methodisch kontrollierte Besinnung" Mißverständnisse ausgeschaltet werden sollen. Hermeneutische Bemühungen haben sich insofern immer am Erfolg und Mißerfolg zu bewähren. „Nur ist auch hier die Frage: Ist das Phänomen des Verstehens angemessen definiert, wenn ich sage: Verstehen heißt, Mißverstehen vermeiden? Liegt nicht in Wahrheit allem Mißverstehen etwas wie ein ‚tragendes Einverständnis' voraus?"[97]

Gegenüber der maximalistischen Variante des Nachsichtigkeitsprinzip wird man daher geltend machen müssen, daß das, was hier präsupponiert wird, nicht auch schon notwendigerweise die Wahrheit ist, da mit dieser starken Präsupposition gewissermaßen eine prästabile Harmonie zwischen Bedeutung und Geltung unterstellt wird. Daraus folgt jedoch nicht, daß Scheinbarkeit schon „funktional ausreichend" ist, um Verstehen zu sichern. Denn das Argument gegen die maximalistische Variante des Nachsichtigkeitsprinzips läßt sich nicht als ein Argument für dessen minimalistische Variante begreifen. Gegenüber dieser wird man geltend machen müssen, daß der interne Zusammenhang von Bedeutung und Geltung nicht aufgelöst werden darf, sollen Verstehensprozesse verstanden werden.

Die Frage scheint mir daher nicht zu sein, ob wir diesen Hintergrund massiver Übereinstimmung ansetzen dürfen oder nicht, sondern wie wir ihn ansetzen müssen. Es ist ja allemal ein Unterschied, ob normativ gehaltvolle Präsuppositionen im Sinn einer „universalen Grammatik eines jeden möglichen Interpretierens" und Verstehens aufgefaßt werden, wodurch ein feststehender Rahmen für Verstehensprozesse ein für allemal fixiert wäre, oder ob Interpreten ihr hermeneutisches Vorverständnis so lange erproben und dabei korrigieren, bis die Horizonte verschmelzen. Verstehen, und das gilt für Gadamer und Davidson gleichermaßen, ist ein solcher Prozeß der Verschmelzung von Horizonten. Daß Davidson diese Horizontverschmelzung nur auf horizontaler Ebene, also auf der Ebene, die einen Abstand von Person zu Person bzw. einen sprachkulturellen Abstand mittels radikaler Interpretation vermittelt, nicht aber auch auf vertikaler Ebene, also auf

97 H.-G. Gadamer: Die Universalität des hermeneutischen Problems, in: Wahrheit und Methode. Ergänzungen, a.a.O., S. 223

der Ebene, die einen historischen Abstand von Epoche zu Epoche mittels Traditionsfortbildung, verstehend überwindet, unterscheidet ihn von Gadamer. Die Dimension der Geschichte und das Problem der Traditionsfortbildung wird in Davidsons Theorie des sprachlichen Verstehens bislang noch nicht berücksichtigt. Das Problem des im Verstehen „immer schon" Vorausgesetzten wird von Davidson zwar im Sinn einer Präsupposition behandelt. Jedoch die Dimension der Zeitlichkeit und der Geschichtlichkeit, die Heidegger als ein geschichtliches „Vorverständnis" thematisch gemacht hatte, geht in diese Vorstruktur allen Verstehens bislang noch nicht ein. Die Frage nach den Bedingungen der Möglichkeit des Verstehens wird von Davidson lediglich aus einer synchronen, nicht aber in einer diachronen Perspektive gestellt. Damit bleibt der Tatbestand unberücksichtigt, daß die Horizontstruktur der Gegenwart in steter Bildung begriffen ist, zu der nicht zuletzt die „Begegnung mit der Vergangenheit und das Verstehen der Überlieferung" gehört. „Der Horizont der Gegenwart bildet sich also gar nicht ohne die Vergangenheit. Es gibt sowenig einen Gegenwartshorizont für sich, wie es historische Horizonte gibt, die man zu gewinnen hätte. *Vielmehr ist Verstehen immer der Vorgang der Verschmelzung solcher vermeintlich für sich seiender Horizonte*."[98]

So erreicht die Sprachanalyse mit Davidson zwar noch kein historisches Problembewußtsein – dies verbindet Davidson eher mit Carnap und Quine als mit Heidegger und Gadamer. Jedoch das Problem der Horizontverschmelzung auf horizontaler Ebene wird in Davidsons Theorie der radikalen Interpretation aus den Verständigungsleistungen von Kommunikationsteilnehmern erklärt – und zwar trotz der oben angesprochenen Relativität und aspektuellen Beschränktheit eines jeden Verstehens durch den jeweiligen Interpretationshorizont –, und dies unterscheidet Davidson von Carnap und Quine und verbindet ihn mit Heidegger und Gadamer. Die kontextuelle Bedingtheit bzw. aspektuelle Beschränktheit spricht also überhaupt nicht gegen die Möglichkeit des Verstehens. Folgt doch aus ihr nicht, daß jedes Verstehen entweder bloßes Nachbuchstabieren unverständlicher Bedeutungen ist oder bloße Projektion eigener Bedeutungen auf Fremdes. Wie Gadamer betont, muß man „vielmehr immer schon Horizont haben, um sich dergestalt in eine (fremde) Situation versetzen zu können".[99] Im hermeneutischen Zirkel, den Davidson mittels Tarskis Konvention W konstruiert, verschmelzen der eigene Horizont und der des anderen. Und diese „im Verstehen geschehene Verschmelzung der Horizonte" ist nach Gadamer und Davidson „die eigentliche Leistung der Sprache".[100]

Allerdings gibt sowohl Gadamer als auch Davidson dem Auslegungsmodell des Verstehens durch die Privilegierung der Rolle des Interpreten eine einseitige Wendung. Die Gründe hierfür sind freilich unterschiedlich – nicht aber das Resultat. Die philosophische Hermeneutik orientiert sich am Modell eines kanonischen Textes, das den „festen Bezugspunkt" gegenüber den mannigfaltigen Interpretationen darstellt. Einseitig bzw. asymmetrisch ist das hermeneutische Modell der Interpretation nun insofern, als das in diesem Text verkörperte Wissen dem des Interpreten grundsätzlich überlegen sein soll. Damit kann das hermeneutische Modell der Interpretation wohl die Möglichkeit berücksichtigen,

98 H.-G. Gadamer: Wahrheit und Methode, a.a.O., S. 311
99 Ebd.
100 Ebd., S. 383

daß das Interpretandum für uns ein kanonisches Vorbild darstellt, von dem wir etwas lernen können. Die Möglichkeit hingegen, daß auch der Autor etwas von uns lernen könnte, ist hier ausgeschlossen.

Anders bei Davidson. Hier ist es nicht die Auslegung eines kanonischen Textes, sondern der Sprecher von nebenan, der in alltäglichen Verständigungsvorgängen steht. Dabei wird jedoch das Nachsichtigkeitsprinzip allein im Sinne der Anwendung der je eigenen Standards thematisch. Damit sind einige mißliche Konsequenzen verbunden. Es fragt sich nämlich, ob Davidson unter dem Titel der „radikalen Interpretation" tatsächlich Platz findet für eine *symmetrische Beziehung* zwischen Sprecher und Interpret als Kommunikationsteilnehmer, wenn der Vorgang des Verstehens tendenziell auf die Fremd-Applikation der eigenen Standards restringiert wird. Sowohl Davidson als auch Gadamer gehen zwar zu Recht von einem internen Zusammenhang von Bedeutungs- und Geltungsfragen aus. Sie entwickeln ihr Interpretationsmodell jedoch am *Leitfaden der Applikation*, so daß hier wie dort dem Umstand nicht genügend Rechnung getragen werden kann, daß ein Anspruch als Anspruch nur dann ernst genommen wird, wenn er auf seine Berechtigung geprüft wird. Wer aber einen Anspruch prüft, der appliziert nicht nur. „Wer eine argumentative Prüfung, einen Diskurs zum Zwecke der begründenden Beurteilung, vornimmt, verhält sich auch auf der Ebene der Geltung dialogisch ... Eine *bloße* Applikation bleibt die dialogische Entsprechung schuldig, weil ein Anspruch *als* Geltungsanspruch nur in einem Diskurs anerkannt werden kann. Denn ein Geltungsanspruch enthält die Behauptung, daß etwas *anerkennungswürdig* sei."[101]

Wenn ich recht sehe, dann hat Davidson jedoch seit Anfang der achtziger Jahren diesem Sachverhalt zunehmend Rechnung getragen. Heute betont Davidson ausdrücklich, die objektive Welt sei in der Sprache eine intersubjektiv zugängliche und intersubjektiv geteilte Welt. „To understand the speech of another, I must be able to think of the same things she does; I must share her world. I don't have to agree with her in all matters, but in order to disagree we must entertain the same proposition, with the same subject matter, and the standard of truth. Communication depends, then, on each communicant having, and correctly thinking that the other has, the concept of a shared world, an intersubjective world. But the concept of an intersubjective world is the concept of an objective world".[102]

Verstehen setzt für Davidson also voraus, daß Sprecher und Interpret in einer gemeinsamen Welt leben. Die grundlegende Relation zwischen Interpret und Welt einerseits und zwischen Interpret und Sprecher andererseits ist damit nicht mehr die erkenntnistheoretische Subjekt-Objekt-Beziehung, sondern, ähnlich wie in der Organontheorie Karl Bühlers, ein „Dreieck". Dieses Dreieck, Davidson bezeichnet es auch als „the ultimate source of both objectivity and communication", verbindet in einem *Triangulationsszenario* „speaker, interpreter, and the world".[103]

101 D. Böhler: Die philosophische Hermeneutik und hermeneutische Methode, in: Fruchtblätter, Hg. von H. Hartung, W. Heistermann und P. M. Stephan, Berlin 1977, S. 40f.

102 D. Davidson: Rational Animals, a.a.O., S. 327

103 D. Davidson: The Structure and Content of Truth, a.a.O., S. 325. Die Konstruktion dieses Dreiecks erinnert an Karl Bühlers Organon-Modell der Sprache, welches die sprachlichen Ausdrücke in Bezüge zum Sprecher, zur Welt und zum Hörer einordnet, so daß die drei Momente des Sich/über etwas/mit

In dem Aufsatz *Subjektiv, Intersubjektiv, Objektiv* hat Davidson diesen Gedanken noch einmal verdeutlicht: „Es ist eine Bedingung der für das Denken unerläßlichen Triangulation, daß diejenigen, die miteinander kommunizieren, einsehen, daß sie ihre Standpunkte in einer gemeinsamen Welt einnehmen. Daher sind die Erkenntnis des Fremdpsychischen und die Erkenntnis der Welt wechselseitig abhängig; keine von ihnen ist möglich ohne die andere."[104] Allein unter der Voraussetzung, daß das Triangulationsszenario Sprecher, Interpret und Welt verbindet, kann es als die grundlegende Quelle sowohl von Kommunikation als auch von Objektivität aufgefaßt werden; wobei es sich dann auch fast von selbst versteht, daß in diesem Szenario kein Raum mehr für ein relativistisches Wahrheitskonzept bleibt. Anders läge der Fall, wenn der Interpret auf der Erde fest verankert wäre. Die Rückbindung an einen fixen Kontext ließe zwar noch immer die Möglichkeit zu, erfolgreich mit Objekten zu interagieren. Der Frage aber, wo diese Objekte sind bzw. welche Entfernung sie von mir haben, ließe sich kein Sinn geben. „Not being bolted down, I am free to triangulate. Our sense of objectivity is the consequence of another sort of triangulation. Our sense of objectivity is the consequence of another sort of triangulation, one that requires two creatures. Each interacts with an object, but what gives each the concept of the way things are objectively in the base line between the creatures by language. The fact that they share a concept of the way things are objectively in the base line formed between the creatures by language. The fact that they share a concept of truth alone makes sense of the claim that they have beliefs, that they are able to assign objects a place in the public world." Und Davidson schließt mit den Sätzen: „The conclusion of these considerations is that rationality is a social trait. Only communicators have it."[105]

Dem ist an sich nichts hinzuzufügen. Ein derartiges Modell sprachlichen Verstehens berücksichtigt nicht nur, daß der Interpret etwas lernen kann, sondern auch der Sprecher bzw. Autor. Gleichzeitig ist es möglich, die konstruktiven Leistungen des Interpreten herauszuarbeiten, insbesondere jene, die sich nicht unter Regeln und Konventionen subsumieren lassen, ja die Abweichungen von Regeln und Konventionen darstellen. Davidsons Modell des sprachlichen Verstehens trägt also auch der sprachschöpferischen Spontaneität Rechnung, insofern Sprecher auf neue Situationen mit dem Entwurf neuer Terminologien antworten können. Dieser Gewinn, durch den sich Davidsons Theorie des sprachlichen Verstehens zu empfehlen weiß, ist jedoch erkauft mit einem vergleichsweise geringen Interesse an den Regeln und sozialen Konventionen, die beispielsweise bei Wittgenstein innerhalb einer pragmatischen Bedeutungstheorie zum Dreh- und Angelpunkt gemacht werden, sofern die Identität der Bedeutung auf die intersubjektive Geltung von Regeln bzw. sozialen Konventionen zurückgeführt wird. Das vergleichsweise geringe Interesse an den Regeln und sozialen Konventionen läßt jedoch Grenzprobleme der

einem anderen/Verständigen intern verschränkt werden. Vgl. K. Bühler: Sprachtheorie, Jena 1934, S. 28. Dieses Modell hat Habermas universalpragmatisch reformuliert und über das Konzept einer durch Verständigungsakte vermittelten Interaktion sprach- und handlungsfähiger Subjekte in die *Theorie des kommunikativen Handelns* integriert. Vgl. J. Habermas: Theorie des kommunikativen Handelns, Bd. 1, a.a.O., S. 372f.

104 D. Davidson: Subjektiv, Intersubjektiv, Objektiv, in: Merkur 512 (1991), S. 1007

105 D. Davidson: Rational Animals, a.a.O., S. 327

semantischen Verstehenstheorie hervortreten, die innerhalb dieser nicht mehr bearbeitet werden können.

4.6. Konvention und Innovation

Sprachverstehen ist an öffentliche Regeln und soziale Konventionen gebunden – das ist spätestens seit den *Philosophischen Untersuchungen* ein Gemeinplatz. Er besagt, daß Regeln öffentliche gesellschaftliche Konventionen sind, die auf praktische Übereinstimmungen der Menschen zurückgehen und aus diesen zu erklären sind. Anders als im *Tractatus*, wo Wittgenstein mit der Idee einer durch die logische Syntax geregelten tatsachenabbildenden Universalsprache zur logischen Form der Sprache vordringen wollte, tritt beim späten Wittgenstein eine neue Sprach- und Bedeutungstheorie, die die Bedeutung sprachlicher Ausdrücke durch den Gebrauch erklärt. „Man kann für eine *große* Klasse von Fällen der Benützung des Wortes ‚Bedeutung' – wenn auch nicht für *alle* Fälle seiner Benützung – dieses Wortes so erklären: Die Bedeutung eines Wortes ist sein Gebrauch in der Sprache."[106]

In der Literatur hat sich für diese Theorie der Name *Gebrauchstheorie der Bedeutung* eingebürgert. Die Grundthese der Gebrauchstheorie lautet: Die Bedeutung ist konkret, d. h. sie ist öffentlich und gesellschaftlich situiert in den kommunikativen Sprachspielen, die die Menschen spielen. „Das Wort ‚Sprach*spiel*' soll ... hervorheben, daß das Sprechen der Sprache ein Teil ist einer Tätigkeit, oder einer Lebensform."[107] Mit der Metapher vom „Sprachspiel" zielt Wittgensteins holistische Sprachauffassung auf den internen Zusammenhang von Sprache und Lebenswelt, wobei die Analogie von Sprache und Spiel hervorhebt, daß beides eine „Tätigkeit" ist. Die konkrete Verwendung sprachlicher Ausdrücke im Kontext der Lebenswelt entspricht einem Spiel nach bestimmten Regeln. Diese Regeln liegen den Sprachspielen nicht extern zugrunde, sondern *zeigen* sich in ihnen: In diesen Spielen besteht die Begriffsverwendung in der Anwendung einer im Begriff verkörperten Regel, in der sich die jeweils konkrete Anwendung zeigt. Der Begriff der Regel legt das konventionelle Wesen der Bedeutung in der Sprache fest. Dieses konventionelle Wesen ist ein gesellschaftliches und ein intersubjektives Wesen. Freilich nicht in dem Sinn, daß per Beschluß über die jeweilige Regel entschieden wird, sondern indem dieses gesellschaftliche und intersubjektive Wesen die praktische Form ihres Zusammenlebens ist. Wittgensteins Erläuterung von sprachlichen Ausdrücken durch den Gebrauch in der Sprache, aber auch Gadamers oder Davidsons These vom Moment der Applikation im Verstehen machen deutlich, daß sich sprachlicher Sinn nur im Gelingen und Mißlingen sprachlicher Kommunikation in der Sprache bildet und erhält. Die Pointe der Gebrauchstheorie der Bedeutung besteht nun darin, daß ein sprachlicher Ausdruck eine identische

106 L. Wittgenstein: Philosophische Untersuchungen, a.a.O., § 43
107 Ebd., § 23

Bedeutung nur dann haben kann, wenn die Bedingung erfüllt ist, daß ein Subjekt mit mindestens einem weiteren Subjekt einer für beide gültigen Regel folgen kann. Denn einer Regel kann man nicht privatim folgen, da einer Regel folgen heißt, in jedem Fall derselben Regel folgen. Die Bedeutung einer Regel ist bei Wittgenstein mit der Verwendung des sprachlichen Ausdrucks „gleich“ intern verschränkt, der mit der Analyse des Regelbegriffs auf jene Präsuppositionen durchgreift, die konstitutiv für ein Sprachspiel sind: jene vorgängige Übereinstimmung, die als ein horizontbildendes Vorverständnis einer durch Gepflogenheiten aufgebauten gemeinsamen Praxis den Gebrauch sprachlicher Ausdrücke regelt. Es ist diese interne Verschränkung von Sprachspiel und Lebensform, durch die sich Wittgensteins Bedeutungstheorie zu empfehlen wußte. Denn hier wird nicht nur der Handlungscharakter sprachlicher Äußerungen hervorgehoben. Durch diese interne Verschränkung von Sprachspiel und Lebensform wird es Wittgenstein möglich, diskursive auf nicht-diskursive Praktiken zu beziehen. Hinzu kommt, daß damit die von Wittgenstein im *Tractatus* selbst vertretene Darstellungsfunktion der Sprache ihre privilegierte Stellung verliert. Damit tritt der Weltbezug sprachlicher Ausdrücke hinter die Beziehungen zwischen Sprechern und Hörern zurück. Die Sprache dient nicht mehr allein der Feststellung von Tatsachen, sondern auch dem Befehlen, dem Danken, Grüßen, Beten und dem Witze erzählen. Und aus all diesen Gründen kann Wittgenstein sagen: Ein Spiel ohne Regeln ist ein Spiel ohne Witz! Und ein witzloses Spiel ist ein sinnloses Spiel.

Nun läßt sich leicht einsehen, daß ein Spiel ohne Regel ein Spiel ohne Witz ist. Aber läßt sich nicht dieses Postulat auch umkehren? Ist nicht auch ein völlig geregeltes Spiel ein Spiel ohne Witz – zumindest wenn dieses Spiel ein Sprachspiel ist? Wären die Regeln der Sprache definitiv festgelegt, ließe sich dann überhaupt noch grundsätzlich Neues sagen? Wenn man diese Fragen verneint, dann führt uns das zu der These, daß in ihrer Gesamtheit regelbare Sprachspiele witzlose Spiele sind. Denn Sprachspiele, in denen die Sprachlichkeit der Vernunft dem Algorithmus angepaßt wird und damit auf das immer schon Bekannte restringiert wird, tragen nicht den ständig neuen Erfahrungen des Differenten, dem Konfligierenden und Abweichenden Rechnung, sondern lediglich einer Einheit, die „dem Spiel und der Ordnung des Zeichens entzogen“ wäre.[108] Nun ist es aber ebenso einleuchtend wie trivial, daß die Sprache kein starres und semantisch geschlossenes System von Regeln und Konventionen darstellt.

Infolgedessen kann sich ein offenes Konzept sprachlichen Verstehens, das bei Davidson zugleich ein offenes Rationalitätskonzept vorstellt, nicht am Modell eines Sprachspiels orientieren, welches analog zu strategischen Spielen (Dame, Schach) mit der Voraussetzung steht und fällt, daß sich die Spielregeln als Bedingungen der Möglichkeit des Spiels eindeutig fixieren lassen, indem die möglichen von den unmöglichen Aktionen der Opponenten wie die Spreu vom Weizen getrennt werden. Zwar wird auch im Rahmen der Spieltheorie mit einer Mehrzahl von verschiedenen Aktionsmöglichkeiten gerechnet, die als Strategiemengen die jeweiligen Aktionsmöglichkeiten beschreiben. Im Gegensatz zum strategischen Spiel kann ein offenes Sprach- und Rationalitätskonzept jedoch nicht durch die Gesamtheit der Spielregeln definiert werden, die es beschreiben. Denn hier las-

108 J. Derrida: Die Struktur, das Zeichen und das Spiel im Diskurs der Wissenschaften vom Menschen, in: Die Schrift und die Differenz, Frankfurt/M. 1989, S. 441

sen sich nicht von vornherein alle möglichen Aktionen angeben. Hinzu kommt, daß in Sprachspielen, für die Regelverletzung konstitutiv ist, in denen also neue Sinndimensionen erschlossen werden, die Beteiligten nicht nur als Entscheidungsträger auftreten, die als Spieler darüber zu befinden haben, welche Strategie aus der Menge aller auf Grund der Spielregeln definierten möglichen Strategien realisiert werden, sondern wesentlich als Produzenten von sprachlichen Innovationen.

Damit ändert sich auch das, was als rational gilt. Geht es der Spieltheorie in erster Linie um die Bewertung des Erfolgs der Anwendung von Strategien, wobei die materielle Realisierung einer Strategie in bezug auf das gesteckte Ziel durch die ideelle Zuschreibung einer Gewinngröße charakterisiert ist, so lassen sich für Sprachspiele, wo neue Sinndimensionen erschlossen werden, keine Strategien angeben, die dadurch als optimal ausgezeichnet sind, daß jedes Abweichen von ihnen sich stets negativ auswirkt. Denn hier ist die Abweichung von den Regeln durch Regelverletzung konstitutiver Bestandteil der Regelerhaltung. Dies hat die Konsequenz, daß sich der Begriff der Rationalität verändert. Wer sich im Sinn der Spieltheorie regelwidrig verhält, der spielt per definitionem nicht und verhält sich demzufolge nicht rational. Wer sich im Sinne der wirklichen Sprachpraxis regelwidrig verhält, und nach Davidson ist dies ja nicht die Ausnahme, sondern die Regel, der verhält sich zwar nicht rational in bezug auf ein durch die wirkliche Sprachpraxis vorgegebenes Kriterium von Rationalität. Trotzdem kann er sich sehr wohl rational verhalten: und zwar in bezug auf ein erst durch die Regelverletzung etabliertes Rationalitätsniveau. Ein offenes Sprach- und Rationalitätskonzept unterscheidet sich von einem geschlossenen also unter anderem dadurch, daß hier die Regelverletzung konstitutiver Bestandteil der Regeleinhaltung ist, da hier damit gerechnet wird, daß sich die Regeln im Prozeß ihrer Erhaltung zugleich auch verändern und transformieren. Derartige Regelverletzungen und Regeltransformationen stellen daher auch keine Sprach- und Rationalitätskatastrophen dar. Im Gegenteil. Weder kollabiert die Sprache, noch leben wir danach in einer völlig neuen Welt, wenngleich vieles von dem in einem neuen Licht und unter einer neuen Problematik erscheinen kann, was davor nicht einmal ein Problem darstellte. Betrachtet man die Sprache bei der Arbeit, wie dies bei Gadamer und Davidson geschieht, dann wird man feststellen, daß die Regelverletzung durch mißverständlichen Gebrauch, durch Fehlleistungen, Metaphern und Malapropismen nicht etwas Exentrisches und Beunruhigendes vorstellt, sondern als Normalfall der alltäglichen Kommunikation betrachtet werden kann.

Im Gegensatz zu Sprachphilosophen wie Jonathan Bennett, die diesen abweichenden Sprachgebrauch als die Ausnahme von der Regel ansehen, meint Davidson, „dergleichen passiert ständig, ja wenn man die Umstände in natürlicher Weise verallgemeinert, ist das Phänomen sogar allgegenwärtig“ (UE 203). Wenn dem aber so ist, dann bedroht dieses Phänomen „die Standardbeschreibung sprachlicher Kompetenz“. Und zwar nicht weil wir erhebliche Mühe aufwenden müssen, um diese mitunter exzentrischen Abweichungen, ja selbst vorher nie Gehörtes zu verstehen, sondern gerade weil dies nicht der Fall ist, weil wir also keine größeren Probleme haben, unser Gegenüber zu verstehen – und mag er noch so exzentrische Malapropismen oder Metaphern bilden.

Daraus zieht Davidson eine Reihe von weitreichenden Konsequenzen. Die wohl provokanteste These zu diesem Problem lautet: „Conventions and rules do not explain language;

language explains them."[109] Philosophen, die die Konventionen als sprachnotwendig auffassen, zäumen daher nach Davidson das „Pferd beim Schwanze" auf. Denn nicht die Konventionen sind eine Bedingung für die Sprache, sondern die „Sprache ist eine Bedingung für das Vorhandensein von Konventionen" (KK 393). Nicht daß Davidson bestreiten würde, daß „alle menschliche Kommunikation durch die Sprache ... ein gewisses Maß an dieser Art von Regelmäßigkeit aufweist" (KK 390). Und Davidson ist auch nicht entgangen, daß die Sprache eine „gesellschaftliche Kunstfertigkeit" ist. Davidson bestreitet zweierlei: Erstens, daß die Sprache wie ein Gewinnspiel aufzufassen sei und daß sich vereinbarte, öffentlich als solche erkennbare Konventionen für das Aufstellen von Behauptungen, das Aussprechen von Befehlen, Fragen oder Versprechen oder gar „Konventionen der Aufrichtigkeit" angeben ließen. Und zweitens, daß wir ins „innerste Wesen der Kommunikation vorstoßen, sobald wir feststellen, wie die Gesellschaft Sprachgewohnheiten zurechtstutzt, so daß sie öffentlichen Normen entsprechen". Damit wird aber nicht nur der „Vergleich zwischen Spielen und Sprache" insgesamt obsolet, sondern auch die These, „daß grammatischer Modus und illokutionäre Kraft bloß durch Konventionen miteinander zusammenhängen können".(KK 380)

Nun ließe sich hier eventuell einwenden, daß ja Wittgenstein nirgendwo behauptet hat, es gäbe nur eine einzige Verwendung, die die Bedeutung bzw. die „buchstäbliche Bedeutung" bestimmt, da die Regeln und Konventionen den Gebrauch sprachlicher Ausdrücke nicht derart präzis festlegen wie die Spielzüge bei strategischen Spielen. Damit wäre jedoch nicht unser Problem vom Tisch. Zum einen, weil es nach wie vor unklar ist, was sich genau unter dem Gebrauch verstehen läßt. Und zum anderen, weil sich fragt, wenn die Spielregeln gar nicht präzis zu fassen sind, ob sich auf einer derartig unsicheren Grundlage überhaupt eine systematische Bedeutungstheorie aufbauen läßt. Nun herrscht zwar weitestgehende Einigkeit darüber, daß der Begriff des Gebrauchs eine Reihe von Problemen mit sich bringt, insbesondere was seine exakte Bestimmung anbetrifft. Hinsichtlich der Frage, ob eine präzisere Bestimmung dieses Begriffs möglich oder auch nur nötig ist, und in bezug auf die Frage, ob auf der Grundlage dieses Begriffs bzw. auf der Grundlage der Theorie der Sprachspiele eine zugleich normative und empirisch gehaltvolle Bedeutungstheorie errichtet werden kann, gehen heute die Auffassungen jedoch weit auseinander.

Was also ist diese „normale Verwendung", die die buchstäbliche Bedeutung bestimmt und wodurch wird sie garantiert? Die Antwort: durch den „Gebrauch", scheint unbefriedigend, da es kein Wort und keine sprachliche Äußerung gibt, die sich nicht durch einen findigen oder unwissenden Sprecher auf einen neuen Gebrauch umstellen ließe (UE 216). Damit hätten wir aber immer noch keine Antwort auf unsere Eingangsfrage. Denn was, so wird man erneut fragen müssen, ist denn nun genau das konventionelle Moment, durch das der Gebrauch und damit die Bedeutung festgelegt wird? Daß ein Sprecher und ein Hörer kontingenterweise dasselbe meinen, kann es nach Davidson nicht sein, denn eine solche Übereinstimmung mag noch so häufig sein, „eine notwendige Bedingung der Kommunikation ist sie nicht" (KK 388). Diese Übereinstimmung scheint nun aber gerade in der Gebrauchstheorie der Bedeutung gefordert, insofern hier zumindest eine konventio-

109 D. Davidson: The Structure and Content of Truth, a.a.O., S. 316

nelle Übereinstimmung von wenigstens zwei Personen vorausgesetzt wird. Nun ist zwar klar, daß es etwas geben muß, was diese Übereinstimmung garantiert. Ohne diese Übereinstimmung gäbe es kein Verstehen. Ob aber das, was diese Übereinstimmung zwischen Sprecher und Hörer garantiert, konventionell ist, ist damit durchaus nicht entschieden.

Dies ist auch die Intuition der intentionalistischen Semantik. Von Paul Grice bis Jonathan Bennett und Steven Schiffer geht die intentionalistische Semantik wie seinerzeit die Phänomenologie Husserls von den „intentionalen Leistungen" eines solipsistischen „Ich-Bewußtseins" aus („Intentionality of the Mind"), um das Verstehensproblem intentionalistisch zu analysieren und die semantischen Eigenschaften auf Nicht-Semantisches zurückzuführen. Die Sinnkonstitution des intentionalen Bewußtseins wird damit zum zentralen Bezugspunkt der Analyse. So haben Bennett und Schiffer im Anschluß an Grice zu zeigen versucht, daß die sprachliche Kommunikation aus vereinzelten Akten eines „Urmeinens" hervorgegangen sei, wobei dieses „Urmeinen" nach dem Modell eines nichtkonventionellen Kommunizierens konzipiert ist. Eine ähnliche Position wird heute auch von John R. Searle vertreten, der seinerzeit im Anschluß an John L. Austin die Theorie der Sprachkonventionen mit der Sprechakttheorie zusammenführte. Der „Schlüssel zum Problem der Bedeutung und des Meinens" liegt Searle zufolge in der Einsicht, daß sich die semantischen Begriffe wie Bedeutung und Meinung mit noch grundlegenderen Begriffen wie Überzeugung, Wunsch und Absicht analysieren lassen.[110] Sowohl bei Searle als auch bei Grice, Bennett und Schiffer ist die Intentionalität des Bewußtseins der Dreh- und Angelpunkt, um die verschiedenen Bedeutungen von Sprechakten zu erklären.[111]

Nun trifft sich Davidson mit der intentionalistischen Semantik in der Ablehnung der Regeln und sozialen Konventionen, sofern diese als grundlegend für Verstehen und Kommunikation angesehen werden. Davidson stimmt mit der intentionalistischen Semantik auch darin überein, daß ein Sprecher mit einer sprachliche Äußerung auf eine bestimmte Art interpretiert zu werden beabsichtigt. „Soweit bin ich Griceaner", wie Davidson spöttisch sagt. Davidson glaubt jedoch nicht, daß man den Bedeutungsbegriff auf der Basis von Intentionen definieren kann. Zum einen, weil sich Intentionen mindestens genauso schwer analysieren lassen wie Bedeutungen. Zum anderen, weil das Interpretieren des Sprechers gemäß seiner Intentionen allenfalls eine notwendige, keinesfalls aber eine hinreichende Bedingung sprachlichen Verstehens darstellt. Mit Wittgenstein und gegen die intentionalistische Semantik sieht Davidson daher in den sozialen Interaktionen den Ursprung des Begriffs der Objektivität und der Bedeutung. Das heißt nun wiederum nicht, daß die sozialen Interaktionen im Sinn von Regeln und Konventionen gedeutet werden müssen. Davidson stimmt mit Wittgenstein lediglich in der Kritik an der intentionalistischen Bedeutungstheorie überein, nicht aber in den Konsequenzen. Während von Wittgenstein der Begriff des Bedeutungsverstehens in terms praktischen Regelwissens erläutert wird, lautet Davidsons These: „Konventionen und Regeln erklären die Sprache nicht, sondern die Sprache erklärt sie." Was hier genau zur Verhandlung steht, ist also die Frage: Was ist diese „normale Verwendung", wenn es keine Verwendung gibt, die sich

110 J. P. Searle: Intentionality. An Essay in the Philosophy of Mind, Cambridge 1983, dt., Intentionalität. Eine Abhandlung zur Philosophie des Geistes, Frankfurt/M. 1987, S. 203f.

111 Vgl. Intentionalität und Verstehen, a.a.O.

nicht durch einen findigen Sprecher umstellen läßt? Genau an dieser Frage entzündet sich für Davidson das Problem. In den Aufsätzen *A Nice Derangement of Epitaphs* und *What Metaphors Mean* macht Davidson die Probe aufs Exempel. Die Abweichung von der Regel wird zum Probierstein der radikalen Interpretation und damit der Frage, wie wir etwas bisher nicht Gehörtes verstehen können: Denn hier beginnt die Interpretation wirklich daheim!

Unter Malapropismen haben wir die verfehlte Verwendung eines Wortes zu verstehen. Mrs. Malaprop, eine Figur aus Sheridans Schauspiel *The Rivals*, hat dies auf exemplarische Weise getan, sofern sie ihre Wörter „malapropos" verwendet. Trotz dieser fälschlichen Verwendung, die, wie im Fall von Mrs. Malaprop oft genug für eine eigenartige Komik sorgt, hat der Hörer keine weiteren Schwierigkeiten, die Sprecherin so zu verstehen, wie sie es beabsichtigte. Wie läßt sich dies erklären? Bedrohen nicht derartige Malapropismen die Unterscheidung von Sprecherbedeutung und buchstäblicher Bedeutung, insofern die letztere durch die erstere aus ihrer Stellung verdrängt wird? Davidson antwortet auf diese Frage mit einem klaren „Nein", fügt jedoch hinzu, daß bestimmte akzeptierte Ansichten über die Sprache und das Verstehen geändert werden müssen, so diese Unterscheidung weiter aufrechterhalten werden soll. Dabei hat Davidson insbesondere jene Ansichten im Blick, die sich auf die Frage beziehen, was es heißt, eine Sprache zu beherrschen (UE 205). Drei Vorschläge werden von Davidson unterbreitet, die zwar aus unterschiedlichen philosophischen Bezirken kommen, die jedoch alle eine Antwort auf diese Frage darstellen.

(1) Die erste Bedeutung ist systematisch.
(2) Die ersten Bedeutungen sind etwas Gemeinschaftliches.

Die Grundsätze (1) und (2) lassen sich auch weiterhin vertreten, da weder (1) noch (2) auf Regeln oder Konventionen abheben. Um Malapropismen und Metaphern zu verstehen, genügt es bereits, wenn der Interpret die „semantische Rolle einer endlichen Anzahl von Wörtern oder Wendungen sowie die semantischen Konsequenzen einer endlichen Anzahl von Weisen der Satzkonstruktion" lernen kann. Dazu ist ein Bezug auf Regeln und soziale Konventionen allerdings nicht nötig. Eine Wahrheitstheorie im Stile von Tarski ist hierfür zureichend. Aber auch der Grundsatz (2) läßt sich verteidigen. Denn auch er verlangt nicht, daß Sprecher und Hörer dieselbe Sprache sprechen, die dann das Gemeinschaftliche zwischen ihnen darstellt, was eventuell noch durch Regeln und soziale Konventionen garantiert wird. Für eine gelingende Verständigung mag eine gemeinsame Sprache förderlich sein, notwendig ist sie nicht. „Was dem Interpreten und dem Sprecher gemeinsam sein muß, ist das Verständnis der Worte des Sprechers." (UE 212) Bleibt ein dritter Grundsatz übrig:

(3) „*Die ersten Bedeutungen werden durch erlernte Konventionen oder Regelmäßigkeiten bestimmt*. Die systematische Kenntnis oder Kompetenz von Sprecher und Interpret wird gelernt, ehe sich Gelegenheiten der Interpretation ergeben, und sie ist ihrer Art nach konventionsbedingt." (UE 208)

Dieser dritte an Wittgenstein orientierte Grundsatz muß nach Davidson aufgegeben werden. Alternativ zu diesem Grundsatz schlägt Davidson vor, mit einer Unterscheidung zwischen zwei Theorien erfolgreiche Kommunikation zu erklären. Diese Theorien sind eine *Ausgangstheorie* (prior theory) und eine *Übergangstheorie* (passing theory). Davidsons These lautet nun, nicht die Ausgangstheorie sichert die gemeinsame Grundlage einer erfolgreichen Kommunikation, sondern die Übergangstheorie. Fallen zwei Übergangstheorien zusammen, so ist die Möglichkeit einer Verständigung gegeben. Davidson erläutert dies folgendermaßen: „Für den Hörer bringt die Ausgangstheorie zum Ausdruck, in welcher Weise er im voraus bereit ist, eine Äußerung des Sprechers zu interpretieren, während die Übergangstheorie die Art und Weise ist, in der er die Äußerung tatsächlich interpretiert. Für den Sprecher ist die Ausgangstheorie diejenige, die nach seinem *Dafürhalten* die Ausgangstheorie des Interpreten ist, während seine Übergangstheorie diejenige ist, die der Interpret nach seiner *Absicht* anwenden soll." (UE 219)

Davidson rechnet also gerade nicht damit, daß die Ausgangstheorien etwas Gemeinschaftliches sind. Eine Bedingung für eine erfolgreiche Kommunikation sind nicht die Ausgangstheorien, sondern die Übergangstheorien, die zusammen mit den Ausgangstheorien im Kommunikationsprozeß immer ähnlicher werden. Sobald nun die Übergangstheorien zusammenfallen, ist Übereinstimmung und damit Verstehen erreicht. Was Davidson als Übergangstheorie bezeichnet, ist nun aber nicht als eine Sprache zu bezeichnen, solange man sich darunter etwas vorstellt, was gelernt wurde oder durch Konventionen bedingt ist. Natürlich setzt auch die Übergangstheorie etwas Gelerntes voraus. Die Übergangstheorie selbst kann aber nicht gelernt sein. Über eine Übergangstheorie zu verfügen heißt schlicht, man weiß wie eine bestimmte sprachliche Äußerung bei einer bestimmten Gelegenheit zu interpretieren ist.

Aber auch die Ausgangstheorie läßt sich nicht mehr im Sinn einer Sprache verstehen, die konventionell bedingt, uns gemeinsam und auch noch erlernbar ist. Im Gegenteil. Nach Davidson ist es gerade keine Bedingung einer erfolgreichen Kommunikation, daß die Ausgangstheorien etwas Gemeinsames haben. (Vgl. UE 221) Vielmehr scheint es so zu sein, daß die Ausgangstheorien Merkmale aufweisen, die denen eines Idiolekts ähneln.

Damit geraten wir in ein eigentümliches Dilemma: „Was dem Interpreten und dem Sprecher soweit gemeinsam ist, daß die Kommunikation gelingt, ist nichts Gelerntes und daher keine Sprache, die von Regeln oder Konventionen bestimmt ist, die dem Sprecher und dem Interpreten im voraus bekannt sind, während das, was Sprecher und Interpret im voraus wissen, nicht (notwendig) etwas Gemeinsames und daher keine Sprache ist, die von gemeinsamen Regeln oder Konventionen bestimmt ist." (UE 224) Nach dieser Darstellung ist also für eine erfolgreiche Kommunikation die Fähigkeit ausschlaggebend, sich von einer Äußerung zur nächsten zu hangeln. Dies geschieht mittels einer Übergangstheorie, die eine „immer weiter konvergierende Übereinstimmung" erzielt. Ob sich die hier erzielte Übereinstimmung sedimentiert und möglicherweise in Regeln und soziale Konventionen gegossen wird, stellt für Davidson kein ernsthaftes Problem dar. Davidson begnügt sich mit der fast tautologisch anmutenden Feststellung, die Fähigkeit zur sprachlichen Kommunikation erschöpft sich in der Fähigkeit, „sich verständlich zu machen und zu verstehen" (vgl. UE 225). Und hierfür eine allgemeine Regel angeben zu wollen, die sich lernen lasse, wäre genauso vergeblich, wie der Versuch, „den Prozeß zu regulieren oder zu lehren, durch den man zur Aufstellung neuer Theorien gelangt, die auf irgendeinem beliebigen Gebiet mit neuen Gegebenheiten zurechtkommen" (UE 226). Für das Aufstellen von erfolgreichen Übergangstheorien gibt es keine Regel und keinen Algorithmus. Alles, was wir benötigen, ist „Verstand, Glück und Klugheit", mittels derer wir aus unserem jeweils „privaten Wortschatz und einer privaten Grammatik" diese Übergangstheorien aufbauen. Daraus zog Davidson den Schluß, „daß es so etwas wie eine Sprache gar nicht gibt, sofern eine Sprache der Vorstellung entspricht, die sich viele Philosophen und Linguisten von ihr gemacht haben. Daher gibt es auch nichts dergleichen, was man lernen, beherrschen oder von Geburt an in sich tragen könnte. Die Vorstellung, es gebe eine klar umrissene gemeinsame Struktur, die sich die Sprachbenützer zu eigen machen und dann auf Einzelfälle anwenden, müssen wir aufgeben." (UE 227)

Es steht hier zunächst nicht zur Debatte, was Philosophen und Linguisten angenommen haben. Fest steht: Diese These wurde allgemein mit Entsetzen aufgenommen. Irritierend ist dabei nicht so sehr der Zusatz: „Die Vorstellung, es gebe eine klar umrissene Struktur, die sich die Sprachbenützer zu eigen machen und dann auf Einzelfälle anwenden, müssen wir aufgeben." Denn diese Vorstellung indiziert die Annahme einer gehaltvollen Grenzziehung des Sinns eines Schemas und damit die Möglichkeit einer transzendentalen Rechtfertigung eines kategorialen Sinn-Apriori; einer Grenzziehung, für die sich jedoch nach der Kritik am Schema-Inhalt-Dualismus kein Angriffspunkt mehr bot. Irritierend ist eher Davidsons Vorschlag, den Versuch aufzugeben, „Licht in unsere Kommunikationsweisen zu bringen, indem wir uns auf Konventionen berufen" (UE 227), die ja gerade den Begriff der Sprachgemeinschaft sicherstellten.

Ist diese Schlußfolgerung nun aber wirklich eine unausweichliche Konsequenz? Gerät der Begriff der Sprache bzw. der der Sprachgemeinschaft schon allein deshalb in eine Krise, weil es kein Wort und keine sprachliche Äußerung gibt, die sich nicht durch einen findigen Sprecher auf einen neuen Gebrauch umstellen läßt? Anders gefragt: Läßt sich am Verstehen von Malapropismen und Metaphern tatsächlich ein negativer Gehalt entfalten, der die Identität der Bedeutung von innen zerstört? Wenn sich nämlich die Identität der Bedeutung tatsächlich nur und ausschließlich durch das Zusammenfallen zweier Übergangstheorien von Duettisten sichern ließe, dann ist nicht nur nicht klar, wovon Malapropismen und Metaphern überhaupt abweichen sollen, unklar wird dann auch, wo Ausgangstheorien interpretativ überhaupt noch anknüpfen können. Daß sie irgendwo anknüpfen müssen, kann auch von Davidson nicht bestritten werden, da sonst ein Rückfall in die intentionalistische Semantik droht. Fragt sich also, woran sie anknüpfen. Nun offensichtlich an den Gepflogenheiten einer Sprachgemeinschaft bzw. an jenem Vorverständnis, das Davidson als einen Hintergrund massiver Übereinstimmung bezeichnet.

Wenn Davidson sagt, daß wir nur vor einem Hintergrund massiver Übereinstimmung Mißverständnisse, Meinungsverschiedenheiten, Irrtümer feststellen können, was, wie wir gesehen haben, ja in jedem Fall ein gemeinsames Verstehen voraussetzt, dann müssen also auch Malapropismen und Metaphern vor diesem Hintergrund verstanden werden, so sie überhaupt verstanden werden sollen. Man könnte nun meinen, Malapropismen und Metaphern seien allein schon durch die Anpassung der verwendeten W-Theorien zu verstehen. Dann aber ließe sich zurückfragen, wo diese ansetzen. Mehr noch. Wenn dieser Hintergrund tatsächlich so massiv ist, wie Davidson selbst sagt, dann läßt sich weiter fragen, was überhaupt diese massive Übereinstimmung ausmacht. Sollte es am Ende also nicht doch so sein, daß dieser Hintergrund massiver Übereinstimmung, der sozusagen ein konservatives Gegengewicht gegen Malapropismen und Metaphern darstellt, ja überhaupt gegen abweichenden und innovativen Sprachgebrauch, etwas mit jenen Regeln und sozialen Konventionen zu tun hat, die bei Davidson als irrelevant im Hinblick auf das Verstehensproblem bezeichnet werden? Ich meine: ja. Denn andernfalls wäre überhaupt nicht einzusehen, daß der Sprecher etwas meinen kann, von dem er annimmt, der Interpret verstehe es auch so, wie er verstanden werden will. Nun gibt es sicher auf die Frage „Wie kannst du wissen, was du meinst?" so lange keine befriedigende Antwort, solange diese Frage aus einer objektivistischen Perspektive beantwortet werden soll. Um diese Frage aber beantworten zu können, ohne gleichzeitig in einen hermeneutischen Negativismus zu verfallen, der am Ende den Begriff der Bedeutung auflöst,[112] ist sicher mehr vonnöten als das, was Davidson dafür bereitstellt: nämlich ein Konzept, welches die Identität der Bedeutung an Hand des Regelbegriffs im Sinn von Wittgenstein erklärt.

Eine Verteidigung von Wittgenstein könnte nun zwei Wege einschlagen. Sie könnte erstens darauf hinweisen, daß dieser sich mit Davidson nicht nur in der Kritik an der mentalistischen Semantik trifft, die davon ausgeht, daß die sprachlichen Zeichen von einem Bewußtsein mit Bedeutung gefüllt werden, sondern daß Wittgenstein analog zu Davidson sprachliche Bedeutungen in einer zweifachen Hinsicht verortet: erstens horizontal in einem sprachlichen Verweisungszusammenhang und zweitens vertikal in einer offenen und unabschließbaren Iteration der Zeichenverwendung.[113] Eine Verteidigung von Wittgenstein und damit einer moderaten Regelauffassung, wie sie beispielsweise von Saul Kripke vertreten wird, könnte aber auch dafür argumentieren, daß Davidson selbst eine gewisse Regelhaftigkeit zulassen muß, sofern nämlich die kontextbezogenen Leistungen der radikalen Interpretation nicht jede mögliche Identität sprachlicher Zeichen zerstören sollen – wodurch Davidsons Bedeutungsholismus in eine bedenkliche Nähe zu Derrida geriete.[114] Die radikale Lesart von *A Nice Derangement of Epitaphs* bestreitet nämlich nicht nur die Relevanz einer schwachen Anerkennung von Regeln und Konventionen für das Verstehen, sondern deren prinzipielle Relevanz. Gegenüber dieser radikalen Lesart möchte ich im folgenden für eine moderate Lesart argumentieren, die Regularität in einem bestimmten Sinn nicht nur zuläßt, sondern überhaupt zur Bedingung für das Verstehen macht.

Wenn wir nämlich Davidsons These wirklich ernst nehmen, daß erst vor einem Hintergrund massiver Übereinstimmung Fehler, Mißverständnisse und Irrtümer erkennbar werden, dann muß es eine Verbindung zwischen der „Übereinstimmung" bzw. dem „Gemeinsamen" geben, welches durch die Übergangstheorie hergestellt wird, eben dem *Verstehen*,

112 Hacking hat in diesem Zusammenhang darauf aufmerksam gemacht, daß Davidson die Bedeutung zu einem neuen Leben erweckt, indem er ihr den Todesstoß versetzt. Vgl. I. Hacking: Why does Language matter to Philosophy?, Cambridge 1975, S. 154

113 Auf diese Gemeinsamkeiten mit Wittgenstein hat Davidson selbst aufmerksam gemacht. Vgl. Bezüge und Übergänge – Ein Interview mit Donald Davidson, a.a.O., 161f.

114 Vgl. P. Pradhan: Minimalist Semantics: Davidson and Derrida on Meaning, Use, and Convention, in: Diacritics, Spring 1986 und S. Wheeler: Indeterminacy of French Interpretation: Derrida and Davidson, a.a.O.

und der „Übereinstimmung" bzw. dem „Gemeinsamen", welches durch das *Vor-Verständnis* als einem Hintergrund massiver Übereinstimmung vorgegeben ist. Damit wäre dann aber auch schon die Ausgangstheorie und das, „worauf diese ihrerseits basiert", auf die Regeln und sozialen Konventionen zurückbezogen, durch die jene Identität der Bedeutung gesichert wird, von der Malapropismen und Metaphern abweichen.

So gesehen widerspricht die Iterabilität von Zeichen, ihre Wiederverwendbarkeit in ungesättigten Kontexten, die nicht buchstäblich die ihrer ersten Einführung oder exemplarischen Verwendung ist, keineswegs der Bestimmtheit ihrer Verwendung und Bedeutung durch sprachliche Regeln und Konventionen, sondern scheint diese vielmehr vorauszusetzen.[115] Auch Davidson sagt ja: „Ob die Metapher nun von neuen oder übertragenen Bedeutungen abhängt oder nicht, auf die ursprüngliche Bedeutung ist sie gewiß irgendwie angewiesen."[116] Zu einer Einspruchsinstanz gegen den Regelbegriff wird also der abweichende Gebrauch erst dann, wenn zwischen zwei Bestimmungen ein undurchschauter Transfer vorgenommen wird, indem zu Unrecht aus der ersten Tatsache, daß sprachliche Zeichen ihre immer neue und andere Verwendung zulassen, auf eine zweite Behauptung geschlossen wird, auf die Behauptung nämlich, daß sich damit die Zeichen einer unendlichen Verschiedenheit und Differenz aussetzen.[117]

Unterstellt, diese Beobachtung ist korrekt, dann kann es nicht mehr allein um die Frage „Kommunikation mit Regularitäten" oder „Kommunikation ohne Regularitäten" gehen. Vielmehr kommt es darauf an, genauer zu spezifizieren, wie stark sich jeweils diese Thesen lesen lassen. Drei Möglichkeiten stehen zur Wahl. In einem starken Sinn würde die erste These besagen, daß nur die sprachlichen Äußerungen verstanden werden können, die regelkonform gebraucht werden. Diese These ist offenkundig zu stark. Außerdem ist sie empirisch nicht haltbar. Die Sprachpraxis bewegt sich eben nicht nur innerhalb von Regeln und sozialen Konventionen, die einem Behälter gleich, einen Vorrat an fertigen und verständlichen Ausdrücken enthalten. Sie speist sich zwar aus einem Hintergrund massiver Übereinstimmung, aber dieser ist gleichzeitig auch die Quelle für neue, innovative Ausdrücke. Hierzu zählen auch Malapropismen, innovative Metaphern und neue Vokabulare, die nicht regelkonform gebildet sind, trotzdem aber verstanden werden. Davidson ist zuzustimmen, wenn er sagt, daß es keine Regel und keine soziale Konvention gibt, die nicht verletzbar wären. Die starke Regularitätsthese, die die sprachkonstitutive Differenz der Bedeutungsverhältnisse untertreibt, muß demnach eingeschränkt werden, so daß sie die Regelabweichung und damit die Bildung von Malapropismen und innovativen Metaphern zuläßt. Denn andernfalls wäre die Sprache tatsächlich so etwas wie eine „klar umrissene Struktur", die sich strukturtheoretisch beschreiben oder konstitutionstheoretisch ausmessen ließe.

Bleibt die zweite These. Diese besagt in einem starken Sinn, daß Kommunikation völlig auf Regeln und soziale Konventionen verzichten kann. Diese These scheint aber eben-

115 Vgl. dazu H. J. Schneider: Phantasie und Kalkül. Über die Polarität von Handlung und Struktur in der Sprache, Frankfurt/M. 1992

116 D. Davidson: What Metaphors Mean, in: Inquiries into Truth and Interpretation, a.a.O., S. 245-264, dt., Was Metaphern bedeuten, in: Wahrheit und Interpretation, a.a.O., S. 348

117 Vgl. Ch. Menke: Die Souveränität der Kunst. Ästhetische Erfahrung nach Adorno und Derrida, Frankfurt/M. 1991, S. 220

falls zu stark, da nun nicht mehr geklärt werden kann, wovon Malapropismen und innovative Metaphern überhaupt abweichen. Die totalisierende Rede von einem grenzenlosen Spiel, die jegliche Regularität in Abrede stellt, unterschlägt nicht nur, daß der Regelverstoß an die Kompetenz zur Regelbefolgung gebunden ist. Sie nimmt darüber hinaus der Idee der Abweichung und Verletzung von Regeln und Konventionen sofort wieder den kritischen Sinn, den er gegen die Vorstellung eines völlig geregelten Spiels besitzt. Verschärfend kommt hier noch hinzu, wenn die Regellosigkeit grenzenlos ist, so ändert sich gemäß der Holismusthese mit jeder Bedeutungsverschiebung die gesamte Struktur der Sprache (bzw. des Idiolekts). Ergibt sich doch nach Davidson allein aus dem Strukturganzen der Sprache die Bedeutung jedes Wortes. Damit hätten wir aber für den Wechsel der W-Theorien überhaupt keine relevanten Anhaltspunkte in vorausgegangenen Äußerungen, an denen Verstehensprozesse anknüpfen könnten. Zudem verliert die Interpretationstheorie, wenn man die radikale Lesart von *A Nice Derangement of Epitaphs* unterlegt, mit ihrer empirischen Grundlage ihren empirischen Charakter.[118]

Daraus folgt: auch diese These (zusammen mit der starken Holismusthese), die die sprachkonstitutive Differenz der Bedeutungsverhältnisse übertreibt, muß so eingeschränkt werden, daß sie zumindest soviel an Regelhaftigkeit zuläßt, daß die W-Theorien einen interpretatorischen Angriffspunkt haben und sich angeben läßt, wovon Malapropismen und innovative Metaphern abweichen. Aus diesen beiden Einschränkungen ergibt sich eine dritte Variante, die der ersten und der zweiten These in einem jeweils eingeschränkten Sinn Rechnung trägt. Negativ besagt sie: Das Leben des sprachlichen Sinns läßt sich weder auf das anonyme Leben sprachlicher Regeln und Konventionen reduzieren, noch auf das unkontrollierte Spiel von Differenzen zurückführen. Positiv formuliert: Für das Leben sprachlichen Sinns ist soviel Regularität nötig, um nicht das Kollabieren der Sprache durch das unkontrollierte Spiel von Differenzen zu riskieren, und soviel Abweichung von der Regel möglich, um nicht deren Absterben zu riskieren. Ein dynamisches Modell des Verstehens, in dem W-Theorien beständig modifiziert, nicht aber beständig neu kreiert werden, trägt beiden Gesichtspunkten Rechnung. Und ein solches Modell eines durch seine konstitutiven Elemente nicht insgesamt regelbaren Spiels wäre nichts anderes als eine moderne und metaphysikfreie Metapher einer sprachlich verfaßten Vernunft.

118 Vgl. K. Glüer: Davidson zur Einführung, a.a.O., S. 60

5. Der gemäßigte Kontextualismus Richard Rortys – Ein postanalytisches Pendant zur poststrukturalistischen Vernunftkritik

Kaum eine philosophische Bewegung hat in den letzten Jahren so viel Furore gemacht wie der französische Poststrukturalismus. Diese Bewegung, die im Kontext einer Wende von der Bewußtseins- zur Sprachphilosophie steht, hat mit ihrem Protest gegen die Einheit im Namen der Vielheit, gegen die Identität im Namen der Differenz in den USA mit Richard Rorty mehr als nur ein bescheidenes Echo gefunden.

Jedoch im Unterschied zur poststrukturalistischen Vernunftkritik, die bei Derrida und Lyotard sich von Nietzsche, Husserl und Heidegger inspirieren läßt und selbst in ihrer antimetaphysischen Option noch negativ an die Geschichte der Metaphysik als ein alles Innerweltliche determinierendes Übergeschehen fixiert bleibt, macht Rorty einer situierten Vernunft ihre universellen Ansprüche zunächst nicht dadurch streitig, daß er die Linguistik auch für den Zweck einer radikalen Metaphysikkritik in den Dienst nimmt. Rorty, der selbst die Etappen der analytischen Philosophie und der post-analytischen Wende biographisch durchlaufen hat, benutzt nicht wie seine französischen Kollegen Heideggers ontologische Differenz als Leitfaden der Metaphysikkritik, sondern macht sich die Einsichten einer durch disziplinierte Selbstkritik gesteuerten Tradition zu eigen; einer Tradition, die sich an ihren selbst erzeugten Problemen fortgebildet hat und mit Paul Feyerabend und Thomas S. Kuhn in den Historismus einer postempirischen Wissenschaftsphilosophie und mit Willard Van Quine, Wilfrid Sellars und Donald Davidson in eine postanalytische Sprachphilosophie mündet.

Jene Denkansätze sucht Rorty zu verallgemeinern, indem er Quines behavioristisches Herangehen an die Unterscheidung von Notwendigkeit und Kontingenz, Sellars Kritik der gesamten Begrifflichkeit der Gegebenheit und Davidsons Auffassung über den Werkzeugcharakter der Sprache in eine Traditionskritik einbindet, die nicht nur die analytische Philosophie einschließlich ihrer modernen Nachfolgedisziplinen, der *Philosophie des Mentalen* und der *Philosophie der Sprache*, sondern die „Philosophie als solche", als „allgemeine Theorie der Darstellung" und insofern als Metaphysik therapeutisch auf Distanz bringt.[1]

Diese Traditionskritik, in der der metaphysikkritische Impetus der „founding fathers" der analytischen Philosophie bzw. des amerikanischen Pragmatismus fortlebt, ist jedoch nicht nur durch diese Tradition vermittelt. Namentlich bei Rorty, und das ist sicher neu für die anglo-amerikanische Philosophie, findet sich eine bislang „ungewöhnliche Zuwen-

1 R. Rorty: Der Spiegel der Natur, a.a.O., S. 13 (im folgenden zit. als Sp)

dung zum zeitgenössischen, nichtanalytischen, kontinentalen Denken";[2] insbesondere zu Denkern wie Nietzsche, Heidegger, Foucault, Lyotard und Derrida. Dieser Zuwendung zur europäischen Tradition liegt die Einsicht zugrunde, daß nicht nur die mittlerweile als gescheitert anzusehenden großen metaphysischen Projekte selbstdestruktiv hoch angesetzt waren, sondern auch die Therapieversuche seitens der analytischen Philosophie als „Geschichte fehlgeschlagener Reformen gelesen werden können". Nicht ohne Ironie konstatiert daher Arthur C. Danto: „ ... nach einer Anstrengung von beinahe einem Jahrhundert sind die meisten Ärzte gestorben, der Patient jedoch floriert."[3]

Dieses beiderseitige Scheitern ist nach Rorty darin begründet, daß hier wie dort das erkenntnistheoretische Projekt zwar beständig attackiert, nie jedoch als Bezugsrahmen der neuzeitlichen Philosophie aufgegeben wurde. Diesen Bezugsrahmen greift Rorty an. Nicht um die Verabschiedung einzelner traditioneller Fragestellungen und Argumentationsformen geht es ihm, sondern um einen Paradigmenwechsel, der den Bezugsrahmen der neuzeitlichen Philosophie als Ganzen verändert.

Im folgenden möchte ich zeigen, daß Rortys „Kritik der Philosophie", so der durchaus programmatische Untertitel seines wohl bekanntesten Werkes *Der Spiegel der Natur*, mit ihrer Aversion gegen jede Art von normativem Universalismus, ihrem Affekt gegen das Allgemeine, der Auflösung aller universellen Geltungsansprüche in Wissenschaft, Moral, Recht usw. einschließlich der heutigentags vorgenommenen Angleichung der Metaphysikkritik an die Standards und Maßstäbe der Literaturkritik, sich als ein postanalytisches Pendant zur poststrukturalistischen Vernunftkritik auffassen läßt. Dazu werde ich erstens die Reichweite und die Grenzen dieser Kritik diskutieren. In einem zweiten Schritt will ich zeigen, daß Rortys Übergang von der Hermeneutik zur Dekonstruktion sich als innere Konsequenz der Kritik verstehen läßt. Und schließlich werde ich in einem dritten Schritt einige Gesichtspunkte entwickeln, die eine immanent ansetzende Kritik an Rortys Versuch ermöglichen, die Maßstäbe der Metaphysikkritik an die Maßstäbe der Literaturkritik anzugleichen.

5.1. Wahrheit, Korrespondenz und Rationalität

Um den Begriff „Postmoderne" gruppiert sich eine Reihe „postischer" Begriffe und Denkweisen, zu denen auch die des Poststrukturalismus und Postempirismus gehören. In ihnen sucht sich das Bewußtsein einer Epochenschwelle zu artikulieren, „dessen Konturen und Verlaufsform noch unklar, verworren und zweideutig sind, dessen zentrale Erfahrung aber – die vom Tod der Vernunft – das definitive Ende eines historischen Projekts anzudeuten scheint: des Projekts der Moderne"[4]. In der Philosophie ist dieses Projekt wesentlich mit

2 Vgl. D. Henrich: Wohin die deutsche Philosophie?, in: Merkur 430 (1984), S. 934
3 A. Danto: „Analytische Philosophie", a.a.O., S. 40
4 A. Wellmer: Zur Dialektik von Moderne und Postmoderne. Vernunftkritik nach Adorno, Frankfurt/M. 1985, S. 48

dem Namen Kants verknüpft, mit seinem Versuch, die Philosophie auf den sicheren Pfad einer Wissenschaft zu bringen, einer Wissenschaft, die, wie Rorty schreibt, „die Gültigkeit der Erkenntnisansprüche von Wissenschaft, Moralität, Kunst und Religion garantiert oder ihre Ungültigkeit entlarvt" (Sp 13).

Dieses Selbstverständnis, und daran besteht kaum noch ein Zweifel, ist heute in seinen Grundlagen erschüttert. Zwar wollten es im 20. Jahrhundert Denker wie Russel und Husserl erneuern, jedoch schon ihre häretischen Schüler Wittgenstein und Heidegger „verabschiedeten Erkenntnistheorie und Metaphysik als mögliche Disziplinen" und führten uns in ein „Zeitalter ‚revolutionärer' Philosophie, indem sie neue Landkarten des Terrains entwarfen, auf welchem die vormals dominanten Merkmale einfach nicht verzeichnet waren". (Sp 17) Dieses Terrain nimmt Rorty in Besitz. Die anticartesianische und antitranszendentale Grundhaltung seiner Vorgänger aufnehmend, sucht er zu vollenden, womit sie begannen: eine nicht-konstruktive „Kritik der Philosophie" als Platzhalterin der Vernunft, als „Fundamentalwissenschaft", die nicht nur die Erkenntnis- und Geltungsansprüche in Wissenschaft, Moral, Recht usw. vermittels eines abschließenden Vokabulars sicherstellt, sondern darüber hinaus auch noch das fundieren will, wovon sie selbst nur ein Teil ist: die *Kultur*.

Eine derartige Philosophie hat in einer fundamentalistischen Erkenntnistheorie ihr Zentrum und in einer referenz- oder korrespondenztheoretischen Wahrheitskonzeption ihre bevorzugte Stütze. Bricht diese Stütze, so folgert Rorty durchaus konsequent, so ist auch eine Philosophie um ihren Kredit gebracht, die sich aus einer „akademischen Kuriosität" zu einer „kulturellen Tradition" verfestigt hat, eine Philosophie, die in der metaphysischen Hoffnung befangen blieb, daß sich „‚Rationalität' und ‚Objektivität' durch irgendwelche Bedingungen des genauen Darstellens" explizieren ließen. (Sp 21) Diese Bedingungen der genauen Darstellung oder der Repräsentation suchen seit dem 17. Jahrhundert „Theorien der Natur der Erkenntnis" zu klären, die von sich behaupten, zur Wirklichkeit einen privilegierten Bezug zu haben. Dieser privilegierte Bezug sollte durch ein reines, von praktischen Zweck- und Interessenzusammenhängen suspendiertes Bewußtsein sichergestellt werden; ein Bewußtsein, welches mit einem Spiegel verglichen wurde, der die Adäquatheit der Erkenntnis in dem Maß garantiert, wie Kontingenz reduziert werden kann. Unbezweifelbarkeit wurde solcherart zum *„Kriterium des Mentalen"*.(Sp 73)

Rorty, dem es um die Dekonstruktion dieser bewußtseinsphilosophischen Denkfigur und – damit einhergehend – um die Abwehr und Auflösung des universalistischen und objektivistischen Frageansatzes in der Erkenntnistheorie geht, der Frage also, inwiefern Wissenschaftssprachen objektive Sachverhalte repräsentieren (eine objektive Referenz haben), entlarvt diese Vorstellung als Fiktion. Indem er das vermeintlich reine Bewußtsein mit seiner Unreinheit konfrontiert, allem voran mit der Sprache, zeigt er, daß die Privilegierung der tatsachenfeststellenden Rede und der Aussagenwahrheit nicht nur die Komplexität der Weltbezüge einebnet und den nicht-strategischen Sinn der in der Sprache erzielten intersubjektiven Verständigung systematisch verfehlen muß, sondern darüber hinaus auch noch das, was sie immer schon zu haben glaubt: das *Gegebene*.

Ausgangspunkt hierfür ist der Begriff der Kontingenz, der für die Sprache im Sinne einer radikalen Sprachspielabhängigkeit der Erkenntnis in Anspruch genommen wird. Unter der Voraussetzung nämlich, daß ich sowohl zur Sprache als auch zu geäußerten

Sachverhalten keinen sprachunabhängigen Zugang haben kann – einen Zugang, der quasi das immer schon voraussetzt, was bewiesen werden soll (daß zwischen Sprache und Sachverhalt Übereinstimmung herrscht) –, ergibt sich für Rorty, daß die Repräsentationsfunktion der sprachlichen Zeichen auch nicht mit Rekurs auf Übereinstimmung geklärt werden kann. Denn da „jeder, der auch nur den Versuch macht(e), allgemeine Kriterien für den Vergleich oder die Unterscheidung von Referenten von Ausdrücken zu formulieren, irgendwelche ontologischen Kategorien braucht(e), ... um überhaupt beginnen zu können" (Sp 96), diese ontologischen Kategorien aber nicht nicht-zirkulär begründbar sind, folgert Rorty, daß es überhaupt keine anspruchsvollen „Identitätskriterien" für die Bedeutung und die Referenz gibt, „die im philosophischen Streitfall von Nutzen wären" (Sp 136).

Nun liegt in der Tat die eigentliche Schwierigkeit ontologischer Wahrheitstheorien darin, daß Korrespondenz zwischen Aussagen und Sachverhalten wiederum nur in Aussagen erklärt werden kann. Fragt man nun jedoch nach der Realisierung der kriterialen Überprüfung, um das Vorliegen einer solchen Korrespondenz zwischen Aussagen und Sachverhalten zu beurteilen, dann zeigt sich, daß die behauptete Korrespondenz allenfalls postuliert, nicht aber in kriteriologisch relevanter Form realisiert werden kann. Jeder Versuch, die als ein ontologisches Verhältnis vorgestellte Korrespondenz zwischen Aussagen und Sachverhalten prüfend zu bewerten, führt damit in einen Regreß, da jede kriteriologische Bewertung nur in Aussagen realisierbar ist, die ihrerseits der gleichen Überprüfung bedürftig wären. Von daher hat Rorty völlig recht, wenn er den Versuch ablehnt, hinter den Spiegel zu schauen. Er irrt jedoch, wenn er meint, mit der Verabschiedung des subjektphilosophischen Bildes vom „Spiegel der Natur" sei jede „Verbindung zwischen Wahrheit und Rechtfertigung unterbrochen" (Sp 84).[5]

Sicher, „Wahrheit ist eine Eigenschaft von Sätzen". Wir wissen auch, daß es keinen „Null-Kontext" für Wahrheitsansprüche gibt. Sie werden in der performativen Einstellung der ersten Person erhoben und sind auf Kritik angelegt. Hieraus ergeben sich aber erst dann geltungsrelativistische Konsequenzen, wenn von der Kontingenzannahme ein zu überschwenglicher Gebrauch gemacht wird; ein Gebrauch, der es Rorty einerseits unmöglich macht, auf die Strukturformen praktischen Handelns zurückzugreifen, durch deren Reflexion kognitive Strukturen überhaupt erst stabilisiert werden können, und andererseits unterschiedliche Sätze und Theorien (z.B. die des Aristoteles und die Galileis) sowohl untereinander als auch hinsichtlich ihres Gegenstandsbereichs zu vergleichen. Letzteres hatte bekanntlich schon Thomas S. Kuhn abgelehnt.[6] Galt bis dato die Physik als Musterbeispiel einer objektiv sich entwickelnden und beständig dem „Wesen der Natur" als einem ontologischen Grenzwert sich annähernden Wissenschaft, die zudem einen guten Hintergrund abgab, vor dem wir unsere Geschichten über Wahrheit, Rationalität und historischen Fortschritt erzählen konnten, so war diese traditionelle Vorstellung eines linearen Fortschritts der menschlichen Erkenntnis und damit der kontinuierlichen Annäherung an die Realität spätestens dann erschüttert, als sichtbar wurde, daß die Wissen-

5 Vgl. auch R. Rorty: Solidarität oder Objektivität? Drei philosophische Essays, Stuttgart 1988, S. 84 (im folgenden zit. als SO)

6 Th. S. Kuhn: Was sind wissenschaftliche Revolutionen?, München 1982, S. 18f.

schaft bei weitem kein kumulatives, zum Jetztwissen hin logisch fortschreitendes Unternehmen ist.

Genau dies konnte Kuhn zeigen. Lediglich die „normale Wissenschaft“ bietet ein Beispiel für ein „kumulatives Unternehmen“, das auf die „Präzisierung oder Ausdehnung eines alten Paradigmas“ gerichtet ist.[7] Betrachten wir jedoch innerhalb der Wissenschaften revolutionäre Brüche oder „Paradigmenwechsel“, so sehen wir, daß weder zwischen den konkurrierenden Paradigmen ein gemeinsamer Gegenstandsbezug ausgemacht werden kann, noch daß die damit auftretenden grundlagentheoretischen Divergenzen zwischen den Anhängern unterschiedlicher bzw. gegensätzlicher Paradigmen argumentativ überbrückbar sind. Damit ist, so Kuhn, ein Vergleich konkurrierender Theorien ebensowenig möglich wie eine „radikale Übersetzung zwischen zwei Sprachen“. Das neue Denken verdrängt das alte so vollständig, daß nach Lage der Dinge die Gründe für den Übergang von einem Paradigma zum anderen in keiner der beiden Sprachen mehr dargelegt werden können. Vertreter konkurrierender „Paradigmenanwärter“ reden einfach aneinander vorbei. „Denn weder stimmen die Bedeutungen der verwendeten Begriffe überein noch die Ansichten darüber, was legitimerweise als wissenschaftliches Problem und was als Lösung angesehen werden kann.“[8]

Ist wissenschaftsintern aus dem Auf und Ab der Paradigmenwechsel ein vernünftiger Sinn nicht mehr ablesbar, gibt es keine kontextnormierte Sprache, die einen Vergleich von Theorien erlaubt, so scheint lediglich der jeweils historisch kontingente Standort als Bezugs- und Bewertungsrahmen für die Beurteilung von geschichtlich entstandenem Wissen übrigzubleiben. Damit sind nicht nur die Naturwissenschaften und die Epistemologie von der Forderung einer einheitlichen Theoriebildung und der „Entdeckung eines zeitlosen, neutralen wissenschaftlichen Begriffssystems“ entlastet (Sp 441). Die Unterscheidung zwischen *episteme* und *doxa* droht generell ihren Sinn zu verlieren.

Hieraus brauchte Rorty nun nur noch die Konsequenz zu ziehen, daß alle Rationalitätsstandards nichts weiter sind als faktisch eingespielte Konventionen. Um jedoch die Physik bzw. die Naturwissenschaften vollends dem Standardszenario postmoderner Theoriebildung anzupassen, um den Nachweis führen zu können, daß im Labor wie im Leben die gleiche Kultur der Vieldeutigkeit herrscht, ist Kuhns Position noch zu radikalisieren. Er blieb nämlich auf „halben Weg“ stehen. Statt „einfach das erkenntnistheoretische Projekt als solches zu verabschieden“, suchte er „„nach einer lebensfähigen Alternative für das traditionelle erkenntnistheoretische Paradigma““ (Sp 353).[9] Damit machte er der Tradition zu weitgehende Zugeständnisse, die Kuhn-Kritiker dazu ermutigten, das Dogma der „Möglichkeit von Übereinstimmung“ sprachphilosophisch zu erneuern.

Die entschiedensten Anstrengungen in dieser Richtung wurden von Hilary Putnam und Michael Dummett unternommen. Während innerhalb des „linguistic turn“ Philosophen wie Davidson und Rorty eine *gereinigte und entepistemologisierte Sprachphilosophie* vertreten und nach Quines *Two Dogmas of Empiricism* auch noch das „dritte Dogma des

7 Th. S. Kuhn: Die Entstehung des Neuen, a.a.O., S. 77

8 Th. S. Kuhn: „Bemerkungen zu meinen Kritikern“, a.a.O., S. 321. Vgl. auch ders., Die Entstehung des Neuen, a.a.O., S. 45 und 443f.

9 Vgl. dazu auch Th. S. Kuhn: Die Struktur wissenschaftlicher Revolutionen, a.a.O., S. 132

Empirismus" verabschieden wollen (den „Dualismus von Schema und Inhalt, organisierendem System und etwas, das darauf wartet, organisiert zu werden" (Sp 285),[10] tendieren Putnam und Dummett zu einer das erkenntnistheoretische Projekt fortschreibenden *unreinen Sprachphilosophie*: Putnam stützt sich auf eine „Theorie der Referenz", die es erlaubt, Wahrheit als rationale Akzeptierbarkeit unter idealen Bedingungen zu verstehen.[11] Dummett geht von einer reformulierten Bedeutungstheorie aus, die es gestattet, erkenntnistheoretische Fragen als Fragen der Bedeutung zu behandeln.

In beiden Unternehmungen, die Sprachphilosophie als Nachfolgedisziplin der Erkenntnistheorie zu etablieren, sieht Rorty lediglich einen „reaktionären Versuch", „Kants Bild von der Philosophie als einer Disziplin beizubehalten, die der Forschung in Gestalt einer Theorie der Erkenntnis ein beständiges ahistorisches Begriffssystem" beistellt (Sp 283f.), d. h. einen Versuch, auf einer neuen philosophischen Grundlage den nostalgischen Traum von „Philosophie als Platzhalterin der Vernunft" und mit ihr von Rationalität, Wahrheit und Referenz zu erneuern. Rorty geht es jedoch nicht um die zeitgemäße Reformulierung bewußtseinsphilosophischer Problemstellungen, sondern ausdrücklich um deren *Entsorgung*: allem voran der „Theorie der Referenz", der „Wurzel" allen philosophischen Übels.

Für ihn besteht der eigentliche Skandal in der Philosophie nach der Beendigung der „Kuhnschen Kriege" also nicht darin, daß die Philosophie, die „von keinem Fach an Alter übertroffen wird und sehr viel älter ist als die meisten anderen, so lange in ihrem ‚Anfangsstadium' verblieben ist".[12] Und auch nicht darin, daß bislang die Sprachphilosophie als „Nachfolgerin der Erkenntnistheorie" deren Probleme noch nicht in einer befriedigenden Weise reformuliert hat. Diese Probleme, die Dummett und Putnam Bauchschmerzen bereiten, sind nicht die von Rorty. Für ihn besteht der eigentliche Skandal darin, daß widerspenstige Kuhnianer den starrköpfigen Vertretern des Realismus und Antirealismus immer wieder zuarbeiten, indem sie ihnen Angriffspunkte für deren Verteidigung der Erkenntnistheorie bieten und damit wie von selbst ein Spiel in Gang halten, das für Rorty lange schon seinen Witz verloren hat. Für Rorty ist der Antirealismus, der durch die Idee der Wahrheit als Akzeptierbarkeit zum Ausdruck gebracht wird, genauso metaphysisch wie der Realismus, der durch die Korrespondenztheorie der Wahrheit zum Ausdruck gebracht wird. Denn hier wie dort lautet die grundlegende Frage, ob die Überzeugungen von der Welt wahr gemacht werden können. Daher seine Devise: *Beyond Realism and Anti-Realism*. Indem Rorty für den Pragmatismus Partei ergreift, beansprucht er einen Platz über dem Getümmel.

Nun sagten wir bereits, daß Rortys Unvergleichbarkeitsbehauptung sich in wissenschafts-„soziologischer" Hinsicht auf Kuhns wissenschaftsphilosophischen Ansatz stützt. Dieser Ansatz, den Rorty evolutionstheoretisch generalisiert, ließ jedoch innerhalb der

10 Vgl. auch R. Rorty: Pragmatismus, Davidson und der Wahrheitsbegriff, in: Die Wahrheit der Interpretation, a.a.O., S. 78f. (im folgenden zit. als PDW)

11 H. Putnam: Vernunft, Wahrheit und Geschichte, a.a.O., S. 75ff. Vgl. auch ders., Von einem realistischen Standpunkt. Schriften zur Sprache und Wirklichkeit, Hg. von V. C. Müller, Reinbek 1993, S. 151ff.

12 M. Dummett: Can Analytical Philosophy be systematic and should it be?, in: Ist systematische Philosophie möglich? (Hegel-Studien Beiheft 17), Hg. von D. Henrich, S. 305-326, dt., Ist analytische Philosophie systematisch?, in: Wahrheit, a.a.O., S. 218

einzelnen Paradigmen noch in einem schwachen Sinn Referenz zu, so daß unterschiedliche Paradigmen relativistisch auf unterschiedliche oder „viele Welten" beziehbar waren. Beiden Zugeständnissen an das erkenntnistheoretische Projekt, sowohl dem „Viele-Welten-Relativismus" als auch dem schwachen Sinn von Referenz, will Rorty den Boden entziehen. Davidsons Interpretationsphilosophie, die Rorty mit dem „ethnocentrism" verbindet, liefert in logisch-„erkenntnistheoretischer" Hinsicht die Argumente. Sie bietet ihm die „erste systematische Behandlung von Sprache, die *vollständig* mit der Auffassung von Sprache als etwas, das der Welt oder dem Selbst angemessen oder unangemessen sein kann, bricht. Davidson bricht nämlich mit der Auffassung, Sprache sei ein *Medium*, ein Medium der Darstellung oder des Ausdrucks."[13] Dadurch, daß Davidson alle Fragen über vermeintliche Relationen zwischen Sprache und dem übrigen Universum in „kausale Fragen" verwandelt, naturalisiert er „Bewußtsein und Sprache" und entzieht damit der traditionellen Subjekt-Objekt-Beziehung der Erkenntnis den Boden. Nach Sellars Kritik am „Mythos des Gegebenen" und nach Quines Angriff auf die beiden Dogmen des Empirismus wird mit Davidsons sinnkritischer Attacke auf den Schema-Inhalt-Dualismus der noch verbliebene epistemologischen Geist aus der Sprachphilosophie vertrieben. „This Davidsonian way of looking at language lets us avoid hypostatizing Language in the way in which the Cartesian epistemological tradition, and particularly the idealist tradition which build upton Kant, hypostatized Thought. For it lets us see language not as a tertium quid between Subject and Object, not as a medium in which we try to from pictures of reality, but as part of the behavior of human beings. On this view, the activity of uttering sentences is one of the things people do in order to cope with their environment."[14]

Wenn man also erstens den Gedanken aufgibt, daß unsere wahren Überzeugungen, im Unterschied zu falschen, in irgendeiner Weise mit der Welt zusammenhängen, und wenn man dann auch noch zweitens zum Schlag gegen Quines Holismus ausholt, dann wird man gar nicht erst versuchen, die Grenze des Wissens gegen die Grenze der Kultur und damit episteme und doxa gegeneinander abzugrenzen. Vielmehr wird man einsehen, daß alle unsere Überzeugungen zum selben Quineschen kulturellen Netz gehören und daß dieses Netz allein unter internen Gesichtspunkten beurteilbar ist. Wenn man dies akzeptiert und diesen Gedanken schließlich auch noch auf Quine selbst anwendet, dann wird man überhaupt nicht mehr sinnvoll die These vertreten können, die Realität sei schemarelativ. Wenn man aber diese These nicht mehr vertreten kann, dann ist man schon bei Davidson.

Mit Davidson arbeitet Rorty die Fehlschlüsse von „realistischen" Erkenntnistheorien heraus, die davon ausgehen, daß die Realität eine Art „Wahrmacher" sei. Gegen diese betont Rorty, daß Vokabulare allein unter internen Gesichtspunkten beurteilbar sind. Wie Davidson geht dabei auch Rorty von der These aus, daß es „zwischen den Überzeugungen und der Welt keine Beziehung des ‚Wahrgemachtwerdens'" gibt (PDW 59 und 92). Denn dazu müßten 1. die Relata „Sprache" und „Welt" ontologisch homogen sein, und 2. müßten wir über eine „Tertia" verfügen, „die die Außenansicht und die Innenansicht – die deskriptive und die normative – irgendwie miteinander verbindet" (PDW 77). Da wir je-

13 R. Rorty: Kontingenz, Ironie und Solidarität, a.a.O., S. 32 (im folgenden zit. als KO)

14 R. Rorty: Consequences of Pragmatism. Essays 1972-1980, Minneapolis 1982, XVIII (im folgenden zit. als CP)

doch weder über eine solche „Tertia“ verfügen, noch behaupten können, daß „Sprache“ und „Welt“ ontologisch homogen sind, entfällt nach Rorty auch die Möglichkeit, in bezug auf unterschiedliche Sätze bzw. Theorien zu sagen, daß die eine (z. B. die des Aristoteles) etwas über *eine* bestimmte Welt, die andere dagegen (z. B. die des Galilei) etwas über eine ganz *andere* Welt sagt. Und „die Moral der Geschichte ist: Wenn wir über keine derartige Tertia verfügen, haben wir auch keine geeigneten Gegenstände, die als Repräsentationen dienen können, und daher brauchen wir auch nicht zu fragen, ob unsere Überzeugungen die Welt richtig repräsentieren“ (PDW 76f.). Denn wenn zusammen mit der Tertia auch der Begriff der Repräsentation und der Entsprechung fällt, fällt damit auch der erkenntnistheoretische Skeptizismus, da dessen Frage, ob unsere Überzeugungen die Welt richtig repräsentieren, ohne Rekurs auf Repräsentation und Entsprechung nicht mehr formulierbar ist.

Verstehe ich Rorty recht, dann besteht die eigentliche Pointe seiner Sprach- und Interpretationsphilosophie also darin, daß sie nicht nur den bei Kuhn verbliebenen schwachen Sinn von Referenz tilgt, sondern auch den Kuhnschen „Viele-Welten-Relativismus“ unterläuft, indem hier nicht mehr nach der Erkenntnis von Gegenständen innerhalb verschiedener Schemata gefragt wird, sondern nach dem verwendeten Interpretationssystem und dem ihm entsprechenden Vokabular. Die Frage lautet demzufolge nicht mehr, wie sich Interpretation und Objekt bzw. Zeichen und Sachverhalt aufeinander beziehen lassen, sondern wie sich Interpretation auf Interpretation bzw. Zeichen auf Zeichen aufeinander beziehen. Unter der Voraussetzung nämlich, daß jede epistemisch relevante Wirklichkeit immer unter einer Interpretation steht, also unsere Diskurse einschließlich der Reflexionen auf ihre Begründung in einer unauflöslichen Abhängigkeit vom „contingent character of starting point“ stehen, folgert Rorty völlig zu Recht, daß die Repräsentationsfunktion der sprachlichen Zeichen auch nicht durch Rekurs auf Übereinstimmung mit einer „an sich“ existierenden Natur geklärt werden kann. Das Wahrheitsproblem scheint trivialisiert. Das einzige, worauf sich überhaupt eine Interpretation in ihrer Interpretationsfunktion beziehen läßt, ist wiederum nur eine Interpretation! „For aboutness is not matter of pointing outside the web. Rather, we use the term ‚about‘ as a way of directing attention to the beliefs which are relevant to the justification of other beliefs, not as a way of directing attention to non-beliefs.“[15] Mehr noch. Da sich auch die Unbestimmtheit der Interpretationen nicht so weit reduzieren läßt, daß die Anzahl der gleichermaßen akzeptablen Interpretationen eines objektsprachlichen Satzes limitiert und auf jeweils nur eine richtige Interpretation eingeschränkt werden kann,[16] ist auf Grund der völligen Bezugslosigkeit unserer Beschreibungsarsenale durch Re-, Um- und Neuinterpretationen keine Schranke gesetzt.[17] Aber nicht nur jeglicher Sachbezug wird aufgehoben. Auch die Idee eines ursprünglichen

15 R. Rorty: Inquiry as Recontextualization: An anti-dualist account of interpretation, in: Objectivity, relativism and truth. Philosophical Papers Vol. 1, Cambrigde 1991, S. 97

16 Vgl. R. Rorty: Is Natural Science a Natural Kind?, in: Constructions and Constraint. The Shaping of Scientific Rationality, Hg. von E. McMullin, Notre Dame 1988, S. 9. Hierzu auch G. Abel: Realismus, Pragmatismus, Interpretationismus. Zu neueren Entwicklungen in der Analytischen Philosophie, in: Allgemeine Zeitschrift für Philosophie, Heft 13 (1988), S. 62

17 Vgl. H.-H. Kögler: Die Macht des Dialogs. Kritische Hermeneutik nach Gadamer, Foucault und Rorty, Stuttgart 1992, S. 250f.

Kontextes, innerhalb dessen ein Phänomen steht, wird von Rorty aufgegeben. „For us pragmatists ... there is no such thing as an intrinsically privileged context. For realists there is some sense in which the object of inquiry ... has a context of its own, a context which is privileged by virtue of being the object's rather than the inquirer's."[18]

Wir sehen, Rorty gelangt im Rahmen einer pragmatischen Interpretationsphilosophie zu vergleichbar ähnlichen Auffassungen, wie sie uns im Umfeld des französischen Poststrukturalismus (in der Philosophie beispielsweise von Derrida oder in der Literaturwissenschaft von J. Kristeva) bekannt geworden sind. Auch hier wird gefragt, wie sich die Plausibilität der Interpretation kontrollieren läßt bzw. wie sich so etwas wie eine autoritative Interpretation konstituiert, wenn denn *signans* und *signatum* nie in einer Äquivalenzbeziehung stehen und sich die Autorität einer Interpretation nur durch und vermittels einer anderen Interpretation legitimiert. Und auch hier schlußfolgert man aus der Tatsache, daß, wenn sich die „Lücke" oder „Differenz" zwischen Signifikant und Signifikat identitätslogisch nicht auffangen läßt, die semiotische Dialektik unweigerlich ins Bodenlose stürzt.[19]

Rortys Interpretationsphilosophie setzt zwar nicht wie die seiner französischen Kollegen semiotisch, sondern logisch an. Er ist nahezu völlig desinteressiert an der Mannigfaltigkeit möglicher Zeichen. Auch will er nicht, wie Derrida, die ontologische Differenz durch die „Différance" einer Schrift überbieten, die einen schon in Bewegung gesetzten Übergang mit der Ausgrabung einer *Ur-Schrift* wiederum eine Etage tiefer legt und damit quasi den Platz eines subjektlosen Erzeugers von Strukturen einnimmt. Rorty ist konsequenter. Wie Derrida begreift zwar auch er transzendentalphilosophische Unternehmen als eine spezifisch moderne Fassung von Letztbegründung. Während jedoch Derrida diesem in einem doppelten Sinn verpflichtet bleibt – zum einen konstatiert er die Notwendigkeit der transzendentalen Analyse, zum anderen ihr nicht-kontingentes Mißlingen[20] –, will Rorty die gesamte Begründungsdiskussion einfach als pointenlos beiseite schieben. Und zwar nicht nur weil jede „Dekonstruktion" eine „Konstruktion" zu ihrer Voraussetzung hat, an der allein sie ihren Halt finden kann, sondern weil bei Derrida „die supplementäre Differenz ... als Stellvertreter (vicarie) für die ihrer selbst ermangelnde ursprüngliche Präsenz"[21] fungiert, die leicht wieder als ein verkapptes Fundament mißverstanden werden kann. Solchen möglichen Mißverständnissen gedenkt Rorty schon im Ansatz zu begegnen. Er will nicht morbiden Fundamenten ein haltbareres unterbauen, sondern prinzipiell auf Fundamente verzichten. Aber ungeachtet dieser „Differenzen" bleibt in einer Hinsicht das Resultat nahezu gleich: Hier wie dort wächst proportional zur Arbeit der Dekonstruktion/Interpretation die Schutthalde der Interpretationen. Nur daß eben Rorty – im Gegensatz zu Derrida – nicht daran glaubt, auf dem Weg der Dekonstruktion zu den verschütteten Fundamenten vorzudringen, die jener dekonstruktiv freilegen will.

18 R. Rorty: Inquiry as Recontextualization, a.a.O., S. 96
19 Vgl. U. Eco: Semiotik und Philosophie der Sprache, a.a.O. S. 222f.
20 Vgl. Ch. Menke: Die Souveränität der Kunst, a.a.O., S. 229
21 J. Derrida: Die Stimme und das Phänomen, a.a.O., S. 145

Für Rorty hat also nicht nur der Gedanke, daß es keine nichtkontingenten Fundamente der Sprache bzw. der Erkenntnis gibt, nichts Beunruhigendes, eine Beunruhigung, die sich in der Tat nicht beseitigen ließe. Auch der Gedanke, daß wir Theorien nicht miteinander hinsichtlich ihres Gegenstandsbezuges vergleichen und deren Geltungsansprüche an Hand intersubjektiv verbindlicher Standards beurteilen können, scheint Rorty nicht sonderlich zu bekümmern. Das letzte Wort, das es hierzu zu sagen gibt, lautet für Rorty: Es sind eben lediglich unterschiedliche Deskriptionen bzw. Interpretationen „,of the same world'", die eine nicht wahrer als die andere (CP XLVII). Abgesehen nun davon, daß Rorty die Frage verbieten muß, was diese „ein und dieselbe Welt" für eine Welt ist, denn dafür müßte er entweder selbst den extramundanen Standpunkt eines entweltlichten Subjekts einnehmen, was logischerweise die Kontingenzannahme von selbst verbietet, oder aber er müßte eine Perspektive einnehmen, die es erlaubt, nicht nur die fremden Auffassungen im Lichte unserer eigenen Standards, sondern auch die eigenen im Lichte der fremden zu prüfen. Das schließt aber wiederum sein „Ethnozentrismus" und der auf ihm ruhende intersubjektivitätstheoretische Negativismus aus, der ihn ja gerade auf die Privilegierung der je eigenen Perspektive festlegt.

Wichtiger aber noch erscheint mir in diesem Zusammenhang ein Folgeproblem, das sich Rorty mit dieser Privilegierung der eigenen Perspektive einhandelt. Obwohl Rorty ausdrücklich auf eine Verschmelzung der Interpretationshorizonte zielt, ist es für ihn jeweils die je eigene Perspektive, von der aus und zu der hin das Fremde hermeneutisch assimiliert wird. So fordert Rorty zwar beständig, daß wir unsere Interpretationen miteinander vergleichen sollen. Diese Forderung ist nun jedoch insofern eine Leerformel, als er ja ausdrücklich bestreitet, daß es so etwas wie eine gemeinsame Sprache und damit Maßstäbe und Kriterien für den Vergleich unterschiedlicher Interpretationen geben kann. Hierfür gibt es systematische Gründe. Es sind Rortys interpretationsphilosophischen Vorentscheidungen, die es ihm verbieten, durch und vermittels einer Analyse notwendiger Bedingungen von Verständigung die Idee einer unversehrten Intersubjektivität zu entwickeln, die eine Verständigung der Kommunikationsteilnehmer im Umgang miteinander ebenso erklärt wie die Identität eines mit sich selbst identischen Individuums. Indem Rorty dem Verstehensprozeß eine einseitige, sprich ethnozentristische Ausrichtung gibt, wird nämlich nicht nur die in der sprachlichen Kommunikation implizierte Reziprozitätsstruktur aufgehoben, sondern auch völlig unkritisch die eigene historisch-kontingente Perspektive zum selbstverständlichen Maßstab aller Beurteilung; ein Maßstab, der, da er die Autorität des faktisch Vernünftigen immer schon für sich hat, einen kritischen Vergleich der einen und der anderen Interpretation an Hand *übergreifender philosophischer Kriterien* systematisch verunmöglicht. Der Kulturvergleich, der ursprünglich einer radikalen Zivilisationskritik als Berufungsinstanz gegenüber den eigenen unbefragten Ansprüche diente, wird sistiert und läuft damit auf ein Bestätigungsverfahren für den eigenen historisch-kontingenten Standpunkt hinaus. Man kann auch sagen, Rorty stellt sich schlicht „auf den Boden der Tatsachen", d. h. auf den Standpunkt, der die Existenz des faktisch Vernünftigen in all seinem Räsonnement jederzeit voraussetzt, ohne ihn zu problematisieren.

Das hat Rorty wiederholt den Vorwurf des „Kulturrelativismus" eingebracht, der leicht in einen „Kulturimperialismus" umschlagen könne.[22] Obgleich Rorty diesen Vorwurf mehrfach zurückwies und als bloßen Reflex der von ihm attackierten Tradition einklammert (CP 160ff. und SO 15f.), ist er bis heute nicht verstummt. Hierfür gibt es gute Gründe. Denn Rorty liefert zwar eine überzeugende Kritik an fundamentalistischen Thematisierungsweisen der Geltung von Diskursen – Thematisierungsweisen, die Geltungsansprüche durch ein Verfahren der Letztbegründung zu sichern suchen. Und auch seine Kritik der traditionellen Erkenntnistheorie fällt überzeugend aus. Er kann jedoch nicht zeigen, daß sein perspektivistischer Partikularismus, der von dem unaufhebbaren Nebeneinanderbestehen einer Vielzahl von gleichgeordneten Diskursmöglichkeiten ausgeht (aus der wir dann jenseits argumentativer Begründung eine pragmatisch vorziehen), eine innere Konsequenz seines *Antifundamentalismus* und *Antirelativismus* ist.

Rorty argumentiert freilich weder für die Auffassung, ein Glaube tauge soviel wie jeder andere, noch ist er der Meinung, „‚wahr' sei ein mehrdeutiger Ausdruck, dem ebenso viele Bedeutungen entsprächen, wie es Rechtfertigungsverfahren gibt." Die erste Auffassung scheint ihm schlicht „selbstwidersprüchlich" und die zweite einfach „überspannt". Rorty meint jedoch, den Relativismusvorwurf allein schon mit dem Argument abgewehrt zu haben, daß er darum, weil er keine positive Theorie vertritt, die besagt, etwas sei relativ zu etwas anderem, auch keine relativistische Theorie vertreten kann. „Da er auf seiten der Solidarität steht, hat seine Darstellung des Werts der kooperativen menschlichen Forschung keine erkenntnistheoretische oder metaphysische Basis, sondern nur eine ethische." (SO 16) Nun möchte ich nicht bestreiten, daß es einen internen Zusammenhang zwischen den universalistischen Geltungsansprüchen resp. ihrer Einlösung in Diskursen gibt und dem, was Rorty „Solidarität" nennt, also den liberalen und demokratischen Ideen der Moderne. Im Gegenteil. Wie Albrecht Wellmer zeigt, sind die Ideen der Wahrheit und der rationalen Argumentation auf vielfältige Weise mit eben diesen demokratischen und liberalen Ideen der Moderne verknüpft.[23] Bestreiten möchte ich dreierlei: Erstens, daß Rortys „Anerkennung der Kontingenz" unserer Sprache, Kultur und unseres Selbst derartig ruinöse Folgen im Hinblick auf das Wahrheitsproblem haben soll, wie Rorty suggeriert. Zweitens, daß die von Rorty aufgemachte Alternative *Solidarität oder Objektivität* eine angemessene Antwort auf das Scheitern des erkenntnistheoretischen Projekts darstellt. Und schließlich drittens, daß Rorty dem Relativismusvorwurf schon allein mit dem Argument begegnen kann: „Da er *keine* Erkenntnistheorie vertritt, vertritt er a fortiori keine relativistische." (SO 16)

22 H. Putnam: Vernunft, Wahrheit und Geschichte, a.a.O., S. 166 und 285; ders., Realism and Reason. Philosophical Papers Vol. 3, Cambridge 1983, S. 283; J. Habermas: Moralbewußtsein und kommunikatives Handeln, Frankfurt/M. 1983, S. 19f.; ders., Der philosophische Diskurs der Moderne, a.a.O., S. 241

23 Vgl. A. Wellmer: Wahrheit, Kontingenz, Moderne, in: Endspiele: Die unversöhnte Moderne. Essays und Vorträge, Frankfurt/M. 1993, S. 165

5.2. Verstehen und Vergleichen

Eine von Rortys grundsätzlichen Thesen lautet, über Wahrheit und Rationalität läßt sich nichts weiter sagen, als daß es sich hierbei um „Beschreibungen der vertrauten Rechtfertigungsverfahren" handelt, „die eine bestimmte Gesellschaft – die *unsere* – auf diesem oder jenem Forschungsgebiet verwendet" (SO 15). Diese These, die „Erkennen als ... soziale Rechtfertigung von Meinungen" versteht und die die Gemeinschaft als alleinige Quelle der epistemischen Autorität begreift, betrachtet Rorty als charakteristisch für seinen Pragmatismus. So wird man denn auch den Pragmatisten nicht wegen seines Relativismus, sondern allenfalls wegen seines Ethnozentrismus kritisieren können. „Sich ethnozentrisch verhalten heißt: das Menschengeschlecht einteilen in diejenigen, vor denen man seine Überzeugungen rechtfertigen muß, und die übrigen." (SO 27) Danach ist dann das, was als „rational oder fanatisch gilt", nicht mehr absolut, sondern „relativ", da es sich nach den jeweils „gemeinsamen Überzeugungen" einer Gruppe richtet, die durch „den Bezug des Wortes ‚wir' bestimmt" werden (SO 85). Nun impliziert diese These allerdings mehr, als Rorty zuzugeben bereit ist. Sie impliziert nämlich nicht nur die Ablehnung einer alle Gruppen übergreifenden Metasprache. Damit ließe sich leben. Was die philosophische These einer bloß ethnozentristischen Rationalität problematisch macht, ist ihr relativistischer Gehalt. Denn abgesehen davon, daß schon die Einteilung des Menschengeschlechts in zwei Hälften alles andere als unproblematisch ist, da durch diese Einteilung der Ethnozentrismus in einen Kulturimperialismus umzuschlagen droht. Und abgesehen auch davon, daß selbst ein einzelner sich inmitten einer „Wir-Gemeinschaft" vernünftig und rational verhalten kann, welche „Rechtfertigungsverfahren" institutionalisiert hat, die eben nicht vernünftig und rational, sondern schlicht die „Orwellscher Bürokraten des Terrors" sind; der wirklich springende Punkt ist hier doch offenkundig, *ob Rortys Ethnozentrismus widerspruchlos überhaupt mit dem Antirelativismus vereinbar ist.*

Natürlich wird man Rorty nicht bestreiten können, daß die semantische Gemeinsamkeit in einem Gespräch nur so weit reicht wie die dialogische Praxis, die sie trägt. Und es läßt sich ebenfalls nicht bestreiten, daß jedes Verstehen an die hermeneutische Ausgangslage zurückgebunden bleibt. Selbst Wahrheitsansprüche, die für uns absolut gelten, erheben wir aus unserer Kultur – von wo denn sonst. All dies sind jedoch keine Argumente für einen ethnozentristischen Partikularismus á la Rorty. Die einzig wirklich interessante Frage ist doch: Können die Ansprüche und Perspektiven der an einem Gespräch Beteiligten in diesem Gespräch zur Geltung gebracht werden und lassen sich in einem solchen Gespräch Maßstäbe erzeugen, begründen und universalisieren, die einer vernünftigen Urteilsbildung unterlegt werden können?

Rorty nimmt zu dieser Frage eine zweideutige Haltung ein. Einerseits lehnt er Foucaults These ab, es sei sinnlos, sich auf ein „Wir" zu beziehen, „dessen Konsens, dessen Werte, dessen Tradition den Rahmen eines Gedankens konstituieren und die

Bedingungen definieren, in denen er überprüft wird".[24] Gegenüber Foucault nimmt Rorty die Rolle eines hermeneutischen Aufwieglers ein. Zum anderen ist das für Rortys Neopragmatismus charakteristische Insistieren auf den lebensweltlichen Kontext mit einer ausdrücklichen Begrenzung des eigenen „Wir-Raums" verbunden.[25] Daher muß Rorty gegenüber Habermas, für den die allgemeinen „Voraussetzungen kommunikativen Handelns" universell sind, sich in die Rolle des kontextualistischen Abwieglers begeben. Die hieraus erwachsene Zweideutigkeit besteht nun darin, daß Rorty zwar bestrebt ist, den eigenen „Wir-Raum" beständig zu erweitern, gleichzeitig aber die Notwendigkeit, ja schon die Möglichkeit einer symmetrischen Beziehung zwischen „uns" und „ihnen" (und damit auch die Möglichkeit einer wechselseitigen Perspektivenübernahme) bestreitet.[26] Aus der richtigen Feststellung, daß es weder eine „sachliche ‚Neutralität'" gegenüber anderem Sinn noch eine Metasprache gibt, schlußfolgert Rorty, daß Verstehen nur als assimilatori-sche Einverleibung des Fremden in das eigene Vorverständnis möglich sei.

Diese Schlußfolgerung ist jedoch keineswegs so plausibel, wie Rorty meint. In dem von Rorty als hermeneutisch apostrophierten Gespräch wird die hermeneutische Universalität ja nicht durch eine Sprach- und Situationsnormierung gesichert, sondern durch die Interdependenz des Gesprächs selbst. Daher herrscht in solch einem Gespräch eine semantische Bewegung, auf die Rorty im Anschluß an Davidson auch aufmerksam macht. Wenn nun aber die „Unterscheidung zwischen verschiedenen Kulturen" tatsächlich nicht von der „Unterscheidung differieren soll, die man zwischen den von den Angehörigen einer einzigen Kultur vertretenen Theorien macht" (SO 21), wenn also das „Verständigungsproblem" zwischen den „Ureinwohnern Tasmaniens und den britischen Siedlern" oder zwischen „Gladstone und Disraeli" lediglich aus der „Schwierigkeit" resultiert, wie „Meinungsverschiedenheiten" zu überwinden sind, dann liegt hier offenkundig nicht mehr das Problem vor, welches Rorty beständig beschwört: daß der Bereich ethnosexterner Ansprüche nicht rational beurteilt werden kann. Denn um diese Meinungsverschiedenheiten und Mißverständnisse überhaupt als Meinungsverschieden-heiten und Mißverständnisse vor einem „Hintergrund massiver Übereinstimmung" identifizieren zu können, das haben wir bei Gadamer und Davidson gesehen, muß das Verständigungsproblem durch eine Horizontverschmelzung innerhalb eines *erweiterten Horizonts möglicher Verständigung* bereits gelöst sein. Andernfalls könnte Rorty sich gar nicht auf diese Beispiele stützen und obendrein noch erklären, worin die Meinungsverschiedenheiten und Mißverständnisse gründen. Das Geschäft der Beschreibung zweier Sprachspiele nimmt ja auch wieder ein Sprachspiel in Anspruch, mit dem es Rorty überhaupt erst möglich wird, sich kritisch auf jene zu beziehen.

Diese Horizontverschmelzung, die weder in „unserer" noch in „ihrer" Sprache gewonnen wird, sondern in einer neu ausgehandelten, erweitert in eben diesem Gespräch unser

24 M. Foucault: Polemics, Politics and Problematization. An Interview, in: The Foucault Reader, Hg. von P. Rabinow, New York 1984, S. 385

25 Rortys Neopragmatismus läßt sich daher auch als „pragmatischer Minimalismus" bezeichnen. Vgl J.-F. Lyotard: Die Aufklärung, das Erhabene, Philosophie, Ästhetik. Gespräch mit Jean-Francois Lyotard, in: W. Reese-Schäfer: Lyotard zur Einführung, Hamburg 1988, S. 151

26 Zum diesem Problem H.-P. Krüger: Perspektivenwechsel. Autopoiese, Moderne und Postmoderne im kommunikationstheoretischen Vergleich, Berlin 1993

gemeinsames Selbst- und Weltverständnis. Freilich ist dazu eine prinzipielle Symmetrie der Ansprüche und Perspektiven nötig, die nun aber bei Rorty gerade durch die ethnozentristische Engführung schon auf der Ebene des Verstehensproblems – und nicht erst auf der Ebene der argumentativen Rechtfertigung von Geltungsansprüchen – blockiert wird. Zwar bestreitet auch Rorty nicht, daß Meinungsverschiedenheiten mit unseren sonstigen Übereinstimmungen in Einklang gebracht werden können. Er bestreitet jedoch, daß eine Verständigung über substantielle Fragen und eine Universalisierung von Kriterien und Maßstäben zu ihrer Bewertung in einer symmetrischen Weise möglich sind. Daher die antiuniversalistische These einer bloß ethnozentristischen Rationalität, das Plädieren für einen „Rationalitätsbegriff des kriteriumslosen Sichdurchwurstelns" und eine „pragmatische Wahrheitsauffassung", in der „wahr" lediglich ein der „Empfehlung dienender Ausdruck" ist (SO 25). Dies ist nun aber insofern inkonsequent, als gerade die gelingende Verständigung zwischen den Angehörigen verschiedener Kulturen die These dementiert, daß es nur ethnosimmanente Ansprüche, Kriterien und Maßstäbe gibt, die quasi an der Grenze des eigenen „ethnos" enden. Denn dieses Verstehen könnte als Konfrontation zweier völlig differenter und gegeneinander abgeschlossener Sprachspiele überhaupt nicht beginnen, geschweige daß es zu Meinungsverschiedenheiten und Mißverständnissen kommen könnte.

Wenn also die „Unterscheidung zwischen verschiedenen Kulturen" tatsächlich nicht von der Unterscheidung differieren soll, die man zwischen den von den „Angehörigen einer einzigen Kultur vertretenen Theorien macht", und wenn in dieser Kultur Wahrheit und Rationalität mit Bezug auf die zur Verfügung stehenden „Rechtfertigungsverfahren" bestimmbar sind – und zwar trotz konkurrierender theoretischer Paradigmen, dann ist überhaupt nicht mehr einzusehen, warum dies nicht auch zwischen den Kulturen möglich sein soll. Denn genausowenig wie die gemeinsamen „Grundüberzeugungen" der eigenen „Wir-Gemeinschaft" durch konkurrierende theoretische Paradigmen gefährdet werden, da diese entweder rein gar nichts mit diesen Grundüberzeugungen zu tun haben können, oder aber sie haben etwas mit den Grundüberzeugungen und damit mit der Identität der „Wir-Gemeinschaft" zu tun, dann müssen sie jedoch innerhalb dieser Gemeinschaft kommunikativ überbrückbar sein, sonst macht die Rede von einem „Korpus gemeinsamer Überzeugungen" keinen Sinn, genausowenig wird die Verständigung zwischen verschiedenen Kulturen durch unterschiedliche Grundüberzeugungen gefährdet.

Im Grunde kann daher Rorty seine These einer nur ethnozentristischen Rationalität auch nur behaupten, nicht aber wirklich begründen, geschweige daß es ihm möglich wäre, ohne Willkür die je eigene „Wir-Basis" gegenüber anderen als in kriterial relevanter Weise auszuzeichnen. So schielt denn hinter Rortys Ethnozentrismus ein Dezisionismus hervor, der zwar universelle Prinzipien ausdrücklich anerkennt – z.B. die Menschen- und Bürgerrechte –, der aber schon im Ansatz die Frage verbietet, wie es den möglich sei, daß *alle* ihr gleiches Recht auf authentische Selbstverwirklichung in der Form des friedlichen Zusammenlebens verwirklichen können. Im Konfliktfall zwischen den Kulturen müßte Rorty also entweder den *american way of life* propagieren, ohne daß er sich dabei auf universelle Prinzipien und Geltungskriterien berufen könnte, oder er müßte die These einer bloß ethnosimmanenten Rationalität aufgeben. Denn genausowenig wie Rationalität und Vernunft sich in endlich viele Reflexions- und Selbstreflexionsfiguren einschließen lassen, so wenig lassen sich Rationalität und Vernunft in die vermeintlich sicheren Grenzen geschlossener Sprachspiele sperren. Zu Recht kann Rorty also nur sagen, es gibt keine „ahistorischen Rationalitätskriterien". Die weiterreichende These, daß derjenige, der einen universalistischen Rationalitätsbegriff vertritt, einem „cartesianischen Fehlschluß" aufsitzt, ist keineswegs eine Konsequenz von Rortys Antifundamentalismus, sondern eher die Konsequenz seines ethnozentristischen Partikularismus.

Denn der Antifundamentalismus (und schon gar nicht der Antirelativismus) verlangt eben nicht eo ipso eine partikularistische Diskurstheorie, die Diskurse als unauflösliches Nebeneinander argumentativ nicht überbrückbarer Alternativen konzeptualisiert. Genau diese Konsequenz legt jedoch Rorty nahe. So als würde es auf Punkt und Komma feststehen, präsentiert uns Rorty die vermeintliche Alternative ahistorischer Universalismus oder historistischer Kontextualismus. Und da für ihn der Universalismus die Kehrseite des Fundamentalismus darstellt, fällt zusammen mit der Kritik am Fundamentalismus auch der Universalismus. Die Argumente gegen den Fundamentalismus und gegen den Relativismus – so seine These – sind genaugenommen Argumente für ein partikularistisches Verständnis von Diskursen inklusive der in ihnen erhobenen Geltungsansprüche.[27] Zwar ontologisiert Rorty nicht wie Lyotard die „Differenzen" zwischen den Sprachen und Kulturen, so daß die jeweils zu verstehende Sprache bzw. Kultur als „ganz andere" immer schon der Beurteilung entzogen wäre. Im Gegenteil. Gegen einen selbstwidersprüchlichen Relativismus behauptet Rorty mit Davidson, daß die Bestimmung des sprachlich oder kulturell ganz anderen sich sinnvoll nicht vertreten läßt. Und Rorty fordert ja auch beständig den Vergleich zwischen verschiedenen Sprachspielen. Insofern muß es aber auch etwas geben, das es uns erlaubt verschiedene Sprachspiele und die in ihnen erhobenen Geltungsansprüche mittels bestimmter Vergleichsmittel, Standards oder Maßstäbe zu vergleichen.

Selbst wenn man nun mit Rorty annimmt, daß „eine pragmatische Rechtfertigung der Toleranz, der Forschungsfreiheit und des Strebens nach unverzerrter Kommunikation" in einem Vergleich besteht „zwischen Gesellschaften, die diese Gewohnheiten aufweisen, und Gesellschaften, in denen sie nicht existieren" (SO 25), in jedem Fall stellt sich die Frage nach dem Vergleichsmittel. Hier nun reagiert Rorty hinsichtlich dessen, was denn dieses Etwas sein soll, erstaunlich unsicher. Und das ist nicht verwunderlich. *Der Ethnozentrismus muß beim Vergleich widerstreitender Rationalitätsstandards seinen Offenbarungseid leisten.* Denn entweder es läßt sich für einen solchen Vergleich ein Vergleichsstandard und damit ein *tertium comparationis* begründen, dann ist er der Maßstab, an Hand dessen Sprachen und Kulturen hinsichtlich bestimmter Eigenschaften in ein Vergleichsverhältnis gesetzt und beurteilt werden können. Oder aber es gibt nicht diesen Standard oder Maßstab, dann gibt es aber nicht nur kein Vergleichsverhältnis, dann ist es überhaupt sinnlos von Vergleich zu sprechen. Ein Vergleich als Vergleich erzwingt sowohl ein *Vergleichsverhältnis* zwischen den Vergleichseinheiten als auch ein *Vergleichsmittel,* in bezug auf das verglichen werden kann.

27 Vgl. Ch. Menke-Eggers: Relativismus und Partikularismus. Zu einigen Überlegungen bei R. Rorty, in: Philosophische Rundschau, 36 Jg. (1989), S. 26f.

Beim Vergleich von Sprachen und Kulturen hinsichtlich bestimmter „Eigenschaften" („theoretische Reichweite", „Kohärenz", „Freiheit", „Toleranz") ergibt sich also in der Tat die Frage nach dem Maßstab, der einen solchen Vergleich ermöglicht, wenn wir als Angehörige einer, nämlich unserer Kultur, aus dieser nicht heraustreten können, mithin parteilich sind, da wir *„unsere Maßstäbe" als Original* anwenden. Dies wäre jedoch noch kein Argument für ein partikularistisches Verständnis von Diskursen. Die kontextuelle Bedingtheit jeder Argumentation ist – entgegen Rorty – sowohl mit dem Erheben und dem Einlösen von kontexttranszendierenden Geltungsansprüchen als auch mit der Einführung, Begründung und Universalisierung intersubjektiv geltender Standards oder Maßstäbe vereinbar – und zwar ohne dabei einen Gottesstandpunkt einnehmen zu müssen.

Es ist ebenso einleuchtend wie trivial, daß Vergleichen in jedem Fall zweierlei voraussetzt: Erstens setzt jeder Vergleich voraus, daß das, was verglichen wird, *kommensurabel* ist. Und zweitens, daß es einen *Vergleichsmaßstab* gibt, d. h. ein Standard oder Original, mit dem verglichen wird. Unter einem Original oder Standard als dem Repräsentanten bestimmter Eigenschaften können wir zunächst ein ursprüngliches Modell verstehen, an Hand dessen Kopien im Sinn der Reproduktion von Originalen hergestellt werden können. In diesem Sinn hat Plato die Originale als Ideen und die Abbilder als Kopien begriffen. Wollen wir nun nicht ewige Ideen als Originale betrachten, dann müssen wir die Frage nach der Herkunft dieser Originale und Standards klären. Betrachten wir zunächst die einfache taxonomische Arbeit. Durch die Auswahl einer Pflanze aus der Umwelt wird eine biologische Art individuell vorgestellt. Klar ist, daß der repräsentierte Organismus das wirkliche Verhalten seiner biologischen Artgenossen nicht mehr vollziehen kann. Er dient vielmehr als Vergleichsmittel. Der *Potenz* nach besitzt jeder Sachverhalt die Möglichkeit, als Original verwendet zu werden. Jedoch in *Wirklichkeit* wird er zum Original durch die intersubjektive Auswahl bestimmter Eigenschaften, die er *repräsentiert*. Er ist als Original Repräsentant der Eigenschaften, die wir isoliert und unter Abstraktion von anderen Eigenschaften fixiert haben. Was wir als Original verwenden, ist also nicht schlechthin Original, sondern Original unter *angeeigneten* und *kontrollierten* Bedingungen; Bedingungen, die diesen Sachverhalt als Vertreter einer bestimmten Eigenschaft ausweisen. Von daher hat Rorty also durchaus recht: es sind immer „unsere Maßstäbe", die wir beim Vergleichen anwenden. Und ebenfalls völlig richtig ist, daß wir diese Maßstäbe oder Originale nicht durch das göttliche Licht der Vernunft empfangen. Originale sind als Reflexionsmittel etwas Produziertes. Das heißt aber, sie sind unter den qualitativ bestimmten Bedingungen ihrer Auswahl und ihrer anschließenden Normierung intersubjektiv verbindlich und objektiv gültig!

Die eigentümliche Schwierigkeit für das Vergleichsproblem konkurrierender Rationalitätstypen besteht nun darin, daß wir uns einerseits das Original oder den Standard nur als Resultat eines Vergleichs mit anschließender Normierung vorstellen können, daß aber andererseits das Original oder der Maßstab die Voraussetzung für den analytischen Vergleich ist. Da sich nun diese Originale und Standards nicht zum Rest der Realität wie Platos Ideen zu ihren empirischen Manifestationen verhalten, eine solche Annahme wäre reine Metaphysik, da wir aber auch nicht die absurde These vertreten können, daß die Originale oder Standards ebenso Resultat wie Voraussetzung derselben Vergleichsleistung sind, müssen wir das Vergleichen unterscheiden. Vergleiche ohne Originalanwendung heißen „protoanalytische Vergleiche". Sie führen im Fall der positiven Entscheidung zur Analogiebildung oder Ähnlichkeitsfeststellung. Vergleiche hingegen, die unter Voraussetzung von Originalen erfolgen, nennen wir „analytische Vergleiche". Enden diese mit einem positiven Entscheid, dann stellen wir die abstrakte Gleichheit fest, d. h. eine Beziehung, die die Eigenschaften der Selbstgleichheit des Originals und der Drittengleichheit besitzt. Wenn nun zwei Sprachspiele beschrieben und hinsichtlich bestimmter Eigenschaften verglichen werden, dann kann dies nur unter der Voraussetzung von Originalen und Standards geschehen. Klarerweise ist hier selbst ein Sprachspiel vorausgesetzt, mit dem man sich kritisch auf jene beziehen kann. Das Verstehensproblem als Problem der radikalen Interpretation ist hier jedoch bereits gelöst. Von theoretischem und systematischem Interesse ist daher eher der Fall, wo die hermeneutische Differenz zwischen konkurrierenden Rationalitätstypen durch eine radikale Interpretation aufgehoben werden soll, da in diesem Fall ja kein weiteres Sprachspiel zur Verfügung steht, mit dem man sich kritisch auf jene beziehen könnte.

Nun besteht weitestgehende Einigkeit darüber, daß die unterschiedlichen Interpretationshorizonte nicht auf einen univoken Horizont zurückzuführen sind. Aber auch die Möglichkeit, durch das Dickicht der Lebenswelt und ihrer natürlichen Sprachen auf eine universelle Grammatik hindurchzugreifen, klingt nicht sehr vielversprechend. Daher muß gezeigt werden, wie das Vergleichsproblem konkurrierender Rationalitätstypen unter der Voraussetzung nicht existierender Maßstäbe gelöst werden kann. Daß diese Frage im Rahmen von Rortys Überlegungen überhaupt kein Problem darstellen kann, ist evident. Wird von Rorty doch schon die Frage nach solchen Maßstäben, so diese auch noch intersubjektiv verbindlich sein sollen, als Zugeständnis an einen bodenlosen Universalismus diskreditiert. Gegen Rorty wäre also zu zeigen, wie das Vergleichsproblem konkurrierender Rationalitätstypen unter der Voraussetzung nicht existierender Maßstäbe ohne Rückgriff auf einen Gottesstandpunkt gelöst werden kann.

Meine These lautet: durch den Verstehensprozeß selbst. Der Verstehensprozeß, in dessen Verlauf die Horizonte der an einem Gespräch Beteiligten innerhalb eines erweiterten Horizontes möglicher Verständigung verschmelzen, ist *zusammen mit dem neuen Selbst- und Weltverhältnis durch die einführende Produktion von intersubjektiv geltenden Originalen und Standards vermittelt.* Der Übergang von der Analogiebildung zur Äquivalenzbildung ist im Verstehensprozeß durch die Einführung von kontextübergreifenden Rationalitätsstandards dergestalt realisiert, daß eine Analogiebildung ein Original setzt, während die normierende Auswahl das Original wirklich herstellt. Demgemäß ist der Übergang von der Ähnlichkeitsfeststellung zur Feststellung der Äquivalenz mit einer Verkehrung behaftet: Im protoanalytischen Vergleich ist der Maßstab sekundär, währenddessen er im analytischen Vergleich primär ist. Dieses Verhältnis von Setzen und Voraussetzen gilt es innerhalb des hermeneutischen Problems des Verstehens zu reflektieren, wenn überhaupt das Problem des Vergleichs intersubjektiv geltender Maßstäbe begriffen werden soll.

Dann wird auch einsichtig, daß mit der Einführung eines Sachverhalts als Standard und Original innerhalb eines erweiterten Horizontes möglicher Verständigung zugleich die Möglichkeit der evaluativen Bewertung gegeben ist. Denn mit der Einführung von kontextübergreifenden Rationalitätsmaßstäben erfolgt auch die Festlegung der Sprache, mit der der Zugriff auf zu evaluierende Sachverhalte realisiert wird. Zwar sind wissenschaftliche und kulturelle Rationalitätsstandards nicht durch einen einmaligen Akt der Normierung auf ewig fixierbar – das unterscheidet sie vom Pariser Urmeter. Dieses ist mit der einführenden Normierung invariant fixiert, während jene in steter Bildung begriffen sind – eben darum sprechen wir von einer *historischen Vernunft*. Daraus aber folgern zu wollen, es gäbe überhaupt keine intersubjektiv geltenden Maßstäbe, stellt den Sachverhalt einfach auf den Kopf.

Wenn dies annähernd stimmt, dann brauchen wir also weder einen „Spiegel der Natur", um die Rationalität und die Vernunft zu retten. Noch sind wir genötigt, im totalisierenden Vorgriff auf einen alle Kontexte übergreifenden *idealen Grenzbegriff* einen *idealen Maßstab* anzusetzen. Gegen derartige Vorgriffe kann Rorty völlig zu Recht geltend machen, daß dies gleichbedeutend ist mit dem hoffnungslosen Versuch, aus unserem Sprachspiel herauszutreten, um dieses aus einer Gottesperspektive zu betrachten. Denn die von Peirce verfochtene Idee eines Abschlusses der Forschung, von der nicht nur Putnams intern-realistische Wahrheitstheorie inspiriert ist, sondern auch die konsenstheoretische Wahrheitstheorie von Apel und Habermas, hätte nur unter der Voraussetzung einen Sinn, wenn wir imstande wären, in der Forschung eine „asymptotische Konvergenz auszumachen"; eine Voraussetzung, die WissenschaftstheoretikerInnen wie Thomas S. Kuhn und Mary Hesse zufolge eher ein zeitlich und örtlich begrenztes Phänomen darstellt. Daher argumentiert Rorty für die These: Es gibt nur den Dialog und nichts sonst. Der Dialog ist für Rorty der „unhintergehbare Kontext, in dem die Erkenntnis verstanden werden muß" (Sp 422).

Eine ähnliche Position scheint auch Putnam zu vertreten, dem Rorty attestiert, dessen intern-realistische Perspektive habe viel mit seiner pragmatischen gemeinsam, wobei Rorty vor allem die Ablehnung der metaphysischen „Korrespondenztheorie" der Wahrheit und die Ablehnung von nicht anthropozentrischen Rationalitäts- und Objektivitätsmaßstäben im Auge hat. Im Gegensatz zu Rorty beharrt jedoch Putnam darauf, daß Vernunft, Rationalität und der Wahrheitsbegriff zu retten seien: und zwar als „(idealisierte) rationale Akzeptierbarkeit".[28] Das hieraus resultierende Problem besteht nun nicht darin, daß Putnam gegen Rorty den Zusammenhang zwischen Vernunft, Rationalität, Wahrheit und Rechtfertigung verteidigt. Gerade hier liegen die Stärken des *internen Realismus*.[29] Das Problem liegt einzig und allein darin, daß Putnam meint, dem Relativisten nur mittels eines „Grenzbegriffs wahrer Rationalität" entgegentreten zu können. Dies ist insofern mißlich, als Putnam zwar den metaphysischen Realismus mit dem Argument attackiert, dieser könne die postulierte Übereinstimmung zwischen Sprache und Welt nur mit Hilfe der extramundanen Perspektive eines göttlichen Auges plausibel machen, selbst jedoch genötigt ist, Wahrheit als rationale Akzeptierbarkeit unter idealen Bedingungen bzw. mittels der Idee eines „idealen Abschlusses der Forschung" zu explizieren. Dies ist deshalb mißlich, weil Putnam hier selbst das voraussetzt, was man nicht voraussetzen kann: einen Gottesstandpunkt.

28 H. Putnam: Vernunft, Wahrheit und Geschichte, a.a.O., S. 75

29 Inzwischen spricht Putnam auch von einem „pragmatischen Realismus". Vgl. H. Putnam: Repräsentation und Realität, a.a.O., S. 191

Das ist natürlich auch Rorty nicht entgangen. Wenn die Kapazität des antirelativistischen Arguments allein von der Beantwortung der Frage abhängt, woher wir wissen, wann dieser Abschluß erreicht ist, wenn die Antwort auf diese Frage aber ein Wissen voraussetzt, das nicht von dieser Welt ist, dann kann auch kein „idealer Grenzbegriff" für einen erkenntnistheoretischen Mehrwert sorgen. Auf Putnams rhetorische Fragen: „Hat dieser Dialog einen idealen Schlußpunkt? Gibt es eine *wahre* Auffassung der Rationalität, eine *wahre* Moral, selbst wenn wir nie mehr haben als unsere Auffassungen?" und auf dessen Antwort: „Gerade dadurch, daß wir von unseren verschiedenen Auffassungen der *Rationalität* sprechen, wird ein Grenzbegriff gesetzt, ein Grenzbegriff der idealen Wahrheit",[30] kontert Rorty, daß es überhaupt nicht einzusehen sei, warum ein Grenzbegriff der idealen Wahrheit die Antwort auf die Frage sein soll, ob der Dialog einen idealen Schlußpunkt hat. Und gegen Putnam den Spieß umdrehend fragt Rorty: „Aber was soll eine solche Setzung schon leisten, wenn sie nicht dies besagt: daß die menschliche Gattung, vom Standpunkt Gottes gesehen, auf dem richtigen Weg ist? Putnams ‚Internalismus' sollte ihm derartige Äußerungen doch wohl verbieten. Die Aussage, daß *wir* auf dem richtigen Weg zu sein glauben, läuft, um mit Kuhn zu reden, bloß darauf hinaus, daß wir im nachhinein imstande sind, die Geschichte der Vergangenheit als Geschichte des Fortschritts zu erzählen." (SO 22) Oder wie Rorty auch sagt: „Das Setzen von Grenzbegriffen scheint nichts weiter zu sein als ein Verfahren, uns selbst zu versichern, ein nicht existierender Gott würde, wenn er existierte, mit uns zufrieden sein." (SO 22f.)

Im Gegensatz zur „‚konstruktiven' pragmatischen Wahrheitstheorie" von Peirce und Putnam, die Rorty selbst noch Ende der siebziger Jahre in einer modifizierten Form vertreten hat, beharrt Rorty seit Anfang der achtziger Jahre darauf, daß einer solchen Wahrheitstheorie kein klarer Sinn gegeben werden kann. Denn bei einem derartigen Versuch wird nicht nur die Theorie der Rationalität an Erkenntnis und Wahrheit gebunden und damit mit einem Wissenstheorem belastet, welches für Rorty kein anderes ist, als das der traditionellen Erkenntnistheorie. Darüber hinaus wird über die Idee eines idealen Abschlusses der Forschung die Idee der Entsprechung mit der Realität erneuert, die Rorty sinnkritisch verabschieden will. Wird doch mittels einer derartigen Theorie in der Forschung eine asymptotische Konvergenz ausgemacht, auf die sich die Theorien zubewegen. Es war Michael Williams Artikel *Coherence, Justification and Truth*, der Rorty davon überzeugte, daß der Versuch, Wahrheit in dem Begriff eines idealen Abschlusses der Forschung zu explizieren, auf Scheitern angelegt ist. Zwar war schon Peirce auf dem richtigen Weg, sofern er gegen den „Fehlschluß" argumentierte, „‚Entsprechung' sei der Name einer Beziehung zwischen Stücken von Gedanken (oder der Sprache) und Stücken der Welt, einer Beziehung, die so beschaffen ist, daß die Relata ontologisch homogen sein müssen" (PDW 63). Jedoch in seiner pragmatischen Neudefinition, die Wahrheit mit Hilfe des kontrafaktischen Begriffs der *final opinion* der Forscher erläutert, kehrt nicht nur das Kantische „Subjekt überhaupt" wieder, sondern auch der Ausdruck „ideal", der

30 H. Putnam: Vernunft, Wahrheit und Geschichte, a.a.O., S. 285. Inzwischen hat Putnam seine Auffassung dahingehend konkretisiert, daß die einseitige „Abhängigkeitsbeziehung", in der „die Wahrheit von der Akzeptierbarkeit abhängt", zugunsten einer wechselseitigen Abhängigkeitsbeziehung aufgegeben werden muß. Vgl. H. Putnam: Repräsentation und Realität, a.a.O., S. 203

nach Rorty ebenso anrüchig ist wie der Ausdruck „entsprechen“ (PDW 64). Und da der Peirceschen Wahrheitstheorie diese Anrüchigkeit nicht zu nehmen ist, denn sonst müßte man die peinliche Frage beantworten können: „Woher können wir wissen, daß wir den Abschluß der Forschung erreicht haben und nicht bloß erschöpft oder phantasielos sind?“, sollten wir nach Rorty die Frage nach der Entsprechung oder idealen Abschlüssen fallenlassen und uns dem Dialog zuwenden.

Wenn Rorty also gegenüber dekontextualisierten Verselbständigungen von Vernunft, Rationalität und Wahrheit die Rückkopplung diskursiver Kontexte an lebensweltliche Kontexte einklagt, wenn er darauf aufmerksam macht, daß die kognitiven Schemata der Urteilsbildung konstitutiv im Rücken liegen, trifft er tatsächlich eine der schwächsten Seiten von Theorien, die aus der Perspektive eines „idealen Schlußpunktes“ der Wissenschaft (Putnam) oder aus einer transzendental- bzw. universalpragmatisch konzipierten „idealen Sprechsituation“ bzw. einer „idealen Kommunikationsgemeinschaft“ (Apel, Habermas) den normativen Gehalt von Vernunft, Rationalität und Wahrheit zu sichern suchen. Rortys Kritik scheint mir dort am stärksten, wo stark normativistische Ansprüche auf empirisch kaum gehaltvolle Weise gesichert werden sollen.

Statt nun jedoch die hier verleugneten Kontexte, in denen Wissen generiert, stabilisiert und angewendet wird, konkret-historisch aufzuklären, verfällt Rorty in den komplementären Fehler, alle normativen Ansprüche kontextualistisch einzuziehen. Aus Angst vor einem abstrakten und bodenlosen Universalismus und Normativismus macht er die kontextualistischen Grundannahmen seiner Theorie so stark, daß es ihm letztlich unmöglich wird, einen intersubjektiven Maßstab zu begründen, der eine *reziproke* Vergleichbarkeit zwischen Sprachspielen ermöglicht. Rorty bemerkt freilich völlig richtig, daß die relativistische Bestimmung des sprachlich oder kulturell „ganz anderen“, die am besten die Möglichkeit einer reziproken Vergleichbarkeit abwehren würde, einen Standpunkt voraussetzt, der ebenfalls nur unabhängig von unserem lebensweltlichen Kontext zu gewinnen wäre; daß also der Relativismus den Fundamentalismus nur spiegelbildlich wiederholt. Denn entweder gilt für einen konsequenten Relativisten die Formel „alles ist relativ“ absolut. Per definitionem würde nun jedoch gerade das behauptet, was relativistisch in Frage steht: daß etwas absolut gilt. Oder aber sie gilt nicht absolut, sondern nur relativ. Dann wäre aber nur einiges relativ, anderes hingegen absolut. Ein konsequent relativistisches Denken ist eo ipso aporetisch. Das weiß auch Rorty.

Darüber hinaus will er jedoch zeigen, daß der partikularistische oder ethnozentristische Standpunkt, obwohl auch er nicht nicht-zirkulär begründbar ist, sich als innere Konsequenz des Antifundamentalismus verstehen läßt und der Ethnozentrismus nicht notwendigerweise in den Relativismus führt. Doch genau dieser Annahme unterliegt ein methodischer Fehlschluß. Der Antifundamentalismus verändert nur unsere Ansichten über die Tiefe der Geltungsansprüche – der Partikularismus hingegen unsere Ansichten über die Weite ihres sinnvollen Bereichs. Beide müßte Rorty gesondert begründen. Statt dessen schließt er Partikularismus und Antifundamentalismus kurz. Damit wiederholt er das Dilemma der relativistischen Grundidee. Denn die partikularistische Suspension der wechselseitigen Beurteilung von Diskursen oder Interpretationen resp. die in ihnen erhobenen Geltungsansprüche, die der Rekurs auf die de facto eingespielten Maßstäbe der je eigenen Kultur erzwingt, ließe sich allein aus einem objektiven Wissen um die prinzipielle Unmöglichkeit einer wechselseitigen Beurteilung legitimieren.[31]

Nun kann es gemäß Rortys kontextualistischer Voraussetzungen ein solches Wissen überhaupt nicht geben. Trotzdem nimmt er es systematisch in Anspruch, um die Unmöglichkeit einer wechselseitigen und symmetrischen Beurteilung von Diskursen und Interpretationen zu begründen. Allein durch den Rückgriff auf das offen relativistische (aber versteckt fundamentalistische) Konzept „ganz anderer" Sprachen und Kulturen löst Rorty das *partikularistische Begründungsdilemma*. Freilich um den Preis des Relativismus. Damit gehen Rorty die antifundamentalistischen Explikationsgewinne, die er auf der Ebene der Kritik am Fundamentalismus und Kognitivismus gewonnen hat, auf der Ebene der Begründung der partikularistischen Perspektive wieder verloren.

Dieser Partikularismus wird zwar *hermeneutisch* gemildert, insofern Rorty bestrebt ist, den öffentlichen „Wir-Raum" der eigenen Interpretationsbasis beständig zu erweitern. Damit kann Rorty zunächst dem Gesichtspunkt der prinzipiellen Offenheit verschiedener Sprachspiele Rechnung tragen. Mit einer hermeneutischen Milderung des Partikularismus kann Rorty aber noch keinen Raum gewinnen für einen Begriff kommunikativer Rationalität, der nicht nur „unseren", sondern auch „ihren" Ansprüchen gerecht wird. Vielmehr scheint hier sogar ein Rückfall in einen „hermeneutischen Idealismus" und damit in den Relativismus die unausweichliche Konsequenz zu sein. Rorty gibt zwar zu, daß „alternative Interpretationen" und „Kulturen" nicht im Sinn „alternativer Geometrien" gedeutet werden können, da diese im Gegensatz zu jenen eine „axiomatische Struktur und einander widersprechende Axiome besitzen" (SO 20). Trotzdem meint er den Bereich der Beurteilung begrenzen zu können – ohne daß dies relativistische Konsequenzen nach sich ziehen soll.

Die Frage ist hier jedoch, wo eigentlich Rorty im Moment der Grenzziehung selbst steht? Einen neutralen Beobachtungsposten, der über der eigenen und der fremden Kultur, Sprache oder Interpretation steht, kann Rorty nicht für sich beanspruchen. Wenn er also dennoch den Bereich der Beurteilung begrenzen will, die je eigene Lebenswelt als Teilnehmer aber nicht los wird, dann läßt sich diese Grenzziehung nur noch ethnozentristisch rechtfertigen. Ich nehme an, daß Rorty vor dieser Konsequenz nicht zurückschreckt. Unverständlich ist dann jedoch, warum dieser Perspektivismus nicht als Relativismus bezeichnet werden soll. Wenn gilt: „‚Relativism' is the view that every belief on a certain topic, or perhaps about *any* topic, is as good as every other" (CP 166), dann mag Rorty zwar der Meinung sein, daß die eigene Sicht zu empfehlen sei. Andere hingegen werden, und zwar mit dem gleichen Recht, dies von ihrer Sicht ebenfalls behaupten können. Und da eine Sicht so gut wie die andere ist, zumindest solange nicht an Hand von Kriterien geprüft werden kann, welche die angemessenere ist, ist ein Entscheid, welche Sicht die angemessenere ist, nicht mehr möglich. Und genau dies ist Relativismus.

Zwar scheint auch Rorty nicht zu übersehen, daß bereits der Hinweis auf die Meinungsverschiedenheiten zwischen zwei Sprechern bzw. die Unterschiede zwischen zwei Sprachen oder Kulturen auf ein *tertium comparationis* verweist. Rorty verkennt jedoch, daß sowohl Verständigung als auch Verstehen nicht assimilierende Einordnung des Frem-

31 Vgl. Ch. Menke-Eggers: Relativismus und Partikularismus, a.a.O., S. 35ff.

den in den eigenen Interpretationshorizont bedeuten, sondern eine Konvergenz von Perspektiven und Deutungen beschreiben, die gerade das unterstellt, was Rortys Ethnozentrismus systematisch ausschließen muß: eine symmetrische Beziehung zwischen Kommunikationsteilnehmern. Sofern wir nämlich in ein Gespräch oder in einen Dialog eintreten – sofern wir also übersetzen und interpretieren – haben wir faktisch „immer schon" eine Gemeinsamkeit unterstellt, welche die Ganz-Andersheit ausschließt. Dies wird nun auch von Rorty nicht bestritten. Aus konzeptionellen Gründen kann er jedoch diesem Gedanken nicht in vollem Umfang Rechnung tragen. Seine Theorie ist so angelegt, daß das Verstehen der Sprache als Interpretation gedacht wird, und diese Interpretation wiederum so konzipiert ist, daß sich Ego mittels einer Interpretationstheorie in quasi objektivistischer Einstellung auf die Sprachangebote von Alter ego bezieht. Damit wird die Beobachterperspektive in der Teilnehmerperspektive eingeholt. Die 1. Person wird in die 3. Person versenkt und man behält den beobachtenden Teilnehmer zurück.

Das Modell hierfür hat Quine geliefert. Bereits er versuchte ja, das Sprachgeschehen aus dem entfernten Blickwinkel des Ethnologen zu rekonstruieren, wodurch die objektivierende Einstellung gegenüber dem teilnehmenden Verstehen in Führung geht. Zwar wurde mit Davidsons Konzept der „radikalen Interpretation" die Quinesche „radikale Übersetzung" vom syntaktischen Bereich der Übersetzung auf den semantischen Bereich eines jeden Sprachverstehens erweitert, wodurch die mit Quines „semantic ascent" verbundene semantische Engführung der Theorie, die monadologische Verwendung sprachlicher Ausdrücke und schließlich sogar der analytisch restringierte Zugriff auf Sprache vermittels ahistorischer Standards zunehmend zugunsten hermeneutischer Verstehensleistungen aufgegeben wurden. Dies sind Leistungen, die, verbunden mit den Namen Davidson und Rorty, kaum hoch genug zu schätzen sind. Trotzdem bleibt Rorty bei der Verabschiedung des erkenntnistheoretischen Projekts bzw. der Subjektphilosophie auf halben Wege stehen. Denn das Problem des intersubjektiven Verstehens hat Rorty nicht gelöst.

Man kann also durchaus den Kognitivismus aufgeben, „ohne bestreiten zu müssen, daß rationale Äußerungen oder Handlungen in der Regel vorgeben, guten Gründen zu folgen und einer objektiven Beurteilung standzuhalten." Zwar können die Maßstäbe hierfür „dann nicht mehr in der Wahrheit des involvierten Wissens gesucht werden". Soweit hat Rorty recht. Das heißt aber nicht, daß es überhaupt keine Maßstäbe mehr gibt. Wir finden diese Maßstäbe „in den Regeln der argumentativen Konsensbildung."[32] Diese Regeln haben einen normativen Gehalt, der innerhalb einer *Theorie der Rationalität* entfaltet werden kann. Freilich muß dazu das, was in Dialogen als Voraussetzungen fungiert, auch als Voraussetzungen gedacht werden. Dies ist nun aber solange unmöglich, wie diese Voraussetzungen bzw. Präsuppositionen als pragmatisch distanzierbare Größen behandelt und aus der Perspektive des Ethnologen beschrieben werden.

Es sind also theorieimmanente Gründe, die es Rorty verunmöglichen, den normativen Gehalt der nicht ohne performativen Selbstwiderspruch zu bestreitenden normativen Voraussetzungen des Verstehens zu entfalten. Analog Wittgenstein und Quine überspringt auch Rortys „‚reine', ‚pragmatische' am Begriff des ‚Sprachspiels' orientierte Betrach-

32 H. Schnädelbach: Transformation der Kritischen Theorie, in: Kommunikatives Handeln, a.a.O., S. 22

tungsweise der Sprache" (Sp 292) das Subjekt in der 1. Person. Von Rorty wird zwar der quasi-transzendentale Stellenwert der Sprache in Form der Unhintergehbarkeitsthese postuliert. Gleichzeitig wird aber das, was hier im Sinn einer starken Rationalitätspräsupposition vorausgesetzt ist, wiederum behavioristisch auf Distanz gebracht. Statt sich in den „Raum des logischen Begründens" zu stellen und sich dabei reflexiv auf die immer schon vorausgesetzten Bedingungen der Möglichkeit der Argumentation zu beziehen, überspringt Rorty diese und behandelt die Sprache wie eine theoretische Größe.

So ist es Rorty zwar möglich, in einem ersten Schritt mit der bewußtseinsphilosophischen Denkfigur zu brechen, wonach die Subjektivität ein Innenraum je eigener Vorstellungen ist, der sich dadurch erschließt, daß sich das Gegenstände vorstellende Subjekt wie im Spiegel auf seine Vorstellungstätigkeit zurückbeugt. Damit ist zugleich die Möglichkeit eröffnet, von einer gegenstandstheoretischen Sprachauffassung loszukommen, die die Sprache auf das reduziert, was diese in einer ihrer Funktionen leistet, nämlich in der Darstellungsfunktion. Da Rorty jedoch in einem zweiten Schritt – trotz der Tatsache, daß er mit dem Prinzip der „Solidarität" das „Gespräch" an die erste Stelle rückt – doch wieder die je eigene Perspektive gegenüber allen anderen in Front gehen läßt, wird es ihm unmöglich, die Symmetrie der Ansprüche und Perspektiven und damit eine Verschmelzung der Interpretationshorizonte aller an einem Gespräch Beteiligten zu garantieren. Der monadologische Einsatz beim Interpretierenden zwingt ihn, die in der Sprache hergestellte intersubjektive Beziehung aus der Perspektive eines einzelnen Bewußtseins zu rekonstruieren. Genau dies erweist sich aber als unmöglich. Denn Kommunikationsvorgänge bzw. symbolisch vermittelte Interaktionen lassen sich nicht adäquat begreifen, wenn der verständigungsorientierte Sprachgebrauch in ein *Duett* aufgespalten wird, in dem die beiden Duettisten noch nicht einmal sicher sind, ob sie wirklich die gleiche Sprache sprechen bzw. sprachliche Zeichen bedeutungsgleich verwenden. Es ist eben mehr als fraglich, ob wir bei der „radikalen Interpretation" tatsächlich so miteinander umgehen „wie mit Mungos oder einer Boa Constrictor – wir versuchen uns nicht überraschen zu lassen" (KO 39).

Denn als Angehörige der intersubjektiv geteilten Lebenswelt ihrer Sprachgemeinschaft begegnen sich Ego und Alter ego nur im Gespräch, sofern sie miteinander als ein „Wir" über etwas reden. Diese „Wir-Haltung", obwohl in der Tätigkeit der Akteure fundiert, ist gegenüber der „Ich-Perspektive" vorgängig. Mit Wittgenstein hätte Rorty wissen müssen: Die Sprache gründet im Gespräch. Dieses Gespräch findet in einem öffentlichen „Wir-Raum" statt. Dieser „Wir-Raum", darin ist Rorty zuzustimmen, ist ein Ort kommunikativer Freiheit, in dem der genaue Gehalt jener Prinzipien, ihre Anwendung und Institutionalisierung diskursiv und neu bestimmt wird. Dieses Gespräch, und das wird man gegen Rorty geltend machen müssen, setzt jedoch eine grundsätzliche Symmetrie der Ansprüche und Perspektiven und damit zugleich die Möglichkeit der Perspektivenübernahme zwischen Ego und Alter ego voraus und läßt sich demzufolge nicht aus unabhängigen „Ich-Perspektiven" aufbauen. Doch genau das versucht Rorty.

Anders als Davidson, der dem Gedanken der Verschränkung der Perspektiven und Ansprüche seit den achtziger Jahren mit dem „Triangulationsszenario" Rechnung trug, scheint bei Rorty der Verständigungsprozeß, in die Kundgabe eines Sprachangebots und in die hörende Kundnahme zu zerfallen. Das heißt aber, Sprecher und Hörer nehmen nicht mehr eine performative Einstellung ein, in der sie als Angehörige der intersubjektiv geteilten Lebenswelt ihrer Sprachgemeinschaft einander als zwei Personen begegnen.[33]

Unter diesen beschriebenen Prämissen – Prämissen, die selbst um den Preis des eingestandenen Ethnozentrismus den Interpretationshorizont der je eigenen Sprachgemeinschaft inklusive des eigenen Interpretationssystems gegenüber allen anderen derart privilegieren, daß die Symmetrie der Ansprüche und Perspektiven aller an einem Dialog Beteiligten und damit auch das Problem der Geltung immer schon verfehlt werden muß – erscheint es dann fast wie eine logische Konsequenz, wenn Rorty Geltungsansprüche an den „common sense" angleicht, also an die de facto eingespielten Maßstäbe der je eigenen Kultur. Denn wenn für den „Holisten ... die Wahrheit sozusagen *immer* belegtranszendent" ist, da es bis heute nicht gelungen ist, die „Mikrostruktur der Entsprechungsbeziehung ausfindig zu machen", schrumpft „Wahrheit" auf einen rein pragmatischen „Billigungsausdruck" zusammen (PDW 91, 80 und 56 vgl. auch SO 15).

Zwar ist auch Rorty in Hinsicht auf Geltungsfragen auf so viel intersubjektive Übereinstimmung bedacht als möglich. Aber als Kontextualist darf er weder – wie Peirce und Mead – von einem „universal discourse" noch von einer aus ihrer Provinzialität befreiten universalen oder gar idealen Gemeinschaft der Kommunizierenden träumen. Auf Grund seiner offen ethnozentristischen Position kann er nicht zu einer Position vorstoßen, die an der Möglichkeit der sprachlichen Verständigung den Begriff einer zwar situierten Vernunft entfaltet, die jedoch trotz der Tatsache, daß die für Propositionen und Normen hier und jetzt beanspruchte Geltung kontextbezogen bleibt, damit rechnet, daß diese Ansprüche den Kontext transzendieren, in dem sie erhoben werden. Das zwingt Rorty dazu, das *rational Gültige* an das *sozial Geltende* anzugleichen.

Nun ist es völlig klar, das Problem der Entstehung und des Wechsels von Geltungsansprüchen ist nicht dadurch zu lösen, daß diese a limine der Soziogenese entzogen werden. Geltungsansprüche sind soziale Tatbestände sui generis. Aber daraus folgt noch lange nicht, daß die Philosophie oder das Wissenschaftssystem kontextualistisch um den begründungstheoretischen Bestandteil gebracht werden müssen, um die Idee also, daß wissenschaftliches Wissen intersubjektiv verbindlich und objektiv gültig sein soll.[34] Und genau das tut Rorty, indem er 1. aus dem Wissenschaftssystem die Pragmatik eliminiert und 2. wissenschaftliche Erkenntnis auf Objekterkenntnis reduziert. Damit sind wissenschaftliche Handlungen nicht mehr zu operationalisieren und folglich auch nicht mehr methodische Verfahren der Wissenserzeugung zu rechtfertigen. In der wissenschaftlichen Erkenntnis kommt es jedoch nicht nur zur Thematisierung wissenschaftlicher Objekte, sondern zur „Thematisierung wissenschaftlicher Handlungen, und damit zur Selbstthematisierung des Intellekts. Diese Selbstthematisierung ist der Ursprung von Geltungsbe-

33 Vgl. J. Habermas: Nachmetaphysisches Denken, a.a.O., S. 67

34 Vgl. W. Krohn: „Wissen ist Macht". Zur Soziogenese eines neuzeitlichen wissenschaftlichen Geltungsanspruchs, in: Wissenschaftsgeschichte und wissenschaftliche Revolutionen, a.a.O., S. 31 und J. Mittelstraß: Prolegomena zu einer konstruktiven Theorie der Wissenschaftsgeschichte, in: Die Möglichkeit von Wissenschaft, Frankfurt/M. 1974, S. 104

hauptungen. Denn durch die Selbstthematisierung des Handelns ist es möglich, reflexiv Gründe der Vergewisserung des Wissens zu erzeugen.“[35]

Beides vermag Rorty nicht zu begreifen. Und aus der Not eine postmoderne Tugend machend, stellt er kurzerhand Geltungskriterien auf eine Stufe mit beliebigen anderen kulturellen Überzeugungen; mit Überzeugungen, deren Verbindlichkeit nur relativ in bezug auf den Symbolwert einer Gesellschaft verstanden werden kann. Damit ist Wahrheit nur noch pragmatisch als das „Gute im Hinblick auf unsere Überzeugungen“ oder – wie es Rorty neuerdings mit Bezugnahme auf Nietzsche und Derrida formuliert – als „bewegliches Heer von Metaphern“ begreifbar (SO 8, 30 und KO 58). Obgleich also auch Rorty die „Objektivität“ der Erkenntnis auf die intersubjektive Übereinstimmung in einer Sprachgemeinschaft zurückführt – was m. E. eine kommunikationstheoretische Reformulierung dieses Problems durchaus zuließe –, ja obgleich er sogar erklärt, daß er „rückhaltlos einverstanden“ ist mit der *„Gesinnung“*, die Habermas' Versuch zugrunde liegt, „den Begriff der intersubjektiven Übereinstimmung als grundlegend für die philosophische Reflexion“ anzusetzen (SO 8), bleibt diese Versicherung doch relativ folgenlos. Als Kontextualist muß Rorty nicht nur strikt jede Objektivierung, sondern auch Idealisierungen mit normativen Konnotationen vermeiden, ja am besten sogar noch auf den Begriff der Rationalität verzichten. Also nicht nur jede Objektivierung und Idealisierung, sondern schon der Versuch, Wahrheit als Akzeptabilität unter bestimmten, anspruchsvollen Bedingungen zu verstehen, stellt für Rorty eine Perspektive dar, die geradewegs in den bodenlosen Universalismus der Aufklärungsphilosophie zurückführt. Gerade von dieser will sich Rorty hingegen auf Grund ihrer Bodenlosigkeit distanzieren. Denn dieses *Projekt der Aufklärung* ist mit seinem „Vokabular“ „zwar für die Anfänge der liberalen Demokratie entscheidend“ gewesen, heutigentags aber „zum Hindernis für die Erhaltung und Verbesserung demokratischer Gesellschaften geworden“ (KO 84f.). So kann Rorty zwar die Art und Weise schätzen, in der „Habermas – ebenso wie Dewey und Rawls – von den Bedürfnissen einer demokratischen Gesellschaft ausgeht“. Zugleich mißtraut er aber seinem „verbliebenen Fundamentalismus ... seinem Streben nach ‚Allgemeingültigkeit‘“ (SO 8 und KO 111ff.). Und wenn Habermas versucht, die demokratischen Institutionen auf mehr zu gründen als auf die „erfreulichen Zufälligkeiten der jüngsten Entwicklung“ und gleich anschließend auch noch die Frage nach den „normativen Maßstäben“ aufwirft, die beispielsweise Foucaults Kritik der Moderne zugrunde liegen, dann meint Rorty hierin nur das übliche „Philosophen-Grau-in-Grau“ erkennen zu können. Angesichts der Frage nach solchen normativen Maßstäben zuckt Rorty nur mit den Achseln.

Rorty unterscheidet sich also von Habermas nicht „in der Einschätzung des Wertes traditioneller demokratischer Institutionen, auch nicht in bezug auf die Verbesserungen, die sie brauchen, auch nicht in Hinsicht auf das, was man ‚Herrschaftsfreiheit‘ nennen sollte. Wir haben *nur* verschiedene Vorstellungen von dem wünschenswerten Selbstbild einer

35 W. Krohn: „Wissen ist Macht“, a.a.O., S. 37. Solcherart Reflexionen sind intellektuelle Handlungen, „deren Objekt Handlungen sind. Reflexionen gehen also nicht direkt auf Naturvorgänge. Reflektieren bedeutet: Erkenntnisse über die eigenen Handlungen gewinnen, also Strukturen des Handelns zu abstrahieren. Reflexion ist also ein erfahrungsabhängiger Vorgang, aber die Erfahrungen werden nicht an Objekten, sondern am Umgang mit Objekten gemacht.“ Ebd., S. 40

demokratischen Gesellschaft, von der Rhetorik, in der sie ihre Hoffnungen ausdrücken sollte." (KO 119f.) Die Differenzen sind hier „‚bloß philosophische' Differenzen". Denn Habermas' Versuch, im Rahmen eines kommunikationstheoretisch angelegten Forschungsprogramms den subjektphilosophischen Vernunftbegriff der Moderne im Sinn kommunikativer Rationalität gehaltvoll zu reformulieren und solcherart einen „skeptischen, aber nicht-defaitistischen Vernunftbegriff" zu verteidigen,[36] erscheint Rorty einfach als ein zu starkes Zugeständnis an das *Projekt der Moderne*.[37] Wie bereits bemerkt: Auch Rorty ist auf so viel intersubjektive Übereinstimmung bedacht als möglich. Er weigert sich aber, den Prozeß einer unverzerrten Kommunikation als Konvergenzpunkt zu deuten und diese Konvergenz auch noch als Garantin von Vernunft und Rationalität zu interpretieren. Nach Rorty sind Konvergenzszenarien nur um den Preis radikaler Kontingenzreduzierung zu haben.

Darum schlägt er sich gegen Habermas, der ein Liberaler ist, aber kein Ironiker, auf die Seite von Nietzsche, Heidegger, Derrida und Foucault, die Ironiker sind, jedoch keine Liberalen. Sie betrachtet er trotz der Tatsache, daß sie als „politische Philosophen im besten Fall unnütz und im schlimmsten Fall gefährlich sind" (KO 121), als Triumph einer Aufklärung, „die sich selbst aufhebt". Denn ungeachtet ihrer politischen Fragwürdigkeit in öffentlichen Angelegenheiten, für die Gestaltung unserer privaten Selbstbilder erscheinen sie Rorty unverzichtbar. Damit hat Rorty seinen Platz in der amerikanisch-europäischen Theoriendiskussion präzise bestimmt: er will eine Position halten, die „romantischer ist als die Theorie von Habermas, aber weniger anarchistisch als die Konzeption Foucaults" (SO 9 und KO 111ff.). Dies ist ein Standpunkt, der „weniger universalistisch ist und in einem höheren Maße kontextorientiert ... als der von Habermas, aber zugleich weniger kühl-ironisch als der von Foucault, ein(en) Standpunkt also, der die menschliche Solidarität stärker berücksichtigt und mehr übrig hat für die sozialdemokratische Hoffnung" (SO 9). Kurz: Nach Rorty soll der Universalismus[38] und Rationalismus der Aufklärung nicht aktualisiert und erneuert, sondern aufgelöst und ersetzt werden; ersetzt durch „eine Geschichte von der wachsenden Bereitwilligkeit zum Leben mit Pluralitäten und zum Beenden der Suche nach universeller Geltung" (KO 120f.).

Nun teile ich zwar Rortys politische Hoffnungen, ich kann Rorty auch folgen, wenn er von einer „irreduziblen" Vielfalt von Diskursen ausgeht. Vermutlich würde das sogar

36 J. Habermas: Nachmetaphysisches Denken, a.a.O., S. 11f.

37 Zu Rortys Habermaskritik vgl. U. Tietz: Vernunftkritik als Sprachkritik. Richard Rortys ästhetische Transformation der abendländischen Philosophie, in: Initial 4 (1991), S. 364ff.

38 Nach Rorty besteht das Problem bei Habermas darin, daß dieser den „Prozeß unverzerrter Kommunikation als Konvergenzprozeß" sieht und „diese Konvergenz als Garantie für die ‚Rationalität' einer solchen Kommunikation" aufbietet. Damit, so Rorty, bleibt bei Habermas die Idee einer „asymptotischen Annäherung" in Kraft (KO 120). Dagegen macht Habermas geltend, daß die „kontrafaktischen Voraussetzungen" nicht mit „Idealen" zu verwechseln sind, „in deren Licht wir *Abweichungen* identifizieren können." J. Habermas: Faktizität und Geltung. Beiträge zur Diskurstheorie des Rechts und des demokratischen Rechtsstaats, Frankfurt/M. 1992, S. 392. Vgl. dazu H. Brunkhorst: Zur Dialektik von realer und idealer Kommunikationsgemeinschaft, in: Transzendentalpragmatik, Hg. von A. Dorschel, M. Kettner, W. Kuhlmann und M. Niquet, Frankfurt/M. 1993, S. 345. Kritisch dazu U. Tietz: Faktizität, Geltung und Demokratie. Bemerkungen zu Habermas' Diskurstheorie der Wahrheit und der Normenbegründung, in: Deutsche Zeitschrift für Philosophie, Heft 2 (1993), S. 333-342

Habermas tun. Keiner „Interpretation“ allein gebührt gegenüber anderen ein Monopol. Die Frage ist auch nicht, ob wir bereit oder willens sind, mit Pluralitäten zu leben. Diese Frage ist in modernen Gesellschaften längst entschieden. Eine ganz andere Frage ist es hingegen, ob damit das Problem der Generierung neuer Zweck- und Maßbestimmungen gegenstandslos wird; Maßbestimmungen mit einem normativen Gehalt, die die Grenze der eigenen Kultur und des eigenen Kontextes überschreiten. Wer diese Frage bejaht, wem die bloße Tatsache, daß die Philosophie einen wie auch immer gearteten normativen Grundbestand besitzt, schon als Ausweis ihres prinzipiellen Mangels gilt, der kann dann in der Tat in Habermas' Konsens-Theorie der Wahrheit und der Normenbegründung lediglich das „dubiose Unternehmen“ fortleben sehen, vermittels „ahistorischer Grundlagen“ einen „neuen transzendentalen Standpunkt zu gewinnen“ (Sp 413), einen Standpunkt, der, wie bereits bemerkt, die gleichen universalistischen und objektivistischen Hoffnungen nährt, von denen Rorty gerade loskommen möchte. So wie Thomas Jefferson der Trennung der Politik von letzten Glaubensdingen Anerkennung verschaffte und diese zu einer privaten Angelegenheit erklärte, so möchte Rorty der Trennung der Philosophie vom Prinzipiellen Anerkennung verschaffen und diese zu einer privaten Angelegenheit erklären. Gleich Lyotard kann Rorty im logischen Zwang universalistischer Präsuppositionen nichts anderes als eine bedrohliche Form totalitärer Machtausübung erkennen.[39] Wie dieser so glaubt auch Rorty, daß mit der Auflösung der „grand meta-recits“ der Moderne ein „Konsensus“, der auf einer solchen Grundlage gefunden werden soll, der „Heterogenität der Sprachspiele Gewalt“ antut.[40]

Rorty begreift zwar nicht wie Lyotard den Dissens als *postmodern Condition*, er betrauert auch nicht wie dieser die aus dieser Situation resultierende „Unmöglichkeit der Legitimation der Solidarität“. Rorty geht einfach von seiner Tradition als historisch-faktischer Konsensbasis aus und ersetzt das Streben nach Objektivität durch das Streben nach Solidarität in der Sprachgemeinschaft, der er zufällig angehört.[41] Damit ist nicht nur das von Lyotard aufgeworfene Problem der deontologischen Rechtfertigung einer Gesellschaftsordnung als metaphysisches Scheinproblem abgewehrt, sondern das „Toleranzprinzip auf die Philosophie selbst“ angewendet. Mit der Voraussetzung des „Primats der Gerechtigkeit“ oder dem „Vorrang der Demokratie vor der Philosophie“ unterstellt Rorty philosophische Legitimationsfragen als gelöst (SO 82ff.).[42]

Nun ist es sicher unbestritten, daß heute weder der starke Theoriebegriff der Tradition noch die Kantische Auffassung von Philosophie als Platzhalterin der Vernunft sinnvoll

39 Vgl. M. Frank: Die Grenzen der Verständigung. Ein Geistergespräch zwischen Lyotard und Habermas, Frankfurt/M. 1988; ders., Jean-Francois Lyotard und Jürgen Habermas über Konsens und Dissens, in: Das Sagbare und das Unsagbare, Frankfurt/M. 1989, S. 574-589

40 J.-F. Lyotard: Das postmoderne Wissen. Ein Bericht, Bremen 1982, S. XXV; Vgl. dazu A. Honneth: Der Affekt gegen das Allgemeine. Zu Lyotards Konzept der Postmoderne, in: Merkur 431 (1984), S. 893-902; S. Benhabib: Kritik des ‚postmodernen Wissens‘ - eine Auseinandersetzung mit Jean-Francois Lyotard, in: Postmoderne. Zeichen eines kulturellen Wandels, Hg. von A. Huyssen und K. R. Scherpe, Hamburg 1986, S. 103-127; W. Welsch: Unsere postmoderne Moderne, Weinheim 1987, S. 169ff.

41 R. Rorty: Habermas and Lyotard on Postmodernity, in: Praxis International 4, 1 (1984) S. 32ff.

42 Vgl. auch R. Rorty: Postmodernist Bourgeois Liberalism, in: The Journal of Philosophy 80 (1983), S. 583

verteidigt werden können. Gleichfalls herrscht heute weitestgehend Übereinstimmung darüber, daß das subjektphilosophische Bild vom Spiegel der Natur und mit ihm die präsenzmetaphysische Wahrheitsauffassung unter den Argumenten sowohl der postempirischen Wissenschaftsphilosophie als auch unter den Argumenten der analytischen und hermeneutischen Sprachphilosophie zusammengebrochen sind. Ich möchte hier auch nicht die Last der Probleme leugnen, die Rortys „Kritik der Philosophie" zugrunde liegen, insbesondere seiner Kritik an dekontextualisierten Verselbständigungen von Vernunft, Rationalität und Wahrheit. Ebenfalls kann ich Rorty folgen, wenn er von einer irreduziblen Vielfalt von Diskursen ausgeht. Keiner Diskursart allein gebührt gegenüber anderen ein Monopol für neue Interpretationen und Selbstbeschreibungen. Erfordert doch die Generierung neuer Zweck- und Maßbestimmungen geradezu den Wettbewerb zwischen ihnen. Trotzdem halte ich Rortys „Abschied vom Prinzipiellen" (O. Marquard) und die mit der Apologie des Kontingenten verbundene Konsequenz, alle Geltungsansprüche auf die Reichweite lokaler Sprachspiele und faktisch durchgesetzter Diskursregeln anzugleichen, für ebenso bedenklich wie die, daß die Philosophie auf Grund dieses Tatbestands zur privaten, aber fröhlichen Wissenschaft und letztendlich sogar zur Literatur wird.

5.3. Von der Hermeneutik zur Dekonstruktion

Rortys „Dekonstruktion des Bildes vom Spiegel der Kultur" (Sp 422) hat gewiß eindrucksvolle Argumente gegen die überzogenen Begründungs- und Selbstbegründungsansprüche der fundamentalistischen Erkenntnistheorie vorgebracht. So eindrucksvoll nun aber diese Argumente auch sein mögen, so wenig überzeugend sind die Folgerungen, die Rorty uns als innere Konsequenzen seiner „Kritik der Philosophie" nahelegt. Rorty, der die Philosophie wie die Wissenschaften als ein sinnbezogenes Gespräch innerhalb normaler Diskurse begreift, in denen es weder eine Kommensurabilität der Konzeptionen noch der Lösungskriterien für Probleme gibt, zieht nämlich aus dem Tatbestand, daß es nicht gelingt, eine Theorie aufzustellen, die gegenüber dem Leben gleichsam das letzte Wort behält, die metaphilosophische Konsequenz von ihrem vermeintlichen Ende. Rortys zweifellos glänzend geschriebene und argumentativ starke Kritik an der Subjekt- oder Bewußtseinsphilosophie wird damit zur therapeutischen Verabschiedung der Philosophie überverallgemeinert. „Bildende Philosophen", so die Quintessenz seines Werkes *Der Spiegel der Natur*, „werden die Philosophie nicht zu einem Ende bringen können, sie können jedoch verhindern, daß sie auf dem Pfad einer strengen Wissenschaft zu wandeln beginnt." (Sp 403)

Nun weiß Rorty, daß seine Kritik der Philosophie, die sich ja primär auf die Abwehr universalistischer Frage- und Problemstellungen gründet, Fragestellungen, die er mit längst preisgegebenen Statusansprüchen identifiziert, nicht ihrerseits einen universalistischen Anspruch erneuern darf. Er weiß, daß er nicht auf ein umfassendes, geschlossenes System von Aussagen zurückgreifen kann. Denn dazu müßte es in einer nicht-kontingenten Sprache formuliert werden, die sich selbst erläutert, keinen weiteren Kommentar zuläßt und damit die Wirkungsgeschichte, die Interpretation auf Interpretation häuft, zum Stillstand bringt. Rorty muß den Kontextualismus behutsam formulieren, wenn er denn wirklich radikal sein soll. Er darf nicht das, was er als Teilnehmer einer bestimmten historischen Sprachgemeinschaft behaupten kann, in die aus einer Beobachterperspektive gemachte Aussage einer dritten Person übersetzen. Rorty kann keine „Betrachtungsweise aus der Siegerperspektive“ bieten. (Sp 423)

Hier taucht nun allerdings ein Problem auf, vor dem bereits Nietzsche stand: Will man auf den Effekt einer letzten Enthüllung nicht verzichten und Kritik fortsetzen, muß man für die Erklärung der Hinfälligkeit aller vernünftigen und normativen Maßstäbe dennoch einen zurückbehalten, an dem das kritische Geschäft seinen Halt findet. Angesichts dieser Paradoxie ergeben sich zwei Optionen: Entweder ich suche Zuflucht bei einer Theorie der Macht, die alle Vernunft- und Geltungsansprüche als versteckte Machtansprüche enttarnt. Diesen Weg wählten Nietzsche und im heutigen Frankreich Foucault. Oder aber ich halte den performativen Widerspruch einer sich selbst überbietenden Vernunftkritik offen und suche ihn gar nicht mehr zu überwinden. Diesen Weg sind Adorno, Derrida und, wie ich meine, auch Rorty gegangen.

Die erste Option, die Nietzsche in die Formel kleidete „Der Wille zur Wahrheit“ ist der „Wille zur Macht“,[43] ist jedoch wie die zweite mit einer Schwierigkeit eigener Art konfrontiert, die jeweils die Paradoxie nur perpetuiert, nicht aber grundsätzlich hinter sich läßt. Soll dieser Hinweis den Gegner wirklich treffen, dann ist dafür eine alternative kognitive Gesamtkonzeption vonnöten, die für den aufklärerischen Effekt sorgt. Denn egal, ob alle Vernunftansprüche als verdeckte Machtansprüche enttarnt werden sollen oder das, was der Metaphysik notwendig verborgen ist, auf seine inneren Antriebe zurückverfolgt werden soll (Foucaults *Archäologie des Wissens* steht für die erste Option, Adornos *Negative Dialektik* und Derridas *Grammatologie* für die zweite), hier wie dort muß ein Konzept in Anschlag gebracht werden, das für den aufklärerischen Effekt sorgt.

Genau hieraus resultiert das Problem: Wenn jede immanent verfahrende Kritik noch in der Kritik an das Kritisierte affirmativ zurückgebunden bleibt, und wenn sich für Adorno, Derrida und Rorty eine „Betrachtungsweise aus der Siegerperspektive“ von selbst verbietet, dann müssen die „kritischen Kritiker“ (Marx) sowohl über das Kritisierte als auch über die immanente Kritik hinaus. Damit wird die Kritik ortslos und in ihrem notwendigen Selbstbezug selbstdestruktiv. An Derridas paradoxer Bestimmung der Dekonstruktion läßt sich dies deutlich machen. Derrida hat im Anschluß an Heidegger den performativen Widerspruch einer nicht nicht-zirkulär begründbaren Vernunftkritik folgendermaßen gefaßt: „ ... destruktive Diskurse (und alles ihnen entsprechende) sind ... allesamt in einer Art von Zirkel gefangen. Dieser Zirkel ist einzigartig; er beschreibt die Form des Verhältnisses zwischen der Geschichte der Metaphysik und ihrer Destruktion: es ist sinnlos, auf die Begriffe der Metaphysik zu verzichten, wenn man die Metaphysik erschüttern will. Wir verfügen über keine Sprache – über keine Syntax und keine Lexik –, die nicht an dieser Geschichte beteiligt wäre. Wir können keinen einzigen destruktiven Satz bilden, der nicht schon der Form, der Logik, den impliziten Erfordernissen dessen sich gefügt

43 F. Nietzsche: Jenseits von Gut und Böse, in: Kritische Studienausgabe (KSA), Bd. 5, Hg. von G. Colli und M. Montinari, Berlin, New York, München 1993, S. 15ff.

hätte, was er gerade in Frage stellen wollte."[44] Das Gefangenbleiben innerhalb der Metaphysik gewinnt damit für Derrida eine unvermeidliche Konsequenz. Diese Konsequenz zieht das Dilemma nach sich. Die totalisierte Vernunftkritik, die jede Ausprägung von Vernunft und Rationalität denunziert, verstrickt sich in den performativen Widerspruch, die subjektzentristische Vernunft nur unter Rückgriff auf deren eigene Mittel ihrer autoritären Natur überführen zu können.

Rorty ist sich genauso wie Foucault, Adorno, Heidegger und Derrida der Aporie dieses Vorgehens bewußt. Er zieht daraus aber andere Konsequenzen. Während Foucault, Adorno, Heidegger und Derrida immer wieder in den Gestus des „Überwindens" zurückverfallen und sich dabei auf selbst-outende Formulierungen festlegen, eben daraus resultiert für Rorty der „Vorwurf der selbstbezüglichen Inkonsistenz", glaubt Rorty zunächst diesem Vorwurf dadurch entgehen zu können, daß er gegenüber dem *normalen Diskurs* auf einen *parasitären Diskurs* ausweicht. Von diesem Ausweichmanöver verspricht sich Rorty einen Ausweg aus dem Dilemma einer selbstdestruktiven Vernunftkritik – ein Dilemma, welches nach Rorty weder von Nietzsche und Foucault noch von Heidegger und Derrida wirklich überwunden wurde. Rorty ist sich also durchaus der Tatsache bewußt, daß dekonstruktive Betrachtungen, so sie um den positiven Nachweis bemüht sind, daß alle konstruktiven Begründungsbemühungen aus diskursexternen oder aus diskursinternen Gründen in eine Sackgasse führen müssen, auf Scheitern angelegt sind. Denn die dekonstruktiven Betrachtungen können die metaphysischen Illusionen ja nur dergestalt entlarven, daß sie selbst „insgeheim oder explizit eine *kontextfreie* Perspektive *aller* Perspektiven" einnehmen, von wo aus dem „Wille zur Wahrheit" (Nietzsche, Foucault) oder dem „Geschehen der différance" (Derrida) in die Karten gesehen werden soll.[45] Klarerweise wird damit die Kantische Metaphysikkritik nicht noch einmal kritisch überboten, sondern vorkritisch unterlaufen. Denn hier wird auf ein Wissen rekurriert, von dem man gleichzeitig erfährt, daß es nicht von dieser Welt sei und man es demzufolge auch nicht wissen könne.(Vgl. KO 29)

Auf solch ein Wissen kann Rorty nicht rekurrieren, denn dies zieht unweigerlich den „Vorwurf der selbstbezüglichen Inkonsistenz" nach sich. Mit dem Ausweichmanöver auf den parasitären Diskurs glaubt Rorty nun diesen Vorwurf abwehren zu können. Jedoch um welchen Preis? Mit diesem Ausweichmanöver ist nämlich nicht nur die Konsequenz einer Absage an eine Theorie über das „Haben von Theorien" verbunden, sondern generell eine Absage an Theorie. Soll die eigene Kritik nicht ihrerseits affirmativ werden, meint Rorty auf die Idee verzichten zu müssen, eine „Theorie zu haben", ja er muß diese Idee auf eine Weise „herabsetzen", die ihn nicht „darauf festlegt, eine Theorie über das Haben von Theorien zu haben" (Sp 402). So etwas sei zwar „mißlich". Rorty meint jedoch, nicht unmöglich. Denn auch Wittgenstein und Heidegger haben dies geschafft – und Rorty zufolge „gar nicht schlecht".

44 J. Derrida: Die Struktur, das Zeichen und das Spiel im Diskurs der Wissenschaften vom Menschen, a.a.O., S. 425

45 H. Schnädelbach: Metaphysik und Religion heute, in: Die Rehabilitierung des *animal rationale*. Vorträge und Abhandlungen 2, Frankfurt/M. 1992, S. 154

Wenn ich Rorty richtig verstehe, dann soll das Ausweichmanöver auf den parasitären Diskurs zum einen aus den perspektivischen Nöten herauszuführen, in die jede Philosophie gerät, die gegenüber dem Leben das letzte Wort behalten will – was von Rorty jedoch fälschlicherweise mit dem Erheben universeller Geltungsansprüche gleichgesetzt wird. Und zum zweiten scheint sich auf diese Weise das kritische Geschäft fortsetzen zu lassen, ohne daß hierfür selbst eine „Theorie über das Haben von Theorien" vorausgesetzt werden muß. Zu prüfen wäre also, ob Rortys Unterscheidung von normalem und parasitärem Diskurs und das Ausweichmanöver auf den letzteren tatsächlich aus dem Dilemma einer selbstdestruktiven Vernunftkritik herausführt, oder ob mit diesem Ausweichmanöver die sinnkritische Aporetik dieser nur perpetuiert wird. Um diese Frage zu beantworten, nehme ich die Diskussion an der Stelle auf, wo die Weichen für Rortys Verabschiedungsprogramm gestellt werden: bei der Unterscheidung von normalem und parasitärem Diskurs.

Diese Unterscheidung zweier komplementärer, wiewohl in ihrer Unterschiedlichkeit nicht aufeinander reduzierbarer Diskurstypen orientiert sich an der wissenschafts-theoretischen Unterscheidung zwischen normaler und revolutionärer Wissenschaft, wie sie Kuhn Anfang der sechziger Jahre in die Diskussion eingebracht hatte. „‚Normale' Wissenschaft ist die Praktik, Probleme auf dem Hintergrund eines Konsenses darüber zu lösen, was als gute Erklärung des Phänomens gelten würde und was zur Lösung eines Problems zu unternehmen wäre. ‚Revolutionäre' Wissenschaft besteht darin, ein neues Erklärungs-*paradigma* und damit einen neuen Problemkomplex einzuführen. Normale Wissenschaft kommt dem Rationalitätsbegriff der Erkenntnistheorie so nahe wie im wirklichen Leben überhaupt nur möglich", während die revolutionäre Wissenschaft die Negation jenes Rationalitätstyps darstellt, welcher durch die normale Wissenschaft etabliert wurde.(Sp 348) Normale Wissenschaft ist danach ein kumulatives Unternehmen, welches Kuhn zufolge auf die „Präzisierung oder Ausdehnung eines alten Paradigmas" abzielt, währenddessen revolutionäre Wissenschaft auf die Etablierung eines neuen Paradigmas gerichtet ist. Diese Etablierung eines neuen Paradigmas kann als Antwort auf eine Krisensituation innerhalb eines alten Paradigmas verstanden werden. Übertragen auf die Philosophie entspricht dieser wissenschaftstheoretischen Unterscheidung zweier in ihrer Unterschiedenheit nicht aufeinander reduzierbarer Diskurstypen die Unterscheidung zwischen „systematischer und bildender Philosophie".

Da Rorty Ende der siebziger Jahre eine Vermittlung zwischen dem normalen und dem parasitären Diskurs noch nicht gänzlich zu den Akten gelegt hatte – dem normalen Diskurs wurde bisher lediglich der Anspruch auf Letztbegründung und auf seine Ausschließlichkeit bestritten –, stellte sich nicht nur die Frage, wie diese Vermittlung zwischen den Diskursen vorzustellen sei, sondern auch wie sie realisiert wird. Rortys Antwort auf diese Fragen lautet: durch *Hermeneutik*. Im Gegensatz zu Kuhn, der die Möglichkeit einer die Divergenzen überbrückenden Verständigung zwischen Vertretern konkurrierender Theorien mit der Inkommensurabilitätsthese ausschloß, da eine Vergleichbarkeit konkurrierender Theorien so wenig möglich sei wie eine „radikale Übersetzung zwischen zwei Sprachen", behauptet Rorty, daß nur die Vergleichbarkeitsthese, nicht aber die These der radikalen Unübersetzbarkeit zwischen zwei Sprachen aufgegeben werden muß. „Inkommensurabilität impliziert Irreduzibilität, nicht jedoch Inkompatibilität." (Sp 420) Dies zieht die These nach sich, daß Inkommensurabilität nicht mit Nichtübersetzbarkeit gleichzusetzen sei. Während bei Davidson Inkommensurabilität gleichbedeutend ist mit Nichtübersetzbarkeit, meint Rorty, daß die gelungene Verständigung lediglich gegen Kuhns Unübersetzbarkeitsthese, nicht aber gegen dessen Inkommensurabilitätsthese spricht. Und eben diese Übersetzung zwischen zwei Sprachen oder aber zwischen dem normalen und dem parasitären Diskurs ist eine Aufgabe, die Rorty hermeneutisch zu lösen gedenkt.

Die philosophische Hermeneutik, die weder zur „‚mentalen' Komponente des cartesianischen Dualismus" noch zu einer Konstitutionstheorie der Erkenntnis, aber auch nicht zu einem methodisch gesicherten Verfahren in einer „besonderen Beziehung" steht, steht für die Realisierung der Vermittlung inkommensurabler Diskurse. Eine solche hermeneutische Vermittlung inkommensurabler Diskurse hat bei Rorty nun rein gar nichts mehr zu tun mit der Suche nach nichthintergehbaren Fundamenten oder gar mit der Entdeckung neuer objektiver Wahrheiten. Nach Rorty, der Quines und Davidsons Holismus mit Heideggers und Gadamers Einsicht in die hermeneutische Zirkelstruktur des Verstehens verbindet, gleicht das hermeneutische Verstehen eher dem „Kennenlernen einer anderen Person" als dem „Durchlaufen eines Beweisganges" (Sp 347). Wobei wir im Fall der radikalen Übersetzung den „‚hermeneutischen Zirkel' niemals vermeiden können", da wir die „Teile einer unvertrauten Kultur, Praxis, Theorie, Sprache usf. ohne die Kenntnis der Funktionsweise des Ganzen nicht verstehen können, während wir umgekehrt die Funktionsweise des Ganzen ohne Kenntnis seiner Teile nicht zu begreifen vermögen" (Sp 347).

Wenn ich Rorty recht verstehe, dann würde sich hier nun die Möglichkeit einer präsuppositionstheoretischen Freilegung jener normativen Voraussetzungen anbieten, ohne die dieses hermeneutische Gespräch gar nicht möglich wäre. Zumal Rorty selbst, darin Quine und Davidson folgend, mit dem Argument der Nichthintergehbarkeit der Sprache dieser einen quasi transzendentalen Status zuspricht. Diese Möglichkeit wird von Rorty jedoch leichtfertig verschenkt – und damit auch die Möglichkeit, eine antirelativistische Perspektive zu eröffnen, die aus dem Dilemma von Relativismus und Absolutismus herausführen könnte. Denn Rorty gibt zwar zu, daß, soweit es bei einem solchen Verstehen überhaupt noch um normative Fragen gehen kann, beispielsweise um die Frage nach den Bedingungen der Möglichkeit eines intersubjektiv gültigen Verstehens, ein solches Gespräch die Rechtfertigung aus sich selbst zieht. Für ihn ergeben sich daraus jedoch keine weiteren Schlußfolgerungen. Die von Gadamer exponierte Frage: „Wie ist Verstehen möglich?", die als die Grundfrage einer transzendentalen Hermeneutik gelten kann, wird von Rorty nicht gestellt. Auf Grund seines Naturalismus erscheint es Rorty einfach sinnlos, mit der kritischen Frage nach den transzendentalen Bedingungen der Möglichkeit des Verstehens nach „nichtkausale(n) Möglichkeitsbedingungen" zu fahnden. Läuft doch diese Frage für Rorty auf eine erneute Suche nach einem „transzendentalen Standpunkt" hinaus, der nach Rorty jedoch nur zu haben ist, wenn es gelingen würde, der „Zeit des Weltbildes" zu entkommen und auf die Sprache mit dem Auge Gottes herabzublicken. Und da dies den „Begriff der Sprache als ein begrenztes Ganzes" voraussetzt, an dessen äußeren Rändern Bedingungen der Möglichkeit der Beschreibbarkeit liegen, die ihrerseits jedoch unbeschreibbar sind, schlußfolgert Rorty, daß derartigen Fragen entweder sinnlos sind, oder aber aus einer naturalistischen Perspektive beantwortet werden müssen.[46] Vom Resultat nimmt sich beides nicht viel. Denn eine naturalistische Antwort auf die Frage nach den transzendentalen Bedingungen der Möglichkeit des Verstehens bringt diese Frage sofort um ihre kritische Pointe.

Selbst wenn Rorty also die kritische Frage nach der Bedingung der Möglichkeit des Verstehens stellen würde – unter einer naturalistischen Perspektive muß sie das selbstbezügliche Problem ihrer eigenen Möglichkeit aufwerfen. Die Frage nach den Bedingungen der Möglichkeit des Verstehens, die ja die Frage nach einem Kriterium nach sich zieht, mit dem ein adäquates Verstehen vom Mißverstehen unterschieden werden kann, muß Rorty also schon allein deshalb als sinnlos abwehren, weil er fälschlicherweise von der Voraussetzung ausgeht, daß diese „„Möglichkeitsbedingungen"" entweder nur um den Preis zu haben sind, daß die Philosophie von der „Wirklichkeit in die Möglichkeit flüchtet", was einen Standpunkt voraussetzt, der nicht von dieser Welt ist. Oder aber, daß diese Möglichkeitsbedingungen kausaler Natur sein müssen, da es ja nach Rorty „so etwas wie eine nichtkausale Möglichkeitsbedingung gar nicht gibt". Rorty vertritt einen Naturalismus, der nur „kausale Erklärungen des Wirklichen" kennt! Es ist dieser Naturalismus, der die kritische Fragestellung schon im Ansatz verunmöglicht. Und so ist es auch nicht weiter verwunderlich, daß für Rorty die Frage, ob ein hermeneutisches Verstehen möglicherweise selbst einer philosophischen Begründung bedarf, kaum mehr ein ernsthaftes Problem darstellen kann. Rortys letztes Wort zu diesem Thema lautet: Das hermeneutische Gespräch ist von Natur aus holistisch. Daher kann dieses Gespräch auch nur von der „Hoffnung auf Übereinstimmung" getragen werden; der Hoffnung, die „unterschiedlichen Diskurse" als den „möglichen Strängen eines Gesprächs" zueinander in Beziehung zu setzen, ohne daß dafür jemals ein „transzendentaler Standpunkt", ein „disziplinäres System" oder gar eine „Methode" bereitgestellt werden kann. (Sp 346) Dieses „Inganghalten eines Gesprächs" begreift Rorty Ende der siebziger, Anfang der achtziger Jahre als das „hinreichende Ziel" einer bildenden, d. h. einer hermeneutisch belehrten und von überzogenen Begründungsansprüchen entlasteten Philosophie.

In dieser Vermittlung „unterschiedlicher Diskurse" geht jedoch die Aufgabe einer hermeneutisch entlasteten und kontextualistisch entmächtigten Philosophie nicht auf. Die philosophische Hermeneutik, die Rorty ausschließlich über Gadamers *Wahrheit und Methode* rezipiert hat, steht bei ihm nicht nur für die Vermittlung inkommensurabler Diskurse, sie macht darüber hinaus der bildenden Philosophie den Weg frei für die Einführung „neuer Vokabulare und Terminologien". Diesen Akt der Einführung innovativer Vokabulare und Terminologien hat Rorty als „‚poetische' Tätigkeit" beschrieben. (Sp 390)

Es ist die Kraft dieser innovativen Sinnstiftungen, die eine Wirklichkeit so erschließt, daß dabei ein ganzer Bereich von Phänomenen überhaupt erst bekannt wird. In einem Zug wird damit zugleich auch der Hintergrund verändert, der einer historischen Sprachgemeinschaft den Horizont möglicher Deutungen festlegt. Im Unterschied zur präsuppositionstheoretischen Aufweisung eines symbolisch strukturierten „Vorverständnisses" im Sinn seiner reflexiven Thematisierung, geht es hier also um die Erschließung neuer Bedeutungshorizonte, die einen sprachlichen und kulturellen Wandel herbeiführen, der so

46 Vgl. R. Rorty: Wittgenstein, Heidegger und die Hypostasierung der Sprache, a.a.O., S. 79

grundlegend ist, daß unser ontologisches Vorverständnis als Ganzes in Frage gestellt wird. Durch die dichterische „Poiesis", die kraft innovativer Vokabulare und Terminologien eine neue Weltsicht konstituiert, modifiziert sich also nicht nur einfach unser Welt- und Sprachwissen. Dies wäre gewissermaßen nur die eine Seite der Medaille. Zudem wird „unser Vertrauen in die durch normale Diskurse" etablierten kanonischen Vokabulare der „normalen erkenntnistheoretisch orientierten Philosophie" und damit die „Idee der universalen Kommensuration selbst" untergraben (Sp 418). Denn diese Einführung innovativer Vokabulare nötigt uns zu einer doppelten Neuorientierung: Einerseits hinsichtlich der Orientierung an den Standards der Orientierung und andererseits hinsichtlich dessen, was durch diese Standards erfaßt, entdeckt und geregelt wird.[47] Für Rorty ist nun charakteristisch, daß er diesen Prozeß, für den er in der Kunst einen Kronzeugen findet, in einen direkten Gegensatz zu einer methodisch orientierten und argumentativ verfahrenden Philosophie bringt. „Als polemischer Terminus gibt der zeitgenössischen Philosophie ‚Hermeneutik' diesem Unternehmen" der innovativen Einführung neuer Terminologien und Vokabulare „einen Namen." In dieser ihrer antimethodischen, antiargumentativen und poetischen Stoßrichtung ist Gadamers Hermeneutik mit Feyerabends *Wider den Methodenzwang* vergleichbar, der mit seinem „Proliferationsprinzip" für die ständige Neuschöpfung ausgefallener Theorien, für einen konsequenten Methodenpluralismus und schließlich für die Angleichung der wissenschaftlichen Rationalitätsstandards an die der Kunst plädiert.

Unter dem Begriff „Hermeneutik" werden von Rorty also zwei unterschiedliche Aspekte zusammengefaßt: einerseits die verstehende Vermittlung zwischen normalen und nichtnormalen Diskursen und andererseits die Etablierung nichtnormaler Diskurse durch poetische Verletzung der „Regeln der normalen Philosophie" (Sp 401) durch die Einführung neuer Vokabulare, ohne daß für diese Regelverletzung wiederum eine Regel angeben werden kann. Diese Regelverletzung ist daher eine Regelverletzung „zweiter Stufe". Sie ist charakteristisch für eine Philosophie, die Rorty mit den Attributen revolutionär und bildend bzw. polemisch und parasitär ausstattet. „Solch eine Hermeneutik in polemischer Absicht liegt Heideggers und Derridas Dekonstruktionsversuchen der Tradition zugrunde." (Sp 395)

Den Begriff einer „Hermeneutik in polemischer Absicht" hat Rorty im Anschluß an seine Auseinandersetzung mit Derrida durch den Begriff der *Dekonstruktion* ersetzt, wobei Rorty in diesem Zusammenhang darauf aufmerksam macht, daß dieser von Derrida stammende Begriff in zweierlei Hinsicht verstanden werden kann: in einem starken, aber falschen Sinn und in einem schwachen, aber richtigen Sinn. In seiner ersten Bedeutung steht der Begriff der Dekonstruktion für ein Konkurrenzunternehmen zu jeder Form der konstruktiven Betrachtungsweise von Diskursen, während er in seiner zweiten Bedeutung als Resultat eines Perspektivenwechsels vom normalen zum parasitären Diskurs verstanden werden kann, der jedoch den normalen Diskurs nicht in toto negiert, sondern diesem kritisch zur Seite gestellt bleibt. Allein in seiner zweiten Verwendung erscheint der Begriff der Dekonstruktion Rorty als sinnvoll. Analog zum hermeneutischen Diskurs als einem parasitären und reaktiven Unternehmen gilt auch für die bescheidene Fassung

47 Vgl. M. Seel: Über Richtigkeit und Wahrheit, a.a.O., S. 522

der Dekonstruktion, daß sie gegenüber dem normalen Diskurs parasitär und reaktiv ist. Jedoch im Unterschied zur Hermeneutik geht es nun nicht mehr um Verstehen, sondern ausschließlich um die argumentationslose Einführung neuer Vokabulare. „The important thing to notice is that the difference between the two forms of activity not subject matter ... but rather determined by normality or abnormality. Normality, in this sence, is accepting without question the stage-setting in the language which gives demonstration ... its legitimacy. Revolutionary scientists need to write, as normal scientist do not. Revolutionary politicans need to write, as parliamentary need not. Dialectical philosophers like Derrida need to write, as Kantian philosophers do not." (CP 106)

Hier nun treten neben den Gemeinsamkeiten zwischen Derrida und Rorty auch deren Differenzen zutage. Beiden, sowohl Derrida als auch Rorty, geht es um eine antifundamentalistische Auflösung von Begründungsoperationen durch die Freilegung innovativer, d. h. nichtbegründungsfähiger und nichtbegründungsbedürftiger Voraussetzungen von Diskursen. Zwischen Derridas Begriff der Dekonstruktion und seiner Reformulierung durch Rorty gibt es jedoch in zweifacher Hinsicht einen Unterschied. Zum einen unterscheidet er sich durch die Reichweite und zum anderen durch den Anspruch. Während bei Derrida die dekonstruktive Betrachtung nicht neben der konstruktiven steht, sondern ihr widerstreitet – Derridas Begriff der Dekonstruktion ist unaufhebbar negativ signiert –, beharrt Rorty zunächst nur darauf, daß die Dekonstruktion sich lediglich auf die antifundamentalistische Auflösung von Begründungsoperationen im Zuge innovativer Welterschließungsprozesse bezieht. Daher gibt es bei Rorty Anfang der achtziger Jahre noch ein mehr oder weniger friedliches Nebeneinander zwischen der normalen und der bildenden Philosophie bzw. zwischen dekonstruktiver und konstruktiver Betrachtung. Der Verweis auf die Relativität normaler Diskurse auf selbst nicht begründbare und auch nicht begründungsfähige Voraussetzungen scheint damit zunächst noch keine immanente Negativität von allem Gültigen nach sich zu ziehen. Denn die argumentlose Einführung neuer Vokabulare widerstreitet nicht der in der konstruktiven Betrachtung reformulierten Gültigkeit der durch sie ermöglichten Diskurse. Anders als bei Derrida, bei dem die dekonstruktive Betrachtung jeden Diskurs als selbstsubversiven Prozeß erfährt, behauptet Rorty, daß der antifundamentalistische Zug der dekonstruktiven Betrachtung mit einer eingeschränkten Geltung der Diskurse vereinbar sei,[48] da sich die konstruktive Betrachtung („thinks of truth as vertical relationship between representations and what is represented") mit der dekonstruktiven Betrachtung („thinks of truth horizontally – as the culminating reinterpretation of our predecessor's reinterpretation of their predecessor's reinterpretation") in Einklang bringen läßt. (CP 92)

Diese Behauptung steht jedoch auf tönernen Füßen. Denn wie sich zeigen läßt, wird auch bei Rorty mit der dekonstruktiven Betrachtung die Idee einer kooperativen Wahrheitssuche am Leitfaden des „zwanglosen Zwangs des besseren Arguments" ins Reich der frommen Träume verwiesen. So wie bei Derrida die Idee einer universellen Geltungsrechtfertigung mit Verweis auf ein sinnkonstitutives Geschehen der zeitlich-geschichtlichen Differenzbildung (différance) relativiert wird, so wird bei Rorty die Wahrheit und Falschheit philosophischer und wissenschaftlicher Aussagen in Abhängigkeit von der

48 Vgl. Ch. Menke: Die Souveränität der Kunst, a.a.O., S. 213

historischen Konstitution von Paradigmen der „normal science" gebracht und auf diese relativiert. Damit wird aus dem wechselseitigen Abhängigkeitsverhältnis zwischen der Wahrheit und Falschheit empirischer Urteile und der Welt-Sinn-Eröffnung durch die Einführung neuer Terminologien ein einseitiges Abhängigkeitsverhältnis, so daß die totale Historisierung aller universellen Geltungsansprüche zu einer unausweichlichen Konsequenz wird. Rorty, der die Unterscheidung zwischen der dekonstruktiven und der konstruktiven Betrachtung aus einer Perspektive einführt, mit der er analog zu Derrida jene Voraussetzungen unreflektiert überspringt, die dieser Unterscheidung gleichsam voraus liegen, unterscheidet sich von Derrida also lediglich darin, daß dieser behauptet, die konstruktive Betrachtung des gelingenden Funktionierens von Diskursen führt aus internen Gründen in eine geltungstheoretische Katastrophe, während Rorty die geltungszersetzende Betrachtung extern ansetzen muß. Aber hier wie dort führt die dekonstruktive Betrachtung von Diskursen in begründungstheoretischer Hinsicht in eine Sackgasse, da weder Derrida noch Rorty ihre eigene Position unter Geltung stellen können.

Denn die totale Historisierung der Vernunft macht auch vor den eigenen Ansprüchen nicht halt. Was sich zunächst als ein Fortschritt gegenüber unhistorischen Rationalitätsbegriffen erweisen ließ und als Konsequenz einer historischen Kritik der Vernunft im Sinn einer „historischen Aufklärung" begreifbar gemacht werden könnte, wird zu einem orientierungs- und ortslosen Relativismus, der die Probleme der absolutistischen Erkenntnistheorie nur dadurch überwindet, indem er sie relativistisch überbietet. So wie für den Absolutisten die überzeitliche Verankerung, so wird für Rorty die zeitgeschichtliche Verankerung als solche zur theoretischen Fehlerquelle. Aus der Tatsache, daß jeder Interpret Kind seiner Zeit ist, schlußfolgert Rorty, daß es unmöglich sei, ein bewußtes Verhältnis zu eben den Voraussetzungen zu gewinnen, die man immer schon in Anspruch nimmt, um für die These der historischen Wandelbarkeit der Vernunft zu argumentieren. Zeitgenossenschaft und Selbstreflexion, Genesis und Geltung, genetischer Entstehungskontext und argumentativer Rechtfertigungskontext geraten bei Rorty in einen sich ausschließenden Gegensatz, der begründungstheoretisch nicht mehr zu bewältigen ist.

So scheint es zwar, daß in der Vertikalen die Frage nach den Bedingungen der Möglichkeit des Funktionierens normaler Diskurse weiter gestellt werden kann. Da sich diese Bedingungen jedoch in der Horizontalen, also wenn nach ihrer historischen Genesis gefragt wird, als geschichtlich gewordene und vor allem als geschichtlich vergängliche herausstellen, schlußfolgert Rorty, daß weder die synchronen noch die diachronen Voraussetzungen wissenschaftlicher und philosophischer Theoriebildungen in normativer Hinsicht beurteilbar bzw. unter Geltung zu stellen sind. Den Grund hierfür sehe ich in Rortys Überuniversalisierung des Fallibilismusprinzips, wodurch der Fallibilismus der synchronen Perspektive auf die diachrone Ebene übertragen wird. Durch und mit der Projektion des normalen auf den revolutionären Diskurs, der diesen ermöglicht, wird aus philosophischen und wissenschaftlichen Theoriebildungen eine Vielzahl entstehender und vergehender Texte, die sich von literarischen Texten allenfalls noch nach stilistischen Kriterien unterscheiden lassen.

In begründungs- und geltungstheoretischer Hinsicht ist damit die Konsequenz verbunden, daß Rekonstruktionsbemühungen, in denen eine Geschichte nicht nur erzählt, sondern auf Geltungsansprüche hin beurteilt werden soll, kein Sinn mehr gegeben werden kann. Insofern Rorty die Historisierung der Vernunft auf die in jeder Rede präsupponierten Voraussetzungen zurückbezieht und diese präsupponierte Vernünftigkeit selbst als etwas Historisch-Kontingentes interpretiert, wird es ihm unmöglich, den eigenen argumentativen Rechtfertigungskontext unter Geltung zu stellen ist. Historische Genesen und das, was bei Rorty den „logischen Raum des Begründens" ausmacht, lassen sich allenfalls noch als Wirkungszusammenhänge verstehen, nicht aber mehr kritisch beurteilen. Da sich der Wandel der Paradigmen nicht mehr unter allgemeine Normen zwingen läßt, können philosophische und wissenschaftliche Aussagen zwar weiterhin auf Paradigmen bezogen werden. Sie lassen sich aber nicht mehr kritisch beurteilen.

Die These, die Einführung innovativer Vokabulare impliziere eine fortschreitende Negation des Sinns, die jegliche Regelhaftigkeit untergräbt, ist jedoch paradox, wenn man ihre Konsequenzen bedenkt. Eine solche Auffassung führt nämlich nicht nur in begründungstheoretischer Hinsicht in eine Sackgasse – da Rorty nicht mehr plausibel machen kann, wie dieser Rückbezug zu denken ist, ohne daß er sich selbst Vernünftigkeit zutraut –, sondern auch in sprachphilosophischer Hinsicht. Denn mit dieser These wird das Prinzip der Regelverletzung zum regulativen Prinzip der Sprache erhoben. Paradox ist diese These insofern, als sie zu einer Humpty-Dumty-Auffassung der Sprache führt, einer Sprachauffassung also, die gerade vor dem Problem kapitulieren muß, welches Rorty ursprünglich lösen wollte: das Problem des Verstehens. So bleibt denn zwar bei Rorty zunächst noch der dekonstruktiven Betrachtung die konstruktive zur Seite gestellt. Jedoch schon hier schließt Rorty vom genetischen auf den normativen Primat des nichtnormalen und parasitären Diskurses, der gegenüber der intersubjektiven Verständigung in Führung geht. Dies zieht zwei weitere Konsequenzen nach sich: Einerseits die methodische Konsequenz eines Abschiedes von der hermeneutischen Verstehensproblematik, die sich an der Frage entzündete, wie sich die durch innovative Vokabulare verschobenen Bedeutungshorizonte in das Verständnis eines „größeren Netzes" von Überzeugungen integrieren lassen. Und andererseits die Konsequenz einer weiteren Radikalisierung der Kritik der Philosophie im Sinn ihrer Umwandlung in eine literarische Gattung, so wie sie von Derrida effektiv realisiert wurde.

Da Rorty einerseits eine Überwindung der begründungstheoretischen Schwierigkeiten durch „strikte Reflexion" auf die Bedingungen der Möglichkeit des eigenen Argumentierens genauso „strikt" ausschließt, wie Apel sie einfordert, andererseits aber auch nicht Vernunft und Rationalität in den historischen Gesamtprozeß verlegen kann – dies verbietet die Ablehnung der großen Erzählungen der Moderne –, bietet Rorty die Literatur als Retter aus der Not auf, um die zur autonomen Kritikwissenschaft aufgeblasene bildende Philosophie zwischen der Scylla von hochgespielten Begründungspflichten und der Charybdis von herabgespielten Begründungsnöten hindurchzusteuern. Mit der damit verbundenen Angleichung der Metaphysikkritik an die Literatur(kritik) hat der Rationalität die letzte Stunde geschlagen. Die dekonstruktive Betrachtung, deren „belatedness and irony" eine schreibende Philosophie als „a new literary genre" ausbildet, führt zu „a genre which exibited the relativity of significance to choice of vocabulary, the bewilding variety of vocabularies from which we can choose, and the intrinsic instability of each." (CP 148)

Im Unterschied zu Derrida, der die Dekonstruktion anfänglich als strenge Doktrin verkündet hat und die „Grammatologie als positive Wissenschaft" zu rechtfertigen bestrebt war – nämlich als konsequente Durchführung der transzendentalen Frage nach den Bedingungen der Möglichkeit des Funktionierens sinnhafter Diskurse, die sich unter dem Blickwinkel der dekonstruktiven Betrachtung freilich als die „Bedingungen ihrer Unmöglichkeit“ zu erkennen geben sollen,[49] begreift Rorty also eine dekonstruktive Philosophie „as a Kind of Writing“. Zwar war Rorty selbst anfänglich um eine regelgerechte und ernsthafte Interpretation von Derridas Texten bemüht. Die damit verbundenen begründungstheoretischen Schwierigkeiten führten ihn jedoch dazu, die Dekonstruktion von allen methodischen oder gar transzendentalen Ansprüchen freizuhalten. Denn wenn jede *Dekonstruktion* eine *Konstruktion* voraussetzen muß, an die sie zurückgebunden bleibt, und wenn sich die Dekonstruktion lediglich als ein methodisch gesichertes Verfahren verstehen ließe, dann wäre sie für Rortys Verabschiedungsprogramm untauglich. Führt doch die Dekonstruktion, so sie wie bei Rodolphe Gasché und Jonathan Culler als ein methodisch gesichertes Unternehmen verstanden wird, auf direktem Weg in die Aporie der Selbstbezüglichkeit. Für Rorty hingegen ist klar: Allein wenn die Dekonstruktion aus der sinnkritischen Aporie der Selbstbezüglichkeit herauskommt, kann sie in den Dienst des Verabschiedungsprogramms gestellt werden. Und da sich letztendlich mit der Aufgabe aller transzendentalen Hoffnungen das kritische Geschäft seiner eigenen Grundlagen nicht mehr sicher sein kann, muß die Dekonstruktion in den Bereich der Rhetorik versetzt werden, um der Paradoxie der Selbstbezüglichkeit zu entgehen.

Diese Konsequenz hat Derrida nicht in vollem Umfang bedacht. Daher Rortys Vorwurf, Derridas Programm der Dekonstruktion erweise sich bei näherem Hinsehen als januskopfig. Sie verspricht einerseits methodische Strenge – darin gleicht sie transzendentalen Diskursen – und andererseits einen spielerischen Umgang mit Texten – darin gleicht sie der Literatur. Im Unterschied zum frühen Derrida, den zuweilen die Rhetorik des Überwindens dazu führt, die Dekonstruktion als strenge Doktrin zu verkünden – eben dies hat Gasché und Culler dazu bewogen, in der Dekonstruktion ein methodisch gesichertes Vorgehen zu sehen –, meint Rorty nun, Derrida sei lediglich ein ironischer Denker, der uns zeigt, wie systematische Ansprüche zum Gegenstand privater Witze gemacht werden können. Derrida „gibt die Theorie – den Versuch, seine Vorgänger gleichmäßig und als Ganzes zu sehen – einfach auf zugunsten des freien Phantasierens über diese Vorgänger, zugunsten des spielerischen Umgangs mit ihnen; er läßt den Assoziationen, die sie hervorrufen, die Zügel schießen.“ (KO 207)

Wenn Rorty also von einer guten und einer schlechten Seite der Dekonstruktion spricht, dann steht für die gute Seite Derrida als Ironiker, der – analog Rorty – sich von der Logik ab- und der Rhetorik zuwendet, währenddessen für die schlechte Seite Derrida steht, sofern er seinem Verfahren kritische Strenge zu sichern sucht, ohne den damit verbundenen Preis des Rückfalls in den Begründungsfundamentalismus zahlen zu wollen. Diese zwei Seelen in Derridas Brust hält Rorty zwar für psychologisch verständlich, nicht jedoch für miteinander vereinbar. Denn die Dekonstruktion in dem starken, aber falschen Sinn eines methodisch orientierten Unternehmens verspricht zwar kritische Strenge, dafür muß sie aber einen autoritativen Anspruch erneuern. Mit der Erneuerung dieses Anspruchs wird der Diskurs jedoch „normal“. Allein die Dekonstruktion in dem schwachen,

49 J. Derrida: Randgänge zur Philosophie, Frankfurt/M., Berlin, Wien 1976, S. 153

aber richtigen Sinn als „a new literary genre“ gestattet es, den Diskurs parasitär zu halten. Rorty kann und darf nicht in die Rhetorik des Überwindens verfallen, so er mit seinem Verabschiedungsprogramm ernst machen will. Nicht nur von Nietzsche, Heidegger und Derrida hat Rorty gelernt, daß eine Befreiung vom Streit der Lehrmeinungen auf dem Weg des Überwindens nicht zu haben ist. Die analytische Tradition selbst zeigt, daß die Überwindungsversuche der Metaphysik sich ironischerweise immer in Rehabilitierungsprogramme verwandelt haben. Der Patient hat die Kur immer überlebt. Mehr noch: Die „veränderte Metaphysik verdankt ihre Form teilweise den Therapien, denen sie unterzogen wurde, selbst wenn sie mittlerweile aufgegeben wurden“.[50] Philosophen wie Danto und Rorty ziehen aus dieser Sachlage den Schluß, daß nicht nur der analytische Reinigungsenthusiasmus aufzugeben sei, sondern die Überwindungsversuche selbst. Statt dessen sollte man schlicht versuchen, mißliche Vokabulare als nicht besonders interessant erscheinen zu lassen. Diesen Rat möchte Rorty auch Derrida geben, sofern hinter seinem freien Spiel der Assoziationen zuweilen das alte Überwindungsproblem der Metaphysik hervorlugt.

Rorty will also mit Derrida gar nicht erst darüber streiten, ob die Dekonstruktion am Rande der Metaphysik steht oder möglicherweise sogar ihr Endspiel darstellt. Denn ganz gleich, wie man diese Frage beantwortet, eines läßt sich für Rorty nicht aus diesem Dilemma folgern: daß man diesen Ort nicht verlassen kann. Gleichwohl will er aber auch nicht wie der späte Heidegger in die lichten Höhen eines esoterischen Sonderdiskurses flüchten. Heideggers Hoffnung, die Identität von Wort und Sache werde unter den Bedingungen der Seinsvergessenheit vom Sein selbst gestiftet, kann Rorty nicht mehr teilen. Zwar benutzt er – wie Heidegger und Derrida – die metaphysischen Begriffe als Leiter, die er, nachdem er ihre Sprossen erklommen hat, wegwirft. Aber im Gegensatz zu Heidegger und auch im Gegensatz zum frühen Derrida nimmt Rorty für sich nicht die Autorität des Eingeweihten in Anspruch. Die bildende Philosophie auf die Dimension einer negativen Therapeutik einschränkend, verweigert er ihr konstruktive Argumente und legt sie reaktiv darauf fest, „Satiren, Parodien und Aphorismen“ zu schreiben (Sp 400). Philosophie muß werden, was sie nach Hegel nicht sein sollte: erbaulich. Allein auf diesem Weg glaubt Rorty dem Vorwurf der „selbstbezüglichen Inkonsistenz“ zu entgehen, einem Vorwurf, dem sich Nietzsche, Heidegger und zuweilen auch Derrida aussetzten, insofern auch sie beanspruchten, „das zu wissen, wovon sie selbst sagen, daß man es nicht wissen könne“ (KO 29). Und doch ist mit diesem Ausweichmanöver auf den parasitären Diskurs, dessen einzig positives Ziel ursprünglich darin bestehen sollte, das „abendländische Gespräch in Gang zu halten“, dieser Vorwurf nicht beseitigt, sondern wiederum nur verschoben.

Denn entweder nehme ich Rortys „Kritik der Philosophie“ als Philosophie ernst, dann stellt sich auch Rorty mit dieser Kritik in den Raum, den er mit Sellars den „logischen Raum des Begründens“ nennt (Sp 176). Wenn aber auch Rorty in diesem „logischen Raum des Begründens“ steht und wenn dieses Gespräch um Sachfragen kreist, was ja erkennbar unterschiedliche Standpunkte voraussetzt, dann läßt sich nicht der sanfte Zwang des besseren Arguments suspendieren. Das aber wiederum bedeutet, dieses Gespräch, von

50 A. Danto: „Analytische Philosophie“, a.a.O., S. 40

welchem Rorty vorgibt, es in Gang halten zu wollen, muß sich an kontexttranszendierenden Prinzipien orientieren, Prinzipien mit einem normativen Gehalt, die die Grenze einer eigenen lokalen Gemeinschaft in Richtung auf eine universale überschreiten. Oder aber Rorty verzichtet auf diese normativen Prinzipien und erzählt Witze und Satiren. Klarerweise wird man dann zugestehen müssen, daß Witze und Satiren nicht dadurch aus der Welt zu bringen sind, daß man dem Witze- oder Satirenerzähler erklärt, nicht auf die „Voraussetzungen“ oder gar auf das „Fundament“ des Witzes reflektiert zu haben. Genauso klar ist aber auch, daß es nunmehr nichts zu diskutieren gibt.

5.4. Metaphysikkritik als Literaturkritik

Spätestens Mitte der achtziger Jahre hat Rorty erkannt, daß die Unterscheidung zwischen dem normalen und dem parasitären Diskurs nicht aus der Paradoxie der Selbstbezüglichkeit herausführt. Und Rorty war auch konsequent genug, um sich dies einzugestehen. Unter der Voraussetzung jedoch, daß die Metaphysik intern nicht zu überwinden ist, da jede Therapie letztendlich in ein Gesundungsprogramm umschlägt, entscheidet sich Rorty für die Flucht nach vorn. Rorty versetzt die Metaphysikkritik in den Bereich der Rhetorik, um ihr einen Ausweg aus der Aporie der Selbstbezüglichkeit zu bahnen. Das zwingt Rorty, das Verfahren der immanenten Kritik aufzugeben. Denn wenn jede immanente Kritik das Kritisierte noch in der Kritik affirmiert, dann muß Rorty entweder die überzogenen Ansprüche einer selbstdestruktiven Vernunftkritik zurücknehmen, oder aber er muß auch noch über die immanente Kritik hinaus. Rorty entscheidet sich für die zweite Variante. Damit darf sich die Kritik jedoch nicht mehr als Kritik im Sinn des argumentativen Diskurses verstehen. Das Resultat ist bekannt: Kritik wird zur Ironie und Rorty ihr philosophischer Anwalt.

Und so propagiert heute der zum Ironiker konvertierte Pragmatist eine gewisse „ironische“ bzw. „ästhetische“ „Leichtfertigkeit und Oberflächlichkeit“ gegenüber traditionellen philosophischen Fragen, eine Leichtfertigkeit, die der pluralen Verfaßtheit einer „post-metaphysischen Kultur“ oder, wie Rorty an anderer Stelle sagt, einer „literarischen Kultur“ durchaus kongenial zu sein scheint. Mit dieser Leichtfertigkeit verbindet sich eine generelle Verabschiedung der Philosophie, so sie als ein argumentatives und an methodische Verfahren gebundenes Unternehmen verstanden wird.

Die mit dieser Verabschiedung der Philosophie verbundene Einebnung des Gattungsunterschieds zwischen Philosophie und Wissenschaft einerseits und Literatur und Kunst andererseits ist nun aber zumindest für einen Denker, der in der Tradition der analytischen Philosophie und des amerikanischen Pragmatismus steht, alles andere als selbstverständlich. Und doch deutete sie sich bereits Ende der siebziger Jahre an. In logisch-„erkenntnistheoretischer“ Hinsicht folgt diese Verabschiedung der Philosophie aus Rortys Sprach- und Interpretationsphilosophie, die „Wahrheit“ und „Dichtung“ kaum noch zu trennen wußte. In historisch-soziologischer Hinsicht scheint für sie die Tatsache zu sprechen, daß die „Philosophie in England und Amerika aus ihrer prinzipiellen kulturellen

Funktion bereits vor einiger Zeit vom ‚literary criticism'" verdrängt wurde (Sp 188) und mittlerweile die „Literaturkritik an die führende Stelle in der demokratischen Hochkultur" aufgestiegen ist. (KO 141)

Nun sind solche Befunde ja nicht eben neu. Bereits 1959, also genau zwanzig Jahre bevor Rorty seine provokanten Thesen formulierte, hielt Charles Percy Snow an der Universität Cambridge seine berühmt gewordene Rede *The Two Cultures and the Scientific Revolution*, in der er eine Spaltung des geistigen Lebens in zwei Kulturen diagnostiziert: in die naturwissenschaftlich-technische auf der einen Seite und in die geisteswissenschaftlich-literarische auf der anderen Seite.[51] Diese Spaltung, so die These von Snow, bezieht sich auf die gesamte westliche Welt. Die Träger dieser zwei Rumpfkulturen werden von Snow wie folgt charakterisiert. Den Angehörigen der geisteswissenschaftlich-literarischen Intelligenz gehe es in erster Linie um Fragen der menschlichen Existenz, sie neigen zum Skeptizismus, haben von Naturwissenschaft und Technik keine Ahnung und tendieren zur „Maschinenstürmerei". Im Gegensatz zu ihnen sind die Vertreter der naturwissenschaftlich-technischen Intelligenz Optimisten, haben dafür aber keinen Kontakt zur Kultur und wenig Interesse für Kunst, mit Ausnahme der Musik. Bücher spielen für sie keine Rolle, aber sie haben die „Zukunft im Blut".

Diese Charakteristik stimmt im großen und ganzen mit Rortys Befund überein. Freilich mit einer Einschränkung: bei Rorty werden die Vorzeichen gegenüber Snow geradewegs verkehrt. Und so bestreitet Rorty nicht nur, daß im Mittelpunkt der liberalen Hochkultur die Theorie steht. Er bestreitet auch, daß die naturwissenschaftlich-technische Intelligenz die „Zukunft im Blut" hat, da seiner Auffassung nach, die führende Stellung in einer demokratischen Hochkultur nicht mehr die Religion, die Wissenschaft oder die Philosophie innehaben, sondern die Literatur und die Literaturkritik. Um sie als ihren „Mittelpunkt" kreist die liberale Hochkultur. Die Vorstellung, liberale Gesellschaften würden durch religiöse, wissenschaftliche oder philosophische Überzeugungen zusammengehalten, erscheint Rorty einfach lächerlich. Was diese Gesellschaften zusammenhält, sind gemeinsame Vokabulare und gemeinsame Hoffnungen. Oder wie Rorty auch sagt: „Moderne, gebildete, säkulare Gesellschaften sind von der Existenz einigermaßen konkreter, optimistischer und plausibler politischer Szenarien abhängig statt von Szenarien zur Erlösung jenseits des Grabes." Und darum sind Rortys Helden nicht die Wissenschaftler und Techniker und auch nicht die Philosophen, sondern die Dichter und Ironiker/Innen. Was sich seinerzeit für Snow und Julien Benda als eindeutiges „Zeichen eines mangelnden moralischen Verantwortungsgefühls" darstellt und sich politisch als Anti-Liberalismus zu erkennen gibt, eben Ästhetizismus und Ironismus, versieht Rorty nicht nur mit der Autorität des Moralischen, sondern auch mit der des Zeitgemäßen. Leisten doch für Rorty die Literatur und die Literaturkritik das, was die „Suche nach allgemeinen Moralprinzipien für Metaphysiker leisten soll". Rorty befreit den Ironismus vom „Verdacht des ‚Elitären'" und will diesen mit dem Liberalismus zusammenzwingen.

Trotzdem hat Rorty Ende der siebziger Jahre noch die Philosophie als Philosophie kritisiert. Das ist, wie bereits bemerkt, heute anders. Heute fordert Rorty schlicht, auf Philosophie als „Vernunftwissenschaft" zu verzichten. Gibt es keine zeitgemäße Philoso-

51 Vgl. Ch. P. Snow: The Two Cultures and the Scientific Revolution, Cambridge 1959

phie, weil es derer schon zu viele gibt, kann es im Anschluß an Wittgenstein und Heidegger nur noch darum gehen, „ehrenhafte Bedingungen für die Kapitulation der Philosophie vor der Dichtung auszuhandeln“ (KO 57). Rorty ist also durchaus nicht über Nacht vom Saulus zum Paulus geworden. Dieser „Gesinnungswandel“ war weder ein vollständiger Wechsel der geistigen Garderobe noch eine religiöse Bekehrung. Bei aller Plötzlichkeit mit der er geschah, bei aller Überraschung für die er auch im Umfeld der analytischen Philosophie sorgte, war er nicht nur Hiatus und Schlußstrich unter ein altes Projekt. Dieser Schritt, mit dem sich die Konsequenz verband, 1982 seinen Lehrstuhl für Philosophie an der Universität Princeton aufzugeben, um fortan als Professor of Humanities in Virginia zu lehren, war auch Konsequenz von Rortys philosophischen Anstrengungen.

Bedenken wir: Innerhalb der postempiristischen Wissenschaftstheorie und innerhalb des „linguistic turn“ selbst bereitete sich mit dem Scheitern der traditionellen Begründungsversuche ein Betriebsklima vor, das einen derartigen Schritt wesentlich begünstigt hat. Schon 1967 fragte Rorty: Wenn alle Versuche, die Philosophie auf den Pfad einer strengen Wissenschaft zu führen, letztendlich gescheitert sind – die Begründungsversuche innerhalb der analytischen Philosophie eingeschlossen –, wenn also die Geschichte der Philosophie lediglich eine permanente Revolte gegen die falschen Voraussetzungen früherer Philosophen darstellt, taucht dann nicht zwangsläufig die Frage nach ihrem „postischen“ Ende auf? Seinerzeit hatte Rorty auf diese Frage noch keine definitive Antwort, eine Frage, die im übrigen deutlich macht, wie weit Rorty trotz seiner antiszientistischen Haltung dem Szientismus verpflichtet bleibt. Unterstellt doch diese Frage, daß die Philosophie entweder ein Hort ewiger Wahrheiten zu sein hat, oder aber gar nicht sein kann. Die Möglichkeit jedoch, daß die Philosophie in einer „postphilosophischen Kultur“ aufhört, eine argumentative Disziplin zu sein und näher an die Dichtung heranrückt, diese Möglichkeit hat Rorty schon 1967 in seiner Einleitung zu der Aufsatzsammlung *The Linguistic Turn* erwogen.[52] Es waren innerphilosophische Schwierigkeiten und Probleme, aus denen Rorty seine Schlußfolgerungen zog, insbesondere jene, daß es heutzutage nur noch darum gehen könne, ehrenhafte Kapitulationsbedingungen der Philosophie vor der Dichtung auszuhandeln.

Zwar wurde dieser Schritt durch den Import der dekonstruktivistischen Praktiken erleichtert. Man kann sogar sagen, daß der „literary criticism“ diesbezüglich eine katalysatorische Funktion hatte. Die Etablierung dieser Praktiken in der nordamerikanischen Literaturkritik durch Yale-Autoren wie Paul de Man, Harold Bloom, Geoffrey H. Hartman und schließlich ihre philosophische Indienstnahme durch Rorty sind nun jedoch nicht wiederum durch diese Praktiken erklärbar. Als Ende der sechziger, Anfang der siebziger Jahre de Man (heute allgemein als „foremost American exponent“ des Anti-Logozentrismus eingestuft), Bloom, Hartman u. a. den „Dekonstruktivismus“ an der Yale- und John Hopkins-University institutionalisierten, gab es bereits eine Affinität zu jenen aus Paris importierten dekonstruktivistischen Praktiken, die nicht auf Rezeption beruhte. Sicher fand man schon bald in Derridas Logozentrismuskritik eine philosophisch reichere Basis

52 R. Rorty: Metaphilosophical Difficulties of Linguistic Philosophy, in: The Linguistic Turn, Hg. von R. Rorty, Chicago 1967, S. 35f.

für die eigene literaturwissenschaftliche Praxisform, die eine neue Subtilität der Textbeobachtung ermöglichte und in den siebziger Jahren zu einer konsistenten Technik der Textanalyse ausgebaut wurde. Aber zunächst einmal mußte der mit der literarischen Sprache verbundene Verstehens- und Wahrheitsanspruch in eine Krise geraten. Der Verzicht auf den Meta-Status des eigenen Diskurses, die Nobilitierung der „readings“ zur Literatur und damit die Angleichung der „Literaturkritik“ an die „Literatur“ war also beides: einerseits Ausdruck des permanenten Menetekels, die eigene literaturwissenschaftliche Praxis als Wissenschaft zu begründen, und andererseits Resultat des Imports der französischen Logozentrismuskritik.[53]

Dasselbe gilt mutatis mutandis für den „linguistic turn“, der sich ja auch nicht nur in Fortführung empiristischer und pragmatischer Bestrebungen entwickelte (Bestrebungen, die mit Sellars, Quine und Davidson dazu führten, daß der „Mythos des Gegebenen“, die drei Dogmen des Empirismus und schließlich, insbesondere bei Rorty und Charles Taylor, auch noch der analytisch restringierte Zugriff auf Sprache vermittels ahistorischer Standards zunehmend zugunsten hermeneutischer Verstehensleistungen aufgegeben wurde), sondern, wie bei Rorty ersichtlich, zunehmend Grundmotive des hermeneutischen Denkens, insbesondere von Gadamer und Heidegger und der post-nietzscheanischen Vernunftkritik, aufgenommen hat.

Diese bislang ungewöhnliche Zuwendung zum zeitgenössischen, nicht-analytischen Denken beendet also nicht nur die rigide Abschottung der analytischen Philosophie vom kontinentalen Denken, mit der zugleich ein neues, offenes Philosophieren parallel geht, „which will make the increasingly fuzzy distinction between ‚analytic‘ and ‚Continental‘ philosophy altogether obsolete“.[54] Dies wäre lediglich die eine Seite. Die andere ist Seite die, daß sich Rorty im Anschluß an Nietzsche, Heidegger, Wittgenstein und Derrida zunehmend von einem philosophischen Selbstverständnis löst, welches die Philosophie darauf festlegt, argumentativ Probleme zu bearbeiten. Rorty kehrt das diskursive Denken gegen sich selbst, um es in Dichtung zu überführen – hoffend, damit dem auf die Spur zu kommen, was sich der argumentativen Rede entzieht. Damit sind *innerhalb der Philosophie selbst Voraussetzungen geschaffen für die Einebnung des Gattungsunterschiedes zwischen Philosophie und Literatur*.

Gelingt es nicht, aus der aporetischen Situation zu entkommen und die endemischen Selbstzweifel durch Vorgabe eines gleichsam olympischen Standortes stillzustellen, soll die Philosophie mit dem bezahlen, womit sie zur Welt gekommen ist: mit ihrem Vernunftanspruch. Rorty verabschiedet die Philosophie und stürzt sich auf die dekonstruktivistischen Praktiken wie in einen Ausweg aus geistigen Nöten. Mittels dieser Strategie hofft er, die Kritik über die Wissenschaft hinaus und empor auf das Niveau eigentlich schöpferischer Tätigkeit zu heben und damit gleichzeitig das kritische Geschäft von dem mißlichen Zwang zu befreien, sich an pseudowissenschaftlichen Standards orientieren zu

53 Vgl. H. U. Gumbrecht: Deconstruction Deconstructed. Transformationen französischer Logozentrismus-Kritik in der amerikanischen Literaturtheorie, in: Philosophische Rundschau, 33. Jg. (1986), S. 13ff.

54 R. Rorty: Absolutely non-absolute. Review of Charles Taylor. Philosophical Papers, in: Times Literary Supplement 6 (1985), S. 1380

müssen. Mit aller wünschenswerten Klarheit hat Rorty jüngst noch einmal darauf aufmerksam gemacht, daß man daher die Vertreter des Dekonstruktivismus falsch einschätzt, wenn man sie für „argumentative Problemlöser" hält: „I thought it too much to ask of ‚deconstruction' that it be, in Culler's words, *both* ‚rigorous argument within philosophy and displacement of philosophical categories and philosophical attempts at mastery.' Something, I claimed, had to go. I suggested we jettison the ‚rigorous argument' part."[55] In diesen Kontext ordnet Rorty dann auch Derridas Ansatz ein, der, so man ihn recht versteht, weder eine Methode noch eine Begründung für eine dekonstruktivistische Literaturkritik abgibt, sondern es uns schlechthin erlaubt, „systematische Ansprüche in private Witze" zu verkehren. Gerade dadurch, daß Derrida „sein philosophisches Denken" *privatisiert*, d. h. von öffentlichen Standards bzw. Regeln abkoppelt, löst er nämlich die „Spannung zwischen Ironismus und Theoretisierung". Oder wie Rorty an anderer Stelle sagt: Allein der „Rückzug in private Phantasie ist die einzige Lösung für das Problem der Selbstreferenz, das sich diesem Theoretisieren stellt, das Problem, wie man Distanz zu den eigenen Vorgängern gewinnt, ohne selbst die Fehler zu wiederholen, derentwegen man sie verurteilt hat". (KO 208)

Damit ist nun zwar der Bezug zur Tradition gekappt, oder besser, mit der philosophischen Tradition verbindet Rorty nur noch die Tatsache, daß „Philosophen aus der Vergangenheit zum Gegenstand seiner höchst lebendigen Phantasien werden" (KO 209). Es ist aber durchaus nicht klar, warum ausgerechnet eine ironische „Theorie", eine Theorie, die der Form nach narrativ ist und sich als argumentfreie Antiphilosophie vorstellt, gegenüber einer nicht-ironischen Theorie, einer Theorie also, die sich immerhin auf Argumente stützt, zu bevorzugen wäre (denkbar ist ja auch, daß Rorty einfach zu „phantasielos" und zu „erschöpft" ist, um noch Fragen an die Tradition zu stellen, die Probleme betreffen). Es sei denn, es ließe sich zeigen, daß allein „Ironismus" und „ästhetische Leichtfertigkeit" zur Kur für die Schwäche von Theorie werden können. Rorty müßte plausibel machen, daß es für Theorie überhaupt keinen anderen Ausweg mehr gibt. Auch der Rückzug aus der aporetischen Situation des performativen Widerspruchs muß verlegt sein, sonst gibt es wenigstens noch einen Weg, eben den Weg zurück. Dieser Weg, so sieht es zumindest Rorty, würde uns nun aber geradewegs in die Metaphysik zurückführen. Darum sucht er eine Position neu zu besetzen, die Adorno und Derrida dadurch halten wollten, daß sie den performativen Widerspruch einer sich selbst überbietenden Vernunftkritik beständig umkreisten, aber – und hier treten die Differenzen gegenüber Adorno zutage – nicht um die Kritik von Philosophie als Philosophie fortzusetzen und solcherart die „Rettung relativer Wahrheiten aus den Trümmern falscher Absoluta" zu versuchen,[56] sondern um die Philosophie als Philosophie unter Zuhilfenahme ihrer eigenen Mittel kurzerhand abzuschaffen. Rorty begibt sich in den performativen Widerspruch hinein, um über die Philosophie hinauszukommen.

In diesem Zusammenhang meint er, sich sogar noch auf Hegel berufen zu können. Rorty, der in seinem Werk die philosophische Tradition mitunter auf äußerst radikale

55 R. Rorty: Is Derrida a transcendental philosopher?, in: Essays on Heidegger and others. Philosophical Papers Vol. 2, Cambridge 1991, S. 119

56 M. Horkheimer/Th. W. Adorno: Dialektik der Aufklärung, Frankfurt/M. 1984, S. X

Weise akkumuliert und integriert, glaubt nämlich, in dessen Philosophie ein frühes und zentrales Dokument jener De-Legitimationsbewegung zu erkennen, die heute in Gestalt der Postmoderne zum Bewußtsein ihrer selbst gekommen ist. Das ist, selbst wenn man von Hegels dezidiert antiromantischer Haltung und seiner Geringschätzung des „common sense" absieht, aus wenigstens drei Gründen verwunderlich: Erstens weil für Hegel – ganz im Gegensatz zu Rortys „romanticism" – das philosophische „Wissen nur als Wissenschaft oder als *System* wirklich ist und dargestellt werden kann" (also genau in der Weise eines „abschließenden Vokabulars").[57] Zweitens weil Hegel von aller Kritik, die mehr sein will als leeres Räsonnement, fordert, von den Voraussetzungen aus zu argumentieren, die der Kritik unterzogen werden sollen. Und schließlich drittens weil Hegel seit dem *Kritischen Journal der Philosophie* im Jahr 1802 als *Bedingung aller Kritik*, die mehr sein will als bloße „Meinung" oder gar als ein „einseitiger Machtanspruch", gerade das fordert, was Rorty kaum mehr sein kann als ein Rudiment normativistischer Denkart: einen *objektiven Maßstab*.[58]

Denn mit der Einebnung des Gattungsunterschiedes zwischen Philosophie und Literatur wird ja nicht nur auf das Privileg einer Kritik verzichtet, die ihrerseits der Kritik enthoben ist, sondern überhaupt auf die Einrichtung normativer Deutungsmodelle. Die Leitformel „alles ist Literatur" erzwingt mit dem Verweis, daß das „Werk" ein schier unerschöpfliches Sinn- und Bedeutungsuniversum ist, das eine Vielzahl von gleichgültigen Lektürestrategien ermöglicht, für die kein vernünftiger Telos existiert, eine *Revision des Kritikbegriffs*, der die hermeneutische Not, in Beliebigkeit zu verfallen, zur Tugend eines kreativen Prozesses umstilisiert.[59]

Rorty selbst bietet hierfür ein instruktives Beispiel. Im zweiten Kapitel seines Werkes *Kontingenz, Ironie und Solidarität* läßt er mit Hegel jene „ironische Tradition innerhalb der Philosophie" beginnen, die nicht nur deren „metaphysische Elemente" demontiert, sondern diese in eine „literarische Gattung umzuwandeln" bestrebt ist. Zwar räumt Rorty ein, Hegel habe in diesem Zusammenhang nicht genau gewußt, was er tat. Ein klares Bewußtsein über dieses Tun hatte erst Nietzsche, der „erste Philosoph, der das bewußt tat, was Hegel unbewußt getan hatte" (KO 135f.). Ungeachtet solch einer vorsichtigen Relativierung hält Rorty Hegels „dialektische Methode" für nichts weiter als „literarisches Geschick" oder, um einen andere Bezeichnung von ihm zu gebrauchen, für „‚Literaturkritik'". Im Unterschied zum traditionellen Kritiktyp geht es dieser Kritik nicht mehr darum, *Werturteile* zu begründen, sondern nur noch um den Versuch, „Vokabulare gegeneinander auszuspielen". „Durch die Erfindung dieser Art von Kritik brach der junge Hegel aus dem Kanon von Platon bis Kant aus und begann eine Tradition ironischer Philosophie, die bei Nietzsche, Heidegger ... Derrida" und bei Rorty selbst weitergeführt wird. (KO 136) Da eine universale Instanz für die Rechtfertigung von Vokabularen nicht

57 G. W. F. Hegel: Phänomenologie des Geistes, a.a.O., S. 27

58 Vgl. G. W. F. Hegel: Über das Wesen der philosophischen Kritik überhaupt und ihr Verhältnis zum gegenwärtigen Zustand der Philosophie insbesondere, in: Kritisches Journal der Philosophie. Hg. von F. W. J. Schelling und G. W. F. Hegel, Hg. von St. Dietzsch, Leipzig 1981, S. 7

59 Vgl. dazu K. R. Scherpe: Dramatisierung und Entdramatisierung des Untergangs – zum ästhetischen Bewußtsein von Moderne und Postmoderne, in: Postmoderne. Zeichen eines kulturellen Wandels, a.a.O., S. 208

mehr zur Verfügung steht, und das ist ja Rortys These, schwindet nicht nur die Möglichkeit einer Kritik, die der Sache argumentativ an die Wurzel geht. Dies wäre die eine Seite der Medaille. Die andere Seite ist, daß die Kritik der Philosophie als Philosophie aufgegeben werden muß, so daß dem Ironiker überhaupt nur noch die Flucht nach vorn verbleibt. Angesichts der falsch gestellten Alternative zwischen einer totalen Kritik, die die Kontingenz nur um den Preis ihrer theoretischen Vergleichgültigung überwindet, und einem generellen Kritikverzicht unter Berufung auf die Kontingenz aller theoretischen Sinnentwürfe, entscheidet sich Rorty für die Überführung der Kritik in Literatur. Zwar kann auch Rorty die Frage nicht genau beantworten, ob denn das, was er als „ironische Kritik" bzw. als „ironische Theorie" vorstellt, „nicht geradezu ein Widerspruch in sich" darstellt. Ungeachtet dessen, vertritt Rorty jedoch offensiv die These, eine „ironische Theorie" sei von einer „metaphysischen Theorie" so verschieden, „daß man sie unmöglich nach denselben Maßstäben beurteilen kann". (KO 200)

Gleichwohl taucht hier ein Problem auf, das auch durch eine „ironische Theorie" nicht beherrschbar gemacht werden kann. Selbst wenn man nämlich davon absieht, daß die Frage schwer zu entscheiden ist, nach welchen Maßstäben denn nun eine „ironische Theorie" überhaupt beurteilt werden kann (von Rorty werden diese Maßstäbe nicht in einer nachzuvollziehenden Weise mitgeliefert), und abgesehen auch davon, für wie plausibel man Rortys Programm einer „ironischen Kritik" hält, eine Kritik, die ja nicht nur von der Pflicht entbindet, sich auf das Kritisierte argumentativ einzulassen, sondern obendrein auch nicht mehr bestrebt ist, das Private und das Öffentliche zu verbinden, für diese Form der Kritik taucht ein geradezu gespenstisches Problem auf, an dem sie nur verzweifeln kann: in der Philosophie begann mit ihr die Zeit des „Zuspätkommens". Von nun an stellte sich nämlich die Frage: Wie kann ich den „autoritären Kanon von Platon zu Kant" oder, wie Heidegger und Derrida es nennen, die abendländische Metaphysik bzw. den Logozentrismus überwinden, ohne für mich selbst Autorität in Anspruch zu nehmen?

Und in der Tat, ist jede theoretische Position außerhalb der als metaphysisch oder logozentristisch gescholtenen Theorie verwehrt, so fragt sich allerdings, welcher Ort noch offen ist für eine ironische Theorie von der Hinfälligkeit aller Theorie. Nun ist bemerkenswert, daß Rortys Antwort auf diese Frage gerade mit Bezug auf Theorie ausfällt. Denn obgleich Rorty dafür plädiert, daß in der Philosophie endlich „Witze, Aphorismen und Satiren" ein Heimrecht bekommen sollten, ist er selbst nicht gerade ein begnadeter Witze- oder Satirenerzähler. Rorty schreibt philosophische Traktate gegen die Philosophie. Zwar weigert er sich dabei konsequent, den Erwartungen der Theorie zu genügen, trotzdem bleibt die Orientierung am philosophischen Theoriekonzept, wenngleich in negativer Form, erhalten. Und damit natürlich auch die Frage, wie der „autoritäre Kanon von Platon bis Kant" überwunden werden kann, ohne für sich selbst Autorität zu beanspruchen.

Das hier aufgeworfene Problem ist nach Rorty „*das* Problem der ironischen Theorie, das Problem, wie man Autorität überwindet, ohne für sich selbst Autorität zu beanspruchen"; ein Problem, vor dem bereits Kierkegaard stand und das nun mit der Frage auf uns gekommen ist, „wie man Kierkegaards Forderung gegen Hegel einlöst", ohne die Fehler zu wiederholen, deren er sich schuldig machte. Wohlgemerkt: Rorty will uns hier nicht etwa sagen, alle Denkfiguren nach Platon litten an einem Dauerproblem, dem Problem nämlich, wie man verhüllt, daß das, was man selbst denkt, in längst abgehakten Denksystemen bereits vorhanden ist – und eventuell sogar besser formuliert als von einem selbst. Rorty will sagen, daß sich der philosophische „Kanon von Platon bis Kant" mit seriös vorgetragenen Ansprüchen und Problemen überschlagen hat, wo ästhetische Leichtfertigkeit und romantische Ironie – wenn nicht sogar philosophische Clownerie – gerade recht gewesen wären. Nun scheint es mir zwar mehr als zweifelhaft, ob es überhaupt so etwas wie diesen „Kanon von Platon bis Kant" je gab. Zu umstandslos zwingt Rorty das, was er als „Metaphysik" einklammert, in einen „Kanon", der womöglich nur unter den Prämissen des eigenen Verabschiedungsprogramms auszumachen sein wird. Und Rorty selbst räumt ja auch ein, daß „ironische Theoretiker" äußerst „anfällig für Selbstbetrug sind", da sie beständig ihren Vorgängern vorwerfen müssen, „sie seien verkleidete Metaphysiker gewesen". (KO 169) Kaum bestreitbar jedoch dürfte die These sein, daß das romantische Ironieprogramm eine legitime Berufungsinstanz gegenüber überzogenen Systemansprüchen gewesen ist und insofern für Rortys „ironische Theorie" ein Vorbild darstellen kann.

Schon Kierkegaard bot Ironie gegen das abschlußhafte Hegelsche System auf, um den „Blick für das Schiefe, das Verkehrte, das Eitle am Dasein" zu schärfen[60] – bei einer gleichzeitigen Weigerung, systematischen Ansprüchen genügen zu müssen. Und auch Nietzsche und Heidegger weigerten sich, in der Theorie das „Kantische Spiel" zu spielen. Auch sie jedoch mit nur bedingtem Erfolg. Nietzsche vergaß ebenso wie Heidegger seinen „Perspektivismus" in der Hoffnung, „über alle Perspektiven hinauszugelangen" (KO 179). So verblieben auch sie in der „Rolle des ‚letzten Philosophen'" und damit in dem oben angesprochenen Dilemma. Dieses Dilemma, dieses Schulterklopfen und Vatermorden, hat Heidegger am weitesten aufgelöst. Sein „hoffnungsloser Versuch, die Theorie durch Poetisierung zu retten", ist freilich gescheitert, denn seine Erkenntnis des Eingeschränktseins der theoretischen Erkenntnis und die damit verbundene Auswanderung der Theorie in Poetik war im Rahmen dieser Grenzüberschreitung ein grenzüberschreitender Beitrag zur letzten Vollendung der Theorie: Theorie herrscht hier noch im Akt ihrer ästhetischen oder ironischen Selbstverleumdung. Trotzdem war – nach Rorty – Heidegger auf dem richtigen Weg. Rorty will Heidegger darum auf den Kopf stellen, um so doch noch mit Heidegger gegen Heidegger dessen Intentionen zu verwirklichen. Die Wiedergeburt der romantischen Ironie aus dem Geist des Pragmatismus verdankt sich diesem Ziel.

So findet Heidegger nach über einem halben Jahrhundert auf ziemlich merkwürdige, ja fast paradoxe Weise Aufnahme in die analytische Philosophie. Seinerzeit von Carnap als Metaphysiker aus der Philosophie verbannt, weil er „statt sein Ausdrucksbedürfnis in der Kunst" auf dem „Gebiet der Wissenschaft" zu befriedigen suchte,[61] oder um es moderner zu sagen, weil er den Gattungsunterschied zwischen Philosophie und Wissenschaft einerseits und Literatur und Kunst andererseits einzuebnen suchte, kehrt Heidegger nun zurück, um genau dies zu bewerkstelligen. Wie bereits bemerkt: Rorty will nicht wie Heidegger die Philosophie in ihre alten Rechte einsetzen. Heideggers Versuch, durch eine kritische Destruktion aller geläufigen Denkformen der Metaphysik hinter ihre Anfänge

60 Vgl. S. Kierkegaard: Über den Begriff der Ironie mit ständiger Rücksicht auf Sokrates, Gesammelte Werke. 31 Abt., Hg. von E. Hirsch und H. Gerdes, Gütersloh 1984, S. 261

61 R. Carnap: Überwindung der Metaphysik durch logische Analyse der Sprache, a.a.O., S. 240

zurückzudenken und so die Möglichkeit für ein „anfängliches Denken“ zurückzugewinnen, welches jenseits der Metaphysik die seinsgeschichtlichen Voraussetzungen für ein postmetaphysisches Denken schaffen könnte, ist für Rorty definitiv gescheitert. Rorty will Heidegger aber auch nicht so unterlaufen wie dieser Nietzsche oder wie der frühe Derrida Heidegger unterlaufen hat. Was Rorty an Heidegger interessiert, ist der Versuch, nach anderen Regeln als nach denen der Metaphysik zu spielen; der Umstand also, daß Heidegger die abendländische Metaphysik bzw. den Logozentrismus durch die rhetorisch-ästhetische Abkopplung des philosophischen Denkens vom argumentativen Diskurs der Philosophie untergrub, indem er den Unterschied Philosophie und Literatur, zwischen *Denken* und *Dichten* mit dem Verweis in Frage stellt, daß allein die *Dichtung* uns sagt, was die *Sprache* sein kann. Erst wenn das Denken dichterisch wird, erst wenn die Romantik von den letzten Resten des ideenbezogenen und ideengestützten Diskurses der Aufklärung befreit ist, können wir den „autoritären Kanon von Platon bis Kant“ überwinden und vermittels neuer, verbesserter, vom Vokabular der Aufklärung abgekoppelter Selbstbeschreibungen unsere Kultur im ganzen „poetisieren“ und damit den „Hoffnungen einer liberalen Gesellschaft auf nicht-rationalistische und nicht-universalistische Art“ entsprechen (KO 85).

Rorty, der Derridas Heideggerkritik weitestgehend übernommen hat und wie Derrida auch an der Destruktion der Geschichte der Metaphysik interessiert ist, verfolgt mit seiner Strategie im wesentlichen drei Ziele: Er will *erstens* mit ihr verhindern, daß sein Diskurs ihn als Metaphysiker und somit als weitere Fußnote zu Platon entlarvt. *Zweitens* will er den „Argumentationsappell“ aus der Philosophie verbannen und *drittens* den Nachweis erbringen, daß heute die Literaturkritik „alle Bücher erfaßt, die als Kandidaten für ein abschließendes Vokabular in Frage kommen“ (KO 140).

Unterscheidet noch der späte Heidegger zwischen Dichten und Denken – wenngleich schon er Texte von Anaximander und Aristoteles nicht anders behandelt als Texte von Trakl und Hölderlin – so gibt Rorty kurzerhand diese Unterscheidung auf und macht den Dichter bzw. den Ironiker zur paradigmatischen Gestalt unserer „post-metaphysischen Kultur“, ja der menschlichen Geschichte. Auch hier nun könnte man wieder auf eine Reihe von Widersprüchen aufmerksam machen. Denn zum einen sieht Rorty das Problematische an Argumenten gegen ein altes Vokabular darin, daß „sie in dem Vokabular formuliert sein sollen, gegen das sie sich wenden ... Jedes Argument, das zeigen soll, die uns vertraute Verwendung eines Terminus sei inkohärent, leer, konfus, vage oder ‚rein metaphorisch‘, kann nur ungültig und eine petitio principii sein.“ (KO 30) Zum anderen dürfte hier ein Argument für eine Philosophie vorliegen, die Rorty als „neu“, „interessant“ und „ironisch“ apostrophiert. Nun sei es hier dahingestellt, ob tatsächlich eine „interessante Philosophie“ nur eine Philosophie sein kann, die für „gewöhnlich“ keine Gründe für oder gegen eine These vorbringt, sondern schlicht ein erstarrtes Vokabular gegen ein neues Vokabular einzutauschen sucht. Zumal ja die Frage, welchem von zwei alternativen Vokabularen wir jeweils den Vorzug geben, durchaus nicht nur durch Bekehrungsakte im Sinn von Kuhn zu erklären ist, sondern durchaus auch auf Gründen beruhen kann. Fest steht jedoch, daß Rorty einerseits beständig Argumente in der Debatte hält, aber andererseits eben den argumentativen Diskurs von innen zerstören und über- oder besser verwinden will.

Heidegger ist ihm dabei ein paradigmatisches Vorbild. Von Heidegger können wir nämlich nicht nur den „Gedanken übernehmen, daß das Bedürfnis einer Erkenntnistheorie nichts weiter ist als das jüngste Produkt einer ursprünglich gewählten Metaphysik". (Sp 182) Auch für Heideggers Versuch, den philosophischen an den literarischen Diskurs anzuschließen, konnte sich Rorty zunehmend erwärmen. Rorty ist zwar alles andere als ein orthodoxer Heidegger-Exeget, man kann sogar sagen, daß er eine durchaus ambivalente Haltung zu Heidegger einnimmt. Denn obgleich ein seit mehreren Jahren angekündigtes Buch zu Heidegger bislang nicht vorliegt, aus den vielen Stellungnahmen zu Heidegger wird deutlich, daß ihm Heidegger „als Philosoph unseres öffentlichen Lebens, in seinen Kommentaren zur Technik und Politik im zwanzigsten Jahrhundert ärgerlich, kleinlich, schief, zwanghaft – und gelegentlich, in seiner übelsten Ausprägung (so, als er Hitler rühmte, nachdem die Juden von den Universitäten vertrieben worden waren), grausam" erscheint. Wenn Rorty hingegen Heidegger als einen Philosophieprofessor liest, „der es schaffte, seine eigenen Bedingungen zu transzendieren, indem er die Namen und Worte der großen toten Metaphysiker zu Elementen seiner persönlichen Litanei machte, dann ist er" für Rorty „eine höchst sympathische Figur". (KO 199)

Rorty, der Heidegger ausdrücklich darin zustimmt, daß uns vor allem die Dichtung zeigt, „was Sprache sein kann, wenn sie kein Mittel zum Zweck", sondern ein Mittel neuer Selbstbeschreibungen ist, lehnt zwar dessen expansionistischen Versuch ab, die „Sprache zu einer Art Gottheit zu stilisieren, so daß menschliche Wesen bloß (als) deren Emanationen" erscheinen. Mit Derrida weiß er, daß Heideggers „Apotheose der Sprache nur eine übersetzte Version der idealistischen Apotheose des Bewußtseins" ist (KO 34). Trotzdem meint er, Heidegger folgen zu können, wenn jener die Sprache global als „Haus des Seins" auszeichnet.[62] Sofern wir nämlich Begriffe, wie z. B. „Haus des Seins", kontextualistisch behandeln, also als mehr oder weniger nützliche Werkzeuge zum Zweck verbesserter Selbstbeschreibungen, vermeiden wir nicht nur Heideggers Fundamentalismus, einen Fundamentalismus, der in Umkehrung zu dem der Bewußtseinsphilosophie die transzendentale Ursprungskraft von der erzeugenden Subjektivität abzieht und auf die geschichtsstiftende Produktivität der Sprache überträgt, die solcherart den Platz eines subjektlosen Erzeugers einnimmt. Wir vermeiden damit auch Heideggers Irrtum, es könne ein die „besten Seiten der Philosophie und der Dichtung" vereinigendes „universelles Gedicht" geben, das kraft „elementarer (Ur)-worte" einen Sinn präjudiziert, der jenseits von Metaphysik und Ironismus liegt. (Vgl. KO 198)

Und tatsächlich gelingt es ja Rorty, sich durch die Kontextualisierung der Sprache von den „Großen Erzählungen" der Moderne zu verabschieden, von der Idee, der Geschichte der Kultur liege ein *Telos* zugrunde, z. B. die Entdeckung der Wahrheit oder die Emanzipation der Menschheit. (Vgl. KO 42) Insofern aber Rorty analog Heidegger das „Wesen der Sprache" aus dem „Wesen der Dichtung" denkt,[63] zwingt ihn das, die Sprache auf das zu reduzieren, was diese in ihrer poetischen, welterschließenden Funktion leistet. Die Abhängigkeit der sprachlichen Welterschließung von historisch-kontingenten Voraus-

62 M. Heidegger: Brief über den „Humanismus", a.a.O., S. 313

63 M. Heidegger: Hölderlin und das Wesen der Dichtung, S. 42f. Vgl. dazu U. Tietz: Dasein – Mitsein – Sprache: Heideggers Auffassung über das „Wesen der Sprache" in „Sein und Zeit", a.a.O., S. 1152f.

setzungen wird von Rorty – analog zu Heidegger – in einen exklusiven Gegensatz zu einer Verständigungspraxis gebracht, die sich am Mechanismus der Handlungskoordinierung und an innerweltlichen Lernprozessen orientiert. Rorty, der die welterschließende Produktivität der Dichtung zu einem Modell der Sprache totalisiert, die nicht nur den Unterschied zwischen Fiktion und Wirklichkeit nivellierend verschlingt, sondern auch die Verflechtung der Sprache mit einer innerweltlichen Praxis auflöst, verkennt trotz gegenseitiger Beteuerungen den Koordinationseffekt sprachlicher Verständigungsprozesse, der sich am Mechanismus der Handlungskoordinierung ablesen läßt. Dies hat ihm von Habermas den berechtigten Vorwurf eingebracht, daß das „Nietzscheanische Pathos einer ins Linguistische gewendeten Lebensphilosophie die nüchternen Einsichten des Pragmatismus vernebelt: in dem Bild, das Rorty entwirft, hat der erneuernde Prozeß der sprachlichen Welterschließung keinen *Gegenhalt* mehr im bewährenden Prozeß innerweltlicher Praxis. Das ‚Ja' und ‚Nein' der kommunikativ handelnden Aktoren wird so sehr von den sprachlichen Kontexten voreingenommen und rhetorisch überstimmt, daß sich die Anomalien, die in den Erschöpfungsphasen auftreten, nur noch als Symptome schwindender Vitalität darstellen, als Prozesse des Alterns, als naturanaloge Vorgänge – und nicht als die Folge *verfehlter* Problemlösungen und *ungültiger* Antworten."[64]

Zwar akzeptiert auch Habermas, „daß die Spezialsprachen von Wissenschaft und Technik, Recht und Moral, Wirtschaft und Politik ... von der Leuchtkraft metaphorischer Redewendungen leben." Jedoch für Habermas geht Rorty einfach zu weit, wenn er die welterschließende Kraft der Sprache in einen Gegensatz zur „innerweltlichen Praxis" bringt. Obgleich mir dieser Einwand im großen und ganzen berechtigt erscheint – ein Einwand, den Habermas nicht nur gegen Rorty, sondern in jeweils modifizierter Form auch gegen Heidegger, Derrida, Foucault, Castoriadis und Taylor vorgebracht hat –, so folgt doch aus der richtigen Feststellung, daß von den genannten Autoren die welterschließende Funktion der Sprache in einen Gegensatz zur „innerweltlichen" Praxis gebracht wird, nicht, daß sich die im „Funktionsbündel der Alltagssprache" zusammengeschlossenen „Sprachfunktionen" bereichsspezifisch aufgliedern lassen, so daß *„Problemlösungskapazitäten"* von den „kulturellen Handlungssystemen" verwaltet werden und die *„Kapazitäten der Welterschließung"* vom „Kunst- und Literaturbetrieb".[65]

Mir scheint, die Argumente, die gegen die „Einebnung des Gattungsunterschiedes zwischen Philosophie und Literatur" sprechen, sind nicht identisch mit den Argumenten, die Habermas für die bereichsspezifische Aufteilung der Sprache in eine welterschließende und eine problemlösende aufbietet. Denn so richtig es ist, daß sowohl Derrida als auch Rorty das Negationspotential der Geltungsbasis verständigungsorientierten Handelns vernachlässigen, so wenig aussichtsreich scheint mir der Versuch, eine kognitive Grenze zwischen Welterschließung und Begründung zu ziehen. Reproduziert hier doch Habermas selbst einen Gegensatz, den er bei Rorty, Derrida, Castoriadis und Taylor zu Recht kritisiert.[66] Jüngst hat Habermas zwar mit Bezug auf die Zeichentheorie von Peirce zuge-

64 J. Habermas: Der philosophische Diskurs der Moderne, a.a.O., S. 242

65 Ebd., S. 243

66 Kritisch dazu J. Trabant: Habermas liest Humboldt, in: Deutsche Zeitschrift für Philosophie, Heft 4 (1993), S. 639-651

standen, daß die „gelingende Abduktion in Grenzfällen auch eine innovative Veränderung der Sprache selbst – nämlich der Perspektive unserer Weltbetrachtung erfordert. In extremen Fällen rennen wir gegen die Grenzen unseres Verständnisses an; und die Interpretationen, die sich an den hartnäckigen Problemen vergeblich abarbeiten, geraten ins Stocken. Sie kommen erst wieder in Fluß, wenn sich die bekannten Tatsachen im Lichte eines *neuen* Vokabulars auf eine *andere* Weise zeigen, so daß sich die festgefahrenen Probleme in ganz neuer und aussichtsreicher Weise stellen können."[67] Obwohl sich also Habermas durchaus des Problems der Welterschließung und der damit verbundenen Revision alter Orientierungen bewußt ist. Das Problem der spezifisch welterschließenden Funktion der Sprache hat Habermas bislang noch nicht hinreichend in die Theorie der kommunikativen Rationalität integriert. So kann denn Habermas zwar eine durchaus berechtigte Kritik an philosophisch überanstrengten Erschließungskonzepten üben, sofern hier der Prozeß der sprachlichen Welterschließung in einen exklusiven Gegensatz zu innerweltlichen Lernprozessen gebracht wird. Jedoch solange die *Theorie des kommunikativen Handelns* die Prozesse des intersubjektiven Lernens ausschließlich mit Praktiken der Argumentation und des Problemlösens identifiziert, wird die Opposition von Welterschließung und Geltungsorientierung nur reproduziert, nicht aber grundsätzlich überwunden.

Doch unabhängig von dieser Einschränkung teile ich die Rorty-Kritik von Habermas, sofern bei Rorty Wahrheit und Welterschließung in einen exklusiven Gegensatz gebracht werden. Dies hat fatale Konsequenzen. Rorty, der es ablehnt, den Sprachhandlungen auf ihren formal-pragmatischen Grund zu kommen, kann mit seinem ästhetisch aufgeladenen Sprachkonzept zwar mit der von der Bewußtseinsphilosophie privilegierten Auszeichnung der tatsachenfeststellenden Rede brechen. Dafür zahlt er jedoch einen Preis: Sprache konvergiert als solche mit Dichtung.

Diese *„Ästhetisierung der Sprache"*, die, wie bei Derrida, mit der Verleugnung des Negationspotentials der Geltungsbasis verständigungsorientierten Handelns erkauft wird, gestattet es nun Rorty im Anschluß an Mary Hesse, auch noch wissenschaftliche Revolutionen als metaphorische Neubeschreibungen der Natur zu begreifen (KO 42).[68] Fast einhundert Jahre nachdem Nietzsche die Forderung aufstellte, *„die Wissenschaft unter der Optik des Künstlers zu sehen"*,[69] macht sich Rorty auf, diese Forderung einzulösen.[70] Die Geschichte der Menschheit wird unter dieser poetisierten Betrachtungsweise ebenso wie die Geschichte der Sprache zu einer Geschichte einander sich ablösender Metaphern – und der Dichter zum „Vorkämpfer der menschlichen Spezies".

Für Rorty ist also nicht wie bei Heidegger das „Sein" der Träger des dionysischen Geschehens, er teilt auch nicht dessen apokalyptische Erwartung vom katastrophischen Eintritt des Neuen. Ebensowenig entlehnt er den romantischen Vorbildern – insbesondere Hölderlin – die Denkfigur des abwesenden Gottes, um das Ende der Metaphysik als Voll-

67 J. Habermas: Texte und Kontexte, Frankfurt/M. 1992, S. 28

68 M. Hesse: The Explanatory Function of Methaphor, in: dies., Revolutions and Reconstruction in the Philosophy of Science, Bloomington 1980

69 F. Nietzsche: Die Geburt der Tragödie, in: KSA, Bd. 1, Hg. von G. Colli und M. Montinari, Berlin/New York, München 1993, S. 14

70 Vgl. dazu auch schon P. Feyerabend: Wissenschaft als Kunst, Frankfurt/M. 1984

endung und damit als untrügliches Anzeichen eines anderen Anfangs begreifen zu können. Rorty ist gemessen an Heidegger geradezu ein nüchterner Denker. Aber wie Heidegger meint auch Rorty, daß allein der Dichter den Blick in den „Sog der Zukunft" findet. Denn es ist ja ausdrücklich der Dichter, dem Rorty das Geschäft überträgt, die „Dinge neu (zu) machen". Mit ihm findet er ein Modell, das den Anspruch der ästhetischen Avantgarden auf spezifisch postmoderne Weise fortsetzt. Insofern der Dichter auf der Suche nach der Regel seines Tuns immer neue Regel-Experimente durchführt, insofern er ohne Regeln arbeitet, um „die Regeln dessen zu erstellen, was *gemacht worden sein wird*",[71] ist die Entsicherung des Signifikanten, die Zerstörung symbolischer Ordnungen und die fortschreitende Negation der Repräsentation gleichbedeutend mit der beständig vollzogenen Negation der Regeln, die durch vorangehende Vokabulare etabliert worden sind, mittlerweile sich aber zu einer „zweiten Natur" verdinglicht haben.

Nun ist es ebenso einleuchtend wie trivial, daß Innovationen, für die die Regelverletzung konstitutiv ist, durch die verletzte Regel nicht mehr gedeutet werden können – es sei denn als Abfall oder Verfall. Denn täten wir dies, würden wir mit einem „*nicht vorhandenen* Maßstab" messen.[72] Wo neue Ordnungen durch die innovative Einführung neuer Vokabulare entstehen, können wir uns nicht mehr auf jene Maßstäbe beziehen, die der Beurteilung alter Ordnungen zugrunde lagen. Weniger einleuchtend ist jedoch der Versuch, die Welterschließungsidee zu generalisieren und auf eine permanente Revolution der sprachlichen Symbolsysteme zu reduzieren, die analog zu Naturprozessen lediglich aus einer externen Beobachterperspektive beschreibbar, nicht aber mehr diskursiv beherrschbar sind. Vielmehr scheint es so, daß wir das einseitige Abhängigkeitsverhältnis zwischen Wahrheit und Welterschließung, so wie es seit Heidegger variantenreich modifiziert wird, als ein wechselseitiges Abhängigkeitsverhältnis denken müssen, so daß der Prozeß der sprachlichen Welterschließung mit den innerweltlichen Lernprozessen verkoppelt werden kann.

Ein solches wechselseitiges Abhängigkeitsverhältnis läßt sich mit Rorty nicht denken. Der Grund hierfür ist, daß Rortys Sprachphilosophie einem Modell verpflichtet ist, welches erstens die Sprache aus der Dichtung denkt und zweitens diese auf die fortschreitende Negation eines bestehenden Sinnzusammenhangs fixiert. Nun ist diesem Modell vielleicht nicht gerade eine lineare Konstruktion des Fortschritts bzw. ein Telos, zumindest aber doch ein konventionalistischer Zug unterlegt, gegen den sich nun aber niemand anders als Rorty selbst wendet. Wo nämlich die Regelverletzung geradewegs zur Regel wird, wird die Evolution der sprachlichen Symbolsysteme zu einer *permanenten Revolution* verstetigt, die kaum noch zu unterscheiden ist von einem natur-geschichtlichen Prozeß.

Wie nämlich Rorty früher im Anschluß an Kuhn die Wissenschaftsgeschichte unter Abkopplung der Pragmatik als Theoriegeschichte und diese als Aufeinanderfolge von systematischen Entwürfen unter dem Gesichtspunkt von normalen und revolutionären Phasen beschrieben und analysiert hat, eine Geschichte, in der die Durchsetzung einer Theorie einer natürlichen Auslese glich, so beschreibt er heute die Menschheitsgeschichte

71 J.-F. Lyotard: „Beantwortung der Frage: Was ist postmodern?", in: Tumult 4 (1982), S. 142
72 F. Nietzsche: Ueber Wahrheit und Lüge im aussermoralischen Sinne, in: KSA, Bd 1, a.a.O., S. 884

als Sprachgeschichte und diese unter Abkopplung aller gesellschaftsspezifischen Praxisformen als Aufeinanderfolge von metaphorischen Neubeschreibungen. Zwar hat sich mittlerweile der grundbegriffliche Rahmen der Theorie verändert. Aber trotz aller Veränderungen ist ein an Kuhn orientiertes Evolutionsmodell geblieben, das – bereichert um Heideggers Sprachkonzept bzw. um den dekonstruktivistischen Ansatz – die Entwicklung sprachlicher Symbolsysteme nicht anders denn als *Kampf ums Dasein* begreifen kann.

Mehr noch: Wie früher der Kampf der Theorien ums Dasein als Variation und Selektion von Theoriebildungen relativ zu den naturwüchsigen Bedingungen einer allgemeinen historischen Praxis beschrieben wurde, so wird heute der Kampf der Vokabulare ums Dasein gedacht. Eine solche Auffassung wissenschaftlicher Entwicklung wurde in der Literatur in bezug auf Thomas S. Kuhns evolutionstheoretischen Ansatz daher als „Wissenschaftsdarwinismus" bezeichnet.[73] In Anlehnung an diese Bezeichnung kann man Rortys evolutionistisches Sprachkonzept, das Wissenschaft und Moral, Kunst und Philosophie etc. einem Prozeß sprachschöpferischer Protuberanzen ausliefert, als *Sprachdarwinismus* bezeichnen.

Dieses darwinistisch aufgeladene Sprachkonzept macht Rorty nicht nur blind für die Geltungsbasis verständigungsorientierten Handelns; es entwertet darüber hinaus die prosaisch innerweltliche Sprachfunktion gegenüber der poetisch welterschaffenden. Indem Rorty die intersubjektiv nicht geregelte Rede gegenüber der konventionellen Sprache und ihrem sozialen Bedeutungsgehalt in Führung gehen läßt, suspendiert er die illokutionären Sprechakte vom Entscheidungsdruck der kommunikativen Alltagspraxis.

Zwar weiß auch Rorty, daß „eine Sprache, die ‚ganz und gar Metapher' wäre, eine Sprache ohne Nutzen (ist), also keine Sprache, sondern bloß ein Lallen" (KO 80). Und er weiß ebenfalls, daß die Sprache – obgleich diese für ihn in erster Linie kein Medium der Darstellung oder des Ausdrucks ist – immer noch ein Medium der Kommunikation und ein Werkzeug sozialer Interaktion ist. In der Anerkennung der kommunikativen und sozialintegrierenden Funktion der Sprache besteht das „notwendige Korrektiv zu Nietzsches Versuch, den Dichter zu vergöttern" (KO 80). Aber dadurch, daß Rorty den Eigensinn von normaler und poetischer Rede verleugnet, kann er die Art und Weise der Kommunikation bzw. der sozialen Interaktion nicht adäquat begreifen. Sein darwinistisch aufgeladenes Sprachkonzept in Verbindung mit dem ästhetischen Kontextualismus macht ihn blind für den Umstand, daß die kommunikative Alltagspraxis durch die ins kommunikative Handeln eingebauten Idealisierungen Lernprozesse in der Welt ermöglicht, an denen sich diese Neubeschreibungen bewähren müssen.

Sicher, es ist ein Verdienst von Rorty gegenüber einseitig sprachpragmatisch orientierten Theorien, die „Sprachspiele" nur innerhalb vorausgesetzter „Codes" thematisieren und sprachliche Leistungen lediglich als Anwendungsfälle der durch den Code definierten Regel begreifen können, auf die spezifisch welterschaffende Funktion der Sprache aufmerksam gemacht zu haben. Also gerade auf das Problem, das die Sprachpragmatik im Anschluß an den späten Wittgenstein bis hin zu Habermas immer „stiefmütterlich" behandelt hat: Das Problem der *Genesis der Regelsysteme*, die sie als „Pragmata" den Sprachspielen voraussetzen muß.

73 Vgl. J. Mittelstraß: Historismus in der neueren Wissenschaftstheorie, a.a.O., S. 81f.

Dieser Vorzug fällt jedoch den Konstruktionsnöten der Theorie zum Opfer, insofern gerade diese Neuerungen, die sprachlich kreativen Leistungen und damit die Generierung neuer Sinndimensionen weder evolutionstheoretisch noch strukturell geklärt werden können. So wie Theorien, die sich einseitig an konventionellen Regeln orientieren, dazu tendieren, die Regelsysteme zu überschätzen und das Abweichende und Ungeregelte zu bagatellisieren – das Ungeregelte und Abweichende erscheint hier nur als nichtrationalisierbarer Restposten, der domestiziert werden muß –, so tendiert Rorty (wie Heidegger, Derrida, Foucault und Castoriadis) dazu, das Abweichende und Ungeregelte zu überschätzen und das Geregelte zu bagatellisieren. Daher ist es kein Zufall, daß Rorty keine befriedigende Antwort auf die Frage findet, warum sich die *permanente Regelverletzung* als Voraussetzung der Innovation als *stabiles Element* erhält. Das von Kuhn stammende und nietzscheanisch tingierte Evolutionskonzept in Verbindung mit Davidsons Sprachphilosophie nötigt Rorty, die Evolution sprachlicher Symbolsysteme nicht anders zu sehen, „wie wir jetzt Evolution sehen, als neue Formen des Lebens, die ständig alte Formen abtöten – nicht, um höhere Zwecke zu erreichen, sondern blind" (KO 46).

Nun dürfte zwar völlig klar sein, daß sprachliche Symbolsysteme nicht darauf angelegt sind, einen höchsten Zweck zu erreichen. Dieser Punkt ist jedoch auch nicht kontrovers. Aber Rorty wehrt zugleich mit der Teleologie die Frage nach den Strukturbedingungen ab, die gegeben sein müssen, damit sprachliche Symbolsysteme evolvieren. Wie bei Nietzsche wird einfach das Werden in Form der Regelverletzung vorausgesetzt, ohne evolutionstheoretisch aus früheren Evolutionsprozessen erklärt zu werden. Rorty versucht zwar, Sprache und Kultur als Ergebnis eines Mutationsvorganges zu verstehen. Er kann die „tausend kleinen Mutationen, deren Ergebnis unsere Kultur ist" (KO 42), aber weder in evolutionstheoretischer noch in bedeutungstheoretischer Hinsicht aus dem Doppelvorgang von Variation und relativer Stabilisierung erklären. Für letztere, für die „natürliche Auslese" jener „Metaphern", die als evolutionäre Neuheiten gelten, kann Rorty überhaupt keine anspruchsvollen gesellschaftsspezifischen Kriterien aufbieten, sondern nur eine „große Zahl schierer Zufälle" bzw. die „Gewohnheit". Warum aber gerade diese und nicht andere metaphorische Neubeschreibungen stabilisiert wurden, warum man sich an sie „gewöhnte", bleibt im dunkeln – damit aber auch das Kreativitätsgeheimnis der sprachlichen Innovationen als das zu erklärende Phänomen.

Es ist doch offensichtlich so, daß, um Rortys Bezug zu Darwin und Mendel aufzugreifen, nur diejenigen innovativen „Mutationen" bzw. Vokabulare stabilisiert werden, die einen Selektionsvorteil haben.[74] Dieser Selektionsvorteil ist nun jedoch keine der einzelnen Mutante invariante Größe. Seine Integrität bildet und erhält sich nur, indem das Vokabular benutzt oder gebraucht wird – also im Austausch, im „Gespräch" oder in der gesellschaftlichen Kommunikation. Nur in einem öffentlichen „Wir-Raum" realisiert sich der Wert einer Innovation. Eine Innovation privatim ist keine Innovation. Das wird sie

74 Die reproduzierte Mutante ist ebenso wie die reproduzierten Regeln der Identifikation fähig, nämlich mit Bezugnahme auf das der Reproduktion vorhergehende Dasein. Dieses Dasein können wir mit Davidson und Gadamer als einen „Hintergrund massiver Übereinstimmung" näher bestimmen. In der Erzeugung neuer Metaphern, sprich Mutanten, geschieht nichts anderes, als daß ein Widerspruch zu diesem Hintergrund massiver Übereinstimmung gesetzt wird, der durch die positive Evaluierung in der Selektion wieder aufgehoben wird.

erst als gesellschaftliche: im „Gespräch". Und in diesem Gespräch werden mit den sprachlichen Innovationen zugleich auch die Regeln oder Pragmata mitproduziert, die den Fortbestand sprachlicher Symbolsysteme garantieren. Mehr noch: Dieses Gespräch ist nicht nur einfache Reproduktion der Regeln, sondern zugleich erweiterte Reproduktion. Denn in der Sprachpraxis erneuern sich nicht nur beständig die Regeln oder Pragmata, die Regeln selbst setzen sich nur in Form ihrer unablässigen Veränderung fort. Allein im Wandel erhält sich die Sprache.

Um diesen Wandel als Doppelvorgang von Selektion und relativer Stabilisierung thematisieren zu können, müßte Rorty seine dualistisch verankerte Theorie aufgeben, die ja das „Private" und das „Öffentliche" strikt trennt. Es scheint mir unmöglich, den spezifischen Zusammenhang von individueller Produktion sprachlich sinnvoller Sätze und gesellschaftlicher Reproduktion der sprachlichen Regelsysteme in der von Rorty vorgeschlagenen Form aufzuklären. Es ist sicher kein Zufall, wenn Rorty überall dort, wo er den Zusammenhang von individueller und gesellschaftlicher Sprachpraxis beschreibt, und hier das Moment der Generierung innovativer Leistungen durch den „Dichter" erklären will, fast durchweg in metaphorische Wendungen flüchtet.

Entgegen dem eigenen Selbstverständnis ist Rortys evolutionstheoretisch gestützte Sprach- und Interpretationsphilosophie, die das Kuhnsche Problem der Paradigmenwechsel von der Ebene der Evolution des Wissens auf die Ebene der Evolution sprachlicher Symbolsysteme überträgt, im Hinblick auf gesellschaftliche Formbestimmtheit reduktionistisch und im Hinblick auf die Generierung neuer Sinndimensionen expansionistisch. Die gesellschaftstheoretische und gesellschaftshistorische Unterbestimmtheit seines Ansatzes verunmöglicht es ihm systematisch, den Zusammenhang von Selektion und relativer Stabilisierung aufzuklären. Eine Folge davon ist, daß Rorty das Auf und Ab von normalen und nicht-normalen Diskursen nicht mehr unter ein empirisch und gesellschaftstheoretisch gehaltvolles Entwicklungskonzept bringen kann, das auch noch die strukturellen Voraussetzungen der sprachlichen Evolution mit einschließt. Der Fehler besteht also nicht darin, daß Rorty auf die sprachlichen Neuerungen und Innovationen abhebt. Und auch nicht darin, daß er das Problem der Genesis jener Regeln aufwirft, welche die Sprachpragmatik naiv voraussetzt. Im Gegenteil. Für entwicklungstheoretische Erklärungen ist es in der Tat erforderlich, vom Bewertungsstandpunkt ex post festum abzugehen und zur Lüftung des Kreativitätsgeheimnisses sprachlicher und wissenschaftlicher Tätigkeit selbst vorzurücken. Rortys Sprach- und Interpretationsphilosophie bietet hierfür Ansätze. Zusätzlich müßte Rorty aber positiv die Frage nach dem Maß der Kopplung der Evolutionsmechanismen und nach der Evolution der Evolutionskriterien beantworten und nicht einfach Wissenschaft und Moral, Kunst und Philosophie einem Prozeß sprachschöpferischer Protuberanzen ausliefern, einem Prozeß, der, getrieben vom pulsierenden Fluß der Interpretationen, kaum noch zu unterscheiden ist von einem sich ereignenden Seinsgeschick.

6. Transzendentale Argumente versus Conceptual Scheme

6.1. Der Begründungsstreit zwischen Universalismus (Apel/Habermas) und Kontextualismus (Rorty)

Um den Status und die Reichweite transzendentaler Argumente ist seit dem Erscheinen von Strawsons *Individuals. An Essay in Descriptive Metaphysics* eine heftige Diskussion geführt worden.[1] Mit diesen Argumenten verbindet sich im Rahmen der zeitgenössischen Sprachphilosophie der mehr oder weniger zaghafte Versuch, trotz Verzicht auf eine transzendentale Deduktion, d. h. auf einen Beweis für die objektive Geltung unserer Begriffe von Gegenständen möglicher Erfahrung und der damit verbundenen Einschränkung herkömmlicher Ansprüche, Kants Verfahren der transzendentalen Reflexion mit sprachphilosophischen Mitteln zu reformulieren. Und zwar dergestalt, daß die berühmte quid juris Frage aus der *Kritik der reinen Vernunft* und das damit verbundene Rechtsverfahren der „freien und öffentlichen" Prüfung der Vernunft- und Geltungsansprüche so umformuliert wird, daß Objektivitäts- und Geltungsansprüche weiter erhoben werden können, ohne daß diese Ansprüche an eine transzendentale Deduktion und damit an eine transzendentale Apperzeption zurückgebunden werden, die ja bei Kant als unableitbare Leistung einer ursprünglich angesetzten Synthesis angesehen werden muß.

Hierfür gibt es gute Gründe. Zum einen vermag Kants Begründung und Legitimierung empirischer Erkenntnis aus *reiner Vernunft* heute kaum mehr zu überzeugen. Zum anderen haben die im Anschluß an Heidegger, Wittgenstein und Mead vorgebrachten Zweifel an der Sonderstellung eines vermeintlich vor-intersubjektiven Selbstbewußtseins als eines Rechtsgrundes, die Aufdeckung der impliziten Voraussetzungen und der ursprünglichen Verfaßtheit des Verstehens den „direkten Zugang des Ich zu sich als Ich unterbrochen". Die sprachliche Kommunikation entmächtigt jenes „Ich denke", das nach Kant alle meine Vorstellungen begleiten soll. Hiervon ist die synthetische Einheit der Apperzeption, für Kant der „höchste Punkt", an den er nicht nur den gesamten Verstandesgebrauch und die ganze Logik, sondern die Transzendentalphilosophie selbst aufzuhängen gedachte, un-

1 Vgl. dazu B. Stroud: Transcendental Arguments, in: The Journal of Philosophy 65 (1986), S. 241-256; A. Ph. Griffiths: Transcendental Arguments, in: Proceedings of the Aristotelien Society 43 (1969), S. 165-180; M. S. Gram: Transcendental Arguments, in: Nous 5 (1971), S. 15-26; Den ersten differenzierten Überblick der Diskussion in Deutschland gab R. Aschenberg: Über transzendentale Argumente. Orientierung in einer Diskussion zu Kant und Strawson, in: Philosophisches Jahrbuch 85 (1978), S. 331-358; Weitere Beiträge zu dieser Diskussion: Transcendental Arguments and Science, a.a.O.; Bedingungen der Möglichkeit. ‚Transcendental Arguments' und transzendentales Denken, Hg. von E. Schaper und W. Vossenkuhl, Stuttgart 1984; Die wohl umfassendste Analyse zu diesem Problemkomplex findet sich bei M. Niquet: Transzendentale Argumente, a.a.O.

mittelbar betroffen.[2] „Die Versprachlichung des Selbstbewußtseins beraubte die transzendentale Deduktion jener nötigenden Kraft, auf die Kant seine Hoffnungen einer von jedermann Anerkennung heischenden Legitimation setzte."[3] Zieht die Deduktion ihre Kraft aus dem Verlust der Konsistenz des Selbstverhältnisses, so daß man nicht das sinnvoll bestreiten kann, was man im Bestreiten voraussetzen oder präsupponieren muß, nämlich jene Einheit des Selbstbewußtseins, die jedes Subjekt ungeachtet seiner Verschiedenheit in sich vorfindet, so muß von da an, wo der Zugang zu einem als privilegiert angesehenen Selbstbewußtsein als ein Rechtsgrund unterbrochen ist, die Deduktion und damit eben auch das Rechtsverfahren der „freien und öffentlichen Prüfung" ihre Kraft verlieren.

Auf diese Situation wurde in unterschiedlichen Kontexten und in unterschiedlichen Diskussionszusammenhängen recht verschieden, ja gegensätzlich reagiert.[4] Während Strawson, der innerhalb der analytischen Kant-Rezeption gewissermaßen am Anfangspunkt der Diskussion um die transzendentalen Argumente steht – eine Diskussion, die bei Apel und Habermas eine Aufnahme und Fortsetzung gefunden hat –, auf diese Situation mit einer kritischen Erneuerung und partiellen Rekonstruktion Kantischer Problemstellungen reagierte, indem er unter Verwendung sprachanalytischer Mittel die Grundzüge jener Begriffsschemata aufzuklären suchte, die wir immer schon voraussetzen müssen, weil wir zu ihnen keine Alternative haben, verzichtet Rorty, der heute als der wohl radikalste, konsequenteste und möglicherweise auch als der einflußreichste Kritiker des erkenntnistheoretischen Paradigmas im allgemeinen und des transzendentalphilosophischen Begründungsansatzes im besonderen gelten kann, mit der Absage an eine konstitutionstheoretische Ausmessung leistender Vernunft als reiner Vernunft, als apriorischem Vermögen prinzipiengelenkten Erkennen und Handelns, und mit der Preisgabe eines Synthesis vollziehenden Subjekts zugleich auch auf jede normative Behandlung der Geltungsproblematik überhaupt.

Insofern Rortys Begründungskritik durchaus von systematischem Interesse ist und diese Begründungskritik in seiner Kritik an den transzendentalen Argumenten einen gewissen Höhepunkt erreicht, möchte ich im folgenden die zuletzt genannte Kritik eingehender diskutieren. Dazu werde ich in einem ersten Schritt die Frage nach der Struktur der transzendentalen Argumente klären. In einem zweiten Schritt vergleiche ich unter besonderer Berücksichtigung der Frankfurter Pragmatik, genauer von Universal- und Transzendentalpragmatik den Status jener durch transzendentale Argumente aufgewiesenen Prä-

2 I. Kant: Kritik der reinen Vernunft, a.a.O., B 134

3 R. Bubner: Selbstbezüglichkeit als Struktur transzendentaler Argumente, in: Bedingungen der Möglichkeit, a.a.O., S. 69

4 Vgl. W. Stegmüller: Gedanken über eine mögliche rationale Rekonstruktion von Kants Metaphysik der Erfahrung, in: Ratio 10 (1968), S. 1-31; H. Albert: Transzendentale Träumereien, Hamburg 1975; ders., Traktat über kritische Vernunft, Tübingen 1975, W. Kamlah/P. Lorenzen: Logische Propädeutik oder Vorschule des vernünftigen Redens, Mannheim 1967; K. Lorenz: Elemente der Sprachkritik. Eine Alternative zum Dogmatismus und Skeptizismus in der Analytischen Philosophie, Frankfurt/M. 1970; P. Lorenzen/O. Schwemmer: Konstruktive Logik, Ethik und Wissenschaftstheorie, Mannheim 1973; C. F. Gethmann/R. Hengselmann: Das Problem der Begründung zwischen Dezisionismus und Fundamentalismus, in: Zeitschrift für Allgemeine Wissenschaftstheorie 8 (1977), S. 342-368; C. F. Gethmann: Proto-Logik. Untersuchungen zur formalen Pragmatik von Begründungsdiskursen, Frankfurt/M. 1979; J. Mittelstraß: Die Möglichkeit von Wissenschaft, a.a.O.

suppositionen, um dann in einem dritten Schritt zu prüfen, ob Rortys Kritik an den transzendentalen Argumenten stichhaltig ist. Da ich in bezug auf diese Frage zu einem negativen Ergebnis gelange, werde ich schließlich versuchen, jene Argumente gegen Rortys Vorwürfe sprachpragmatisch zu verteidigen.

6.2. Die Struktur transzendentaler Argumente

Nach dem Scheitern der traditionellen Begründungsprogramme hat Kants Philosophie heute nicht gerade den höchsten Börsenwert. Die postempiristische Wende in der Wissenschaftstheorie, der hermeneutic-pragmatic-turn und der französische Poststrukturalismus haben berechtigte Zweifel an der Möglichkeit und Durchführbarkeit traditioneller Begründungsprogramme laut werden lassen, die sich mittlerweile so weit verdichtet haben, daß schon die philosophische Begründungsfrage fast als Fauxpas erscheint. Jedoch ungeachtet dieser Tatsache ist nicht zu verkennen, daß eine Reihe von „Begründungstheoretikern" – ich denke hier zum Beispiel an Strawson, Watt, Putnam, Habermas und Apel – den Modus transzendentaler Begründung mit sprachphilosophischen Mitteln zu erneuern suchten oder suchen, so daß mittels einer transzendental-semantischen Untersuchung der Präsuppositionen von Erfahrungsurteilen (Strawson) bzw. mittels einer transzendental- bzw. universalpragmatischen Untersuchung von Argumentationsvoraussetzungen (Apel, Habermas) ein unserer Erfahrung zugrunde liegendes Begriffssystem bzw. die Bedingungen und Regeln der Argumentation durch den Nachweis ihrer Alternativlosigkeit als notwendig und als unhintergehbar ausgezeichnet werden.

Die Pointe dieses Verfahrens besteht in folgendem Nachweis: Wenn das, was bestritten wird, im Bestreiten schon präsupponiert oder vorausgesetzt werden muß, dann haben diese Präsuppositionen oder Voraussetzungen – je nach Stärke der mit diesem Verfahren verbundenen Ansprüche – einen transzendentalen bzw. einen quasi transzendentalen Status, da sie pragmatisch für den Bestreitenden unhintergehbar und alternativlos sind. Auch der Skeptiker muß diese nicht-hintergehbaren Regeln und Präsuppositionen als gültig akzeptieren, da er sie nicht bestreiten kann, ohne sich in einen performativen Selbstwiderspruch zu verwickeln. Wie leicht ersichtlich, sind transzendentale Argumente antiskeptische Argumente. Jedoch im Unterschied zu Descartes Widerlegung des Zweiflers, wie er sie in den *Meditationen* durchgeführt hat, oder im Unterschied zu Kants Widerlegung des Skeptikers durch ein apriorisches Nachweisverfahren haben wir es hier nicht mehr wie im Fall von Descartes und Kant mit einer Begründung letzter Prinzipien mittels Deduktion zu tun, sondern mit einem durch transzendentale Argumente erbrachten Nachweis (oder Aufweis) der Unausweichlichkeit von Präsuppositionen oder Voraussetzungen bestimmter Begriffsschemata (Strawson) bzw. bestimmter Diskurse (Apel, Habermas).

Kants Fragestellung nach den Bedingungen der Möglichkeit von Erkenntnis, die zugleich die Frage nach den Bedingungen der Möglichkeit der Erkenntnisgegenstände ist, wird die Frage nach den Bedingungen der Möglichkeit sprachlicher Verständigung vorgeschaltet. An die Stelle der transzendentalphilosophischen Reflexion auf die von Kant als obersten Bezugspunkt gedachten nicht-hintergehbaren Einheit des Gegenstandsbewußtseins und des Selbstbewußtseins, d. h. der transzendentalen Einheit der Subjekt-Objekt-Beziehung, tritt die Reflexion auf die Subjekt-Subjekt-Relation der sprachlichen Kommunikation. Mit dieser Vorschaltung der Frage nach den Bedingungen der Möglichkeit sprachlicher Verständigung wird nicht nur der methodische Solipsismus der Erkenntnistheorie überwunden, der ja mit der Voraussetzung steht oder besser fällt, daß ein empirisches (Hume, Locke) bzw. ein transzendentales Subjekt (Kant, Husserl) zu gültigen Erkenntnissen gelangen kann, ohne sprachliche Bedeutungen mit anderen Ko-Subjekten teilen zu müssen; mit dieser Vorschaltung der Frage nach den Bedingungen der Möglichkeit sprachlicher Verständigung ist gleichzeitig eine sprach- und sinnkritische Transformation der Philosophie verbunden, welche die dieserart transformierte Philosophie auch von den dualistischen Hintergrundannahmen der Kantischen Metaphysik befreit.

Das Subjekt jener Vernunftleistungen, welche einst die Transzendentalphilosophie Kantischen Zuschnitts in ihren Leistungen und in ihren Grenzen aufzuklären gedachte, kann sinnvoll nur als Gemeinschaft von Kommunizierenden rekonstruiert werden. Durch diese kommunikationstheoretische Transformation des Kantischen Vernunftbegriffs wird die sprachliche Kommunikation in ihrer semantischen, syntaktischen und pragmatischen Dimension zum „Medium der transzendentalen Reflexion“.[5] Mit der Ansetzung der Sprache als *Thema* und als *Medium* der transzendentalen Reflexion verschiebt sich das Begründungsproblem. An die Stelle der Begründung als Ableitung aus etwas tritt eine „*strikte Reflexion* auf das eigene Argumentieren und seine Präsuppositionen“, eine Reflexion, die jene Ansprüche unter Geltung stellt, die keiner weiteren Begründung aus etwas anderem bedürfen, weil man sie nicht verstehen kann, ohne gleichzeitig zu wissen, daß sie wahr sind und demzufolge auch nicht ohne performativen Selbstwiderspruch bestreitbar sind: „Etwas, das ich nicht, ohne einen aktuellen Selbstwiderspruch zu begehen, bestreiten und zugleich nicht ohne formallogische petitio principii deduktiv begründen kann, gehört zu jenen transzendentalpragmatischen Voraussetzungen der Argumentation, die man immer schon anerkannt haben muß, wenn das Sprachspiel der Argumentation seinen *Sinn* behalten soll.“[6]

Transzendentale Argumente sind *Präsuppositionsargumente*. Als Präsuppositionen bezeichnen wir in theoretischen Diskursen jene Voraussetzungen, deren Gegebenheit darüber entscheidet, ob bestimmte Behauptungen wahrheitsfähig sind oder als moralisch richtig resp. falsch qualifiziert werden können. Ob die Behauptung „Schnee ist weiß“ wahr ist, hängt davon ab, ob Schnee tatsächlich weiß ist und nicht etwa grün. Klarerweise handelt es sich hierbei jedoch um kein transzendentales Argument.[7] Zwar werden auch hier Voraussetzungen präsupponiert, diese haben jedoch keinen transzendentalen Status. Präsuppositionsargumente mit einem transzendentalen Status beziehen sich weder auf Dinge und Ereignisse noch auf die Konstitutionsleistungen eines transzendentalen Sub-

5 K. O. Apel: Sprache als Thema und Medium der transzendentalen Reflexion, in: Transformation der Philosophie, Bd. 2, a.a.O., S. 311ff.

6 K.-O. Apel: Das Problem der philosophischen Letztbegründung im Lichte einer transzendentalen Sprachpragmatik, in: Sprache und Erkenntnis, Hg. von B. Kanitschneider, Innsbruck 1976, S. 72f.

7 Vgl. Präsuppositionen in Philosophie und Linguistik, Hg. von J. Petöfi und D. Frank, Frankfurt/M. 1973

jekts im Sinne Kants (wenngleich auch Kant dieses präsupponieren muß, soll die Frage nach den Bedingungen der Möglichkeit der Erfahrung überhaupt einen Sinn haben), sondern auf das Faktum einer „pragmatic self refutation". Transzendentale Argumente involvieren eine Ebene, die sich der logisch-semantischen Analyse sperrt und pragmatisch erschlossen werden muß: Sie präsupponieren Handlungen, genauer *Sprachhandlungen*. Zur transzendentalen Verwendung des Präsuppositionsarguments gehört es, daß eine Handlung, also auch das Sagen eines Satzes, die Bedingungen der Möglichkeit ihres Tuns präsupponiert.

Für das Verfahren transzendentaler Argumentation wird also jene selbstexplikative Leistung der Sprache genutzt, die auf der performativ-propositionalen Doppelstruktur aller Sprechakte beruht, so daß Geltungsansprüche nicht nur vorgetragen, sondern auch reflektiert werden. Zu beachten ist jedoch, daß das Prinzip vom zu vermeidenden performativen Selbstwiderspruch, mit dem die durch transzendentale Argumente unter Geltung gestellten Präsuppositionen aufgewiesen werden, kein Generationsprinzip inhaltlicher Kriterien, Normen, Theorien oder Methoden darstellt, sondern ein Verfahrensprinzip für theoretische und praktische Diskurse.[8]

Die Besonderheit transzendentaler Argumente besteht also nicht mehr im Nachweis einer unerschütterlichen Grundlage, die sich einem apriorischen Nachweisverfahren verdankt, in dem das Reinheitsprädikat zum Signum von Sicherheit, Souveränität und Makellosigkeit avanciert; einem Verfahren, das, um nur keinem Relativismusverdacht Raum zu geben, Erkennen und Werten durch Rekurs auf absolut sichere, beständige, gleichsam geschichtsimmune und daher überhaupt nur reine Instanzen gründet, sondern in dem Nachweis der *Alternativlosigkeit von Präsuppositionen*. Dieser Nachweis, oder besser, diese *Aufweisung* notwendiger und nicht-hintergehbarer Präsuppositionen ist empirisch nicht zu führen.[9] Wie Rüdiger Bubner im Anschluß an Apel und Habermas gezeigt hat, ist die Strategie transzendentaler Argumentation darin zu sehen, „durch den Nachweis der *Alternativlosigkeit* das vorhandene Wissen auch als legitimes Wissen auszuzeichnen".[10] Unterstellt, der Nachweis gelingt, daß entweder vorhandene Alternativen kein wirkliches Wissen erbringen, oder aber daß vermeintliche Alternativen keine wirklichen Alternativen darstellen, da sie Teile des bestrittenen Alternativvorschlags in Anspruch nehmen, dann muß dieses Wissen als legitimes Wissen gelten.

Nun ist dieser letzte Punkt relativ unkontrovers. Selbst Rorty muß anerkennen, daß ein Wissen, für das es zur Zeit keine Alternativen gibt, ein Wissen ist, das gemäß unserer Standards von Vernunft, Wahrheit und Rationalität als legitimes Wissen gilt. Kontrovers ist hingegen, ob die Reichweite transzendentaler Argumente noch größer ist, ob diese Argumente auch noch die *Möglichkeit des Nachdenkens über Alternativen selbst betreffen* und ob die vermittels Argumentation aufgewiesene Basis eine *Basis absoluter Unbezweifelbarkeit* ist, eine Basis, die als systematische Grundlage der Erkenntnis und

8 Vgl. J. Mittelstraß: Über ‚transzendental', in: Bedingungen der Möglichkeit, a.a.O., S. 159
9 Ein solcher Versuch findet sich bei B. Stroud: Transcendental Arguments and Science, a.a.O., S. 83
10 R. Bubner: Selbstbezüglichkeit als Struktur transzendentaler Argumente, a.a.O., S. 70

gleichzeitig als Kriterium ihrer Prüfung gelten kann.[11] Kann mittels transzendentaler Argumente gezeigt werden, daß diese Argumente ein „Reden ohne Alternativen" erzwingen, da sie auf Grund ihrer Selbstbezüglichkeit den Regreß in die Metaebenen verbauen und den Fallibilismus für diesen Bereich als unzuständig erklären, dann ist die dargelegte Alternativlosigkeit nicht nur als historisch-faktische und damit als fakultative aufzufassen, sondern als logisch-notwendige und damit als prinzipielle.

Genau gegen diesen Nachweis einer prinzipiellen Alternativlosigkeit wendet sich Rorty. Er glaubt weder, daß der Regreß in die Metaebenen gestoppt werden kann, noch daß der Fallibilismus für diesen Bereich als unzuständig erklärbar ist. Mit derartigen Beweisprozeduren ist Rorty zufolge bloß eine faktische Alternativlosigkeit demonstrierbar, wohingegen es dem Transzendentalpragmatiker (Apel, Böhler, Kuhlmann) ja gerade um den Nachweis einer prinzipiellen Alternativlosigkeit gehen muß, soll auch noch das Nachdenken über Alternativen dem Zuständigkeitsbereich transzendentaler Reflexion überantwortet werden. Aus der Tatsache, daß wir uns hier und jetzt keine Alternativen zu bestimmten Argumentationsstandards bzw. zu Präsuppositionen der Argumentation denken können, folgt für Rorty nicht, daß es auch tatsächlich keine gibt. Da uns nichts „zwischen Himmel und Erde" Beschränkungen hinsichtlich des prinzipiell Vorstellbaren auferlegen kann, meint Rorty: „Das Beste, was wir allenfalls tun können, ist zu zeigen, daß *faktisch* noch niemand sich bisher eine Ausnahme vorgestellt hat."[12]

Nun läßt sich zunächst schwerlich bestreiten, daß etwas, was wir uns heutigentags nicht vorstellen können, trotzdem möglich sein kann. In diesem Sinn ist vieles möglich. Zu fragen aber wäre, ob Rortys Möglichkeitssinn nicht die Kehrseite eines mangelnden Wirklichkeitssinns ist? Wenn wir nicht über die abstrakte, sondern über die konkrete Möglichkeit reden, dann verstehen wir ja darunter seit Hegel den Inbegriff von Verhaltensfähigkeiten in der Trennung von der Anwendung dieser Fähigkeiten. Das Wirkliche ist hingegen als der Inbegriff der Anwendung dieser Fähigkeiten bestimmt, die jeweils an konkrete Träger gebunden ist. Die Wirklichkeit ist folglich nicht eine Teilklasse der Möglichkeit, selbst wenn sich dieses Vorurteil hartnäckig am Leben hält, sondern der Vorgang des *Realisierens* gewisser Möglichkeiten vermittels des *Ausschließens* anderer. Wer beispielsweise Taxifahrer wird, wird eben deshalb nicht Schlosser, obwohl er letzteres auch hätte werden können; oder wer argumentiert, hat sich damit entschlossen, Gründe für oder gegen eine bestimmte Auffassung zu produzieren, obwohl er auch spazierengehen könnte.

Will man also sinnvoll von Möglichkeit sprechen, so wird man nicht über die abstrakte Möglichkeit reden, sondern über die konkrete. Das scheint mir bei Rorty nicht immer der Fall zu sein. Um seine fallibilistischen Vorbehalte gegenüber der Nichtverwerfbarkeit, weil Alternativlosigkeit bestimmter normativ gehaltvoller Bedingungen oder Regeln der Argumentation zu stützen, erhebt Rorty die abstrakte Möglichkeit zum Prinzip.[13] Rorty tut also genau das, was er hartgesottenen Kantianern immer vorhält: Um der Zeit und den

11 Vgl. W. Kuhlmann: Reflexive Letztbegründung. Untersuchungen zur Transzendentalpragmatik, Freiburg/Br. 1985

12 R. Rorty: Transcendental Arguments, Self-Reference and Pragmatism, a.a.O., S. 83

13 Vgl. R. Rorty: Die glücklich abhanden gekommene Welt, in: Moderne Sprachphilosophie, Hg. von M. Sukale, Hamburg 1976, S. 182

lebensweltlichen Kontexten zu entkommen, flüchtet er sich aus der Wirklichkeit in die Möglichkeit. Der Einwand, den Rorty nur allzugern gegenüber den „Kantianern“ erhebt, fällt damit auf ihn selbst zurück. Mehr noch: Rortys extrapolative Universalisierung des Kontingenz- und Fallibilismusprinzips und seine Anwendung auf alle Bereiche des Wissens kollidiert dergestalt mit dessen eigenem Wahrheitsanspruch. Die überuniversalisierte Kontingenzthese torpediert sich selbst. Aus dieser Sachlage kann nur eines folgen: Wenn das auf sich selbst angewendete Kontingenz- und Fallibilismusprinzip die Grundlage seiner eigenen Geltung zerstört, dann bleibt, soll der durchaus vernünftige Gehalt des Prinzips gerettet werden, nur die Möglichkeit der Einschränkung des Prinzips noch offen.[14]

So wird man denn Rorty leicht zugeben können, daß wir gegenüber unserer Geschichte und der je eigenen Tradition keine hypothetische Einstellung einnehmen können. In diesem Sinn sind und bleiben wir in der Tat Schiffer, die „ihr Schiff auf offener See umbauen müssen“. Gleichwohl wäre jedoch gegen Rorty geltend zu machen, daß er sich noch in seiner berechtigten Kritik am Absolutismus spiegelbildlich zu diesem verhält: So wie der Absolutist mit seinem horror intellectus vorm Zufälligen nur das a priori Notwendige sieht und dabei das Kontingente übersieht, so sieht Rorty nur das Kontingente und übersieht dabei das Nicht-Kontingente, das er präsupponieren muß, um das Kontingente überhaupt sehen zu können.[15]

6.3. Der Streit um den Status und die Reichweite transzendentaler Argumente innerhalb der Frankfurter Pragmatik – Apel kontra Habermas

Nun ist die Kontroverse hinsichtlich der Reichweite und hinsichtlich des Status der durch transzendentale Argumente aufgezeigten Präsuppositionen keinesfalls ein Probierstein, an dem sich Universalisten wie Apel und Habermas auf der einen Seite und Kontextualisten wie Rorty auf der anderen Seite scheiden. Diese Kontroverse beginnt schon im Lager der Universalisten, nämlich zwischen Universal- und Transzendentalpragmatik. Sie macht sich jeweils an einer minimalistischen Deutung des Transzendentalen (Habermas) und einer maximalistischen Deutung des Transzendentalen (Apel, Böhler, Kuhlmann) fest.

Unstrittig ist hier zunächst, daß transzendentale Argumente sich dazu eignen, einen jeden, der sich überhaupt aufs Argumentieren einläßt, daran zu erinnern, daß er bereits an

14 In dieser Hinsicht scheint es mir sinnvoll, einen starken, aber selbstwidersprüchlichen von einem schwachen, aber vertretbaren Fallibilismus zu unterscheiden. Vgl. H. Putnam: Realism and Reason, a.a.O., S. 136f. Gepaart mit dem Anspruch auf Letztbegründung hat innerhalb der Transzendentalpragmatik Apel einen ähnlichen Vorschlag gemacht. Vgl. K.-O. Apel: Fallibilismus, Konsenstheorie der Wahrheit und Letztbegründung, in: Philosophie und Begründung, Hg. vom Forum für Philosophie Bad Homburg, Frankfurt/M. 1987, S. 116-211

15 Vgl. Th. W. Adorno: Zur Metakritik der Erkenntnistheorie, a.a.O., S. 89f. Vgl. hierzu auch H. Schnädelbach: Über Rationalität und Begründung, in: Philosophie und Begründung, a.a.O., S. 79

einer normativ gehaltvollen Praxis teilnimmt. Transzendentale Argumente dienen sowohl Apel als auch Habermas für den Nachweis der Alternativlosigkeit und der Nichtverwerfbarkeit von normativ gehaltvollen Präsuppositionen oder Voraussetzungen der argumentativen Rede. Strittig ist hingegen, ob diese Alternativlosigkeit und Nichtverwerfbarkeit als faktische oder als prinzipielle aufzufassen ist, und ob die „transzendentale Reflexion auf die Bedingungen objektiv gültiger Erfahrung und Argumentation einen Bereich genuin philosophischer Erkenntnis erschließt, der, selbst infallibel, die Voraussetzungen des Fallibilismusprinzips erklärt – und insofern Letztbegründungsansprüchen genügt".[16]

Im Hinblick auf diese letzte Frage gehen die Auffassungen von Habermas und Apel auseinander. Nach Habermas läßt Apels Reden von Letztbegründung einen „auf die transzendentale Bedingungsanalyse geschrumpften Restfundamentalismus" erkennen, den Apel mit dem Hinweis glaubt verteidigen zu können, daß den durch strikte Reflexion aufgewiesenen Voraussetzungen von argumentativen Diskursen eine Sonderstellung und der Transzendentalpragmatik eine Spitzenstellung in der Hierarchie der Wissensformen zukommt. Damit – so Habermas – „wird die Philosophie zum letzten Hort von Gewißheiten, die unter dem allgemein gewordenen Fallibilismusvorbehalt sonst nicht mehr zu haben sind".[17] Analog zu Rorty geht also auch Habermas davon aus, daß „alle Letztbegründungsversuche, in denen die Intentionen der Ursprungsphilosophie fortleben", gescheitert sind.[18] Wie für Rorty innerhalb der analytischen Philosophie spätestens seit Quines, so ist für Habermas spätestens seit Adornos Metakritik der Erkenntnistheorie klar, daß der Traum der „Erkenntnistheoretiker ... von einer ersten Philosophie, die sicherer (ist) als die Wissenschaft", ausgeträumt ist.[19]

Im Vergleich zu Apel verhält sich Habermas eindeutig „abwiegelnd zu überzogenen transzendentalen Begründungsforderungen."[20] Zwar will auch Habermas, darin Apel durchaus verwandt, den Begriff der kommunikativen Vernunft aus dem normativen Gehalt allgemeiner und unvermeidbarer Präsuppositionen der argumentativ nicht-hintergehbaren Praxis alltäglicher Verständigung gewinnen. Während jedoch Apel in diesem Zusammenhang bis heute hartnäckig am Letztbegründunganspruch der Transzendentalpragmatik festhält, meint Habermas, diesen „Anspruch auf ‚Letztbegründung' unbeschadet preisgeben" zu können, da wir *erstens* „nicht ein für allemal Gründe, oder Sorten von Gründen, in eine Hierarchie bringen können, an deren Spitze ‚letzte' Gründe" stehen,[21] und *zweitens*, weil auch die transzendentalpragmatische Letztbegründungsstrategie in einer unaufhebbaren Abhängigkeit von historisch-kontingenten, d. h. methodisch nicht ein für allemal zu kontrollierenden Voraussetzungen steht. Für Habermas, der hier fast wie Rorty argumentiert, ist es daher überhaupt nicht mehr einsichtig, in diesem Zusam-

16 J. Habermas: Erläuterungen zur Diskursethik, Frankfurt/M. 1991, S. 12
17 Ebd., S. 192f.
18 J. Habermas: Theorie des kommunikativen Handelns, Bd. 1, a.a.O., S. 12. Dagegen K.-O. Apel: Das Problem der philosophischen Letztbegründung im Lichte einer transzendentalen Sprachpragmatik, a.a.O.
19 W. V. O. Quine: Grades of Theoreticity, in: Experience and Theory, Hg. L. Forster und L. W. Swanson, Massachusetts 1970, S. 2
20 J. Habermas: Entgegnung, in: Kommunikatives Handeln, a.a.O., S. 353
21 Ebd., S. 350f.

menhang noch von einer Letztbegründung zu sprechen, da die im Sinn eines *Testverfahrens* umfunktionierten transzendentalen Argumente nur den Nachweis einer faktischen Alternativlosigkeit erbringen.

Aus Apels Sicht laufen derartige Einwände schlicht ins Leere. Zum einen bestreitet Apel, daß der transzendentalpragmatische Begründungstyp einer ursprungsphilosophischen Intention folgt. Zum anderen bestreitet er, daß es hier um eine Hierarchie von Gründen geht, an deren Spitze letzte Gründe stehen. Jedoch das in diesem Zusammenhang wohl entscheidende Argument von Apel, warum die gegen das transzendentalpragmatische Letztbegründungsprogramm vorgebrachten Einwände ins Leere laufen, lautet: All diese Einwände machen nur unter einer Voraussetzung Sinn, unter der Voraussetzung nämlich, daß dem transzendentalpragmatischen Letztbegründungsprogramm letztlich wieder ein traditionell-deduktiver Begründungstyp unterlegt ist; ein Begründungstyp also, der, wie Hans Albert im Anschluß an Popper gezeigt hat, sich in den Fallstricken des „Münchhausentrilemmas" zwischen Zirkel, unendlichem Regreß oder Rekurs auf letzte Gewißheiten verfängt.[22] Nach Apel ist dies jedoch keineswegs der Fall, da gerade die „‚strikt reflexive(n)' (transzendentalpragmatische(n)) Selbstbegründung" aus der „objektivistischen(n) (‚apodiktische(n)') Perspektive des traditionellen Begründungsbegriffs" ausschert.[23] Von diesem Begründungstyp, der sowohl in seinen empirischen, transzendentalphilosophischen wie auch metaphysischen Varianten von der „strikten Reflexion" auf die Argumentationspraxis keinen Gebrauch macht, sondern diese von der Position des entweltlichten Beobachters aus als innerweltlichen Akt objektiviert, unterscheidet sich nach Apel die strikt reflexive Selbstbegründung jedoch gerade dadurch, daß hier unter Berücksichtigung der hermeneutischen und sprachpragmatischen Wende die nicht-hintergehbaren Voraussetzungen oder Präsuppositionen der Argumentation von „innen" her aufgeklärt und ausgewiesen werden. Und auch Habermas gesteht ja ein, daß Apel, der im erklärten Anschluß an Descartes, Kant und Husserl den Modus transzendentaler Letztbegründung nicht auf eine transzendentale Deduktion im Sinne von Kant stützt, sondern auf die Regel des zu vermeidenden performativen Selbstwiderspruchs, einer Regel, die Apel nicht nur auf einzelne Sprechhandlungen, sondern auf die Bedingungen der Möglichkeit der argumentativen Rede überhaupt anwendet. Und mit dieser Regel kann nun Apel in der Tat zeigen, daß derjenige, der in eine Argumentation eintritt, immer schon alternativlose und nicht-hintergehbare, d. h. notwendige und allgemeingültige Präsuppositionen anerkennen muß.

In dieser Hinsicht scheint mir Apel in der Tat nicht angreifbar. Es fragt sich freilich, was aus dem bisher Gesagten folgt? Ich glaube nämlich nicht, daß, wie insbesondere von Apel nahegelegt und von Wellmer und Schnädelbach bestritten wird, sich aus diesen Präsuppositionen umstandslos ein diskursethisch relevantes Universalisierungsprinzip ableiten läßt – und das ist ja eine zentrale Idee bei Apel. Genausowenig wie es mir nicht sonderlich plausibel scheint, diese Präsuppositionen mit jenen von der Konsens- und Diskurs-

22 H. Albert: Traktat über kritische Vernunft, a.a.O., S. 11ff.

23 K.-O. Apel: Fallibilismus, Konsenstheorie der Wahrheit und Letztbegründung, a.a.O., S. 209 sowie ders., Das Problem der philosophischen Letztbegründung im Lichte der transzendentalen Sprachpragmatik, a.a.O.

theorie der Wahrheit und der Normenbegründung beanspruchten „Idealisierungen" kurzzuschließen.[24] Diese Idealisierungen halte ich für verzichtbar. Allein soviel scheint wiederum sicher: Die transzendentalpragmatisch aufgewiesenen Präsuppositionen der Argumentation haben einen normativen Gehalt und sind argumentativ nicht ohne performativen Selbstwiderspruch bestreitbar.

Fassen wir das bisher Gesagte zusammen: Die Differenz zwischen Apel und Habermas besteht also nicht darin, daß Habermas nicht anerkennen würde, daß die transzendentalpragmatisch aufgewiesenen Präsuppositionen alternativlos sind und einen normativen Gehalt haben. Die Differenz besteht allein darin, daß sich Habermas konsequent weigert, diese Voraussetzungen oder Präsuppositionen auf eine *transzendentale Ebene* zu heben. Nach Habermas macht der Fallibilismus auch vor dem Tor der transzendentalpragmatischen Letztbegründung nicht halt. Denn, so sein Argument: „Wir können den Kontext, in dem wir hier und jetzt eine bestimmte Sorte von Gründen für die besten halten, doch nicht einfrieren oder apriori ausschließen, daß in anderen Kontexten andere Arten von Gründen als die besseren gelten."[25]

Sicher, wenn wir etwas für wahr halten, dann halten wir es definitiv für wahr. Es wäre sinnlos, von einer Wahrheit für mich oder von einer Wahrheit in diesem oder jenem Kontext zu sprechen. Mit der Idee der Wahrheit verbindet sich ein universalistischer Anspruch. Aber Kontexte sind eben prinzipiell offen und nicht ein für allemal präsuppositionstheoretisch zur Ruhe zu bringen. Insofern bemessen sich Geltungsansprüche auch immer an Standards, die von Kontingenz bedroht sind. Demnach kann aber auch die Transzendentalpragmatik kein Regelset der Argumentation eindeutig und ein für allemal gegenüber anderen auszeichnen. Denn Regeln können in Diskursen geändert werden. Ob ein Argument ein gutes Argument ist, darüber entscheidet der Diskurs. Und dieser terminiert nun mit Sicherheit nicht in einem „idealen Konsens", in dem die Wahrheit nur noch von einer „idealen Kommunikationsgemeinschaft" erschweigbar wäre.

Während also Apel, Böhler und Kuhlmann den Begründungsregreß stoppen, die Frage nach weiterer Rechtfertigung als sinnlos abweisen und den Fallibilismus für den Bereich transzendentalpragmatischer Letztbegründung als „unzuständig" erklären, will Habermas, fast analog zu Rorty, seine fallibilistischen Vorbehalte auch nicht von streng reflexiven Letztbegründungsstrategien kirre machen lassen. Zum einen, weil der so hartnäckig reklamierte Letztbegründungsanspruch der Transzendentalpragmatik sich für ihn mit „einer inkonsequenten Rückkehr zu Denkfiguren" verbindet, die Apel „mit dem energisch vollzogenen Paradigmenwechsel von der Bewußtseins- zur Sprachphilosophie selbst entwertet hat" – Habermas spricht in diesem Zusammenhang auch von einem „metaphysischen Restdogmatismus" bzw. von einem „fundamentalistische(n) Erbteil", das sich mit dem Letztbegründungsanspruch der Transzendentalpragmatik verbindet, sofern sich diese einer Identifikation von *Aussagenwahrheit* und *Gewißheitserlebnissen* schuldig macht,

24 Vgl. A. Wellmer: Zur Kritik der Diskursethik, in: Ethik und Dialog, Frankfurt/M. 1986, S. 87f. Zu Rortys Kritik an den Idealisierungen der Konsens- und Diskurstheorie der Wahrheit vgl. U. Tietz: Vernunftkritik als Sprachkritik. Richard Rortys ästhetische Transformation der abendländischen Philosophie, a.a.O., S. 364ff.

25 J. Habermas: Entgegnung, a.a.O., S. 351

die nur „im reflexiven Nachvollzug einer vorgängig intuitiv vollzogenen Leistung, d. h. nur unter Bedingungen der Bewußtseinsphilosophie vorgenommen werden kann".[26] Zum anderen, weil Habermas der Überzeugung ist, daß wir der transzendentalpragmatischen Begründung den Charakter der Letztbegründung getrost absprechen können, ohne Schaden zu nehmen.

Dabei ist es durchaus nicht so, daß Habermas „eine transzendentale Untersuchung von Verständigungsprozessen" nach dem „Vorbild" der Transzendentalphilosophie unplausibel findet. Trotz seiner minimalistischen Deutung des Transzendentalen und der damit einhergehenden Einschränkung transzendentaler Vollmachten hat auch Habermas die „universalpragmatischen Nachkonstruktionen allgemeiner und unvermeidlicher Präsuppositionen möglicher Verständigungsprozesse" in Analogie zu einen Untersuchungstyp gestellt, den „man seit Kant transzendentale Analyse nennt". Diese allgemeinen und notwendigen Präsuppositionen haben bei Habermas jedoch nur einen quasi-transzendentalen Status, da für sie kein Beweis a priori angetreten werden kann.

Auch in seiner Replik auf Einwände, die normativen Ansprüche der Kritischen Theorie betreffend, hat Habermas diesen Gesichtspunkt unterstrichen: Die „pragmatischen Regeln", die allgemein für die „Praxis der Verständigung von sprach- und handlungsfähigen Subjekten über etwas in der Welt eine konstitutive Rolle spielen", „ähneln transzendentalen Bedingungen insofern, als wir uns beim verständigungsorientierten Sprachgebrauch gewissen allgemeinen Präsuppositionen nicht entziehen können. Andererseits sind sie nicht im strengen Sinne transzendental, weil wir (a) auch anders als kommunikativ handeln können und weil (b) die Unausweichlichkeit idealisierender Unterstellungen nicht auch schon deren faktische Erfüllung impliziert".[27]

Nun möchte ich hier nicht der von Habermas selbst aufgeworfenen Frage nachgehen, inwieweit eine solche Rekonstruktion der Bedingungen argumentativer Einlösung von strittigen Geltungsansprüchen noch transzendental genannt werden kann, nachdem Habermas ausdrücklich betont hat, daß Rekonstruktionen dieser Art als „hypothetische Vorschläge" zu betrachten sind. Wichtiger noch erscheint mir, daß sich Habermas durch diese geltungstheoretische Gleichstellung von Philosophie und Erfahrungswissenschaft auf merkwürdige Weise mit dem Kontextualismus von Rorty trifft. Rorty, der sich ja ebenfalls „abwiegelnd" gegenüber überzogenen Begründungsanforderungen verhält, geht zwar gegenüber Habermas noch einen Schritt weiter, indem er nicht nur Philosophie und Erfahrungswissenschaft, sondern auch die Dichtung geltungstheoretisch auf eine Stufe stellt; eine Gleichstellung, mit der Rorty sich auch noch des Universalismus entledigen will, den Habermas trotz der eingeschränkten transzendentalen Ansprüche der Universalpragmatik nicht aufgeben möchte – und in einem Zweifrontenkrieg gegen Rortys radikalen Kontextualismus auf der einen Seite und gegen Apels Fundamentalismus auf der anderen Seite verteidigen muß. Auch zeigt Rorty wenig Neigung, der kontextualistisch entmächtigten Philosophie nunmehr einen Schonplatz in Form eines „Zuarbeiter(s) für eine Theorie der

26 J. Habermas: Moralbewußtsein und kommunikatives Handeln, a.a.O., S. 106. Einen ähnlich gelagerten Einwand macht auch Gethmann geltend: C. F. Gethmann: Letztbegründung vs. lebensweltliche Fundierung, in: Philosophie und Begründung, a.a.O., S. 280

27 J. Habermas: Entgegnung, a.a.O., S. 346

Rationalität" zu verschaffen. Rorty ist weitaus radikaler. Wenn denn die Philosophie überhaupt Aufgaben übernehmen kann und übernehmen soll, dann sollten das Rorty zufolge therapeutische Aufgaben im Sinne des späten Wittgenstein sein.

Aber ungeachtet dieser sicher in der Sache entscheidenden Differenz kommt Habermas mit Rorty in der Ablehnung von fundamentalistischen Begründungsprogrammen völlig überein. Betrachtet man den zwischen der *Theorie des kommunikativen Handelns*, dem *Nachmetaphysische(n) Denken* und den *Erläuterungen zur Diskursethik* liegenden Zeitraum, dann läßt sich feststellen, daß Habermas sukzessive die Ansprüche der Universalpragmatik eingeschränkt hat.

Im Unterschied zu Rorty glaubt zwar Habermas auch heute noch nicht, daß die Philosophie mit der Aufgabe der zweifelhaften Rolle eines „Platzhalters" und „Richters der Vernunft" sich auch der „Aufgabe eines ‚Hüters der Rationalität' entledigen müsse", einer Aufgabe, die, darin Habermas durchaus verwandt, auch Putnam der Philosophie vorbehält. Denn diese „neue Bescheidenheit" wurde bei Rorty mit dem „Vernunftanspruch bezahl(t), mit dem doch das philosophische Denken selber zur Welt gekommen ist".[28] Dieser Preis ist nun jedoch Habermas eindeutig zu hoch. Soll die „Philosophie ihren Bezug zur Totalität in einer der Lebenswelt zugewandten Interpretenrolle aktualisieren", wie es Habermas ja fordert, und dabei helfen das in der Moderne „stillgestellte Zusammenspiel des Kognitiv-Instrumentellen mit dem Moralisch-Praktischen und dem Ästhetisch-Expressiven wie ein Mobile, das sich hartnäckig verhakt hat, wieder in Bewegung zu setzen",[29] muß Habermas gegen Rortys Kontextualismus die Rolle des „Aufwieglers" übernehmen.

Die Frage also ist, ob Habermas der Balanceakt zwischen der Scylla von hochgespielten Begründungspflichten und der Charybdis von herabgespielten Begründungsnöten tatsächlich gelingt, oder ob er sich dabei in Aporien verstrickt, wie es ihm ja sowohl die strengen Begründungstheoretiker auf der einen Seite als auch die Kontextualisten auf der anderen Seite vorwerfen. Offensichtlich nicht. Und hier sind sich bei aller Differenz im großen und ganzen Apel und Rorty vollkommen einig.

Apel glaubt nicht, daß es Habermas noch gelingt, durch die Aufgabe der Kant-analogen Unterscheidung zwischen empirischer und transzendentaler Analyse „echte Universalien" zu identifizieren. Nach Apel kann es nämlich bei einer solchen Identifikation nicht um die Rekonstruktion eines Regelwissens für kompetente Sprecher gehen; ein Wissen, welches Habermas für den Sprecher als ein gegebenes Wissen a priori ansetzt, das der Linguist dann in quasi objektivierender Einstellung als ein Wissen a posteriori ermitteln und rekonstruieren kann. Schon 1976 hat Apel darauf aufmerksam gemacht, daß „ein solches Regelwissen ... sich ja charakteristischerweise auf kontingente Konventionen (oder empirisch anthropologische Universalien im Sinne Chomskys)" stützt, „die in einer Universalpragmatik, die epistemologisch oder ethisch relevant sein soll, gerade ausgeschieden werden müssen." Eine *kritische Rekonstruktion* der Regeln, die im Gegenstandsbereich der Sozialwissenschaften operativ wirksam sind, läuft nach Apel daher der Verfahrensweise von Habermas direkt entgegen, sofern er an die faktisch operational wirksamen Regeln als

28 J. Habermas: Moralbewußtsein und kommunikatives Handeln, a.a.O., S. 11
29 Ebd., S. 26

Maßstab der Rekonstruktion anknüpft. Und die Pointe von Apel lautet: „Man muß vielmehr mit transzendentalpragmatisch begründeten normativen Maßstäben a priori an die Sozialgeschichte herangehen und nachweisen, daß diese Maßstäbe ... identisch sind mit den ‚allgemeinen und unvermeidlichen Präsuppositionen einer verständigungsorientierten Kommunikation‘." Für Apel erweist sich der Versuch einer Begründung dieser normativen Maßstäbe durch Rekurs auf die *Lebenswelt* als *petitio principii*! Nicht daß Apel bestreitet, daß die universellen Geltungsansprüche sich lebensweltlich situieren lassen. Apel bestreitet, daß man deren universellen Anspruch mit Rekurs auf die Lebenswelt begründen kann. Statt, wie Habermas, „naturalistisch" einen Weg von unten einzuschlagen, müsse eine kritische Sozialwissenschaft, die ihren Namen verdient, „gewissermaßen ‚von oben‘, d. h. im Sinne des aus der transzendentalpragmatischen Selbstbegründung hergeleiteten Selbsteinholungsprinzips des Diskurses der kritisch-rekonstruktiven Wissenschaften geleistet werden". Denn – so Apel zusammenfassend – „echte *Universalien* sind ... ohne *transzendentale* Begründung nicht zu haben".[30]

Aber auch Rorty erkennt die Aporie bei Habermas. Im Gegensatz zu Apel glaubt er jedoch nicht, daß Habermas weiter aufgewiegelt werden muß. Für Rorty steckt der Teufel nicht in der kontextualistischen Verabschiedung der transzendentalen Differenz der Geltungsansprüche zwischen empirischen und philosophischen Aussagen, sondern in Habermas' Universalismus, den er trotz der von Habermas vorgenommenen Reformulierung des Vernunftbegriffs im Sinne kommunikativer Rationalität und trotz der Abkehr vom Begründungsfundamentalismus der Transzendentalphilosophie als Nachkomme eines rationalistisch überspannten Vernunft- und Geltungsbegriffs zu identifizieren können glaubt. Um sich des Universalismus zu entledigen, zieht Rorty auch noch die letzten normativen Ansprüche ein, die Habermas, trotz der erheblich eingeschränkten transzendentalen Vollmachten der Universalpragmatik mit Bezug auf transzendentale Argumente zu verteidigen sucht.

30 K.-O. Apel: Fallibilismus, Konsenstheorie der Wahrheit und Letztbegründung, a.a.O., S. 180, 207 und 211; Vgl. dazu auch H. Schnädelbach: Transformation der Kritischen Theorie, a.a.O., S. 34. Ein ähnlicher Einwand wurde von Thomas McCarthy auf der Paderborner Diskussion über *Transzendentalpragmatische Normenbegründung* vorgetragen: „Wenn die Universalpragmatik eine empirisch rekonstruktive Wissenschaft ist, wenn sich der Universalpragmatiker ein Wissen a posteriori beschafft, wenn daher eine Rekonstruktion genau den Regeln entsprechen soll, die im Gegenstandsbereich wirksam" sind, dann fragt sich, wie „kann man dann zu dem Ergebnis kommen, daß die vier Geltungsansprüche universelle, d. h. allgemeine und unvermeidliche Bedingungen der möglichen Verständigung sind? Hat Habermas nicht eher eine universalpragmatische Begriffsexplikation eines von ihm ausgezeichneten Typs von Handlungen unternommen? Und, wenn ja, aus welchen Gründen kann diese Geltungsbasis der Rede überhaupt gelten?" Th. McCarthy: Einwände, in: Tranzendentalpragmatische Normenbegründung, Hg. von W. Oelmüller, Paderborn 1978, S. 136. Vgl. hierzu auch: Th. McCarthy: The Critical Theory of Jürgen Habermas, Cambridge 1978, dt., Kritik der Verständigungsverhältnisse. Zur Theorie von Jürgen Habermas, Frankfurt/M. 1980 und J. Habermas: Reply to my Critics, in: Habermas: Critical Debates, Hg. von D. Held und J. Thompson, Cambridge 1982, S. 219ff.

6.4. Ein transzendentales Argument gegen transzendentale Argumente?

Transzendentale Argumente sind für Rorty ad hominem Argumente, d. h. Argumente ohne positive Kapazität. Da diese Argumente Rorty nicht geeignet scheinen, einen positiven Nachweis der Exklusivität eines bestimmten Begriffsschemas im Sinn von Strawson bzw. von Bedingungen und Regeln der Argumentation im Sinn von Apel und Habermas zu erbringen, können sie – so Rorty – auch nicht über den negativen Nachweis des parasitären Charakters skeptischer Argumente bzw. der negativen Annahme alternativer Begriffsschemata hinausführen. „All self-referential arguments are ad hominem arguments – arguments against a certain proposal by showing that the proposal tacitly presupposes what it purports to deny. There can be no such thing as wholesale self-referential arguments for negative conclusions."[31]

Rorty ist nicht etwa entgangen, daß die eigentliche Pointe der transzendentalen Argumente in ihrer reflexiven Selbstbezüglichkeit zu suchen ist. Er glaubt jedoch nicht, daß die Bedingungen der Möglichkeit der Beschreibung von argumentativ nicht-hintergehbaren Voraussetzungen oder Präsuppositionen der Argumentation regreßfrei beschreibbar sind, da eine solche „Möglichkeit der Beschreibbarkeit das selbstbezügliche Problem ihrer eigenen Möglichkeit aufwirft".[32] Schon in seiner Auseinandersetzung mit Strawson wird dies deutlich. Trotzdem meinte Rorty in *Strawson's Objectivity Argument* noch eine gewisse Restkapazität transzendentaler Argumente anerkennen zu können. Diese Restkapazität besteht allerdings nach Stroud, dessen Argumentation Rorty hier aufgegriffen hat, allein im immanent-semantischen Nachweis des parasitären Charakters der Skepsis. Wobei es nach Rorty im Prinzip einerlei ist, ob diese Widerlegung in Form von Kants Widerlegung des Idealismus, von Wittgensteins Privatsprachenargument oder dem Objektivitätsargument von Strawson geführt wird. Will man dieses Argument nun trotzdem für ein transzendentales Argument halten, dann wäre es ein Argument über Implikationsbeziehungen zwischen Sprachspielen, Elementen von Sprachspielen und Wortverwendungsregeln, wobei, wie Aschenberg völlig zu Recht betont, dann derartige Argumente kaum noch vor einem Abgleiten ins hoffnungslos Triviale zu retten wären.[33]

Reserviert also Rorty in seinem Aufsatz *Strawson's Objectivity Argument* den transzendentalen Argumenten noch eine gewisse Restkapazität, womit seinerzeit eine vergleichsweise affirmative Beurteilung der Transzendentalphilosophie verbunden war, die Rorty hier noch glaubt auf ihre sprachanalytisch akzeptablen Kerngedanken zurückführen zu können, so wird spätestens in den Aufsätzen *Verificationism and Transcendental Arguments* und *The World Well Lost* – Aufsätze, die Rortys Hauptwerk *Der Spiegel der Natur* unmittelbar vorbereiten – dieser Gedanke zugunsten einer verifikationistischen Reduktion transzendentaler Argumente aufgegeben und seit Ende der siebziger, Anfang der

31 R. Rorty: Transcendental Arguments, Self-Reference and Pragmatism, a.a.O., S. 82
32 R. Rorty: Wittgenstein, Heidegger und die Hypostasierung der Sprache, a.a.O., S. 75
33 R. Aschenberg: Sprachanalyse und Transzendentalphilosophie, Stuttgart 1982, S. 168

achtziger Jahre zu einer ebenso radikalen und, wie ich meine, auch pauschalen und oftmals auch undifferenzierten Kritik am transzendentalen Ansatz als solchen ausgeweitet.

Innerhalb dieser Kritik kommt Davidson eine besondere Bedeutung zu. Denn Davidsons Sprach- und Interpretationsphilosophie bietet Rorty nicht nur die „erste systematische Behandlung der Sprache, die *vollständig* mit der Auffassung von Sprache als etwas, das der Welt oder dem Selbst angemessen oder unangemessen sein kann, bricht" (KO 32), eine Auffassung, mit der ja Rorty durchaus erfolgreich das traditionelle erkenntnistheoretische Paradigma inklusive der metaphysischen Korrespondenztheorie der Wahrheit attackieren konnte, sondern darüber hinaus auch ein transzendentales Argument gegen transzendentale Argumente. Unter Berufung auf Davidsons Analyse des *Conceptual Scheme* und der damit verbundenen Kritik am Schema-Inhalt-Dualismus glaubt Rorty jene Sphäre eliminieren zu können, in der die transzendentale Reflexion selber abläuft. Rorty will hinter dem Rücken des Transzendentalphilosophen Stellung beziehen und den positiven Nachweis führen, daß der durch transzendentale Argumente gewonnene Standpunkt, sofern es hier um die affirmative Auszeichnung eines nichthintergehbaren Begriffssystems bzw. von nicht-hintergehbaren und alternativlosen Präsuppositionen der Argumentation durch die Reflexion auf die Bedingungen der Möglichkeit der Identifikation und Reidentifikation von empirischen Gegenständen (Strawson) bzw. auf die Bedingungen der Möglichkeit der Regeln der Kommunikation bzw. der Argumentation geht (Apel, Habermas), an zwei unhaltbare Voraussetzungen gebunden ist. Erstens an die „durch Kant ermöglichte" Unterscheidung zwischen Anschauung und Begriff, zwischen dem Formalen und dem Materialen, oder wie Rorty mit Bezug auf Davidson sagt, an den Dualismus von Schema und Inhalt, von ordnendem System und etwas, das darauf wartet, geordnet zu werden; ein Dualismus, der, so Davidson, ja überhaupt erst den Gedanken „alternativer Begriffsschemata" möglich macht, und damit, so Rorty, auch erst die „anspruchsvolle" Begründungsfrage als Frage nach der Exklusivität oder Nichthintergehbarkeit eines Begriffsschemas bzw. von Präsuppositionen der Argumentation auf den Tisch bringt. Und zweitens, von der ersten Voraussetzung jedoch parasitär abhängend, ist dieser Standpunkt gebunden an die Annahme, die Sprache sei ein begrenztes Ganzes, an dessen äußeren Rändern bedingungslose Bedingungen liegen.

Unterstellen wir nun einmal mit Rorty, die Diagnose sei korrekt. Unterstellen wir also, daß allein unter der Voraussetzung des Kantischen Dualismus von Anschauung und Begriff, von rezeptiv anschaulichem Weltbezug und kategorialer Strukturierung der Welt und unter der Voraussetzung der Unterscheidung von notwendigen und kontingenten Wahrheiten sich überhaupt erst die das Begründungsproblem ermöglichende Frage nach der Alternativität von Begriffsschemata bzw. die Frage nach der Alternativität unhintergehbarer Präsuppositionen der Argumentation stellen läßt, dann würde daraus folgen: Wenn sich der Nachweis führen ließe, daß einerseits der Dualismus von Schema und Inhalt und andererseits die Unterscheidung von notwendigen und kontingenten Wahrheiten auflösbar sind bzw. sich als unhaltbar erweisen, dann kann dem Gedanken alternativer Begriffsschemata bzw. alternativer Präsuppositionen kein klarer Sinn mehr gegeben werden. Kann jedoch dieser Frage kein klarer Sinn mehr gegeben werden, dann wird damit auch die auf ihr aufsitzende Frage sinnlos: die Frage nach der Exklusivität eines Begriffsschemas bzw. bestimmter Präsuppositionen der Argumentation. Soll doch deren Exklusivität darin bestehen, daß sie argumentativ nicht hintergehbar und argumentativ nicht bestreitbar sind. Kurz: Bricht der Dualismus von Schema und Inhalt zusammen (1), dann läßt sich der Gedanke alternativer Begriffsschemata bzw. Präsuppositionen nicht mehr verständlich machen (2), woraus folgen würde, daß da, wo nichts alternativ zur Entscheidung gestellt ist, auch keine Entscheidung verlangt werden kann (3). Verfügen wir über keine Alternativen, zwischen denen wir begründet wählen können, kann es auch keine begründete Wahl geben. Das, was wir tun, tun wir eben. Das Begründungsproblem wäre damit nicht nur entspannt und entdramatisiert, sondern völlig abgeschafft. Schließlich kann es ja nur dort, wo es nichts zu begründen gibt, auch nicht die Frage nach den Bedingungen der Möglichkeit der Begründung geben. Mit Derrida könnte man sagen, daß sich hier die Bedingungen der Möglichkeit des Begründens in die Bedingungen der Unmöglichkeit des Begründens verkehrt haben.[34]

Nun hat bereits Quine in seiner Kritik an den zwei Dogmen des Empirismus die Unterscheidung von analytischen und synthetischen, von notwendigen und kontingenten Wahrheiten verabschiedet und für eine „Hinwendung zum Pragmatismus" plädiert. Ohne Quine hierin zu folgen, hat Davidson im Zusammenhang mit dessen These von der Unbestimmtheit der Bezugnahme und der damit in einem engen Zusammenhang stehenden These von der Unbestimmtheit der Übersetzung Quines Kritik an den beiden Dogmen des Empirismus aufgenommen und um die Kritik am sogenannten „dritten Dogma des Empirismus" erweitert: am Dualismus von Schema und Inhalt.

Diese Kritik hat Rorty aufgegriffen und gegen das erkenntnistheoretische Paradigma gekehrt. Darunter verrechnet Rorty auch alle Versuche, mittels transzendentaler Argumente begründungstheoretisch festen Boden unter die Füße zu bekommen. Dabei erinnern ihn Davidsons Thesen an den Pragmatismus, „an eine Bewegung also, der es speziell darum geht, Dualismen bloßzustellen und herkömmliche Probleme aufzulösen, die durch diese Dualismen in die Welt gesetzt werden". Zwar hat Davidson gegen Rortys Vereinnahmung mehrfach protestiert und betont, daß der „Verzicht auf den Dualismus von Schema und Inhalt" und die damit zusammenhängende Ablehnung des „Begriffsrelativismus" ihn deshalb noch lange nicht zu einem „Vertreter des Pragmatismus" machen, in dem Davidson nur eine Form des „Relativismus" erkennen kann, den er genauso „schwerverständlich" findet wie die von ihm angegriffenen empirischen Theorien. (Vgl. E 16) Trotzdem meint Rorty, mit Davidson seine negativen Beweisabsichten hinsichtlich der transzendentalen Argumente ins Ziel bringen zu können. So muß Rorty zwar zugeben, daß er Davidsons Argumente in einer Weise verwenden möchte, für die dieser „wenig Sympathie" aufbringen wird, ja Rorty gesteht sogar ein, daß es „für seine Interpretation, die Davidson als Pragmatisten hinstellt, peinlich" sei, daß dieser an „realistischen Glaubensbekenntnissen" einer „objektiven öffentlichen Welt" festhält – Rorty kann hierin nur ein Überbleibsel einer „altmodischen Rhetorik" erkennen. (Vgl. PDW 55) Nichtsdestotrotz wird Rorty nicht müde, Davidson das Verdienst zuzusprechen, mit dem erfolgreichen Angriff auf dieses dritte und möglicherweise letzte Dogma des Empirismus die analytische Philosophie von den letzten Resten des Kantianismus befreit zu haben. Zu diesen Resten zählt Rorty auch den mit dem *linguistic turn* verbundenen Versuch, mit der Sprache

34 Vgl. J. Derrida: Grammatologie, Frankfurt/M. 1990, S.130

einen Ersatz für einen transzendentalen Standpunkt zu finden, einen Versuch, den Rorty als „a return to Kant and the notion of transcendental argumentation" bezeichnet.[35]

Rorty geht mit Davidson den mit den transzendentalen Argumenten verbundenen Gedanken der Alternativlosigkeit und der Nichthintergehbarkeit von Präsuppositionen von der Position der wechselseitigen Übersetzbarkeit mehrerer kategorialer Schemata an. Dabei will Rorty zeigen, daß Davidsons Kritik am Begriff des Konzeptualschemas diesen als Basisbegriff transzendentaler Strategien disqualifiziert. Bekanntlich werden Begriffsschemata von Davidson mit Sprachen gleichgesetzt, genauer, „mit Mengen ineinander übersetzbarer Sprachen" (BS 264). Davidson fragt nun *erstens*, wie ein Vergleich, sprich eine Übersetzung, von Begriffsschemata überhaupt möglich ist, wenn wir uns beim Vergleichen bzw. Übersetzen von Begriffsschemata weder auf den „Beobachtungsposten" eines entweltlichten Subjekts beziehen können, noch auf eine „theorieneutrale Realität" als Grundlage des Vergleichs zurückgreifen können. Und Davidson fragt *zweitens*, ob sich der mit der Ablehnung dieser Möglichkeiten verbundene Gedanke, die „Realität sei schemarelativ", plausibel machen läßt; ein Gedanke, der – so Davidson – an den Dualismus von Schema und Inhalt gebunden ist und in je unterschiedlicher Weise von Whorf, Kuhn, Feyerabend und auch noch von Quine vertreten wurde. Davidson ist nun der Meinung, daß diesem Gedanken kein klarer Sinn verliehen werden kann. Denn obgleich auch von Davidson ein „Rückgriff auf ein Basisvokabular" abgelehnt wird, auf das hin inkommensurable, d. h. „nicht ineinander übersetzbar(e) Theorien oder Sprachen" verglichen werden können, so will Davidson aus diesem Tatbestand jedoch keine relativistischen Konsequenzen á la Rorty ziehen. Sicher, wir können beim Vergleichen bzw. Übersetzen von Sprachen oder Theorien nicht aus der Teilnehmerperspektive hinaus, indem wir zeitweise unser eigenes Begriffsschema abstreifen. In diesem Sinn müssen auch unsere Interpretationen und Übersetzungen konzeptionell beschränkt bleiben. Aber wir können deshalb noch lange nicht den Gedanken verständlich machen, daß zwei Personen alternative, d. h. ineinander nicht übersetzbare Begriffsschemata verwenden. Im Gegenteil. Wie Davidson zeigen konnte, läßt sich überhaupt „keine verständliche Basis finden, auf der sich die These aufstellen ließe, es gäbe verschiedene Schemata" (BS 281), da, selbst wenn es sie gäbe, wir nicht in der Lage wären, ein wirklich alternatives Begriffsschema zu verifizieren.

Gegen die These alternativer Schemata spricht also ein *verifikationistisches Argument*. Entweder ein Begriffsschema oder eine Sprache ist wirklich für uns nicht übersetzbar, d. h. „inkommensurabel", dann können wir jedoch auch keine Kenntnis von ihm als Begriffsschema oder als Sprache haben, denn Kenntnis können wir nur von dem haben, was sich in unsere Sprache übersetzen bzw. was sich mit unserem Begriffsschema erfassen läßt. Oder aber wir haben Kenntnis von einem vermeintlich alternativen Begriffsschema, und wir können dieses Schema und das durch dieses Schema erfaßte in unser Begriffsschema bzw. in unsere Sprache übersetzen, dann aber kann es, statt ein wirklich „inkommensurables" und damit alternatives Schema, bloß eine Variante unseres Schemas bzw. unserer Sprache sein. Und Davidson schließt mit der Pointe: so wie es also nicht verständ-

35 R. Rorty: Epistemological Behaviorism and the De-Transcendentalization of Analytic Philosophy, in: Neue Hefte für Philosophie 14 (1978), S. 133

lich zu machen ist, daß es verschiedene Begriffsschemata gibt, „ebenso verfehlt wäre es, die prächtige Nachricht zu verkünden, der ganzen Menschheit – oder zumindest allen, die eine Sprache sprechen – sei das gleiche Schema und die gleiche Ontologie gemeinsam. Denn wenn wir nicht verständlich behaupten können, die Schemata seien verschieden, kann es auch nicht sinnvoll sein, zu sagen, es gebe nur eines." (BS 282f.) Hieraus zieht Rorty das Fazit: „If we can never find a translation, why should we think we are faced with language users at all?"[36]

Mit der Aufgabe des Dualismus von Schema und Inhalt entfällt also nicht nur die Möglichkeit, die Angemessenheit oder Unangemessenheit von Begriffsschemata bzw. von Sprachen mit Bezug auf eine Welt „an sich" zu prüfen, eine Welt, die ähnlich dem Kantischen „Ding an sich" hinter den unterschiedlichen Formen ihrer Wiedergabe oder Interpretation steht, sondern auch die Möglichkeit, alternative Begriffsschemata unter Berufung auf einen archimedischen Standpunkt innerhalb der Sprache zu vergleichen, da für einen solchen Vergleich eine gemeinsame Basis, ein *tertium comparationis* zur Verfügung stehen müßte, was gerade das unterstellt, was Rorty bezweifelt: daß es kontextübergreifende Rationalitätsunterstellungen bzw. kontextübergreifende Rationalitätsmaßstäbe gibt.[37] Derartige kontextübergreifende Rationalitätsmaßstäbe, Maßstäbe, die entweder vorhanden sind oder zumindest hergestellt werden können, werden von Rorty entschieden abgelehnt. In ihnen kann er nur die verabsolutierten Rationalitätsmaßstäbe eines abstrakten und bodenlosen Universalismus erkennen; Maßstäbe, die durch transzendentale Argumente als unhintergehbar und als alternativlos ausgewiesen werden sollen.

Nun ist zunächst unbestritten, daß wir beim Vergleichen von Begriffsschemata, Sprachen und Kulturen immer unsere Standards als Originale verwenden. Und ebenfalls unbestritten ist, daß wir diese Standards und Originale nicht durch das göttliche Licht der Vernunft empfangen. Rorty hat also durchaus recht, wenn er es ablehnt, nach sprachspielübergreifenden Kriterien der Wahrheit und der Rationalität zu suchen, um die Vernunft zu retten. Es ist uns nun einmal nicht möglich, einen Standpunkt außerhalb des Kontextes einzunehmen, von dem aus wir unsere Wahrheitsansprüche anmelden. Aber daraus folgt eben noch lange nicht, daß wir damit die Frage nach den Bedingungen der Möglichkeit des Redens über die Welt als unsinnig abschaffen müssen, wie Rorty mit dem späten Wittgenstein zu unterstellen sucht. Und daraus folgt auch nicht, daß die Kriterien der Wahrheit und der Rationalität, die zu unserer Sprache gehören, nicht mit Gründen transzendiert werden können.

Aber genau dies scheint Rorty zu glauben. Rorty meint, alles kontingent setzen zu müssen. Für ihn gibt es nur das „Gespräch", im Sinne eines kontingenten und aus allen normativen Geltungsbezügen herausgelösten Kommunikationsvorgangs. Nun muß sich allerdings Rorty fragen lassen, ob seine doppelte Frontstellung gegen den abstrakten, weil bodenlosen Universalismus des Aufklärungsrationalismus einerseits und gegen den durch

36 R. Rorty: The World Well Lost, in: The Journal of Philosophy 19 (1972), S. 653

37 Vgl. U. Tietz: Der gemäßigte Kontextualismus Richard Rortys – Ein postanalytisches Pendant zur poststrukturalistischen Vernunftkritik, in: Poststrukturalismus – Dekonstruktion – Postmoderne, Hg. von K. W. Hempfer, Stuttgart 1992, S. 137f. Vgl. auch U. Tietz: Von der Metaphysikkritik zur Literaturkritik – der gemäßigte Kontextualismus Richard Rortys, in: Deutsche Zeitschrift für Philosophie, Heft 7 (1991), S. 767f.

den Schema-Inhalt-Dualismus heraufbeschworenen Relativismus andererseits sich überhaupt widerspruchslos miteinander vereinbaren läßt. Oder ob, entgegen seiner eigenen Annahme, die gelingende Übersetzung bzw. die gelingende Verständigung, anstatt ein Beweis gegen die durch transzendentale Argumente aufgewiesenen Präsuppositionen zu sein, nicht gerade umgekehrt einen Beweis für notwendige, nicht-hintergehbare und sogar normativ gehaltvolle Präsuppositionen der Argumentation und damit möglicherweise sogar für einen kontextübergreifenden Rationalitätsbegriff liefert. Ich meine ja. Und Davidson, den Rorty aufbietet, um dies zu bestreiten, scheint mir hierfür sogar ein Argument zu liefern; ein Argument, welches noch stärker wird, wenn man der Argumentation von Davidson eine sprachpragmatische Wendung gibt.

Wir konnten feststellen, daß Davidson die Sprache unter dem Gesichtspunkt ihrer Manifestation in der gesellschaftlichen Kommunikation untersucht. Eine Sprache verstehen heißt für Davidson in diesem Zusammenhang nichts anderes, als beliebige Äußerungen eines Sprechers vor dem „Hintergrund gemeinsamer Überzeugungen" zu interpretieren. Wollen wir dabei ein „Maximum an Sinn erzielen", dann werden „wir so interpretieren, daß Einigkeit optimiert wird (was ... Raum einschließt für erklärbare Irrtümer, mithin für Meinungsverschiedenheiten)." Diese Meinungsverschiedenheiten können nach Lage der Dinge zwar nie eliminiert werden, genausowenig wie ein Konsens erzwungen werden kann, „wir sind jedoch in der Lage, sie zu *minimieren*".

Dem „Prinzip der Nachsichtigkeit", auch darauf haben wir hingewiesen, kommt dabei eine entscheidende Bedeutung zu. Wie Gadamer mit seinem „Vorgriff auf Vollkommenheit", so unterstellt Davidson mit diesem Prinzip eine uns hermeneutisch-„aufgezwungene" Maxime der Interpretation, die besagt, daß in der gelingenden Kommunikation der Interpret beim Verstehen sprachlicher Äußerungen im wesentlichen dasselbe meint bzw. glaubt wie der Sprecher. Ohne diese Einigkeitsunterstellung bzw. ohne dieses Einigkeitsgebot, das sowohl bei Gadamer als auch bei Davidson als regulative Idee des Sprachverstehens aufgefaßt werden kann, gibt es nach Davidson grundsätzlich keine „Möglichkeit ... zu entscheiden zwischen der Auffassung, der andere habe die Wörter ebenso verwendet wie wir, ... und der Auffassung, wir hätten seine Äußerungen falsch übersetzt". Oder wie Davidson auch sagt: „Meinungsverschiedenheiten ebenso wie Meinungsgleichheit (sind) nur vor einem Hintergrund massiver Übereinstimmung verständlich." (RI 199)

Sprachliche Verständigung setzt also für Davidson ein gemeinsames, aber selten explizit gemachtes Hintergrundwissen voraus. Erst vor diesem gemeinsamen, weil lebensweltlich geteilten Hintergrundwissen sind wir überhaupt in der Lage, Dissens und Meinungsverschiedenheiten als solche auszumachen. Ganz analog zu Apel und Habermas geht also auch Davidson davon aus, daß kein Sprachspiel, in dem Meinungsverschiedenheiten überhaupt ausdrückbar sind, ohne die fundamentale Voraussetzung von Gewißheit denkbar ist. „Sinnvolle Meinungsverschiedenheiten ... (sind) ganz und gar abhängig von einer Grundlegung – einer *gewissen* Grundlegung – in der Einigkeit." (BS 280) Diese Voraussetzungen von Gewißheit oder dieser „Hintergrund massiver Übereinstimmung", der in der philosophischen Hermeneutik von Heidegger und Gadamer als „Vorverständnis" thematisch wurde, „das dem Zu-tun-haben mit der gleichen Sache entspringt"[38] und das Wittgenstein

38 H.-G. Gadamer: Wahrheit und Methode, a.a.O., S. 299

als „Übereinstimmung in den Urteilen“[39] auf der Basis einer „gemeinsame(n) menschliche(n) Handlungsweise“ aufgeklärt hat, wird in der Frankfurter Pragmatik als „Konsensus über eingespielte Regeln“ aufgefaßt.[40] Obgleich nun auch Davidson diesen „Hintergrund massiver Übereinstimmung“ ansetzen muß, um „Meinungsverschiedenheiten“ plausibel und verständlich zu machen, obgleich auch er zu der hermeneutischen Einsicht kommt, daß ohne diese „Grundlegung ... in der Einigkeit“ gar keine Möglichkeit besteht zu entscheiden, ob jemand die Wörter so wie wir verwendet, oder ob wir seine Äußerungen nur falsch verstanden bzw. falsch übersetzt haben, kann Davidson diese Voraussetzungen von Gewißheit, dieses gemeinsame Vorverständnis nicht angemessen aufklären. Hierfür gibt es zwei Gründe: Erstens weil er auf eine Analyse der pragmatischen Dimension der Kommunikation verzichtet und zweitens weil es bei ihm einen Theorieverzicht gegenüber der pragmatisch zu analysierenden „gemeinsamen menschlichen Handlungsweise“ bzw. dem pragmatisch zu analysierenden „Zu-tun-haben“ gibt, so daß Davidson, anders als Wittgenstein, Heidegger, Gadamer sowie die Frankfurter Pragmatiker, dieses „Vorverständnis“ bzw. diesen „Hintergrund massiver Übereinstimmung“ nicht mehr unter pragmatischen Gesichtspunkten aufklären kann. Davidson, dem man den Vorwurf nicht ersparen kann, diesen völlig zu Recht angesetzten „Hintergrund massiver Übereinstimmung“ in seiner gesellschaftlich-praktischen Funktion (z. B. wie bei Habermas aus dem kooperativen Modus der Handlungskoordinierung) überhaupt nicht und im Hinblick auf seine kontextuelle Bedingtheit lediglich unter semantischen Gesichtspunkten aufgeklärt zu haben, verfügt damit über kein Konzept, das im Hinblick auf die pragmatisch zu analysierenden Voraussetzungen der Kommunikation theoriefähig zu machen, was er mit „Tarskis Konvention W“ immer schon voraussetzen muß. Und das ist kein Wunder. Davidsons Interpretationsphilosophie ist „explizit semantisch“ gestaltet.

Nun muß man diesen Hintergrund massiver Übereinstimmung nicht unbedingt einen „apriorischen Kern“ im Sinne von Apel zuschreiben, da dies den Gedanken einer „aposteriorischen Schale“ nahelegen könnte, die sich zum Kern wie das Zentrum zur Peripherie der Sprache verhält. Allein soviel scheint indessen sicher: Wenn wir Davidsons Gedanken ernst nehmen, daß sich überhaupt erst vor dem Hintergrund massiver Übereinstimmung Meinungsverschiedenheiten und sinnvoller Zweifel verständlich machen lassen, dann können wir, ganz im Sinn von Habermas, in den „Strukturen möglicher sprachlicher Verständigung ein Nicht-Hintergehbares“ situieren, das so etwas wie eine transitorische Einheit der Vernunft tragen kann, die sich in der „porösen und gebrochenen Intersubjektivität eines sprachlich vermittelten Konsenses herstellt“.[41] Für dieses Nicht-Hintergehbare lassen sich, sofern man Davidsons kohärenztheoretischen Argumente sprachpragmatisch übersetzt, allgemein pragmatische Voraussetzungen bzw. Präsuppositionen angeben. Diese haben einen normativen Gehalt. Transzendentale Argumente sind geeignet, diese Voraussetzungen aufzuklären. Denn sie erinnern jeden, der an Argumentationen teil-

39 L. Wittgenstein: Philosophische Untersuchungen, a.a.O., § 242

40 J. Habermas: Sprachspiel, Intention und Bedeutung. Zu Motiven bei Sellars und Wittgenstein, in: Sprachanalyse und Soziologie. Die sozialwissenschaftliche Relevanz von Wittgensteins Sprachphilosophie, Hg. von R. Wiggershaus, Frankfurt/M. 1975, S. 329

41 J. Habermas: Nachmetaphysisches Denken, a.a.O., S. 179f.

nimmt, daß er de facto diese Voraussetzungen immer schon anerkannt haben muß, soll eine Argumentation überhaupt einen Sinn haben. In dieser Hinsicht sind sie für uns nicht verwerfbar, weil uno actu alternativlos.

Daß nun auch Rorty diese Voraussetzungen bzw. Präsuppositionen nicht angemessen aufklären kann, hat ähnliche Ursachen wie bei Davidson – dessen sprachphilosophische Grundannahmen Rorty ausdrücklich teilt. Noch in der Kritik auf das semantische Begründungskonzept fixiert, das sich allein auf den Begriff der logischen Folgerung stützt, entkoppelt nämlich auch Rorty, analog zu Davidson, die semantische Analyse von den pragmatisch zu analysierenden Regeln des Diskurses. Der mit der semantischen Engführung verbundene Analyseverzicht gegenüber der pragmatischen Dimension der Kommunikation und Argumentation hat jedoch bei Davidson und Rorty eine Reihe unterschiedlicher Konsequenzen. Während Davidson Wahrheit immerhin noch kohärenztheoretisch einzuholen sucht und damit Korrespondenz – wenn auch indirekt – abzusichern gedenkt (wogegen jedoch Rorty einwendet, daß Davidsons Kohärenztheorie nicht „neutral" genug ist, um unser unter Kohärenzgesichtspunkten gewebtes Netz als „weitestgehend wahr" auszuweisen), so ist bei Rorty mit diesem Analyseverzicht gegenüber der pragmatischen Dimension der Argumentation und mit seinem „ethnocentrism" eine Substitution der prinzipienlogischen Geltungstheorie durch ein an Wittgenstein orientiertes Sprachspielmodell verbunden, das den intersubjektiven Prozeß der Rechtfertigung von Geltungsansprüchen auf den kontingenten und aus allen Geltungsbezügen herausgelösten Kommunikationsvorgang im Sinne eines Gesprächs vorstellt. In diesem Gespräch gehen wir nach Rorty „miteinander etwa so um wie mit Mungos oder einer Boa Constrictor – wir versuchen, uns nicht überraschen zu lassen." (KO 39)

Findet bei Davidson noch so etwas wie eine Horizontverschmelzung zwischen den Teilnehmern an Kommunikationsvorgängen statt, die den Gedanken massiver Übereinstimmung unter kohärenztheoretischen Gesichtspunkten verständlich machen kann, so verzichtet Rorty absichtsvoll und von vornherein auf den Versuch, für dieses Gespräch Voraussetzungen bzw. Präsuppositionen anzugeben. Und genaugenommen ist Rorty dazu auch nicht in der Lage. Der Grund hierfür ist sicher nicht allein in Rortys Antiuniversalismus zu suchen. Dies ist gewiß ein wichtiger Aspekt. Hinzu kommt jedoch, daß bei Rorty die semantische Analyse von den pragmatisch zu analysierenden Regeln und Voraussetzungen des Diskurses abgekoppelt wird. Rorty hat den *linguistic turn* einseitig rezipiert: unter Abkopplung der sprachpragmatischen Wende.

Damit hängt zusammen, daß Rorty die selbstexplikative Leistung der Sprache, die aufs innigste mit ihrer eigentümlichen Reflexivität verbunden ist, aus dem Blick verliert. Zwar ist es völlig einleuchtend, wenn Rorty betont, daß wir uns nicht aus den Verstrickungen der Sprache herausreflektieren bzw. hinter die Sprache zurücktreten können. Und Rorty ist auch der „reflexive Dreh" der Sprache nicht verborgen geblieben. Dieser „reflexive Dreh", der Sachverhalt also, daß jede natürliche Sprache ihre letzte Metasprache ist, wird jedoch bei Rorty ausschließlich unter semantischen Gesichtspunkten thematisiert. Sprachpragmatische Überlegungen sucht man bei Rorty vergeblich. Damit ist Rorty aber auch nicht mehr in der Lage, jene impliziten Geltungsansprüche aufzuklären, die sich allein aus der performativ-propositionalen Doppelstruktur der Sprechakte erklären lassen. Und dieser Sachverhalt hat nun rein gar nichts mit dem Schema-Inhalt-Dualismus bzw. mit der

Frage zu tun, ob die Sprache eine klar umrissene Struktur hat, oder ob die Sprache nicht vielmehr im Sinn von Wittgenstein II und Davidson als eine „unbegrenzt erweiterungsfähige Menge gesellschaftlicher Praktiken" aufgefaßt werden muß.[42]

Selbst wenn man also Rorty darin folgt, daß eine derartige klar umrissene Struktur nicht existiert (und hierfür liefert Rorty in der Tat eine Reihe guter Gründe), und selbst wenn man Rorty zugesteht, daß die an den Schema-Inhalt-Dualismus gebundenen Begründungen selbstwidersprüchlich sind, so bedeutet das noch lange nicht, daß Rorty ein transzendentales Argument gegen transzendentale Argumente gefunden hat. Und dies war ja seine These. Seine Kritik an den transzendentalen Argumenten wäre allein unter der Voraussetzung plausibel, wenn er den Nachweis erbringen könnte, daß das Aufweisverfahren von nicht-hintergehbaren und alternativlosen Präsuppositionen bzw. die performativ-propositionale Doppelstruktur der Rede unter den Schema-Inhalt-Dualismus fällt oder wenigstens an diesen Dualismus gebunden ist. Soweit ich sehe, hat Rorty jedoch einen derartigen Nachweis nicht erbracht.

Rortys Kritik an den transzendentalen Argumenten trifft also gar nicht diese Argumente. Seine Kritik liefert allenfalls Argumente, die sich gegen einen traditionellen Begründungstyp kehren lassen. Entgegen seiner Behauptung, ein transzendentales Argument gegen transzendentale Argumente gefunden zu haben, scheint es eher so, daß Rorty durch den Analyseverzicht gegenüber den pragmatisch zu rekonstruierenden Regeln der Argumentation das Verfahren transzendentaler Argumentation auf das traditionelle Begründungsprogramm zurückprojiziert. Folglich läßt sich Rortys Sinn- und Begründungskritik aber allenfalls gegen Positionen kehren, die in begründungstheoretischer Hinsicht „vorkritisch" im Sinn der hermeneutischen und sprachpragmatischen Wende sind. Und hier können wir nun Rorty durchaus folgen, wenn er sich mit dem späten Wittgenstein, Quine und Davidson gegen den Schema-Inhalt-Dualismus und damit zugleich gegen die erkenntnistheoretische Unterscheidung von Entitäten wendet, die „der Beziehung bedürfen, ohne ihrerseits Beziehungen herstellen zu können, und die der Kontextualisierung bedürfen, während sie selbst außerstande sind, Kontexte und Erklärungen zu liefern" (Entitäten des Typs A), und Entitäten, die „Kontextualisierung und Erklärung" leisten, ohne daß sie sich regreßfrei „kontextualisieren oder erklären" lassen (Entitäten des Typs B);[43] eine Unterscheidung, die er als den kleinsten gemeinsamen Nenner der Kant-analogen Unterscheidung von Anschauung und Begriff, zwischen dem Materialen und dem Formalen oder zwischen Inhalt und Form bezeichnet. Wer Entitäten des Typs B annimmt, ob in Gestalt Platonischer Ideen oder Kantischer Kategorien, in Gestalt der logischen Gegenstände Russels oder der reinen Wesenheiten Husserls ist hier einerlei, muß sich in der Tat „stets dem ... Problem der Selbstbezüglichkeit stellen: Wenn man behauptet, keine Entität sei zugänglich, die nicht in Beziehung gesetzt wird durch eine Relation, die zwischen Entitäten des Typs A als solchen nicht bestehen kann, dann können die zur Erfüllung dieser Aufgabe postulierten Entitäten des Typs B ihrerseits nicht zugänglich sein." Wenn also Entitäten des Typs B zu ihren „eigenen relationes cognoscendi" gemacht werden, stecken diese Entitäten in der gleichen Lage wie alle unerklärten Erklärer.

42 R. Rorty: Wittgenstein, Heidegger und die Hypostasierung der Sprache, a.a.O., S. 80
43 Ebd., S. 76

Es handelt sich hier schlicht um die erkenntnistheoretische Variante des göttlichen Schöpfungsmythos, der mit der Unterstellung des Nichtseins bzw. der Unstrukturiertheit des Gegenstandes der Schöpfung steht und fällt. Nur: die von transzendentalen Argumenten aufgezeigten Präsuppositionen sind weder in logischer noch in begründungstheoretischer Hinsicht mit den Kontexten und Erklärungen liefernden Entitäten des Typs B verwandt. Rortys Kritik an der Auffassung, die Sprache habe eine klar umrissene Struktur, die sich konstitutionstheoretisch ausmessen oder strukturtheoretisch ein für allemal beschreiben ließe, scheint mir daher auch eher ein Argument *für ein offenes Sprach- und Rationalitätskonzept* zu liefern als gegen transzendentale Argumente.

7. Begründung aus dem Kontext

Mit den abschließenden Bemerkungen sollen einige Vorschläge für ein Arbeitsprogramm formuliert werden, das ich auf die Formel bringen möchte: *Begründung aus dem Kontext*. Gesucht sind Anschlüsse für eine moderne Kontexttheorie, die in bezug auf das Geltungsproblem stärker kontextorientiert ist als Theorien, die ihre geltungssichernde Instanz in einer „idealen Kommunikationsgemeinschaft" bzw. in einem „idealen Konsens" (Apel, Habermas) oder in einem „idealen Abschluß der Forschung" (Putnam) erblicken, und die sich gegenüber überspannten Begründungsanforderungen abwiegelnd verhält; die jedoch gegenüber Theorien, die durch die radikale wie selbstwidersprüchliche Verabschiedung aller normativen Ansprüche durch ihre kontextualistische Angleichung an jeweils vor Ort geltende Standards und Maßstäbe, wie bei Lyotard, Derrida oder Rorty, stärker universalistisch ist und demzufolge gegenüber einem radikalen Kontextualismus die Rolle des Aufwieglers übernehmen kann. Gesucht ist eine „haltbare Mittelposition", die die traditionelle Alternative – hier Faktizität dort Normativität – hinter sich läßt und durch ein Modell ersetzt, das es gestattet, mit dem Kontext einen „mittleren Bereich" zu eröffnen, der sich „der Scheidung in eine Sphäre des rein Faktischen ... und eine Sphäre des rein Normativen ... entzieht, weil er es mit situierten Ansprüchen zu tun hat".[1] Eine Position also, die den Kontext zentral in die Analyse, Begründung und Universalisierung von Geltungsansprüchen einbezieht und weder die Relativität der Kontexte gegen die Absolutheit der Geltung noch die Absolutheit der Geltung gegen die Relativität der Kontexte ausspielt.

Von einer solchen Position, so meine These, sind Kontextualisten wie Lyotard, Derrida und Rorty auf der einen Seite und Universalisten wie Apel, Habermas oder Putnam auf der anderen Seite gleich weit entfernt. Trotzdem teilen sowohl Kontextualisten als auch Universalisten eine Prämisse; die Prämisse nämlich, daß von den „unendlichen" und „ungesättigten" Kontexten eine geltungstheoretische Bedrohung ausgeht, weil gerade der Kontextbezug der Sprache zu einer Einspruchsinstanz gegenüber allen universalistischen Geltungsansprüchen wird.

Nun können die unendlich vielen Kontexte selbst in ihrer unendlichen Verschiedenheit nur dann zu einer geltungstheoretischen Bedrohung werden, wenn von vornherein ausgeschlossen wird, daß eine Entscheidung in Geltungsfragen bzw. eine Verständigung über Geltungsansprüche aus den jeweiligen Kontexten möglich ist. Allein unter der Voraussetzung, daß man die prinzipielle Möglichkeit verschiedener Kontextdeutungen als nicht

1 B. Waldenfels: Verhaltensnorm und Verhaltenskontext, in: Der Spielraum des Verhaltens, a.a.O., S. 297

weiter zu bearbeitende Tatsache ansieht, ergeben sich in bezug auf das Geltungsproblem katastrophale Folgen. Eben von dieser Annahme gehen sowohl Kontextualisten als auch Universalisten aus. So wie Derrida und Rorty glauben, daß die Verschiedenheit der Kontextauslegungen jede Möglichkeit verbaut, in bezug auf Geltungsfragen zu irgendwie gehaltvollen Kriterien oder Maßstäben zu gelangen, da gerade die Anerkennung der Verschiedenheit der Kontexte die Bedingungen der Möglichkeit des Begründens und Rechtfertigens von Geltungsansprüchen zersetzt, so glauben Apel, Habermas und Putnam, daß normativ unbedingte Ansprüche gegenüber allen Instanzen bloß kontingenter, historisch-empirischer, in jedem Fall also geltungsrelativer Art allein durch den Bezug auf eine „ideale Kommunikationsgemeinschaft", einen „idealen Konsens" oder einen „idealen Abschluß der Forschung" zu sichern sind. Bereits mit diesem Vorentscheid ist ein Urteil über jene Kontexte gesprochen, in denen sich überhaupt erst das Problem der Entstehung, sprachlichen Einfassung und Durchsetzung von Geltungsansprüchen stellt. Zwar wird hier ausdrücklich anerkannt, daß die „Akzeptanz von Geltungsansprüchen ... auf der kontextabhängigen Akzeptabilität von Gründen beruht". Oder wie Habermas sagt: „die Akzeptanz von Geltungsansprüchen ... (beruht) auf der kontextabhängigen Akzeptabilität von Gründen ..., die stets dem Risiko ausgesetzt sind, durch bessere Gründe und kontextverändernde Lernprozesse entwertet zu werden".[2] Und in dieser Hinsicht ist hier auch die radikale wie unhistorische Entgegensetzung von Faktischem und Vernünftigem, empirischer Realität und transzendentaler Idealität oder von Faktizität und Geltung aufgegeben, die für den Kantischen Normativismus konstitutiv ist. Sie kehrt jedoch auf merkwürdige Weise zurück. Wenn aus der Anerkennung der Relativität kontextbezogener Zwecksetzungen und der damit verbundenen kontextuellen Bedingtheit der Erkenntnis kein geltungszersetzender Relativismus folgen und an der Unbedingtheit und Universalität der Vernunft- und Geltungsansprüche festgehalten werden soll, da andernfalls, die Vernunft, erst einmal vom „transzendentalen Himmel auf den Boden der Lebenswelt" herabgeholt, in der babylonischen Vielzahl ihrer Stimmen unterzugehen droht, dann muß sich zeigen lassen, wie die Relativität und aspektuelle Beschränktheit von Diskursen plausibel und vor allem überschreitbar zu machen ist.

Die Schwierigkeit liegt auf der Hand. Zum einen verbietet es sich für Apel, Habermas und Putnam, die Angemessenheit oder Unangemessenheit universeller Vernunft- und Geltungsansprüche mit Bezug auf eine „Welt an sich" zu prüfen, eine Welt, die ähnlich dem Kantischen „Ding an sich" hinter den unterschiedlichen Formen ihrer Wiedergabe oder Interpretation steht. Zum anderen kann die „Schwäche" der Teilnehmerperspektive nur dann in geltungstheoretischen Erfolg umgemünzt werden, wenn es gelingt, aus der Teilnehmerperspektive heraus ein nicht-partikulares und nicht-kontextuell bedingtes Prinzip zu formulieren, welches die kontextuell bedingten und demzufolge auch beschränkten Perspektiven überschreitet. Dazu – so Habermas – „genügt die Bezugnahme auf irgendeine *besondere* Interpretationsgemeinschaft, die sich in ihrer partikularen Lebensform eingerichtet hat, allerdings nicht".[3] Darum konstruieren sowohl Apel und Habermas als auch Putnam in Anlehnung an Peirce mittels des „kontrafaktischen Begriffs der ‚final

2 J. Habermas: Faktizität und Geltung, a.a.O., S. 54
3 Ebd. S. 30

opinion' ... so etwas wie eine Transzendenz von innen".[4] Der Bezug auf diese „unbegrenzte Kommunikationsgemeinschaft" soll es nicht nur gestatten, die „Praktiken der an Wahrheitsansprüchen orientierten Rechtfertigungspraktiken von anderen, bloß durch soziale Konventionen geregelten Praktiken" zu unterscheiden, sondern darüber hinaus auch jenes Maß an „Unbedingtheit" bereitzustellen, ohne welches nach Lage der Dinge „universelle Maßstäbe" nicht zu haben sind. Dafür entrichtet man einen hohen Preis: Mit der transzendentalen Ablösung jener „idealen" Instanzen durch die Negation ihrer Voraussetzungen werden nicht nur die Kontexte zu bloßer Empirie vergleichgültigt, zugleich wird ein Historisches transzendental stillgelegt. Kurz: Die Kontexte werden zu Randbedingungen für allgemeine Geltungsansprüche degradiert, sofern gerade die normative Rechtfertigung von diesen Kontexten freimacht und auf diese Weise die Universalisierung zustande bringt.[5]

Wir können also der von Apel, Habermas oder Putnam vorgetragenen Kritik am ebenso radikalen wie selbstwidersprüchlichen Relativismus qua Kontextualismus von Rorty oder Derrida folgen. Ich glaube nicht, daß Rortys oder Derridas Verteidigung gegen den Vorwurf des Relativismus jene Bedenken abwehrt, die von Apel, Habermas oder Putnam auf jeweils unterschiedliche Art und Weise vorgetragen wurden. Gleichzeitig und in diesem Rahmen möchte ich jedoch für die These argumentieren, daß sie für ihren Anti-Relativismus einen zu hohen Preis zahlen müssen. So wie Heidegger seinerzeit Husserl in seiner antirelativistischen Kritik am Psychologismus folgen konnte, insofern er mit Recht auf die Unterscheidung von Urteilsvollzug und Urteilsgehalt aufmerksam gemacht hat, so werden wir heute Apel, Habermas oder Putnam darin folgen können, wenn sie gegen Rorty oder Derrida darauf bestehen, daß Geltungsansprüche einen universalistischen Sinn haben. So wie jedoch Husserl die methodische Unterscheidung zwischen Urteilsvollzug und Urteilsgehalt mit einer ontologischen Unterscheidung konfundiert hat, Husserl hat nach Heidegger den Anti-Relativismus qua Anti-Psychologismus nur als Idealismus vertreten können, so können Apel, Habermas und Putnam in ihrer Kritik an Rorty oder Derrida den Anti-Relativismus nur als Idealismus vertreten, nämlich durch die Konfundierung von nichthintergehbaren Präsuppositionen mit jenen von der Konsens- bzw. der Diskurstheorie der Wahrheit und der Normenbegründung in Anspruch genommenen Idealisierungen. Um es positiv auszudrücken: Mir scheint, daß man den Anti-Relativismus inklusive des Universalismus mit philosophisch schwächeren Prämissen begründen kann.

Es läßt sich nämlich zeigen, daß weder ein „idealer Abschluß der Forschung" noch „ein idealer Konsens" in einer „idealen Sprach-" bzw. „Kommunikationsgemeinschaft" ein irgendwie gehaltvolles Kriterium abgibt, das zur Bewertung von geschichtlich entstandenem Wissen taugt. Denn weder die Idee eines rationalen Konsenses unter idealen Bedingungen noch die Idee eines idealen Abschlusses der Forschung ist ein Gegenstand möglicher Erfahrung. Und aus dem bloß regulativen Gebrauch dieser Ideen läßt sich überhaupt nicht mehr der normativ-unbedingte Sinn entnehmen, den Apel, Habermas oder Putnam ihnen geben möchten. „Von einer *Einlösung* von Geltungsansprüchen kann (hier) streng-

4 Ebd.; Vgl. hierzu auch H. Putnam: Vernunft, Wahrheit und Geschichte, a.a.O., S. 75ff. und S. 285
5 Vgl. B. Waldenfels: Verhaltensnorm und Verhaltenskontext, a.a.O., S. 293f.

genommen überhaupt nicht mehr die Rede sein."[6] Sicher, wenn wir etwas für wahr halten, halten wir es definitiv für wahr. Es wäre sinnlos, von einer Wahrheit in diesem oder jenem Kontext zu sprechen. Mit der Idee der Wahrheit verbindet sich ein *universalistischer Sinn*. Aber Kontexte sind eben prinzipiell offen und folglich nicht ein für allemal präsuppositionstheoretisch zur Ruhe zu bringen. Daher bemessen sich Geltungsansprüche immer an Standards, die von Kontingenz bedroht sind. Demzufolge kann auch die Universal- bzw. Transzendentalpragmatik kein Regelset der Argumentation auszeichnen. Denn Regeln können in Diskursen geändert werden. Ob ein Argument ein gutes Argument ist, darüber entscheidet der Diskurs. Und dieser terminiert nun mit Sicherheit nicht in einem „idealen Konsens" bzw. in einem „idealen Abschluß der Forschung", in dem die Wahrheit nur noch von einer „idealen Kommunikationsgemeinschaft" erschweigbar wäre.

Das Problem ist also nicht, daß Apel, Habermas und Putnam am universellen Charakter von Vernunft- und Geltungsansprüchen festhalten. Das Problem besteht erstens darin, daß die mittels „transzendentaler Argumente" als unhintergehbar ausgewiesenen Präsuppositionen mit den von der Diskurs- bzw. Konsenstheorie der Wahrheit und der Normenbegründung beanspruchten Idealisierungen umstandslos kurzgeschlossen werden.[7] Und zweitens darin, daß jene Idealisierungen nur um den Preis einer Negation der Bedingungen zu haben sind, unter denen sprachliche Verständigung notwendig und auch nur möglich ist.

Wenn also der Versuch, Vernunft, Wahrheit und Rationalität in einer kontextunabhängigen Weise zu explizieren, von Anfang an auf Scheitern angelegt ist, da er nicht zu normativ gehaltvollen Maßstäben führt, die als Maßstäbe zur Bewertung von geschichtlich entstandenem Wissen taugen – denn das wären sie ja nur unter der Voraussetzung, daß wir wissen würden, wann eine Sprechsituation ideal ist bzw. wann der ideale Abschluß der Forschung erreicht ist, was in jedem Fall ein Wissen voraussetzen würde, das nicht von dieser Welt sein kann – wenn wir demzufolge nicht von *außen*, sondern nur aus dem *Inneren* einer Sprache bzw. Lebensform bestimmen können, was vernünftig, wahr und rational ist, also nur aus der performativen Einstellung von Kommunikationsteilnehmern, dann kann dies nur unter Rückgriff auf die jeweils in spezifischen Kontexten zur Verfügung stehenden Kriterien geschehen.

Derrida und Rorty scheinen das im wesentlichen erkannt zu haben. Statt nun jedoch die hier verleugneten Kontexte, in denen Wissen generiert, stabilisiert und angewendet wird, konkret aufzuklären, verfallen sie in den komplementären Fehler, alle normativen Ansprüche kontextualistisch einzuziehen. Überfordern Apel, Habermas und Putnam die Norm, so überfordern Rorty und Derrida den Kontext. Aus Angst vor einem bodenlosen Universalismus machen sie die kontextualistischen Grundannahmen ihrer Theorien so stark, daß alle Geltungsansprüche an faktisch vor Ort geltende Konventionen angeglichen werden.[8]

6 A. Wellmer: Zur Kritik der Diskursethik, a.a.O., S. 79

7 Vgl. U. Tietz: Transzendentale Argumente versus Conceptual Scheme. Bemerkungen zum Begründungsstreit zwischen Universalismus und Kontextualismus, a.a.O., S. 916-936

8 Vgl. U. Tietz: Der gemäßigte Kontextualismus Richard Rortys – Ein postanalytisches Pendant zur poststrukturalistischen Vernunftkritik, a.a.O., S. 141

Gewiß, Kontexte sind prinzipiell offen. Wie Rorty im Anschluß an Davidson und wie Derrida im Anschluß an Saussure und Husserl zeigen konnten, sind Kontexte in sich „unendlich" und „ungesättigt", da sich jeder Kontext auf unendlich verschiedene und abweichende Weise auslegen läßt. Und für die Fähigkeit, „solche abweichenden Kontexte auszulegen", scheint es nun in der Tat „keine obere Grenze zu geben".[9] Die Frage jedoch ist, ob aus dieser Feststellung tatsächlich das folgt, was Derrida und Rorty aus ihr folgern. Denn man wird zwar Derrida und Rorty zugeben müssen, daß Kontexte nicht stillgestellt werden können. Zu jeder Theorie, zu jeder Interpretation gibt es Alternativen. Es läßt sich aber allemal bestreiten, daß der Rekurs auf den Kontext schon deshalb zu einer geltungstheoretischen Katastrophe führen soll, weil die Instanz, der wir überhaupt unsere Geltungskriterien entnehmen, in sich unendlich ist und daher Produzent unabsehbarer und unkontrollierbarer Differenz. Denn Kontexte sind ja nicht nur theorie- und interpretationsoffen, sie sind zugleich theorie- und interpretationsbeschränkt. Schon Schütz und Luckmann haben darauf aufmerksam gemacht, daß Kontexte zwar „unbeschränkt auf die sie konstituierenden Einzelheiten zerlegbar und interpretierbar (sind). Dies gilt jedoch nur prinzipiell. Praktisch" ist jeder Kontext nur *„beschränkt auslegungsbedürftig"*. Aus dieser praktischen Beschränkung ergibt sich auch eine theoretische bzw. interpretatorische Beschränkung, die die „hinter- und untergründigen Resonanzen und Dissonanzen" jener Kontexte methodisch zumindest soweit unter Kontrolle hält, wie es praktisch für einen jeweiligen Zweck vonnöten ist. Völlig zu Recht berufen sich Schütz und Luckmann zur Stützung dieser Behauptung auf ein „pragmatisches Motiv".[10]

Denn faktisch werden nämlich immer nur jene Einzelheiten und Zusammenhänge aus einem situationsbezüglichen Horizont auswählend thematisiert bzw. interpretiert, die für die Konstitution eines wesensmäßigen Zusammenhangs nötig sind. Dies ist wiederum abhängig von dem jeweiligen erkenntnisleitenden, oder wie Schütz und Luckmann sagen, von dem „plan-bestimmten Interesse". Dieses „plan-bestimmte Interesse" begrenzt sowohl die Möglichkeit wie auch die Notwendigkeit der Kontextauslegung. Es sind also theoretische und pragmatische Motive und Zwecksetzungen, die den Kontext als Kontext überhaupt erst konstituieren und damit auch erst ein „thematisches Feld eröffnen".[11] Denn Kontexte fallen ja nicht vom Himmel und warten dann auf ihre Auslegung oder Interpretation, sondern werden in Anknüpfung an vorgegebene Kontexte überhaupt erst geschaffen oder produziert. Dies ist jedoch keine Produktion ex nihilo, sondern eine Produktion, die als Bedingung ihrer Möglichkeit die Kontexte und Leistungen vergangener Kontexte und Leistungen voraussetzt. Allein aus diesem Tatbestand erklärt sich überhaupt erst das Phänomen der Fortbildung von Kontexten.

9 Vgl. dazu J. R. Searle: „Wörtliche Bedeutung", in: Ausdruck und Bedeutung. Untersuchungen zur Sprechakttheorie, Frankfurt/M. 1982, S. 151; J. Derrida: Randgänge zur Philosophie, a.a.O., S. 141; R. Rorty: Wittgenstein, Heidegger und die Hypostasierung der Sprache, a.a.O., S. 83f.

10 A. Schütz/Th. Luckmann: Die Strukturen der Lebenswelt. Bd. 1, Frankfurt/M. 1979, S. 149

11 Daß Habermas dem Problem der Thematisierung in Abhängigkeit von den pragmatischen Motiven kaum Beachtung schenkt, hängt u.a. damit zusammen, daß den „zweckrational" bestimmten Kontexten Kontingenz unabwendbar eingeschrieben ist, die Habermas jedoch austreiben muß, um den Anspruch auf Reinheit und Absolutheit der Geltung nicht zu gefährden. Eine Rehabilitierung der „Doxa" könnte dabei helfen, Habermas' normativ überanstrengte Konsenstheorie zu entdramatisieren.

Nun wird man es zweifellos Kontextualisten wie Rorty und Derrida als Verdienst anrechnen müssen, auf dieses Phänomen der Kontextfortbildung aufmerksam gemacht zu haben. Da sie jedoch dieses Problem in Abkopplung von aller Pragmatik ausschließlich unter dem Gesichtspunkt der spezifisch welterschließenden Funktion der Sprache thematisch machen, geht ihnen dabei unterderhand die Einsicht verloren, daß Geltungsansprüche mit Hilfe einer reflexiven Thematisierung von *Handlungen* aufgestellt und begründet werden. Diese Selbstthematisierung ist der Ursprung von Geltungsbehauptungen. Denn durch die Selbstthematisierung des Handelns ist es möglich, reflexiv *Gründe* der Vergewisserung des Wissens zu erzeugen.[12]

Man könnte hiergegen einwenden, wenn sich die jeweils in spezifischen Kontexten erhobenen Geltungsansprüche zunächst nur mit Bezug auf die in diesen Kontexten zur Verfügung stehenden Kriterien bewerten und begründen lassen, wenn also Begründung und Kritik strittiger Geltungsansprüche immer nur auf das Potential von Gründen rekurrieren können, das in den jeweiligen Kontexten durch Selbstthematisierung zur Verfügung steht – und das war ja unsere These –, dann kann ihnen auch kein universalistischer Sinn gegeben werden. Mehr noch: Das Problem scheint sich noch verschärfen zu lassen, wenn man wie Winch oder Rorty davon ausgeht, daß jeder sprachlich und kulturell bedingte Kontext seine eigenen Maßstäbe und Kriterien von wahr oder falsch in sich enthält, so daß sich scheinbar die Frage nach der Wahrheit oder Falschheit dieser Maßstäbe und Kriterien überhaupt nicht mehr sinnvoll stellen läßt. Indes auch dieser Einwand kann abgewehrt werden. Von dieser Annahme geht nämlich nur dann eine geltungstheoretische Bedrohung aus, wenn von vornherein ausgeschlossen wird, daß eine Entscheidung in Geltungsfragen bzw. eine Verständigung über Geltungsansprüche möglich ist.

Das ist jedoch keine zwangsläufige Konsequenz. Diese Konsequenz ergibt sich allein unter zwei Voraussetzungen: *Erstens* unter der Voraussetzung eines eindimensionalen oder monologischen Verständnisses der Geltungsbegründung. Und *zweitens* unter der Voraussetzung, daß Vernunft und Rationalität nicht offen und prozedural gefaßt werden. Man muß also unterstellen, daß Kontexte analog zum Husserlschen Ego reine Monaden sind, zwischen denen es keine symmetrisch gestaltbare kommunikative Beziehung geben kann. Allein unter der Voraussetzung, daß die prinzipielle Möglichkeit verschiedener Kontextdeutungen als nicht weiter bearbeitbare Tatsache angesehen wird, ergeben sich in bezug auf das Geltungsproblem katastrophale Folgen.

Wir können also getrost zugeben, daß wir immer auf unsere Kriterien oder Maßstäbe von Vernunft, Wahrheit und Rationalität zurückgreifen müssen, wenn wir eigene oder fremde Ansprüche prüfend bewerten. Und ebenfalls ist es nicht bestreitbar, daß wir diese Standards oder Maßstäbe nicht durch das göttliche Licht der Vernunft empfangen. Lyotard und Derrida oder Rorty und McIntyre haben durchaus recht, wenn sie es ablehnen, nach sprachspielübergreifenden Kriterien der Wahrheit und der Rationalität zu suchen. Maßstäbe und Standards zur Bewertung praktischer und theoretischer Fragen lassen sich nicht vom „Kontext bestimmter Weltdeutungen und Lebensformen trennen“. Aber daraus folgt ja noch lange nicht, daß, weil wir keine „anderen Kriterien der Wahrheit und der Rationalität zur Verfügung haben als diejenigen, die zu unserer Sprache

12 Vgl. W. Krohn: „Wissen ist Macht“, a.a.O., S. 37

gehören, ... wir unsere Sprache und die zu ihr gehörigen Kriterien nicht mit Gründen transzendieren können".[13] Im Gegenteil. Wo immer die eigenen aus einem konkreten Kontext erhobenen Ansprüche mit in anderen Kontexten erhobenen Ansprüchen zusammentreffen, wird, sofern der andere Anspruch überhaupt als Anspruch anerkannt oder bestritten wird, jeweils die Grenze des eigenen Kontextes und der eigenen Sprache oder Lebensform überschritten. Im Unterschied zum Sinn sprachlicher Äußerungen, der konstitutiv an bestimmte sprachlich-kulturelle Lebensformen gebunden ist, transzendiert der Anspruch auf Geltung, der mit sprachlichen Äußerungen erhoben wird, immer schon den Kontext, in dem er erhoben wird. Sowohl das Anerkennen als auch das Bestreiten von problematischen Geltungsansprüchen setzt voraus, daß Geltungs*ansprüche* kontext- und sprachspielübergreifend sind. Es bedarf also gar keiner Rückendeckung durch eine wie auch immer ausgemünzte „ideale" Instanz – egal ob es sich um einen „idealen Konsens", eine „ideale Kommunikationsgemeinschaft" oder um einen „idealen Abschluß der Forschung" handelt. Die Übersetzbarkeit der Sprachen, in deren Verlauf die Horizonte der an einem Gespräch Beteiligten verschmelzen, liefert den Beweis dafür, daß im Verlauf eines beiderseitigen Tuns, also nicht wie bei Rorty durch die assimilierende Einordnung des Fremden in den eigenen Interpretationshorizont, sondern durch die wechselseitige Erweiterung der eigenen Sprache durch Aufnahme der Ausdrucks- und Wahrheitsmöglichkeiten einer anderen Sprache, *kontextübergreifende Rationalitätsmaßstäbe*, so sie nicht vorhanden sind, zumindest hergestellt werden können.

Ich habe gegen Rorty behauptet, dies geschieht innerhalb des Verstehensprozesses selbst. Denn auf der beweglichen Ebene des hermeneutischen Verstehens ist das wechselseitige Verhältnis von Wahrheit und Welterschließung und damit die *Bildung von Standards* und die *Beurteilung nach Standards* in einem transzendentalen Rahmen koordiniert. Das heißt zunächst, wir können die Einführung von kontextübergreifenden und damit von intersubjektiv geltenden Rationalitätsmaßstäben nicht sprachextern, sondern nur sprachintern erklären. Verstehensprozesse, in deren Verlauf die Horizonte der an einem Gespräch Beteiligten innerhalb eines erweiterten Horizonts möglicher Verständigung verschmelzen, sind zusammen mit dem neuen Welt- und Selbstverhältnis durch die Einführung von intersubjektiv geltenden Rationalitätsmaßstäben vermittelt – und zwar ohne daß durch diese Horizontverschmelzung die unterschiedlichen Ansprüche und Perspektiven einfach weggeschmolzen werden. Denn der hermeneutische Gang der Auslegung erbringt mit der Anpassung der anfänglich angelegten Standards auch deren Rechtfertigung, insofern diese einer argumentativen Thematisierung unterworfen werden. Die Argumentation nimmt einen reflexiven Gang, sobald sie die verwendeten Standards in ihrer Anwendung thematisch macht, wodurch jene Prinzipien, nach denen sie verfährt, gleichzeitig zur Diskussion gestellt werden. Der reflexive Charakter des Verstehens, welcher das eigene Selbstverständnis und die ihm inhärenten Maßstäbe und Standards ebenso einschließt wie das Verständnis des zu Verstehenden und die diesem inhärenten Standards und Maßstäbe, ist also selbstreflexiv genug, um mit dem Verständnis der eigenen Sprache zugleich die ra-

13 A. Wellmer: Ludwig Wittgenstein. Über die Schwierigkeiten einer Rezeption seiner Philosophie und ihre Stellung zur Philosophie Adornos, in: „Der Löwe spricht ... und wir können ihn nicht verstehen", a.a.O., S. 147

dikale Übersetzung in eine andere Sprache zu ermöglichen. Und eben damit ist die Möglichkeit einer Einführung von intersubjektiv geltenden Maßstäben und Standards eröffnet.

Mit dieser Einführung intersubjektiv geltender Rationalitätsstandards innerhalb eines erweiterten Horizonts möglicher sprachlicher Verständigung ist zugleich die Möglichkeit ihres evaluativen Gebrauchs gegeben. Die Einführung kontextübergreifender Rationalitätsstandards setzt also Verstehen voraus. Das bedeutet einerseits, daß der Verstehensprozeß nach immanenten Kriterien des Gelingens beurteilt werden muß, da verstehensexterne Kriterien nicht bereitgestellt werden können. Denn wir haben kein Kriterium gefunden, welches sich unabhängig vom Verstehensprozeß selbst gewinnen ließe, um diesen „sub specie aeternitatis" zu beurteilen. Es sind vielmehr dieselben Strukturen, die sowohl die Verständigung ermöglichen, als auch für die Möglichkeit einer reflexiven Selbstkontrolle des Verständigungsprozesses sorgen. Und das bedeutet andererseits, daß man immer schon etwas verstanden haben muß, um es prüfend zu bewerten. Denn ohne daß etwas verstanden wird, kann es überhaupt nicht an Hand bestimmter Standards oder Maßstäbe evaluativ beurteilt werden. Das Verstehen ist folglich allenfalls eine notwendige Bedingung für eine wirkliche Verständigung in der Sache, aber keine zureichende Bedingung. Denn wir können durchaus in der Sache uneinig sein, obwohl wir einander hinreichend verstehen. Umgekehrt gilt aber auch, daß jedes Verstehen der Sprache eine Verständigung in der Sprache zu seiner Voraussetzung hat. Denn ohne diese Verständigung in der Sprache ist auch ein Verstehen in ihr nicht möglich. Der Verstehensprozeß wird damit zu einem quasi transzendentalen Angelpunkt, der zwar keine Fundamente im Sinn der Ursprungsphilosophie mehr bereitstellt. Daher sind und bleiben wir Schiffer, „die ihr Schiff auf offener See umbauen müssen, ohne es jemals in einem Dock zerlegen und aus besten Bestandteilen neu errichten zu können".[14] Gleichwohl kann dieser Verstehensprozeß so etwas wie eine transitorische Einheit der Vernunft in der Vielzahl ihrer Stimmen tragen – und zwar ohne daß wir dabei auf die Deduktion eines kategorialen Apriori rekurrieren müssen, welches als Sinnbedingung allen Verstehens nicht hintergehbar wäre. Denn der durch eine *transzendentale Hermeneutik* zu entfaltende Logos des Verstehens ist selbstreflexiv genug, um mit dem Verständnis der eigenen Sprache zugleich auch die radikale Übersetzung in eine fremde Sprache zu ermöglichen. Damit haben wir zwar noch immer keine letzten Fundamente gefunden. Diese brauchen wir aber auch nicht. Denn es ist ausreichend, daß sich unser Schiff trotz anfallender Reparaturen und Umbauten durch und vermittels unserer Verständigungsleistungen über Wasser hält.

Dies ist auch die Intuition von Herbert Schnädelbach, der davon ausgeht, daß Rationalität in einem *formalen Sinn* mit dem übereinkommt, was wir im Anschluß an Gadamer und Davidson „Verständlichkeit" nennen können. Verständlichkeit ist damit als „ein Inbegriff von formalen Rationalitätskriterien" bestimmt, die „nicht evaluativ gebraucht werden können, weil sie das, was als rational evaluiert werden kann, erst konstituieren. Nur was wir *verstehen* können, vermögen wir im Hinblick auf Rationalität (im engeren Sinne),

14 O. Neurath: Protokollsätze, a.a.O., S. 204f.

d. h. auf Wahrheit, Wirksamkeit, Richtigkeit etc. zu *beurteilen.*"[15] Damit wir verstehen, präsupponieren wir Rationalität im Sinn von Verständlichkeit. Ohne diese Rationalitätsunterstellung ist Verständigung überhaupt nicht möglich. In diesem Sinn ist sie auch nicht-hintergehbar und nicht-falsifizierbar. Hintergehbar und falsifizierbar wäre die Rationalitätspräsupposition allein unter der Voraussetzung, daß sie objektivierend auf Distanz gebracht werden kann. Das ist aber nicht möglich, da ein solcher Nachweis ohne Rationalitäts- und Verständlichkeitsvoraussetzung überhaupt nicht in Gang zu bringen ist. Diese Rationalitätsunterstellung ist jedoch im Unterschied zu den diskursiv einlösbaren Geltungsansprüchen Wahrheit, Richtigkeit und Wahrhaftigkeit kein solcher Geltungsanspruch, weil Verständlichkeit überhaupt erst dafür sorgt, daß diskursiv einlösbare Geltungsansprüche erhoben und eingelöst werden können. Verständlichkeit ist in diesem Sinn eine notwendige Bedingung des Bezuges auf Wahrheit und gegenüber dem Erheben und Einlösen von Geltungsansprüchen vorgängig. Denn Verständlichkeit ermöglicht überhaupt erst eine Orientierung an Geltungsansprüchen. Wir müssen also Verständlichkeit voraussetzen, wenn wir nach Wahrheit fragen.

Im Hinblick auf unser Problem bedeutet das, daß man Rationalität und Vernunft nicht in endlich viele Reflexions- oder Selbstreflexionsfiguren einschließen kann, sondern offen und prozedural fassen muß. Diese Offenheit ist auch der Grund, warum es keine Explikation von Vernunft und Rationalität für alle Kontexte geben kann, sondern nur für die, aus denen wir unsere Ansprüche von Vernunft und Rationalität anmelden und mit unseren Kriterien von Vernunft und Rationalität konfrontieren.[16]

Damit soll nicht bestritten werden, daß die anspruchsvollen Verfahrensbedingungen und Kommunikationsvoraussetzungen, in denen eine nachmetaphysische Vernunft eine prozedurale Gestalt angenommen hat, normativ gehaltvoll sind. Und auch nicht, daß sich für Sprachspiele Regeln angeben lassen. Bestritten ist damit lediglich zweierlei: Erstens, daß Sprachspiele, für die der Regelbezug konstitutiv ist, in ihrer Gesamtheit regelbare Spiele sind. Und zweitens, daß es so etwas wie einen „Konsensvorschuß" geben kann, der sich aus normativ gehaltvollen Präsuppositionen gewinnen lassen soll. Unterstellt dies ist richtig, dann ist damit nicht nur zugestanden, daß sich das „klassische Verhältnis von Faktizität und Geltung ändert, wenn Sprache als ein universelles Medium der Verkörperung von Vernunft begriffen wird", sondern auch, daß die Sprache sich nicht ein für allemal konstitutionstheoretisch ausmessen oder aber strukturtheoretisch beschreiben läßt, sondern eher im Sinn von Wittgenstein als „unbegrenzt erweiterbare Menge gesellschaftlicher Praktiken" aufgefaßt werden muß. Dieser Sachverhalt verweist nicht nur auf die spezifisch welterschließende Funktion der Sprache, sondern auch auf die *Offenheit und Prozeduralität einer nachmetaphysischen Vernunft.*

15 H. Schnädelbach: Rationalität und Normativität, in: Zur Rehabilitierung des *animal rationale*, a.a.O., S. 97f.

16 Vgl. H. Schnädelbach: Über Rationalität und Begründung, a.a.O., S. 75f.

Namenverzeichnis